SONJA SCHLÜTER

Mit Geburts-
daten von
1900 bis
2004

Feng Shui

Das Geheimnis der persönlichen Zahlen

➤ Was das Geburtsdatum über die Persönlichkeit
  aussagt

➤ Wie Sie die Energie der Zahlen für sich nutzen
  können

Inhalt

Seit jeher waren Menschen aller Kulturen fasziniert von den Zahlen und versuchten, über deren Interpretation die Gesetze des Universums zu erkennen und ihr eigenes Leben besser zu verstehen. Obige Abbildung stammt aus einem deutschen medizinischen Lehrbuch aus dem 16. Jahrhundert und zeigt magische Zahlenreihen als makrokosmische Entsprechungen zu den einzelnen Körperteilen und Organen.

Ein Wort zuvor

Wenn wir heute über Feng Shui sprechen, denken wir zuerst einmal an die harmonische Gestaltung unserer Wohnung oder unseres Büros, ans Möbelrücken und Klangspiele-Aufhängen, an Energiefluss und die Wirkungen bestimmter Formen und Farben. Bei meiner Beschäftigung mit dieser alten chinesischen Lehre drängte sich mir dabei von Anfang an die Frage auf: Wo bleibt bei alledem der Mensch? Er ist es doch, der ein Haus belebt – im wahrsten Sinne des Wortes.

So ging ich auf die Suche nach einem Aspekt des Feng Shui, der Aufschluss über Charakter und Persönlichkeit des Menschen geben konnte. Und ich wurde fündig: Mit der Numerologie eröffnete sich ein neuer Weg, den Menschen mit seinen individuellen Vorlieben, Anlagen und Bedürfnissen in den Mittelpunkt zu stellen.

Seltsamerweise ist dieser Aspekt des Feng Shui bis heute kaum bekannt – offenbart er doch faszinierende Möglichkeiten, die vielen Fragen, die unser Alltag, unsere Liebesbeziehungen, die Erziehung unserer Kinder, Geschäftsangelegenheiten und vieles mehr aufwerfen, zu beleuchten sowie Schwachstellen und Chancen aufzuzeigen. Die Lehre von den Zahlen hält einfache Werkzeuge für die praktische Lebenshilfe bereit. Sicher stellen sich auch Ihnen immer wieder Fragen wie: »Warum schaffe ich es nicht, mich besser zu organisieren?« Oder: »Warum fällt es mir immer so schwer, mich zu entscheiden?« Diese und viele andere Fragen beantworten Ihnen die Zahlen, ebenso das optimale Datum für Ihre Hochzeit oder einen wichtigen Vertragsabschluss, das perfekte Reiseziel oder die passende Arbeitsstelle.

Sich selbst und andere besser kennen zu lernen und zu verstehen ist der eigentliche Schlüssel zu Glück und Erfolg. Dazu bietet die Feng Shui Numerologie eine Reihe von Möglichkeiten, die uns unseren Alltag harmonischer, liebevoller und erfolgreicher gestalten lässt. So garantiere ich Ihnen unterhaltsame, aber auch erkenntnisreiche Stunden, wenn Sie mithilfe der Zahlen beginnen, das Geheimnis Ihrer Persönlichkeit zu lüften.

Herzlichst
Sonja Schlüter

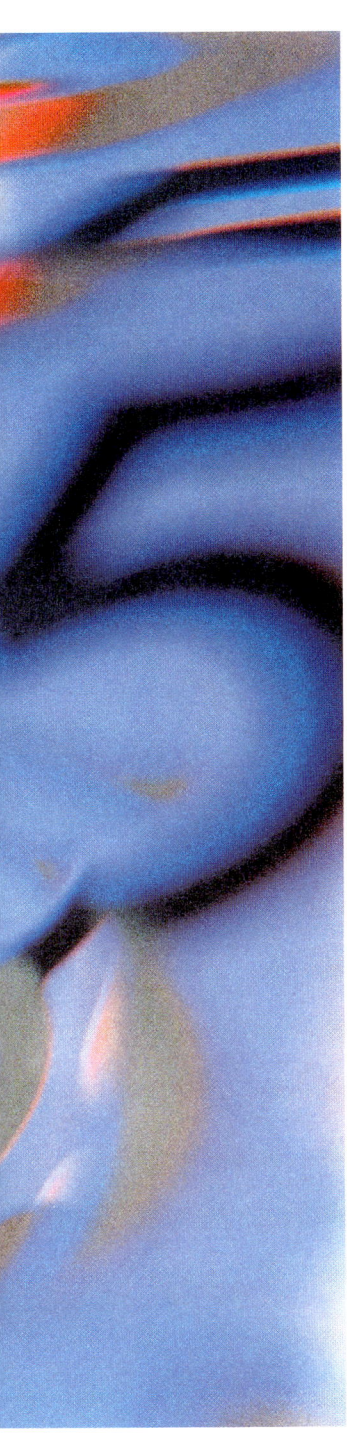

Die Energie der Zahlen

Zahlen werden seit Jahrtausenden als Träger kosmischer Botschaften angesehen. Mit den Naturgesetzen stehen sie ebenso in Verbindung wie mit dem Schicksal jedes einzelnen Menschen. Faszinierend dabei ist, dass den Energien der Zahlen in westlichen und östlichen Systemen gleichermaßen ein hoher Stellenwert beigemessen wird – so auch in der uralten chinesischen Lehre des Feng Shui.

Numerologie und Feng Shui – ein perfektes Team

Feng Shui ist in aller Munde – beziehungsweise in aller Wohnungen. Die alte chinesische Lehre vom gesunden Wohnen erfährt in den letzten Jahren einen wahren Boom auch bei uns im Westen. Wenn einer plötzlich seine Möbel umstellt, die Wände in neuen Farben anstreicht, an bestimmten Stellen Klangspiele oder Bergkristalle aufhängt, dann weiß man Bescheid: Auch er wurde von der Feng-Shui-Welle erfasst und möchte sein Wohnumfeld gesundheits- und erfolgsfördernd gestalten. Doch nicht nur Wohn-, Schlaf-, Kinder- und Esszimmer, auch die Gärten und schließlich die Büros werden heute immer mehr nach den Richtlinien des Feng Shui eingerichtet. Östliches Wissen wird für den westlichen Menschen erschlossen – und allerorten hört man von den positiven Effekten. »Ich kann jetzt viel konzentrierter arbeiten, seit ich meinen Schreibtisch so umgestellt habe, dass ich die Tür im Blick habe.« Oder: »Der grüne Teppich tut mir so gut, er harmoniert nämlich optimal mit meinem Feuerelement.«

Bei alledem fällt jedoch eines auf: Der Mensch steht zwar einerseits im Mittelpunkt, denn er soll von den zahlreichen Feng-Shui-Maßnahmen profitieren. Doch er selbst – mit seiner Persönlichkeit, seinen individuellen Charaktereigenschaften – wird eher vernachlässigt. Das soll nicht heißen, dass Feng Shui für Haus, Garten und Büro keinen Wert habe, ganz im Gegenteil, ich meine, ihm fehlt nur noch ein ganz wichtiges Element zu seiner Vervollkommnung: der Mensch – mit seinen Zielen, Wünschen, Herausforderungen und Aufgaben im Leben.

Genau das hat sich dieses Buch zur Aufgabe gemacht. Eine sehr einfache und direkte Methode, um den Menschen mehr in den Fokus der Betrachtung zu rücken, ist die Numerologie, ein Aspekt des Feng Shui, der bisher – ganz zu Unrecht – kaum beachtet wurde. Denn die Betrachtung der Zahlen bietet uns die Möglichkeit, vor dem Hintergrund der alten chinesischen Weisheitslehre Feng Shui mehr über uns selbst zu erfahren. Wie auch bei der Kunst des gesunden und erfolgreichen Wohnens können mithilfe der Zahlen Stärken und Schwächen erkannt und für letztere Abhilfen beziehungsweise Lösungen gefunden werden – nur eben auf der Ebene der Persönlichkeit.

Boom im Westen

Der Mensch im Mittelpunkt

Stärken und Schwächen erkennen

Was Sie in diesem Buch erwartet

Spannende Fragen

Es sind spannende Fragen, die sich einem stellen, sobald man beginnt, sich mit der Numerologie zu befassen. Warum sind die Menschen seit Jahrtausenden davon überzeugt, dass Zahlen mehr sind als nur Nummern, mit denen man Mengen abzählen oder Besitz beziffern kann? Woher kommt der Glaube, dass Zahlen auch Sinn enthalten, ja mehr sogar, dass sie ein perfektes und gleichzeitig unglaublich simples Abbild des gesamten Universums darstellen?

Interessanterweise ist Zahlenmystik, ist Numerologie ein Phänomen, das im Westen wie im Osten auf die gleichen Wurzeln zurückgeht: die heiligen Zahlen des Pythagoras spielen hier ebenso eine Rolle wie die Einflüsse der Kabbala. In China haben sich jedoch ganz eigene Interpretationen der einzelnen Zahlen herausgebildet, die eng mit der chinesischen Kultur verbunden sind. Mehr dazu erfahren Sie ab Seite 12.

Gleiche Wurzeln in Ost und West

Da wir in diesem Buch die Numerologie speziell vor dem Hintergrund des Feng Shui betrachten wollen, lesen Sie ab Seite 14 auch alles Grundlegende über diese Lehre, das Sie für den Umgang mit den Zahlen brauchen. Da ist natürlich das Verständnis des Qi, ohne das Feng Shui nicht denkbar wäre, außerdem die Prinzipien der fünf Elemente, die wir für die große Persönlichkeitsanalyse im zweiten Kapitel benötigen, die Unterscheidung zwischen Form- und Energieschule im Feng Shui und schließlich das Neun Sterne Ki, das uns noch tiefer in die Magie der persönlichen Zahlen einführen wird.

Analyse der Persönlichkeit – und der Alltagszahlen

Im zweiten Kapitel, dem Herzstück dieses Buches, erfahren Sie dann, wie Sie all die genannten Aspekte für eine umfassende Analyse Ihrer Persönlichkeit, Ihrer Lebensziele und Aufgabenstellungen nutzen können. Dazu brauchen Sie nichts als Ihr Geburtsdatum, die Tabellen und Anleitungen in diesem Buch sowie ein paar einfache Rechenschritte. Natürlich können Sie nach Belieben auch die Geburtsdaten Ihres Partners, Ihrer Kinder, Freunde und Bekannten auswerten.

Ein paar einfache Rechenschritte

Im Unterschied zum zweiten Kapitel, das sich mit den großen Aufgaben und Herausforderungen Ihres Lebens beschäftigt – mit mehr oder weniger feststehenden Größen also –, finden Sie im dritten Teil dieses Buches Zahlen, mit denen wir alltäglichen Umgang haben. Das sind Telefon- und Kontonummern, Autokennzeichen und andere Zahlen,

die sich im Laufe Ihres Lebens häufiger ändern – und die Sie sogar mit
ein paar kleinen Tricks selbst zu Ihren Gunsten verändern und variie-
ren können. Das Kapitel »Zahlen des Alltags« lädt Sie daher ganz be-
sonders zum Spielen und Experimentieren ein.

Spielen und Experimentieren

Numerologie in West und Ost

Die Zahlen haben die Menschen seit jeher fasziniert – und das durch alle
Kulturen hindurch. Der rhythmische Lauf von Sonne und Mond hat sie
spüren lassen, dass Zahlen nicht nur abstrakte Abbilder von Mengen,
Größen oder Abständen sind, sondern dass ihnen selbst eine Kraft und
Magie, ja etwas Geheimnisvolles innewohnt – dass sie in direkter Ver-
bindung mit den Planetenbewegungen und Naturerscheinungen stehen.
So war es kein Wunder, dass Zahlen als Machtinstrumente angesehen
wurden und in magischen Ritualen ebenso wie in Gebeten und Anru-
fungen eine wichtige Rolle spielten. Denn kannte man die Bedeutung ei-
ner Zahl, so konnte man sich ihrer Macht bedienen.

Zahlen als Machtinstrumente

Die Überzeugung, dass die Zahlen auch für das Leben des Menschen
bedeutsam sind, rührte ebenfalls von der Beobachtung der Natur her.
Denn der Einfluss der Sonnen- und Mondrhythmen sowie der anderer
Gestirne, die man in der Astrologie erforschte, war unübersehbar. Die
Ernten hingen davon ab und auch das Wachstum und Leben eines
Kindes verlief unterschiedlich, je nachdem unter welchen Planeten-
einflüssen es geboren wurde. So gelangte man zu der Ansicht, dass die
Zahlen (beispielsweise das Geburtsdatum) nicht nur die Rhythmen der
Natur widerspiegelten, sondern auch Aussagen über ein Menschen-
leben machen konnten.

Betrachtet man das hebräische Alphabet, so offenbart sich noch eine
weitere numerologische Dimension, denn hier sind die 22 Buchstaben
mit den Zahlzeichen für 1 bis 22 identisch. Jedes Wort bekommt so zu-
sätzlich einen numerologischen Wert und trägt damit noch eine zwei-
te, auf den ersten Blick verborgene Botschaft in sich.

Verborgene Botschaften

Von Pythagoras bis zur Kabbala

Ein »Beginn« der Numerologie lässt sich kaum festlegen, denn man fin-
det in den alten Schriften und Überlieferungen nahezu aller Völker Hin-
weise darauf, dass Zahlen höhere Bedeutungen zugemessen wurden – sei

das bei den Chaldäern oder Ägyptern, bei den Mayas oder Assyrern, Babyloniern, Griechen oder Hindus, Juden oder Chinesen gewesen. In unserem Kulturkreis ist es jedoch bis heute Pythagoras, der als Vater der Mathematik gilt. Pythagoras, der im 6. Jh. v. Chr. lebte, war jedoch weit mehr als das: Er war Philosoph, Mystiker und Forscher. Zentral war seine Idee der kosmischen Ordnung, die sich in der Mathematik niederschlägt – und sich durch alle Bereiche des Lebens zieht und diese zueinander in Beziehung setzt: Natur und Musik, Astronomie und Gesellschaft. So gelangte Pythagoras zu der Einsicht, der gesamte Kosmos folge festen Gesetzmäßigkeiten.

Philosoph, Mystiker und Forscher

Die Zahlen waren für Pythagoras die perfekten Sinnbilder dieser alles durchdringenden Ordnung und die Pythagoräer glaubten sogar, dass nur die ganzen Zahlen 1 bis 4 nötig seien, um diese Ordnung darzustellen. Freilich wurden sie später widerlegt und unter anderem waren es Plato, nach ihm die Neuplatoniker und schließlich die Gnosis, welche die Zahlenmystik weiterentwickelten. Man meinte nun nicht nur, dass die Zahlen eine tiefer liegende Botschaft transportierten, sondern man sprach ihnen sogar zu, dass sie das Wesen der Dinge beeinflussten. Wenn man bestimmte Rechenoperationen ausführte, meinte man damit auf die Wirklichkeit Einfluss nehmen zu können.

Sinnbilder der Ordnung

Pythagoras glaubte, dass sich die Kosmische Ordnung in der Mathematik widerspiegelt.

Kabbala, numerologischer Schlüssel zum Mysterium

Zu den
Urgründen
des Lebens
vordringen

Seit dem 6. Jh. n. Chr. entwickelte sich schließlich ein zahlenmystisches System, das etwa seit dem 12. Jh. unter dem Namen Kabbala bekannt wurde. Mit seiner Hilfe wollte man in die Mysterien des Göttlichen und zu den Urgründen des Lebens vordringen. Wie eingangs bereits erwähnt, spielte dabei das hebräische Alphabet eine entscheidende Rolle, denn es implizierte bereits, dass jedem Wort noch eine tiefere mystische Bedeutung innewohnt.

Von Pythagoras ist jedoch ein weitaus einfacheres System überliefert, das auf dem griechischen Alphabet basiert und heute das meistverwendete ist. Mit diesem System wollen auch wir in diesem Buch arbeiten:

1	2	3	4	5	6	7	8	9
a	b	c	d	e	f	g	h	i
j	k	l	m	n	o	p	q	r
s	t	u	v	w	x	y	z	

Chinesische Numerologie

Numerologie ist etwas Kulturübergreifendes; es gibt keinen spezifisch chinesischen Ursprung. Östliche und westliche Systeme haben sich jedoch immer wieder gegenseitig beeinflusst. Bei Pythagoras geht man davon aus, dass er sich eine Zeit lang in Ägypten aufgehalten hat, wo er in altorientalische mathematische Kenntnisse eingeweiht wurde. Das Zahlenquadrat, das vor mehr als 4000 Jahren dem chinesischen Kaiser Wu in einer Vision erschien (siehe auch Seite 21), tauchte dagegen in den magischen Quadraten auf, die in Europa im Mittelalter so beliebt waren.

Magische
Quadrate

Volksglaube
und alte
Überliefe-
rungen

Was es in China aber durchaus gibt, sind eigene Interpretationen der Zahlen, die unter anderem auf der Aussprache der Zahlen beruhen und die natürlich eng mit der chinesischen Kultur, mit alten Überlieferungen und dem Volksglauben verwoben sind.

Unglück der 4 – Glück der 8

Ein gutes Beispiel für die Interpretationsunterschiede in Ost und West sind die Zahlen 13 und 4. Während die 13 im Westen durchwegs

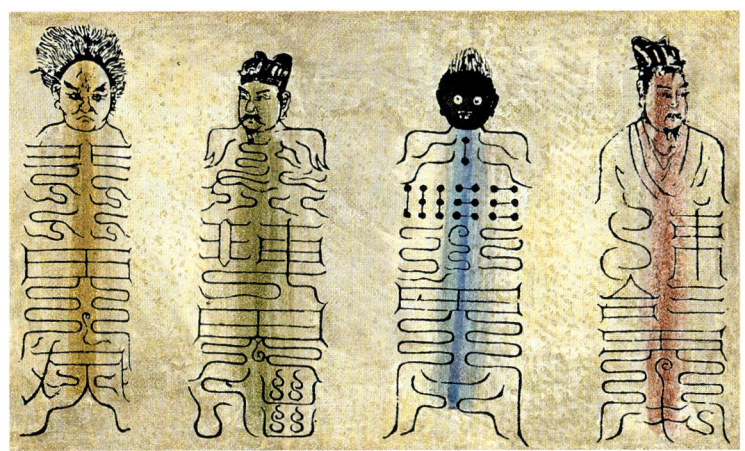

Aus dem Alten China: Die Meister der vier Richtungen.

als Unglückszahl gilt, meiden die Chinesen aller Möglichkeit nach die 4, denn das chinesische Wort für 4 klingt fast genauso wie das Wort für »Tod«. Daher hat sich diese Zahl im Laufe der Zeit einen ausgesprochen schlechten Ruf eingehandelt. Wohlhabende Chinesen geben ansehnliche Summen Geldes aus, um eine Telefonnummer oder ein Autokennzeichen zu bekommen, das keine 4 enthält.

Eine sehr angesehene Zahl ist dagegen die 8 – und das in West wie Ost. Besonders im Altertum galt die Acht als bedeutsame Glückszahl. Sie stand unter anderem für das kosmische Gleichgewicht: So hatte das Glücksrad acht Speichen; Amulette waren in achteckiger, glückbringender Form gefertigt. Im Islam glaubt man, es gebe sieben Höllen, aber acht Paradiese.

In China schreibt man der 8 ebenfalls einen hohen, wenn nicht den höchsten Glücksfaktor zu. Der Unterschied zum westlichen Verständnis der 8 liegt wohl darin, dass das chinesische Glück der 8 eher ein materiell gefärbtes ist. So glaubt man in China, die 8 fördere den geschäftlichen Erfolg, den Fluss des Geldes, Wohlstand und Reichtum, aber auch Gesundheit und Wohlbefinden. Die 8 möchte jeder Chinese gern als letzte Ziffer seines Kennzeichens oder seiner Kontonummer **Die doppelte 8** haben – oder besser noch: die doppelte 8.

Ausführlich erfahren Sie die chinesischen Bedeutungen der Zahlen in den Kapiteln zwei und drei. Doch wenden wir uns zunächst dem Hintergrund unserer numerologischen Untersuchungen zu: dem Feng Shui.

Die Grundlagen des Feng Shui

Wind und Wasser

Feng Shui ist bei uns im Westen als »die Lehre vom gesunden Wohnen (und Bauen)« bekannt geworden. *Feng* bedeutet »Wind«, *Shui* heißt »Wasser«. Feng steht für Umweltbedingungen wie Wind, Luft und Licht bis hin zu Planetenbewegungen und astrologischen Einflüssen. Shui meint eher materielle Gegebenheiten wie Landschaftsformationen, Wasserläufe, Dorf- oder Stadtstrukturen sowie Gebäude und auch einzelne Wohnungen. Innerhalb der über Jahrtausende hinweg entwickelten Lehre des Feng Shui sollen möglichst alle Faktoren berücksichtigt und zum Wohl des Menschen in Harmonie gebracht werden. Bestimmte günstige und ungünstige Zahlen und Maße sind seit jeher wichtiger Bestandteil des Feng Shui. Die auf die Persönlichkeit des Menschen angewandte Numerologie, wie wir sie in diesem Buch verwenden, dürfte jedoch ein Aspekt sein, der sich erst im Laufe der Zeit mit der Lehre des Feng Shui verbunden hat und bei dem Volkswissen und alte Überlieferungen sowie die praktische Erprobung sich zu einer wirksamen Methode verflochten haben, die heute zum Wohl und zur Selbsterkenntnis des Menschen eingesetzt wird.

Zum Wohl des Menschen

Um die verschiedenen Betrachtungsweisen der Feng Shui Numerologie vor dem Hintergrund ihres chinesischen Ursprungs zu begreifen und sie Gewinn bringend anwenden zu können, sind ein paar Grundkenntnisse des Feng Shui wichtig, die Sie im Folgenden erfahren.

Das Qi

Qi (gesprochen: *Tschi*) bedeutet wörtlich »Luft, Hauch, Äther, Energie, Temperament oder Kraft«, wird aber häufig auch mit »universelle Lebenskraft« oder »Urenergie« übersetzt. Diese Übersetzungen können jedoch nur vage andeuten, welch umfassende Bedeutung das Qi im Taoismus ebenso wie im Feng Shui hat. Denn alles im Universum besteht aus Qi. Der große taoistische Alchimist Ko Hung beschrieb es in einem seiner Werke so: »Der Mensch ist in Qi und Qi ist innerhalb des Menschen. Himmel und Erde und die Zehntausend Wesen, alle benötigen sie das Qi, um am Leben zu bleiben.«

Alles ist von Qi durchdrungen

Shen-Qi und Sha-Qi

Qi ist also immens wichtig nicht nur für unser Überleben, sondern auch für unsere Lebensqualität. Je besser unsere Wohnung mit Qi versorgt wird, desto gesünder, kreativer und erfolgreicher sind wir. Ideal ist es, wenn das Qi ungehindert und leicht von Raum zu Raum fließen kann, wir sprechen dann von Shen-Qi: Energie, die uns förderlich ist. Wird das Qi jedoch zu sehr beschleunigt – zum Beispiel wenn sich Tür und Fenster direkt gegenüberliegen oder in einem langen, geraden Hausflur – dann nennt man das Sha-Qi: Energie, die uns überwältigt und damit auslaugt und auf Dauer krank machen kann. Sha-Qi entsteht ebenso in Wohnbereichen, die nicht genügend mit Qi versorgt werden: dunklen Ecken beispielsweise, in die weder Frischluft noch Bewegung kommen. Daher ist es natürlich die wichtigste Aufgabe des Feng Shui, einen möglichst günstigen Qi-Fluss im Haus sowie in jedem einzelnen Wohn- oder Arbeitsraum herzustellen, sodass Shen-Qi in ausreichender Menge vorhanden ist.

Energie, die uns förderlich ist

Energie, die uns überwältigt

Der Mensch: Transporteur des Qi

Beide sind nicht gleichzusetzen, doch wo das eine vorhanden ist, dort findet sich in unserem Umfeld auch der andere: Sauerstoff. In der Natur beispielsweise finden wir meist hundertprozentiges Shen-Qi, dort, wo auch frischer Sauerstoff in ausreichender Menge vorhanden ist. Wir Menschen fungieren dabei als Transporteure des Qi. Halten wir uns in der Natur oder selbst in der Stadt außerhalb des Hauses auf, so legt sich Shen-Qi um uns wie eine Art Mantel und bleibt einige Zeit an unserem Körper haften. Wir tragen es dann in unser Haus und füllen unseren Lebensraum mit dieser positiven Energie aus. Das Qi kann sich im Haus verteilen und Gesundheit und Wohlstand bewirken. Auch häufiges Lüften sorgt dafür, dass schädliches Sha-Qi das Haus verlässt und Shen-Qi hereinströmt.

Doch was hat das Qi mit den Zahlen zu tun? Wie wir im Abschnitt »Numerologie in West und Ost« erfahren haben, steht jede Zahl mit einem Planeten und seiner »Schwingung« in Verbindung, ebenso mit bestimmten Qualitäten und Aspekten des Lebens. Jede Zahl hat also ihre eigene Energie und ist damit ein Energieträger. Deshalb beeinflussen Zahlen unser Leben und entscheiden mit über Erfolg und Misserfolg, über Krankheit und Gesundheit, Unglück und Glück.

Jede Zahl hat ihre eigene Energie

Die fünf Elemente

Das Prinzip der fünf Elemente ist ein wichtiger Bestandteil des Feng Shui und bildet auch eine im wahrsten Sinne des Wortes elementare Grundlage für unsere Persönlichkeitsanalyse im zweiten Kapitel.

Aus dem Alten China: Fünf Fledermäuse als Glückssymbol

Die fünf Elemente bilden seit Jahrtausenden den Kern der taoistischen Lehre, in der die Ursprünge chinesischen Denkens begründet liegen. Tao, das war für ihren Begründer Laotse ein allumfassender Begriff für die große Harmonie, die den Menschen in eine Ordnung von Natur, Kosmos und Universum stellt. Diese Ordnung ist von klaren Gesetzmäßigkeiten geprägt und wird von unterschiedlichen Kräften gelenkt, welche die Chinesen durch intensive Naturbeobachtung in allen Erscheinungen des Lebens erkannten. Diese Gesetze und Kräfte sind ebenso für den Menschen gültig und werden in den fünf Elementen sichtbar und nachvollziehbar. Denn wie der Winter in den Frühling übergeht, der wiederum den Sommer hervorbringt, welcher den Herbst »gebiert«, der schließlich wieder in den Winter übergeht, so sind alle Naturerscheinungen in einem ewigen Kreislauf begriffen. Der Same wächst, erblüht, verblüht und geht wieder in die Erde ein. Ebenso bilden die fünf Elemente Holz, Feuer, Erde, Metall und Wasser einen **Harmonischer scher Kreislauf** harmonischen Kreislauf. Sie sind Symbole der Wandlung, welche in allen Bereichen des Lebens ihre Entsprechungen finden. Einige dieser Entsprechungen sind:

Die fünf Wandlungsphasen und ihre Entsprechungen

ELEMENT	HOLZ	FEUER	ERDE	METALL	WASSER
Zahl	3, 4	9	2, 5, 8	6, 7	1
Farbe	Grün	Rot	Gelb/Braun	Weiß/Hellgrau	Blau
Jahreszeit	Frühling	Sommer	Spätsommer	Herbst	Winter
Tageszeit	Morgen	Mittag	Nachmittag	Abend	Nacht
Lebensphase	Geburt, Kindheit	Jugend	Erwachsenenalter	Übergang zum Alter	Hohes Alter
Emotion	Wut	Freude	Grübeln	Trauer	Angst
Stressverhalten	(Selbst-)Kontrolle	Kummer, Trauer	Sturheit, Uneinsichtigkeit	Verweigerung	Zittern
Positives Potenzial	Kreativität, Planung	Leidenschaft, Liebe	Rationales, praktisches Denken	Klarheit, Kommunikation	Weisheit, Spiritualität
Organpaar	Leber/Gallenblase	Herz/Dünndarm	Milz/Magen	Lunge/Dickdarm	Niere/Blase
Sinn	Sehen	Sprechen	Schmecken	Riechen	Hören

Zyklus der Schöpfung – Zyklus der Kontrolle

Wörtlich übersetzt bedeutet der ursprüngliche Begriff für die Fünf-Elemente-Lehre *(Wu Xing)* »Gehweisen«: das chinesische Schriftzeichen stellt zwei Füße dar. Die fünf miteinander verbundenen Geh- oder Wirkweisen des Lebens, oft auch Wandlungsphasen genannt, folgen in der Natur harmonisch aufeinander, was im so genannten Schöpfungszyklus beschrieben wird: Holz nährt Feuer, aus Feuer entsteht Erde, in der Erde findet man Metalle, Metall verflüssigt sich wie Wasser, Wasser nährt Holz. Der zweite wichtige Zyklus neben dem Schöpfungszyklus ist der so genannte Kontrollzyklus. Sind alle Elemente ausgewogen, erfüllt er eine im positiven Sinne kontrollierende Funktion. Während beispielsweise das Holz das Feuer anfacht (Schöpfungszyklus), kann es durch Wasser im Zaum gehalten werden (Kontrollzyklus). Oder auf der Ebene der zugeordneten Emotionen: Während Angst (Wasser) im Schöpfungszyklus zu Wut (Holz) führt, kann das Empfinden von Traurigkeit (Metall) den wütenden Menschen besänftigen.

Fünf Wirkweisen des Lebens

Traurigkeit besänftigt Wut

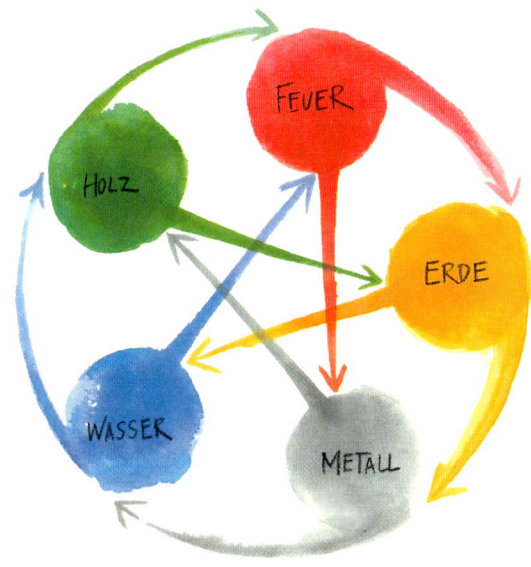

Problematisch wird es allerdings, wenn das Kräfteverhältnis der Elemente nicht ausgewogen ist, das heißt, wenn ein Element deutlich schwächer, ein anderes dagegen deutlich stärker ist. Dann spricht man vom Zyklus der Zerstörung, weil das stärkere Element das schwächere nicht mehr nur kontrolliert, sondern übermäßig hemmt oder gar überwältigt.

Wie bereits erwähnt, spielt das Element in der Persönlichkeitsanalyse eine wichtige Rolle. Jeder Mensch wird im Zeichen eines der fünf Elemente geboren und somit besonders von ihm geprägt. Entsprechend den Zyklen der Schöpfung und der Kontrolle harmonieren wir so **Mehr oder weniger Harmonie** mehr oder weniger mit anderen Menschen, die durch ein das unsrige förderndes oder hemmendes Element geprägt sind. Doch auch unsere Umgebung oder unsere Ziele und Vorhaben sind durch die fünf Elemente beeinflusst und geben somit Aufschluss über unser Wohlbefinden und unsere Chancen, Ziele erfolgreich zu verwirklichen. In der Praxis heißt das beispielsweise, dass jemand, der ein Erd-Typ ist, besonders gute Chancen auf Erfolg hat, wenn er sich Ziele steckt, die ebenfalls dem Erd-Element zugeordnet sind.

Ab Seite 45 finden Sie ausführliche Charakterisierungen der fünf Elemente-Typen sowie konkrete Anleitungen, wie Sie mit den Elementen in Verbindung mit Ihren persönlichen Zahlen Ihren Charakter, Ihre Chancen und vieles mehr bestimmen können.

Die beiden großen Schulen

Schon der Begriff Feng Shui umfasst die beiden großen Schulen, die sich über viele Jahrhunderte hinweg entwickelt haben: die Energie- und die Formschule. Denn Feng, Wind, steht für den unsichtbaren, energetischen Aspekt des Feng Shui – die Energieschule. Shui, Wasser, meint die sichtbaren Elemente, die der Formschule zugerechnet werden.

Sichtbare und unsichtbare Elemente

Die Energieschule

Hier geht es um die unsichtbaren beziehungsweise immateriellen Aspekte der Umgebung: das Qi, den Sauerstoff, das Licht oder auch die Energielinien und Kraftfelder der Erde. Die Energieschule arbeitet mit den Elementen unserer Umgebung, die wir grundsätzlich nicht beeinflussen können – oder jedenfalls nur begrenzt, indem wir an einem Gebäude bauliche Veränderungen durchführen.

Sicher kennen Sie das: Sie kommen in eine neue Umgebung und sagen spontan: »Wow, hier ist es schön!« Dabei mögen die Räumlichkeiten gar nichts Besonderes sein. Aber auch das Gegenteil kommt vor: Sie sind zu Besuch in einer Luxusvilla und wollten dort trotzdem nicht leben. Die Energie eines Hauses, einer Wohnung oder auch eines Gartens nehmen wir also zunächst einmal auf der Gefühlsebene wahr. Sie muss jedoch auch berechnet werden, um die Energien der einzelnen Räume genau bestimmen zu können. Außerdem sind geomantische oder radiästhetische Untersuchungen nötig, um Wasseradern oder Energiefelder aufzuspüren. Aufgrund dieser Untersuchungen und Berechnungen ergeben sich positive und negative Zonen eines Hauses, die entsprechend genutzt werden sollten – was dann Aufgabe der Formschule ist (siehe unten).

Die Energie des Hauses

Die Formschule

Die Formschule arbeitet mit dem, was sichtbar ist, also vor allem mit Formen und Farben unserer Umgebung. Diese sind im Gegensatz zu den energetischen, »unsichtbaren« Aspekten veränderbar – jedenfalls was Haus oder Wohnung anbetrifft. In der Formschule können wir nichts berechnen, sondern müssen uns nach bestimmten Regeln richten, die jedoch immer die Energieschule zur Grundlage haben. Dabei steht im Vordergrund, dass durch günstige Anordnung der Möbel Qi zu jeder Zeit ausreichend zur Verfügung steht, dass Strukturen weich

Formen und Farben

und nicht aggressiv sind. Ebenso ist es zum Beispiel wichtig, dass man beim Arbeiten am Schreibtisch die Tür im Blick und damit die Kontrolle über den Raum hat. Beachtet man dies nicht, kann das Folgen haben: Man wird leicht müde und unkonzentriert. Doch das sind nur ein paar Beispiele – die Formschule ist facettenreich und bietet viele Möglichkeiten, unsere Lebensqualität positiv zu beeinflussen.

Lebensqualität positiv beeinflussen

Für die Numerologie ist die Formschule besonders wichtig. Denn zu jedem Menschen passen bestimmte Farben, während andere sogar schädlich für ihn sein können. Auch Formen und Himmelsrichtungen spielen im Leben eines jeden Menschen eine Rolle. Welche genau das sind, ermitteln wir im zweiten Kapitel anhand des Geburtsdatums sowie des Geburtselements. Für die Persönlichkeitsanalyse ist außerdem ein spezieller Teil der Formschule grundlegend, nämlich das Bagua.

Das Bagua

Zur Formschule gehört unter anderem das Bagua, ein wichtiges Hilfsmittel des Wohnungs-Feng-Shui, das wir jedoch auch für unsere numerologischen Berechnungen verwenden werden. Das Bagua basiert auf den acht Trigrammen des I Ging, welche die acht Grundenergien des Universums symbolisieren, aus denen sich nach Ansicht der Chinesen alles Leben aufbaut. Das heißt auch, dass sich alles, was existiert – alle Dinge, Lebewesen, Gefühle oder Charaktereigenschaften – wieder in diese acht Energien »zerlegen« beziehungsweise ihnen zuordnen lässt. Im Wohnungs-Feng-Shui zeigen sich diese acht Grundenergien im Bagua in den acht Lebensbereichen (siehe Abbildung nächste Seite). Legen wir das Bagua auf den Grundriss unserer Wohnung oder unseres Hauses, so erhalten wir Aufschluss darüber, wie es um diese Grundthemen in unserem Leben bestellt ist. Fehlt beispielsweise ein Bereich des Bagua, weil die Wohnung eine ungleichmäßige Form hat, so kann das darauf hinweisen, dass der entsprechende Lebensbereich geschwächt oder problematisch ist – oder dass dort einfach mehr Aufmerksamkeit gebraucht wird.

Grundenergien des Universums

Fehlbereiche fordern Aufmerksamkeit

Das Bagua der acht Lebensbereiche wird heute auf zwei verschiedene Weisen angewandt. Zum einen gibt es das 3-Türen-Bagua, eine recht neue Betrachtungsweise, die sich in ihrer Ausrichtung an der Eingangstür orientiert. Zum anderen wird aber bis heute das ursprüngliche Bagua verwendet, welches fest mit den acht Himmelsrichtungen verbunden ist. Beide Betrachtungsweisen liefern wichtige Informationen; dieses Buch basiert jedoch ausschließlich auf der älteren Variante.

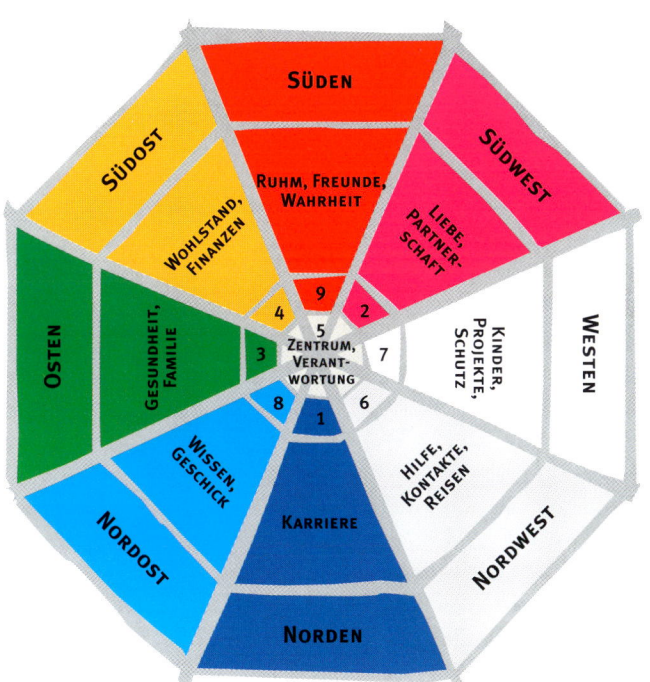

Die Grundanordnung der Zahlen richtet sich dabei nach einer uralten Überlieferung des Kaisers Wu, der China von 2205 bis 2198 v. Chr. regierte. Konfuzius berichtet, dass der Kaiser eines Tages eine Vision hatte, in der ihm eine göttliche Schildkröte mit Namen Hi erschien. Auf ihrem Rücken trug sie eine Zeichnung, die neun Kammern zeigte und mit Zahlzeichen versehen war. In moderne Schriftzeichen übertragen sah das Ganze so aus:

**Die Vision
des Kaisers
Wu**

4	9	2
3	5	7
8	1	6

Wie das Bagua auf den Menschen übertragen wird und wie Sie damit Ihr Lebensthema entdecken können, erfahren Sie im nächsten Kapitel.

Zahlen der Persönlich- keit

Wer sich selbst besser kennt, der kommt auch mit seinen Mitmenschen und seinem Alltag besser klar. Die Mond- datenanalyse, die Fünf- Elemente-Lehre sowie das Neun Sterne Ki sind wirksame Methoden aus dem Feng Shui und der chinesischen Weis- heitslehre, die uns dabei auf die Sprünge helfen. In diesem Kapitel geht es darum, unsere Stärken und Schwächen zu erkunden – und erfolgreich zu nutzen.

Ein einfacher Weg zur Selbsterkenntnis

Seit alters versuchten die Menschen Systeme zu finden, um sich selbst zu erkennen und das Schicksal vorauszusehen. Man befragte Orakel und Hellseher – vor allem wenn ein Kind geboren wurde oder ein neuer Lebensabschnitt begann. Vor allem ist es jedoch die Astrologie, die bis heute nichts von ihrer Faszination eingebüßt hat. Wie schon zu Zeiten des Pythagoras werden die Sterne, als Abbilder der kosmischen Ordnung, herangezogen, um das Geschick eines Menschen zu ergründen, aber auch um seine Persönlichkeit zu enthüllen und damit seine Talente und Chancen ebenso wie mögliche schwierige Charakteranlagen und zu bewältigende Aufgaben im Leben zu erkennen.

Sterne – Abbilder der kosmischen Ordnung

Wie wir im ersten Kapitel gesehen haben, sind die Sterne maßgeblich an der Entstehung von Mathematik und Numerologie beteiligt gewesen. So liegt es nahe, dem Geburtsdatum eines Menschen auch auf numerologischer Ebene besondere Aufmerksamkeit zu widmen. Denn so wie in der Astrologie die Sternen- und Planetenkonstellationen zum Zeitpunkt der Geburt etwas über einen Menschen aussagen, so tragen auch die Zahlen des Geburtstages – sowie das damit in Verbindung stehende Element – eine individuelle Botschaft in sich, die es zu entschlüsseln gilt. Und darum soll es in diesem Kapitel gehen.

Die drei wichtigsten Schlüssel zur Persönlichkeit sind in der Feng Shui Numerologie die Geburts- beziehungsweise Monddatenanalyse, welche den chinesischen Mondkalender zur Grundlage hat, die Fünf-Elemente-Interpretation sowie das Neun Sterne Ki.

Drei Schlüssel zur Persönlichkeit

Die Zahlen der Persönlichkeit sind für jeden ein Gewinn, denn sie helfen uns dabei, unsere Stärken besser zu nutzen – ja oftmals erst zu erkennen –, aber auch persönliche Defizite auszugleichen. In der Partnerschaft dienen sie dazu, den anderen besser einzuschätzen und zu verstehen, was gerade auch in geschäftlichen Beziehungen von Vorteil sein kann. Und natürlich dürfen wir auch die Kinder nicht vergessen. Anlagen, die man schon während der Erziehung fördert oder auch bremst, stehen dem Kind später leichter zur Verfügung – und nicht im Weg. Das Gleiche gilt für unsere Liebesbeziehungen: Je besser man den anderen kennt und versteht, desto leichter kann man ihn »so nehmen, wie er ist« und ihn angemessen unterstützen, ohne den Versuch zu unternehmen, ihn zu ändern.

Die Kinder nicht vergessen

Die Monddatenanalyse

Betrachten wir nun als Erstes unser Geburtsdatum. Wir tun das unter
der Überschrift »Monddatenanalyse«, weil hier nicht mit dem Datum
gearbeitet wird, wie wir es kennen, sondern mit dem umgerechneten
Datum nach dem chinesischen Sonne-Mond-Kalender (SMK).
Der SMK umfasst Aufzeichnungen der Tage, Monate und Jahre auf der
Basis der 12 Mondmonate. Seine Geschichte ist über 4 000 Jahre alt
und seit mehr als 1 000 Jahren wird er regelmäßig gedruckt und astro-
logischen sowie persönlichen Analysen zugrunde gelegt. Man nennt
ihn auch den »Kalender der 10 000 Jahre«.
Eine Monddatenanalyse ist relativ einfach, wir werden dabei Schritt für
Schritt vorgehen.

»Kalender
der 10 000
Jahre«

Schritt 1: Das Monddatum finden

Schauen Sie im Sonne-Mond-Kalender im Anhang des Buches nach,
welches Monddatum Ihrem Geburtsdatum entspricht. Nehmen wir als
Beispiel Björn, geboren am 6. Mai 1962. Wir finden das Datum im Jah-
resblatt 1962 (Seite 86). Unter »Mai« suchen wir in der linken Spalte
den 6. und können in der rechten Spalte ablesen, dass dies im chinesi-
schen Kalender dem 3. April entspricht.

Schritt 2: Das Zahlenquadrat

Nun kommt das Zahlenquadrat (siehe links) ins Spiel,
das zwar wie das Bagua aussieht, jedoch in der Mondda-
tenanalyse nicht in Bezug zu den acht Lebensbereichen
verwendet wird. Wir zerpflücken nun das Monddatum
in seine Einzelzahlen
und tragen sie in das
Quadrat ein – entspre-
chend der vorgegebenen
Reihenfolge. Taucht eine
Zahl mehrfach auf, so wird sie ent-
sprechend doppelt, drei- oder vier-
fach in das jeweilige Feld eingetragen.
Das Schema von Björn sieht wie folgt
aus:

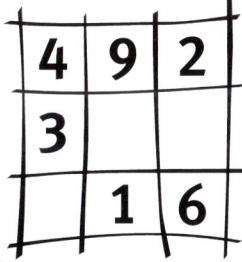

Schritt 3: Die Bedeutungen der einzelnen Zahlen

Jede Zahl – ob einfach, doppelt, drei- oder vierfach – wird nun einzeln anhand der folgenden Interpretationen gedeutet. Am Ende ergibt sich daraus ein Gesamtbild, das Sie mit all Ihren Facetten zeigt.

Je häufiger eine Zahl im Chart erscheint, umso kritischer können die Auswirkungen sein. Daher finden Sie jeweils nach der Interpretation der vierfachen Zahl eine »Hilfestellung«, die sich manchmal auch auf die dreifache, in seltenen Fällen bereits auf die zweifache Zahl bezieht.

Deutungen – kurz und knapp Die nun folgenden Deutungen sind kurz und knapp gehalten – und die Praxis zeigt, dass sie vielfach den Nagel auf den Kopf treffen. Gehen Sie aber nicht ganz bierernst mit ihnen um, sondern begreifen Sie sie als Fingerzeige, die Sie veranlassen mögen, darüber nachzudenken, inwieweit die jeweilige Aussage auf Sie zutrifft.

Als Vorabinformation sollten Sie noch wissen, dass das Zahlenquadrat in drei Hauptebenen unterteilt ist:

Die Kopfebene bezieht sich auf alles, was mit Intellekt und Logik zu tun hat; die Gefühlsebene umfasst Emotion, Intuition und Spiritualität. Und die Aktionsebene schließlich befasst sich mit Wohlstand, Kreativität und der Fähigkeit, Dinge in die Tat umzusetzen.

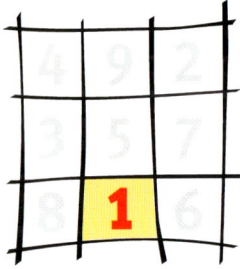

Die Zahl 1: Finanzieller Wohlstand

Die 1 gibt Aufschluss über die materielle Ebene, so auch über den Bezug zu Geld und Vermögen. Die 1 – egal wie häufig sie in Ihrem Zahlenquadrat vorkommt – macht keine Aussage darüber, ob Sie wirklich reich sind, sondern nur darüber, dass der finanzielle Wohlstand einen wichtigen Aspekt Ihres Lebens darstellt.

1 FINANZIELLE SICHERHEIT

Sie leben in einem grundlegenden Gefühl finanzieller Sicherheit. Deshalb sind Sie anpassungsfähig und leiden auch nicht darunter, wenn der gewünschte Geldsegen mal ausbleibt.

11 HANG ZUM LUXUS

Sie lieben schöne Dinge und suchen den Luxus.

111 SPÜRNASE FÜR ERFOLG

Sie haben den richtigen Riecher

Sie haben eine wahre Spürnase für Erfolg versprechende geschäftliche Vorhaben. Ob Sie das so verdiente Geld auch halten können, hängt von weiteren Zahlen Ihres Quadrats ab – vor allem von dem Vorhandensein der Zahlen 8 und 6.

1111 ZU VIEL DES GUTEN?

Ihr Streben nach Geld und Reichtum steht in Ihrem Leben an erster Stelle. Sind auf der Gefühlsebene in Ihrem Zahlenquadrat nur wenige Zahlen vorhanden, kann man von Habgier sprechen. Wenn zudem die Kopflinie nur spärlich oder gar nicht bestückt ist, dann kann es sein, dass Sie Ihr Vermögen regelrecht verschleudern.

Hilfestellung: Denken Sie einmal darüber nach, ob man wirklich alle Dinge im Leben kaufen muss – beziehungsweise kann. Vielleicht gehen Sie an den wirklich schönen, nicht käuflichen Dingen vorbei. Wann haben Sie zuletzt etwas geschenkt bekommen oder selbst verschenkt, das man nicht kaufen kann? Es wäre gut, wenn Sie sich vermehrt mit Dingen befassen, die nichts mit Geld zu tun haben.

Manche Dinge kann man nicht kaufen

Die Zahl 2: Gesundheit und Geisteskraft

Die 2 gibt uns Hinweise auf unsere Geisteskraft sowie auf unsere körperliche Gesundheit. Außerdem sagt sie etwas darüber aus, ob wir eher tiefgründige oder oberflächliche Menschen sind.

2 KLARE GEDANKEN

Die Kleinarbeit fällt schwer

Sie sind in der Lage, klare Gedanken zu fassen, allerdings fällt Ihnen die Kleinarbeit beim Lernen manchmal schwer. Gesundheit – oder besser: Krankheit spielt in Ihrem Leben keine entscheidende Rolle.

22 Gute Gesundheit

Ganz oder
gar nicht Sie sind ein sehr gesunder Mensch, aber wenn Sie krank werden, dann richtig. »Ein bisschen« Schnupfen gibt es bei Ihnen nicht. In Verbindung mit der 9 deutet die 22 auf eine eher legere Herangehensweise an die Dinge hin – nach dem Motto »Italienisch lernen – gern! Aber ohne Vokabeln zu büffeln.«

222 Auf den Körper hören

Sie neigen zu Krankheiten. Hören Sie deshalb auf Ihren Körper! Wenn allerdings in der Aktionslinie (8-1-6) mindestens 3 Zahlen vorhanden sind, so haben Sie nichts zu befürchten. Auf geistiger Ebene mag es sein, dass Sie leicht zu Überheblichkeit oder gar Starrsinn neigen, da Sie mehr auf sich selbst als auf andere konzentriert sind.

2222 Achten Sie auf Ihre Gesundheit!

Gehen Sie regelmäßig zum Arzt, Ihre Gesundheit ist ein Aspekt in Ihrem Leben, auf den Sie achten sollten. Das muss aber keinesfalls heißen, dass Sie dauernd krank sind! Auf geistiger Ebene können vierfache »Zweier« zu verstärkter Überheblichkeit, Starrsinn und Ruhelosigkeit neigen.

Hilfestellung: Ihnen sei wärmstens Qigong empfohlen. Zum einen entspannt es, zum anderen lässt es die Körperenergie frei fließen, wodurch Sie vielen körperlichen Beschwerden vorbeugen können.

Qigong lässt die Körperenergie fließen

Die Zahl 3: Intuition

Die 3 ist die erste Zahl der Gefühlsebene. Sie steht für Intuition sowie für die sinnliche Wahrnehmung. Außerdem ist sie ein allgemeines Barometer für Stärke oder Schwäche im emotionalen Bereich. In der Regel neigen »Dreier« dazu, von ihrem Gegenüber zu erwarten, dass es einfach weiß, wie sie sich fühlen.

3 Ausgeprägte Empfindsamkeit

Einerseits können Sie der sprichwörtliche Elefant im Porzellanladen sein, andererseits leiden Sie oft an verletzten Gefühlen. Schon ein »schiefer Blick« kann Sie aus der Fassung bringen. Sie sollten aufgrund Ihrer Empfindsamkeit Jobs meiden, die viel Stress mit sich bringen, denn der macht Sie krank.

33 Einfühlungsvermögen und Verständnis

Nutzen Sie Ihre Begabungen! Sensitivität und Intuition sind bei Ihnen gut ausgeglichen. Ihre Begabungen sollten Sie unbedingt nutzen, da sie Ihnen mit Sicherheit zum Erfolg verhelfen. Ihr angeborenes Einfühlungsvermögen und Verständnis für andere Menschen sowie Ihre Aufrichtigkeit und Treue machen Sie beliebt. Bei alledem sollten Sie aber nicht vergessen, auch auf sich selbst zu achten.

333 Sie sind hypersensibel

Sie fühlen sich sehr leicht verletzt und ziehen sich dann in Ihre eigene Welt zurück. Wenn Ihre Wünsche und Bedürfnisse nicht erfüllt werden, kann es leicht passieren, dass Sie überreagieren und versuchen, mit List und Tücke zu bekommen, was Sie wollen.

3333 Ungeduld und Unzuverlässigkeit

Hang zum Herzschmerz Sie kennen von sich selbst wahrscheinlich den Satz: »Um mich kümmert sich keiner.« Daraus resultieren Mutlosigkeit und auch der Hang zum Herzschmerz. In Ihrem Schmerz sind Sie voreilig und ungeduldig – und oft so mit sich selbst beschäftigt, dass Sie Termine oder Versprechungen einfach vergessen.

Hilfestellung: Wann immer Sie sich verletzt fühlen, sollten Sie versuchen, beide Seiten zu betrachten, sich also einmal in Ihr »verletzendes« Gegenüber hineinzuversetzen. Ergründen Sie, warum der andere Sie verletzt. Könnte es daher kommen, dass Sie dazu neigen, Ihre Gefühle zu verbergen? Womöglich reagiert Ihr Gegenüber aus Unwissenheit **Offener werden** falsch. Versuchen Sie es doch einmal mit mehr Offenheit. Und wenn Sie es auch nicht schaffen mögen, nun plötzlich alles offen auszusprechen, so probieren Sie es doch einmal mit einem kleinen, freundlichen Brief – das kann Wunder wirken.

Die Zahl 4: Logik und Ordnung

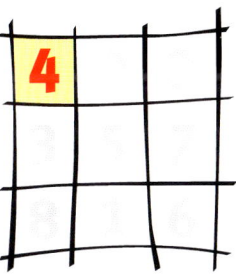

Leute mit der 4 im Zahlenquadrat sind logisch und rational, außerdem sehr ordentlich und akkurat. Sie zeigen wenig Nachsicht gegenüber der Unwissenheit anderer. Begreift jemand nicht, was der »Vierer« ihm näherzubringen versucht, wird er kurzerhand für dumm erklärt. Außerdem lehnen Menschen, die eine oder mehrere Vieren im Zahlenquadrat haben, Ideen, die nicht von ihnen selbst stammen, erst einmal grundsätzlich ab. Daher sind sie während der Lehrzeit zwar gute Zuhörer, aber auch die größten Skeptiker.

4 LOGISCHES DENKEN

Sie sind ein Organisa-tionstalent

Auch wenn man Sie erst einmal aus der Reserve locken muss, so sind Sie – beruflich oder privat – ein echter Gewinn auf den Gebieten Organisation, Management, Finanzplanung und Technik.

44 NEIGUNG ZUR ENGSTIRNIGKEIT

Ihre starken geistigen Fähigkeiten (siehe einfache 4) führen leider häufig auch zu großer Engstirnigkeit und Heftigkeit. Sie neigen dazu, die Anschauungen anderer als minderwertig oder »dumm« einzustufen.

444 VORSICHT VOR STARRSINN!

Ihre Voreingenommenheit gegenüber weniger fähigen oder begabten Menschen ist riesig. Man wird Sie mit Recht als extrem starrköpfig und eigensinnig bezeichnen.

4444 SAGEN SIE NICHT IMMER NEIN!

Sie widersprechen allem und jedem. Ihnen etwas beizubringen, ist Schwerstarbeit, wenn nicht unmöglich. Machen Sie sich klar, dass andere Menschen das Recht auf eine eigene Meinung haben!

Hilfestellung: Den »Vierern« einen Rat zu geben, fällt gar nicht so leicht. Die beste Unterstützung ist mit Sicherheit ein sehr geduldiger und offener Partner – oder auch Freunde und Freundinnen – die Ihnen ein klares Feedback dazu geben, wie sie es empfinden, von Ihnen bevormundet zu werden. Auch Selbstgespräche können hilfreich sein: Probieren Sie einmal, wie Sie sich fühlen, wenn Sie sich selbst »zur Schnecke machen«.

Ein klares Feedback kann helfen

Die Zahl 5: Das Ego

Die 5 zeigt, wie wir zu uns selbst und anderen stehen, außerdem die Art und Weise, wie Ideen, Wünsche und Bedürfnisse umgesetzt werden. Die 5 bedeutet ein zuverlässiges Gespür für die richtigen Entscheidungen zu haben sowie außergewöhnliche Charakterstärke.

5 IN KONTAKT MIT SICH SELBST UND ANDEREN

Sie sind in der Lage, Ihre eigenen sowie die Bedürfnisse Ihres Gegenübers klar zu erkennen. Sie sind ein sehr harmonieliebender Mensch und verfügen über ein gesundes Selbstbewusstsein. Sie kennen Ihre Lebensbestimmung und sind bestrebt, diese zu erfüllen.

55 Streben Sie nach Ausgeglichenheit!

Ausstrahlung und Eleganz

Man erkennt Sie an einem kraftvollen Blick und Ihrer ausgeprägten Augenpartie. Sie haben eine Vertrauen erweckende Ausstrahlung, gepaart mit sicherer Eleganz. Achten Sie stets auf Ihre innere Ausgeglichenheit, sonst könnten Sie zu Arroganz und Exzessen neigen und den Blick zu sehr auf sich selbst gerichtet haben.

555 Finden Sie das rechte Mass!

Entweder schweigen Sie oder Sie erzählen zu viel; entweder essen oder hungern Sie. Sie kennen nur die Wahl zwischen Liebe oder Hass. Für Ihr Gegenüber ist es in der Regel sehr schwer, Ihre Beweggründe zu erahnen, denn Ihre Gefühle teilen Sie nur selten mit. Wenn Sie sich jedoch öffnen, kann es den anderen förmlich erschlagen. Gehen Sie äußerst diszipliniert mit Ihren Gefühlen um!

5555 Explosionsgefahr!

Ein sicheres Gefahrensignal

Die vierfache 5 ist ein sicheres Gefahrensignal. Wenn Sie Ihre Gefühlswelt nicht durch viel Sport oder andere körperliche Aktivitäten ausgleichen, drohen Sie förmlich zu »platzen« vor Energie. Tätliche Angriffe auf Ihr Gegenüber, aber auch gegen sich selbst gerichtete Energien sind dann keine Seltenheit. Sicher reagieren Sie hin und wieder im Affekt.

Hilfestellung: Hier hilft nur der tägliche Ausgleich Ihrer Emotionen. Sie tun sich nichts Gutes, wenn Sie sich in irgendein Schema pressen lassen. Seien Sie offen und teilen Sie Ihrem Partner Ihre Bedürfnisse mit. Kann er oder sie Ihnen nicht geben, was Sie brauchen, dann sollten Sie nach einer Möglichkeit suchen, dies zu kompensieren. Erzwingen können Sie auf Dauer sowieso nichts.

Die Zahl 6: Kreativität und Sorge um die Familie

Großes kreatives Potenzial

Die 6 weist auf ein großes kreatives Potenzial hin. Auch für die Umsetzung von Ideen in die Praxis stehen die Zeichen gut, denn Sie sind in der Lage, die Dinge tatkräftig auf den

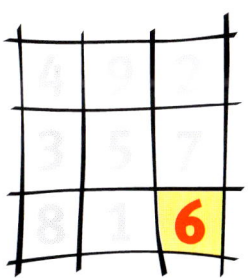

Weg zu bringen. Besonders wenn es sich um die Familie dreht, scheuen Sie keine Mühen und kein Risiko – auch und vor allem, was die materielle Ebene betrifft.

6 GESTALTERISCHES TALENT

Sie haben ein außerordentliches Talent, sich gestalterisch zu betätigen – sei es, die Wohnung neu einzurichten oder das Eigenheim zu planen. Alles gelingt Ihnen mühelos.

66 WENIGER IST MANCHMAL MEHR!

Kreative Kraft Sie verfügen über eine ungeheure kreative Kraft, wenn es darum geht, etwas zu gestalten. Manchmal übertreiben Sie es auch mit Ihrer Tatkraft; Sie lassen dann keine Möglichkeit aus, mit Ihrer Hände Arbeit für Wohlstand und Sicherheit Ihrer Familie zu sorgen. Dabei übersehen Sie leicht wichtige Dinge, weshalb Sie kleinere Rückschläge erleiden.

666 WIE GEWONNEN, SO ZERRONNEN!

Das Sprichwort könnte von Ihnen stammen. Ihr hoher Einsatz für Erfolg und für die Sicherheit Ihrer Familie treibt Sie an den Rand der seelischen und körperlichen Belastbarkeit. Vergessen Sie die Pausen nicht!

6666 LERNEN SIE NEIN ZU SAGEN!

Die Bedeutung der 666 wird hier noch verstärkt. Lernen Sie endlich Nein zu sagen und binden Sie Ihre Familie mit in die Verantwortung ein!

Hilfestellung: Es ist schön, dass Sie sich so sehr um andere sorgen, aber *Was ist mit Ihnen?* was ist mit Ihnen? Wenn Sie sich derart verausgaben, hat langfristig niemand etwas davon. Ein Rat an Sie: Jeden Tag eine gute Tat, aber die erste für sich selbst!

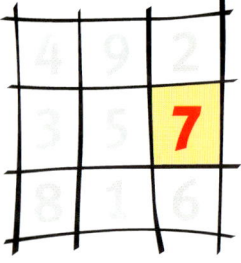

Die Zahl 7: Erfahrung und Spiritualität

Die 7 steht für menschliche Erfahrungen und das Bedürfnis, Körper, Geist und Seele zu ergründen – das besonders jenseits der 35 auftaucht. Die 7 ist außerdem die regierende Zahl der Jahre 1984 bis 2003 (diese Zahl wechselt alle 20 Jahre) und hat daher in dieser Zeit einen zusätzlichen positiven Einfluss.

7 Hören Sie auf Ihr Bauchgefühl!

Interesse für
das Über-
sinnliche

Sie streben nach Perfektion. Außerdem gilt Ihr Interesse den über-
natürlichen Dingen. Sie haben ein tiefes spirituelles Verständnis und
suchen ständig nach Neuem. Sie sind dabei schnell bereit, Dinge zu
glauben, wobei Ihnen manchmal eine gesunde Portion Skepsis fehlt.
Achten Sie daher vermehrt auf Ihr eigenes Gespür.

77 Meiden Sie Extreme!

Sie streben extrem nach Liebe und nach Geld. Auch auf der spirituel-
len Ebene sind Sie ständig auf der Suche. Um Ihre Gesundheit machen
Sie sich große Sorgen. Bringen Sie Ihre Gefühle ins Gleichgewicht! Ihr
Fleiß verschafft Ihnen in der Regel gute Erfolge, die Sie einfach ge-
nießen sollten, ohne ein schlechtes Gewissen zu haben.

777 Fragen über Fragen ...

Sie tragen zwei Seiten in sich: einerseits den Denker, der alles hinterfragt
und der sich stark und aufrecht für die Belange der Welt einsetzt, anderer-
seits den Melancholiker, der sein Dasein in dieser Welt als Last empfindet.

Denker und
Melancholi-
ker

7777 Suche nach Sinn

Je älter Sie werden, umso mehr philosophieren Sie über den Sinn des
Lebens und suchen nach den tieferen Hintergründen des Daseins. Die
Schicksale Ihrer Mitmenschen beschäftigen Sie manchmal so stark,
dass Sie auch hier ins Grübeln geraten und versuchen zu helfen oder
gar die Last anderer auf sich zu nehmen. Finden Sie dabei keine befrie-
digenden Lösungen, so verfallen Sie in Weltschmerz und Depressionen.

Sie müssen
niemanden
»retten«!

Hilfestellung: Denken Sie immer daran, dass jeder Mensch in seinem
Leben bestimmte Dinge zu lernen hat und dass es nicht Ihre Aufgabe ist,
andere zu »retten«. Konzentrieren Sie sich mehr auf sich selbst und Ihre
eigene Aufgabe. Solange Sie nicht willens sind, das zu begrei-
fen, werden Sie bestimmte Situationen in Ihrem Leben im-
mer wieder erleben.

Die Zahl 8: Glück und Reichtum

Die 8 ist eine Glück verheißende Zahl, was den materiellen
Wohlstand anbetrifft. Aber auch wenn die Asiaten diese
Zahl ausschließlich positiv darstellen, muss doch darauf

hingewiesen werden, dass Acht auch einen Teil des Wortes *Acht*ung darstellt und in dieser Bedeutung ebenfalls zu be*acht*en ist.

8 DER FINANZPLANER

Sie setzen Ihre mentalen Fähigkeiten ein, wenn Sie davon ausgehen können, dass Ihre Leistungen angemessen honoriert werden. Ihre Finanzen planen Sie mit Umsicht und werden es schnell zu einem ansehnlichem Vermögen bringen. Ein gewisser Komfort ist für Sie Bestandteil Ihres Lebens.

Komfort gehört dazu

88 ERFOLG AB 40

Sie sind ein/e geniale/r Geschäftsmann/frau, allerdings vermutlich erst in der zweiten Hälfte Ihres Lebens. Leider konzentrieren Sie sich zu stark auf materielle Werte und vergessen dabei ganz Ihre emotionalen und seelischen Bedürfnisse. Sie sollten hier unbedingt einen Ausgleich finden, sonst rächt sich dieses Ungleichgewicht in späteren Jahren.

888 EIN GLÜCKSSYMBOL

Bis zu ihrem vierzigsten Geburtstag können Sie Ihre glückliche Hand in finanziellen Dingen kaum nutzen. In dieser Zeit haben Sie eine Menge an schweren Prüfungen zu bestehen. Dies ist jedoch eine Vorbereitung auf die Zeit der Fülle.

Zeit der Fülle

8888 SIE SIND EIN ECHTER GLÜCKSPILZ ...

... jedoch erst in der zweiten Lebenshälfte. Dieses Symbol steht für den sprichwörtlichen Phönix aus der Asche. Was im ersten Lebensabschnitt nur mit Geduld und Ausdauer erreicht wird, kommt im zweiten Abschnitt fast von allein – vorausgesetzt, Sie haben Ihre Hausaufgaben im Leben gemacht.

Hilfestellung: Sie sollten Ihren Weg immer gerade und *acht*sam gehen, dann kann Ihnen nichts passieren. Sobald Sie jedoch Ihre Fähigkeiten einsetzen, um anderen zu schaden, kommt dies um ein Vielfaches als Bumerang zu Ihnen zurück.

Die Zahl 9: Wissen(schaft)

Die 9 ist in der chinesischen Numerologie eine positive Zahl, die sich auf die Fähigkeiten unseres Intellekts bezieht.

Jahrhundert
der Wissen-
schaft Wer im 20. Jahrhundert geboren ist – also fast jeder von uns – hat sie mindestens einmal in seinem Zahlenquadrat. Die Wissbegierde, welche diese Zahl symbolisiert, hat im letzten Jahrhundert in Wissenschaft und Technologie neue Meilensteine gesetzt.

9 Wissenschaftlicher Erfolg

Die einfache 9 steht für Erfolg auf den Gebieten der akademischen Bildung – sofern sie nicht von anderen Zahlen gestört wird. Hier ist vor allem die doppelte 2 gemeint, die der 9 den nötigen Willen zur Kleinarbeit nimmt. Grundsätzlich aber sind Sie intelligent, ehrgeizig und selbstbewusst. Erfolg ist für Sie jederzeit möglich.

99 Seriosität und Fairplay

Die doppelte 9 ist ein Hinweis auf geistige Begabung. Idealismus, Seriosität und der Respekt vor dem Lernen kennzeichnen Ihren Charakter. Ob Sie in der Forschung oder im juristischen Bereich arbeiten: Feingefühl und Gerechtigkeit prägen Ihr Handeln.

999 Denken Sie auch an Ihre Gefühle!

Ihr Wissensdurst ist sehr stark ausgeprägt. Sie laufen dabei Gefahr, Ihr ganzes Leben nur noch von geistigen Dingen regieren zu lassen. Doch wo bleibt Ihre Gefühlswelt? Leider neigen Sie auch zum Starrsinn, deshalb: Versuchen Sie es mal mit Kompromissen.

Versuchen
Sie es mit
Kompro-
missen

9999 Mein Wort ist Gesetz

Hat schon einmal irgendjemand versucht, Ihnen zu widersprechen? Wenn ja, so hat er es sicher nur einmal getan. Denn gegen Sie ist kaum anzukommen. Wenn Sie eine Meinung haben, dann werden Sie keinen Millimeter davon abgehen. Aber: Auch wenn Sie wirklich fast alles wissen, ist das noch lange kein Grund, stur und verschlossen gegenüber jedem Gegenargument zu werden.

Eine kleine
Übung **Hilfestellung:** Versuchen Sie es einmal mit der folgenden kleinen Übung: Nehmen Sie gerade oder ungerade Kalendertage einer Woche als Hilfsmittel. An den geraden Tagen haben Sie immer Recht, an den ungeraden Tagen gestehen Sie Ihrem Partner seine Meinung zu. Am Sonntag ziehen Sie gemeinsam Bilanz.

Schritt 4: Spezielle Zahlenkombinationen

Sehen Sie nun nach, ob eine oder mehrere der folgenden Sonderkombinationen auf Ihr Zahlenquadrat zutreffen, denn sie besitzen eine zu-

sätzliche Aussagekraft. Kommen Zahlen doppelt, drei- oder vierfach vor, so verstärkt sich die Bedeutung der Gesamtaussage – egal, welche der Zahlen vervielfacht ist.

1+6: GESCHÄFTSSINN
Sie haben einen guten Geschäftssinn und verstehen es, geschickt mit Finanzen umzugehen.

1+7: LEICHTIGKEIT
In den Jahren 1984 bis 2003 werden Sie Ihre Ziele leicht erreichen. Diese Kombination deutet darauf hin, dass Sie viel »unsichtbare« Hilfe bekommen, einfach weil die Zeit günstig ist. Ab 2004 gilt dies für die Sonderkombination 1+8.

2+3: AUSEINANDERSETZUNG
Sie verfügen über eine streitbare Ader. Nicht, dass Sie unbedingt auf Auseinandersetzung aus sind, aber Sie gehen sicher keinem Streit aus dem Weg. Wenn Sie einmal so richtig in Fahrt sind, sollten andere lieber in Deckung gehen.

4+9+2: FAIRNESS
Sie haben ideale Voraussetzungen für juristische Berufe, da Ihr Sinn für Gerechtigkeit und Fairness sehr ausgeprägt ist. Aber auch als Unternehmer sind Sie Ihren Mitarbeitern ein gerechter Chef.

3+5: LIEBESKUMMER
Beziehungsstress dürfte für Sie kein Fremdwort sein. Nicht nur die Liebe, auch der Umgang mit Freunden und Kollegen birgt immer wieder Überraschungen für Sie. Meistens sind Sie darüber nicht erfreut.

2+7: SOZIALBEWUSSTSEIN
Sie haben ein starkes Gespür für Ihre Mitmenschen. Braucht jemand Hilfe, so sind Sie zur Stelle. Je mehr Zahlen in dieser Kombination erscheinen, umso stärker ist Ihr Bedürfnis zu helfen. Vorsicht, vergessen Sie dabei nicht sich selbst!

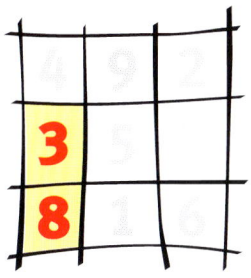

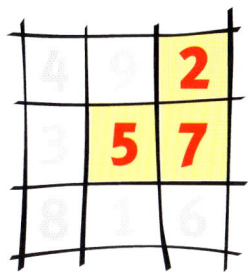

3+8: WÄCHTER

Sie sind der geborene Beschützer. Sie nehmen sich einer Person oder Sache an, die Sie fördern.

2+5+7: GUNST

Sie sind ein wahrer Glückspilz. Man sucht Ihre Gesellschaft, denn Sie verbreiten Frohsinn und Heiterkeit.

Schritt 5: Die Bedeutung der einzelnen Linien

Ein weiterer Schritt zur Deutung der Persönlichkeit sind die verschiedenen Linien im Zahlenquadrat (siehe nebenstehende Abbildung). Sie geben uns Fingerzeige über spezielle Fähigkeiten, Stärken und Schwächen. Unser persönliches Diagramm zeigt uns unsere Anlagen zum Zeitpunkt der Geburt. Niemand muss jedoch ewig damit leben, zum Beispiel ein »Chaot« zu sein. Ferner dürfen wir nicht vergessen, dass unsere Erziehung, unser persönliches Umfeld sowie unsere Partnerschaften zusätzliche prägende Faktoren sind. Auch reifen wir im Laufe der Zeit und gehen mit Herausforderungen anders um. Trotzdem hat die Erfahrung gezeigt, dass die grundlegenden Charaktereigenschaften, die uns die Linien erschließen, immer – und wenn auch nur minimal – vorhanden sind.

Die grundlegenden Eigenschaften sind immer vorhanden

Die Deutung: So funktioniert's

Wie die einzelnen Linien gedeutet werden, möchte ich anhand der Linie »Manager oder Chaot« erklären. Wenn alle drei Zahlen der Linie 4-3-8 vorhanden sind, so sind Sie ein sehr guter Planer und können beispielsweise Ihre eigenen Arbeitsabläufe gut koordinieren. Das sind gute Voraussetzungen, um ein Team zu leiten oder dessen Organisation zu übernehmen.

Sind in dieser Linie drei oder mehr Zahlen vorhanden, jedoch mit mindestens einem leeren Feld, so berücksichtigen Sie bitte die Bedeutung der verdoppelten oder verdreifachten Zahl. Nehmen wir zum Beispiel die Kombination 44-3: Das heißt, Sie planen ausschließlich nach logischen Grundsätzen, da die 4 – die Zahl von Logik und Ordnung – die Linie dominiert. Wäre die 3 doppelt, so würden sie mit sehr viel Fingerspitzengefühl vorgehen. Bei der zweifachen 8 wäre die Zielrichtung eher der eigene finanzielle Vorteil.

Die Bedeutung der doppelten Zahl beachten

Welcher
Aspekt
fehlt?

Zwei Zahlen bedeuten mindestens ein leeres Feld. Sehen Sie hier bei
»Schritt 3: Die Bedeutungen der einzelnen Zahlen« nach, welcher
Aspekt der harmonischen Planung fehlt. Wir sprechen in diesem Fall
bereits von leicht chaotischen Arbeitsabläufen. Was mit drei Zahlen in
der Linie strukturiert erledigt wird, fällt einem hier schwer.

Ist die Linie völlig leer, scheint zunächst das Chaos perfekt zu sein. Viele
Dinge werden angefangen, aber nicht alle werden auch zu Ende gebracht.
Allerdings können Menschen mit einer solchen Zahlenkonstellation sehr
wohl gut planen, jedoch nur, solange es andere Personen betrifft. Für das
Eigenmanagement empfiehlt sich ein guter Terminkalender.

An dieser Stelle soll nochmals betont werden, dass jeder Mensch in sei-
nem Leben die Möglichkeit hat, sich zu verändern. Wenn Sie also in
dieser Analyse als »Chaot« entlarvt werden, nehmen Sie's nicht so tra-
gisch, sondern vielmehr als Chance, an der Schwäche zu arbeiten, an-
statt zu sagen: »So ist es nun mal!«

Sehen Sie's
als Chance

Im Folgenden werden jeweils die beiden Extreme dargestellt: Eine Li-
nie ist mit drei oder mehr Zahlen belegt – oder sie ist vollkommen leer.
Wie im obigen Beispiel können Sie dann selbst kombinieren, was es
bedeutet, wenn Ihr Zahlenquadrat die jeweiligen Zahlen doppelt oder
gar dreifach aufweist oder wenn eine oder mehrere Zahlen fehlen.

LINIE 4-3-8: MANAGER ODER CHAOT?

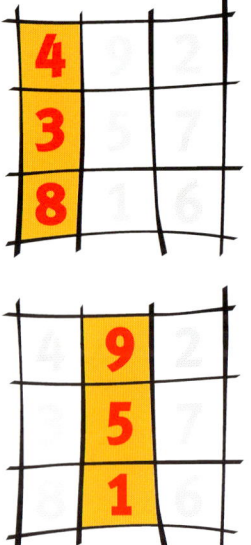

Manager: Die Zahlen 4, 3 und 8 bilden die Linie des Planers.
Sie steht für Menschen, die schlau, gerissen, scharfsinnig und
fleißig ihre Ziele verfolgen. Planer oder Manager sind perfek-
te Organisatoren oder Leiter von Arbeitsgruppen.

Chaot: Die fehlenden Zahlen 4, 3 und 8 bilden die Linie
der Konfusion. Menschen mit einem solchen Zahlenquad-
rat haben immer Schwierigkeiten, logisch und metho-
disch zu denken. Sie fangen viel an, haben aber meist
Probleme, die Dinge zu Ende zu führen.

Hilfestellung: Benutzen Sie einen Terminkalender oder
überlassen Sie die Terminplanung Ihrem Partner.

LINIE 9-5-1: EHRGEIZ ODER ENERGIEVERLUST?

Ehrgeiz: Diese Linie weist auf positive wie negative Aspekte
hin. Personen mit dieser Linie im Chart sind auf der einen

Seite unendlich ausdauernd und beharrlich, wenn Sie sich erst einmal etwas in den Kopf gesetzt haben. Je mehr Zahlen in dieser Reihe stehen, umso mehr neigen sie jedoch zu Halsstarrigkeit und Unflexibilität. Dies trifft vor allem auf die Kinder der Jahrgänge 1990 bis 1999 zu.

Energieverlust: Fehlen die Zahlen 9, 5 und 1, dann ist der Wille nicht besonders stark ausgeprägt, weshalb es wichtig ist, bewusst auf einmal gesetzte Ziele zuzusteuern. Für Menschen, die im 20. Jahrhundert geboren wurden – also fast alle von uns – trifft dies jedoch nicht zu, da mindestens eine Eins und eine Neun vorhanden sind.

Was haben Sie sich vorgenommen?

Hilfestellung: Rufen Sie sich immer wieder ins Gedächtnis, was Sie sich für Ihre persönliche Zukunft vorgenommen haben.

LINIE 2-7-6: FLEISS ODER PHLEGMA?

Fleiß: Sie sind sehr aktiv und arbeiten gern. Vermutlich verfügen Sie über ein beträchtliches handwerkliches Geschick – umso mehr, je mehr Zahlen diese Linie aufweist. Sie treiben viel Sport und mobilisieren dabei enorme körperliche Kräfte.

Phlegma: Sie können richtig apathisch, faul und gelangweilt sein. Achten Sie darauf, dass Ihr Phlegma nicht überhand nimmt, sonst verpassen Sie wichtige Chancen, die Sie lieber nutzen sollten!

Hilfestellung: Für beide Extreme ist es wichtig, einen harmonischen Ausgleich zwischen Aktivität und Ruhephasen zu finden.

LINIE 4-9-2: GLOBAL ODER SPEZIELL?

Global: Die Kopflinie repräsentiert unsere intellektuellen Fähigkeiten und mentalen Prozesse und damit das Talent, global zu denken. Hier können wir gut analysieren und unsere Vorstellungskraft nutzen, hier entspringen Kreativität und Motivation. Diese Linie steht aber auch für das bewusste Wahrnehmen des inneren Selbst, wenn sie zusammen mit Zahlen der Gefühlsebene auftritt (Linie

Das innere Selbstvertrauen

3-5-7). Wenn sie mit Zahlen der materiellen Ebene kombiniert ist (Linie 8-1-6), dann geht es um das Wahrnehmen von Fakten. Fehlen dagegen die Zahlen aus den anderen Bereichen komplett, so ist die betreffende Person sehr unausgeglichen – sie könnte sich »zu Tode denken«.

Wenige Zah- Speziell: Wer nun aber meint, dass wenige Zahlen hier weniger Intelli-
len bedeu- genz anzeigen, ist im Irrtum. »Nur« eine Neun deutet vielmehr darauf
ten nicht hin, dass hier der »Weitwinkel« einer gut bestückten Kopflinie fehlt.
weniger Ein solcher Mensch wird sich eher spezialisieren. Gerade der Jahrhun-
Intelligenz dertwechsel wird eine neue Generation hervorbringen, in der die reine
Logik von der Intuition abgelöst wird.

Hilfestellung: Nur bei zu vielen Zahlen ist der Ausgleich auf anderen
Ebenen wichtig, zum Beispiel durch Sport.

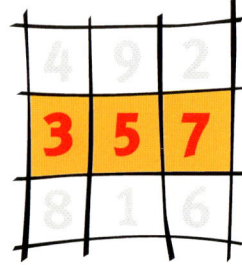

LINIE 3-5-7: GEFÜHL

Die mittlere horizontale Reihe mit den Zahlen 3, 5 und 7
steht für die emotionale Ebene der Persönlichkeit: Gefüh-
le, Instinkt und Intuition. Dies ist sozusagen das Verbin-
dungsstück zwischen dem Intellekt und der praktischen
Seite des Lebens. Wenn sich die Zahlen in dieser Linie
häufen, während sonst nur wenige vorhanden sind, kann
dies einen Überfluss an Emotionen bedeuten – was be-
sonders dann, wenn zudem sehr viele Fünfen vorhanden

sind, zu negativen Effekten führen kann. Zu viele Dreien hingegen be- **Zu viele**
deuten Streit, ein Überschuss an Siebenen ist in der gegenwärtigen Pe- **Dreien**
riode der regierenden 7 (von 1984 bis 2003) ein durchaus glückver- **bedeuten**
heißendes Zeichen. Ab 2004 weist die mehrfache 7 wieder »nur« auf **Streit**
Lebenserfahrung und Spiritualität hin.

Werden die Zahlen der spirituellen Dimension (3-5-7) nicht durch ei-
nige Zahlen im Intellekt ausgeglichen, weist dies auf eine Person hin,
die ausschließlich von ihrem Herzen regiert wird. Das kann natürlich
einen Überfluss an Liebe bedeuten, aber auch zu Gefühlen wie Anhaf-
tung, Neid, Ärger oder Zorn führen. Doch was immer es auch ist, zu
viele Emotionen bedeuten, dass Logik und rationales Denken zu kurz
kommen.

Je magerer die Gefühlslinie bestückt ist, desto eher zeigen sich Einsam-
keit, das Fehlen von wahren Freunden, von Liebe und Freude. Die
betreffende Person wird ein Einzelgänger sein. Dabei wird von anderen
meist übersehen, welch hochsensiblen Menschen sie vor sich haben.

Zeigen Sie Hilfestellung: Zeigen Sie Ihre Gefühle und erwarten Sie nicht, dass je-
Gefühle der von selbst weiß, wie und was Sie empfinden. Woher sollen Ihre
Mitmenschen denn wissen, wie es in Ihnen aussieht?

LINIE 8-1-6: SEKT ODER SELTERS?

Sekt: Die Zahlen 8, 1 und 6 zusammen oder einzeln sind die Wohlstandszahlen der chinesischen Numerologie. Sie stehen für kommerziellen Erfolg, Überfluss, Wachstum und Wohlstand. Sie können aber auch Arroganz und Egoismus bedeuten – durch zu viel materiellen Erfolg. Wenn die Zahlen der materiellen Ebene dominieren und die spirituelle Ebene zu kurz kommt, bedeutet dies meist eine gefühlskalte Persönlichkeit, die ausschließlich auf den Gelderwerb ausgerichtet ist. Wenn hingegen die intellektuelle Ebene zu schwach ausgeprägt ist, kann es sich um eine Person handeln, die ihren Reichtum verschleudert.

Kommerzieller Erfolg und Überfluss

Selters: Glücklicherweise bedeuten wenige Zahlen in dieser Linie nicht automatisch Armut. Es zeigt sich hier vielmehr eine gute Anpassungsfähigkeit an die aktuelle Situation. Während es für Menschen mit mehr als drei Zahlen in dieser Linie undenkbar ist, keine Sicherheiten zu haben, bewegen Sie sich mühelos auf allen Ebenen des gesellschaftlichen Parketts – egal, ob Sie gerade im Überfluss schwelgen oder eher knapp bei Kasse sind.

Hilfestellung: Nur ein kurzer Satz: Geld allein macht nicht glücklich!

LINIE 4-5-6: VERTRAUEN ODER MISSTRAUEN?

Vertrauen: Wenn hier von Vertrauen die Rede ist, so heißt das, der Betreffende kann sich gut auf die eigene Entschlossenheit, Beharrlichkeit und Ausdauer verlassen – eine sehr positive Eigenschaft. Solche Personen überwinden Probleme und Hindernisse, ohne ihr Ziel aus den Augen zu verlieren.

Misstrauen: Ist die Linie 4-5-6 aber weniger gut bestückt, dann kann man das Misstrauen wortwörtlich nehmen. Je weniger Zahlen hier vorhanden sind, umso länger braucht es und umso schwieriger ist es für die betreffende Person, Vertrauen aufzubauen.

Hilfestellung: Nur bei einer ganz leeren Linie ist der Rat angebracht, etwas mehr auf andere zuzugehen.

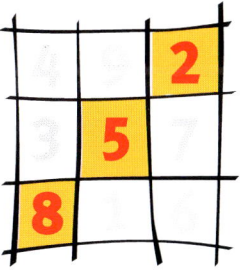

LINIE 2-5-8: LUST ODER FRUST?

Lust: Die gefühlsmäßige Ausgewogenheit zeigt sich in dieser Diagonalen. Wer hier alle Zahlen in seinem Zahlenquad-

Harmoni-
sches
Gleichge-
wicht
rat findet, der lebt in einem natürlichen und harmonischen Gleichge-
wicht zwischen Emotionen, einem tiefen spirituellen Empfinden sowie
einem guten Verhältnis zur materiellen Welt.

Frust: Fehlen die Zahlen dieser diagonalen Reihe, so kann sie zur wah-
ren »Frustlinie« werden. Ständige Rückschläge, Hindernisse und
Blockaden sowie unerfüllte Träume dürften Ihnen nicht fremd sein.
Hilfestellung: Besonders wenn die 5 fehlt, sind Sie meist hauptsächlich
für andere da. Achten Sie mehr auf sich selbst. Gönnen Sie sich selbst
etwas!

Beispiel Björn

Um das Ganze in der Praxis zu sehen, wollen wir beispielhaft Björns
Zahlenquadrat interpretieren:

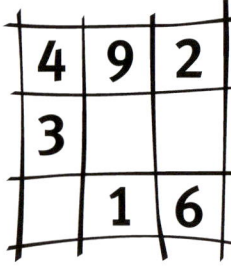

Manager (oder Chaot): Die Zahlen 4, 3 und 8 bilden die
Linie des Planers. Doch bei Björn ist diese Linie nicht voll-
ständig – ihm fehlt die 8 – weshalb ihm ein logisches Vor-
gehen bei der Arbeit eher schwer fällt.

Ehrgeiz (oder Energieverlust): Personen mit dieser Linie
im Chart sind ausdauernd und beharrlich. Wenn sie sich
etwas erst einmal in den Kopf gesetzt haben, sind sie kaum
davon abzubringen. Da Björn jedoch nur zwei Zahlen in
dieser Linie hat, ist er mit guten Argumenten schon davon
zu überzeugen, dass ein anderer Weg zum Ziel besser sein könnte.

Fleiß (oder Phlegma): Diese Linie steht für Sport, Aktivität und hand-
werkliches Geschick. Da Björn aber die 7 fehlt, müssen es realistische
Dinge sein, die er in die Tat umsetzt. Mit allem Übersinnlichen, nicht
Greifbaren kann er nichts anfangen.

Aktivität und
handwerk-
liches Ge-
schick

Global (oder speziell): Dies ist die Kopflinie, die für den Intellekt steht.
In Björns Fall ist diese Linie voll, was für eine große Fähigkeit steht,
eine Vielzahl von Fakten wahrzunehmen und in seine Entscheidungen
mit einzubeziehen.

Gefühl: Je weniger Zahlen wir hier haben, desto eher fühlt sich derjeni-
ge einsam und ungeliebt. Dabei wird meist übersehen, wie hochsensi-
bel der Betreffende ist. Björn mit seiner allein stehenden 3 ist also sehr
introvertiert und eher verschlossen, was seine Gefühle angeht. Oftmals
soll sein Gegenüber erahnen, was er gerade fühlt.

Wohlstands-
zahlen
Sekt (oder Selters): Die Zahlen 8, 1 und 6 zusammen oder einzeln sind
die Wohlstandszahlen in der chinesischen Numerologie, sie bergen je-

doch auch die Gefahr von Arroganz und Egoismus. Zu sagen, Björn sei geldgierig, ist übertrieben, aber sein Streben nach Wohlstand ist schon recht stark ausgeprägt.

(Vertrauen oder) Misstrauen: Je weniger Zahlen hier vorhanden sind, umso länger brauchen diese Menschen, um Vertrauen aufzubauen. Da Björn in dieser Linie eine Zahl fehlt, braucht er zwar nicht allzu lange, jedoch lässt er in der Regel eine gehörige Portion Vorsicht walten.

Eine gehörige Portion Vorsicht

(Lust oder) Frust: Fehlen die Zahlen in der diagonalen Reihe, so zeigen sie Frustration, verursacht durch Rückschläge, Blockaden und unerfüllte Träume, an. Bei Björn ist nur eine Zahl – die 2 – vorhanden, daher wird er immer wieder Ups und Downs erleben, jedoch mit den Jahren immer rechtzeitiger für Rücklagen sorgen.

Schritt 6: Partneranalyse

Eine Partneranalyse ist im Grunde recht einfach. Zuerst sollte man sich die Zahlenquadrate beider Partner in Ruhe getrennt ansehen, wie wir es jetzt mit dem von Björn getan haben. Dann trägt man die Zahlen beider in ein einziges Quadrat ein, in unserem Beispielfall die von Björn und seiner Frau Svenja. Es ist sinnvoll, die Zahlen jeweils in verschiedenen Farben zu schreiben. In unserem Fall sind Björns Zahlen blau, Svenjas rot. Und so sieht das dann aus:

Das Zahlenquadrat von Svenja und Björn: Seine Zahlen sind blau, ihre rot eingezeichnet

**Sonderkom-
binationen
beachten**

Im gemeinsamen Zahlenschema sieht man es auf einen Blick – vor allem, wenn man auch die Sonderkombinationen beachtet: Wo gibt es Überschneidungen zwischen beiden Profilen, wo ergänzt man sich? In unserem Fall bringt Svenja vieles von dem, was Björn fehlt, in die Beziehung mit ein: Sozialbewusstsein, Spiritualität und ihr glückliches Händchen in Bezug auf das Erreichen ihrer Ziele. Leider ist sie keine gute Planerin, doch hier liegen wiederum Björns Stärken. So verschieden die beiden auch sind, wie man hier sehen kann, ergänzen sie sich ganz wunderbar.

Spezielle Partnerkombinationen

Wie Sie gesehen haben, ist eine Partneranalyse nicht schwer zu erstellen. Hier noch ein paar Tipps, wie Sie konstruktiv mit besonderen Partnerkonstellationen umgehen können.

- Ihr Partner hat eine 111 oder sogar 1111 in seinem Zahlenquadrat und glaubt, alle Dinge seien käuflich: Hier sind Fantasie und Diplomatie gefragt. Wünschen Sie sich zum Geburtstag etwas, das Ihr Partner nicht kaufen kann, oder schenken Sie ihm etwas »Unkäufliches«, zum Beispiel Ihre gebundene Liebesbriefsammlung, oder geben Sie ihm Unterricht in Champagnerkunde.

- Ihr Partner hat keine 5 und achtet zu wenig auf sich selbst: Ermutigen Sie Ihren Mann/Ihre Frau dazu, »jeden Tag eine gute Tat« zu tun – aber für sich selbst. Das ist gar nicht so einfach, deshalb braucht er/sie dabei Ihre Unterstützung!

**Ermutigen
Sie Ihren
Partner!**

- Ihrem Partner fehlt die Gefühlslinie 3-5-7 und er neigt daher zum Einzelgänger: Partys und Massenveranstaltungen sind ihm/ihr wahrscheinlich ein Gräuel. Dosieren sie deshalb Treffen mit Freunden behutsam, aber konstant.

- Ein Partner mit 44 trifft auf einen Partner ohne 4: Da die »4« glaubt, alles besser zu wissen, und allen Vorschlägen erstmal mit einem Nein begegnet, braucht der andere viel Fingerspitzengefühl, um seine Ideen richtig rüberzubringen – bis die »4« schließlich der Meinung ist, es war ihre eigene Idee.

**Hier stehen
sich Kopf
und Bauch
gegenüber**

- Ein Partner mit 999 trifft auf einen Partner mit 77: Hier stehen sich Kopf und Bauchgefühl gegenüber. Alles, was die »77« nicht wissenschaftlich erklären kann, lehnt »999« strikt ab. Hier hilft nur der langfristige »Beweis«.

Die Betrachtung der fünf Elemente

Die wichtigste Zahlenkombination unseres Lebens

Zugegeben, die Elemente sind keine Zahlen, doch sie sind untrennbar mit der wichtigsten Zahlenkombination unseres Lebens verbunden: unserem Geburtsdatum. Denn jedem Geburtsjahrgang wird (gemäß dem chinesischen Mondkalender) eines der fünf Elemente zugerechnet. Dieses Element ist ein Leben lang wichtig.

Wie Sie schon im ersten Kapitel erfahren haben, werden die fünf Elemente in China als die Grundbausteine des Lebens angesehen. Alle Dinge, Lebewesen und Erscheinungen lassen sich einem bestimmten Element zuordnen – so auch menschliche Charaktereigenschaften, Schwächen wie Stärken. Je nachdem, welches Element zur Zeit unserer Geburt vorherrschend war, sind wir davon geprägt und treten mit anderen Menschen und deren Element entsprechend in Wechselwirkung. Im Folgenden erfahren Sie, welche Qualitäten Feuer, Wasser, Erde, Holz und Metall charakterisieren – und können so ein weiteres Puzzleteil zu Ihrer Persönlichkeitsanalyse hinzufügen.

Dabei sollten Sie wissen, dass jedes Element ein positives Potenzial birgt – ganz bestimmte Eigenschaften, die im Idealfall ein harmonisches Bild ergeben. Jeder von uns tendiert jedoch innerhalb seines Elements entweder mehr in die aktive oder in die passive Richtung. Wenn Sie die folgenden Typbeschreibungen lesen, werden Sie sicher schnell feststellen, welche Tendenz bei Ihnen vorherrscht.

Jedes Element birgt ein positives Potenzial

Die Elemente-Qualitäten

Ihr Geburtselement bestimmen

Doch bestimmen Sie nun zuerst einmal Ihr Geburtselement. Suchen Sie in der Elementetabelle auf Seite 82 Ihr Geburtsdatum und schauen Sie nach, welches Element zu diesem Zeitpunkt geherrscht hat. Verwenden Sie dafür das gewohnte Datum, das Sie also nicht nach dem chinesischen Mondkalender umrechnen müssen. Beachten Sie, dass der Jahresanfang in dieser Tabelle variiert!

Svenja ist beispielsweise am 21. Januar 1958 geboren. Das (chinesische) Jahr 1958 beginnt aber erst am 18.2.1958. Somit gehört Svenja noch zum Element Feuer, welches das Jahr 1957 regierte.

Das Element Holz

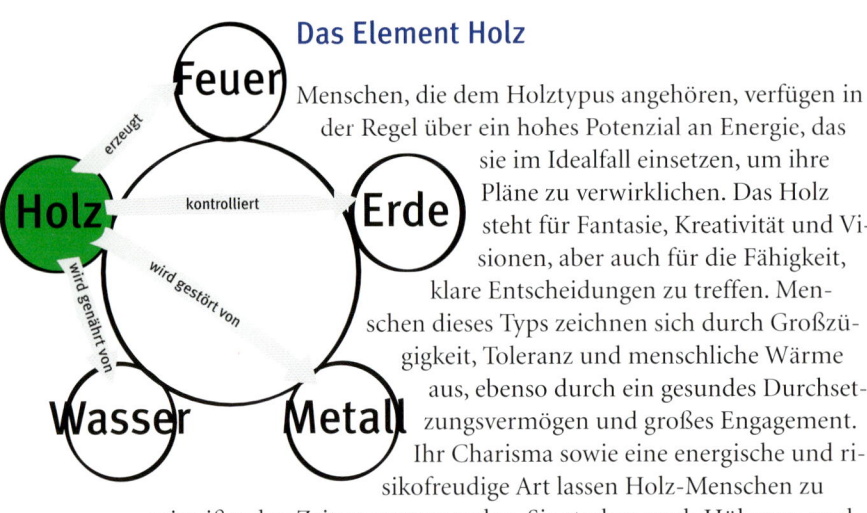

Menschen, die dem Holztypus angehören, verfügen in der Regel über ein hohes Potenzial an Energie, das sie im Idealfall einsetzen, um ihre Pläne zu verwirklichen. Das Holz steht für Fantasie, Kreativität und Visionen, aber auch für die Fähigkeit, klare Entscheidungen zu treffen. Menschen dieses Typs zeichnen sich durch Großzügigkeit, Toleranz und menschliche Wärme aus, ebenso durch ein gesundes Durchsetzungsvermögen und großes Engagement. Ihr Charisma sowie eine energische und risikofreudige Art lassen Holz-Menschen zu mitreißenden Zeitgenossen werden. Sie streben nach Höherem und verlangen nach mehr. Sie sind die geborenen Führungskräfte. Doch aufgepasst: Wenn die Energie des Holztypus aus irgendeinem Grund angestaut wird, kann das dazu führen, dass er sich rücksichtslos seinen Weg zum Erfolg bahnt. Da die Wut ein Attribut des Holzes ist, lässt sich eine solche »Überaktivität« leicht an unkontrollierten und häufigen Wutausbrüchen sowie an einem allgemein aggressiven Verhalten erkennen.

Die Wut ist ein Attribut des Holzes

Dagegen ist es gerade das Problem des Holz-Menschen, der seine Stärken nicht ausleben kann und eher die passive Seite der Holzenergie lebt, dass ihm die Wut regelrecht zu fehlen scheint – oder dass er nicht in der Lage ist sie auszudrücken. Er zieht sich dann aus dem Leben zurück, hält sich mit Nebensächlichkeiten auf und kommt nur schwer voran. Allein sein eiserner Wille lässt ihn ausharren, bis ein Problem gelöst ist.

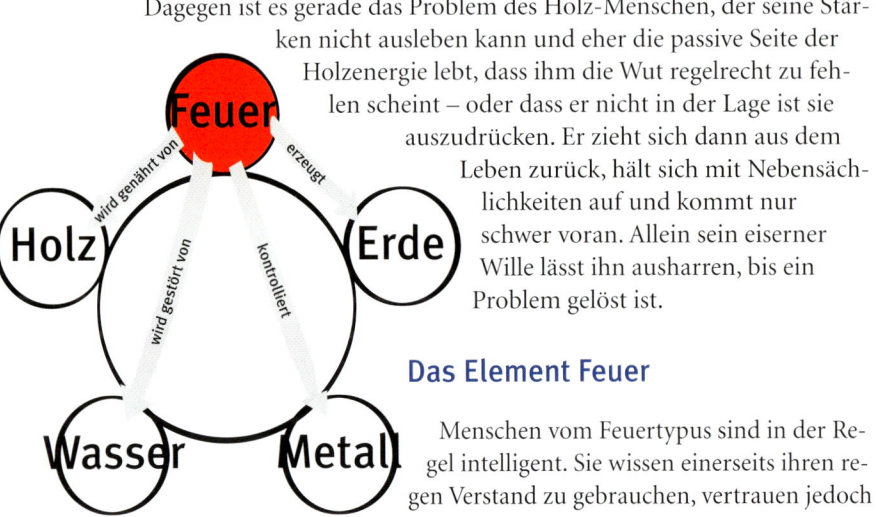

Das Element Feuer

Menschen vom Feuertypus sind in der Regel intelligent. Sie wissen einerseits ihren regen Verstand zu gebrauchen, vertrauen jedoch auch ihrer Intuition. Qualitäten des Feuers sind außerdem das Wachstum auf allen Ebenen sowie die Entwicklung der Individualität. Dieses Element steht für die Fähigkeit, Freude zu empfinden und liebevolle Beziehungen einzugehen. Feuer-Menschen sind bereit, anderen zu vergeben, und sie sind in der Lage, ihre eigenen tiefen Sehnsüchte wahrzunehmen. Die unentwegt Tätigen fordern von sich und anderen stets das Maximum an körperlichem und geistigem Einsatz. Noch ehe ein Gipfel erstürmt ist, drängt es den Feuertypen bereits zum nächsten. Im Extremfall glänzen die kontaktfreudigen Feuer-Menschen als »Maulhelden«. Ihre heißblütige Sprunghaftigkeit lässt sie dann leicht über das Ziel hinausschießen. Ist der Feuertyp aus dem Lot geraten, so ist er hektisch, launenhaft, ungeduldig und mitunter skrupellos. Ein wahrer Workaholic kann die Folge sein, dessen Stimmung zwischen himmelhochjauchzend und zu Tode betrübt hin- und herschwankt – mal ist er engelhaft, mal teuflisch. Seine Sucht nach Extravaganz lässt andere stöhnen.

Süchtig nach Gipfelerlebnissen Auch die wichtige Eigenschaft des Sich-Freuen-Könnens gerät aus dem Lot und kann zu einer regelrechten Sucht nach Gipfelerlebnissen werden.

Brennt das Feuer hingegen auf Sparflamme, so arbeitet und kämpft der betreffende Mensch um die Dinge, die er sonst mit Leichtigkeit erobern könnte. Viele Projekte werden ins Leben gerufen, allerdings fehlt dann die Power – und auch die Freude – um sie in die Tat umzusetzen.

Das Element Erde

Menschen, die dem Erdtypus angehören, sind ehrlich, ehrgeizig, zuverlässig und geradlinig. Sie sind innerlich ausgeglichen und stabil und verfolgen ihre Ziele, ohne sich zu verzetteln. Erd-Menschen haben ein Talent dafür, sich im Leben einen sicheren und soliden Platz zu schaffen. Dabei haben sie kein Problem damit, auch fremde Einflüsse und neue Gedanken aufzunehmen und zu assimilieren. Ihr Metier ist die materielle Ebene, und dazu passt auch ihre Vorliebe für gutes Essen. Sie geben jeder Partnerschaft den erotischen Kick, indem sie ein exotisches

Menü zaubern und den Liebsten mit einem wahren Augen- und Gaumenschmaus verwöhnen. Auf der geistigen und emotionalen Ebene ist es das Nachdenken, das Lernen und Studieren, das diesen Typus prägt. Positiv zeigt sich dies als Umsicht und als Fähigkeit, praktisch zu denken, im negativen Fall jedoch als Hang zum Grübeln bis hin zu Zwangsgedanken. Erdtypen neigen häufig zu einer gewissen Trägheit, die in Kombination mit der Vorliebe fürs Essen dazu führen kann, dass sie es sich im großen Sessel gemütlich machen, genüsslich etwas in sich hineinmampfen, dabei aber vom großen Abenteuer träumen, in dem sie sich als König oder Casanova sehen – und oftmals gelingt sogar die Umsetzung dieser Träume in die Realität.

Nachden-ken, lernen, studieren

Ist die Erd-Energie nicht stark genug, so handelt der betreffende Mensch schwerfällig, träge und ist entscheidungsschwach. Er findet dann seinen Platz im Leben nicht und verfällt nicht selten in Depressionen. Ist die Erdung hingegen zu stark, so wird dieser Mensch unflexibel und schwerfällig, da ihn sein Sicherheitsdenken daran hindert, sich auf körperlicher wie geistiger Ebene zu bewegen.

Das Element Metall

Charaktereigenschaften, die ganz besonders dem Metalltypen zugerechnet werden können, sind Beharrlichkeit, Treue, Anpassungsfähigkeit und Mut. Ein starkes Metallelement bringt außerdem die Fähigkeit mit sich, loszulassen. Da mit dem Metall auch das Trauern verbunden ist, führt diese Fähigkeit dazu, dass ein Mensch einen Verlust angemessen betrauern kann, ohne zu lange darin zu verharren. Oftmals kennzeichnet diese Menschen eine gewisse Intensität; Bescheidenheit und Disziplin unterstützen sie bei ihrer Arbeit. Moral und Ethik erforschen Metall-Menschen mit unglaublicher Akribie und ihrem Gegenüber verhelfen sie zu so mancher Einsicht. Überhaupt wirken sie auf ihre Umgebung nicht selten hilfreich und heilsam. Auch kennzeichnet sie ein ausgeprägter Gerechtigkeitssinn. Metalltypen sind standhaft und vertrauenswürdig.

Die Elemente in der Partnerschaft

Holz/Holz, Feuer/Feuer, Erde/Erde, Metall/Metall, Wasser/Wasser

Wenn Gleich und Gleich sich zueinander gesellen, dann bedeutet das absolute Gleichberechtigung in der Partnerschaft. Die beiden Menschen stehen Seite an Seite; weder schaden noch fördern sie sich gegenseitig. In einem solchen Fall gibt es weder einen Energiegewinn noch -verlust. Außerdem dienen beide Partner dem anderen als Spiegel, was einem zwar die eigenen Stärken, jedoch auch die Schwächen aufzeigt. Wenn zwei gleiche Elemente eine Beziehung eingehen, dann ist das eine gute Grundvoraussetzung für eine harmonische Partnerschaft.

Harmonische Partnerschaft

Holz/Feuer, Feuer/Erde, Erde/Metall, Metall/Wasser, Wasser/Holz

Diese Elementekombinationen entsprechen dem Schöpfungszyklus, das heißt, ein Element nährt das andere. (Holz nährt Feuer, Feuer nährt Erde usw.) Dadurch, dass der eine Partner – derjenige, der genährt wird – die ganze Energie des anderen bekommt, geht es ihm sehr gut und er braucht wenig Eigenenergie aufzubringen. Dem Gebenden hingegen wird früher oder später die Luft ausgehen. Er erwartet jetzt, dass er das zurückbekommt, was er die ganzen Jahre über verschenkt hat. Doch das funktioniert nicht – der Kreislauf geht nicht rückwärts. In einer solchen Verbindung sollten sich beide Partner darüber im Klaren sein, das der gebende Partner seine Kraft aus dem ihn nährenden Element beziehen muss. Das mag auf der Ebene der Arbeit, eines Hobbys oder auch durch unterstützende Farben und Formen geschehen.

Der Kreislauf funktioniert nicht rückwärts

Holz/Erde, Erde/Wasser, Wasser/Feuer, Feuer/Metall, Metall/Holz

Diese Elementekombinationen entsprechen dem Zyklus der Kontrolle und bedürfen grundsätzlich eines Vermittlers. Um dauerhafte Spannungen zu vermeiden, sollten Sie die Eigenschaften des vermittelnden Elements zu Hilfe nehmen. Dieses finden Sie in der Abbildung auf Seite 18. Es ist jeweils das Element, das sich zwischen Ihren beiden Geburtselementen befindet. Grundsätzlich sind dies die spannendsten Beziehungen, in denen eine große Anziehungskraft zwischen den Partnern herrscht. Gleichzeitig sorgt diese Anziehung jedoch auch für Hochspannung, womit nicht immer ganz leicht umzugehen ist.

Zyklus der Kontrolle

Schwierig wird es, wenn dieses Element aus dem Lot gerät. Dann gelingt es oft nicht mehr, loszulassen – besonders auch die Trauer nicht. Untröstlicher Kummer, Rückzug, Depressionen und Humorlosigkeit können die Folge sein, auch Trübsinn und Apathie. Im Alltag kann dies so aussehen, dass die Telefonrechnung schwindelnde Höhen erreicht, da gequasselt wird, um das Energie-Defizit auszugleichen. Menschen in einer solchen Situation fordern dann häufig Mitgefühl von Ihrer Umgebung und bemitleiden sich zuweilen auch richtig gern selbst.

Mitgefühl fordern

Das Element Wasser

Wassertypen zeichnen sich durch Gelassenheit, geistige Wachheit und eine große innere Ruhe aus. Sie mögen positiven Stress, der sie angemessen fordert, und gehen mit Ehrgeiz zur Sache. Dabei sind sie recht bescheidene Zeitgenossen, die sich zudem durch ihren Mut auszeichnen. Wie jeder weiß, »gründen stille Wasser tief« – und das trifft natürlich ganz besonders auf den Wassertypus zu: Er geht den Dingen gern auf den Grund. Oftmals sammeln Menschen, die von diesem Element geprägt sind, im Laufe ihres Lebens ein gehöriges Maß an Weisheit an, da sie in der Lage sind, ihre Aufmerksamkeit von der äußeren Welt ab- und ihren Innenwelten zuzuwenden – zum Beispiel in der Meditation. Außerdem wissen sie mit ihren Energien hauszuhalten, die sie dann in interessante Begegnungen investieren können, bei denen oft die Sexualität eine wichtige Rolle spielt. Wasser-Menschen frösteln leicht und lieben daher Wärmebehandlungen aller Art.

Wasser-Menschen frösteln leicht

Sind jedoch die Energien aus dem Lot geraten, so neigt derjenige dazu, sich permanent dem Existenzkampf des Lebens ausgeliefert zu sehen. Ein solcher Mensch ist dann vielfach scheu, verspannt und manchmal auch verklemmt. Er leidet unter Antriebsarmut und geringem Selbstvertrauen. Der sonst willkommene Stress wird nun zur Überforderung. Der Wassertyp braucht nun eine Stütze oder mentale Krücke. Sein Problem ist dabei, dass er in diesem Zustand nicht gern gesehen und erkannt wird und sich daher schwer tut, um Hilfe zu bitten. Er wird wahrscheinlich eher nach dem Motto: »Augen zu und durch« handeln.

Stress wird zur Überforderung

Die fünf Elemente in der Praxis

Um die fünf Grundcharaktere nochmals zu verdeutlichen, stellen wir jedem von ihnen dieselbe Frage. Die Antworten lassen schnell erkennen, mit wem wir es zu tun haben. Die Frage lautet: »Kannst du mir 500 Mark leihen?«

Holz antwortet: »Wozu brauchst du das Geld?« (Holz will alles ganz genau wissen.)

Feuer antwortet spontan: »Ja, kein Problem!« oder aber: »Nein, das geht auf keinen Fall.« (Feuer ist ein klarer Entweder-Oder-Typ.)

Erde antwortet: »Ich weiß noch nicht, ob ich es dir geben kann. Kann ich dir das in ein paar Tagen sagen?« (Erde muss über alle Dinge erst gründlich nachgrübeln.)

Metall antwortet: »Warum fragst du ausgerechnet mich?« (Metall kann nur schwer loslassen.)

Wasser antwortet: »Bekomme ich es auch ganz sicher wieder?« (Wasser hat Verlustängste.)

Als es an die Rückzahlung geht, muss der Schuldner beichten, dass er schon wieder pleite ist: »Tut mir leid, ich kann das Geld noch nicht zurückgeben und weiß auch nicht, wann es möglich sein wird.«

Holz bekommt wahrscheinlich einen Tobsuchtsanfall.

Feuer hakt es vermutlich einfach als Fehlinvestition ab.

Erde überlegt sofort, wie sie trotzdem an ihr Geld kommt.

Metall verfällt in Selbstmitleid: »Ich Armer bin geprellt worden.«

Wasser sorgt sich, wie es den Verlust schnell wieder ausgleichen kann.

Holz will alles ganz genau wissen

Metall hat Selbstmitleid

Wir sind in Wandlung begriffen

Haben Sie sich in Ihrem Geburtselement erkannt? Ja, aber Sie finden sich auch in dem einen oder anderen weiteren Element wieder? Das ist nicht verwunderlich. Denn letzten Endes trägt jeder von uns ein Stück von jedem der fünf Elemente oder Wandlungsphasen in sich. Außerdem wechselt im Laufe unseres Lebens in bestimmten Zeitabschnitten das Element, das den größten Einfluss auf uns hat. Dies geschieht übrigens nicht unbedingt in der Reihenfolge des Schöpfungszyklus. Wie der Name schon sagt, sind die Dinge – und so auch der Mensch – ständig in Wandlung und Veränderung begriffen.

Jeder trägt jedes Element in sich

Neun Sterne Ki – das Persönlichkeits- Feng-Shui

Einer alten Legende nach geht das Neun Sterne Ki, das man auch Persönlichkeits-Feng-Shui nennt, auf eine Vision des Kaisers Wu zurück, der etwa 2000 v. Chr. herrschte. Neun Sterne Ki ist ein wenig mit der Astrologie vergleichbar: Je nach Geburtsdatum entspricht jedem Menschen nicht nur ein bestimmtes Element, sondern auch eine so genannte Ki-Zahl. Deren gibt es neun, die jeweils für einen Ki-Typen stehen – zum Beispiel für den Vermittler oder den Entertainer, den Lehrer oder Kreativen. Hier werden die unterschiedlichen Qi-Kräfte innerhalb der Persönlichkeit wirksam. Sie prägen uns individuell und verraten unsere verborgenen Talente und Schwächen und sie wirken sich auch auf unsere Beziehungen zu anderen aus. Neun Sterne Ki ist also ein wirksames Instrument für die Persönlichkeitsanalyse und ein wertvoller Ratgeber, wenn es darum geht, unsere Möglichkeiten zu entdecken und unser volles Potenzial zu entfalten.

Mit der Astrologie vergleichbar

Die Möglichkeiten entdecken

Übrigens: Falls Sie sich wundern, warum es hier plötzlich »Ki« heißt und nicht »Qi« – das liegt daran, dass dieses System ursprünglich aus Japan nach China kam. Die japanische Schreibweise hat man bis heute beibehalten.

Da das Neun Sterne Ki ein sehr umfangreiches System ist, das den Rahmen dieses Buches sprengen würde, werden wir uns hier auf einige ausgewählte Aspekte beschränken. Es werden vor allem jene sein, die uns bei unserer Persönlichkeitsanalyse weiterbringen: der Ki-Typ, unser Lebensthema, der Jahresaspekt sowie die individuell günstigen Himmelsrichtungen in unserem Leben.

Die neun Ki-Typen

Welcher Typ sind Sie?

Um herauszufinden, zu welchem der neun Ki-Typen Sie gehören, müssen Sie zunächst Ihre Ki-Zahl ermitteln. Sehen sie dazu bitte in der Tabelle auf Seite 82 nach. Suchen Sie dort Ihr Geburtsdatum – dahinter finden Sie Ihre Ki-Zahl angegeben.

Und das sagt die Ki-Zahl über Sie aus:

Ki-Typ	Charaktereigenschaften
1	Sie haben viele Ideen, sehr viel Fantasie und sind ein ruhiger, stiller und introvertierter Typ mit einer Neigung zur Mystik. Sie sind bereit und in der Lage, eine tiefe Liebe zu empfinden. Ansonsten sind Sie vermutlich ein Einzelkämpfer in einem künstlerischen oder kreativen Beruf, aber Sie sind auch für andere Menschen da und unterstützen sie, soweit Sie es auch vertreten können.
2	Sie sind ein Vermittler zwischen Materie und Mensch. In der Praxis kann das heißen, dass Sie anderen die Entstehung des Universums ebenso näher bringen wie das Funktionieren eines technischen Apparats. Sie sind ein sehr geduldiger und sorgender Typ, ein treuer und verlässlicher Partner. Gleichzeitig brauchen Sie ein harmonisches Umfeld. Im Beruf sind Sie ein hervorragendes, weil kooperatives und kommunikatives Teammitglied.
3	Sie leben ausschließlich im Hier und Jetzt und sind ein tatkräftiger, manchmal unberechenbarer Typ. In der Partnerschaft sind Sie stürmisch und leidenschaftlich. In Ihren Hobbys sowie beruflich suchen Sie die Herausforderung, wobei Sie sich eher zum Chef als zum Mitarbeiter eignen.
4	Mit Ihrer geistigen Flexibilität setzen Sie Gedanken und Ideen in Taten um. Auf den ersten Blick sind Sie ein schwer greifbarer und oberflächlich erscheinender Typ, jedoch sind Sie ein sehr charmanter und liebenswerter Partner. Sie schaffen sich Ihre eigenen Gesetze im Leben; im Beruf sind Sie ein guter Vermittler.
5	Sie tragen vielfältige Anlagen in sich und nutzen diese nach Bedarf. Sie sind ein ausdauernder und etwas egozentrischer Typ sowie ein leidenschaftlicher und dominanter Partner. Sie suchen, und kämpfen für das Gute im Leben und sind auch im Berufsleben ein idealistischer Kämpfer.
6	Mit Ihrer eigenen Stärke fördern Sie sich und andere. Sie sind ein gerechter und großzügiger Typ sowie ein fordernder, aber Glück bringender Partner, der versucht, Vollkommenheit im Miteinander zu erreichen. Wenn die »Rangordnung« stimmt, sind sie derjenige im Team, der für gute Laune sorgt.
7	Sie sind der geborene Entertainer und Kommunikator, ein heiterer und lebensbejahender Typ, fantasievoll, aber in der Partnerschaft manchmal dadurch schwierig, dass Sie unentwegt auf die Reize des anderen Geschlechts reagieren. Sie brauchen andere Menschen, um sich zu entfalten. Im Team sind Sie das verbindende Glied und sind stets zu Diensten.

Viel Fantasie

Im Hier und Jetzt

Der geborene Entertainer

Ki-Typ	Charaktereigenschaften
8	Sie stehen mit beiden Beinen fest auf der Erde und geben anderen dadurch Halt. Im Leben konzentrieren Sie sich auf das Wesentliche. Sie sind ein sehr gründlicher und Vertrauen erweckender Typ, ein für die Ehe wie geschaffener Partner. Bescheidenheit und innere Werte sind Ihnen wichtig. Als fleißiges und kompetentes Teammitglied sind Sie hoch geschätzt.
9	Sie sind der geborene Lehrer und lebenslang Lernende sowie ein rhetorisch versierter Typ. Sie können gut planen; Ihr Partner schätzt Sie als feurigen und kreativen Menschen. Sie streben nach Perfektion und Erkenntnis und sind ein sehr beliebter und kompetenter Kollege.

Konzentriert auf das Wesentliche

Haben Sie sich hier wiedererkannt? Schön, dann können Sie jetzt mit Ihrer Ki-Zahl weiterarbeiten – und im Folgenden Ihr Lebensthema entdecken.

Unser Lebensthema

Im Folgenden können Sie anhand einiger einfacher Zahlenkombinationen herausfinden, welches Thema Ihr Leben dominiert. Die Basis dafür bildet das Zahlenquadrat, wie wir es in der Monddatenanalyse verwendet haben – nur in diesem Fall mit einer variablen Reihenfolge der Zahlen. Außerdem kommt hier auch das Bagua mit seinen acht Lebensbereichen ins Spiel, das Sie im ersten Kapitel kennen gelernt haben. Es liefert uns die Grundlage für diese besondere Betrachtungsweise – im Zusammenspiel mit der Fünf-Elemente-Lehre. Zur Erinnerung hier noch einmal die Zuordnung der Lebensthemen im Bagua:

Welches Thema dominiert Ihr Leben?

FINANZEN	RUHM/ FREUNDE	LIEBE
4	9	2
GESUND- HEIT/ FAMILIE	ZENTRUM	KINDER/ PROJEKTE
3	5	7
WISSEN	KARRIERE	HILFE
8	1	6

Die acht Lebensbereiche im Bagua

Wie das Ganze funktioniert, wird im Folgenden Schritt für Schritt am Beispiel von Svenja gezeigt werden.

Schritt 1: Geburtsjahres-Ki-Zahl

Im ersten Schritt setzen wir die Geburtsjahres-Ki-Zahl ein, die wir ja im vorigen Abschnitt bereits ermittelt haben. Bei Svenja ist das die 7.
Wir schreiben also die 7 in die Mitte unseres Zahlenschemas. Um das Schema vollständig zu füllen, benötigen wir jedoch auch die verbleibenden acht Grundzahlen. Wir schreiben sie aufsteigend in der durch die kleinen schwarzen Zahlen vor-gegebenen Reihenfolge in das Quadrat (siehe weiter unten). Das heißt, nach der 7 folgen 8 und 9, dann beginnen wir wieder bei 1. (Die kleinen schwarzen Zahlen in der rechten unteren Ecke eines jeden Feldes sind ein reines Hilfsmittel und anschließend in der Deutung nicht relevant.)

Das Zentrum des Baguas ist der wichtigste Punkt im Leben Die 7 im Zentrum kennzeichnet den wichtigsten Punkt in Svenjas Le-ben – sozusagen ihr Hauptthema. Interpretieren wir es nun auf der Grundlage des Baguas: Die 7 steht für Kinder und Projekte – Svenjas Lebensmittelpunkt. Doch auch die fünf Elemente können wir zur Deutung heranziehen. Die Entsprechung zwischen Zahl und Element finden wir in der Tabelle auf Seite 17. In Svenjas Fall entspricht die 7 dem Element Metall. Diese Information wird jedoch erst wichtig, wenn weitere Zahlen und Elemente ins Spiel kommen.

Schritt 2: Die Monats-Ki-Zahl

Jetzt kommt noch die Monats-Ki-Zahl hinzu. Diese können Sie in der Tabelle auf der folgenden Seite ablesen. Suchen Sie dazu erst Ihre Jah-res-Ki-Zahl und lesen Sie in der Ihrem Geburtsmonat entsprechenden Spalte darunter die Monats-Ki-Zahl ab.
Die Monatszahl tragen wir ebenfalls ins Zentrum unseres Schemas ein (in der Abbildung auf Seite 56 in blau dargestellt) und verfahren auch sonst wie unter Schritt 1 erläutert. Das Bagua zeigt uns nun ein The-ma, das der Jahreszahl noch einen Aspekt hinzufügt.
Svenja ist am 21. Januar geboren, daher kommt nun zur 7 – Kinder und Projekte – die 6: Hilfe. Übersetzt heißt das, Svenjas Aufgabe sind »helfende Projekte« oder »Hilfe für Kinder«. Da die 6 ebenfalls Metall ist, lässt sich hier auf gutes Gelingen ihrer Vorhaben schließen.

»Helfende Projekte«

Tabelle der Monatszahl des Neun Sterne Ki

JAHRES-KI-ZAHL	1, 4, 7	2, 5, 8	3, 6, 9
4. Februar - 5. März	8	2	5
6. März - 4. April	7	1	4
5. April - 5. Mai	6	9	3
6. Mai - 5. Juni	5	8	2
6. Juni - 7. Juli	4	7	1
8. Juli - 7. August	3	6	9
8. August - 7. September	2	5	8
8. September - 8. Oktober	1	4	7
9. Oktober - 7. November	9	3	6
8. November - 7. Dezember	8	2	5
8. Dezember - 5. Januar	7	1	4
6. Januar - 3. Februar	6	9	3

Ermitteln Sie Ihre Monats-Ki-Zahl

In der nächsten Darstellung sind die einzelnen Felder beschriftet, um gleich die Bereiche des Bagua parat zu haben:

Die Monats-Ki-Zahl wird nun zusätzlich zur Geburtsjahres-Ki-Zahl ins Bagua eingetragen

Schritt 3: Das Feld mit der Fünf suchen

Die 5 steht für Verantwortung

Das Feld, in das Sie Ihre »rote« 5 eingetragen haben, gibt Aufschluss über den Bereich, in dem Ihr zentrales Thema Anwendung findet. Im Bagua steht die 5 für Verantwortung.

Im Fall von Svenja steht die 5 im Bagua-Bereich Gesundheit/Familie. Dies bedeutet einerseits, dass sie Verantwortung für Gesundheit und Familie übernehmen wird. Gleichzeitig zeigt sich aber hier der finanzielle Aspekt (blaue 4). Also wäre für sie ein Beruf im Gesundheitswesen denkbar. Nehmen wir zu unserer Betrachtung jetzt auch noch die fünf Elemente hinzu, so ergibt sich, dass die Erde/Verantwortung (5) von Holz/Finanzen (4) angegriffen wird – wie es dem Zyklus der Kontrolle entspricht. Es ist also denkbar, dass Svenja vielen Versuchungen ausgesetzt ist und manchmal ihre Verantwortung im Bereich Finanzen nicht exakt genug wahrnimmt. Da sich dieses Bild auch noch im Feld Gesundheit zeigt, wird Svenja womöglich krank werden, wenn sie Probleme in diesem Bereich hat.

Lösung: Svenja sollte alle Eigenschaften des Feuers (Vermittler zwischen Holz und Erde) einsetzen, um verantwortungsbewusst mit ihren Finanzen umzugehen und für ihre Arbeit auch den nötigen Ausgleich zu erhalten.

Die Eigenschaften des Feuers einsetzen

Schritt 4: Das Feld gegenüber der 5 interpretieren

Ein weiterer Blickwinkel

In diesem Feld finden wir noch einen weiteren Blickwinkel, der uns über unser zentrales Lebensthema Aufschluss gibt.

Im Fall von Svenja steht gegenüber der roten 5 eine rote 9, gemeinsam mit einer blauen 8. Die 9 steht für Ruhm und Freunde. Beide Aspekte sind für Svenja sehr wichtig. Eventuell gibt es Projekte, die sie gemeinsam mit Freunden verwirklicht; es könnte aber auch sein, dass sie mit einem Projekt zu Ruhm gelangt. Ruhm und Freunde (9) stehen sehr eng mit dem Thema Wissen (blaue 8) in Verbindung. So wäre es durchaus denkbar, dass sie durch ihre Projekte an Wissen gewinnt oder für ihre Projekte viel Wissen braucht. Ersteres ist jedoch wahrscheinlicher, denn aus der Sicht der fünf Elemente entspricht die 9 dem Feuer und nährt damit die 8 (Element Erde).

Betrachten wir abschließend nochmals alle drei Felder, so könnten wir zu dem Schluss kommen, dass Svenja zusammen mit Freunden ein Gesundheitszentrum gründet, wodurch sie Ruhm erlangt, Geld verdient und eine Menge dazulernt.

Der aktuelle Jahresaspekt

Der Jahresaspekt zeigt uns die besonderen Einflüsse, die sich jedes Jahr etwas anders auf unser Lebensthema auswirken. Denn jedem Jahr ist im Feng Shui nochmals eine Zahl zugeordnet, die Sie in nebenstehender Liste finden. Diese Zahl in Verbindung mit Bagua und Elementen lässt eine grobe Jahresprognose zu. Natürlich können wir mit dieser Betrachtungsweise nicht in die Zukunft sehen, aber sie gibt uns interessante Hinweise auf mögliche Gefahrenquellen ebenso wie auf zu erwartende Unterstützung.

Eine grobe Jahresprognose

Bleiben wir beim Beispiel von Svenja. Wie steht es um ihr Lebensthema im Jahr 2001? Dem Jahr 2001 ist die Zahl 8 zugeordnet. Diese Jahreszahl tragen wir nun wieder in Farbe – diesmal in grün – ins Zentrum der Schemas ein und verfahren wie mit der Jahres-Ki-Zahl.

Jahreszahlen mit Ki-Zahl-Entsprechung	
2000	9
2001	8
2002	7
2003	6
2004	5

Die Jahreszahl – zusätzlich in das persönliche Bagua eingetragen – sagt etwas über Chancen und Gefahren im entsprechenden Jahr aus

FINANZEN	RUHM/ FREUNDE	LIEBE
5 6 7 9	1 2 3 5	3 4 5 7
GESUND- HEIT/ FAMILIE	ZENTRUM	KINDER/ PROJEKTE
4 5 6 8	6 7 8 1	8 9 1 3
WISSEN	KARRIERE	HILFE
9 1 2 4	2 3 4 6	7 8 9 2

Im Jahr 2001 hat Svenja also die folgenden Einflüsse zu erwarten. Wie gehabt, beginnen wir mit unserer Interpretation im Zentrum des Zahlenschemas.

Die 8 steht für das Wissen

Zentrum: Die grüne 8 des Jahres 2002 steht im Bagua für den Aspekt Wissen und auf der Ebene der fünf Elemente für Erde. Da Erde Metall fördert, wird Svenja Informationen (Wissen) bekommen, die ihre hilfreichen (blaue 6/Metall) Projekte (rote 7/Metall) unterstützen.

Das Feld der Fünf: Hier kommt die grüne 6 (Hilfe/Metall) hinzu. Das bedeutet einen indirekten Angriff auf Svenjas Finanzen (blaue 4/Holz), denn Metall schlägt Holz. Sie sollte also in diesem Jahr sehr sorgsam (vermittelndes Element zwischen Metall und Holz: Wasser, welches unter anderem für die Sorge steht) mit finanziellen Dingen (4) umgehen, um nicht die Kontrolle zu verlieren.

Feld gegenüber der Fünf: Hier kommt Karriere/Wasser (grüne 1) ins Spiel. Können wir nun sagen, Svenja macht mit ihrem Wissen (blaue 8) Karriere (1) und erntet Ruhm (rote 9)? Nun, grundsätzlich ja, wenn sie die Eigenschaften von Metall und Holz einsetzt. Denn das Wasser (Karriere/1) greift die 9 und die 8 an. Hat sie genügend Ausdauer (Metalleigenschaft) und überlegt sich ihr Tun sehr genau (Holzeigenschaft), so gelingt ihr jedes Vorhaben.

Die Eigenschaften von Metall und Holz einsetzen

Die Richtungen im Neun Sterne Ki

Doch Neun Sterne Ki offenbart noch eine weitere Möglichkeit der Anwendung, nämlich in Bezug auf die Himmelsrichtungen. Denn die Zahlen der Himmelsrichtungen, die periodisch festgelegt sind, wechseln jährlich. Das bedeutet, dass beispielsweise eine Reise in den Süden – oder auch der tägliche Arbeitsweg nach Süden – nicht jedes Jahr gleich günstig für uns ist, je nachdem welcher Zahl der Süden gerade zugeordnet ist. Ein weiterer Faktor ist dann die Harmonie mit unserer eigenen Ki-Zahl.

Der Süden ist nicht jedes Jahr gleich günstig für uns

Um herauszufinden, von welcher Richtungsenergie beispielsweise Ihr Arbeitsweg im Jahr 2002 geprägt ist, brauchen wir wieder unser Zahlenraster. In diesem Fall sind hier die Himmelsrichtungen eingetragen. Zusätzlich brauchen wir die Zahl, die dem Jahr 2002 entspricht. Sie finden sie in der Tabelle auf der vorhergehenden Seite. Diese Zahl tragen Sie wie immer ins Zentrum des Schemas ein und entsprechend auch die übrigen Grundzahlen.

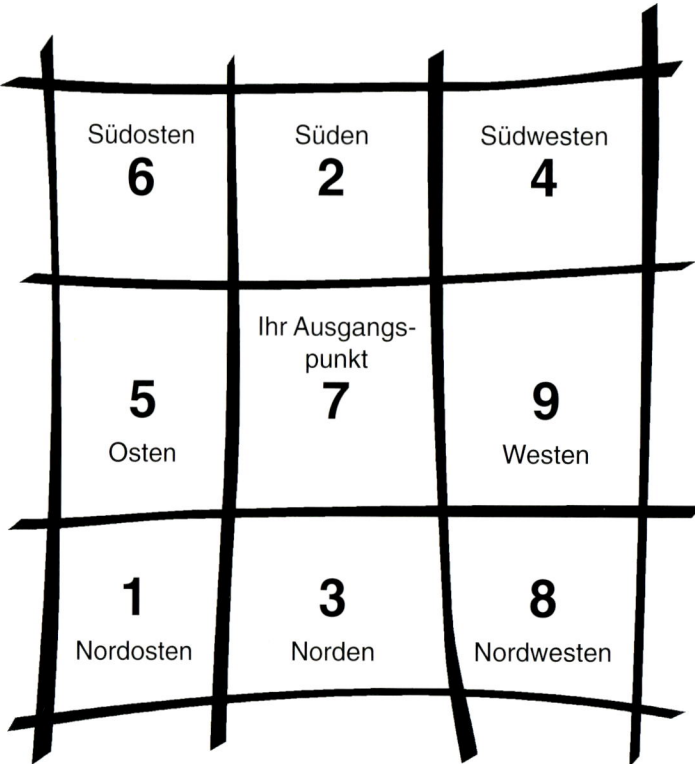

Südosten	Süden	Südwesten
6	**2**	**4**
5	Ihr Ausgangs-punkt **7**	**9**
Osten		Westen
1	**3**	**8**
Nordosten	Norden	Nordwesten

So sieht das Bagua für das Jahr 2002 aus. Wollen Sie herausfinden, welche Richtung für Sie in diesem Jahr günstig ist, legen Sie das Bagua auf einen Stadtplan – oder eine Landkarte

Legen Sie dieses Raster nun auf einen örtlichen Stadtplan, das Zentrum – »Ihr Ausgangspunkt« – sollte dabei ungefähr auf Ihrem Haus beziehungsweise Ihrem Stadtteil liegen. Schauen Sie nun, in welche Richtung Sie gehen oder fahren, um zu Ihrem Arbeitsplatz zu gelangen. Beachten Sie dabei, dass auf unserer Darstellung der Norden unten ist und sie somit gedreht werden muss! Nehmen wir einmal an, im Jahr 2002 wäre Ihre Reiserichtung Westen, so entspräche das der 9. Was das bedeuten kann, können Sie in nachfolgender Tabelle ablesen.

Was verspricht eine Reise in den Norden?

Natürlich können Sie auf diese Weise ebenso ermitteln, ob Geschäfts- oder Urlaubsreisen in eine bestimmte Richtung eher gut oder ungünstig für Sie sind – oder umgekehrt: Schauen Sie doch einmal nach, in welcher Himmelsrichtung das angenehmste, aufregendste, erfüllendste oder erholsamste Urlaubsziel auf Sie wartet – oder die vielversprechendsten Geschäfte!

RICHTUNG	ZIELENERGIE
1	Erfolgreiche, geheime Aktionen; romantische, aber unglückliche Liebeleien; Schaden durch Unaufrichtigkeit (Vorsicht bei Geschäftsabschlüssen!); schleichende Erkrankungen; Melancholie; gut für Meditation
2	Fruchtbarkeit: ideale Richtung bei Kinderwunsch; Harmonie; Dinge nicht beeinflussen können; Geborgenheit; Abwehr; bedächtige Zeit
3	Unvorhergesehene Ereignisse – im Positiven wie im Negativen; heftige Flirts; extreme Gemütsschwankungen; Verstöße gegen Moral und Recht
4	Hervorragende Richtungsenergie für dauerhafte Ortsveränderung; Begegnungen; Sie nehmen sich selbst und Ihre Umgebung ganz neu wahr; allmähliche Neuerungen positiver Art; harmonische Umgebung
5	Unglücksenergie; grundsätzlich negativ; Verluste; negative Eigenschaften tauchen auf oder werden verstärkt; negative Ereignisse; Unerfreuliches; Konflikt mit dem Gesetz
6	Eine kräftige, mächtige und reiche Zone; hier können Sie Höhepunkte erleben; Sie sind sehr auf sich selbst bezogen; überraschende Gewinne; gute Vorsätze und Taten
7	Gesellschaftliche Höhepunkte; wenig Sorgen; Ausschweifungen jeglicher Art; eigene Interessen wahrnehmen; Unehrlichkeit sollten Sie vermeiden; Risikofreude
8	Gewohnheit; Bescheidenheit; Sparsamkeit; man kommt zur Vernunft; sanfte, geruhsame Stimmung; man versinkt in der eigenen Gedankenwelt
9	Reger Forschergeist drängt Sie zur Entdeckungsreise; verborgene Wahrheiten kommen ans Licht; Sie brennen vor Wissbegierde; Sie erkennen schnell das Positive und lehnen Negatives ab

Gut für die Meditation

Sie brennen vor Wissbegierde

Die Zeit der Leere – eine ganz besondere Zeit

Die Zeitqua-
lität nutzen

Im Leben eines jeden Menschen gibt es nach dem Verständnis der Feng Shui Numerologie so genannte Zeiten der Leere. Das mag sich zuerst einmal negativ anhören, ist es aber nicht. Es geht vielmehr darum, diese Zeit bewusst anzugehen und die Zeitqualität positiv zu nutzen. Die Zeit der Leere fordert uns dazu auf, uns mit bestehenden und laufenden Projekten, Beziehungen und sonstigen Aktivitäten intensiv auseinander zu setzen, sie zu verfeinern oder zu vertiefen. Besonders lernen, ordnen, aufräumen ist jetzt angesagt. Wir gehen jetzt nach innen und nicht nach außen. Die Zeit der Leere ist also auch eine Zeit der Besinnung.

Sie eignet sich daher ebenfalls zur Meditation, für (be)sinnliche Stunden allein und zu zweit. In den Zeiten der Leere sollten Sie daher am besten einen Wellness-Urlaub mit Ihrem Partner buchen, die lang geplante Kur antreten oder sich für eine Weile allein zurückziehen, sich einmal ausgiebig um Ihr Innenleben – oder auch Ihr Äußeres – kümmern. Die Zeit der Leere fordert Sie förmlich dazu auf, sich zu pflegen, zu hegen und (rundum) zu erneuern.

Von dem Beginn neuer Projekte, Heirat, Umzug, Berufs- oder Arbeitsstellenwechsel in dieser Zeit ist hingegen unbedingt abzuraten. Denn die Zeit der Leere unterstützt das Laufende und bremst das Neue. Jedoch sind Aktivitäten, die man in dieser Zeit angeht, nicht grundsätzlich zum Scheitern verurteilt, sondern können in manchen Fällen sogar größtes Glück bedeuten. Es handelt sich ungefähr um 10 Prozent der Zeit der Leere, die ein solches positives Potenzial birgt. Diese Zeiten zu ermitteln ist jedoch (leider) Sache eines Fachmanns, da die Berechnung recht kompliziert ist.

Positives
Potenzial

Seien Sie umsichtig!

Zeiten der Leere hat jeder Mensch. Es sind 4 Stunden pro Tag, 2 Monate im Jahr und 2 Jahre im 12-Jahres-Zyklus. Wenn Sie sich an diese Zeiten halten, so können Sie erheblichen Nutzen daraus ziehen. Verstehen Sie die Zeit der Leere bitte nicht als großes Damoklesschwert, sondern seien Sie einfach in solchen Phasen besonders umsichtig mit Ihren Vorhaben – und wundern Sie sich nicht, falls Ihnen in dieser Zeit manches nicht so gut gelingt.

Am besten ist es, Sie nutzen die tägliche Zeit der Leere möglichst für untergeordnete Arbeiten wie Aufräumen, Saubermachen, Ablage und andere ordnende Tätigkeiten. In den jährlichen Monaten der Leere sollten Sie keine wichtigen Entscheidungen treffen und nach Möglichkeit keine Verträge abschließen und sich schon gar nicht verloben oder gar heiraten – so wie das auch für die Jahre der Leere gilt.

Aufräumen, Saubermachen, Ordnung schaffen

Ihre persönlichen Leerzeiten

Welches sind Ihre Leerzeiten?

Und so finden Sie heraus, welche Zeiten es bei Ihnen sind, die Sie mit Umsicht nutzen sollten:

Schritt 1: Suchen Sie Ihr (normales, westliches) Geburtsdatum in der Leerzeiten-Tabelle 1 ab Seite 84. Hier ist jeweils das Datum aufgeführt, mit dem eine bestimmte Leerzeiten-Phase beginnt. Sie müssen also das Datum heraussuchen, das als Nächstes *vor* Ihrem Geburtstag liegt. Die Farbe, in der dieses Datum gedruckt ist, zeigt dann Ihre persönliche Leerzeit an.

Das Datum vor Ihrem Geburtstag suchen

Am Beispiel von Svenja sieht das Ganze folgendermaßen aus: Svenja ist am 21. Januar 1958 geboren. Wir suchen also in der Tabelle das Jahr 1958 und finden in der zweiten Spalte, erste Zeile, den Phasenbeginn 17.01. Diese Phase dauert bis zum 27.01.1958. Svenjas Geburtsdatum entspricht also der Leerzeit D, was sich an der Farbe Grün ablesen lässt.

Schritt 2: In der Tabelle 2 auf Seite 90 können Sie Ihre persönlichen Leerzeiten ablesen – entsprechend Ihrer Leerzeiten-Farbe beziehungsweise-Phase.

Svenja hat ihre Leerzeiten des Tages von 7.00 Uhr bis 11.00 Uhr. In diesen Stunden erledigt Sie die laufenden Arbeiten. Nach 11.00 Uhr beginnt sie dann mit Neuem. In den Monaten Mai und Juni schließt sie keine Verträge ab und nimmt keine neuen Aufträge entgegen usw., das Gleiche gilt bei ihr für die Jahre 2000 und 2001.

Leer-Jahre können vor- und nachwirken

Allgemein muss berücksichtigt werden, dass die angegebenen Leer-Jahre jeweils 6 Monate vorher und 6 Monate nachher wirken können – wenn auch weniger stark als in der Hauptzeit.

Zahlen des Alltags

Warum klingelt mein Telefon von früh bis spät? Weshalb herrscht auf meinem Konto immer Ebbe? Und warum ist eigentlich mein Auto dauernd kaputt? Die Zahlen des Alltags werden es Ihnen verraten. Denn Telefon- und Kontonummer, Autokennzeichen und Hausnummern sagen mehr über Sie als Sie, bisher für möglich gehalten haben.

Namen, Nummern, Kennzeichen

Nachdem Sie sich umfassend mit Ihrem Geburtsdatum, Ihrem Element, Ihren Ki-Zahlen sowie Ihrem persönlichen Bagua – von Ihnen weitgehend unbeeinflussbaren Größen in Ihrem Leben – befasst haben, wenden wir uns nun den Zahlen des Alltags zu. Damit sind veränderliche Zahlen und auch Buchstaben mit den ihnen eigenen Schwingungen gemeint. Mit einfachen Methoden können Sie zum Beispiel Ihre Namensschwingung, die Energie Ihres Firmennamens, der Haus-, Telefon- oder Kontonummer sowie Ihres Autokennzeichens und dergleichen mehr errechnen. Sie erhalten so nützliche Fingerzeige, wie Sie auftreten und Ihr Leben gestalten – und darüber, wo eventuelle Knackpunkte liegen.

Veränderliche Zahlen

Das Schöne an den Zahlen des Alltags: Mit ihrer Hilfe können Sie außerdem Ihrem Glück ein wenig auf die Sprünge helfen, nämlich indem Sie hier und da ein wenig tricksen. So lässt sich beispielsweise Ihre Namensschwingung verändern, indem Sie zusätzlich Ihren zweiten Vornamen angeben – oder weglassen. Niemand ist schließlich gezwungen, sich ein Leben lang unwiderruflich an vorgegebene persönliche Daten zu binden.

Dem Glück auf die Sprünge helfen

Bedingt durch die Wechselfälle des Lebens wie Umzug, Heirat, Fahrzeug- und/oder Kennzeichenwechsel sowie die Neueröffnung eines Bankkontos ergeben sich zudem ohnehin immer wieder Änderungen, die Sie durch bewusste oder »zufällig« herbeigeführte Modifikationen vorteilhaft steuern können, um die Qualität Ihrer Beziehungen, den Fluss des Geldes auf Ihrem Konto oder den Erfolg Ihres Geschäfts zu fördern.

Verblüffende Ergebnisse

Oftmals verblüffende Ergebnisse erhalten Sie, wenn Sie Nummern oder Namen aus der Vergangenheit berechnen und mit den heutigen vergleichen. Welche neuen Qualitäten sind mit den jeweils wechselnden Daten in Ihr Leben gekommen? Bestätigen die Berechnungen die Realität? Spielen Sie ein wenig mit Ihren persönlichen Daten und nutzen Sie die Möglichkeiten der Feng Shui Numerologie!

Als grundlegendes Werkzeug zur Interpretation Ihrer Alltagszahlen dient dabei die folgende Tabelle, in der Sie jeweils nachlesen können, welche Qualitäten den einzelnen Ziffern zugeordnet werden.

Bedeutungen der Grundzahlen

1	Vollkommenheit, Göttlichkeit, Beginn, Pionier, Einsamkeit
2	Leichtigkeit, inneres und äußeres Chaos
3	Lebendigkeit, Geselligkeit, Spiritualität
4	Absterben, Lähmung, Stagnation
5	Harmonie, Ausgewogenheit der Fünf Elemente, Schaffenskraft
6	Erfolg, Gerechtigkeit
7	Vollendung, Schönheit, Sicherheit
8	Gelingen, Wohlstand, Macht
9	Langlebigkeit, Beständigkeit
0	Potenzierung der letzten vorstehenden Zahl

Die Namensschwingung

Klingel-schild von Studenten

Den Vornamen tragen wir ein Leben lang

Unser Name ist eng mit unserer Identität verwoben. Den Vornamen tragen wir im Normalfall ein Leben lang; den Nachnamen ändern Frauen – und neuerdings, obgleich etwas zögerlich, auch Männer – hier zu Lande höchstens bei einer Heirat. Doch selbst das ist heute nicht mehr unbedingt die Regel. Die Namensschwingung ist daher in der Feng Shui Numerologie von besonderer Bedeutung. Sie wird durch den Zahlenwert der Buchstaben ermittelt, den Sie in unten stehender Tabelle nachlesen können. Achten Sie bei der Berechnung darauf, dass Sie die Version(en) Ihres Namens zu Grunde legen, mit der Sie sich persönlich vorstellen, am Telefon melden oder Ihre Unterschrift leisten – denn je nachdem, ob Sie Ihren Namen abkürzen, eine Kurz- oder Koseform verwenden, ergibt sich ein anderer Wert und damit eine andere Schwingung. Gerade auch wenn Sie sich einen Künstlernamen zulegen wollen, ist es natürlich wichtig, auf eine günstige, Erfolg versprechende Schwingung zu achten! Denn je harmonischer die Präsentation des Namens, umso klarer und besser die Ergebnisse!

Tabelle der Zahlenwerte

Die Schwin-
gungs-
qualität des
Namens
errechnen

In nachfolgender Tabelle finden Sie die 26 Buchstaben des Alphabets sowie die Umlaute mit den entsprechenden Zahlenwerten. Ermitteln Sie nun mithilfe dieser Übersicht die einzelnen Buchstabenwerte und bilden Sie daraus die Quersumme. So erhalten Sie die Schwingungsqualität Ihres Namens. Natürlich können Sie auf diese Weise ebenso Firmennamen, Berufs- und Artikelbezeichnungen, Titel, Überschriften und beliebige weitere Namen auswerten.

1	2	3	4	5	6	7	8	9
A	B	C	D	E	F	G	H	I
J	K	L	M	N	O	P	Q	R
S	T	U	V	W	X	Y	Z	
	Ö				Ä		Ü	
	ß							

Quersummenbildung eines Begriffs

Nehmen wir zur Verdeutlichung das Beispiel Feng Shui:

F E N G S H U I
6 5 5 7 1 8 3 9
$6+5+5+7 + 1+8+3+9 = 44 = 4+4 = 8$

Die Zahlenwerte von Feng Shui ergeben die Quersumme 8. Folglich trägt dieser Begriff die Schwingung von Erfolg, Wohlstand, Gelingen und Macht. Die Zwischensumme 44 mahnt zur Vorsicht, denn die Viererthematik Tod und Stagnation weist auf verzwickte und herausfordernde Aufgabenstellungen hin, die sich meist nur mit erhöhtem Aufwand, Zähigkeit, Umsicht und Verantwortungsbewusstsein bewältigen lassen. Werden diese Anforderungen erfüllt, stellen sich Erfolg und Wohlbefinden ein.

Die Schwin-
gung von
Erfolg und
Wohlstand

Svenja oder Svenja Beatrice? Eine Fallgeschichte

Svenjas Leben verlief einigermaßen chaotisch und ein wenig ziellos. Oft fing sie eine Sache an, verfolgte sie eine Weile, kam aber nicht so recht

Eine unver-
besserliche
Chaotin?

damit weiter, da sich ihr allerlei widrige Ereignisse in den Weg stellten, bis sie die Lust verlor, das Vorhaben aufgab. War Svenja eine unverbesserliche Chaotin? Ein hoffnungsloser Fall? Vom Pech verfolgt? Oder hingen ihre Unstetigkeit und ihre unvollendeten Projekte etwa damit zusammen, dass ihr Vorname mit der Zahlenschwingung 8 in Verbindung mit Ihrem Familiennamen Berg (5) in der Quersumme die 13 und damit die problematische 4 ergab? Wir wissen es nicht genau. Tatsache ist nur, dass sich Svenjas Leben deutlich stabilisierte, nachdem sie Björn (1) geheiratet und dessen Familiennamen Anderson (9) angenommen hatte. Heute kann sie ihre Ziele konstant und erfolgreich verfolgen. Kein Wunder, ihre Zahlenschwingung ist seither die 8. Die Zwischensumme 13 mit der Quersumme 4, die in den meisten Fällen keinen ganz geradlinigen, man könnte auch sagen eher schwierigen Lebensverlauf zur Folge hat, wirkte sich in Svenjas Fall glücklicherweise nur mäßig belastend aus, da sie mit unterschiedlichen Namensvarianten auftrat: Am Telefon meldete sie sich mit »Berg« (5), auf ihrer Visitenkarte stand »Svenja Berg«(4), Dokumente unterschrieb sie mit »S. Berg« (6). Nachdem sie in einem Feng-Shui-Kurs auf die Idee gekommen war, dass das ständige Auf und Ab in ihrem Leben möglicherweise auch auf die uneinheitliche Präsentation ihres Namens zurückzuführen war, überlegte sie, wie sie ihrem vermeintlichen Schicksal ein Schnippchen schlagen könnte, indem sie sich eine positivere sowie konstante Namensschwingung zulegte. Svenja erforschte zuerst einmal ihre Wünsche und formulierte neue Lebensziele. Als erfolgreiche Unternehmensberaterin wollte sie tätig sein und Unternehmen in ihrer Umgebung praxisbezogen beraten. Für dieses beachtliche Vorhaben war die Schwingung der 6, 7, 8 oder 9 erforderlich. Durch Hinzufügen des Initialbuchstabens B. ihres zweiten Vornamens Beatrice verwandelte Svenja ihre Namenszahl 4 in die Erfolg verheißende Schwingung 6. Fortan präsentierte sie sich konsequent mit Svenja B. Berg. Nach der Heirat mit Björn konnte sie sich sozusagen nochmals verbessern. »B.« wurde jetzt nicht mehr gebraucht, denn Svenja Anderson ergibt die kaum zu übertreffende Schwingung 8.
Schauen wir uns das Ganze in der Praxis an:

Unterschied-
liche
Namens-
varianten

Die 8 –
kaum zu
übertreffen

S	V	E	N	J	A		B.		B	E	R	G		A	N	D	E	R	S	O	N
1	4	5	5	1	1		2		2	5	9	7		1	5	4	5	9	1	6	5
=				8		2		=			5		=								9
=	5	+	8	+	2	=	15	=	6												

Weitere Beispielberechnungen

Sind Sie schon fleißig dabei, Buchstaben- und Zahlenwerte aus Ihrem Alltag zu berechnen? Dann mögen Sie noch die folgenden interessanten Beispielberechnungen von Ländernamen und geläufigen Namen aus dem öffentlichen Leben inspirieren.

C	H	I	N	A
3	8	9	5	1

J	A	P	A	N
1	1	7	1	5

8 = ein mächtiges Land   6 = guter Vertragspartner

F	R	E	I	S	T	A	A	T		B	A	Y	E	R	N
6	9	5	9	1	2	1	1	2		2	1	7	5	9	5

9 = stabiles und traditionsbewusstes Bundesland

G	R	Ä	F	E	&	U	N	Z	E	R
7	9	6	6	5		3	5	8	5	9

9 = ein sehr langlebiger und beständiger Verlag

L	A	G	E	R	F	E	L	D
3	1	7	5	9	6	5	3	4

R	U	D	O	L	F		M	O	O	S	H	A	M	M	E	R
9	3	4	6	3	6		4	6	6	1	8	1	4	4	5	9

Lagerfeld und Rudolf Mooshammer haben beide die Schwingung 7, die auf Schönheit und Ästhetik hinweist.

Und warum ist Coca Cola viel bekannter, obwohl die Firma kleiner ist als Pepsi Cola? Ganz einfach: Coca Cola hat eine 8, Pepsi Cola eine 6:

C	O	C	A		C	O	L	A
3	6	3	1		3	6	3	1

P	E	P	S	I		C	O	L	A
7	5	7	1	9		3	6	3	1

Und hier noch ein paar 8er: Claudia Schiffer, Madonna, Helmut Kohl, Wolfgang Amadeus Mozart, Boris Becker, Franz Beckenbauer.

Das Geburtsdatum

Der Geburtstag wird nicht quergerechnet!

Immer wieder erlebe ich, dass Menschen sofort auch ihr Geburtsdatum querrechnen. Stellen sie dann noch fest, dass sie eine »4« sind, geraten sie unnötigerweise in Panik. Die komplexen Zuordnungen und Bedeutungsinhalte unveränderlicher persönlicher Lebenszahlen bedürfen jedoch einer weitaus ausführlicheren Deutung. An dieser Stelle möchte ich Sie daher bitten, Ihr Geburtsdatum aufgrund der Informationen im Kapitel »Zahlen der Persönlichkeit« zu deuten.

Die Hausnummer

Auf den ersten Blick mag die Nummer des Hauses, in dem man wohnt, nicht so sehr von Belang sein. Doch nach der Feng Shui Numerologie gehört auch sie zu den Zahlen des Alltags, die Einfluss auf unsere Lebensqualität haben. Die gute Nachricht auch hier: Alltagszahlen sind veränderbar! Gerade bei der Hausnummer bieten sich verschiedene Möglichkeiten, kleinere kosmetische Veränderungen vorzunehmen, die jedoch große Wirkung zeigen können.

Alltagszahlen sind veränderbar!

Die 11 gilt als Glückszahl

Um Ihre Hausnummer treffsicher auszuwerten, gehen Sie in zwei einfachen Schritten vor, wobei Sie sich in der Deutung an den unten stehenden Bedeutungszuordnungen der einzelnen Zahlen orientieren können. Beurteilen Sie zunächst nacheinander alle Einzelzahlen einer Hausnummer und werten Sie anschließend die Quersumme aus, deren Aussagegehalt in jedem Fall Vorrang hat. Außerdem gibt es hier einige Variablen, die Sie in die Rechnung mit einbeziehen können. Die Deutungen zu den Hausnummern 1 bis 9 gelten nämlich für die genannten Einzelzahlen, deren Quersummen sowie für alle dazugehörigen Buchstaben und Zahlenkombinationen. Das Stockwerk wird üblicherweise mit römischen Zahlen angegeben; Buchstabenzusätze lassen sich auf Zahlenwerte übertragen, wie Sie aus der Umrechnungstabelle auf Seite 68 entnehmen können. Auf diese Weise ist es beispielsweise leicht möglich, durch Weglassen oder Hinzufügen des Stockwerks die Schwingung und Bedeutung Ihrer Hausnummer wunschgemäß zu verändern. Also: erst nachrechnen, dann auswerten – und schließlich eventuelle »Korrekturen« vornehmen, indem Sie eine ungünstige Schwingung verändern. Probieren Sie es aus und schauen Sie, was passiert!

Zuerst die Einzelzahlen deuten ...

... dann die Quersumme errechnen

Deutungen

1 HAUSNUMMER 1

Hier wohnen: Einsteiger, Pioniere und Erfinder
In dieser Wohneinheit sind die Menschen mit Kreativität und Ideenreichtum am Werk. Trotz vieler zündender Einfälle werden Projekte jedoch nicht vollständig ausgeführt, weshalb den pionierhaften Bewohnern der Erfolg meist vorenthalten bleibt.

2 HAUSNUMMER 2

Hier wohnen: Bruder Leichtfuß, liebenswürdige Chaoten
In diesem Haus herrscht häufig Durcheinander. Bei unangemeldetem Besuch dürften Sie wegen der dort herrschenden Unordnung nicht unbedingt erwünscht sein. Erhalten Sie jedoch eine Einladung, so zeichnen sich die Hausbewohner aus Nummer 2 als vollendete Gastgeber aus. Sie nehmen die Dinge gewöhnlich leichter als andere.

3

HAUSNUMMER 3

Hier wohnen: spirituelle Menschen, Stimmungsmacher, Lebemänner und -frauen
In diesem Haus geht es äußerst gesellig zu. Man könnte meinen, dass die Sitzgelegenheiten mit Leim bestrichen sind, denn die Gäste zögern gern den Aufbruch hinaus. Die Unterhaltungen drehen sich um spirituelle wie weltliche Themen.

4

HAUSNUMMER 4

Hier wohnen: Pechvögel, »Stehaufmännchen«
Mühsal, Beschwernis und mitunter auch Gewalt erfahren die Bewohner eines Hauses mit Viererschwingung. Wer in Haus Nummer 4 ein eigenes Unternehmen führt, muss erschwertes Arbeiten und schlimmstenfalls sogar einen Bankrott in Kauf nehmen. Doch hier sind durchaus Abhilfen möglich (siehe Abschnitt »Der Umgang mit heiklen Zahlen, Seite 76).

5

HAUSNUMMER 5

Hier wohnen: Sparer, fleißige Lieschen, Friedensstifter
In einer Wohneinheit mit Fünferschwingung kommt niemals Langeweile auf. Auch geht hier die Arbeit in frohgemuter Stimmung nicht aus. Gewöhnlich herrschen Frieden und Harmonie unter den Bewohnern, Streit gibt es selten.

6

HAUSNUMMER 6

Hier wohnen: Faire, Redliche, Rechtschaffen(d)e
Die Bewohner dieses Hauses haben einen ausgeprägten Gerechtigkeitssinn. Für Bürogemeinschaften oder Arztpraxen ist die Hausnummer 6 sehr gut geeignet. Die Arbeit geht problemlos vonstatten, der Erfolg verteilt sich gleichmäßig auf alle Beteiligten.

7

HAUSNUMMER 7

Hier wohnen: Modeschöpfer, Perfektionisten
Häuser und Wohnungen mit der Zahlenschwingung 7 versprechen Erfolg und atmen Schönheit. Jedes Detail ist harmonisch abgestimmt und liebevoll durchdacht.

8   **HAUSNUMMER 8**
Hier wohnen: Aufsteiger, Chefpersönlichkeiten
Den Bewohnern dieses Hauses gelingt fast alles leicht und
mühelos. Den Hausgenossen sei geraten, in allen Dingen
achtsam vorzugehen, denn die Acht verstärkt Beweggründe –
welcher Art sie auch sein mögen.

9   **HAUSNUMMER 9**
Hier wohnen: charakterstarke, zuverlässige Menschen, Be-
amte, Nimmermüde
Die Charaktere der Bewohner von Haus Nummer 9 zeich-
nen sich durch Ausdauer, Beständigkeit und Zuverlässigkeit
aus. Da diese Bewohner konstant bei einer Sache bleiben,
sammeln sie auch viel Erfahrung auf ihrem Gebiet. Oftmals
sind sie sehr diplomatisch und kulturell interessiert.

Auswertung der Hausnummer

So, jetzt geht's ans Rechnen. Am besten, Sie werten zuerst Ihre Haus-
nummer und, falls vorhanden, den Buchstabenzusatz aus. Danach
können Sie mit der Stockwerkangabe experimentieren, um festzustel-
len, ob es für Sie vorteilhafter ist, sie anzugeben oder wegzulassen.
Rechnen Sie doch auch mal Hausnummern aus, in denen Sie früher ge-
wohnt haben. Korrespondieren die Ergebnisse mit Ihren jeweiligen Le-
benssituationen? Übrigens sind dabei immer die Angaben relevant, die
Sie auch in Ihrem Briefkopf, auf der Visitenkarte etc. verwendet haben.

Mit der Stockwerkangabe experimentieren

Rechenbeispiele

- Wohnen Sie in Haus Nummer 2b (2+2), dann ergibt das die ungüns-
  tige Quersumme 4. Geben Sie jedoch das Stockwerk mit an – 2b/IV
  – erhalten Sie in der Quersumme die äußerst
  günstige Hausnummer 8.
- Ebenso können Sie natürlich umgekehrt durch
  Weglassen des Stockwerks die Qualität Ihrer
  Hausnummer verbessern. Wenn Sie bisher 89c/II
  (Quersumme 4) geschrieben haben, können Sie
  leicht zu einer günstigeren Zweierschwingung
  wechseln, indem Sie fortan nur noch 89c angeben.

Haus-Nr. 33

Meisterzahlen sind wahre Glücksbringer

Bei zweistelligen Meisterzahlen (11, 33, 55, 66, 77, 88 und 99) unterlässt man im Allgemeinen die Quersummenbildung. Sie sind nämlich wahre Glückszahlen, sofern sie nicht selbst bereits das Ergebnis einer Quersumme sind. Aufgrund der Doppelung gelten sie als besonders förderliche Zahlenkombinationen; sie verstärken die jeweiligen Einzelzahlen und damit auch deren Qualität. Wer zum Beispiel in einem Haus mit der Nummer 55 wohnt, genießt die Schwingung der doppelten 5 – Fleiß und Harmonie – mit der Quersumme 10. Im Normalfall würde die 10 Folgendes verheißen: Der arme Erfinder (1) hat zwar gute Einfälle, deren angemessene Anerkennung aber ausbleibt. Dieser Umstand wird durch die 0 noch verstärkt. Der Glücksfaktor der Zahl 55 verspricht jedoch, aus dem finanzschwachen arbeitsamen Pionier einen wohlhabenden Kreativen oder Erfinder zu machen.

Ausnahmen bei der glückverheißenden Doppelung bilden die 22 und die 44. Die 22 ist zwar auch eine Glückszahl, doch muss hier trotzdem auch die Quersumme 4 beachtet werden. Denn diese wirkt bremsend – und so ist die 22 nur dann eine echte Glückszahl, wenn man zur positiven Veränderung wirklich bereit ist.

Da die 4 bereits als Einzelzahl negative oder jedenfalls herausfordernde Bedeutung hat, ist bei doppeltem Vorkommen erst recht Vorsicht geboten. Die 44 weist auf schwierige Aufgaben hin, die sich meist nur mit großem Einsatz und Umsicht bewältigen lassen. 4 plus 4, die Quersumme von 44, ergibt zwar 8 und somit auch Erfolg und gutes Gelingen, die positive Wirkung kann in diesem Sonderfall jedoch nur erreicht werden, wenn die Herausforderung gemeistert wurde.

Besonders förderliche Zahlenkombinationen

Die Herausforderung meistern

Deutungsbeispiele

- Der Wohnungsinhaber von Hausnummer 180 dürfte ein erfolgreicher (durch Null verstärkte 8), beharrlicher (Quersumme 9) Pionier (1) sein, dessen langfristige Projekte meist von Erfolg gekrönt sind.
- Bei der Hausnummer 48 überwiegt die Erfolg verheißende Endzahl 8 die Stagnation der 4. Die Quersumme aus 4 und 8 ergibt 12 beziehungsweise 3. Es handelt sich um ein geselliges Haus mit lieben Gästen.
- Hausnummer 11a hat die Schwingung der 12 und damit Quersumme 3. Die Meisterzahl 11 verliert durch den Buchstabenzusatz ihre Wirkung.

Der Umgang mit heiklen Zahlen

In China gilt die Zahl 4, im Abendland die 13 – mit der Quersumme 4 – als so genannte Unglückszahl. Auch wenn Aufgeklärte diese Ansicht, die von über einem Drittel der Menschheit vertreten wird, gern als Aberglaube abtun, fühlen sich selbst Hotelchefs dazu veranlasst, das dreizehnte Stockwerk wegzulassen oder dezent mit der Bezeichnung 12a zu versehen. Statistisch gesehen gehen etwa zwei Drittel der privaten oder geschäftlichen Beziehungen bereits im vierten oder aber erst im dreizehnten Jahr in die Brüche. Daten aus der Praxis bestätigen dies. Wichtig ist in jedem Fall, sich bewusst mit der Viererthematik im Wohn- oder Lebensbereich zu befassen und auszusöhnen.

Die Hausnummer 4 als solche ist kein Grund für einen Umzug, es sei denn, die jeweiligen Lebensumstände erfordern es oder die Auswertungen aus den Bereichen Radiästhesie und Hausenergie raten dringend dazu. Die Radiästhesie befasst sich hierbei mit Erdstrahlungen, wie sie beispielsweise von Wasseradern ausgehen; die Hausenergie, die auf Grund der Himmelsrichtungen bestimmt wird, lässt Aussagen darüber zu, ob ein Haus für Sie persönlich hinderlich oder förderlich ist. Beides sollte am besten von einem Fachmann geprüft werden.

Wie bereits erwähnt, bietet es sich in jedem Fall zuerst einmal an, die Schwingung einer Hausnummer mit Quersumme 4 durch Hinzufügen oder Weglassen des jeweiligen Stockwerks oder einer zweckmäßigen, ausgeschriebenen oder abgekürzten Buchstabenkombination zu erweitern (zum Beispiel: 13/UG = Untergeschoß, EG = Erdgeschoss, P = Parterre, Rgb. = Rückgebäude, li. = links, re. = rechts). Einen für Sie sinnvollen Phantasiebuchstaben anzufügen, ist weniger zielführend als die Realität zu bestätigen. Zusätze von Interpunktionen oder Sonderzeichen ändern den Zahlenwert nicht.

Der rote
Kreis
neutralisiert
die negative
Wirkung
der 4

Ein roter Kreis neutralisiert die 4

Um Haus- und andere Nummern mit der Quersumme 4 zu neutralisieren, gibt es auch noch eine andere, sehr einfache, jedoch wirksame Methode: Ziehen Sie einen roten Kreis um die Zahl 4 auf dem Hausnummernschild. Denn der Kreis kennt weder Anfang noch Ende, ist Sinnbild für Vollkommenheit und ewiges Leben und besitzt daher eine Schutzwirkung. Die Farbe Rot signalisiert zudem kraftstrotzende Lebensimpulse.

Beim Anbringen des Kreises können Sie Ihre Phantasie spielen lassen: Schmücken Sie die 4 mit einem Blütenkranz auf einem roten Holzring, umkleben Sie sie kreisförmig mit einer roten Kordel, umrunden Sie sie erkennbar oder verborgen auf der Rückseite der Tafel mit einem rot lackierten oder mit Filzstift gemalten Kreis, bringen Sie das Nummernschild auf einer roten Scheibe an ... Bei allen übrigen persönlichen Viererschwingungen empfiehlt es sich, ganz bewusst ähnliche Abhilfemaßnahmen zu treffen. Prüfen Sie, inwieweit Sie Viererendungen auf der Visitenkarte oder im Briefkopf, bei verschiedensten Nummern und Kennzeichen – beispielsweise beim Auto oder im Pensionszimmer – neutralisieren oder löschen wollen. Hätte ich ein Autokennzeichen mit der Endung 444 oder 4440, würde ich mir umgehend ein neues Kennzeichen besorgen.

Der Kreis – Sinnbild für Vollkommenheit

Weitere wichtige Zahlen des Alltags

Auch Autokennzeichen, Telefon- und Kontonummer sind Zahlen unseres Alltags, die eine bestimmte Qualität und damit Einfluss auf unser Leben haben. Daher sind auch sie eine nähere Betrachtung wert. Dabei ist es nicht üblich, die Quersumme zu bilden – das tun wir nur bei allgemeinen Wörtern, Überschriften, Firmen- und Eigennamen, Tagesschwingungen und Hausnummern. Bei beliebigen Zahlen(kombinationen), die Sie häufig oder gar täglich gebrauchen, sind hingegen nur die beiden letzten Ziffern von Bedeutung. Falls eine Nummer mit einer oder mehreren Nullen endet, berücksichtigt man auch die beiden davor stehenden Zahlen, deren Bedeutung durch die Nullen noch verstärkt wird. Grundsätzlich halten wir uns bei der Deutung solcher alltäglichen Zahlenfolgen an die Interpretationen aus der Tabelle auf Seite 67.

Nicht die Quersumme bilden!

Die Telefonnummer

Anziehende Endzahlen

Vereinfachend lässt sich für den Telefonanschluss sagen, dass Nummern mit den anziehenden Endzahlen 6, 7, 8 und 9 vielfach von außen frequentiert werden; bei den Endzahlen 1, 2, 3 und 5 ist der Kontakt von außen eher mäßig. Endet die Nummer mit einer 4, muss der Fernsprechteilnehmer bewusst initiativ telefonieren, weil die 4 ihn eher von der Außenwelt abschirmt. Wer ein Geschäft betreibt, das auf telefonische Kundennachfrage angewiesen ist, sollte dringend einen Anschluss mit hohen Endzahlen wählen. Wenn Sie von zu Hause aus eifrig akquirieren oder ungestört arbeiten wollen, spielen niedrige Zahlenendungen bei Ihrer Telefonnummer keine Rolle oder sind sogar nützlich.

Deutungsbeispiele

- Ratschtante Lisa hat die Telefonnummer . . . . . . 33. Lisa wird zwar nicht oft angerufen – die 3 ist keine sehr »anziehende« Zahl –, doch sie führt gern Dauergespräche mit ihren Freundinnen, was zur geselligen und kommunikativen Qualität der 3 passt.

  Die gesellige 3

- Ein Kurierdienst-Unternehmen hat die Telefonnummer . . . . . . 66. Die doppelte Sechserendung deutet auf ein hohes Maß an Gerechtigkeit hin. Die Leitungen sind hier stets besetzt, Gesprächskontakte kommen mühelos zu Stande und die Kunden werden zuvorkommend und zufrieden stellend bedient.

- Eine Autowerkstatt hat die Telefonnummer . . . . . . 88. Die Erfolgszahl 8 ist wichtig für das Geschäftsleben. Durch die Doppelung sind Erfolg und Wohlstand in diesem Unternehmen vorprogrammiert. Vom Angebot bis zur Auftragserfüllung wird hier zügig, exakt und einwandfrei gearbeitet.

- Eine Umzugs- und Speditionsfirma hat die Telefonnummer . . . . . . 8800. Die beiden Nullen am Ende der Telefonnummer verstärken die davor stehenden Achten. Bei dieser doppelten und zweifach intensivierten »Macht der Acht« ist jedoch Vorsicht geboten. Wird mit dieser Macht unachtsam oder missbräuchlich umgegangen, sind unerfreuliche Rückschläge zu erwarten. Bedenken Sie als Kunde eines Unternehmens, dessen Fernsprecher diese Zahlenkombination aufweist, dass Sie es mit einem starken Vertragspartner zu tun haben, der gern den Ton angibt.

  Nullen am Ende verstärken die vorhergehenden Zahlen

Die letzte
Zahl über-
wiegt

● Ein Zeitungsverlag hat die Nummer ......48.
Die 48 bedeutet einerseits die Stagnation der 4, andererseits den Erfolg der 8. Die letzte der beiden Zahlen gibt hier den Ausschlag. Dieser Telefonanschluss wird also trotz der vorletzten Stelle 4 kein schlechter sein, wobei der Einfluss der 4 trotzdem zu spüren ist. Wäre es umgekehrt, also 84 am Ende, dann würde der negative Einfluss der 4 überwiegen.

● Ein Privatanschluss hat die Nummer ......13.
Die Endung 13 bedeutet mäßigen Kontakt von außen, aber nicht die völlige Kontaktarmut, die sich aus der Quersumme 4 ergeben würde. Denn bei Telefonnummern wird nicht quergerechnet!

Telefonieren ohne 4!

Bei Ihrer zuständigen Telefongesellschaft können Sie, wenn Sie den zusätzlichen Aufwand nicht scheuen, vorteilhafte private und geschäftliche Telefonnummern beantragen, in denen die 4 am besten überhaupt nicht vorkommt oder zumindest nicht in der Endung. Lassen Sie sich vorzugsweise die Zahlen 6, 7, 8 oder 9 an vorletzter und letzter Stelle zuteilen. Oberflächliche Zeitgenossen fügen ihrer vorhandenen Telefonnummer am Schluss einfach eine weitere Wunschzahl hinzu, die somit zusätzlich »blind« gewählt wird. Auf diese Weise, meinen sie, lässt sich die gesamte Zahlenschwingung des Anschlusses verändern. Doch der Erfolg einer solchen »Schummelei« ist doch eher zweifelhaft. Wer über zwei oder mehrere separate Telefonanschlüsse verfügt, hat natürlich die Möglichkeit, die aussichtsreichere/n Nummernfolge/n für den häufigeren Gebrauch zu verwenden.

Schummeln
hilft nicht

Das Autokennzeichen

Das Kenn-
zeichen
wirkt sich
auf Fahrer
und Auto
aus

Was für die Telefonnummer gilt, lässt sich in ähnlicher Weise auf das Autokennzeichen übertragen. Die Wirkung des Kennzeichens »strahlt« hier auf Fahrer und Auto, ja sogar auf andere Autofahrer aus. Dominiert beispielsweise die hemmende Endzahl 4 das Kennzeichen, dann weist das auf kleinere und größere Schwierigkeiten hin, mit denen der Besitzer des Fahrzeugs rechnen muss. Es kommt häufig vor, dass sich selbst sichere und bislang unfallfreie Fahrer darüber beklagen, dass ihnen mit dem neuen Wagen beziehungsweise dem neuen Kennzeichen

mit der Endzahl 4 oder gar 44 ständig Miss-
geschicke passieren: Schrammen oder gar
Auffahrunfälle sind an der Tagesordnung.
Dominiert hingegen eine positive Zahl wie
die 8 das Autokennzeichen, dann wird der
Fahrer in der Regel vor größeren Unan-
nehmlichkeiten bewahrt sein.

Die Kontonummer

**Auf die
letzte Ziffer
kommt es an**
Bei der Kontonummer kommt es hauptsächlich auf die letzte Ziffer an,
sie hat in jedem Fall die dominierende Wirkung. Endet sie auf 4 oder
44, muss das keineswegs heißen, dass der Kontoinhaber einkommens-
schwach ist. Viel eher wird das Geld auf diesem Konto schneller hinaus-
als hineinfließen. Tendenz Leere.
Lauten die Endungen auf 1, 2, 3 und 5, dürfte ein mäßiger Geldfluss
stattfinden. Die Endzahlen 6, 7, 8 und 9 lassen dagegen erwarten, dass
das Konto dauerhaft im Haben steht und Kredite leichter bewilligt
werden. Tendenz Fülle. Für die 0 oder die doppelte 0 gilt auch hier,
dass sie die vorhergehende Zahl verstärkt.

**Autonum-
mernschild**

Tageszahlen

Jeder einzelne Tag hat seine ganz eigene Qualität. Es gibt bestimmte
Tage, die unsere Tätigkeiten und Vorhaben unterstützen, andere hinge-
gen bremsen unsere Aktivitäten und wir brauchen die doppelte Zeit.
Diese simple Tatsache findet auch in der Feng-Shui-Numerologie ihren
Niederschlag. Die Berechnung ist ganz einfach. Wir machen hier eine
Ausnahme und bilden wiederum die Quersumme.
Nehmen Sie das Datum des Tages, des Monats und die volle Jahreszahl
und bilden Sie daraus die Quersumme, bis sie nur noch einstellig ist.
Für den 28.08.2003 sähe die Berechnung beispielsweise so aus:
$2+8+0+8+2+0+0+3 = 23 = 2+3 = 5$

**Jeder Tag
hat seine
eigene
Qualität**

**Die Tages-
schwingung**
So erhalten wir die Tagesschwingung; was sie bedeutet, können Sie in
unten stehender Tabelle nachlesen. Die Berechnung richtet sich hier
nach dem westlichen Kalender. Im Anhang finden Sie den Sonne-
Mond-Kalender (SMK), in dem jedes beliebige Datum mit seiner Ent-
sprechung im östlichen Mondkalender aufgelistet ist, das Sie dann

ebenfalls auf die Tagesschwingung hin berechnen können. Schauen wir uns das in der Praxis an: Schlagen Sie im SMK das Jahr 2003 auf und suchen Sie den 28. August.

28.08. (Sonne) = 01.08. (Mond)

Die zweite Variante errechnet sich daraus wie folgt:

01.08.2003 = 1+8+2+0+0+3 = 14 = 1+4 = 5

In diesem Fall stimmen beide Aussagen überein, das ist jedoch nicht immer so. Haben Sonnen- und Monddatum unterschiedliche Bedeu-

Aussagen abwägen tung, dann müssen beide Aussagen gegeneinander abgewägt werden. Denn man kann nicht sagen, dass eine der beiden Zählweisen einen größeren Einfluss hat als die andere. Ideal ist es natürlich, wenn Ost und West übereinstimmen, so wie in unserem obigen Beispiel.

TAGESZAHL	SCHWINGUNG/TAGESQUALITÄT
1	Ein guter Tag, um etwas Neues zu beginnen
2	Vorsicht, Chaos! Weniger kann heute mehr sein
3	Ein geselliger Tag – Feste und Feiern dauern heute länger
4	Der beste Tag, um Ordnung zu schaffen – beginnen Sie heute jedoch nichts Neues!
5	Ein neutraler, harmonischer Tag
6	Tag der Partnerschaft – eignet sich sehr gut für einen Neubeginn
7	Schönheitstag; Sie verlieren sich aber auch schnell im Detail
8	Erfolgstag, aber Achtung: heute gilt nur top oder flop!
9	Beständigkeit und Erfolg verheißt dieser Tag

Spezielle Tage

Der perfekte Tag für die Hochzeit Um das optimale Datum für ganz besondere Tage festzulegen – beispielsweise Ihre Hochzeit –, ist es wichtig, sowohl den westlichen als auch den Sonne-Mond-Kalender zu verwenden. Beide Quersummen sollten 5 oder mehr ergeben. Für einen Umzug gilt das Gleiche, wobei Sie hier natürlich ebenso die günstige Richtung ermitteln. Für einen generellen Neubeginn gilt also: Westlichen wie östlichen Kalender sowie die Zeiten der Leere beachten – dann kann bei Ihren Unternehmungen nichts mehr schiefgehen!

Zum Nachschlagen

Tabelle der Elemente und Ki-Zahlen

Jahr	Beginn	Element	Ki-Zahl	Jahr	Beginn	Element	Ki-Zahl
1900	31.01.	Metall	1	1931	17.02.	Metall	6
1901	19.02.	Metall	9	1932	06.02.	Wasser	5
1902	08.02.	Wasser	8	1933	26.01.	Wasser	4
1903	29.01.	Wasser	7	1934	14.02.	Holz	3
1904	16.01.	Holz	6	1935	04.02.	Holz	2
1905	04.02.	Holz	5	1936	24.01.	Feuer	1
1906	25.01.	Feuer	4	1937	11.02.	Feuer	9
1907	13.02.	Feuer	3	1938	31.01.	Erde	8
1908	02.02.	Erde	2	1939	19.02.	Erde	7
1909	22.01.	Erde	1	1940	08.02.	Metall	6
1910	10.02.	Metall	9	1941	27.01.	Metall	5
1911	30.01.	Metall	8	1942	15.02.	Wasser	4
1912	18.02.	Wasser	7	1943	05.02.	Wasser	3
1913	06.02.	Wasser	6	1944	25.01.	Holz	2
1914	26.01.	Holz	5	1945	13.02.	Holz	1
1915	14.02.	Holz	4	1946	02.02.	Feuer	9
1916	03.02.	Feuer	3	1947	22.01.	Feuer	8
1917	23.01.	Feuer	2	1948	10.02.	Erde	7
1918	11.02.	Erde	1	1949	29.01.	Erde	6
1919	01.02.	Erde	9	1950	17.02.	Metall	5
1920	20.02.	Metall	8	1951	06.02.	Metall	4
1921	08.02.	Metall	7	1952	27.01.	Wasser	3
1922	28.01.	Wasser	6	1953	14.02.	Wasser	2
1923	16.02.	Wasser	5	1954	03.02.	Holz	1
1924	05.02.	Holz	4	1955	24.01.	Holz	9
1925	25.01.	Holz	3	1956	12.02.	Feuer	8
1926	13.02.	Feuer	2	1957	31.01.	Feuer	7
1927	02.02.	Feuer	1	1958	18.02.	Erde	6
1928	23.01.	Erde	9	1959	08.02.	Erde	5
1929	10.02.	Erde	8	1960	28.01.	Metall	4
1930	30.01.	Metall	7	1961	15.02.	Metall	3

Jahr	Beginn	Element	Ki-Zahl	Jahr	Beginn	Element	Ki-Zahl
1962	05.02.	Wasser	2	1986	09.02.	Feuer	5
1963	25.01.	Wasser	1	1987	29.01.	Feuer	4
1964	13.02.	Holz	9	1988	17.02.	Erde	3
1965	02.02.	Holz	8	1989	06.02.	Erde	2
1966	21.01.	Feuer	7	1990	27.01.	Metall	1
1967	09.02.	Feuer	6	1991	15.02.	Metall	9
1968	30.01.	Erde	5	1992	04.02.	Wasser	8
1969	17.02.	Erde	4	1993	23.01.	Wasser	7
1970	06.02.	Metall	3	1994	10.02.	Holz	6
1971	27.01.	Metall	2	1995	31.01.	Holz	5
1972	15.02.	Wasser	1	1996	19.02.	Feuer	4
1973	03.02.	Wasser	9	1997	07.02.	Feuer	3
1974	23.01.	Holz	8	1998	28.01.	Erde	2
1975	11.02.	Holz	7	1999	16.02.	Erde	1
1976	31.01.	Feuer	6	2000	05.02.	Metall	9
1977	18.02.	Feuer	5	2001	25.01.	Metall	8
1978	07.02.	Erde	4	2002	12.02.	Wasser	7
1979	28.01.	Erde	3	2003	01.02.	Wasser	6
1980	16.02.	Metall	2	2004	22.01.	Holz	5
1981	05.02.	Metall	1				
1982	25.01.	Wasser	9				
1983	13.02.	Wasser	8				
1984	02.02.	Holz	7				
1985	20.02.	Holz	6				

Die Zeiten der Leere – Tabellen

Tabelle 1

Geburtstag = Leerzeit A B C D E F

Jahr	A	B	C	D	E	F
1930	04-01	14-01	24-01	03-02	13-02	23-02
	05-03	15-03	25-03	04-04	14-04	24-04
	04-05	14-05	24-05	03-06	13-06	23-06
	03-07	13-07	23-07	02-08	12-08	22-08
	01-09	11-09	21-09	01-10	11-10	21-10
	31-10	10-11	20-11	30-11	10-12	20-12
	30-12					
1931	09-01	19-01	29-01	08-02	18-02	28-02
	10-03	20-03	30-03	09-04	19-04	29-04
	09-05	19-05	29-05	08-06	18-06	28-06
	08-07	18-07	28-07	07-08	17-08	27-08
	06-09	16-09	26-09	06-10	16-10	26-10
	05-11	15-11	25-11	05-12	15-12	25-12
1932	04-01	14-01	24-01	03-02	13-02	23-02
	04-03	14-03	24-03	03-04	13-04	23-04
	03-05	13-05	23-05	02-06	12-06	22-06
	02-07	12-07	22-07	01-08	11-08	21-08
	31-08	10-09	20-09	30-09	10-10	20-10
	30-10	09-11	19-11	29-11	09-12	19-12
	29-12					
1933	08-01	18-01	28-01	07-02	17-02	27-02
	08-03	18-03	28-03	07-04	17-04	27-04
	07-05	17-05	27-05	06-06	16-06	26-06
	06-07	16-07	26-07	05-08	15-08	25-08
	04-09	14-09	24-09	04-10	14-10	24-10
	03-11	13-11	23-11	03-12	13-12	23-12
1934	03-01	13-01	23-01	02-02	12-02	22-02
	04-03	14-01	24-03	03-04	13-04	23-04
	03-05	13-05	23-05	02-06	12-06	22-06
	02-07	12-07	22-07	01-08	11-08	21-08
	31-08	10-09	20-09	30-09	10-10	20-10
	30-10	09-11	19-11	29-11	09-12	19-12
	29-12					
1935	08-01	18-01	28-01	07-02	17-02	27-02
	09-03	19-03	29-03	08-04	18-04	28-04
	08-05	18-05	28-05	07-06	17-06	27-06
	07-07	17-07	27-07	06-08	16-08	26-08
	05-09	15-09	25-09	05-10	15-10	25-10
	04-11	14-11	24-11	04-12	14-12	24-12
1936	03-01	13-01	23-01	02-02	12-02	22-02
	03-03	13-03	23-03	02-04	12-04	22-04
	02-05	12-05	22-05	01-06	11-06	21-06
	01-07	11-07	21-07	31-07	10-08	20-08
	30-08	09-09	19-09	29-09	09-10	19-10
	29-10	08-11	18-11	28-11	08-12	18-12
	28-12					
1937	07-01	17-01	27-01	06-02	16-02	26-02
	08-03	18-03	28-03	07-04	17-04	27-04
	07-05	17-05	27-05	06-06	16-06	26-06
	06-07	16-07	26-07	05-08	15-08	25-08
	04-09	14-09	24-09	04-10	14-10	24-10
	03-11	13-11	23-11	03-12	13-12	23-12
1938	02-01	12-01	22-01	01-02	11-02	21-02
	03-03	13-03	23-03	02-04	12-04	22-04
	02-05	12-05	22-05	01-06	11-06	21-06
	01-07	11-07	21-07	31-07	10-08	20-08
	30-08	09-09	19-09	29-09	09-10	19-10
	29-10	08-11	18-11	28-11	08-12	18-12
	28-12					
1939	07-01	17-01	27-01	06-02	16-02	26-02
	08-03	18-03	28-03	07-04	17-04	27-04
	07-05	17-05	27-05	06-06	16-06	26-06
	06-07	16-07	26-07	05-08	15-08	25-08
	04-09	14-09	24-09	04-10	14-10	24-10
	03-11	13-11	23-11	03-12	13-12	23-12

1940 12-01 22-01 01-02 11-02 21-02 02-03
12-03 22-03 01-04 11-04 21-04 01-05
11-05 21-05 31-05 10-06 20-06 30-06
10-07 20-07 30-07 09-08 19-08 29-08
08-09 18-09 28-09 08-10 18-10 28-10
07-11 17-11 27-11 07-12 17-12 27-12

1946 10-01 20-01 30-01 09-02 19-02 01-03
11-03 21-03 31-03 10-04 20-04 30-04
10-05 20-05 30-05 09-06 19-06 29-06
09-07 19-07 29-07 08-08 18-08 28-08
07-09 17-09 27-09 07-10 17-10 27-10
06-11 16-11 26-11 06-12 16-12 26-12

1941 06-01 16-01 26-01 05-02 15-02 25-02
07-03 17-03 27-03 06-04 16-04 26-04
06-05 16-05 26-05 05-06 15-06 25-06
05-07 15-07 25-07 04-08 14-08 24-08
03-09 13-09 23-09 03-10 13-10 23-10
02-11 12-11 22-11 02-12 12-12 22-12

1947 05-01 15-01 25-01 04-02 14-02 24-02
06-03 16-03 26-03 05-04 15-04 25-04
05-05 15-05 25-05 04-06 14-06 24-06
04-07 14-07 24-07 03-08 13-08 23-08
02-09 12-09 22-09 02-10 12-10 22-10
01-11 11-11 21-11 01-12 11-12 21-12
31-12

1942 01-01 11-01 21-01 31-01 10-02 20-02
02-03 12-03 22-03 01-04 11-04 21-04
01-05 11-05 21-05 31-05 10-06 20-06
30-06 10-07 20-07 30-07 09-08 19-08
29-08 08-09 18-09 28-09 08-10 18-10
28-10 07-11 17-11 27-11 07-12 17-12
27-12

1948 10-01 20-01 30-01 09-02 19-02 29-02
10-03 20-03 30-03 09-04 19-04 29-04
09-05 19-05 29-05 08-06 18-06 28-06
08-07 18-07 28-07 07-08 17-08 27-08
06-09 16-09 26-09 06-10 16-10 26-10
05-11 15-11 25-11 05-12 15-12 25-12

1943 06-01 16-01 26-01 05-02 15-02 25-02
07-03 17-03 27-03 06-04 16-04 26-04
06-05 16-05 26-05 05-06 15-06 25-06
05-07 15-07 25-07 04-08 14-08 24-08
03-09 13-09 23-09 03-10 13-10 23-10
02-11 12-11 22-11 02-12 12-12 22-12

1949 04-01 14-01 24-01 03-02 13-02 23-02
05-03 15-03 25-03 04-04 14-04 24-04
04-05 14-05 24-05 03-06 13-06 23-06
03-07 13-07 23-07 02-08 12-08 22-08
01-09 11-09 21-09 01-10 11-10 21-10
31-10 10-11 20-11 30-11 10-12 20-12
30-12

1944 01-01 11-01 21-01 31-01 10-02 20-02
01-03 11-03 21-03 31-03 10-04 20-04
30-04 10-05 20-05 30-05 09-06 19-06
29-06 09-07 19-07 29-07 08-08 18-08
28-08 07-09 17-09 27-09 07-10 17-10
27-10 06-11 16-11 26-11 06-12 16-12
26-12

1950 09-01 19-01 29-01 08-02 18-02 28-02
10-03 20-03 30-03 09-04 19-04 29-04
09-05 19-05 29-05 08-06 18-06 28-06
08-07 18-07 28-07 07-08 17-08 27-08
06-09 16-09 26-09 06-10 16-10 26-10
05-11 15-11 25-11 05-12 15-12 25-12

1945 05-01 15-01 25-01 04-02 14-02 24-02
06-03 16-03 26-03 05-04 15-04 25-04
05-05 15-05 25-05 04-06 14-06 24-06
04-07 14-07 24-07 03-08 13-08 23-08
02-09 12-09 22-09 02-10 12-10 22-10
01-11 11-11 21-11 01-12 11-12 21-12
31-12

1951 04-01 14-01 24-01 03-02 13-02 23-02
05-03 15-03 25-03 04-04 14-04 24-04
04-05 14-05 24-05 03-06 13-06 23-06
03-07 13-07 23-07 02-08 12-08 22-08
01-09 11-09 21-09 01-10 11-10 21-10
31-10 10-11 20-11 30-11 10-12 20-12
30-12

1952

09-01	19-01	29-01	08-02	18-02	28-02
09-03	19-03	29-03	08-04	18-04	28-04
08-05	18-05	28-05	07-06	17-06	27-06
07-07	17-07	27-07	06-08	16-08	26-08
05-09	15-09	25-09	05-10	15-10	25-10
04-11	14-11	24-11	04-12	14-12	24-12

1953

03-01	13-01	23-01	02-02	12-02	22-02
04-03	14-01	24-03	03-04	13-04	23-04
03-05	13-05	23-05	02-06	12-06	22-06
02-07	12-07	22-07	01-08	11-08	21-08
31-08	10-09	20-09	30-09	10-10	20-10
30-10	09-11	19-11	29-11	09-12	19-12
29-12					

1954

08-01	18-01	28-01	07-02	17-02	27-02
09-03	19-03	29-03	08-04	18-04	28-04
08-05	18-05	28-05	07-06	17-06	27-06
07-07	17-07	27-07	06-08	16-08	26-08
05-09	15-09	25-09	05-10	15-10	25-10
04-11	14-11	24-11	04-12	14-12	24-12

1955

03-01	13-01	23-01	02-02	12-02	22-02
04-03	14-01	24-03	03-04	13-04	23-04
03-05	13-05	23-05	02-06	12-06	22-06
02-07	12-07	22-07	01-08	11-08	21-08
31-08	10-09	20-09	30-09	10-10	20-10
30-10	09-11	19-11	29-11	09-12	19-12
29-12					

1956

08-01	18-01	28-01	07-02	17-02	27-02
08-03	18-03	28-03	07-04	17-04	27-04
07-05	17-05	27-05	06-06	16-06	26-06
06-07	16-07	26-07	05-08	15-08	25-08
04-09	14-09	24-09	04-10	14-10	24-10
03-11	13-11	23-11	03-12	13-12	23-12

1957

02-01	12-01	22-01	01-02	11-02	21-02
03-03	13-03	23-03	02-04	12-04	22-04
02-05	12-05	22-05	01-06	11-06	21-06
01-07	11-07	21-07	31-07	10-08	20-08
30-08	09-09	19-09	29-09	09-10	19-10
29-10	08-11	18-11	28-11	08-12	18-12
28-12					

1958

07-01	17-01	27-01	06-02	16-02	26-02
08-03	18-03	28-03	07-04	17-04	27-04
07-05	17-05	27-05	06-06	16-06	26-06
06-07	16-07	26-07	05-08	15-08	25-08
04-09	14-09	24-09	04-10	14-10	24-10
03-11	13-11	23-11	03-12	13-12	23-12

1959

02-01	12-01	22-01	01-02	11-02	21-02
03-03	13-03	23-03	02-04	12-04	22-04
02-05	12-05	22-05	01-06	11-06	21-06
01-07	11-07	21-07	31-07	10-08	20-08
30-08	09-09	19-09	29-09	09-10	19-10
29-10	08-11	18-11	28-11	08-12	18-12
28-12					

1960

07-01	17-01	27-01	06-02	16-02	26-02
07-03	17-03	27-03	06-04	16-04	26-04
06-05	16-05	26-05	05-06	15-06	25-06
05-07	15-07	25-07	04-08	14-08	24-08
03-09	13-09	23-09	03-10	13-10	23-10
02-11	12-11	22-11	02-12	12-12	22-12

1961

01-01	11-01	21-01	31-01	10-02	20-02
02-03	12-03	22-03	01-04	11-04	21-04
01-05	11-05	21-05	31-05	10-06	20-06
30-06	10-07	20-07	30-07	09-08	19-08
29-08	08-09	18-09	28-09	08-10	18-10
28-10	07-11	17-11	27-11	07-12	17-12
27-12					

1962

06-01	16-01	26-01	05-02	15-02	25-02
07-03	17-03	27-03	06-04	16-04	26-04
06-05	16-05	26-05	05-06	15-06	25-06
05-07	15-07	25-07	04-08	14-08	24-08
03-09	13-09	23-09	03-10	13-10	23-10
02-11	12-11	22-11	02-12	12-12	22-12

1963

01-01	11-01	21-01	31-01	10-02	20-02
02-03	12-03	22-03	01-04	11-04	21-04
01-05	11-05	21-05	31-05	10-06	20-06
30-06	10-07	20-07	30-07	09-08	19-08
29-08	08-09	18-09	28-09	08-10	18-10
28-10	07-11	17-11	27-11	07-12	17-12
27-12					

1964

06-01	16-01	26-01	05-02	15-02	25-02
06-03	16-03	26-03	05-04	15-04	25-04
05-05	15-05	25-05	04-06	14-06	24-06
04-07	14-07	24-07	03-08	13-08	23-08
02-09	12-09	22-09	02-10	12-10	22-10
01-11	11-11	21-11	01-12	11-12	21-12
31-12					

1970

04-01	14-01	24-01	03-02	13-02	23-02
05-03	15-03	25-03	04-04	14-04	24-04
04-05	14-05	24-05	03-06	13-06	23-06
03-07	13-07	23-07	02-08	12-08	22-08
01-09	11-09	21-09	01-10	11-10	21-10
31-10	10-11	20-11	30-11	10-12	20-12
30-12					

1965

10-01	20-01	30-01	09-02	19-02	01-03
11-03	21-03	31-03	10-04	20-04	30-04
10-05	20-05	30-05	09-06	19-06	29-06
09-07	19-07	29-07	08-08	18-08	28-08
07-09	17-09	27-09	07-10	17-10	27-10
06-11	16-11	26-11	06-12	16-12	26-12

1971

09-01	19-01	29-01	08-02	18-02	28-02
10-03	20-03	30-03	09-04	19-04	29-04
09-05	19-05	29-05	08-06	18-06	28-06
08-07	18-07	28-07	07-08	17-08	27-08
06-09	16-09	26-09	06-10	16-10	26-10
05-11	15-11	25-11	05-12	15-12	25-12

1966

05-01	15-01	25-01	04-02	14-02	24-02
06-03	16-03	26-03	05-04	15-04	25-04
05-05	15-05	25-05	04-06	14-06	24-06
04-07	14-07	24-07	03-08	13-08	23-08
02-09	12-09	22-09	02-10	12-10	22-10
01-11	11-11	21-11	01-12	11-12	21-12
31-12					

1972

04-01	14-01	24-01	03-02	13-02	23-02
04-03	14-03	24-03	03-04	13-04	23-04
03-05	13-05	23-05	02-06	12-06	22-06
02-07	12-07	22-07	01-08	11-08	21-08
31-08	10-09	20-09	30-09	10-10	20-10
30-10	09-11	19-11	29-11	09-12	19-12
29-12					

1967

10-01	20-01	30-01	09-02	19-02	01-03
11-03	21-03	31-03	10-04	20-04	30-04
10-05	20-05	30-05	09-06	19-06	29-06
09-07	19-07	29-07	08-08	18-08	28-08
07-09	17-09	27-09	07-10	17-10	27-10
06-11	16-11	26-11	06-12	16-12	26-12

1973

08-01	18-01	28-01	07-02	17-02	27-02
08-03	18-03	28-03	07-04	17-04	27-04
07-05	17-05	27-05	06-06	16-06	26-06
06-07	16-07	26-07	05-08	15-08	25-08
04-09	14-09	24-09	04-10	14-10	24-10
03-11	13-11	23-11	03-12	13-12	23-12

1968

05-01	15-01	25-01	04-02	14-02	24-02
06-03	16-03	26-03	05-04	15-04	25-04
05-05	15-05	25-05	04-06	14-06	24-06
04-07	14-07	24-07	03-08	13-08	23-08
02-09	12-09	22-09	02-10	12-10	22-10
01-11	11-11	21-11	01-12	11-12	21-12
31-12					

1974

03-01	13-01	23-01	02-02	12-02	22-02
04-03	14-01	24-03	03-04	13-04	23-04
03-05	13-05	23-05	02-06	12-06	22-06
02-07	12-07	22-07	01-08	11-08	21-08
31-08	10-09	20-09	30-09	10-10	20-10
30-10	09-11	19-11	29-11	09-12	19-12
29-12					

1969

09-01	19-01	29-01	08-02	18-02	28-02
10-03	20-03	30-03	09-04	19-04	29-04
09-05	19-05	29-05	08-06	18-06	28-06
08-07	18-07	28-07	07-08	17-08	27-08
06-09	16-09	26-09	06-10	16-10	26-10
05-11	15-11	25-11	05-12	15-12	25-12

1975

08-01	18-01	28-01	07-02	17-02	27-02
09-03	19-03	29-03	08-04	18-04	28-04
08-05	18-05	28-05	07-06	17-06	27-06
07-07	17-07	27-07	06-08	16-08	26-08
05-09	15-09	25-09	05-10	15-10	25-10
04-11	14-11	24-11	04-12	14-12	24-12

1976

03-01	13-01	23-01	02-02	12-02	22-02
03-03	13-03	23-03	02-04	12-04	22-04
02-05	12-05	22-05	01-06	11-06	21-06
01-07	11-07	21-07	31-07	10-08	20-08
30-08	09-09	19-09	29-09	09-10	19-10
29-10	08-11	18-11	28-11	08-12	18-12
28-12					

1977

07-01	17-01	27-01	06-02	16-02	26-02
08-03	18-03	28-03	07-04	17-04	27-04
07-05	17-05	27-05	06-06	16-06	26-06
06-07	16-07	26-07	05-08	15-08	25-08
04-09	14-09	24-09	04-10	14-10	24-10
03-11	13-11	23-11	03-12	13-12	23-12

1978

02-01	12-01	22-01	01-02	11-02	21-02
03-03	13-03	23-03	02-04	12-04	22-04
02-05	12-05	22-05	01-06	11-06	21-06
01-07	11-07	21-07	31-07	10-08	20-08
30-08	09-09	19-09	29-09	09-10	19-10
29-10	08-11	18-11	28-11	08-12	18-12
28-12					

1979

07-01	17-01	27-01	06-02	16-02	26-02
08-03	18-03	28-03	07-04	17-04	27-04
07-05	17-05	27-05	06-06	16-06	26-06
06-07	16-07	26-07	05-08	15-08	25-08
04-09	14-09	24-09	04-10	14-10	24-10
03-11	13-11	23-11	03-12	13-12	23-12

1980

02-01	12-01	22-01	01-02	11-02	21-02
02-03	12-03	22-03	01-04	11-04	21-04
01-05	11-05	21-05	31-05	10-06	20-06
30-06	10-07	20-07	30-07	09-08	19-08
29-08	08-09	18-09	28-09	08-10	18-10
28-10	07-11	17-11	27-11	07-12	17-12
27-12					

1981

06-01	16-01	26-01	05-02	15-02	25-02
07-03	17-03	27-03	06-04	16-04	26-04
06-05	16-05	26-05	05-06	15-06	25-06
05-07	15-07	25-07	04-08	14-08	24-08
03-09	13-09	23-09	03-10	13-10	23-10
02-11	12-11	22-11	02-12	12-12	22-12

1982

01-01	11-01	21-01	31-01	10-02	20-02
02-03	12-03	22-03	01-04	11-04	21-04
01-05	11-05	21-05	31-05	10-06	20-06
30-06	10-07	20-07	30-07	09-08	19-08
29-08	08-09	18-09	28-09	08-10	18-10
28-10	07-11	17-11	27-11	07-12	17-12
27-12					

1983

06-01	16-01	26-01	05-02	15-02	25-02
07-03	17-03	27-03	06-04	16-04	26-04
06-05	16-05	26-05	05-06	15-06	25-06
05-07	15-07	25-07	04-08	14-08	24-08
03-09	13-09	23-09	03-10	13-10	23-10
02-11	12-11	22-11	02-12	12-12	22-12

1984

01-01	11-01	21-01	31-01	10-02	20-02
01-03	11-03	21-03	31-03	10-04	20-04
30-04	10-05	20-05	30-05	09-06	19-06
29-06	09-07	19-07	29-07	08-08	18-08
28-08	07-09	17-09	27-09	07-10	17-10
27-10	06-11	16-11	26-11	06-12	16-12
26-12					

1985

05-01	15-01	25-01	04-02	14-02	24-02
06-03	16-03	26-03	05-04	15-04	25-04
05-05	15-05	25-05	04-06	14-06	24-06
04-07	14-07	24-07	03-08	13-08	23-08
02-09	12-09	22-09	02-10	12-10	22-10
01-11	11-11	21-11	01-12	11-12	21-12
31-12					

1986

10-01	20-01	30-01	09-02	19-02	01-03
11-03	21-03	31-03	10-04	20-04	30-04
10-05	20-05	30-05	09-06	19-06	29-06
09-07	19-07	29-07	08-08	18-08	28-08
07-09	17-09	27-09	07-10	17-10	27-10
06-11	16-11	26-11	06-12	16-12	26-12

1987

05-01	15-01	25-01	04-02	14-02	24-02
06-03	16-03	26-03	05-04	15-04	25-04
05-05	15-05	25-05	04-06	14-06	24-06
04-07	14-07	24-07	03-08	13-08	23-08
02-09	12-09	22-09	02-10	12-10	22-10
01-11	11-11	21-11	01-12	11-12	21-12
31-12					

1988	10-01	20-01	30-01	09-02	19-02	29-02
	10-03	20-03	30-03	09-04	19-04	29-04
	09-05	19-05	29-05	08-06	18-06	28-06
	08-07	18-07	28-07	07-08	17-08	27-08
	06-09	16-09	26-09	06-10	16-10	26-10
	05-11	15-11	25-11	05-12	15-12	25-12

1994	08-01	18-01	28-01	07-02	17-02	27-02
	09-03	19-03	29-03	08-04	18-04	28-04
	08-05	18-05	28-05	07-06	17-06	27-06
	07-07	17-07	27-07	06-08	16-08	26-08
	05-09	15-09	25-09	05-10	15-10	25-10
	04-11	14-11	24-11	04-12	14-12	24-12

1989	04-01	14-01	24-01	03-02	13-02	23-02
	05-03	15-03	25-03	04-04	14-04	24-04
	04-05	14-05	24-05	03-06	13-06	23-06
	03-07	13-07	23-07	02-08	12-08	22-08
	01-09	11-09	21-09	01-10	11-10	21-10
	31-10	10-11	20-11	30-11	10-12	20-12
	30-12					

1995	03-01	13-01	23-01	02-02	12-02	22-02
	04-03	14-01	24-03	03-04	13-04	23-04
	03-05	13-05	23-05	02-06	12-06	22-06
	02-07	12-07	22-07	01-08	11-08	21-08
	31-08	10-09	20-09	30-09	10-10	20-10
	30-10	09-11	19-11	29-11	09-12	19-12
	29-12					

1990	09-01	19-01	29-01	08-02	18-02	28-02
	10-03	20-03	30-03	09-04	19-04	29-04
	09-05	19-05	29-05	08-06	18-06	28-06
	08-07	18-07	28-07	07-08	17-08	27-08
	06-09	16-09	26-09	06-10	16-10	26-10
	05-11	15-11	25-11	05-12	15-12	25-12

1996	08-01	18-01	28-01	07-02	17-02	27-02
	08-03	18-03	28-03	07-04	17-04	27-04
	07-05	17-05	27-05	06-06	16-06	26-06
	06-07	16-07	26-07	05-08	15-08	25-08
	04-09	14-09	24-09	04-10	14-10	24-10
	03-11	13-11	23-11	03-12	13-12	23-12

1991	04-01	14-01	24-01	03-02	13-02	23-02
	05-03	15-03	25-03	04-04	14-04	24-04
	04-05	14-05	24-05	03-06	13-06	23-06
	03-07	13-07	23-07	02-08	12-08	22-08
	01-09	11-09	21-09	01-10	11-10	21-10
	31-10	10-11	20-11	30-11	10-12	20-12
	30-12					

1997	02-01	12-01	22-01	01-02	11-02	21-02
	03-03	13-03	23-03	02-04	12-04	22-04
	02-05	12-05	22-05	01-06	11-06	21-06
	01-07	11-07	21-07	31-07	10-08	20-08
	30-08	09-09	19-09	29-09	09-10	19-10
	29-10	08-11	18-11	28-11	08-12	18-12
	28-12					

1992	09-01	19-01	29-01	08-02	18-02	28-02
	09-03	19-03	29-03	08-04	18-04	28-04
	08-05	18-05	28-05	07-06	17-06	27-06
	07-07	17-07	27-07	06-08	16-08	26-08
	05-09	15-09	25-09	05-10	15-10	25-10
	04-11	14-11	24-11	04-12	14-12	24-12

1998	07-01	17-01	27-01	06-02	16-02	26-02
	08-03	18-03	28-03	07-04	17-04	27-04
	07-05	17-05	27-05	06-06	16-06	26-06
	06-07	16-07	26-07	05-08	15-08	25-08
	04-09	14-09	24-09	04-10	14-10	24-10
	03-11	13-11	23-11	03-12	13-12	23-12

1993	03-01	13-01	23-01	02-02	12-02	22-02
	04-03	14-01	24-03	03-04	13-04	23-04
	03-05	13-05	23-05	02-06	12-06	22-06
	02-07	12-07	22-07	01-08	11-08	21-08
	31-08	10-09	20-09	30-09	10-10	20-10
	30-10	09-11	19-11	29-11	09-12	19-12
	29-12					

1999	02-01	12-01	22-01	01-02	11-02	21-02
	03-03	13-03	23-03	02-04	12-04	22-04
	02-05	12-05	22-05	01-06	11-06	21-06
	01-07	11-07	21-07	31-07	10-08	20-08
	30-08	09-09	19-09	29-09	09-10	19-10
	29-10	08-11	18-11	28-11	08-12	18-12
	28-12					

2000	07-01	17-01	27-01	06-02	16-02	26-02
	07-03	17-03	27-03	06-04	16-04	26-04
	06-05	16-05	26-05	05-06	15-06	25-06
	05-07	15-07	25-07	04-08	14-08	24-08
	03-09	13-09	23-09	03-10	13-10	23-10
	02-11	12-11	22-11	02-12	12-12	22-12

2001	01-01	11-01	21-01	31-01	10-02	20-02
	02-03	12-03	22-03	01-04	11-04	21-04
	01-05	11-05	21-05	31-05	10-06	20-06
	30-06	10-07	20-07	30-07	09-08	19-08
	29-08	08-09	18-09	28-09	08-10	18-10
	28-10	07-11	17-11	27-11	07-12	17-12
	27-12					

2002	06-01	16-01	26-01	05-02	15-02	25-02
	07-03	17-03	27-03	06-04	16-04	26-04
	06-05	16-05	26-05	05-06	15-06	25-06
	05-07	15-07	25-07	04-08	14-08	24-08
	03-09	13-09	23-09	03-10	13-10	23-10
	02-11	12-11	22-11	02-12	12-12	22-12

2003	01-01	11-01	21-01	31-01	10-02	20-02
	02-03	12-03	22-03	01-04	11-04	21-04
	01-05	11-05	21-05	31-05	10-06	20-06
	30-06	10-07	20-07	30-07	09-08	19-08
	29-08	08-09	18-09	28-09	08-10	18-10
	28-10	07-11	17-11	27-11	07-12	17-12
	27-12					

2004	06-01	16-01	26-01	05-02	15-02	25-02
	06-03	16-03	26-03	05-04	15-04	25-04
	05-05	15-05	25-05	04-06	14-06	24-06
	04-07	14-07	24-07	03-08	13-08	23-08
	02-09	12-09	22-09	02-10	12-10	22-10
	01-11	11-11	21-11	01-12	11-12	21-12
	31-12					

Tabelle 2

Leerzeit	Stunden der Leere	Monate der Leere	Jahre der Leere	
A	19 – 23 Uhr	08.10. – 07.12.	2006/07	2018/19
B	15 – 19 Uhr	08.08. – 07.10.	2004/05	2016/17
C	11 – 15 Uhr	08.06. – 07.08.	2002/03	2014/15
D	7 – 11 Uhr	08.04. – 07.06.	2000/01	2012/13
E	3 – 7 Uhr	08.02. – 07.04.	1998/99	2010/11
F	23 – 3 Uhr	08.12. – 07.02.	1996/97	2008/09

2020/21
+12 2032/33
+12 2044/45

Bücher, die weiterhelfen

Uwe Karstädt: *Ganz in meinem Element.* Kösel Verlag

Manfred Kubny: *Chinesische Astrologie.* Kehrer Verlag

Manfred Kubny: *Chinesischer Mondkalender.* Kehrer Verlag

Gail Reichstein: *Gesundheit durch die fünf Elemente.* Goldmann Verlag

Roland Rottenfußer: *Mein Persönlichkeits Feng Shui.* Windpferd Verlag

Günther Sator: *Feng Shui – Harmonie in Partnerschaft und Liebe.* Gräfe & Unzer Verlag

Christa Zettel: *Geheimlehre und Numerologie.* Seehamer Verlag

Adressen, die weiterhelfen

FORUM FENG SHUI
Beratung – Schulung –
Neubauplanung
für Firmen und Privatpersonen
Krautgartenweg 5
D-82275 Emmering
Tel. 08141/51 72 88
Fax. 08141/51 72 89
E-Mail:
Sonja.Schlueter@Forum-Feng-Shui.de
Internet:
www.Forum-Feng-Shui.de

Forum Feng Shui ist ein Zusammenschluss von Experten zu den Themen Feng Shui, Radiästhesie und Persönlichkeitsberatung in Deutschland, Österreich, der Schweiz, Slowenien und Norditalien.

Sachregister

1900

Januar	Februar	März	April	Mai	Juni
01. 01. = 01. 12.	01. 02. = 02. 01.	01. 03. = 01. 02.	01. 04. = 02. 03.	01. 05. = 03. 04.	01. 06. = 05. 05.
02. 01. = 02. 12.	02. 02. = 03. 01.	02. 03. = 02. 02.	02. 04. = 03. 03.	02. 05. = 04. 04.	02. 06. = 06. 05.
03. 01. = 03. 12.	03. 02. = 04. 01.	03. 03. = 03. 02.	03. 04. = 04. 03.	03. 05. = 05. 04.	03. 06. = 07. 05.
04. 01. = 04. 12.	04. 02. = 05. 01.	04. 03. = 04. 02.	04. 04. = 05. 03.	04. 05. = 06. 04.	04. 06. = 08. 05.
05. 01. = 05. 12.	05. 02. = 06. 01.	05. 03. = 05. 02.	05. 04. = 06. 03.	05. 05. = 07. 04.	05. 06. = 09. 05.
06. 01. = 06. 12.	06. 02. = 07. 01.	06. 03. = 06. 02.	06. 04. = 07. 03.	06. 05. = 08. 04.	06. 06. = 10. 05.
07. 01. = 07. 12.	07. 02. = 08. 01.	07. 03. = 07. 02.	07. 04. = 08. 03.	07. 05. = 09. 04.	07. 06. = 11. 05.
08. 01. = 08. 12.	08. 02. = 09. 01.	08. 03. = 08. 02.	08. 04. = 09. 03.	08. 05. = 10. 04.	08. 06. = 12. 05.
09. 01. = 09. 12.	09. 02. = 10. 01.	09. 03. = 09. 02.	09. 04. = 10. 03.	09. 05. = 11. 04.	09. 06. = 13. 05.
10. 01. = 10. 12.	10. 02. = 11. 01.	10. 03. = 10. 02.	10. 04. = 11. 03.	10. 05. = 12. 04.	10. 06. = 14. 05.
11. 01. = 11. 12.	11. 02. = 12. 01.	11. 03. = 11. 02.	11. 04. = 12. 03.	11. 05. = 13. 04.	11. 06. = 15. 05.
12. 01. = 12. 12.	12. 02. = 13. 01.	12. 03. = 12. 02.	12. 04. = 13. 03.	12. 05. = 14. 04.	12. 06. = 16. 05.
13. 01. = 13. 12.	13. 02. = 14. 01.	13. 03. = 13. 02.	13. 04. = 14. 03.	13. 05. = 15. 04.	13. 06. = 17. 05.
14. 01. = 14. 12.	14. 02. = 15. 01.	14. 03. = 14. 02.	14. 04. = 15. 03.	14. 05. = 16. 04.	14. 06. = 18. 05.
15. 01. = 15. 12.	15. 02. = 16. 01.	15. 03. = 15. 02.	15. 04. = 16. 03.	15. 05. = 17. 04.	15. 06. = 19. 05.
16. 01. = 16. 12.	16. 02. = 17. 01.	16. 03. = 16. 02.	16. 04. = 17. 03.	16. 05. = 18. 04.	16. 06. = 20. 05.
17. 01. = 17. 12.	17. 02. = 18. 01.	17. 03. = 17. 02.	17. 04. = 18. 03.	17. 05. = 19. 04.	17. 06. = 21. 05.
18. 01. = 18. 12.	18. 02. = 19. 01.	18. 03. = 18. 02.	18. 04. = 19. 03.	18. 05. = 20. 04.	18. 06. = 22. 05.
19. 01. = 19. 12.	19. 02. = 20. 01.	19. 03. = 19. 02.	19. 04. = 20. 03.	19. 05. = 21. 04.	19. 06. = 23. 05.
20. 01. = 20. 12.	20. 02. = 21. 01.	20. 03. = 20. 02.	20. 04. = 21. 03.	20. 05. = 22. 04.	20. 06. = 24. 05.
21. 01. = 21. 12.	21. 02. = 22. 01.	21. 03. = 21. 02.	21. 04. = 22. 03.	21. 05. = 23. 04.	21. 06. = 25. 05.
22. 01. = 22. 12.	22. 02. = 23. 01.	22. 03. = 22. 02.	22. 04. = 23. 03.	22. 05. = 24. 04.	22. 06. = 26. 05.
23. 01. = 23. 12.	23. 02. = 24. 01.	23. 03. = 23. 02.	23. 04. = 24. 03.	23. 05. = 25. 04.	23. 06. = 27. 05.
24. 01. = 24. 12.	24. 02. = 25. 01.	24. 03. = 24. 02.	24. 04. = 25. 03.	24. 05. = 26. 04.	24. 06. = 28. 05.
25. 01. = 25. 12.	25. 02. = 26. 01.	25. 03. = 25. 02.	25. 04. = 26. 03.	25. 05. = 27. 04.	25. 06. = 29. 05.
26. 01. = 26. 12.	26. 02. = 27. 01.	26. 03. = 26. 02.	26. 04. = 27. 03.	26. 05. = 28. 04.	26. 06. = 30. 05.
27. 01. = 27. 12.	27. 02. = 28. 01.	27. 03. = 27. 02.	27. 04. = 28. 03.	27. 05. = 29. 04.	27. 06. = 01. 06.
28. 01. = 28. 12.	28. 02. = 29. 01.	28. 03. = 28. 02.	28. 04. = 29. 03.	28. 05. = 01. 05.	28. 06. = 02. 06.
29. 01. = 29. 12.	29. 02. = 30. 01.	29. 03. = 29. 02.	29. 04. = 01. 04.	29. 05. = 02. 05.	29. 06. = 03. 06.
30. 01. = 30. 12.		30. 03. = 30. 02.	30. 04. = 02. 04.	30. 05. = 03. 05.	30. 06. = 04. 06.
31. 01. = 01. 01.		31. 03. = 01. 03.		31. 05. = 04. 05.	

1900

Juli	August	September	Oktober	November	Dezember
01. 07. = 05. 06.	01. 08. = 07. 07.	01. 09. = 08. 08.	01. 10. = 08. 08.	01. 11. = 10. 09.	01. 12. = 10. 10.
02. 07. = 06. 06.	02. 08. = 08. 07.	02. 09. = 09. 08.	02. 10. = 09. 08.	02. 11. = 11. 09.	02. 12. = 11. 10.
03. 07. = 07. 06.	03. 08. = 09. 07.	03. 09. = 10. 08.	03. 10. = 10. 08.	03. 11. = 12. 09.	03. 12. = 12. 10.
04. 07. = 08. 06.	04. 08. = 10. 07.	04. 09. = 11. 08.	04. 10. = 11. 08.	04. 11. = 13. 09.	04. 12. = 13. 10.
05. 07. = 09. 06.	05. 08. = 11. 07.	05. 09. = 12. 08.	05. 10. = 12. 08.	05. 11. = 14. 09.	05. 12. = 14. 10.
06. 07. = 10. 06.	06. 08. = 12. 07.	06. 09. = 13. 08.	06. 10. = 13. 08.	06. 11. = 15. 09.	06. 12. = 15. 10.
07. 07. = 11. 06.	07. 08. = 13. 07.	07. 09. = 14. 08.	07. 10. = 14. 08.	07. 11. = 16. 09.	07. 12. = 16. 10.
08. 07. = 12. 06.	08. 08. = 14. 07.	08. 09. = 15. 08.	08. 10. = 15. 08.	08. 11. = 17. 09.	08. 12. = 17. 10.
09. 07. = 13. 06.	09. 08. = 15. 07.	09. 09. = 16. 08.	09. 10. = 16. 08.	09. 11. = 18. 09.	09. 12. = 18. 10.
10. 07. = 14. 06.	10. 08. = 16. 07.	10. 09. = 17. 08.	10. 10. = 17. 08.	10. 11. = 19. 09.	10. 12. = 19. 10.
11. 07. = 15. 06.	11. 08. = 17. 07.	11. 09. = 18. 08.	11. 10. = 18. 08.	11. 11. = 20. 09.	11. 12. = 20. 10.
12. 07. = 16. 06.	12. 08. = 18. 07.	12. 09. = 19. 08.	12. 10. = 19. 08.	12. 11. = 21. 09.	12. 12. = 21. 10.
13. 07. = 17. 06.	13. 08. = 19. 07.	13. 09. = 20. 08.	13. 10. = 20. 08.	13. 11. = 22. 09.	13. 12. = 22. 10.
14. 07. = 18. 06.	14. 08. = 20. 07.	14. 09. = 21. 08.	14. 10. = 21. 08.	14. 11. = 23. 09.	14. 12. = 23. 10.
15. 07. = 19. 06.	15. 08. = 21. 07.	15. 09. = 22. 08.	15. 10. = 22. 08.	15. 11. = 24. 09.	15. 12. = 24. 10.
16. 07. = 20. 06.	16. 08. = 22. 07.	16. 09. = 23. 08.	16. 10. = 23. 08.	16. 11. = 25. 09.	16. 12. = 25. 10.
17. 07. = 21. 06.	17. 08. = 23. 07.	17. 09. = 24. 08.	17. 10. = 24. 08.	17. 11. = 26. 09.	17. 12. = 26. 10.
18. 07. = 22. 06.	18. 08. = 24. 07.	18. 09. = 25. 08.	18. 10. = 25. 08.	18. 11. = 27. 09.	18. 12. = 27. 10.
19. 07. = 23. 06.	19. 08. = 25. 07.	19. 09. = 26. 08.	19. 10. = 26. 08.	19. 11. = 28. 09.	19. 12. = 28. 10.
20. 07. = 24. 06.	20. 08. = 26. 07.	20. 09. = 27. 08.	20. 10. = 27. 08.	20. 11. = 29. 09.	20. 12. = 29. 10.
21. 07. = 25. 06.	21. 08. = 27. 07.	21. 09. = 28. 08.	21. 10. = 28. 08.	21. 11. = 30. 09.	21. 12. = 30. 10.
22. 07. = 26. 06.	22. 08. = 28. 07.	22. 09. = 29. 08.	22. 10. = 29. 08.	22. 11. = 01. 10.	22. 12. = 01. 11.
23. 07. = 27. 06.	23. 08. = 29. 07.	23. 09. = 30. 08.	23. 10. = 01. 09.	23. 11. = 02. 10.	23. 12. = 02. 11.
24. 07. = 28. 06.	24. 08. = 30. 07.	24. 09. = 01. 08.	24. 10. = 02. 09.	24. 11. = 03. 10.	24. 12. = 03. 11.
25. 07. = 29. 06.	25. 08. = 01. 08.	25. 09. = 02. 08.	25. 10. = 03. 09.	25. 11. = 04. 10.	25. 12. = 04. 11.
26. 07. = 01. 07.	26. 08. = 02. 08.	26. 09. = 03. 08.	26. 10. = 04. 09.	26. 11. = 05. 10.	26. 12. = 05. 11.
27. 07. = 02. 07.	27. 08. = 03. 08.	27. 09. = 04. 08.	27. 10. = 05. 09.	27. 11. = 06. 10.	27. 12. = 06. 11.
28. 07. = 03. 07.	28. 08. = 04. 08.	28. 09. = 05. 08.	28. 10. = 06. 09.	28. 11. = 07. 10.	28. 12. = 07. 11.
29. 07. = 04. 07.	29. 08. = 05. 08.	29. 09. = 06. 08.	29. 10. = 07. 09.	29. 11. = 08. 10.	29. 12. = 08. 11.
30. 07. = 05. 07.	30. 08. = 06. 08.	30. 09. = 07. 08.	30. 10. = 08. 09.	30. 11. = 09. 10.	30. 12. = 09. 11.
31. 07. = 06. 07.	31. 08. = 07. 08.		31. 10. = 09. 09.		31. 12. = 10. 11.

1901

Januar	Februar	März	April	Mai	Juni
01. 01. = 11. 11.	01. 02. = 13. 12.	01. 03. = 11. 01.	01. 04. = 13. 02.	01. 05. = 13. 03.	01. 06. = 15. 04.
02. 01. = 12. 11.	02. 02. = 14. 12.	02. 03. = 12. 01.	02. 04. = 14. 02.	02. 05. = 14. 03.	02. 06. = 16. 04.
03. 01. = 13. 11.	03. 02. = 15. 12.	03. 03. = 13. 01.	03. 04. = 15. 02.	03. 05. = 15. 03.	03. 06. = 17. 04.
04. 01. = 14. 11.	04. 02. = 16. 12.	04. 03. = 14. 01.	04. 04. = 16. 02.	04. 05. = 16. 03.	04. 06. = 18. 04.
05. 01. = 15. 11.	05. 02. = 17. 12.	05. 03. = 15. 01.	05. 04. = 17. 02.	05. 05. = 17. 03.	05. 06. = 19. 04.
06. 01. = 16. 11.	06. 02. = 18. 12.	06. 03. = 16. 01.	06. 04. = 18. 02.	06. 05. = 18. 03.	06. 06. = 20. 04.
07. 01. = 17. 11.	07. 02. = 19. 12.	07. 03. = 17. 01.	07. 04. = 19. 02.	07. 05. = 19. 03.	07. 06. = 21. 04.
08. 01. = 18. 11.	08. 02. = 20. 12.	08. 03. = 18. 01.	08. 04. = 20. 02.	08. 05. = 20. 03.	08. 06. = 22. 04.
09. 01. = 19. 11.	09. 02. = 21. 12.	09. 03. = 19. 01.	09. 04. = 21. 02.	09. 05. = 21. 03.	09. 06. = 23. 04.
10. 01. = 20. 11.	10. 02. = 22. 12.	10. 03. = 20. 01.	10. 04. = 22. 02.	10. 05. = 22. 03.	10. 06. = 24. 04.
11. 01. = 21. 11.	11. 02. = 23. 12.	11. 03. = 21. 01.	11. 04. = 23. 02.	11. 05. = 23. 03.	11. 06. = 25. 04.
12. 01. = 22. 11.	12. 02. = 24. 12.	12. 03. = 22. 01.	12. 04. = 24. 02.	12. 05. = 24. 03.	12. 06. = 26. 04.
13. 01. = 23. 11.	13. 02. = 25. 12.	13. 03. = 23. 01.	13. 04. = 25. 02.	13. 05. = 25. 03.	13. 06. = 27. 04.
14. 01. = 24. 11.	14. 02. = 26. 12.	14. 03. = 24. 01.	14. 04. = 26. 02.	14. 05. = 26. 03.	14. 06. = 28. 04.
15. 01. = 25. 11.	15. 02. = 27. 12.	15. 03. = 25. 01.	15. 04. = 27. 02.	15. 05. = 27. 03.	15. 06. = 29. 04.
16. 01. = 26. 11.	16. 02. = 28. 12.	16. 03. = 26. 01.	16. 04. = 28. 02.	16. 05. = 28. 03.	16. 06. = 01. 05.
17. 01. = 27. 11.	17. 02. = 29. 12.	17. 03. = 27. 01.	17. 04. = 29. 02.	17. 05. = 29. 03.	17. 06. = 02. 05.
18. 01. = 28. 11.	18. 02. = 30. 12.	18. 03. = 28. 01.	18. 04. = 30. 02.	18. 05. = 01. 04.	18. 06. = 03. 05.
19. 01. = 29. 11.	19. 02. = 01. 01.	19. 03. = 29. 01.	19. 04. = 01. 03.	19. 05. = 02. 04.	19. 06. = 04. 05.
20. 01. = 01. 12.	20. 02. = 02. 01.	20. 03. = 01. 02.	20. 04. = 02. 03.	20. 05. = 03. 04.	20. 06. = 05. 05.
21. 01. = 02. 12.	21. 02. = 03. 01.	21. 03. = 02. 02.	21. 04. = 03. 03.	21. 05. = 04. 04.	21. 06. = 06. 05.
22. 01. = 03. 12.	22. 02. = 04. 01.	22. 03. = 03. 02.	22. 04. = 04. 03.	22. 05. = 05. 04.	22. 06. = 07. 05.
23. 01. = 04. 12.	23. 02. = 05. 01.	23. 03. = 04. 02.	23. 04. = 05. 03.	23. 05. = 06. 04.	23. 06. = 08. 05.
24. 01. = 05. 12.	24. 02. = 06. 01.	24. 03. = 05. 02.	24. 04. = 06. 03.	24. 05. = 07. 04.	24. 06. = 09. 05.
25. 01. = 06. 12.	25. 02. = 07. 01.	25. 03. = 06. 02.	25. 04. = 07. 03.	25. 05. = 08. 04.	25. 06. = 10. 05.
26. 01. = 07. 12.	26. 02. = 08. 01.	26. 03. = 07. 02.	26. 04. = 08. 03.	26. 05. = 09. 04.	26. 06. = 11. 05.
27. 01. = 08. 12.	27. 02. = 09. 01.	27. 03. = 08. 02.	27. 04. = 09. 03.	27. 05. = 10. 04.	27. 06. = 12. 05.
28. 01. = 09. 12.	28. 02. = 10. 01.	28. 03. = 09. 02.	28. 04. = 10. 03.	28. 05. = 11. 04.	28. 06. = 13. 05.
29. 01. = 10. 12.		29. 03. = 10. 02.	29. 04. = 11. 03.	29. 05. = 12. 04.	29. 06. = 14. 05.
30. 01. = 11. 12.		30. 03. = 11. 02.	30. 04. = 12. 03.	30. 05. = 13. 04.	30. 06. = 15. 05.
31. 01. = 12. 12.		31. 03. = 12. 02.		31. 05. = 14. 04.	

1901

Juli	August	September	Oktober	November	Dezember
01. 07. = 16. 05.	01. 08. = 17. 06.	01. 09. = 19. 07.	01. 10. = 19. 08.	01. 11. = 21. 09.	01. 12. = 21. 10.
02. 07. = 17. 05.	02. 08. = 18. 06.	02. 09. = 20. 07.	02. 10. = 20. 08.	02. 11. = 22. 09.	02. 12. = 22. 10.
03. 07. = 18. 05.	03. 08. = 19. 06.	03. 09. = 21. 07.	03. 10. = 21. 08.	03. 11. = 23. 09.	03. 12. = 23. 10.
04. 07. = 19. 05.	04. 08. = 20. 06.	04. 09. = 22. 07.	04. 10. = 22. 08.	04. 11. = 24. 09.	04. 12. = 24. 10.
05. 07. = 20. 05.	05. 08. = 21. 06.	05. 09. = 23. 07.	05. 10. = 23. 08.	05. 11. = 25. 09.	05. 12. = 25. 10.
06. 07. = 21. 05.	06. 08. = 22. 06.	06. 09. = 24. 07.	06. 10. = 24. 08.	06. 11. = 26. 09.	06. 12. = 26. 10.
07. 07. = 22. 05.	07. 08. = 23. 06.	07. 09. = 25. 07.	07. 10. = 25. 08.	07. 11. = 27. 09.	07. 12. = 27. 10.
08. 07. = 23. 05.	08. 08. = 24. 06.	08. 09. = 26. 07.	08. 10. = 26. 08.	08. 11. = 28. 09.	08. 12. = 28. 10.
09. 07. = 24. 05.	09. 08. = 25. 06.	09. 09. = 27. 07.	09. 10. = 27. 08.	09. 11. = 29. 09.	09. 12. = 29. 10.
10. 07. = 25. 05.	10. 08. = 26. 06.	10. 09. = 28. 07.	10. 10. = 28. 08.	10. 11. = 30. 09.	10. 12. = 30. 10.
11. 07. = 26. 05.	11. 08. = 27. 06.	11. 09. = 29. 07.	11. 10. = 29. 08.	11. 11. = 01. 10.	11. 12. = 01. 11.
12. 07. = 27. 05.	12. 08. = 28. 06.	12. 09. = 30. 07.	12. 10. = 01. 09.	12. 11. = 02. 10.	12. 12. = 02. 11.
13. 07. = 28. 05.	13. 08. = 29. 06.	13. 09. = 01. 08.	13. 10. = 02. 09.	13. 11. = 03. 10.	13. 12. = 03. 11.
14. 07. = 29. 05.	14. 08. = 01. 07.	14. 09. = 02. 08.	14. 10. = 03. 09.	14. 11. = 04. 10.	14. 12. = 04. 11.
15. 07. = 30. 05.	15. 08. = 02. 07.	15. 09. = 03. 08.	15. 10. = 04. 09.	15. 11. = 05. 10.	15. 12. = 05. 11.
16. 07. = 01. 06.	16. 08. = 03. 07.	16. 09. = 04. 08.	16. 10. = 05. 09.	16. 11. = 06. 10.	16. 12. = 06. 11.
17. 07. = 02. 06.	17. 08. = 04. 07.	17. 09. = 05. 08.	17. 10. = 06. 09.	17. 11. = 07. 10.	17. 12. = 07. 11.
18. 07. = 03. 06.	18. 08. = 05. 07.	18. 09. = 06. 08.	18. 10. = 07. 09.	18. 11. = 08. 10.	18. 12. = 08. 11.
19. 07. = 04. 06.	19. 08. = 06. 07.	19. 09. = 07. 08.	19. 10. = 08. 09.	19. 11. = 09. 10.	19. 12. = 09. 11.
20. 07. = 05. 06.	20. 08. = 07. 07.	20. 09. = 08. 08.	20. 10. = 09. 09.	20. 11. = 10. 10.	20. 12. = 10. 11.
21. 07. = 06. 06.	21. 08. = 08. 07.	21. 09. = 09. 08.	21. 10. = 10. 09.	21. 11. = 11. 10.	21. 12. = 11. 11.
22. 07. = 07. 06.	22. 08. = 09. 07.	22. 09. = 10. 08.	22. 10. = 11. 09.	22. 11. = 12. 10.	22. 12. = 12. 11.
23. 07. = 08. 06.	23. 08. = 10. 07.	23. 09. = 11. 08.	23. 10. = 12. 09.	23. 11. = 13. 10.	23. 12. = 13. 11.
24. 07. = 09. 06.	24. 08. = 11. 07.	24. 09. = 12. 08.	24. 10. = 13. 09.	24. 11. = 14. 10.	24. 12. = 14. 11.
25. 07. = 10. 06.	25. 08. = 12. 07.	25. 09. = 13. 08.	25. 10. = 14. 09.	25. 11. = 15. 10.	25. 12. = 15. 11.
26. 07. = 11. 06.	26. 08. = 13. 07.	26. 09. = 14. 08.	26. 10. = 15. 09.	26. 11. = 16. 10.	26. 12. = 16. 11.
27. 07. = 12. 06.	27. 08. = 14. 07.	27. 09. = 15. 08.	27. 10. = 16. 09.	27. 11. = 17. 10.	27. 12. = 17. 11.
28. 07. = 13. 06.	28. 08. = 15. 07.	28. 09. = 16. 08.	28. 10. = 17. 09.	28. 11. = 18. 10.	28. 12. = 18. 11.
29. 07. = 14. 06.	29. 08. = 16. 07.	29. 09. = 17. 08.	29. 10. = 18. 09.	29. 11. = 19. 10.	29. 12. = 19. 11.
30. 07. = 15. 06.	30. 08. = 17. 07.	30. 09. = 18. 08.	30. 10. = 19. 09.	30. 11. = 20. 10.	30. 12. = 20. 11.
31. 07. = 16. 06.	31. 08. = 18. 07.		31. 10. = 20. 09.		31. 12. = 21. 11.

1902

Januar	Februar	März	April	Mai	Juni
01. 01. = 22. 11.	01. 02. = 23. 12.	01. 03. = 22. 01.	01. 04. = 23. 02.	01. 05. = 24. 03.	01. 06. = 25. 04.
02. 01. = 23. 11.	02. 02. = 24. 12.	02. 03. = 23. 01.	02. 04. = 24. 02.	02. 05. = 25. 03.	02. 06. = 26. 04.
03. 01. = 24. 11.	03. 02. = 25. 12.	03. 03. = 24. 01.	03. 04. = 25. 02.	03. 05. = 26. 03.	03. 06. = 27. 04.
04. 01. = 25. 11.	04. 02. = 26. 12.	04. 03. = 25. 01.	04. 04. = 26. 02.	04. 05. = 27. 03.	04. 06. = 28. 04.
05. 01. = 26. 11.	05. 02. = 27. 12.	05. 03. = 26. 01.	05. 04. = 27. 02.	05. 05. = 28. 03.	05. 06. = 29. 04.
06. 01. = 27. 11.	06. 02. = 28. 12.	06. 03. = 27. 01.	06. 04. = 28. 02.	06. 05. = 29. 03.	06. 06. = 01. 05.
07. 01. = 28. 11.	07. 02. = 29. 12.	07. 03. = 28. 01.	07. 04. = 29. 02.	07. 05. = 30. 03.	07. 06. = 02. 05.
08. 01. = 29. 11.	08. 02. = 01. 01.	08. 03. = 29. 01.	08. 04. = 01. 03.	08. 05. = 01. 04.	08. 06. = 03. 05.
09. 01. = 30. 11.	09. 02. = 02. 01.	09. 03. = 30. 01.	09. 04. = 02. 03.	09. 05. = 02. 04.	09. 06. = 04. 05.
10. 01. = 01. 12.	10. 02. = 03. 01.	10. 03. = 01. 02.	10. 04. = 03. 03.	10. 05. = 03. 04.	10. 06. = 05. 05.
11. 01. = 02. 12.	11. 02. = 04. 01.	11. 03. = 02. 02.	11. 04. = 04. 03.	11. 05. = 04. 04.	11. 06. = 06. 05.
12. 01. = 03. 12.	12. 02. = 05. 01.	12. 03. = 03. 02.	12. 04. = 05. 03.	12. 05. = 05. 04.	12. 06. = 07. 05.
13. 01. = 04. 12.	13. 02. = 06. 01.	13. 03. = 04. 02.	13. 04. = 06. 03.	13. 05. = 06. 04.	13. 06. = 08. 05.
14. 01. = 05. 12.	14. 02. = 07. 01.	14. 03. = 05. 02.	14. 04. = 07. 03.	14. 05. = 07. 04.	14. 06. = 09. 05.
15. 01. = 06. 12.	15. 02. = 08. 01.	15. 03. = 06. 02.	15. 04. = 08. 03.	15. 05. = 08. 04.	15. 06. = 10. 05.
16. 01. = 07. 12.	16. 02. = 09. 01.	16. 03. = 07. 02.	16. 04. = 09. 03.	16. 05. = 09. 04.	16. 06. = 11. 05.
17. 01. = 08. 12.	17. 02. = 10. 01.	17. 03. = 08. 02.	17. 04. = 10. 03.	17. 05. = 10. 04.	17. 06. = 12. 05.
18. 01. = 09. 12.	18. 02. = 11. 01.	18. 03. = 09. 02.	18. 04. = 11. 03.	18. 05. = 11. 04.	18. 06. = 13. 05.
19. 01. = 10. 12.	19. 02. = 12. 01.	19. 03. = 10. 02.	19. 04. = 12. 03.	19. 05. = 12. 04.	19. 06. = 14. 05.
20. 01. = 11. 12.	20. 02. = 13. 01.	20. 03. = 11. 02.	20. 04. = 13. 03.	20. 05. = 13. 04.	20. 06. = 15. 05.
21. 01. = 12. 12.	21. 02. = 14. 01.	21. 03. = 12. 02.	21. 04. = 14. 03.	21. 05. = 14. 04.	21. 06. = 16. 05.
22. 01. = 13. 12.	22. 02. = 15. 01.	22. 03. = 13. 02.	22. 04. = 15. 03.	22. 05. = 15. 04.	22. 06. = 17. 05.
23. 01. = 14. 12.	23. 02. = 16. 01.	23. 03. = 14. 02.	23. 04. = 16. 03.	23. 05. = 16. 04.	23. 06. = 18. 05.
24. 01. = 15. 12.	24. 02. = 17. 01.	24. 03. = 15. 02.	24. 04. = 17. 03.	24. 05. = 17. 04.	24. 06. = 19. 05.
25. 01. = 16. 12.	25. 02. = 18. 01.	25. 03. = 16. 02.	25. 04. = 18. 03.	25. 05. = 18. 04.	25. 06. = 20. 05.
26. 01. = 17. 12.	26. 02. = 19. 01.	26. 03. = 17. 02.	26. 04. = 19. 03.	26. 05. = 19. 04.	26. 06. = 21. 05.
27. 01. = 18. 12.	27. 02. = 20. 01.	27. 03. = 18. 02.	27. 04. = 20. 03.	27. 05. = 20. 04.	27. 06. = 22. 05.
28. 01. = 19. 12.	28. 02. = 21. 01	28. 03. = 19. 02.	28. 04. = 21. 03.	28. 05. = 21. 04.	28. 06. = 23. 05.
29. 01. = 20. 12.		29. 03. = 20. 02.	29. 04. = 22. 03.	29. 05. = 22. 04.	29. 06. = 24. 05.
30. 01. = 21. 12.		30. 03. = 21. 02.	30. 04. = 23. 03.	30. 05. = 23. 04.	30. 06. = 25. 05.
31. 01. = 22. 12.		31. 03. = 22. 02.		31. 05. = 24. 04.	

1902

Juli	August	September	Oktober	November	Dezember
01. 07. = 26. 05.	01. 08. = 28. 06.	01. 09. = 29. 07.	01. 10. = 30. 08.	01. 11. = 02. 10.	01. 12. = 02. 11.
02. 07. = 27. 05.	02. 08. = 29. 06.	02. 09. = 01. 08.	02. 10. = 01. 09.	02. 11. = 03. 10.	02. 12. = 03. 11.
03. 07. = 28. 05.	03. 08. = 30. 06.	03. 09. = 02. 08.	03. 10. = 02. 09.	03. 11. = 04. 10.	03. 12. = 04. 11.
04. 07. = 29. 05.	04. 08. = 01. 07.	04. 09. = 03. 08.	04. 10. = 03. 09.	04. 11. = 05. 10.	04. 12. = 05. 11.
05. 07. = 01. 06.	05. 08. = 02. 07.	05. 09. = 04. 08.	05. 10. = 04. 09.	05. 11. = 06. 10.	05. 12. = 06. 11.
06. 07. = 02. 06.	06. 08. = 03. 07.	06. 09. = 05. 08.	06. 10. = 05. 09.	06. 11. = 07. 10.	06. 12. = 07. 11.
07. 07. = 03. 06.	07. 08. = 04. 07.	07. 09. = 06. 08.	07. 10. = 06. 09.	07. 11. = 08. 10.	07. 12. = 08. 11.
08. 07. = 04. 06.	08. 08. = 05. 07.	08. 09. = 07. 08.	08. 10. = 07. 09.	08. 11. = 09. 10.	08. 12. = 09. 11.
09. 07. = 05. 06.	09. 08. = 06. 07.	09. 09. = 08. 08.	09. 10. = 08. 09.	09. 11. = 10. 10.	09. 12. = 10. 11.
10. 07. = 06. 06.	10. 08. = 07. 07.	10. 09. = 09. 08.	10. 10. = 09. 09.	10. 11. = 11. 10.	10. 12. = 11. 11.
11. 07. = 07. 06.	11. 08. = 08. 07.	11. 09. = 10. 08.	11. 10. = 10. 09.	11. 11. = 12. 10.	11. 12. = 12. 11.
12. 07. = 08. 06.	12. 08. = 09. 07.	12. 09. = 11. 08.	12. 10. = 11. 09.	12. 11. = 13. 10.	12. 12. = 13. 11.
13. 07. = 09. 06.	13. 08. = 10. 07.	13. 09. = 12. 08.	13. 10. = 12. 09.	13. 11. = 14. 10.	13. 12. = 14. 11.
14. 07. = 10. 06.	14. 08. = 11. 07.	14. 09. = 13. 08.	14. 10. = 13. 09.	14. 11. = 15. 10.	14. 12. = 15. 11.
15. 07. = 11. 06.	15. 08. = 12. 07.	15. 09. = 14. 08.	15. 10. = 14. 09.	15. 11. = 16. 10.	15. 12. = 16. 11.
16. 07. = 12. 06.	16. 08. = 13. 07.	16. 09. = 15. 08.	16. 10. = 15. 09.	16. 11. = 17. 10.	16. 12. = 17. 11.
17. 07. = 13. 06.	17. 08. = 14. 07.	17. 09. = 16. 08.	17. 10. = 16. 09.	17. 11. = 18. 10.	17. 12. = 18. 11.
18. 07. = 14. 06.	18. 08. = 15. 07.	18. 09. = 17. 08.	18. 10. = 17. 09.	18. 11. = 19. 10.	18. 12. = 19. 11.
19. 07. = 15. 06.	19. 08. = 16. 07.	19. 09. = 18. 08.	19. 10. = 18. 09.	19. 11. = 20. 10.	19. 12. = 20. 11.
20. 07. = 16. 06.	20. 08. = 17. 07.	20. 09. = 19. 08.	20. 10. = 19. 09.	20. 11. = 21. 10.	20. 12. = 21. 11.
21. 07. = 17. 06.	21. 08. = 18. 07.	21. 09. = 20. 08.	21. 10. = 20. 09.	21. 11. = 22. 10.	21. 12. = 22. 11.
22. 07. = 18. 06.	22. 08. = 19. 07.	22. 09. = 21. 08.	22. 10. = 21. 09.	22. 11. = 23. 10.	22. 12. = 23. 11.
23. 07. = 19. 06.	23. 08. = 20. 07.	23. 09. = 22. 08.	23. 10. = 22. 09.	23. 11. = 24. 10.	23. 12. = 24. 11.
24. 07. = 20. 06.	24. 08. = 21. 07.	24. 09. = 23. 08.	24. 10. = 23. 09.	24. 11. = 25. 10.	24. 12. = 25. 11.
25. 07. = 21. 06.	25. 08. = 22. 07.	25. 09. = 24. 08.	25. 10. = 24. 09.	25. 11. = 26. 10.	25. 12. = 26. 11.
26. 07. = 22. 06.	26. 08. = 23. 07.	26. 09. = 25. 08.	26. 10. = 25. 09.	26. 11. = 27. 10.	26. 12. = 27. 11.
27. 07. = 23. 06.	27. 08. = 24. 07.	27. 09. = 26. 08.	27. 10. = 26. 09.	27. 11. = 28. 10.	27. 12. = 28. 11.
28. 07. = 24. 06.	28. 08. = 25. 07.	28. 09. = 27. 08.	28. 10. = 27. 09.	28. 11. = 29. 10.	28. 12. = 29. 11.
29. 07. = 25. 06.	29. 08. = 26. 07.	29. 09. = 28. 08.	29. 10. = 28. 09.	29. 11. = 30. 10.	29. 12. = 30. 11.
30. 07. = 26. 06.	30. 08. = 27. 07.	30. 09. = 29. 08.	30. 10. = 29. 09.	30. 11. = 01. 11.	30. 12. = 01. 12.
31. 07. = 27. 06.	31. 08. = 28. 07.		31. 10. = 01. 10.		31. 12. = 02. 12.

1903

Januar	Februar	März	April	Mai	Juni
01. 01. = 03. 12.	01. 02. = 04. 01.	01. 03. = 03. 02.	01. 04. = 04. 03.	01. 05. = 05. 04.	01. 06. = 06. 05.
02. 01. = 04. 12.	02. 02. = 05. 01.	02. 03. = 04. 02.	02. 04. = 05. 03.	02. 05. = 06. 04.	02. 06. = 07. 05.
03. 01. = 05. 12.	03. 02. = 06. 01.	03. 03. = 05. 02.	03. 04. = 06. 03.	03. 05. = 07. 04.	03. 06. = 08. 05.
04. 01. = 06. 12.	04. 02. = 07. 01.	04. 03. = 06. 02.	04. 04. = 07. 03.	04. 05. = 08. 04.	04. 06. = 09. 05.
05. 01. = 07. 12.	05. 02. = 08. 01.	05. 03. = 07. 02.	05. 04. = 08. 03.	05. 05. = 09. 04.	05. 06. = 10. 05.
06. 01. = 08. 12.	06. 02. = 09. 01.	06. 03. = 08. 02.	06. 04. = 09. 03.	06. 05. = 10. 04.	06. 06. = 11. 05.
07. 01. = 09. 12.	07. 02. = 10. 01.	07. 03. = 09. 02.	07. 04. = 10. 03.	07. 05. = 11. 04.	07. 06. = 12. 05.
08. 01. = 10. 12.	08. 02. = 11. 01.	08. 03. = 10. 02.	08. 04. = 11. 03.	08. 05. = 12. 04.	08. 06. = 13. 05.
09. 01. = 11. 12.	09. 02. = 12. 01.	09. 03. = 11. 02.	09. 04. = 12. 03.	09. 05. = 13. 04.	09. 06. = 14. 05.
10. 01. = 12. 12.	10. 02. = 13. 01.	10. 03. = 12. 02.	10. 04. = 13. 03.	10. 05. = 14. 04.	10. 06. = 15. 05.
11. 01. = 13. 12.	11. 02. = 14. 01.	11. 03. = 13. 02.	11. 04. = 14. 03.	11. 05. = 15. 04.	11. 06. = 16. 05.
12. 01. = 14. 12.	12. 02. = 15. 01.	12. 03. = 14. 02.	12. 04. = 15. 03.	12. 05. = 16. 04.	12. 06. = 17. 05.
13. 01. = 15. 12.	13. 02. = 16. 01.	13. 03. = 15. 02.	13. 04. = 16. 03.	13. 05. = 17. 04.	13. 06. = 18. 05.
14. 01. = 16. 12.	14. 02. = 17. 01.	14. 03. = 16. 02.	14. 04. = 17. 03.	14. 05. = 18. 04.	14. 06. = 19. 05.
15. 01. = 17. 12.	15. 02. = 18. 01.	15. 03. = 17. 02.	15. 04. = 18. 03.	15. 05. = 19. 04.	15. 06. = 20. 05.
16. 01. = 18. 12.	16. 02. = 19. 01.	16. 03. = 18. 02.	16. 04. = 19. 03.	16. 05. = 20. 04.	16. 06. = 21. 05.
17. 01. = 19. 12.	17. 02. = 20. 01.	17. 03. = 19. 02.	17. 04. = 20. 03.	17. 05. = 21. 04.	17. 06. = 22. 05.
18. 01. = 20. 12.	18. 02. = 21. 01.	18. 03. = 20. 02.	18. 04. = 21. 03.	18. 05. = 22. 04.	18. 06. = 23. 05.
19. 01. = 21. 12.	19. 02. = 22. 01.	19. 03. = 21. 02.	19. 04. = 22. 03.	19. 05. = 23. 04.	19. 06. = 24. 05.
20. 01. = 22. 12.	20. 02. = 23. 01.	20. 03. = 22. 02.	20. 04. = 23. 03.	20. 05. = 24. 04.	20. 06. = 25. 05.
21. 01. = 23. 12.	21. 02. = 24. 12.	21. 03. = 23. 02.	21. 04. = 24. 03.	21. 05. = 25. 04.	21. 06. = 26. 05.
22. 01. = 24. 12.	22. 02. = 25. 12.	22. 03. = 24. 02.	22. 04. = 25. 03.	22. 05. = 26. 04.	22. 06. = 27. 05.
23. 01. = 25. 12.	23. 02. = 26. 12.	23. 03. = 25. 02.	23. 04. = 26. 03.	23. 05. = 27. 04.	23. 06. = 28. 05.
24. 01. = 26. 12.	24. 02. = 27. 12.	24. 03. = 26. 02.	24. 04. = 27. 03.	24. 05. = 28. 04.	24. 06. = 29. 05.
25. 01. = 27. 12.	25. 02. = 28. 12.	25. 03. = 27. 02.	25. 04. = 28. 03.	25. 05. = 29. 04.	25. 06. = 01. 05.
26. 01. = 28. 12.	26. 02. = 29. 12.	26. 03. = 28. 02.	26. 04. = 29. 03.	26. 05. = 30. 04.	26. 06. = 02. 05.
27. 01. = 29. 12.	27. 02. = 01. 02.	27. 03. = 29. 02.	27. 04. = 01. 04.	27. 05. = 01. 05.	27. 06. = 03. 05.
28. 01. = 30. 12.	28. 02. = 02. 02.	28. 03. = 30. 02.	28. 04. = 02. 04.	28. 05. = 02. 05.	28. 06. = 04. 05.
29. 01. = 01. 01.		29. 03. = 01. 03.	29. 04. = 03. 04.	29. 05. = 03. 05.	29. 06. = 05. 05.
30. 01. = 02. 01.		30. 03. = 02. 03.	30. 04. = 04. 04.	30. 05. = 04. 05.	30. 06. = 06. 06.
31. 01. = 03. 01.		31. 03. = 03. 03.		31. 05. = 05. 05.	

1903

Juli	August	September	Oktober	November	Dezember
01. 07. = 07. 05.	01. 08. = 09. 06.	01. 09. = 10. 07.	01. 10. = 11. 08.	01. 11. = 13. 09.	01. 12. = 13. 10.
02. 07. = 08. 05.	02. 08. = 10. 06.	02. 09. = 11. 07.	02. 10. = 12. 08.	02. 11. = 14. 09.	02. 12. = 14. 10.
03. 07. = 09. 05.	03. 08. = 11. 06.	03. 09. = 12. 07.	03. 10. = 13. 08.	03. 11. = 15. 09.	03. 12. = 15. 10.
04. 07. = 10. 05.	04. 08. = 12. 06.	04. 09. = 13. 07.	04. 10. = 14. 08.	04. 11. = 16. 09.	04. 12. = 16. 10.
05. 07. = 11. 05.	05. 08. = 13. 06.	05. 09. = 14. 07.	05. 10. = 15. 08.	05. 11. = 17. 09.	05. 12. = 17. 10.
06. 07. = 12. 05.	06. 08. = 14. 06.	06. 09. = 15. 07.	06. 10. = 16. 08.	06. 11. = 18. 09.	06. 12. = 18. 10.
07. 07. = 13. 05.	07. 08. = 15. 06.	07. 09. = 16. 07.	07. 10. = 17. 08.	07. 11. = 19. 09.	07. 12. = 19. 10.
08. 07. = 14. 05.	08. 08. = 16. 06.	08. 09. = 17. 07.	08. 10. = 18. 08.	08. 11. = 20. 09.	08. 12. = 20. 10.
09. 07. = 15. 05.	09. 08. = 17. 06.	09. 09. = 18. 07.	09. 10. = 19. 08.	09. 11. = 21. 09.	09. 12. = 21. 10.
10. 07. = 16. 05.	10. 08. = 18. 06.	10. 09. = 19. 07.	10. 10. = 20. 08.	10. 11. = 22. 09.	10. 12. = 22. 10.
11. 07. = 17. 05.	11. 08. = 19. 06.	11. 09. = 20. 07.	11. 10. = 21. 08.	11. 11. = 23. 09.	11. 12. = 23. 10.
12. 07. = 18. 05.	12. 08. = 20. 06.	12. 09. = 21. 07.	12. 10. = 22. 08.	12. 11. = 24. 09.	12. 12. = 24. 10.
13. 07. = 19. 05.	13. 08. = 21. 06.	13. 09. = 22. 07.	13. 10. = 23. 08.	13. 11. = 25. 09.	13. 12. = 25. 10.
14. 07. = 20. 05.	14. 08. = 22. 06.	14. 09. = 23. 07.	14. 10. = 24. 08.	14. 11. = 26. 09.	14. 12. = 26. 10.
15. 07. = 21. 05.	15. 08. = 23. 06.	15. 09. = 24. 07.	15. 10. = 25. 08.	15. 11. = 27. 09.	15. 12. = 27. 10.
16. 07. = 22. 05.	16. 08. = 24. 06.	16. 09. = 25. 07.	16. 10. = 26. 08.	16. 11. = 28. 09.	16. 12. = 28. 10.
17. 07. = 23. 05.	17. 08. = 25. 06.	17. 09. = 26. 07.	17. 10. = 27. 08.	17. 11. = 29. 09.	17. 12. = 29. 10.
18. 07. = 24. 05.	18. 08. = 26. 06.	18. 09. = 27. 07.	18. 10. = 28. 08.	18. 11. = 30. 09.	18. 12. = 30. 10.
19. 07. = 25. 05.	19. 08. = 27. 06.	19. 09. = 28. 07.	19. 10. = 29. 08.	19. 11. = 01. 10.	19. 12. = 01. 11.
20. 07. = 26. 05.	20. 08. = 28. 06.	20. 09. = 29. 07.	20. 10. = 01. 09.	20. 11. = 02. 10.	20. 12. = 02. 11.
21. 07. = 27. 05.	21. 08. = 29. 06.	21. 09. = 01. 08.	21. 10. = 02. 09.	21. 11. = 03. 10.	21. 12. = 03. 11.
22. 07. = 28. 05.	22. 08. = 30. 06.	22. 09. = 02. 08.	22. 10. = 03. 09.	22. 11. = 04. 10.	22. 12. = 04. 11.
23. 07. = 29. 05.	23. 08. = 01. 07.	23. 09. = 03. 08.	23. 10. = 04. 09.	23. 11. = 05. 10.	23. 12. = 05. 11.
24. 07. = 01. 06.	24. 08. = 02. 07.	24. 09. = 04. 08.	24. 10. = 05. 09.	24. 11. = 06. 10.	24. 12. = 06. 11.
25. 07. = 02. 06.	25. 08. = 03. 07.	25. 09. = 05. 08.	25. 10. = 06. 09.	25. 11. = 07. 10.	25. 12. = 07. 11.
26. 07. = 03. 06.	26. 08. = 04. 07.	26. 09. = 06. 08.	26. 10. = 07. 09.	26. 11. = 08. 10.	26. 12. = 08. 11.
27. 07. = 04. 06.	27. 08. = 05. 07.	27. 09. = 07. 08.	27. 10. = 08. 09.	27. 11. = 09. 10.	27. 12. = 09. 11.
28. 07. = 05. 06.	28. 08. = 06. 07.	28. 09. = 08. 08.	28. 10. = 09. 09.	28. 11. = 10. 10.	28. 12. = 10. 11.
29. 07. = 06. 06.	29. 08. = 07. 07.	29. 09. = 09. 08.	29. 10. = 10. 09.	29. 11. = 11. 10.	29. 12. = 11. 11.
30. 07. = 07. 06.	30. 08. = 08. 07.	30. 09. = 10. 08.	30. 10. = 11. 09.	30. 11. = 12. 10.	30. 12. = 12. 11.
31. 07. = 08. 06.	31. 08. = 09. 07.		31. 10. = 12. 09.		31. 12. = 13. 11.

1904

Januar	Februar	März	April	Mai	Juni
01. 01. = 14. 11.	01. 02. = 16. 12.	01. 03. = 15. 01.	01. 04. = 16. 02.	01. 05. = 16. 03.	01. 06. = 18. 04.
02. 01. = 15. 11.	02. 02. = 17. 12.	02. 03. = 16. 01.	02. 04. = 17. 02.	02. 05. = 17. 03.	02. 06. = 19. 04.
03. 01. = 16. 11.	03. 02. = 18. 12.	03. 03. = 17. 01.	03. 04. = 18. 02.	03. 05. = 18. 03.	03. 06. = 20. 04.
04. 01. = 17. 11.	04. 02. = 19. 12.	04. 03. = 18. 01.	04. 04. = 19. 02.	04. 05. = 19. 03.	04. 06. = 21. 04.
05. 01. = 18. 11.	05. 02. = 20. 12.	05. 03. = 19. 01.	05. 04. = 20. 02.	05. 05. = 20. 03.	05. 06. = 22. 04.
06. 01. = 19. 11.	06. 02. = 21. 12.	06. 03. = 20. 01.	06. 04. = 21. 02.	06. 05. = 21. 03.	06. 06. = 23. 04.
07. 01. = 20. 11.	07. 02. = 22. 12.	07. 03. = 21. 01.	07. 04. = 22. 02.	07. 05. = 22. 03.	07. 06. = 24. 04.
08. 01. = 21. 11.	08. 02. = 23. 12.	08. 03. = 22. 01.	08. 04. = 23. 02.	08. 05. = 23. 03.	08. 06. = 25. 04.
09. 01. = 22. 11.	09. 02. = 24. 12.	09. 03. = 23. 01.	09. 04. = 24. 02.	09. 05. = 24. 03.	09. 06. = 26. 04.
10. 01. = 23. 11.	10. 02. = 25. 12.	10. 03. = 24. 01.	10. 04. = 25. 02.	10. 05. = 25. 03.	10. 06. = 27. 04.
11. 01. = 24. 11.	11. 02. = 26. 12.	11. 03. = 25. 01.	11. 04. = 26. 02.	11. 05. = 26. 03.	11. 06. = 28. 04.
12. 01. = 25. 11.	12. 02. = 27. 12.	12. 03. = 26. 01.	12. 04. = 27. 02.	12. 05. = 27. 03.	12. 06. = 29. 04.
13. 01. = 26. 11.	13. 02. = 28. 12.	13. 03. = 27. 01.	13. 04. = 28. 02.	13. 05. = 28. 03.	13. 06. = 30. 04.
14. 01. = 27. 11.	14. 02. = 29. 12.	14. 03. = 28. 01.	14. 04. = 29. 02.	14. 05. = 29. 03.	14. 06. = 01. 05.
15. 01. = 28. 11.	15. 02. = 30. 12.	15. 03. = 29. 01.	15. 04. = 30. 02.	15. 05. = 01. 04.	15. 06. = 02. 05.
16. 01. = 29. 11.	16. 02. = 01. 01.	16. 03. = 30. 01.	16. 04. = 01. 03.	16. 05. = 02. 04.	16. 06. = 03. 05.
17. 01. = 01. 12.	17. 02. = 02. 01.	17. 03. = 01. 02.	17. 04. = 02. 03.	17. 05. = 03. 04.	17. 06. = 04. 05.
18. 01. = 02. 12.	18. 02. = 03. 01.	18. 03. = 02. 02.	18. 04. = 03. 03.	18. 05. = 04. 04.	18. 06. = 05. 05.
19. 01. = 03. 12.	19. 02. = 04. 01.	19. 03. = 03. 02.	19. 04. = 04. 03.	19. 05. = 05. 04.	19. 06. = 06. 05.
20. 01. = 04. 12.	20. 02. = 05. 01.	20. 03. = 04. 02.	20. 04. = 05. 03.	20. 05. = 06. 04.	20. 06. = 07. 05.
21. 01. = 05. 12.	21. 02. = 06. 01.	21. 03. = 05. 02.	21. 04. = 06. 03.	21. 05. = 07. 04.	21. 06. = 08. 05.
22. 01. = 06. 12.	22. 02. = 07. 01.	22. 03. = 06. 02.	22. 04. = 07. 03.	22. 05. = 08. 04.	22. 06. = 09. 05.
23. 01. = 07. 12.	23. 02. = 08. 01.	23. 03. = 07. 02.	23. 04. = 08. 03.	23. 05. = 09. 04.	23. 06. = 10. 05.
24. 01. = 08. 12.	24. 02. = 09. 01.	24. 03. = 08. 02.	24. 04. = 09. 03.	24. 05. = 10. 04.	24. 06. = 11. 05.
25. 01. = 09. 12.	25. 02. = 10. 01.	25. 03. = 09. 02.	25. 04. = 10. 03.	25. 05. = 11. 04.	25. 06. = 12. 05.
26. 01. = 10. 12.	26. 02. = 11. 01.	26. 03. = 10. 02.	26. 04. = 11. 03.	26. 05. = 12. 04.	26. 06. = 13. 05.
27. 01. = 11. 12.	27. 02. = 12. 01.	27. 03. = 11. 02.	27. 04. = 12. 03.	27. 05. = 13. 04.	27. 06. = 14. 05.
28. 01. = 12. 12.	28. 02. = 13. 01.	28. 03. = 12. 02.	28. 04. = 13. 03.	28. 05. = 14. 04.	28. 06. = 15. 05.
29. 01. = 13. 12.	29. 02. = 14. 01.	29. 03. = 13. 02.	29. 04. = 14. 03.	29. 05. = 15. 04.	29. 06. = 16. 05.
30. 01. = 14. 12.		30. 03. = 14. 02.	30. 04. = 15. 03.	30. 05. = 16. 04.	30. 06. = 17. 05.
31. 01. = 15. 12.		31. 03. = 15. 02.		31. 05. = 17. 04.	

1904

Juli	August	September	Oktober	November	Dezember
01. 07. = 18. 05.	01. 08. = 20. 06.	01. 09. = 22. 07.	01. 10. = 22. 08.	01. 11. = 24. 09.	01. 12. = 25. 10.
02. 07. = 19. 05.	02. 08. = 21. 06.	02. 09. = 23. 07.	02. 10. = 23. 08.	02. 11. = 25. 09.	02. 12. = 26. 10.
03. 07. = 20. 05.	03. 08. = 22. 06.	03. 09. = 24. 07.	03. 10. = 24. 08.	03. 11. = 26. 09.	03. 12. = 27. 10.
04. 07. = 21. 05.	04. 08. = 23. 06.	04. 09. = 25. 07.	04. 10. = 25. 08.	04. 11. = 27. 09.	04. 12. = 28. 10.
05. 07. = 22. 05.	05. 08. = 24. 06.	05. 09. = 26. 07.	05. 10. = 26. 08.	05. 11. = 28. 09.	05. 12. = 29. 10.
06. 07. = 23. 05.	06. 08. = 25. 06.	06. 09. = 27. 07.	06. 10. = 27. 08.	06. 11. = 29. 09.	06. 12. = 30. 10.
07. 07. = 24. 05.	07. 08. = 26. 06.	07. 09. = 28. 07.	07. 10. = 28. 08.	07. 11. = 01. 10.	07. 12. = 01. 11.
08. 07. = 25. 05.	08. 08. = 27. 06.	08. 09. = 29. 07.	08. 10. = 29. 08.	08. 11. = 02. 10.	08. 12. = 02. 11.
09. 07. = 26. 05.	09. 08. = 28. 06.	09. 09. = 30. 07.	09. 10. = 01. 09.	09. 11. = 03. 10.	09. 12. = 03. 11.
10. 07. = 27. 05.	10. 08. = 29. 06.	10. 09. = 01. 08.	10. 10. = 02. 09.	10. 11. = 04. 10.	10. 12. = 04. 11.
11. 07. = 28. 05.	11. 08. = 01. 07.	11. 09. = 02. 08.	11. 10. = 03. 09.	11. 11. = 05. 10.	11. 12. = 05. 11.
12. 07. = 29. 05.	12. 08. = 02. 07.	12. 09. = 03. 08.	12. 10. = 04. 09.	12. 11. = 06. 10.	12. 12. = 06. 11.
13. 07. = 01. 06.	13. 08. = 03. 07.	13. 09. = 04. 08.	13. 10. = 05. 09.	13. 11. = 07. 10.	13. 12. = 07. 11.
14. 07. = 02. 06.	14. 08. = 04. 07.	14. 09. = 05. 08.	14. 10. = 06. 09.	14. 11. = 08. 10.	14. 12. = 08. 11.
15. 07. = 03. 06.	15. 08. = 05. 07.	15. 09. = 06. 08.	15. 10. = 07. 09.	15. 11. = 09. 10.	15. 12. = 09. 11.
16. 07. = 04. 06.	16. 08. = 06. 07.	16. 09. = 07. 08.	16. 10. = 08. 09.	16. 11. = 10. 10.	16. 12. = 10. 11.
17. 07. = 05. 06.	17. 08. = 07. 07.	17. 09. = 08. 08.	17. 10. = 09. 09.	17. 11. = 11. 10.	17. 12. = 11. 11.
18. 07. = 06. 06.	18. 08. = 08. 07.	18. 09. = 09. 08.	18. 10. = 10. 09.	18. 11. = 12. 10.	18. 12. = 12. 11.
19. 07. = 07. 06.	19. 08. = 09. 07.	19. 09. = 10. 08.	19. 10. = 11. 09.	19. 11. = 13. 10.	19. 12. = 13. 11.
20. 07. = 08. 06.	20. 08. = 10. 07.	20. 09. = 11. 08.	20. 10. = 12. 09.	20. 11. = 14. 10.	20. 12. = 14. 11.
21. 07. = 09. 06.	21. 08. = 11. 07.	21. 09. = 12. 08.	21. 10. = 13. 09.	21. 11. = 15. 10.	21. 12. = 15. 11.
22. 07. = 10. 06.	22. 08. = 12. 07.	22. 09. = 13. 08.	22. 10. = 14. 09.	22. 11. = 16. 10.	22. 12. = 16. 11.
23. 07. = 11. 06.	23. 08. = 13. 07.	23. 09. = 14. 08.	23. 10. = 15. 09.	23. 11. = 17. 10.	23. 12. = 17. 11.
24. 07. = 12. 06.	24. 08. = 14. 07.	24. 09. = 15. 08.	24. 10. = 16. 09.	24. 11. = 18. 10.	24. 12. = 18. 11.
25. 07. = 13. 06.	25. 08. = 15. 07.	25. 09. = 16. 08.	25. 10. = 17. 09.	25. 11. = 19. 10.	25. 12. = 19. 11.
26. 07. = 14. 06.	26. 08. = 16. 07.	26. 09. = 17. 08.	26. 10. = 18. 09.	26. 11. = 20. 10.	26. 12. = 20. 11.
27. 07. = 15. 06.	27. 08. = 17. 07.	27. 09. = 18. 08.	27. 10. = 19. 09.	27. 11. = 21. 10.	27. 12. = 21. 11.
28. 07. = 16. 06.	28. 08. = 18. 07.	28. 09. = 19. 08.	28. 10. = 20. 09.	28. 11. = 22. 10.	28. 12. = 22. 11.
29. 07. = 17. 06.	29. 08. = 19. 07.	29. 09. = 20. 08.	29. 10. = 21. 09.	29. 11. = 23. 10.	29. 12. = 23. 11.
30. 07. = 18. 06.	30. 08. = 20. 07.	30. 09. = 21. 08.	30. 10. = 22. 09.	30. 11. = 24. 10.	30. 12. = 24. 11.
31. 07. = 19. 06.	31. 08. = 21. 07.		31. 10. = 23. 09.		31. 12. = 25. 11.

1905

Januar	Februar	März	April	Mai	Juni
01. 01. = 26. 11.	01. 02. = 27. 12.	01. 03. = 26. 01.	01. 04. = 27. 02.	01. 05. = 27. 03.	01. 06. = 29. 04.
02. 01. = 27. 11.	02. 02. = 28. 12.	02. 03. = 27. 01.	02. 04. = 28. 02.	02. 05. = 28. 03.	02. 06. = 30. 04.
03. 01. = 28. 11.	03. 02. = 29. 12.	03. 03. = 28. 01.	03. 04. = 29. 02.	03. 05. = 29. 03.	03. 06. = 01. 05.
04. 01. = 29. 11.	04. 02. = 01. 01.	04. 03. = 29. 01.	04. 04. = 30. 02.	04. 05. = 01. 04.	04. 06. = 02. 05.
05. 01. = 30. 11.	05. 02. = 02. 01.	05. 03. = 30. 01.	05. 04. = 01. 03.	05. 05. = 02. 04.	05. 06. = 03. 05.
06. 01. = 01. 12.	06. 02. = 03. 01.	06. 03. = 01. 02.	06. 04. = 02. 03.	06. 05. = 03. 04.	06. 06. = 04. 05.
07. 01. = 02. 12.	07. 02. = 04. 01.	07. 03. = 02. 02.	07. 04. = 03. 03.	07. 05. = 04. 04.	07. 06. = 05. 05.
08. 01. = 03. 12.	08. 02. = 05. 01.	08. 03. = 03. 02.	08. 04. = 04. 03.	08. 05. = 05. 04.	08. 06. = 06. 05.
09. 01. = 04. 12.	09. 02. = 06. 01.	09. 03. = 04. 02.	09. 04. = 05. 03.	09. 05. = 06. 04.	09. 06. = 07. 05.
10. 01. = 05. 12.	10. 02. = 07. 01.	10. 03. = 05. 02.	10. 04. = 06. 03.	10. 05. = 07. 04.	10. 06. = 08. 05.
11. 01. = 06. 12.	11. 02. = 08. 01.	11. 03. = 06. 02.	11. 04. = 07. 03.	11. 05. = 08. 04.	11. 06. = 09. 05.
12. 01. = 07. 12.	12. 02. = 09. 01.	12. 03. = 07. 02.	12. 04. = 08. 03.	12. 05. = 09. 04.	12. 06. = 10. 05.
13. 01. = 08. 12.	13. 02. = 10. 01.	13. 03. = 08. 02.	13. 04. = 09. 03.	13. 05. = 10. 04.	13. 06. = 11. 05.
14. 01. = 09. 12.	14. 02. = 11. 01.	14. 03. = 09. 02.	14. 04. = 10. 03.	14. 05. = 11. 04.	14. 06. = 12. 05.
15. 01. = 10. 12.	15. 02. = 12. 01.	15. 03. = 10. 02.	15. 04. = 11. 03.	15. 05. = 12. 04.	15. 06. = 13. 05.
16. 01. = 11. 12.	16. 02. = 13. 01.	16. 03. = 11. 02.	16. 04. = 12. 03.	16. 05. = 13. 04.	16. 06. = 14. 05.
17. 01. = 12. 12.	17. 02. = 14. 01.	17. 03. = 12. 02.	17. 04. = 13. 03.	17. 05. = 14. 04.	17. 06. = 15. 05.
18. 01. = 13. 12.	18. 02. = 15. 01.	18. 03. = 13. 02.	18. 04. = 14. 03.	18. 05. = 15. 04.	18. 06. = 16. 05.
19. 01. = 14. 12.	19. 02. = 16. 01.	19. 03. = 14. 02.	19. 04. = 15. 03.	19. 05. = 16. 04.	19. 06. = 17. 05.
20. 01. = 15. 12.	20. 02. = 17. 01.	20. 03. = 15. 02.	20. 04. = 16. 03.	20. 05. = 17. 04.	20. 06. = 18. 05.
21. 01. = 16. 12.	21. 02. = 18. 01.	21. 03. = 16. 02.	21. 04. = 17. 03.	21. 05. = 18. 04.	21. 06. = 19. 05.
22. 01. = 17. 12.	22. 02. = 19. 01.	22. 03. = 17. 02.	22. 04. = 18. 03.	22. 05. = 19. 04.	22. 06. = 20. 05.
23. 01. = 18. 12.	23. 02. = 20. 01.	23. 03. = 18. 02.	23. 04. = 19. 03.	23. 05. = 20. 04.	23. 06. = 21. 05.
24. 01. = 19. 12.	24. 02. = 21. 01.	24. 03. = 19. 02.	24. 04. = 20. 03.	24. 05. = 21. 04.	24. 06. = 22. 05.
25. 01. = 20. 12.	25. 02. = 22. 01.	25. 03. = 20. 02.	25. 04. = 21. 03.	25. 05. = 22. 04.	25. 06. = 23. 05.
26. 01. = 21. 12.	26. 02. = 23. 01.	26. 03. = 21. 02.	26. 04. = 22. 03.	26. 05. = 23. 04.	26. 06. = 24. 05.
27. 01. = 22. 12.	27. 02. = 24. 01.	27. 03. = 22. 02.	27. 04. = 23. 03.	27. 05. = 24. 04.	27. 06. = 25. 05.
28. 01. = 23. 12.	28. 02. = 25. 01.	28. 03. = 23. 02.	28. 04. = 24. 03.	28. 05. = 25. 04.	28. 06. = 26. 05.
29. 01. = 24. 12.		29. 03. = 24. 02.	29. 04. = 25. 03.	29. 05. = 26. 04.	29. 06. = 27. 05.
30. 01. = 25. 12.		30. 03. = 25. 02.	30. 04. = 26. 03.	30. 05. = 27. 04.	30. 06. = 28. 05.
31. 01. = 26. 12.		31. 03. = 26. 02.		31. 05. = 28. 04.	

1905

Juli	August	September	Oktober	November	Dezember
01. 07. = 29. 05.	01. 08. = 01. 07.	01. 09. = 03. 08.	01. 10. = 03. 09.	01. 11. = 05. 10.	01. 12. = 05. 11.
02. 07. = 30. 05.	02. 08. = 02. 07.	02. 09. = 04. 08.	02. 10. = 04. 09.	02. 11. = 06. 10.	02. 12. = 06. 11.
03. 07. = 01. 06.	03. 08. = 03. 07.	03. 09. = 05. 08.	03. 10. = 05. 09.	03. 11. = 07. 10.	03. 12. = 07. 11.
04. 07. = 02. 06.	04. 08. = 04. 07.	04. 09. = 06. 08.	04. 10. = 06. 09.	04. 11. = 08. 10.	04. 12. = 08. 11.
05. 07. = 03. 06.	05. 08. = 05. 07.	05. 09. = 07. 08.	05. 10. = 07. 09.	05. 11. = 09. 10.	05. 12. = 09. 11.
06. 07. = 04. 06.	06. 08. = 06. 07.	06. 09. = 08. 08.	06. 10. = 08. 09.	06. 11. = 10. 10.	06. 12. = 10. 11.
07. 07. = 05. 06.	07. 08. = 07. 07.	07. 09. = 09. 08.	07. 10. = 09. 09.	07. 11. = 11. 10.	07. 12. = 11. 11.
08. 07. = 06. 06.	08. 08. = 08. 07.	08. 09. = 10. 08.	08. 10. = 10. 09.	08. 11. = 12. 10.	08. 12. = 12. 11.
09. 07. = 07. 06.	09. 08. = 09. 07.	09. 09. = 11. 08.	09. 10. = 11. 09.	09. 11. = 13. 10.	09. 12. = 13. 11.
10. 07. = 08. 06.	10. 08. = 10. 07.	10. 09. = 12. 08.	10. 10. = 12. 09.	10. 11. = 14. 10.	10. 12. = 14. 11.
11. 07. = 09. 06.	11. 08. = 11. 07.	11. 09. = 13. 08.	11. 10. = 13. 09.	11. 11. = 15. 10.	11. 12. = 15. 11.
12. 07. = 10. 06.	12. 08. = 12. 07.	12. 09. = 14. 08.	12. 10. = 14. 09.	12. 11. = 16. 10.	12. 12. = 16. 11.
13. 07. = 11. 06.	13. 08. = 13. 07.	13. 09. = 15. 08.	13. 10. = 15. 09.	13. 11. = 17. 10.	13. 12. = 17. 11.
14. 07. = 12. 06.	14. 08. = 14. 07.	14. 09. = 16. 08.	14. 10. = 16. 09.	14. 11. = 18. 10.	14. 12. = 18. 11.
15. 07. = 13. 06.	15. 08. = 15. 07.	15. 09. = 17. 08.	15. 10. = 17. 09.	15. 11. = 19. 10.	15. 12. = 19. 11.
16. 07. = 14. 06.	16. 08. = 16. 07.	16. 09. = 18. 08.	16. 10. = 18. 09.	16. 11. = 20. 10.	16. 12. = 20. 11.
17. 07. = 15. 06.	17. 08. = 17. 07.	17. 09. = 19. 08.	17. 10. = 19. 09.	17. 11. = 21. 10.	17. 12. = 21. 11.
18. 07. = 16. 06.	18. 08. = 18. 07.	18. 09. = 20. 08.	18. 10. = 20. 09.	18. 11. = 22. 10.	18. 12. = 22. 11.
19. 07. = 17. 06.	19. 08. = 19. 07.	19. 09. = 21. 08.	19. 10. = 21. 09.	19. 11. = 23. 10.	19. 12. = 23. 11.
20. 07. = 18. 06.	20. 08. = 20. 07.	20. 09. = 22. 08.	20. 10. = 22. 09.	20. 11. = 24. 10.	20. 12. = 24. 11.
21. 07. = 19. 06.	21. 08. = 21. 07.	21. 09. = 23. 08.	21. 10. = 23. 09.	21. 11. = 25. 10.	21. 12. = 25. 11.
22. 07. = 20. 06.	22. 08. = 22. 07.	22. 09. = 24. 08.	22. 10. = 24. 09.	22. 11. = 26. 10.	22. 12. = 26. 11.
23. 07. = 21. 06.	23. 08. = 23. 07.	23. 09. = 25. 08.	23. 10. = 25. 09.	23. 11. = 27. 10.	23. 12. = 27. 11.
24. 07. = 22. 06.	24. 08. = 24. 07.	24. 09. = 26. 08.	24. 10. = 26. 09.	24. 11. = 28. 10.	24. 12. = 28. 11.
25. 07. = 23. 06.	25. 08. = 25. 07.	25. 09. = 27. 08.	25. 10. = 27. 09.	25. 11. = 29. 10.	25. 12. = 29. 11.
26. 07. = 24. 06.	26. 08. = 26. 07.	26. 09. = 28. 08.	26. 10. = 28. 09.	26. 11. = 30. 10.	26. 12. = 01. 12.
27. 07. = 25. 06.	27. 08. = 27. 07.	27. 09. = 29. 08.	27. 10. = 29. 09.	27. 11. = 01. 11.	27. 12. = 02. 12.
28. 07. = 26. 06.	28. 08. = 28. 07.	28. 09. = 30. 08.	28. 10. = 01. 10.	28. 11. = 02. 11.	28. 12. = 03. 12
29. 07. = 27. 06.	29. 08. = 29. 07.	29. 09. = 01. 09.	29. 10. = 02. 10.	29. 11. = 03. 11.	29. 12. = 04. 12.
30. 07. = 28. 06.	30. 08. = 01. 08.	30. 09. = 02. 09.	30. 10. = 03. 10.	30. 11. = 04. 11.	30. 12. = 05. 12.
31. 07. = 29. 06.	31. 08. = 02. 08.		31. 10. = 04. 10.		31. 12. = 06. 12.

1906

Januar	Februar	März	April	Mai	Juni
01. 01. = 07. 12.	01. 02. = 08. 01.	01. 03. = 07. 02.	01. 04. = 08. 03.	01. 05. = 08. 04.	01. 06. = 10. 04.
02. 01. = 08. 12.	02. 02. = 09. 01.	02. 03. = 08. 02.	02. 04. = 09. 03.	02. 05. = 09. 04.	02. 06. = 11. 04.
03. 01. = 09. 12.	03. 02. = 10. 01.	03. 03. = 09. 02.	03. 04. = 10 03.	03. 05. = 10. 04.	03. 06. = 12. 04.
04. 01. = 10. 12.	04. 02. = 11. 01.	04. 03. = 10. 02.	04. 04. = 11. 03.	04. 05. = 11. 04.	04. 06. = 13. 04.
05. 01. = 11. 12.	05. 02. = 12. 01.	05. 03. = 11. 02.	05. 04. = 12. 03.	05. 05. = 12. 04.	05. 06. = 14. 04.
06. 01. = 12. 12.	06. 02. = 13. 01.	06. 03. = 12. 02.	06. 04. = 13. 03.	06. 05. = 13. 04.	06. 06. = 15. 04.
07. 01. = 13. 12.	07. 02. = 14. 01.	07. 03. = 13. 02.	07. 04. = 14. 03.	07. 05. = 14 04.	07. 06. = 16. 04.
08. 01. = 14. 12.	08. 02. = 15. 01.	08. 03. = 14. 02.	08. 04. = 15. 03.	08. 05. = 15. 04.	08. 06. = 17. 04.
09. 01. = 15. 12.	09. 02. = 16. 01.	09. 03. = 15. 02.	09. 04. = 16. 03.	09. 05. = 16. 04.	09. 06. = 18. 04.
10. 01. = 16. 12.	10. 02. = 17. 01.	10. 03. = 16. 02.	10. 04. = 17. 03.	10. 05. = 17. 04.	10. 06. = 19. 04.
11. 01. = 17. 12.	11. 02. = 18. 01.	11. 03. = 17. 02.	11. 04. = 18. 03.	11. 05. = 18. 04.	11. 06. = 20. 04.
12. 01. = 18. 12.	12. 02. = 19. 01.	12. 03. = 18. 02.	12. 04. = 19. 03.	12. 05. = 19. 04.	12. 06. = 21. 04.
13. 01. = 19. 12.	13. 02. = 20. 01.	13. 03. = 19. 02.	13. 04. = 20. 03.	13. 05. = 20. 04.	13. 06. = 22. 04.
14. 01. = 20. 12.	14. 02. = 21. 01.	14. 03. = 20. 02.	14. 04. = 21. 03.	14. 05. = 21. 04.	14. 06. = 23. 04.
15. 01. = 21. 12.	15. 02. = 22. 01.	15. 03. = 21. 02.	15. 04. = 22. 03.	15. 05. = 22. 04.	15. 06. = 24. 04.
16. 01. = 22. 12.	16. 02. = 23. 01.	16. 03. = 22. 02.	16. 04. = 23. 03.	16. 05. = 23. 04.	16. 06. = 25. 04.
17. 01. = 23. 12.	17. 02. = 24. 01.	17. 03. = 23. 02.	17. 04. = 24. 03.	17. 05. = 24. 04.	17. 06. = 26. 04.
18. 01. = 24. 12.	18. 02. = 25. 01.	18. 03. = 24 02.	18. 04. = 25. 03.	18. 05. = 25. 04.	18. 06. = 27. 04.
19. 01. = 25. 12	19. 02. = 26. 01.	19. 03. = 25. 02.	19. 04. = 26. 03.	19. 05. = 26. 04.	19. 06. = 28. 04.
20. 01. = 26. 12.	20. 02. = 27. 01.	20. 03. = 26. 02.	20. 04. = 27. 03.	20. 05. = 27. 04.	20. 06. = 29. 04.
21. 01. = 27. 12.	21. 02. = 28. .01	21. 03. = 27. 02.	21. 04. = 28. 03.	21. 05. = 28. 04.	21. 06. = 30. 04.
22. 01. = 28. 12.	22. 02. = 29. .01	22. 03. = 28. 02	22. 04. = 29. 03.	22. 05. = 29. 04.	22. 06. = 01. 05.
23. 01. = 29. 12.	23. 02. = 01. 02.	23. 03. = 29. 02.	23. 04. = 30. 03.	23. 05. = 01. 04.	23. 06. = 02. 05.
24. 01. = 30. 12.	24. 02. = 02. 02.	24. 03. = 30. 02.	24. 04. = 01. 04.	24. 05. = 02. 04.	24. 06. = 03. 05.
25. 01. = 01. 01.	25. 02. = 03. 02.	25. 03. = 01. 03.	25. 04. = 02. 04.	25. 05. = 03. 04.	25. 06. = 04. 05.
26. 01. = 02. 01.	26. 02. = 04. 02.	26. 03. = 02. 03.	26. 04. = 03. 04.	26. 05. = 04. 04.	26. 06. = 05. 05.
27. 01. = 03. 01.	27. 02. = 05. 02.	27. 03. = 03. 03.	27. 04. = 04. 04.	27. 05. = 05. 04.	27. 06. = 06. 05.
28. 01. = 04. 01.	28. 02. = 06. 02.	28. 03. = 04. 03.	28. 04. = 05. 04.	28. 05. = 06. 04.	28. 06. = 07. 05.
29. 01. = 05. 01.		29. 03. = 05. 03.	29. 04. = 06. 04.	29. 05. = 07. 04.	29. 06. = 08. 05.
30. 01. = 06. 01.		30. 03. = 06. 03.	30. 04. = 07. 04.	30. 05. = 08. 04.	30. 06. = 09. 05.
31. 01. = 07. 01.		31. 03. = 07. 03.		31. 05. = 09. 04.	

1906

Juli	August	September	Oktober	November	Dezember
01. 07. = 10. 05.	01. 08. = 12. 06.	01. 09. = 13. 07.	01. 10. = 14. 08.	01. 11. = 15. 09.	01. 12. = 16. 10.
02. 07. = 11. 05.	02. 08. = 13. 06.	02. 09. = 14. 07.	02. 10. = 15. 08.	02. 11. = 16. 09.	02. 12. = 17. 10.
03. 07. = 12. 05.	03. 08. = 14. 06.	03. 09. = 15. 07.	03. 10. = 16. 08.	03. 11. = 17. 09.	03. 12. = 18. 10.
04. 07. = 13. 05.	04. 08. = 15. 06.	04. 09. = 16. 07.	04. 10. = 17. 08.	04. 11. = 18. 09.	04. 12. = 19. 10.
05. 07. = 14. 05.	05. 08. = 16. 06.	05. 09. = 17. 07.	05. 10. = 18. 08.	05. 11. = 19. 09.	05. 12. = 20. 10.
06. 07. = 15. 05.	06. 08. = 17. 06.	06. 09. = 18. 07.	06. 10. = 19. 08.	06. 11. = 20. 09.	06. 12. = 21. 10.
07. 07. = 16. 05.	07. 08. = 18. 06.	07. 09. = 19. 07.	07. 10. = 20. 08.	07. 11. = 21. 09.	07. 12. = 22. 10.
08. 07. = 17. 05.	08. 08. = 19. 06.	08. 09. = 20. 07.	08. 10. = 21. 08.	08. 11. = 22. 09.	08. 12. = 23. 10.
09. 07. = 18. 05.	09. 08. = 20. 06.	09. 09. = 21. 07.	09. 10. = 22. 08.	09. 11. = 23. 09.	09. 12. = 24 10.
10. 07. = 19. 05.	10. 08. = 21. 06.	10. 09. = 22. 07.	10. 10. = 23. 08.	10. 11. = 24. 09.	10. 12. = 25. 10.
11. 07. = 20. 05.	11. 08. = 22. 06.	11. 09. = 23. 07.	11. 10. = 24. 08.	11. 11. = 25. 09.	11. 12. = 26. 10.
12. 07. = 21. 05.	12. 08. = 23. 06.	12. 09. = 24. 07.	12. 10. = 25. 08.	12. 11. = 26. 09.	12. 12. = 27. 10.
13. 07. = 22. 05.	13. 08. = 24. 06.	13. 09. = 25. 07.	13. 10. = 26. 08.	13. 11. = 27. 09.	13. 12. = 28. 10.
14. 07. = 23. 05.	14. 08. = 25. 06.	14. 09. = 26. 07.	14. 10. = 27. 08.	14. 11. = 28. 09.	14. 12. = 29. 10.
15. 07. = 24. 05.	15. 08. = 26. 06.	15. 09. = 27. 07.	15. 10. = 28. 08.	15. 11. = 29. 09.	15. 12. = 30. 10.
16. 07. = 25. 05.	16. 08. = 27. 06.	16. 09. = 28. 07.	16. 10. = 29. 08.	16. 11. = 01. 10.	16. 12. = 01. 11.
17. 07. = 26. 05.	17. 08. = 28. 06.	17. 09. = 29. 07.	17. 10. = 30. 08.	17. 11. = 02. 10.	17. 12. = 02. 11.
18. 07. = 27. 05.	18. 08. = 29. 06.	18. 09. = 01. 08.	18. 10. = 01. 09.	18. 11. = 03. 10.	18. 12. = 03. 11.
19. 07. = 28. 05.	19. 08. = 30. 06.	19. 09. = 02. 08.	19. 10. = 02. 09.	19. 11. = 04. 10.	19. 12. = 04. 11.
20. 07. = 29. 05.	20. 08. = 01. 07.	20. 09. = 03. 08.	20. 10. = 03. 09.	20. 11. = 05. 10.	20. 12. = 05. 11.
21. 07. = 01. 06.	21. 08. = 02. 07.	21. 09. = 04. 08.	21. 10. = 04. 09.	21. 11. = 06. 10.	21. 12. = 06. 11.
22. 07. = 02. 06.	22. 08. = 03. 07.	22. 09. = 05. 08.	22. 10. = 05. 09.	22. 11. = 07. 10.	22. 12. = 07. 11.
23. 07. = 03. 06.	23. 08. = 04. 07.	23. 09. = 06. 08.	23. 10. = 06. 09.	23. 11. = 08. 10.	23. 12. = 08. 11.
24. 07. = 04. 06.	24. 08. = 05. 07.	24. 09. = 07. 08.	24. 10. = 07. 09.	24. 11. = 09. 10.	24. 12. = 09. 11.
25. 07. = 05. 06.	25. 08. = 06. 07.	25. 09. = 08. 08.	25. 10. = 08. 09.	25. 11. = 10. 10.	25. 12. = 10. 11.
26. 07. = 06. 06.	26. 08. = 07. 07.	26. 09. = 09. 08.	26. 10. = 09. 09.	26. 11. = 11. 10	26. 12. = 11. 11.
27. 07. = 07. 06.	27. 08. = 08. 07.	27. 09. = 10. 08.	27. 10. = 10. 09.	27. 11. = 12. 10.	27. 12. = 12. 11.
28. 07. = 08. 06.	28. 08. = 09. 07.	28. 09. = 11. 08.	28. 10. = 11. 09.	28. 11. = 13. 10.	28. 12. = 13. 11.
29. 07. = 09. 06.	29. 08. = 10 07.	29. 09. = 12. 08.	29. 10. = 12. 09.	29. 11. = 14. 10.	29. 12. = 14. 11.
30. 07. = 10. 06.	30. 08. = 11. 07.	30. 09. = 13. 08.	30. 10. = 13. 09.	30. 11. = 15. 10.	30. 12. = 15. 11.
31. 07. = 11. 06.	31. 08. = 12. 07.		31. 10. = 14. 09.		31. 12. = 16. 11.

1907

Januar	Februar	März	April	Mai	Juni
01. 01. = 17. 11.	01. 02. = 19. 12.	01. 03. = 17. 01.	01. 04. = 19. 02.	01. 05. = 19. 03.	01. 06. = 21. 04.
02. 01. = 18. 11.	02. 02. = 20. 12.	02. 03. = 18. 01.	02. 04. = 20. 02.	02. 05. = 20. 03.	02. 06. = 22. 04.
03. 01. = 19. 11.	03. 02. = 21. 12.	03. 03. = 19. 01.	03. 04. = 21. 02.	03. 05. = 21. 03.	03. 06. = 23. 04.
04. 01. = 20. 11.	04. 02. = 22. 12.	04. 03. = 20. 01.	04. 04. = 22. 02.	04. 05. = 22. 03.	04. 06. = 24. 04.
05. 01. = 21. 11.	05. 02. = 23. 12.	05. 03. = 21. 01.	05. 04. = 23. 02.	05. 05. = 23. 03.	05. 06. = 25. 04.
06. 01. = 22. 11.	06. 02. = 24. 12.	06. 03. = 22. 01.	06. 04. = 24. 02.	06. 05. = 24. 03.	06. 06. = 26. 04.
07. 01. = 23. 11.	07. 02. = 25. 12.	07. 03. = 23. 01.	07. 04. = 25. 02.	07. 05. = 25. 03.	07. 06. = 27. 04.
08. 01. = 24. 11.	08. 02. = 26. 12.	08. 03. = 24. 01.	08. 04. = 26. 02.	08. 05. = 26. 03.	08. 06. = 28. 04.
09. 01. = 25. 11.	09. 02. = 27. 12.	09. 03. = 25. 01.	09. 04. = 27. 02.	09. 05. = 27. 03.	09. 06. = 29. 04.
10. 01. = 26. 11.	10. 02. = 28. 12.	10. 03. = 26. 01.	10. 04. = 28. 02.	10. 05. = 28. 03.	10. 06. = 30. 04.
11. 01. = 27. 11.	11. 02. = 29. 12.	11. 03. = 27. 01.	11. 04. = 29. 02.	11. 05. = 29. 03.	11. 06. = 01. 05.
12. 01. = 28. 11.	12. 02. = 30. 12.	12. 03. = 28. 01.	12. 04. = 30. 02.	12. 05. = 01. 04.	12. 06. = 02. 05.
13. 01. = 29. 11.	13. 02. = 01. 01.	13. 03. = 29. 01.	13. 04. = 01. 03.	13. 05. = 02. 04.	13. 06. = 03. 05.
14. 01. = 01. 12.	14. 02. = 02. 01.	14. 03. = 01. 02.	14. 04. = 02. 03.	14. 05. = 03. 04.	14. 06. = 04. 05.
15. 01. = 02. 12.	15. 02. = 03. 01.	15. 03. = 02. 02.	15. 04. = 03. 03.	15. 05. = 04. 04.	15. 06. = 05. 05.
16. 01. = 03. 12.	16. 02. = 04 01.	16. 03. = 03. 02.	16. 04. = 04. 03.	16. 05. = 05. 04.	16. 06. = 06. 05.
17. 01. = 04. 12.	17. 02. = 05. 01.	17. 03. = 04. 02.	17. 04. = 05. 03.	17. 05. = 06. 04.	17. 06. = 07. 05.
18. 01. = 05. 12.	18. 02. = 06. 01.	18. 03. = 05. 02.	18. 04. = 06. 03.	18. 05. = 07. 04.	18. 06. = 08. 05.
19. 01. = 06. 12.	19. 02. = 07. 01.	19. 03. = 06. 02.	19. 04. = 07. 03.	19. 05. = 08. 04.	19. 06. = 09. 05.
20. 01. = 07. 12.	20. 02. = 08. 01.	20. 03. = 07. 02.	20. 04. = 08. 03.	20. 05. = 09. 04.	20. 06. = 10. 05.
21. 01. = 08. 12.	21. 02. = 09. 01.	21. 03. = 08. 02.	21. 04. = 09. 03.	21. 05. = 10. 04.	21. 06. = 11. 05.
22. 01. = 09. 12.	22. 02. = 10. 01.	22. 03. = 09. 02.	22. 04. = 10. 03.	22. 05. = 11. 04.	22. 06. = 12. 05.
23. 01. = 10. 12.	23. 02. = 11. 01.	23. 03. = 10. 02.	23. 04. = 11. 03.	23. 05. = 12. 04.	23. 06. = 13. 05.
24. 01. = 11. 12.	24. 02. = 12. 01.	24. 03. = 11. 02.	24. 04. = 12. 03.	24. 05. = 13. 04.	24. 06. = 14. 05.
25. 01. = 12. 12.	25. 02. = 13. 01.	25. 03. = 12. 02.	25. 04. = 13. 03.	25. 05. = 14. 04.	25. 06. = 15. 05.
26. 01. = 13. 12.	26. 02. = 14. 01.	26. 03. = 13. 02.	26. 04. = 14. 03.	26. 05. = 15. 04.	26. 06. = 16. 05.
27. 01. = 14. 12.	27. 02. = 15. 01.	27. 03. = 14. 02.	27. 04. = 15. 03.	27. 05. = 16. 04.	27. 06. = 17. 05.
28. 01. = 15. 12.	28. 02. = 16. 01.	28. 03. = 15. 02.	28. 04. = 16. 03.	28. 05. = 17. 04.	28. 06. = 18. 05.
29. 01. = 16. 12.		29. 03. = 16. 02.	29. 04. = 17. 03.	29. 05. = 18. 04.	29. 06. = 19. 05.
30. 01. = 17. 12.		30. 03. = 17. 02.	30. 04. = 18. 03.	30. 05. = 19. 04.	30. 06. = 20. 05.
31. 01. = 18. 12.		31. 03. = 18. 02.		31. 05. = 20. 04.	

1907

Juli	August	September	Oktober	November	Dezember
01. 07. = 21. 05.	01. 08. = 23. 06.	01. 09. = 24. 07.	01. 10. = 24. 08.	01. 11. = 26. 09.	01. 12. = 26. 10.
02. 07. = 22. 05.	02. 08. = 24. 06.	02. 09. = 25. 07.	02. 10. = 25. 08.	02. 11. = 27. 09.	02. 12. = 27. 10.
03. 07. = 23. 05.	03. 08. = 25. 06.	03. 09. = 26. 07.	03. 10. = 26. 08.	03. 11. = 28. 09.	03. 12. = 28. 10.
04. 07. = 24. 05.	04. 08. = 26. 06.	04. 09. = 27. 07.	04. 10. = 27. 08.	04. 11. = 29. 09.	04. 12. = 29. 10.
05. 07. = 25. 05.	05. 08. = 27. 06.	05. 09. = 28. 07.	05. 10. = 28. 08.	05. 11. = 30. 09.	05. 12. = 01. 11.
06. 07. = 26. 05.	06. 08. = 28. 06.	06. 09. = 29. 07.	06. 10. = 29. 08.	06. 11. = 01. 10.	06. 12. = 02. 11.
07. 07. = 27. 05.	07. 08. = 29. 06.	07. 09. = 30. 07.	07. 10. = 01. 09.	07. 11. = 02. 10.	07. 12. = 03. 11.
08. 07. = 28. 05.	08. 08. = 30. 06.	08. 09. = 01. 08.	08. 10. = 02. 09.	08. 11. = 03. 10.	08. 12. = 04. 11.
09. 07. = 29. 05.	09. 08. = 01. 07.	09. 09. = 02. 08.	09. 10. = 03. 09.	09. 11. = 04. 10.	09. 12. = 05. 11.
10. 07. = 01. 06.	10. 08. = 02. 07.	10. 09. = 03. 08.	10. 10. = 04. 09.	10. 11. = 05. 10.	10. 12. = 06. 11.
11. 07. = 02. 06.	11. 08. = 03. 07.	11. 09. = 04. 08.	11. 10. = 05. 09.	11. 11. = 06. 10.	11. 12. = 07. 11.
12. 07. = 03. 06.	12. 08. = 04. 07.	12. 09. = 05. 08.	12. 10. = 06. 09.	12. 11. = 07. 10.	12. 12. = 08. 11.
13. 07. = 04. 06.	13. 08. = 05. 07.	13. 09. = 06. 08.	13. 10. = 07. 09.	13. 11. = 08. 10.	13. 12. = 09. 11.
14. 07. = 05. 06.	14. 08. = 06. 07.	14. 09. = 07. 08.	14. 10. = 08. 09.	14. 11. = 09. 10.	14. 12. = 10. 11.
15. 07. = 06. 06.	15. 08. = 07. 07.	15. 09. = 08. 08.	15. 10. = 09. 09.	15. 11. = 10. 10.	15. 12. = 11. 11.
16. 07. = 07. 06.	16. 08. = 08. 07.	16. 09. = 09. 08.	16. 10. = 10. 09.	16. 11. = 11. 10.	16. 12. = 12. 11.
17. 07. = 08. 06.	17. 08. = 09. 07.	17. 09. = 10. 08.	17. 10. = 11. 09.	17. 11. = 12. 10.	17. 12. = 13. 11.
18. 07. = 09. 06.	18. 08. = 10. 07.	18. 09. = 11. 08.	18. 10. = 12. 09.	18. 11. = 13. 10.	18. 12. = 14. 11.
19. 07. = 10. 06.	19. 08. = 11. 07.	19. 09. = 12. 08.	19. 10. = 13. 09.	19. 11. = 14. 10.	19. 12. = 15. 11.
20. 07. = 11. 06.	20. 08. = 12. 07.	20. 09. = 13. 08.	20. 10. = 14. 09.	20. 11. = 15. 10.	20. 12. = 16. 11.
21. 07. = 12. 06.	21. 08. = 13. 07.	21. 09. = 14. 08.	21. 10. = 15. 09.	21. 11. = 16. 10.	21. 12. = 17. 11.
22. 07. = 13. 06.	22. 08. = 14. 07.	22. 09. = 15. 08.	22. 10. = 16. 09.	22. 11. = 17. 10.	22. 12. = 18. 11.
23. 07. = 14. 06.	23. 08. = 15. 07.	23. 09. = 16. 08.	23. 10. = 17. 09.	23. 11. = 18. 10.	23. 12. = 19. 11.
24. 07. = 15. 06.	24. 08. = 16. 07.	24. 09. = 17. 08.	24. 10. = 18. 09.	24. 11. = 19. 10.	24. 12. = 20. 11.
25. 07. = 16. 05.	25. 08. = 17. 07.	25. 09. = 18. 08.	25. 10. = 19. 09.	25. 11. = 20. 10.	25. 12. = 21. 11.
26. 07. = 17. 06.	26. 08. = 18. 07.	26. 09. = 19. 08.	26. 10. = 20. 09.	26. 11. = 21. 10.	26. 12. = 22. 11.
27. 07. = 18. 06.	27. 08. = 19. 07.	27. 09. = 20. 08.	27. 10. = 21. 09.	27. 11. = 22. 10.	27. 12. = 23. 11.
28. 07. = 19. 06.	28. 08. = 20. 07.	28. 09. = 21. 08.	28. 10. = 22. 09.	28. 11. = 23. 10.	28. 12. = 24 .11.
29. 07. = 20. 06.	29. 08. = 21. 07.	29. 09. = 22. 08.	29. 10. = 23. 09.	29. 11. = 24 10.	29. 12. = 25. 11.
30. 07. = 21. 06.	30. 08. = 22. 07.	30. 09. = 23. 08.	30. 10. = 24. 09.	30. 11. = 25. 10.	30. 12. = 26. 11.
31. 07. = 22. 06.	31. 08. = 23. 07.		31. 10. = 25. 09.		31. 12. = 27. 11.

1908

Januar	Februar	März	April	Mai	Juni
01. 01. = 28. 11.	01. 02. = 29. 12.	01. 03. = 29. 01.	01. 04. = 01. 03.	01. 05. = 02. 04.	01. 06. = 03. 05.
02. 01. = 29. 11.	02. 02. = 01. 01.	02. 03. = 30. 01.	02. 04. = 02. 03.	02. 05. = 03. 04.	02. 06. = 04. 05.
03. 01. = 30. 11.	03. 02. = 02. 01.	03. 03. = 01. 02.	03. 04. = 03. 03.	03. 05. = 04. 04.	03. 06. = 05. 05.
04. 01. = 01. 12.	04. 02. = 03. 01.	04. 03. = 02. 02.	04. 04. = 04. 03.	04. 05. = 05. 04.	04. 06. = 06. 05.
05. 01. = 02. 12.	05. 02. = 04. 01.	05. 03. = 03. 02.	05. 04. = 05. 03.	05. 05. = 06. 04.	05. 06. = 07. 05.
06. 01. = 03. 12.	06. 02. = 05. 01.	06. 03. = 04. 02.	06. 04. = 06. 03.	06. 05. = 07. 04.	06. 06. = 08. 05.
07. 01. = 04. 12.	07. 02. = 06. 01.	07. 03. = 05. 02.	07. 04. = 07. 03.	07. 05. = 08. 04.	07. 06. = 09. 05.
08. 01. = 05. 12.	08. 02. = 07. 01.	08. 03. = 06. 02.	08. 04. = 08. 03.	08. 05. = 09. 04.	08. 06. = 10. 05.
09. 01. = 06. 12.	09. 02. = 08. 01.	09. 03. = 07. 02.	09. 04. = 09. 03.	09. 05. = 10. 04.	09. 06. = 11. 05.
10. 01. = 07. 12.	10. 02. = 09. 01.	10. 03. = 08. 02.	10. 04. = 10. 03.	10. 05. = 11. 04.	10. 06. = 12. 05.
11. 01. = 08. 12.	11. 02. = 10. 01.	11. 03. = 09. 02.	11. 04. = 11. 03.	11. 05. = 12. 04.	11. 06. = 13. 05.
12. 01. = 09. 12.	12. 02. = 11. 01.	12. 03. = 10. 02.	12. 04. = 12. 03.	12. 05. = 13. 04.	12. 06. = 14. 05.
13. 01. = 10. 12.	13. 02. = 12. 01.	13. 03. = 11. 02.	13. 04. = 13. 03.	13. 05. = 14. 04.	13. 06. = 15. 05.
14. 01. = 11. 12.	14. 02. = 13. 01.	14. 03. = 12. 02.	14. 04. = 14. 03.	14. 05. = 15. 04.	14. 06. = 16. 05.
15. 01. = 12. 12.	15. 02. = 14. 01.	15. 03. = 13. 02.	15. 04. = 15. 03.	15. 05. = 16. 04.	15. 06. = 17. 05.
16. 01. = 13. 12.	16. 02. = 15. 01.	16. 03. = 14. 02.	16. 04. = 16. 03.	16. 05. = 17. 04.	16. 06. = 18. 05.
17. 01. = 14. 12.	17. 02. = 16. 01.	17. 03. = 15. 02.	17. 04. = 17. 03.	17. 05. = 18. 04.	17. 06. = 19. 05.
18. 01. = 15. 12.	18. 02. = 17. 01.	18. 03. = 16. 02.	18. 04. = 18. 03.	18. 05. = 19. 04.	18. 06. = 20. 05.
19. 01. = 16. 12.	19. 02. = 18. 01.	19. 03. = 17. 02.	19. 04. = 19. 03.	19. 05. = 20. 04.	19. 06. = 21. 05.
20. 01. = 17. 12.	20. 02. = 19. 01.	20. 03. = 18. 02.	20. 04. = 20. 03.	20. 05. = 21. 04.	20. 06. = 22. 05.
21. 01. = 18. 12.	21. 02. = 20. 01.	21. 03. = 19. 02.	21. 04. = 21. 03.	21. 05. = 22. 04.	21. 06. = 23. 05.
22. 01. = 19. 12.	22. 02. = 21. 01.	22. 03. = 20. 02.	22. 04. = 22. 03.	22. 05. = 23. 04.	22. 06. = 24. 05.
23. 01. = 20. 12.	23. 02. = 22. 01.	23. 03. = 21. 02.	23. 04. = 23. 03.	23. 05. = 24. 04.	23. 06. = 25. 05.
24. 01. = 21. 12.	24. 02. = 23. 01.	24. 03. = 22. 02.	24. 04. = 24. 03.	24. 05. = 25. 04.	24. 06. = 26. 05.
25. 01. = 22. 12.	25. 02. = 24. 01.	25. 03. = 23. 02.	25. 04. = 25. 03.	25. 05. = 26. 04.	25. 06. = 27. 05.
26. 01. = 23. 12.	26. 02. = 25. 01.	26. 03. = 24. 02.	26. 04. = 26. 03.	26. 05. = 27. 04.	26. 06. = 28. 05.
27. 01. = 24. 12.	27. 02. = 26. 01.	27. 03. = 25. 02.	27. 04. = 27. 03.	27. 05. = 28. 04.	27. 06. = 29. 05.
28. 01. = 25. 12.	28. 02. = 27. 01.	28. 03. = 26. 02.	28. 04. = 28. 03.	28. 05. = 29. 04.	28. 06. = 30. 05.
29. 01. = 26. 12.	29. 02. = 28. 01.	29. 03. = 27. 02.	29. 04. = 29. 03.	29. 05. = 30. 04.	29. 06. = 01. 06.
30. 01. = 27. 12.		30. 03. = 28. 02.	30. 04. = 01. 04.	30. 05. = 01. 05.	30. 06. = 02. 06.
31. 01. = 28. 12.		31. 03. = 29. 02.		31. 05. = 02. 05.	

1908

Juli	August	September	Oktober	November	Dezember
01. 07. = 03. 06.	01. 08. = 05. 07.	01. 09. = 06. 08.	01. 10. = 07. 09.	01. 11. = 08. 10.	01. 12. = 08. 11.
02. 07. = 04. 06.	02. 08. = 06. 07.	02. 09. = 07. 08.	02. 10. = 08. 09.	02. 11. = 09. 10.	02. 12. = 09. 11.
03. 07. = 05. 06.	03. 08. = 07. 07.	03. 09. = 08. 08.	03. 10. = 09. 09.	03. 11. = 10. 10.	03. 12. = 10. 11.
04. 07. = 06. 06.	04. 08. = 08. 07.	04. 09. = 09. 08.	04. 10. = 10. 09.	04. 11. = 11. 10.	04. 12. = 11. 11.
05. 07. = 07. 06.	05. 08. = 09. 07.	05. 09. = 10. 08.	05. 10. = 11. 09.	05. 11. = 12. 10.	05. 12. = 12. 11.
06. 07. = 08. 06.	06. 08. = 10. 07.	06. 09. = 11. 08.	06. 10. = 12. 09.	06. 11. = 13. 10.	06. 12. = 13. 11.
07. 07. = 09. 06.	07. 08. = 11. 07.	07. 09. = 12. 08.	07. 10. = 13. 09.	07. 11. = 14. 10.	07. 12. = 14. 11.
08. 07. = 10. 06.	08. 08. = 12. 07.	08. 09. = 13. 08.	08. 10. = 14. 09.	08. 11. = 15. 10.	08. 12. = 15. 11.
09. 07. = 11. 06.	09. 08. = 13. 07.	09. 09. = 14. 08.	09. 10. = 15. 09.	09. 11. = 16. 10.	09. 12. = 16. 11.
10. 07. = 12. 06.	10. 08. = 14. 07.	10. 09. = 15. 08.	10. 10. = 16. 09.	10. 11. = 17. 10.	10. 12. = 17. 11.
11. 07. = 13. 06.	11. 08. = 15. 07.	11. 09. = 16. 08.	11. 10. = 17. 09.	11. 11. = 18. 10.	11. 12. = 18. 11.
12. 07. = 14. 06.	12. 08. = 16. 07.	12. 09. = 17. 08.	12. 10. = 18. 09.	12. 11. = 19. 10.	12. 12. = 19. 11.
13. 07. = 15. 06.	13. 08. = 17. 07.	13. 09. = 18. 08.	13. 10. = 19. 09.	13. 11. = 20. 10.	13. 12. = 20. 11.
14. 07. = 16. 06.	14. 08. = 18. 07.	14. 09. = 19. 08.	14. 10. = 20. 09.	14. 11. = 21. 10.	14. 12. = 21. 11.
15. 07. = 17. 06.	15. 08. = 19. 07.	15. 09. = 20. 08.	15. 10. = 21. 09.	15. 11. = 22. 10.	15. 12. = 22. 11.
16. 07. = 18. 06.	16. 08. = 20. 07.	16. 09. = 21. 08.	16. 10. = 22. 09.	16. 11. = 23. 10.	16. 12. = 23. 11.
17. 07. = 19. 06.	17. 08. = 21. 07.	17. 09. = 22. 08.	17. 10. = 23. 09.	17. 11. = 24. 10.	17. 12. = 24. 11.
18. 07. = 20. 06.	18. 08. = 22. 07.	18. 09. = 23. 08.	18. 10. = 24. 09.	18. 11. = 25. 10.	18. 12. = 25. 11.
19. 07. = 21. 06.	19. 08. = 23. 07.	19. 09. = 24. 08.	19. 10. = 25. 09.	19. 11. = 26. 10.	19. 12. = 26. 11.
20. 07. = 22. 06.	20. 08. = 24. 07.	20. 09. = 25. 08.	20. 10. = 26. 09.	20. 11. = 27. 10.	20. 12. = 27. 11.
21. 07. = 23. 06.	21. 08. = 25. 07.	21. 09. = 26. 08.	21. 10. = 27. 09.	21. 11. = 28. 10.	21. 12. = 28. 11.
22. 07. = 24. 06.	22. 08. = 26. 07.	22. 09. = 27. 08.	22. 10. = 28. 09.	22. 11. = 29. 10.	22. 12. = 29. 11.
23. 07. = 25. 06.	23. 08. = 27. 07.	23. 09. = 28. 08.	23. 10. = 29. 09.	23. 11. = 30. 10.	23. 12. = 01. 12.
24. 07. = 26. 06.	24. 08. = 28. 07.	24. 09. = 29. 08.	24. 10. = 30. 09.	24. 11. = 01. 11.	24. 12. =.02. 12.
25. 07. = 27. 06.	25. 08. = 29. 07.	25. 09. = 01. 09.	25. 10. = 01. 10.	25. 11. = 02. 11.	25. 12. = 03. 12.
26. 07. = 28. 06.	26. 08. = 30. 07.	26. 09. = 02. 09.	26. 10. = 02. 10.	26. 11. = 03. 11.	26. 12. = 04. 12.
27. 07. = 29. 06.	27. 08. = 01. 08.	27. 09. = 03. 09.	27. 10. = 03. 10.	27. 11. = 04. 11.	27. 12. = 05. 12.
28. 07. = 01. 07.	28. 08. = 02. 08.	28. 09. = 04. 09.	28. 10. = 04. 10.	28. 11. = 05. 11.	28. 12. = 06. 12.
29. 07. = 02. 07.	29. 08. = 03. 08.	29. 09. = 05. 09.	29. 10. = 05. 10.	29. 11. = 06. 11.	29. 12. = 07. 12.
30. 07. = 03. 07.	30. 08. = 04. 08.	30. 09. = 06. 09.	30. 10. = 06. 10.	30. 11. = 07. 11.	30. 12. = 08. 12.
31. 07. = 04. 07.	31. 08. = 05. 08.		31. 10. = 07. 10.		31. 12. = 09. 12.

1909

Januar	Februar	März	April	Mai	Juni
01. 01. = 10. 12.	01. 02. = 11. 01.	01. 03. = 10. 02.	01. 04. = 11 02.	01. 05. = 12. 03.	01. 06. = 14. 04.
02. 01. = 11. 12.	02. 02. = 12. 01.	02. 03. = 11. 02.	02. 04. = 12 02.	02. 05. = 13. 03.	02. 06. = 15. 04.
03. 01. = 12. 12.	03. 02. = 13. 01.	03. 03. = 12. 02.	03. 04. = 13 02.	03. 05. = 14. 03.	03. 06. = 16. 04.
04. 01. = 13. 12.	04. 02. = 14. 01.	04. 03. = 13. 02.	04. 04. = 14. 02.	04. 05. = 15. 03.	04. 06. = 17. 04.
05. 01. = 14. 12.	05. 02. = 15. 01.	05. 03. = 14. 02.	05. 04. = 15. 02.	05. 05. = 16. 03.	05. 06. = 18. 04.
06. 01. = 15. 12.	06. 02. = 16. 01.	06. 03. = 15. 02.	06. 04. = 16. 02.	06. 05. = 17. 03.	06. 06. = 19. 04.
07. 01. = 16. 12.	07. 02. = 17. 01.	07. 03. = 16. 02.	07. 04. = 17. 02.	07. 05. = 18. 03.	07. 06. = 20. 04.
08. 01. = 17. 12.	08. 02. = 18. 01.	08. 03. = 17. 02.	08. 04. = 18. 02.	08. 05. = 19. 03.	08. 06. = 21. 04.
09. 01. = 18. 12.	09. 02. = 19. 01.	09. 03. = 18. 02.	09. 04. = 19. 02.	09. 05. = 20. 03.	09. 06. = 22. 04.
10. 01. = 19. 12.	10. 02. = 20. 01.	10. 03. = 19. 02.	10. 04. = 20. 02.	10. 05. = 21. 03.	10. 06. = 23. 04.
11. 01. = 20. 12.	11. 02. = 21. 01.	11. 03. = 20. 02.	11. 04. = 21. 02.	11. 05. = 22. 03.	11. 06. = 24. 04.
12. 01. = 21. 12.	12. 02. = 22. 01.	12. 03. = 21. 02.	12. 04. = 22. 02.	12. 05. = 23. 03.	12. 06. = 25. 04.
13. 01. = 22. 12.	13. 02. = 23. 01.	13. 03. = 22. 02.	13. 04. = 23. 02.	13. 05. = 24. 03.	13. 06. = 26. 04.
14. 01. = 23. 12.	14. 02. = 24. 01.	14. 03. = 23. 02.	14. 04. = 24. 02.	14. 05. = 25. 03.	14. 06. = 27. 04.
15. 01. = 24. 12.	15. 02. = 25. 01.	15. 03. = 24. 02.	15. 04. = 25. 02.	15. 05. = 26. 03.	15. 06. = 28. 04.
16. 01. = 25. 12.	16. 02. = 26. 01.	16. 03. = 25. 02.	16. 04. = 26. 02.	16. 05. = 27. 03.	16. 06. = 29. 04.
17. 01. = 26. 12.	17. 02. = 27. 01.	17. 03. = 26. 02.	17. 04. = 27. 02.	17. 05. = 28. 03.	17. 06. = 30. 04.
18. 01. = 27. 12.	18. 02. = 28. 01.	18. 03. = 27. 02.	18. 04. = 28. 02.	18. 05. = 29. 03.	18. 06. = 01. 05.
19. 01. = 28. 12.	19. 02. = 29. 01.	19. 03. = 28. 02.	19. 04. = 29. 02.	19. 05. = 01. 04.	19. 06. = 02. 05.
20. 01. = 29. 12.	20. 02. = 01. 02.	20. 03. = 29. 02.	20. 04. = 01. 03.	20. 05. = 02. 04.	20. 06. = 03. 05.
21. 01. = 30. 12.	21. 02. = 02. 02.	21. 03. = 30. 02.	21. 04. = 02. 03.	21. 05. = 03. 04.	21. 06. = 04. 05.
22. 01. = 01. 01.	22. 02. = 03. 02.	22. 03. = 01. 02.	22. 04. = 03. 03.	22. 05. = 04. 04.	22. 06. = 05. 05.
23. 01. = 02. 01.	23. 02. = 04. 02.	23. 03. = 02. 02.	23. 04. = 04. 03.	23. 05. = 05. 04.	23. 06. = 06. 05.
24. 01. = 03. 01.	24. 02. = 05. 02.	24. 03. = 03. 02.	24. 04. = 05. 03.	24. 05. = 06. 04.	24. 06. = 07. 05.
25. 01. = 04. 01.	25. 02. = 06. 02.	25. 03. = 04. 02.	25. 04. = 06. 03.	25. 05. = 07. 04.	25. 06. = 08. 05.
26. 01. = 05. 01.	26. 02. = 07. 02.	26. 03. = 05. 02.	26. 04. = 07. 03.	26. 05. = 08. 04.	26. 06. = 09. 05.
27. 01. = 06. 01.	27. 02. = 08. 02.	27. 03. = 06. 02.	27. 04. = 08. 03.	27. 05. = 09. 04.	27. 06. = 10. 05.
28. 01. = 07. 01.	28. 02. = 09. 02.	28. 03. = 07. 02.	28. 04. = 09. 03.	28. 05. = 10. 04.	28. 06. = 11. 05.
29. 01. = 08. 01.		29. 03. = 08. 02.	29. 04. = 10. 03.	29. 05. = 11. 04.	29. 06. = 12. 05.
30. 01. = 09. 01.		30. 03. = 09. 02.	30. 04. = 11. 03.	30. 05. = 12. 04.	30. 06. = 13. 05.
31. 01. = 10. 01.		31. 03. = 10. 02.		31. 05. = 13. 04.	

1909

Juli	August	September	Oktober	November	Dezember
01. 07. = 14. 05.	01. 08. = 16. 06.	01. 09. = 17. 07.	01. 10. = 18. 08.	01. 11. = 19. 09.	01. 12. = 19. 10.
02. 07. = 15. 05.	02. 08. = 17. 06.	02. 09. = 18. 07.	02. 10. = 19. 08.	02. 11. = 20. 09.	02. 12. = 20. 10.
03. 07. = 16. 05.	03. 08. = 18. 06.	03. 09. = 19. 07.	03. 10. = 20. 08.	03. 11. = 21. 09.	03. 12. = 21. 10.
04. 07. = 17. 05.	04. 08. = 19. 06.	04. 09. = 20. 07.	04. 10. = 21. 08.	04. 11. = 22. 09.	04. 12. = 22. 10.
05. 07. = 18. 05.	05. 08. = 20. 06.	05. 09. = 21. 07.	05. 10. = 22. 08.	05. 11. = 23. 09.	05. 12. = 23. 10.
06. 07. = 19. 05.	06. 08. = 21. 06.	06. 09. = 22. 07.	06. 10. = 23. 08.	06. 11. = 24. 09.	06. 12. = 24. 10.
07. 07. = 20. 05.	07. 08. = 22. 06.	07. 09. = 23. 07.	07. 10. = 24. 08.	07. 11. = 25. 09.	07. 12. = 25. 10.
08. 07. = 21. 05.	08. 08. = 23. 06.	08. 09. = 24. 07.	08. 10. = 25. 08.	08. 11. = 26. 09.	08. 12. = 26. 10.
09. 07. = 22. 05.	09. 08. = 24. 06.	09. 09. = 25. 07.	09. 10. = 26. 08.	09. 11. = 27. 09.	09. 12. = 27. 10.
10. 07. = 23. 05.	10. 08. = 25. 06.	10. 09. = 26. 07.	10. 10. = 27. 08.	10. 11. = 28. 09.	10. 12. = 28. 10.
11. 07. = 24. 05.	11. 08. = 26. 06.	11. 09. = 27. 07.	11. 10. = 28. 08.	11. 11. = 29. 09.	11. 12. = 29. 10.
12. 07. = 25. 05.	12. 08. = 27. 06.	12. 09. = 28. 07.	12. 10. = 29. 08.	12. 11. = 30. 09.	12. 12. = 30. 10.
13. 07. = 26. 05.	13. 08. = 28. 06.	13. 09. = 29. 07.	13. 10. = 30. 08.	13. 11. = 01. 10.	13. 12. = 01. 11.
14. 07. = 27. 05.	14. 08. = 29. 06.	14. 09. = 01. 08.	14. 10. = 01. 09.	14. 11. = 02. 10.	14. 12. = 02. 11.
15. 07. = 28. 05.	15. 08. = 30. 06.	15. 09. = 02. 08.	15. 10. = 02. 09.	15. 11. = 03. 10.	15. 12. = 03. 11.
16. 07. = 29. 05.	16. 08. = 01. 07.	16. 09. = 03. 08.	16. 10. = 03. 09.	16. 11. = 04. 10.	16. 12. = 04. 11.
17. 07. = 01. 06.	17. 08. = 02. 07.	17. 09. = 04. 08.	17. 10. = 04. 09.	17. 11. = 05. 10.	17. 12. = 05. 11.
18. 07. = 02. 06.	18. 08. = 03. 07.	18. 09. = 05. 08.	18. 10. = 05. 09.	18. 11. = 06. 10.	18. 12. = 06. 11.
19. 07. = 03. 06.	19. 08. = 04. 07.	19. 09. = 06. 08.	19. 10. = 06. 09.	19. 11. = 07. 10.	19. 12. = 07. 11.
20. 07. = 04. 06.	20. 08. = 05. 07.	20. 09. = 07. 08.	20. 10. = 07. 09.	20. 11. = 08. 10.	20. 12. = 08. 11.
21. 07. = 05. 06.	21. 08. = 06. 07.	21. 09. = 08. 08.	21. 10. = 08. 09.	21. 11. = 09. 10.	21. 12. = 09. 11.
22. 07. = 06. 06.	22. 08. = 07. 07.	22. 09. = 09. 08.	22. 10. = 09. 09.	22. 11. = 10. 10.	22. 12. = 10. 11.
23. 07. = 07. 06.	23. 08. = 08. 07.	23. 09. = 10. 08.	23. 10. = 10. 09.	23. 11. = 11. 10.	23. 12. = 11. 11.
24. 07. = 08. 06.	24. 08. = 09. 07.	24. 09. = 11. 08.	24. 10. = 11. 09.	24. 11. = 12. 10.	24. 12. = 12. 11.
25. 07. = 09. 06.	25. 08. = 10. 07.	25. 09. = 12. 08.	25. 10. = 12. 09.	25. 11. = 13. 10.	25. 12. = 13. 11.
26. 07. = 10. 06.	26. 08. = 11. 07.	26. 09. = 13. 08.	26. 10. = 13. 09.	26. 11. = 14. 10.	26. 12. = 14. 11.
27. 07. = 11. 06.	27. 08. = 12. 07.	27. 09. = 14. 08.	27. 10. = 14. 09.	27. 11. = 15. 10.	27. 12. = 15. 11.
28. 07. = 12. 06.	28. 08. = 13. 07.	28. 09. = 15. 08.	28. 10. = 15. 09.	28. 11. = 16. 10.	28. 12. = 16. 11.
29. 07. = 13. 06.	29. 08. = 14. 07.	29. 09. = 16. 08.	29. 10. = 16. 09.	29. 11. = 17. 10.	29. 12. = 17. 11.
30. 07. = 14. 06.	30. 08. = 15. 07.	30. 09. = 17. 08.	30. 10. = 17. 09.	30. 11. = 18. 10.	30. 12. = 18. 11.
31. 07. = 15. 06.	31. 08. = 16. 07.		31. 10. = 18. 09.		31. 12. = 19. 11.

1910

Januar	Februar	März	April	Mai	Juni
01. 01. = 20. 11.	01. 02. = 22. 12.	01. 03. = 20. 01.	01. 04. = 22. 02.	01. 05. = 22. 03.	01. 06. = 24. 04.
02. 01. = 21. 11.	02. 02. = 23. 12.	02. 03. = 21. 01.	02. 04. = 23. 02.	02. 05. = 23. 03.	02. 06. = 25. 04.
03. 01. = 22. 11.	03. 02. = 24. 12.	03. 03. = 22. 01.	03. 04. = 24. 02.	03. 05. = 24. 03.	03. 06. = 26. 04.
04. 01. = 23. 11.	04. 02. = 25. 12.	04. 03. = 23. 01.	04. 04. = 25. 02.	04. 05. = 25. 03.	04. 06. = 27. 04.
05. 01. = 24. 11.	05. 02. = 26. 12.	05. 03. = 24. 01.	05. 04. = 26. 02.	05. 05. = 26. 03.	05. 06. = 28. 04.
06. 01. = 25. 11.	06. 02. = 27. 12.	06. 03. = 25. 01.	06. 04. = 27. 02.	06. 05. = 27. 03.	06. 06. = 29. 04.
07. 01. = 26. 11.	07. 02. = 28. 12.	07. 03. = 26. 01.	07. 04. = 28. 02.	07. 05. = 28. 03.	07. 06. = 01. 05.
08. 01. = 27. 11.	08. 02. = 29. 12.	08. 03. = 27. 01.	08. 04. = 29. 02.	08. 05. = 29. 03.	08. 06. = 02. 05.
09. 01. = 28. 11.	09. 02. = 30. 12.	09. 03. = 28. 01.	09. 04. = 30. 02.	09. 05. = 01. 04.	09. 06. = 03. 05.
10. 01. = 29. 11.	10. 02. = 01. 01.	10. 03. = 29. 01.	10. 04. = 01. 03.	10. 05. = 02. 04.	10. 06. = 04. 05.
11. 01. = 01. 12.	11. 02. = 02. 01.	11. 03. = 01. 02.	11. 04. = 02. 03.	11. 05. = 03. 04.	11. 06. = 05. 05.
12. 01. = 02. 12.	12. 02. = 03. 01.	12. 03. = 02. 02.	12. 04. = 03. 03.	12. 05. = 04. 04.	12. 06. = 06. 05.
13. 01. = 03. 12.	13. 02. = 04. 01.	13. 03. = 03. 02.	13. 04. = 04. 03.	13. 05. = 05. 04.	13. 06. = 07. 05.
14. 01. = 04. 12	14. 02. = 05. 01.	14. 03. = 04. 02.	14. 04. = 05. 03.	14. 05. = 06. 04.	14. 06. = 08. 05.
15. 01. = 05. 12.	15. 02. = 06. 01.	15. 03. = 05. 02.	15. 04. = 06. 03.	15. 05. = 07. 04.	15. 06. = 09. 05.
16. 01. = 06. 12.	16. 02. = 07. 01.	16. 03. = 06. 02.	16. 04. = 07. 03.	16. 05. = 08. 04.	16. 06. = 10. 05.
17. 01. = 07. 12.	17. 02. = 08. 01.	17. 03. = 07. 02.	17. 04. = 08. 03.	17. 05. = 09. 04.	17. 06. = 11. 05.
18. 01. = 08. 12.	18. 02. = 09. 01.	18. 03. = 08. 02.	18. 04. = 09. 03.	18. 05. = 10. 04.	18. 06. = 12. 05.
19. 01. = 09. 12.	19. 02. = 10. 01.	19. 03. = 09. 02.	19. 04. = 10. 03.	19. 05. =.11. 04.	19. 06. = 13. 05.
20. 01. = 10. 12.	20. 02. = 11. 01.	20. 03. = 10. 02.	20. 04. = 11. 03.	20. 05. = 12. 04.	20. 06. = 14. 05.
21. 01. = 11. 12.	21. 02. = 12. 01.	21. 03. = 11. 02.	21. 04. = 12. 03.	21. 05. = 13. 04.	21. 06. =.15. 05.
22. 01. = 12. 12.	22. 02. = 13. 01.	22. 03. = 12. 02.	22. 04. = 13. 03.	22. 05. = 14. 04.	22. 06. = 16. 05.
23. 01. = 13. 12.	23. 02. = 14. 01.	23. 03. = 13. 02.	23. 04. = 14. 03.	23. 05. = 15. 04.	23. 06. = 17. 05.
24. 01. = 14. 12.	24. 02. = 15. 01.	24. 03. = 14. 02.	24. 04. = 15. 03.	24. 05. = 16. 04.	24. 06. = 18. 05.
25. 01. = 15. 12.	25. 02. = 16. 01.	25. 03. = 15. 02.	25. 04. = 16. 03.	25. 05. = 17. 04.	25. 06. = 19. 05
26. 01. = 16. 12.	26. 02. = 17. 01.	26. 03. = 16. 02.	26. 04. = 17. 03.	26. 05. = 18. 04.	26. 06. = 20. 05.
27. 01. = 17. 12.	27. 02. = 18. 01.	27. 03. = 17. 02.	27. 04. = 18. 03.	27. 05. = 19. 04.	27. 06. = 21. 05.
28. 01. = 18. 12.	28. 02. = 19. 01.	28. 03. = 18. 02.	28. 04. = 19. 03.	28. 05. = 20. 04.	28. 06. = 22. 05.
29. 01. = 19. 12.		29. 03. = 19. 02.	29. 04. = 20. 03.	29. 05. = 21. 04.	29. 06. = 23. 05.
30. 01. = 20. 12.		30. 03. = 20. 02.	30. 04. = 21. 03.	30. 05. = 22. 04.	30. 06. = 24. 05.
31. 01. = 21. 12.		31. 03. = 21. 02.		31. 05. = 23. 04.	

1910

Juli	August	September	Oktober	November	Dezember
01. 07. = 25. 05.	01. 08. = 26. 06.	01. 09. = 28. 07.	01. 10. = 28. 08.	01. 11. = 30. 09.	01. 12. = 30. 10.
02. 07. = 26. 05.	02. 08. = 27. 06.	02. 09. = 29. 07.	02. 10. = 29. 08.	02. 11. = 01. 10.	02. 12. = 01. 11.
03. 07. = 27. 05.	03. 08. = 28. 06.	03. 09. = 30. 07.	03. 10. = 01. 09.	03. 11. = 02. 10.	03. 12. = 02. 11.
04. 07. = 28. 05.	04. 08. = 29. 06.	04. 09. = 01. 08.	04. 10. = 02. 09.	04. 11. = 03. 10.	04. 12. = 03. 11.
05. 07. = 29. 05.	05. 08. = 01. 07.	05. 09. = 02. 08.	05. 10. = 03. 09.	05. 11. = 04. 10.	05. 12. = 04. 11.
06. 07. = 30. 05.	06. 08. = 02. 07.	06. 09. = 03. 08.	06. 10. = 04. 09.	06. 11. = 05. 10.	06. 12. = 05. 11.
07. 07. = 01. 06.	07. 08. = 03. 07.	07. 09. = 04. 08.	07. 10. = 05. 09.	07. 11. = 06. 10.	07. 12. = 06. 11.
08. 07. = 02. 06.	08. 08. = 04. 07.	08. 09. = 05. 08.	08. 10. = 06. 09.	08. 11. = 07. 10.	08. 12. = 07 11.
09. 07. = 03. 06.	09. 08. = 05. 07.	09. 09. = 06. 08.	09. 10. = 07. 09.	09. 11. = 08. 10.	09. 12. = 08. 11.
10. 07. = 04. 06.	10. 08. = 06. 07.	10. 09. = 07. 08.	10. 10. = 08. 09.	10. 11. = 09. 10.	10. 12. = 09. 11.
11. 07. = 05. 06.	11. 08. = 07. 07.	11. 09. = 08. 08.	11. 10. = 09. 09.	11. 11. = 10. 10.	11. 12. = 10. 11.
12. 07. = 06. 06.	12. 08. = 08. 07.	12. 09. = 09. 08.	12. 10. = 10. 09.	12. 11. = 11. 10.	12. 12. = 11. 11.
13. 07. = 07. 06.	13. 08. = 09. 07.	13. 09. = 10. 08.	13. 10. = 11. 09.	13. 11. = 12. 10.	13. 12. = 12. 11.
14. 07. = 08. 06.	14. 08. = 10. 07.	14. 09. = 11. 08.	14. 10. = 12. 09.	14. 11. = 13. 10.	14. 12. = 13. 11.
15. 07. = 09. 06.	15. 08. = 11. 07.	15. 09. = 12. 08.	15. 10. = 13. 09.	15. 11. = 14. 10.	15. 12. = 14. 11.
16. 07. = 10. 06.	16. 08. = 12. 07.	16. 09. = 13. 08.	16. 10. = 14. 09.	16. 11. = 15. 10.	16. 12. = 15. 11.
17. 07. = 11. 06.	17. 08. = 13. 07.	17. 09. = 14. 08.	17. 10. = 15. 09.	17. 11. = 16. 10.	17. 12. = 16. 11.
18. 07. = 12. 06.	18. 08. = 14. 07.	18. 09. = 15. 08.	18. 10. = 16. 09.	18. 11. = 17. 10.	18. 12. = 17. 11.
19. 07. = 13. 06.	19. 08. = 15. 07.	19. 09. = 16. 08.	19. 10. = 17. 09.	19. 11. = 18. 10.	19. 12. = 18. 11.
20. 07. = 14. 06.	20. 08. = 16. 07.	20. 09. = 17. 08.	20. 10. = 18. 09.	20. 11. = 19. 10.	20. 12. = 19. 11.
21. 07. = 15. 06.	21. 08. = 17. 07.	21. 09. = 18. 08.	21. 10. = 19. 09.	21. 11. = 20. 10.	21. 12. = 20. 11.
22. 07. = 16. 06.	22. 08. = 18. 07.	22. 09. = 19. 08.	22. 10. = 20. 09.	22. 11. = 21. 10.	22. 12. = 21. 11.
23. 07. = 17. 06.	23. 08. = 19. 07.	23. 09. = 20. 08.	23. 10. = 21. 09.	23. 11. = 22. 10.	23. 12. = 22. 11.
24. 07. = 18. 06.	24. 08. = 20. 07.	24. 09. = 21. 08.	24. 10. = 22. 09.	24. 11. = 23. 10.	24. 12. = 23. 11.
25. 07. = 19. 06.	25. 08. = 21. 07.	25. 09. = 22. 08.	25. 10. = 23. 09.	25. 11. = 24. 10.	25. 12. = 24. 11.
26. 07. = 20. 06.	26. 08. = 22. 07.	26. 09. = 23. 08.	26. 10. = 24. 09.	26. 11. = 25. 10.	26. 12. = 25. 11.
27. 07. = 21. 06.	27. 08. = 23. 07.	27. 09. = 24. 08.	27. 10. = 25. 09.	27. 11. = 26. 10.	27. 12. = 26. 11.
28. 07. = 22. 06.	28. 08. = 24. 07.	28. 09. = 25. 08.	28. 10. = 26. 09.	28. 11. = 27. 10.	28. 12. = 27. 11.
29. 07. = 23. 06.	29. 08. = 25. 07.	29. 09. = 26. 08.	29. 10. = 27. 09.	29. 11. = 28. 10.	29. 12. = 28. 11.
30. 07. = 24. 06.	30. 08. = 26. 07.	30. 09. = 27. 08.	30. 10. = 28. 09.	30. 11. = 29. 10.	30. 12. = 29. 11.
31. 07. = 25. 06.	31. 08. = 27. 07.		31. 10. = 29. 09.		31. 12. = 30. 11.

1911

Januar	Februar	März	April	Mai	Juni
01. 01. = 01. 12.	01. 02. = 03. 01.	01. 03. = 01. 02.	01. 04. = 03. 03.	01. 05. = 03. 04.	01. 06. = 05. 05.
02. 01. = 02. 12.	02. 02. = 04. 01.	02. 03. = 02. 02.	02. 04. = 04. 03.	02. 05. = 04. 04.	02. 06. = 06. 05.
03. 01. = 03. 12.	03. 02. = 05. 01.	03. 03. = 03. 02.	03. 04. = 05. 03.	03. 05. = 05. 04.	03. 06. = 07. 05.
04. 01. = 04. 12.	04. 02. = 06. 01.	04. 03. = 04. 02.	04. 04. = 06. 03.	04. 05. = 06. 04.	04. 06. = 08. 05.
05. 01. = 05. 12.	05. 02. = 07. 01.	05. 03. = 05. 02.	05. 04. = 07. 03.	05. 05. = 07. 04.	05. 06. = 09. 05.
06. 01. = 06. 12.	06. 02. = 08. 01.	06. 03. = 06. 02.	06. 04. = 08. 03.	06. 05. = 08. 04.	06. 06. = 10. 05.
07. 01. = 07. 12.	07. 02. = 09. 01.	07. 03. = 07. 02.	07. 04. = 09. 03.	07. 05. = 09. 04.	07. 06. = 11. 05.
08. 01. = 08. 12.	08. 02. = 10. 01.	08. 03. = 08. 02.	08. 04. = 10. 03.	08. 05. = 10. 04.	08. 06. = 12. 05.
09. 01. = 09. 12.	09. 02. = 11. 01.	09. 03. = 09. 02.	09. 04. = 11. 03.	09. 05. = 11. 04.	09. 06. = 13. 05.
10. 01. = 10. 12.	10. 02. = 12. 01.	10. 03. = 10. 02.	10. 04. = 12. 03.	10. 05. = 12. 04.	10. 06. = 14. 05.
11. 01. = 11. 12.	11. 02. = 13. 01.	11. 03. = 11. 02.	11. 04. = 13. 03.	11. 05. = 13. 04.	11. 06. = 15. 05.
12. 01. = 12. 12.	12. 02. = 14. 01.	12. 03. = 12. 02.	12. 04. = 14. 03.	12. 05. = 14. 04.	12. 06. = 16. 05.
13. 01. = 13. 12.	13. 02. = 15. 01.	13. 03. = 13. 02.	13. 04. = 15. 03.	13. 05. = 15. 04.	13. 06. = 17. 05.
14. 01. = 14. 12.	14. 02. = 16. 01.	14. 03. = 14. 02.	14. 04. = 16. 03.	14. 05. = 16. 04.	14. 06. = 18. 05.
15. 01. = 15. 12.	15. 02. = 17. 01.	15. 03. = 15. 02.	15. 04. = 17. 03.	15. 05. = 17. 04.	15. 06. = 19. 05.
16. 01. = 16. 12.	16. 02. = 18. 01.	16. 03. = 16. 02.	16. 04. = 18. 03.	16. 05. = 18. 04.	16. 06. = 20. 05.
17. 01. = 17. 12.	17. 02. = 19. 01.	17. 03. = 17. 02.	17. 04. = 19. 03.	17. 05. = 19. 04.	17. 06. = 21. 05.
18. 01. = 18. 12.	18. 02. = 20. 01.	18. 03. = 18. 02.	18. 04. = 20. 03.	18. 05. = 20. 04.	18. 06. = 22. 05.
19. 01. = 19. 12.	19. 02. = 21. 01.	19. 03. = 19. 02.	19. 04. = 21. 03.	19. 05. = 21. 04.	19. 06. = 23. 05.
20. 01. = 20. 12.	20. 02. = 22. 01.	20. 03. = 20. 02.	20. 04. = 22. 03.	20. 05. = 22. 04.	20. 06. = 24. 05.
21. 01. = 21. 12.	21. 02. = 23. 01.	21. 03. = 21. 02.	21. 04. = 23. 03.	21. 05. = 23. 04.	21. 06. = 25. 05.
22. 01. = 22. 12.	22. 02. = 24. 01.	22. 03. = 22. 02.	22. 04. = 24. 03.	22. 05. = 24. 04.	22. 06. = 26. 05.
23. 01. = 23. 12.	23. 02. = 25. 01.	23. 03. = 23. 02.	23. 04. = 25. 03.	23. 05. = 25. 04.	23. 06. = 27. 05.
24. 01. = 24. 12.	24. 02. = 26. 01.	24. 03. = 24. 02.	24. 04. = 26. 03.	24. 05. = 26. 04.	24. 06. = 28. 05.
25. 01. = 25. 12.	25. 02. = 27. 01.	25. 03. = 25. 02.	25. 04. = 27. 03.	25. 05. = 27. 04.	25. 06. = 29. 05.
26. 01. = 26. 12.	26. 02. = 28. 01.	26. 03. = 26. 02.	26. 04. = 28. 03.	26. 05. = 28. 04.	26. 06. = 01. 06.
27. 01. = 27. 12.	27. 02. = 29. 01.	27. 03. = 27. 02.	27. 04. = 29. 03.	27. 05. = 29. 04.	27. 06. = 02. 06.
28. 01. = 28. 12.	28. 02. = 30. 01.	28. 03. = 28. 02.	28. 04. = 30. 03.	28. 05. = 01. 05.	28. 06. = 03. 06.
29. 01. = 29. 12.		29. 03. = 29. 02.	29. 04. = 01. 04.	29. 05. = 02. 05.	29. 06. = 04. 06.
30. 01. = 01. 01.		30. 03. = 01. 03.	30. 04. = 02. 04.	30. 05. = 03. 05.	30. 06. = 05. 06.
31. 01. = 02. 01.		31. 03. = 02. 03.		31. 05. = 04. 05.	

1911

Juli	August	September	Oktober	November	Dezember
01. 07. = 06. 06.	01. 08. = 08. 06.	01. 09. = 09. 07.	01. 10. = 10. 08.	01. 11. = 11. 09.	01. 12. = 11. 10.
02. 07. = 07. 06.	02. 08. = 09. 06.	02. 09. = 10. 07.	02. 10. = 11. 08.	02. 11. = 12. 09.	02. 12. = 12. 10.
03. 07. = 08. 06.	03. 08. = 10. 06.	03. 09. = 11. 07.	03. 10. = 12. 08.	03. 11. = 13. 09.	03. 12. = 13. 10.
04. 07. = 09. 06.	04. 08. = 11. 06.	04. 09. = 12. 07.	04. 10. = 13. 08.	04. 11. = 14. 09.	04. 12. = 14. 10.
05. 07. = 10. 06.	05. 08. = 12. 06.	05. 09. = 13. 07.	05. 10. = 14. 08.	05. 11. = 15. 09.	05. 12. = 15. 10.
06. 07. = 11. 06.	06. 08. = 13. 06.	06. 09. = 14. 07.	06. 10. = 15. 08.	06. 11. = 16. 09.	06. 12. = 16. 10.
07. 07. = 12. 06.	07. 08. = 14. 06.	07. 09. = 15. 07.	07. 10. = 16. 08.	07. 11. = 17. 09.	07. 12. = 17. 10.
08. 07. = 13. 06.	08. 08. = 15. 06.	08. 09. = 16. 07.	08. 10. = 17. 08.	08. 11. = 18. 09.	08. 12. = 18. 10.
09. 07. = 14. 06.	09. 08. = 16. 06.	09. 09. = 17. 07.	09. 10. = 18. 08.	09. 11. = 19. 09.	09. 12. = 19. 10.
10. 07. = 15. 06.	10. 08. = 17. 06.	10. 09. = 18. 07.	10. 10. = 19. 08.	10. 11. = 20. 09.	10. 12. = 20. 10.
11. 07. = 16. 06.	11. 08. = 18. 06.	11. 09. = 19. 07.	11. 10. = 20. 08.	11. 11. = 21. 09.	11. 12. = 21. 10.
12. 07. = 17. 06.	12. 08. = 19. 06.	12. 09. = 20. 07.	12. 10. = 21. 08.	12. 11. = 22. 09.	12. 12. = 22. 10.
13. 07. = 18. 06.	13. 08. = 20. 06.	13. 09. = 21. 07.	13. 10. = 22. 08.	13. 11. = 23. 09.	13. 12. = 23. 10.
14. 07. = 19. 06.	14. 08. = 21. 06.	14. 09. = 22. 07.	14. 10. = 23. 08.	14. 11. = 24. 09.	14. 12. = 24. 10.
15. 07. = 20. 06.	15. 08. = 22. 06.	15. 09. = 23. 07.	15. 10. = 24. 08.	15. 11. = 25. 09.	15. 12. = 25. 10.
16. 07. = 21. 06.	16. 08. = 23. 06.	16. 09. = 24. 07.	16. 10. = 25. 08.	16. 11. = 26. 09.	16. 12. = 26. 10.
17. 07. = 22. 06.	17. 08. = 24. 06.	17. 09. = 25. 07.	17. 10. = 26. 08.	17. 11. = 27. 09.	17. 12. = 27. 10.
18. 07. = 23. 06.	18. 08. = 25. 06.	18. 09. = 26. 07.	18. 10. = 27. 08.	18. 11. = 28. 09.	18. 12. = 28. 10.
19. 07. = 24. 06.	19. 08. = 26. 06.	19. 09. = 27. 07.	19. 10. = 28. 08.	19. 11. = 29. 09.	19. 12. = 29. 10.
20. 07. = 25. 06.	20. 08. = 27. 06.	20. 09. = 28. 07.	20. 10. = 29. 08.	20. 11. = 30. 09.	20. 12. = 01. 11.
21. 07. = 26. 06.	21. 08. = 28. 06.	21. 09. = 29. 07.	21. 10. = 30. 08.	21. 11. = 01. 10.	21. 12. = 02. 11.
22. 07. = 27. 06.	22. 08. = 29. 06.	22. 09. = 01. 08.	22. 10. = 01. 09.	22. 11. = 02. 10.	22. 12. = 03. 11.
23. 07. = 28. 06.	23. 08. = 30. 06.	23. 09. = 02. 08.	23. 10. = 02. 09.	23. 11. = 03. 10.	23. 12. = 04. 11.
24. 07. = 29. 06.	24. 08. = 01 07.	24. 09. = 03. 08.	24. 10. = 03. 09.	24. 11. = 04. 10.	24. 12. = 05. 11.
25. 07. = 01. 06.	25. 08. = 02. 07.	25. 09. = 04. 08.	25. 10. = 04. 09.	25. 11. = 05. 10.	25. 12. = 06. 11.
26. 07. = 02. 06.	26. 08. = 03. 07.	26. 09. = 05. 08.	26. 10. = 05. 09.	26. 11. = 06. 10.	26. 12. = 07. 11.
27. 07. = 03. 06.	27. 08. = 04. 07.	27. 09. = 06. 08.	27. 10. = 06. 09.	27. 11. = 07. 10.	27. 12. = 08. 11.
28. 07. = 04. 06.	28. 08. = 05. 07.	28. 09. = 07. 08.	28. 10. = 07. 09.	28. 11. = 08. 10.	28. 12. = 09. 11.
29. 07. = 05. 06.	29. 08. = 06. 07.	29. 09. = 08. 08.	29. 10. = 08. 09.	29. 11. = 09. 10.	29. 12. = 10. 11.
30. 07. = 06. 06.	30. 08. = 07. 07.	30. 09. = 09. 08.	30. 10. = 09. 09.	30. 11. = 10. 10.	30. 12. = 11. 11.
31. 07. = 07. 06.	31. 08. = 08. 07.		31. 10. = 10. 09.		31. 12. = 12. 11.

1912

Januar	Februar	März	April	Mai	Juni
01. 01. = 13. 11.	01. 02. = 14. 12.	01. 03. = 13. 01.	01. 04. = 14. 02.	01. 05. = 15. 03.	01. 06. = 16. 04.
02. 01. = 14. 11.	02. 02. = 15. 12.	02. 03. = 14. 01.	02. 04. = 15. 02.	02. 05. = 16. 03.	02. 06. = 17. 04.
03. 01. = 15. 11.	03. 02. = 16 .12.	03. 03. = 15. 01.	03. 04. = 16. 02.	03. 05. = 17. 03.	03. 06. = 18. 04.
04. 01. = 16. 11.	04. 02. = 17. 12.	04. 03. = 16. 01.	04. 04. = 17. 02.	04. 05. = 18. 03.	04. 06. = 19. 04.
05. 01. = 17. 11.	05. 02. = 18. 12.	05. 03. = 17. 01.	05. 04. = 18. 02.	05. 05. = 19. 03.	05. 06. = 20. 04.
06. 01. = 18. 11.	06. 02. = 19. 12.	06. 03. = 18. 01.	06. 04. = 19. 02.	06. 05. = 20. 03.	06. 06. = 21. 04.
07. 01. = 19. 11.	07. 02. = 20. 12.	07. 03. = 19. 01.	07. 04. = 20. 02.	07. 05. = 21. 03.	07. 06. = 22. 04.
08. 01. = 20. 11.	08. 02. = 21. 12.	08. 03. = 20. 01.	08. 04. = 21. 02.	08. 05. = 22. 03.	08. 06. = 23. 04.
09. 01. = 21. 11.	09. 02. = 22. 12.	09. 03. = 21. 01.	09. 04. = 22. 02.	09. 05. = 23. 03.	09. 06. = 24. 04.
10. 01. = 22. 11.	10. 02. = 23. 12.	10. 03. = 22. 01.	10. 04. = 23. 02.	10. 05. = 24. 03.	10. 06. = 25. 04.
11. 01. = 23. 11.	11. 02. = 24. 12.	11. 03. = 23. 01.	11. 04. = 24. 02.	11. 05. = 25. 03.	11. 06. = 26. 04.
12. 01. = 24. 11.	12. 02. = 25. 12.	12. 03. = 24. 01.	12. 04. = 25. 02.	12. 05. = 26. 03.	12. 06. = 27. 04.
13. 01. = 25. 11.	13. 02. = 26. 12.	13. 03. = 25. 01.	13. 04. = 26. 02.	13. 05. = 27. 03.	13. 06. = 28. 04.
14. 01. = 26. 11.	14. 02. = 27. 12.	14. 03. = 26. 01.	14. 04. = 27. 02.	14. 05. = 28. 03.	14. 06. = 29. 04.
15. 01. = 27. 11.	15. 02. = 28. 12.	15. 03. = 27. 01.	15. 04. = 28. 02.	15. 05. = 29. 03.	15. 06. = 01. 05.
16. 01. = 28. 11.	16. 02. = 29. 12.	16. 03. = 28. 01.	16. 04. = 29. 02.	16. 05. = 30. 03.	16. 06. = 02. 05.
17. 01. = 29. 11.	17. 02. = 30. 12.	17. 03. = 29. 01.	17. 04. = 01. 03.	17. 05. = 01. 04.	17. 06. = 03. 05.
18. 01. = 30. 11.	18. 02. = 01. 01.	18. 03. = 30. 01.	18. 04. = 02. 03.	18. 05. = 02. 04.	18. 06. = 04. 05.
19. 01. = 01. 12.	19. 02. = 02. 01.	19. 03. = 01. 02.	19. 04. = 03. 03.	19. 05. = 03. 04.	19. 06. = 05. 05.
20. 01. = 02. 12.	20. 02. = 03. 01.	20. 03. = 02. 02.	20. 04. = 04. 03.	20. 05. = 04. 04.	20. 06. = 06. 05.
21. 01. = 03. 12.	21. 02. = 04. 01.	21. 03. = 03. 02.	21. 04. = 05. 03.	21. 05. = 05. 04.	21. 06. = 07. 05.
22. 01. = 04. 12.	22. 02. = 05. 01.	22. 03. = 04. 02.	22. 04. = 06. 03.	22. 05. =.06. 04.	22. 06. = 08. 05.
23. 01. = 05. 12.	23. 02. = 06. 01.	23. 03. = 05. 02.	23. 04. = 07. 03.	23. 05. = 07. 04.	23. 06. = 09. 05.
24. 01. = 06. 12.	24. 02. = 07. 01.	24. 03. = 06. 02.	24. 04. = 08. 03.	24. 05. = 08. 04.	24. 06. = 10. 05.
25. 01. = 07. 12.	25. 02. = 08. 01.	25. 03. = 07. 02.	25. 04. = 09. 03.	25. 05. = 09. 04.	25. 06. = 11. 05.
26. 01. = 08. 12.	26. 02. = 09. 01.	26. 03. = 08. 02.	26. 04. = 10. 03.	26. 05. = 10. 04.	26. 06. = 12. 05.
27. 01. = 09. 12.	27. 02. = 10. 01.	27. 03. = 09. 02.	27. 04. = 11. 03.	27. 05. = 11. 04.	27. 06. = 13. 05.
28. 01. = 10. 12.	28. 02. = 11. 01.	28. 03. = 10. 02.	28. 04. = 12. 03.	28. 05. = 12. 04.	28. 06. = 14. 05.
29. 01. = 11. 12.	29. 02. = 12. 01.	29. 03. = 11. 02.	29. 04. = 13. 03.	29. 05. = 13. 04.	29. 06. = 15. 05.
30. 01. = 12. 12.		30. 03. = 12. 02.	30. 04. = 14. 03.	30. 05. = 14. 04.	30. 06. = 16. 05.
31. 01. = 13. 12.		31. 03. = 13. 02.		31. 05. = 15. 04.	

1912

Juli	August	September	Oktober	November	Dezember
01. 07. = 17. 05.	01. 08. = 19. 06.	01. 09. = 20. 07.	01. 10. = 21. 08.	01. 11. = 23. 09.	01. 12. = 23. 10.
02. 07. = 18. 05.	02. 08. = 20. 06.	02. 09. = 21. 07.	02. 10. = 22. 08.	02. 11. = 24. 09.	02. 12. = 24. 10.
03. 07. = 19. 05.	03. 08. = 21. 06.	03. 09. = 22. 07.	03. 10. = 23. 08.	03. 11. = 25. 09.	03. 12. = 25. 10.
04. 07. = 20. 05.	04. 08. = 22. 06.	04. 09. = 23. 07.	04. 10. = 24. 08.	04. 11. = 26. 09.	04. 12. = 26. 10.
05. 07. = 21. 05.	05. 08. = 23. 06.	05. 09. = 24. 07.	05. 10. = 25. 08.	05. 11. = 27. 09.	05. 12. = 27. 10.
06. 07. = 22. 05.	06. 08. = 24. 06.	06. 09. = 25. 07.	06. 10. = 26. 08.	06. 11. = 28. 09.	06. 12. = 28. 10.
07. 07. = 23. 05.	07. 08. = 25. 06.	07. 09. = 26. 07.	07. 10. = 27. 08.	07. 11. = 29. 09.	07. 12. = 29. 10.
08. 07. = 24. 05.	08. 08. = 26. 06.	08. 09. = 27. 07.	08. 10. = 28. 08.	08. 11. = 30. 09.	08. 12. = 30. 10.
09. 07. = 25. 05.	09. 08. = 27. 06.	09. 09. = 28. 07.	09. 10. = 29. 08.	09. 11. = 01. 10.	09. 12. = 01. 11.
10. 07. = 26. 05.	10. 08. = 28. 06.	10. 09. = 29. 07.	10. 10. = 01. 09.	10. 11. = 02. 10.	10. 12. = 02. 11.
11. 07. = 27. 05.	11. 08. = 29. 06.	11. 09. = 01. 08.	11. 10. = 02. 09.	11. 11. = 03. 10.	11. 12. = 03. 11.
12. 07. = 28. 05.	12. 08. = 30. 06.	12. 09. = 02. 08.	12. 10. = 03. 09.	12. 11. = 04. 10.	12. 12. = 04. 11.
13. 07. = 29. 05.	13. 08. = 01. 07.	13. 09. = 03. 08.	13. 10. = 04. 09.	13. 11. = 05. 10.	13. 12. = 05. 11.
14. 07. = 01. 06.	14. 08. = 02. 07.	14. 09. = 04. 08.	14. 10. = 05. 09.	14. 11. = 06. 10.	14. 12. = 06. 11.
15. 07. = 02. 06.	15. 08. = 03. 07.	15. 09. = 05. 08.	15. 10. = 06. 09.	15. 11. = 07. 10.	15. 12. = 07. 11.
16. 07. = 03. 06.	16. 08. = 04. 07.	16. 09. = 06. 08.	16. 10. = 07. 09.	16. 11. = 08. 10.	16. 12. = 08. 11.
17. 07. = 04. 06.	17. 08. = 05. 07.	17. 09. = 07. 08.	17. 10. = 08. 09.	17. 11. = 09. 10.	17. 12. = 09. 11.
18. 07. = 05. 06.	18. 08. = 06. 07.	18. 09. = 08. 08.	18. 10. = 09. 09.	18. 11. = 10. 10.	18. 12. = 10. 11.
19. 07. = 06. 06.	19. 08. = 07. 07.	19. 09. = 09. 08.	19. 10. = 10. 09.	19. 11. = 11. 10.	19. 12. = 11. 11.
20. 07. = 07. 06.	20. 08. = 08. 07.	20. 09. = 10. 08.	20. 10. = 11. 09.	20. 11. = 12. 10.	20. 12. = 12. 11.
21. 07. = 08. 06.	21. 08. = 09. 07.	21. 09. = 11. 08.	21. 10. = 12. 09.	21. 11. = 13. 10.	21. 12. = 13. 11.
22. 07. = 09. 06.	22. 08. = 10. 07.	22. 09. = 12. 08.	22. 10. = 13. 09.	22. 11. = 14. 10.	22. 12. = 14. 11.
23. 07. = 10. 06.	23. 08. = 11. 07.	23. 09. = 13. 08.	23. 10. = 14. 09.	23. 11. = 15. 10.	23. 12. = 15. 11.
24. 07. = 11. 06.	24. 08. = 12. 07.	24. 09. = 14. 08.	24. 10. = 15. 09.	24. 11. = 16. 10.	24. 12. = 16. 11.
25. 07. = 12. 06.	25. 08. = 13. 07.	25. 09. = 15. 08.	25. 10. = 16. 09.	25. 11. = 17. 10.	25. 12. = 17. 11.
26. 07. = 13. 06.	26. 08. = 14. 07.	26. 09. = 16. 08.	26. 10. = 17. 09.	26. 11. = 18. 10.	26. 12. = 18. 11.
27. 07. = 14. 06.	27. 08. = 15. 07.	27. 09. = 17. 08.	27. 10. = 18. 09.	27. 11. = 19. 10.	27. 12. = 19. 11.
28. 07. = 15. 06.	28. 08. = 16. 07.	28. 09. = 18. 08.	28. 10. = 19. 09.	28. 11. = 20. 10.	28. 12. = 20. 11.
29. 07. = 16. 06.	29. 08. = 17. 07.	29. 09. = 19. 08.	29. 10. = 20. 09.	29. 11. = 21. 10.	29. 12. = 21. 11.
30. 07. = 17. 06.	30. 08. = 18. 07.	30. 09. = 20. 08.	30. 10. = 21. 09.	30. 11. = 22. 10.	30. 12. = 22. 11.
31. 07. = 18. 06.	31. 08. = 19. 07.		31. 10. = 22. 09.		31. 12. = 23. 11.

1913

Januar	Februar	März	April	Mai	Juni
01. 01. = 24. 11.	01. 02. = 26. 12.	01. 03. = 24. 01.	01. 04. = 25. 02.	01. 05. = 25. 03.	01. 06. = 27. 04.
02. 01. = 25. 11.	02. 02. = 27. 12.	02. 03. = 25. 01.	02. 04. = 26. 02.	02. 05. = 26. 03.	02. 06. = 28. 04.
03. 01. = 26. 11.	03. 02. = 28. 12.	03. 03. = 26. 01.	03. 04. = 27. 02.	03. 05. = 27. 03.	03. 06. = 29. 04.
04. 01. = 27. 11.	04. 02. = 29. 12.	04. 03. = 27. 01.	04. 04. = 28. 02.	04. 05. = 28. 03.	04. 06. = 30. 04.
05. 01. = 28. 11.	05. 02. = 30. 12.	05. 03. = 28. 01.	05. 04. = 29. 02.	05. 05. = 29. 03.	05. 06. = 01. 05.
06. 01. = 29. 11.	06. 02. = 01. 01.	06. 03. = 29. 01.	06. 04. = 30. 02.	06. 05. = 01. 04.	06. 06. = 02. 05.
07. 01. = 01. 12.	07. 02. = 02. 01.	07. 03. = 30. 01.	07. 04. = 01. 03.	07. 05. = 02. 04.	07. 06. = 03. 05.
08. 01. = 02. 12.	08. 02. = 03. 01.	08. 03. = 01. 02.	08. 04. = 02. 03.	08. 05. = 03. 04.	08. 06. = 04. 05.
09. 01. = 03. 12.	09. 02. = 04. 01.	09. 03. = 02. 02.	09. 04. = 03. 03.	09. 05. = 04. 04.	09. 06. = 05. 05.
10. 01. = 04. 12.	10. 02. = 05. 01.	10. 03. = 03. 02.	10. 04. = 04. 03.	10. 05. = 05. 04.	10. 06. = 06. 05.
11. 01. = 05. 12.	11. 02. = 06. 01.	11. 03. = 04. 02.	11. 04. = 05. 03.	11. 05. = 06. 04.	11. 06. = 07. 05.
12. 01. = 06. 12.	12. 02. = 07. 01.	12. 03. = 05. 02.	12. 04. = 06. 03.	12. 05. = 07. 04.	12. 06. = 08. 05.
13. 01. = 07. 12.	13. 02. = 08. 01.	13. 03. = 06. 02.	13. 04. = 07. 03.	13. 05. = 08. 04.	13. 06. = 09. 05.
14. 01. = 08. 12.	14. 02. = 09. 01.	14. 03. = 07. 02.	14. 04. = 08. 03.	14. 05. = 09. 04.	14. 06. = 10. 05.
15. 01. = 09. 12.	15. 02. = 10. 01.	15. 03. = 08. 02.	15. 04. = 09. 03.	15. 05. = 10. 04.	15. 06. = 11. 05.
16. 01. = 10. 12.	16. 02. = 11. 01.	16. 03. = 09. 02.	16. 04. = 10. 03.	16. 05. = 11. 04.	16. 06. = 12. 05.
17. 01. = 11. 12.	17. 02. = 12. 01.	17. 03. = 10. 02.	17. 04. = 11. 03.	17. 05. = 12. 04.	17. 06. = 13. 05.
18. 01. = 12. 12.	18. 02. = 13. 01.	18. 03. = 11. 02.	18. 04. = 12. 03.	18. 05. = 13. 04.	18. 06. = 14. 05.
19. 01. = 13. 12.	19. 02. = 14. 01.	19. 03. = 12. 02.	19. 04. = 13. 03.	19. 05. = 14. 04.	19. 06. = 15. 05.
20. 01. = 14. 12.	20. 02. = 15. 01.	20. 03. = 13. 02.	20. 04. = 14. 03.	20. 05. = 15. 04.	20. 06. = 16. 05.
21. 01. = 15. 12.	21. 02. = 16. 01.	21. 03. = 14. 02.	21. 04. = 15. 03.	21. 05. = 16. 04.	21. 06. = 17. 05.
22. 01. = 16. 12.	22. 02. = 17. 01.	22. 03. = 15. 02.	22. 04. = 16. 03.	22. 05. = 17. 04.	22. 06. = 18. 05.
23. 01. = 17. 12.	23. 02. = 18. 01.	23. 03. = 16. 02.	23. 04. = 17. 03.	23. 05. = 18. 04.	23. 06. = 19. 05.
24. 01. = 18. 12.	24. 02. = 19. 01.	24. 03. = 17. 02.	24. 04. = 18. 03.	24. 05. = 19. 04.	24. 06. = 20. 05.
25. 01. = 19. 12.	25. 02. = 20. 01.	25. 03. = 18. 02.	25. 04. = 19. 03.	25. 05. = 20. 04.	25. 06. = 21. 05.
26. 01. = 20. 12.	26. 02. = 21. 01.	26. 03. = 19. 02.	26. 04. = 20. 03.	26. 05. = 21. 04.	26. 06. = 22. 05.
27. 01. = 21. 12.	27. 02. = 22. 01.	27. 03. = 20. 02.	27. 04. = 21. 03.	27. 05. = 22. 04.	27. 06. = 23. 05.
28. 01. = 22. 12.	28. 02. = 23. 01.	28. 03. = 21. 02.	28. 04. = 22. 03.	28. 05. = 23. 04.	28. 06. = 24. 05.
29. 01. = 23. 12.		29. 03. = 22. 02.	29. 04. = 23. 03.	29. 05. = 24. 04.	29. 06. = 25. 05.
30. 01. = 24. 12.		30. 03. = 23. 02.	30. 04. = 24. 03.	30. 05. = 25. 04.	30. 06. = 26. 05.
31. 01. = 25. 12.		31. 03. = 24. 02.		31. 05. = 26. 04.	

1913

Juli	August	September	Oktober	November	Dezember
01. 07. = 27. 05.	01. 08. = 29. 06.	01. 09. = 01. 08.	01. 10. = 02. 09.	01. 11. = 04. 10.	01. 12. = 04. 11.
02. 07. = 28. 05.	02. 08. = 01. 07.	02. 09. = 02. 08.	02. 10. = 03. 09.	02. 11. = 05. 10.	02. 12. = 05. 11.
03. 07. = 29. 05.	03. 08. = 02. 07.	03. 09. = 03. 08.	03. 10. = 04. 09.	03. 11. = 06. 10.	03. 12. = 06. 11.
04. 07. = 01. 06.	04. 08. = 03. 07.	04. 09. = 04. 08.	04. 10. = 05. 09.	04. 11. = 07. 10.	04. 12. = 07. 11.
05. 07. = 02. 06.	05. 08. = 04. 07.	05. 09. = 05. 08.	05. 10. = 06. 09.	05. 11. = 08. 10.	05. 12. = 08. 11.
06. 07. = 03. 06.	06. 08. = 05. 07.	06. 09. = 06. 08.	06. 10. = 07. 09.	06. 11. = 09. 10.	06. 12. = 09. 11.
07. 07. = 04. 06.	07. 08. = 06. 07.	07. 09. = 07. 08.	07. 10. = 08. 09.	07. 11. = 10. 10.	07. 12. = 10. 11.
08. 07. = 05. 06.	08. 08. = 07. 07.	08. 09. = 08. 08.	08. 10. = 09. 09.	08. 11. = 11. 10.	08. 12. = 11. 11.
09. 07. = 06. 06.	09. 08. = 08. 07.	09. 09. = 09. 08.	09. 10. = 10. 09.	09. 11. = 12. 10	09. 12. = 12. 11.
10. 07. = 07. 06.	10. 08. = 09. 07.	10. 09. = 10. 08.	10. 10. = 11. 09.	10. 11. = 13. 10.	10. 12. = 13. 11.
11. 07. = 08. 06.	11. 08. = 10. 07.	11. 09. = 11. 08.	11. 10. = 12. 09.	11. 11. = 14. 10.	11. 12. = 14. 11.
12. 07. = 09. 06.	12. 08. = 11. 07.	12. 09. = 12. 08.	12. 10. = 13. 09.	12. 11. = 15. 10.	12. 12. = 15. 11.
13. 07. = 10. 06.	13. 08. = 12. 07.	13. 09. = 13. 08,	13. 10. = 14. 09.	13. 11. = 16. 10.	13. 12. = 16. 11.
14. 07. = 11. 06.	14. 08. = 13. 07.	14. 09. = 14. 08.	14. 10. = 15. 09.	14. 11. = 17. 10.	14. 12. = 17. 11.
15. 07. = 12. 06.	15. 08. = 14. 07.	15. 09. = 15. 08.	15. 10. = 16. 09.	15. 11. = 18. 10.	15. 12. = 18. 11.
16. 07. = 13. 06.	16. 08. = 15. 07.	16. 09. = 16. 08.	16. 10. = 17. 09.	16. 11. = 19. 10.	16. 12. = 19. 11.
17. 07. = 14. 06.	17. 08. = 16. 07.	17. 09. = 17. 08.	17. 10. = 18. 09.	17. 11. = 20. 10.	17. 12. = 20. 11.
18. 07. = 15. 06.	18. 08. = 17. 07.	18. 09. = 18. 08.	18. 10. = 19. 09.	18. 11. = 21. 10.	18. 12. = 21. 11.
19. 07. = 16. 06.	19. 08. = 18. 07.	19. 09. = 19. 08.	19. 10. = 20. 09.	19. 11. = 22. 10.	19. 12. = 22. 11.
20. 07. = 17. 06.	20. 08. = 19. 07.	20. 09. = 20. 08.	20. 10. = 21. 09.	20. 11. = 23. 10.	20. 12. = 23. 11.
21. 07. = 18. 06.	21. 08. = 20. 07.	21. 09. = 21. 08.	21. 10. = 22. 09.	21. 11. = 24. 10.	21. 12. = 24. 11.
22. 07. = 19. 06.	22. 08. = 21. 07.	22. 09. = 22. 08.	22. 10. = 23. 09.	22. 11. = 25. 10.	22. 12. = 25. 11.
23. 07. = 20. 06.	23. 08. = 22. 07.	23. 09. = 23. 08.	23. 10. = 24. 09.	23. 11. = 26. 10.	23. 12. = 26. 11.
24. 07. = 21. 06.	24. 08. = 23. 07.	24. 09. = 24. 08.	24. 10. = 25. 09.	24. 11. = 27. 10.	24. 12. = 27. 11.
25. 07. = 22. 06.	25. 08. = 24. 07.	25. 09. = 25. 08.	25. 10. = 26. 09.	25. 11. = 28. 10.	25. 12. = 28. 11.
26. 07. = 23. 06.	26. 08. = 25. 07.	26. 09. = 26. 08.	26. 10. = 27. 09.	26. 11. = 29. 10.	26. 12. = 29. 11.
27. 07. = 24. 06.	27. 08. = 26. 07.	27. 09. = 27. 08.	27. 10. = 28. 09.	27. 11. = 30. 10.	27. 12. = 01. 12.
28. 07. = 25. 06.	28. 08. = 27. 07.	28. 09. = 28. 08.	28. 10. = 29. 09.	28. 11. = 01. 11.	28. 12. = 02. 12.
29. 07. = 26. 06.	29. 08. = 28. 07.	29. 09. = 29. 08.	29. 10. = 01. 10.	29. 11. = 02. 11.	29. 12. = 03. 12.
30. 07. = 27. 06.	30. 08. = 29. 07.	30. 09. = 01. 09.	30. 10. = 02. 10.	30. 11. = 03. 11.	30. 12. = 04. 12.
31. 07. = 28. 06.	31. 08. = 30. 07.		31. 10. = 03. 10.		31. 12. = 05. 12.

1914

Januar	Februar	März	April	Mai	Juni
01. 01. = 06. 12.	01. 02. = 07. 01.	01. 03. = 05. 02.	01. 04. = 06. 03.	01. 05. = 07. 04.	01. 06. = 08. 05.
02. 01. = 07. 12.	02. 02. = 08. 01.	02. 03. = 06. 02.	02. 04. = 07. 03.	02. 05. = 08. 04.	02. 06. = 09. 05.
03. 01. = 08. 12.	03. 02. = 09. 01.	03. 03. = 07. 02.	03. 04. = 08. 03.	03. 05. = 09. 04.	03. 06. = 10. 05.
04. 01. = 09. 12.	04. 02. = 10. 01.	04. 03. = 08. 02.	04. 04. = 09. 03.	04. 05. = 10. 04.	04. 06. = 11. 05.
05. 01. = 10. 12.	05. 02. = 11. 01.	05. 03. = 09. 02.	05. 04. = 10. 03.	05. 05. = 11. 04.	05. 06. = 12. 05.
06. 01. = 11. 12.	06. 02. = 12. 01.	06. 03. = 10. 02.	06. 04. = 11. 03.	06. 05. = 12. 04.	06. 06. = 13. 05.
07. 01. = 12. 12.	07. 02. = 13. 01.	07. 03. = 11. 02.	07. 04. = 12. 03.	07. 05. = 13. 04.	07. 06. = 14. 05.
08. 01. = 13. 12.	08. 02. = 14. 01.	08. 03. = 12. 02.	08. 04. = 13. 03.	08. 05. = 14. 04.	08. 06. = 15. 05.
09. 01. = 14. 12.	09. 02. = 15. 01.	09. 03. = 13. 02.	09. 04. = 14. 03.	09. 05. = 15. 04.	09. 06. = 16. 05.
10. 01. = 15. 12.	10. 02. = 16. 01.	10. 03. = 14. 02.	10. 04. = 15. 03.	10. 05. = 16. 04.	10. 06. = 17. 05.
11. 01. = 16. 12.	11. 02. = 17. 01.	11. 03. = 15. 02.	11. 04. = 16. 03.	11. 05. = 17. 04.	11. 06. = 18. 05.
12. 01. = 17. 12.	12. 02. = 18. 01.	12. 03. = 16. 02.	12. 04. = 17. 03.	12. 05. = 18. 04.	12. 06. = 19. 05.
13. 01. = 18. 12.	13. 02. = 19. 01.	13. 03. = 17. 02.	13. 04. = 18. 03.	13. 05. = 19. 04.	13. 06. = 20. 05.
14. 01. = 19. 12.	14. 02. = 20. 01.	14. 03. = 18. 02.	14. 04. = 19. 03.	14. 05. = 20. 04.	14. 06. = 21. 05.
15. 01. = 20. 12.	15. 02. = 21. 01.	15. 03. = 19. 02.	15. 04. = 20. 03.	15. 05. = 21. 04.	15. 06. = 22. 05.
16. 01. = 21. 12.	16. 02. = 22. 01.	16. 03. = 20. 02.	16. 04. = 21. 03.	16. 05. = 22. 04.	16. 06. = 23. 05.
17. 01. = 22. 12.	17. 02. = 23. 01.	17. 03. = 21. 02.	17. 04. = 22. 03.	17. 05. = 23. 04.	17. 06. = 24. 05.
18. 01. = 23. 12.	18. 02. = 24. 01.	18. 03. = 22. 02.	18. 04. = 23. 03.	18. 05. = 24. 04.	18. 06. = 25. 05.
19. 01. = 24. 12.	19. 02. = 25. 01.	19. 03. = 23. 02.	19. 04. = 24. 03.	19. 05. = 25. 04.	19. 06. = 26. 05.
20. 01. = 25. 12	20. 02. = 26. 01.	20. 03. = 24. 02.	20. 04. = 25. 03.	20. 05. = 26. 04.	20. 06. = 27. 05.
21. 01. = 26. 12.	21. 02. = 27. 01.	21. 03. = 25. 02.	21. 04. = 26. 03.	21. 05. = 27. 04.	21. 06. = 28. 05.
22. 01. = 27. 12.	22. 02. = 28. 01.	22. 03. = 26. 02.	22. 04. = 27. 03.	22. 05. = 28. 04.	22. 06. = 29. 05.
23. 01. = 28. 12.	23. 02. = 29. 01.	23. 03. = 27. 02.	23. 04. = 28. 03.	23. 05. = 29. 04.	23. 06. = 30. 05.
24. 01. = 29. 12.	24. 02. = 30. 01.	24. 03. = 28. 02.	24. 04. = 29. 03.	24. 05. = 30. 04.	24. 06. = 01. 05.
25. 01. = 30. 12.	25. 02. = 01. 02.	25. 03. = 29. 02.	25. 04. = 01. 04.	25. 05. = 01. 05.	25. 06. = 02. 05.
26. 01. = 01. 01.	26. 02. = 02. 02.	26. 03. = 30. 02.	26. 04. = 02. 04.	26. 05. = 02. 05.	26. 06. = 03. 05.
27. 01. = 02. 01.	27. 02. = 03. 02.	27. 03. = 01. 03.	27. 04. = 03. 04.	27. 05. = 03. 05.	27. 06. = 04. 05.
28. 01. = 03. 01.	28. 02. = 04. 02.	28. 03. = 02. 03.	28. 04. = 04. 04.	28. 05. = 04. 05.	28. 06. = 05. 05.
29. 01. = 04. 01.		29. 03. = 03. 03.	29. 04. = 05. 04.	29. 05. = 05. 05.	29. 06. = 06. 05.
30. 01. = 05. 01.		30. 03. = 04. 03.	30. 04. = 06. 04.	30. 05. = 06. 05.	30. 06. = 07. 05.
31. 01. = 06. 01.		31. 03. = 05. 03.		31. 05. = 07. 05.	

1914

Juli	August	September	Oktober	November	Dezember
01. 07. = 08. 05.	01. 08. = 10. 06.	01. 09. = 12. 07.	01. 10. = 12. 08.	01. 11. = 14. 09.	01. 12. = 15. 10.
02. 07. = 09. 05.	02. 08. = 11. 06.	02. 09. = 13. 07.	02. 10. = 13. 08.	02. 11. = 15. 09.	02. 12. = 16. 10.
03. 07. = 10. 05.	03. 08. = 12. 06.	03. 09. = 14. 07.	03. 10. = 14. 08.	03. 11. = 16. 09.	03. 12. = 17. 10.
04. 07. = 11. 05.	04. 08. = 13. 06.	04. 09. = 15. 07.	04. 10. = 15. 08.	04. 11. = 17. 09.	04. 12. = 18. 10.
05. 07. = 12. 05.	05. 08. = 14. 06.	05. 09. = 16. 07.	05. 10. = 16. 08.	05. 11. = 18. 09.	05. 12. = 19. 10.
06. 07. = 13. 05.	06. 08. = 15. 06.	06. 09. = 17. 07.	06. 10. = 17. 08.	06. 11. = 19. 09.	06. 12. = 20. 10.
07. 07. = 14. 05.	07. 08. = 16. 06.	07. 09. = 18. 07.	07. 10. = 18. 08.	07. 11. = 20. 09.	07. 12. = 21. 10.
08. 07. = 15. 05.	08. 08. = 17. 06.	08. 09. = 19. 07.	08. 10. = 19. 08.	08. 11. = 21. 09.	08. 12. = 22. 10.
09. 07. = 16. 05.	09. 08. = 18. 06.	09. 09. = 20. 07.	09. 10. = 20. 08.	09. 11. = 22. 09.	09. 12. = 23. 10.
10. 07. = 17. 05.	10. 08. = 19. 06.	10. 09. = 21. 07.	10. 10. = 21. 08.	10. 11. = 23. 09.	10. 12. = 24. 10.
11. 07. = 18. 05.	11. 08. = 20. 06.	11. 09. = 22. 07.	11. 10. = 22. 08.	11. 11. = 24. 09.	11. 12. = 25. 10.
12. 07. = 19. 05.	12. 08. = 21. 06.	12. 09. = 23. 07.	12. 10. = 23. 08.	12. 11. = 25. 09.	12. 12. = 26. 10.
13. 07. = 20. 05.	13. 08. = 22. 06.	13. 09. = 24. 07.	13. 10. = 24. 08.	13. 11. = 26. 09.	13. 12. = 27. 10.
14. 07. = 21. 05.	14. 08. = 23. 06.	14. 09. = 25. 07.	14. 10. = 25. 08.	14. 11. = 27. 09.	14. 12. = 28. 10.
15. 07. = 22. 05.	15. 08. = 24. 06.	15. 09. = 26. 07.	15. 10. = 26. 08.	15. 11. = 28. 09.	15. 12. = 29. 10.
16. 07. = 23. 05.	16. 08. = 25. 06.	16. 09. = 27. 07.	16. 10. = 27. 08.	16. 11. = 29. 09.	16. 12. = 30. 10.
17. 07. = 24. 05.	17. 08. = 26. 06.	17. 09. = 28. 07.	17. 10. = 28. 08.	17. 11. = 01. 10.	17. 12. = 01. 11.
18. 07. = 25. 05.	18. 08. = 27. 06.	18. 09. = 29. 07.	18. 10. = 29. 08.	18. 11. = 02. 10.	18. 12. = 02. 11.
19. 07. = 26. 05.	19. 08. = 28. 06.	19. 09. = 30. 07.	19. 10. = 01. 09.	19. 11. = 03. 10.	19. 12. = 03. 11.
20. 07. = 27. 05.	20. 08. = 29. 06.	20. 09. = 01. 08.	20. 10. = 02. 09.	20. 11. = 04. 10	20. 12. = 04. 11.
21. 07. = 28. 05.	21. 08. = 01. 07.	21. 09. = 02. 08.	21. 10. = 03. 09.	21. 11. = 05. 10.	21. 12. = 05. 11.
22. 07. = 29. 05.	22. 08. = 02. 07.	22. 09. = 03. 08.	22. 10. = 04. 09.	22. 11. = 06. 10.	22. 12. = 06. 11.
23. 07. = 01. 06.	23. 08. = 03. 07.	23. 09. = 04. 08.	23. 10. = 05. 09.	23. 11. = 07. 10.	23. 12. = 07. 11.
24. 07. = 02. 06.	24. 08. = 04. 07.	24. 09. = 05. 08.	24. 10. = 06. 09.	24. 11. = 08. 10.	24. 12. = 08. 11.
25. 07. = 03. 06.	25. 08. = 05. 07.	25. 09. = 06. 08.	25. 10. = 07. 09.	25. 11. = 09. 10.	25. 12. = 09. 11.
26. 07. = 04. 06.	26. 08. = 06. 07.	26. 09. = 07. 08.	26. 10. = 08. 09.	26. 11. = 10. 10.	26. 12. = 10. 11.
27. 07. = 05. 06.	27. 08. = 07. 07.	27. 09. = 08. 08.	27. 10. = 09. 09.	27. 11. = 11. 10.	27. 12. = 11. 11.
28. 07. = 06. 06.	28. 08. = 08. 07.	28. 09. = 09. 08.	28. 10. = 10. 09.	28. 11. = 12. 10.	28. 12. = 12. 11.
29. 07. = 07. 06.	29. 08. = 09. 07.	29. 09. = 10. 08.	29. 10. = 11. 09.	29. 11. = 13. 10.	29. 12. = 13. 11.
30. 07. = 08. 06.	30. 08. = 10. 07.	30. 09. = 11. 08.	30. 10. = 12. 09.	30. 11. = 14. 10.	30. 12. = 14. 11.
31. 07. = 09. 06.	31. 08. = 11. 07.		31. 10. = 13. 09.		31. 12. = 15. 11.

1915

Januar	Februar	März	April	Mai	Juni
01. 01. = 16. 11.	01. 02. = 18. 12.	01. 03. = 16. 01.	01. 04. = 17. 02.	01. 05. = 18. 03.	01. 06. = 19. 04.
02. 01. = 17. 11.	02. 02. = 19. 12.	02. 03. = 17. 01.	02. 04. = 18. 02.	02. 05. = 19. 03.	02. 06. = 20. 04.
03. 01. = 18. 11.	03. 02. = 20. 12.	03. 03. = 18. 01.	03. 04. = 19. 02.	03. 05. = 20. 03.	03. 06. = 21. 04.
04. 01. = 19. 11.	04. 02. = 21. 12.	04. 03. = 19. 01.	04. 04. = 20. 02.	04. 05. = 21. 03.	04. 06. = 22. 04.
05. 01. = 20. 11.	05. 02. = 22. 12.	05. 03. = 20. 01.	05. 04. = 21. 02.	05. 05. = 22. 03.	05. 06. = 23. 04.
06. 01. = 21. 11.	06. 02. = 23. 12.	06. 03. = 21. 01.	06. 04. = 22. 02.	06. 05. = 23. 03.	06. 06. = 24. 04.
07. 01. = 22. 11.	07. 02. = 24. 12.	07. 03. = 22. 01.	07. 04. = 23. 02.	07. 05. = 24. 03.	07. 06. = 25. 04.
08. 01. = 23. 11.	08. 02. = 25. 12.	08. 03. = 23. 01.	08. 04. = 24. 02.	08. 05. = 25. 03.	08. 06. = 26. 04.
09. 01. = 24. 11.	09. 02. = 26. 12.	09. 03. = 24. 01.	09. 04. = 25. 02.	09. 05. = 26. 03.	09. 06. = 27. 04.
10. 01. = 25. 11.	10. 02. = 27. 12.	10. 03. = 25. 01.	10. 04. = 26. 02.	10. 05. = 27. 03.	10. 06. = 28. 04.
11. 01. = 26. 11.	11. 02. = 28. 12.	11. 03. = 26. 01.	11. 04. = 27. 02.	11. 05. = 28. 03.	11. 06. = 29. 04.
12. 01. = 27. 11.	12. 02. = 29. 12.	12. 03. = 27. 01.	12. 04. = 28. 02.	12. 05. = 29. 03.	12. 06. = 30. 04.
13. 01. =.28. 11.	13. 02. = 30. 12.	13. 03. = 28. 01.	13. 04. = 29. 02.	13. 05. = 30. 03.	13. 06. = 01. 05.
14. 01. = 29. 11.	14. 02. = 01. 01.	14. 03. = 29. 01.	14. 04. = 01. 03.	14. 05. = 01. 04.	14. 06. = 02. 05.
15. 01. = 01. 12.	15. 02. = 02. 01.	15. 03. = 30. 01.	15. 04. = 02. 03.	15. 05. = 02. 04.	15. 06. = 03. 05.
16. 01. = 02. 12.	16. 02. = 03. 01.	16. 03. = 01. 02.	16. 04. = 03. 03.	16. 05. = 03. 04.	16. 06. = 04. 05.
17. 01. = 03. 12.	17. 02. = 04. 01.	17. 03. = 02. 02.	17. 04. = 04. 03.	17. 05. = 04. 04.	17. 06. = 05. 05.
18. 01. = 04. 12.	18. 02. = 05. 01.	18. 03. = 03. 02.	18. 04. = 05. 03.	18. 05. = 05. 04.	18. 06. = 06. 05.
19. 01. = 05. 12.	19. 02. = 06. 01.	19. 03. = 04. 02.	19. 04. = 06. 03.	19. 05. = 06. 04.	19. 06. = 07. 05.
20. 01. = 06. 12.	20. 02. = 07. 01.	20. 03. = 05. 02.	20. 04. = 07. 03.	20. 05. = 07. 04.	20. 06. = 08. 05.
21. 01. = 07. 12.	21. 02. = 08. 01.	21. 03. = 06. 02.	21. 04. = 08.0 3.	21. 05. = 08. 04.	21. 06. = 09. 05.
22. 01. = 08. 12.	22. 02. = 09. 01.	22. 03. = 07. 02.	22. 04. = 09. 03.	22. 05. = 09. 04.	22. 06. = 10. 05.
23. 01. = 09. 12.	23. 02. = 10. 01.	23. 03. = 08. 02.	23. 04. = 10. 03.	23. 05. = 10. 04.	23. 06. = 11. 05.
24. 01. = 10. 12.	24. 02. = 11. 01.	24. 03. = 09. 02.	24. 04. = 11. 03.	24. 05. = 11. 04.	24. 06. = 12. 05.
25. 01. = 11. 12.	25. 02. = 12. 01.	25. 03. = 10. 02.	25. 04. = 12. 03.	25. 05. = 12. 04.	25. 06. = 13. 05.
26. 01. = 12. 12.	26. 02. = 13. 01.	26. 03. = 11. 02.	26. 04. = 13. 03.	26. 05. = 13. 04.	26. 06. = 14. 05.
27. 01. = 13. 12.	27. 02. = 14. 01.	27. 03. = 12. 02.	27. 04. = 14. 03.	27. 05. = 14. 04.	27. 06. = 15. 05.
28. 01. = 14. 12.	28. 02. = 15. 01.	28. 03. = 13. 02.	28. 04. = 15. 03.	28. 05. = 15. 04.	28. 06. = 16. 05.
29. 01. = 15. 12.		29. 03. = 14. 02.	29. 04. = 16. 03.	29. 05. = 16. 04.	29. 06. = 17. 05.
30. 01. = 16. 12.		30. 03. = 15. 02.	30. 04. = 17. 03.	30. 05. = 17. 04.	30. 06. = 18. 05.
31. 01. = 17. 12.		31. 03. = 16. 02.		31. 05. = 18. 04.	

1915

Juli	August	September	Oktober	November	Dezember
01. 07. = 19. 05.	01. 08. = 21. 06.	01. 09. = 22. 07.	01. 10. = 23. 08.	01. 11. = 24. 09.	01. 12. = 25. 10.
02. 07. = 20. 05.	02. 08. = 22. 06.	02. 09. = 23. 07.	02. 10. = 24. 08.	02. 11. = 25. 09.	02. 12. = 26. 10.
03. 07. = 21. 05.	03. 08. = 23. 06.	03. 09. = 24. 07.	03. 10. = 25. 08.	03. 11. = 26. 09.	03. 12. = 27. 10.
04. 07. = 22. 05.	04. 08. = 24. 06.	04. 09. = 25. 07.	04. 10. = 26. 08.	04. 11. = 27. 09.	04. 12. = 28. 10.
05. 07. = 23. 05.	05. 08. = 25. 06.	05. 09. = 26. 07.	05. 10. = 27. 08.	05. 11. = 28. 09.	05. 12. = 29. 10.
06. 07. = 24. 05.	06. 08. = 26. 06.	06. 09. = 27. 07.	06. 10. = 28. 08.	06. 11. = 29. 09.	06. 12. = 30. 10.
07. 07. = 25. 05.	07. 08. = 27. 06.	07. 09. = 28. 07.	07. 10. = 29. 08.	07. 11. = 01. 10.	07. 12. = 01. 11.
08. 07. = 26. 05.	08. 08. = 28. 06.	08. 09. = 29. 07.	08. 10. = 30. 08.	08. 11. = 02. 10.	08. 12. = 02. 11.
09. 07. = 27. 05.	09. 08. = 29. 06.	09. 09. = 01. 08.	09. 10. = 01. 09.	09. 11. = 03. 10.	09. 12. = 03. 11.
10. 07. = 28. 05.	10. 08. = 30. 06.	10. 09. = 02. 08.	10. 10. = 02. 09.	10. 11. = 04. 10.	10. 12. = 04. 11.
11. 07. = 29. 05.	11. 08. = 01. 07.	11. 09. = 03. 08.	11. 10. = 03. 09.	11. 11. = 05. 10.	11. 12. = 05. 11.
12. 07. = 01. 06.	12. 08. = 02. 07.	12. 09. = 04. 08.	12. 10. = 04. 09.	12. 11. = 06. 10.	12. 12. = 06. 11.
13. 07. = 02. 06.	13. 08. = 03. 07.	13. 09. = 05. 08.	13. 10. = 05. 09.	13. 11. = 07. 10.	13. 12. =.07. 11.
14. 07. = 03.0 6.	14. 08. = 04. 07.	14. 09. = 06. 08.	14. 10. = 06. 09.	14. 11. = 08. 10.	14. 12. = 08. 11.
15. 07. = 04. 06.	15. 08. = 05. 07.	15. 09. = 07. 08.	15. 10. = 07. 09.	15. 11. = 09. 10.	15. 12. = 09. 11.
16. 07. = 05. 06.	16. 08. = 06. 07.	16. 09. = 08. 08.	16. 10. = 08. 09.	16. 11. = 10. 10.	16. 12. = 10. 11.
17. 07. = 06. 06.	17. 08. = 07. 07.	17. 09. = 09. 08.	17. 10. = 09. 09.	17. 11. = 11. 10.	17. 12. = 11. 11.
18. 07. = 07. 06.	18. 08. = 08. 07.	18. 09. = 10. 08.	18. 10. = 10. 09.	18. 11. = 12. 10.	18. 12. = 12. 11.
19. 07. = 08. 06.	19. 08. = 09. 07.	19. 09. = 11. 08.	19. 10. = 11. 09.	19. 11. = 13. 10.	19. 12. = 13. 11.
20. 07. = 09. 06.	20. 08. = 10. 07.	20. 09. = 12. 08.	20. 10. = 12. 09.	20. 11. = 14. 10.	20. 12. = 14. 11.
21. 07. = 10. 06.	21. 08. = 11. 07.	21. 09. = 13. 08.	21. 10. = 13. 09.	21. 11. = 15. 10.	21. 12. = 15. 11.
22. 07. = 11. 06.	22. 08. = 12. 07.	22. 09. = 14. 08.	22. 10. = 14. 09.	22. 11. = 16. 10.	22. 12. = 16. 11.
23. 07. = 12. 06.	23. 08. = 13. 07.	23. 09. = 15. 08.	23. 10. = 15. 09.	23. 11. = 17. 10.	23. 12. = 17. 11.
24. 07. = 13. 06.	24. 08. = 14. 07.	24. 09. = 16. 08.	24. 10. = 16. 09.	24. 11. = 18. 10.	24. 12. = 18. 11.
25. 07. = 14. 06.	25. 08. = 15. 07.	25. 09. = 17. 08.	25. 10. = 17. 09.	25. 11. = 19. 10.	25. 12. = 19. 11.
26. 07. = 15. 06.	26. 08. = 16. 07.	26. 09. = 18. 08.	26. 10. = 18. 09.	26. 11. =.20. 10.	26. 12. = 20. 11.
27. 07. = 16. 06.	27. 08. = 17. 07.	27. 09. = 19. 08.	27. 10. = 19. 09.	27. 11. = 21. 10.	27. 12. = 21. 11.
28. 07. = 17. 06.	28. 08. = 18. 07.	28. 09. = 20. 08.	28. 10. = 20. 09.	28. 11. = 22. 10.	28. 12. = 22. 11.
29. 07. = 18. 06.	29. 08. = 19. 07.	29. 09. = 21. 08.	29. 10. = 21. 09.	29. 11. = 23. 10.	29. 12. = 23. 11.
30. 07. = 19. 06.	30. 08. = 20. 07.	30. 09. = 22. 08.	30. 10. = 22. 09.	30. 11. = 24. 10.	30. 12. = 24. 11.
31. 07. = 20. 06.	31. 08. = 21. 07.		31. 10. = 23. 09.		31. 12. = 25. 11.

1916

Januar	Februar	März	April	Mai	Juni
01. 01. = 26. 11.	01. 02. = 28. 12.	01. 03. = 27. 01.	01. 04. = 29. 02.	01. 05. = 29. 03.	01. 06. = 01. 05.
02. 01. = 27. 11.	02. 02. = 29. 12.	02. 03. = 28. 01.	02. 04. = 30. 02.	02. 05. = 01. 04.	02. 06. = 02. 05.
03. 01. = 28. 11.	03. 02. = 30. 12.	03. 03. = 29. 01.	03. 04. = 01. 03.	03. 05. = 02. 04.	03. 06. = 03. 05.
04. 01. = 29. 11.	04. 02. = 01. 01.	04. 03. = 01. 02.	04. 04. = 02. 03.	04. 05. = 03. 04.	04. 06. = 04. 05.
05. 01. = 01. 12.	05. 02. = 02. 01.	05. 03. = 02. 02.	05. 04. = 03. 03.	05. 05. = 04. 04.	05. 06. = 05. 05.
06. 01. = 02. 12.	06. 02. = 03. 01.	06. 03. = 03. 02.	06. 04. = 04. 03.	06. 05. = 05. 04.	06. 06. = 06. 05.
07. 01. = 03. 12.	07. 02. = 04. 01.	07. 03. = 04. 02.	07. 04. = 05. 03.	07. 05. = 06. 04.	07. 06. = 07. 05.
08. 01. = 04. 12.	08. 02. = 05. 01.	08. 03. = 05. 02.	08. 04. = 06. 03.	08. 05. = 07. 04.	08. 06. = 08. 05.
09. 01. = 05. 12.	09. 02. = 06. 01.	09. 03. = 06. 02.	09. 04. = 07. 03.	09. 05. = 08. 04.	09. 06. = 09. 05.
10. 01. = 06. 12.	10. 02. = 07. 01.	10. 03. = 07. 02.	10. 04. = 08. 03.	10. 05. = 09. 04.	10. 06. = 10. 05.
11. 01. = 07. 12.	11. 02. = 08. 01.	11. 03. = 08. 02.	11. 04. = 09. 03.	11. 05. = 10. 04.	11. 06. = 11. 05.
12. 01. = 08. 12.	12. 02. = 09. 01.	12. 03. = 09. 02.	12. 04. = 10. 03.	12. 05. = 11. 04.	12. 06. = 12. 05.
13. 01. = 09. 12.	13. 02. = 10. 01.	13. 03. = 10. 02.	13. 04. = 11. 03.	13. 05. = 12. 04.	13. 06. = 13. 05.
14. 01. = 10. 12.	14. 02. = 11. 01.	14. 03. =.11. 02.	14. 04. = 12. 03.	14. 05. = 13. 04.	14. 06. = 14. 05.
15. 01. = 11. 12.	15. 02. = 12. 01.	15. 03. = 12. 02.	15. 04. = 13. 03.	15. 05. = 14. 04.	15. 06. = 15. 04.
16. 01. = 12. 12.	16. 02. = 13. 01.	16. 03. = 13. 02.	16. 04. = 14. 03.	16. 05. = 15. 04.	16. 06. = 16. 05.
17. 01. = 13. 12.	17. 02. = 14. 01.	17. 03. = 14. 02.	17. 04. = 15. 03.	17. 05. = 16. 04.	17. 06. = 17. 05.
18. 01. = 14. 12.	18. 02. = 15. 01.	18. 03. = 15. 02.	18. 04. = 16. 03.	18. 05. = 17. 04.	18. 06. = 18. 05.
19. 01. = 15. 12.	19. 02. = 16. 01.	19. 03. = 16. 02.	19. 04. = 07. 03.	19. 05. = 18. 04.	19. 06. = 19. 05.
20. 01. = 16. 12.	20. 02. = 17. 01.	20. 03. = 17. 02.	20. 04. = 08. 03.	20. 05. = 19. 04.	20. 06. = 20. 05.
21. 01. = 17. 12.	21. 02. = 18. 01.	21. 03. = 18. 02.	21. 04. = 19. 03.	21. 05. = 20. 04.	21. 06. = 21. 05.
22. 01. = 18. 12.	22. 02. = 19. 01.	22. 03. = 19. 02.	22. 04. = 20. 03.	22. 05. = 21. 04.	22. 06. = 22. 05.
23. 01. = 19. 12.	23. 02. = 20. 01.	23. 03. = 20. 02.	23. 04. = 21. 03.	23. 05. = 22. 04.	23. 06. = 23. 05.
24. 01. = 20. 12.	24. 02. = 21. 01.	24. 03. = 21. 02.	24. 04. = 22. 03.	24. 05. = 23. 04.	24. 06. = 24. 05.
25. 01. = 21. 12.	25. 02. = 22. 01.	25. 03. = 22. 02.	25. 04. = 23. 03.	25. 05. = 24. 04.	25. 06. = 25. 05.
26. 01. = 22. 12.	26. 02. = 23. 01.	26. 03. = 23. 02.	26. 04. = 24. 03.	26. 05. = 25. 04.	26. 06. = 26. 05.
27. 01. = 23. 12.	27. 02. = 24. 01.	27. 03. = 24. 02.	27. 04. = 25. 03.	27. 05. = 26. 04.	27. 06. = 27. 05.
28. 01. = 24. 12.	28. 02. = 25. 01.	28. 03. = 25. 02.	28. 04. = 26. 03.	28. 05. = 27. 04.	28. 06. = 28. 05.
29. 01. = 25. 12.	29. 02. =.26. 01.	29. 03. = 26. 02.	29. 04. = 27. 03.	29. 05. = 28. 04.	29. 06. = 29. 05.
30. 01. = 26. 12.		30. 03. = 27. 02.	30. 04. = 28. 03.	30. 05. = 29. 04.	30. 06. = 01. 06.
31. 01. = 27. 12.		31. 03. = 28. 02.		31. 05. = 30. 04.	

1916

Juli	August	September	Oktober	November	Dezember
01. 07. = 02. 06.	01. 08. = 03. 07.	01. 09. = 04. 08.	01. 10. = 05.0 9.	01. 11. =.06. 10.	01. 12. = 07. 11.
02. 07. = 03. 06.	02. 08. = 04. 07.	02. 09. = 05. 08.	02. 10. = 06. 09.	02. 11. =.07. 10.	02. 12. = 08. 11.
03. 07. = 04. 06.	03. 08. = 05. 07.	03. 09. = 06. 08.	03. 10. = 07. 09.	03. 11. = 08. 10.	03. 12. = 09. 11.
04. 07. = 05. 06.	04. 08. = 06. 07.	04. 09. = 07. 08.	04. 10. = 08. 09.	04. 11. = 09. 10.	04. 12. = 10. 11.
05. 07. = 06. 06.	05. 08. = 07. 07.	05. 09. = 08. 08.	05. 10. = 09. 09.	05. 11. = 10. 10.	05. 12. = 11. 11.
06. 07. = 07. 06.	06. 08. = 08. 07.	06. 09. = 09. 08.	06. 10. = 10. 09.	06. 11. = 11. 10.	06. 12. = 12. 11.
07. 07. = 08. 06.	07. 08. = 09. 07.	07. 09. = 10. 08.	07. 10. = 11. 09.	07. 11. = 12. 10.	07. 12. = 13. 11.
08. 07. = 09. 06.	08. 08. = 10. 07.	08. 09. = 11. 08.	08. 10. = 12. 09.	08. 11. = 13. 10.	08. 12. = 14. 11.
09. 07. = 10. 06.	09. 08. = 11. 07.	09. 09. = 12. 08.	09. 10. = 13. 09.	09. 11. = 14. 10.	09. 12. = 15. 11.
10. 07. = 11. 06.	10. 08. = 12. 07.	10. 09. = 13. 08.	10. 10. = 14. 09.	10. 11. = 15. 10.	10. 12. = 16. 11.
11. 07. = 12. 06.	11. 08. = 13. 07.	11. 09. = 14. 08.	11. 10. = 15. 09.	11. 11. = 16. 10.	11. 12. = 17. 11.
12. 07. = 13. 06.	12. 08. = 14. 07.	12. 09. = 15. 08.	12. 10. = 16. 09.	12. 11. = 17. 10.	12. 12. = 18. 11.
13. 07. = 14. 06.	13. 08. = 15. 07.	13. 09. = 16. 08.	13. 10. = 17. 09.	13. 11. = 18. 10.	13. 12. = 19. 11.
14. 07. = 15. 06.	14. 08. = 16. 07.	14. 09. = 17. 08.	14. 10. = 18. 09.	14. 11. = 19. 10.	14. 12. = 20. 11.
15. 07. = 16. 06.	15. 08. = 17. 07.	15. 09. = 18. 08.	15. 10. = 19. 09.	15. 11. = 20. 10.	15. 12. = 21. 11.
16. 07. = 17. 06.	16. 08. = 18. 07.	16. 09. = 19. 08.	16. 10. = 20. 09.	16. 11. = 21. 10.	16. 12. = 22. 11.
17. 07. = 18. 06.	17. 08. = 19. 07.	17. 09. = 20. 08.	17. 10. = 21. 09.	17. 11. = 22. 10.	17. 12. = 23. 11.
18. 07. = 19. 06.	18. 08. = 20. 07.	18. 09. = 21. 08.	18. 10. = 22. 09.	18. 11. = 23. 10.	18. 12. = 24. 11.
19. 07. = 20. 06.	19. 08. = 21. 07.	19. 09. = 22. 08.	19. 10. = 23. 09.	19. 11. = 24. 10.	19. 12. = 25. 11.
20. 07. = 21. 06.	20. 08. = 22. 07.	20. 09. = 23. 08.	20. 10. = 24. 09.	20. 11. = 25. 10.	20. 12. = 26. 11.
21. 07. = 22. 06.	21. 08. = 23. 07.	21. 09. = 24. 08.	21. 10. = 25. 09.	21. 11. = 26. 10.	21. 12. = 27. 11.
22. 07. = 23. 06.	22. 08. = 24. 07.	22. 09. = 25. 08.	22. 10. = 26. 09.	22. 11. = 27. 10.	22. 12. = 28. 11.
23. 07. = 24. 06.	23. 08. = 25. 07.	23. 09. = 26. 08.	23. 10. = 27. 09.	23. 11. = 28. 10.	23. 12. = 29. 11.
24. 07. = 25. 06.	24. 08. = 26. 07.	24. 09. = 27. 08.	24. 10. = 28. 09.	24. 11. = 29. 10.	24. 12. = 30. 11.
25. 07. = 26. 06.	25. 08. = 27. 07.	25. 09. = 28. 08.	25. 10. = 29. 09.	25. 11. = 01. 11.	25. 12. = 01. 12.
26. 07. = 27. 06.	26. 08. = 28. 07.	26. 09. = 29. 08.	26. 10. = 30. 09.	26. 11. = 02. 11.	26. 12. = 02. 12.
27. 07. = 28. 06.	27. 08. = 29. 07.	27. 09. = 01. 09.	27. 10. = 01. 10.	27. 11. = 03. 11.	27. 12. = 03. 12.
28. 07. = 29. 06.	28. 08. = 30. 07.	28. 09. = 02. 09.	28. 10. = 02. 10.	28. 11. = 04. 11.	28. 12. = 04. 12.
29. 07. = 30. 06.	29. 08. = 01. 08.	29. 09. = 03. 09.	29. 10. = 03. 10.	29. 11. = 05. 11.	29. 12. = 05. 12.
30. 07. = 01. 07.	30. 08. = 02. 08.	30. 09. = 04. 09.	30. 10. = 04. 10.	30. 11. = 06. 11.	30. 12. = 06. 12.
31. 07. = 02. 07.	31. 08. = 03. 08.		31. 10. = 05. 10.		31. 12. = 07. 12.

1917

Januar	Februar	März	April	Mai	Juni
01. 01. = 08. 12.	01. 02. = 10. 01.	01. 03. = 08. 02.	01. 04. = 10. 03.	01. 05. = 10. 03.	01. 06. = 12. 04.
02. 01. = 09. 12.	02. 02. = 11. 01.	02. 03. = 09. 02.	02. 04. = 11. 03.	02. 05. = 11. 03.	02. 06. = 13. 04.
03. 01. = 10. 12.	03. 02. = 12. 01.	03. 03. = 10. 02.	03. 04. = 12. 03.	03. 05. = 12. 03.	03. 06. = 14. 04.
04. 01. = 11. 12.	04. 02. = 13. 01.	04. 03. = 11. 02.	04. 04. = 13. 03.	04. 05. = 13. 03.	04. 06. = 15. 04.
05. 01. = 12. 12.	05. 02. = 14. 01.	05. 03. = 12. 02.	05. 04. = 14. 03.	05. 05. = 14. 03.	05. 06. = 16. 04.
06. 01. = 13. 12.	06. 02. = 15. 01.	06. 03. = 13. 02.	06. 04. = 15. 03.	06. 05. = 15. 03.	06. 06. = 17. 04.
07. 01. = 14. 12.	07. 02. = 16. 01.	07. 03. = 14. 02.	07. 04. = 16. 03.	07. 05. = 16. 03.	07. 06. = 18. 04.
08. 01. = 15. 12.	08. 02. = 17. 01.	08. 03. = 15. 02.	08. 04. = 17. 03.	08. 05. = 17. 03.	08. 06. = 19. 04.
09. 01. = 16. 12.	09. 02. = 18. 01.	09. 03. = 16. 02.	09. 04. = 18. 03.	09. 05. = 18. 03.	09. 06. = 20. 04.
10. 01. = 17. 12.	10. 02. = 19. 01.	10. 03. = 07. 02.	10. 04. = 19. 03.	10. 05. = 19. 03.	10. 06. = 21. 04.
11. 01. = 18. 12.	11. 02. = 20. 01.	11. 03. = 08. 02.	11. 04. = 20. 03.	11. 05. = 20. 03.	11. 06. = 22. 04.
12. 01. = 19. 12.	12. 02. = 21. 01.	12. 03. = 19. 02.	12. 04. = 21. 03.	12. 05. = 21. 03.	12. 06. = 23. 04.
13. 01. = 20. 12.	13. 02. = 22. 01.	13. 03. = 20. 02.	13. 04. = 22. 03.	13. 05. = 22. 03.	13. 06. = 24. 04.
14. 01. = 21. 12.	14. 02. = 23. 01.	14. 03. = 21. 02.	14. 04. = 23. 03.	14. 05. = 23. 03.	14. 06. = 25. 04.
15. 01. = 22. 12.	15. 02. = 24. 01.	15. 03. = 22. 02.	15. 04. = 24. 03.	15. 05. = 24. 03.	15. 06. = 26. 04.
16. 01. = 23. 12.	16. 02. = 25. 01.	16. 03. = 23. 02.	16. 04. = 25. 03.	16. 05. = 25. 03.	16. 06. = 27. 04.
17. 01. = 24. 12.	17. 02. = 26. 01.	17. 03. = 24. 02.	17. 04. = 26. 03.	17. 05. = 26. 03.	17. 06. = 28. 04.
18. 01. = 25. 12.	18. 02. = 27. 01.	18. 03. = 25. 02.	18. 04. = 27. 03.	18. 05. = 27. 03.	18. 06. = 29. 04.
19. 01. = 26. 12.	19. 02. = 28. 01.	19. 03. = 26. 02.	19. 04. = 28. 03.	19. 05. = 28. 03.	19. 06. = 01. 05.
20. 01. = 27. 12.	20. 02. = 29. 01.	20. 03. = 27. 02.	20. 04. = 29. 03.	20. 05. = 29. 03.	20. 06. = 02. 05.
21. 01. = 28. 12.	21. 02. = 30. 01.	21. 03. = 28. 02.	21. 04. = 30. 03.	21. 05. = 01. 04.	21. 06. = 03. 05.
22. 01. = 29. 12.	22. 02. = 01. 02.	22. 03. = 29. 02.	22. 04. = 01. 03.	22. 05. = 02.0 4.	22. 06. = 04. 05.
23. 01. = 01. 01.	23. 02. = 02. 02.	23. 03. = 01. 03.	23. 04. = 02. 03.	23. 05. = 03. 04.	23. 06. = 05. 05.
24. 01. = 02. 01.	24. 02. = 03. 02.	24. 03. = 02. 03.	24. 04. = 03. 03.	24. 05. = 04. 04.	24. 06. = 06. 05.
25. 01. = 03. 01.	25. 02. = 04. 02.	25. 03. = 03. 03.	25. 04. = 04. 03.	25. 05. = 05. 04.	25. 06. = 07. 05.
26. 01. = 04. 01.	26. 02. = 05. 02.	26. 03. = 04. 03.	26. 04. = 05.0 3.	26. 05. = 06. 04.	26. 06. = 08. 05.
27. 01. = 05. 01.	27. 02. = 06. 02.	27. 03. = 05. 03.	27. 04. = 06. 03.	27. 05. = 07. 04.	27. 06. = 09. 05.
28. 01. = 06. 01.	28. 02. = 07. 02.	28. 03. = 06. 03.	28. 04. = 07. 03.	28. 05. = 08. 04.	28. 06. = 10. 05.
29. 01. = 07. 01.		29. 03. = 07. 03.	29. 04. = 08. 03.	29. 05. = 09. 04.	29. 06. = 11. 05.
30. 01. = 08. 01.		30. 03. = 08. 03.	30. 04. = 09. 03.	30. 05. = 10. 04.	30. 06. = 12. 05.
31. 01. = 09.0 1.		31. 03. = 09. 03.		31. 05. = 11. 04.	

1917

Juli	August	September	Oktober	November	Dezember
01. 07. = 13. 05.	01. 08. = 14. 06.	01. 09. = 15. 07.	01. 10. = 16. 08.	01. 11. = 17. 09.	01. 12. = 17. 10.
02. 07. = 14. 05.	02. 08. = 15. 06.	02. 09. = 16. 07.	02. 10. = 17. 08.	02. 11. = 18. 09.	02. 12. = 18. 10.
03. 07. = 15. 05.	03. 08. = 16. 06.	03. 09. = 17. 07.	03. 10. = 18. 08.	03. 11. = 19. 09.	03. 12. = 19. 10.
04. 07. = 16. 05.	04. 08. = 17. 06.	04. 09. = 18. 07.	04. 10. = 19. 08.	04. 11. = 20. 09.	04. 12. = 20. 10.
05. 07. = 17. 05.	05. 08. = 18. 06.	05. 09. = 19. 07.	05. 10. = 20. 08.	05. 11. = 21. 09.	05. 12. = 21. 10.
06. 07. = 18. 05.	06. 08. = 19. 06.	06. 09. = 20. 07.	06. 10. = 21. 08.	06. 11. = 22. 09.	06. 12. = 22. 10.
07. 07. = 19. 05.	07. 08. = 20. 06.	07. 09. = 21. 07.	07. 10. = 22. 08.	07. 11. = 23. 09.	07. 12. = 23. 10.
08. 07. = 20. 05.	08. 08. = 21. 06.	08. 09. = 22. 07.	08. 10. = 23. 08.	08. 11. = 24. 09.	08. 12. = 24. 10.
09. 07. = 21. 05.	09. 08. = 22. 06.	09. 09. = 23. 07.	09. 10. = 24. 08.	09. 11. = 25. 09.	09. 12. = 25. 10.
10. 07. = 22. 05.	10. 08. = 23. 06.	10. 09. = 24. 07.	10. 10. = 25. 08.	10. 11. = 26. 09.	10. 12. = 26. 10.
11. 07. = 23. 05.	11. 08. = 24. 06.	11. 09. = 25. 07.	11. 10. = 26. 08.	11. 11. = 27. 09.	11. 12. = 27. 10.
12. 07. = 24. 05.	12. 08. = 25. 06.	12. 09. = 26. 07.	12. 10. = 27. 08.	12. 11. = 28. 09.	12. 12. = 28. 10.
13. 07. = 25. 05.	13. 08. = 26. 06.	13. 09. = 27. 07.	13. 10. = 28. 08.	13. 11. = 29. 09.	13. 12. = 29. 10.
14. 07. = 26. 05.	14. 08. = 27. 06.	14. 09. = 28. 07.	14. 10. = 29. 08.	14. 11. = 30. 09.	14. 12. = 01. 11.
15. 07. = 27. 05.	15. 08. = 28. 06.	15. 09. = 29. 07.	15. 10. = 30. 08.	15. 11. = 01. 10.	15. 12. = 02. 11.
16. 07. = 28. 05.	16. 08. = 29. 06.	16. 09. = 01. 08.	16. 10. = 01. 09.	16. 11. = 02. 10.	16. 12. = 03. 11.
17. 07. = 29. 05.	17. 08. = 30. 06.	17. 09. = 02. 08.	17. 10. = 02. 09.	17. 11. = 03. 10.	17. 12. = 04. 11.
18. 07. = 30. 05.	18. 08. = 01. 07.	18. 09. = 03.0 8.	18. 10. = 03. 09.	18. 11. = 04. 10.	18. 12. = 05. 11.
19. 07. = 01. 06.	19. 08. = 02. 07.	19. 09. = 04. 08.	19. 10. = 04. 09.	19. 11. = 05. 10.	19. 12. = 06. 11.
20. 07. = 02. 06.	20. 08. = 03. 07.	20. 09. = 05. 08.	20. 10. = 05. 09.	20. 11. = 06. 10.	20. 12. = 07. 11.
21. 07. = 03. 06.	21. 08. = 04. 07.	21. 09. = 06. 08.	21. 10. = 06. 09.	21. 11. = 07. 10.	21. 12. = 08. 11.
22. 07. = 04. 06.	22. 08. = 05. 07.	22. 09. = 07. 08.	22. 10. = 07. 09.	22. 11. = 08. 10.	22. 12. = 09. 11.
23. 07. = 05. 06.	23. 08. = 06. 07.	23. 09. = 08. 08.	23. 10. = 08. 09.	23. 11. = 09. 10.	23. 12. = 10. 11.
24. 07. = 06.0 6.	24. 08. = 07. 06.	24. 09. = 09. 08.	24. 10. = 09. 09.	24. 11. = 10. 10.	24. 12. = 11. 11.
25. 07. = 07. 06.	25. 08. = 08. 07.	25. 09. = 10. 08.	25. 10. = 10. 09.	25. 11. = 11. 10.	25. 12. = 12. 11.
26. 07. = 08. 06.	26. 08. = 09. 07.	26. 09. = 11. 08.	26. 10. = 11 09.	26. 11. = 12. 10.	26. 12. = 13. 11.
27. 07. = 09. 06.	27. 08. = 10. 07.	27. 09. = 12. 08.	27. 10. = 12. 09.	27. 11. = 13. 10.	27. 12. = 14. 11.
28. 07. = 10. 06.	28. 08. = 11. 07.	28. 09. = 13. 08.	28. 10. = 13. 09.	28. 11. = 14. 10.	28. 12. = 15. 11.
29. 07. = 11. 06.	29. 08. = 12. 07.	29. 09. = 14. 08.	29. 10. = 14. 09.	29. 11. = 15. 10.	29. 12. = 16. 11.
30. 07. = 12. 06.	30. 08. = 13. 07.	30. 09. = 15. 08.	30. 10. = 15. 09.	30. 11. = 16. 10.	30. 12. = 17. 11.
31. 07. = 13. 06.	31. 08. = 14. 07.		31. 10. = 16. 09.		31. 12. = 18. 11.

1918

Januar	Februar	März	April	Mai	Juni
01. 01. = 19. 11.	01. 02. = 20. 12.	01. 03. = 19. 01.	01. 04. = 20. 02.	01. 05. = 21. 03.	01. 06. = 23. 04.
02. 01. = 20. 11.	02. 02. = 21. 12.	02. 03. = 20. 01.	02. 04. = 21. 02.	02. 05. = 22. 03.	02. 06. = 24. 04.
03. 01. = 21. 11.	03. 02. = 22. 12.	03. 03. = 21. 01.	03. 04. = 22. 02.	03. 05. = 23. 03.	03. 06. = 25. 04.
04. 01. = 22. 11.	04. 02. = 23. 12.	04. 03. = 22. 01.	04. 04. = 23. 02.	04. 05. = 24. 03.	04. 06. = 26. 04.
05. 01. = 23. 11.	05. 02. = 24. 12.	05. 03. = 23. 01.	05. 04. = 24. 02.	05. 05. = 25. 03.	05. 06. = 27. 04.
06. 01. = 24. 11.	06. 02. = 25. 12.	06. 03. = 24. 01.	06. 04. = 25. 02.	06. 05. = 26. 03.	06. 06. = 28. 04.
07. 01. = 25. 11.	07. 02. = 26. 12.	07. 03. = 25. 01.	07. 04. = 26. 02.	07. 05. = 27. 03.	07. 06. = 29. 04.
08. 01. = 26. 11.	08. 02. = 27. 12.	08. 03. = 26. 01.	08. 04. = 27. 02.	08. 05. = 28. 03.	08. 06. = 30. 04.
09. 01. = 27. 11.	09. 02. = 28. 12.	09. 03. = 27. 01.	09. 04. = 28. 02.	09. 05. = 29. 03.	09. 06. = 01. 05.
10. 01. = 28. 11.	10. 02. = 29. 12.	10. 03. = 28. 01.	10. 04. = 29. 02.	10. 05. = 01. 04.	10. 06. = 02. 05.
11. 01. = 29. 11.	11. 02. = 01. 01.	11. 03. = 29. 01.	11. 04. = 01. 03.	11. 05. = 02. 04.	11. 06. = 03. 05.
12. 01. = 30. 11.	12. 02. = 02. 01.	12. 03. = 30. 01.	12. 04. = 02. 03.	12. 05. = 03. 04.	12. 06. = 04. 05.
13. 01. = 01. 12.	13. 02. = 03. 01.	13. 03. = 01. 02.	13. 04. = 03. 03.	13. 05. = 04. 04.	13. 06. = 05. 05.
14. 01. = 02. 12.	14. 02. = 04. 01.	14. 03. = .02. 02.	14. 04. = 04. 03.	14. 05. = 05. 04.	14. 06. = 06. 05.
15. 01. = 03. 12.	15. 02. = 05. 01.	15. 03. = 03. 02.	15. 04. = 05. 03.	15. 05. = 06. 04.	15. 06. = 07.0 5.
16. 01. = 04. 02.	16. 02. = 06. 01.	16. 03. = 04. 02.	16. 04. = 06. 03.	16. 05. = 07. 04.	16. 06. = 08. 05.
17. 01. = 05. 12.	17. 02. = 07. 01.	17. 03. = 05. 02.	17. 04. = 07. 03.	17. 05. = 08. 04.	17. 06. = 09. 05.
18. 01. = 06. 12.	18. 02. = 08. 01.	18. 03. = 06. 02.	18. 04. = 08. 03.	18. 05. = 09. 04.	18. 06. = 10. 05.
19. 01. = 07. 12.	19. 02. = 09. 01.	19. 03. = 07. 02.	19. 04. = 09. 03.	19. 05. = 10. 04.	19. 06. = 11. 05.
20. 01. = 08. 12.	20. 02. = 10. 01.	20. 03. = 08. 02.	20. 04. = 10. 03.	20. 05. = 11. 04.	20. 06. = 12. 05.
21. 01. = 09. 12.	21. 02. = 11. 01.	21. 03. = 09. 02.	21. 04. = 11. 03.	21. 05. = 12. 04.	21. 06. = 13. 05.
22. 01. = 10. 12.	22. 02. = 12. 01.	22. 03. = 10. 02.	22. 04. = 12. 03.	22. 05. = 13. 04.	22. 06. = 14.0 5.
23. 01. = 11. 12.	23. 02. = 13. 01.	23. 03. = 11. 02.	23. 04. = 13. 03.	23. 05. = 14. 04.	23. 06. = 15. 05.
24. 01. = 12. 12.	24. 02. = 14. 01.	24. 03. = 12. 02.	24. 04. = 14. 03.	24. 05. = 15. 04.	24. 06. = 16. 05.
25. 01. = 13. 12.	25. 02. = 15. 01.	25. 03. = 13. 02.	25. 04. = 15. 03.	25. 05. = 16. 04.	25. 06. = 17. 05.
26. 01. = 14. 12.	26. 02. = 16. 01.	26. 03. = 14. 02.	26. 04. = 16. 03.	26. 05. = 17. 04.	26. 06. = 18. 05.
27. 01. = 15. 12.	27. 02. = 17. 01.	27. 03. = 15. 02.	27. 04. = 17. 03.	27. 05. = 18. 04.	27. 06. = 19. 05.
28. 01. = 16. 12.	28. 02. = 18. 01.	28. 03. = 16. 02.	28. 04. = 18. 03.	28. 05. = 19. 04.	28. 06. = 20. 05.
29. 01. = 17. 12.		29. 03. = 17. 02.	29. 04. = 19. 03.	29. 05. = 20. 04.	29. 06. = 21. 05.
30. 01. = 18. 12.		30. 03. = 18. 02.	30. 04. = 20. 03.	30. 05. = 21. 04.	30. 06. = 22. 05.
31. 01. = 19. 12.		31. 03. = 19. 02.		31. 05. = 22. 04.	

1918

Juli	August	September	Oktober	November	Dezember
01. 07. = 23. 05.	01. 08. = 25. 06.	01. 09. = 26. 07.	01. 10. = 27. 08.	01. 11. = 28. 09.	01. 12. = 28. 10.
02. 07. = 24. 05.	02. 08. = 26. 06.	02. 09. = 27. 07.	02. 10. = 28. 08.	02. 11. = 29. 09.	02. 12. = 29. 10.
03. 07. = 25. 05.	03. 08. = 27. 06.	03. 09. = 28. 07.	03. 10. = 29. 08.	03. 11. = 30. 09.	03. 12. = 01. 11.
04. 07. = 26. 05.	04. 08. = 28. 06.	04. 09. = 29. 07.	04. 10. = 30. 08.	04. 11. = 01. 10.	04. 12. = 02. 11.
05. 07. = 27. 05.	05. 08. = 29. 06.	05. 09. = 01. 08.	05. 10. = 01. 09.	05. 11. = 02. 10.	05. 12. = 03. 11.
06. 07. = 28. 05.	06. 08. = 30. 06.	06. 09. = 02. 08.	06. 10. = 02. 09.	06. 11. = 03. 10.	06. 12. = 04. 11.
07. 07. = 29. 05.	07. 08. = 01. 07.	07. 09. = 03. 08.	07. 10. = 03. 09.	07. 11. = 04. 10.	07. 12. = 05. 11.
08. 07. = 01. 06.	08. 08. = 02. 07.	08. 09. = 04. 08.	08. 10. = 04. 09.	08. 11. = 05. 10.	08. 12. = 06. 11.
09. 07. = 02. 06.	09. 08. = 03. 07.	09. 09. = 05. 08.	09. 10. = 05. 09.	09. 11. = 06. 10.	09. 12. = 07. 11.
10. 07. = 03. 06.	10. 08. = 04. 07.	10. 09. = 06. 08.	10. 10. = 06. 09.	10. 11. = 07. 10.	10. 12. = 08. 11.
11. 07. = 04. 06.	11. 08. = 05. 07.	11. 09. = 07. 08.	11. 10. = 07. 09.	11. 11. = 08. 10.	11. 12. = 09. 11.
12. 07. = 05. 06.	12. 08. = 06. 07.	12. 09. = 08. 08.	12. 10. = 08. 09.	12. 11. = 09. 10.	12. 12. = 10. 11.
13. 07. = 06. 06.	13. 08. = 07. 07.	13. 09. = 09. 08.	13. 10. = 09. 09.	13. 11. = 10. 10.	13. 12. = 11. 11.
14. 07. = 07. 06.	14. 08. = 08. 07.	14. 09. = 10. 08.	14. 10. = 10. 09.	14. 11. = 11. 10.	14. 12. = 12. 11.
15. 07. = 08. 06.	15. 08. = 09. 07.	15. 09. = 11. 08.	15. 10. = 11. 09.	15. 11. = 12. 10.	15. 12. = 13. 11.
16. 07. = 09. 06.	16. 08. = 10. 07.	16. 09. = 12. 08.	16. 10. = 12. 09.	16. 11. = 13. 10.	16. 12. = 14. 11.
17. 07. = 10. 06.	17. 08. = 11. 07.	17. 09. = 13. 08.	17. 10. = 13. 09.	17. 11. = 14. 10.	17. 12. = 15. 11.
18. 07. = 11. 06.	18. 08. = 12. 07.	18. 09. = 14. 08.	18. 10. = 14. 09.	18. 11. = 15. 10.	18. 12. = 16. 11.
19. 07. = 12. 06.	19. 08. = 13. 07.	19. 09. = 15. 08.	19. 10. = 15. 09.	19. 11. = 16. 10.	19. 12. = 17. 11.
20. 07. = 13. 06.	20. 08. = 14. 07.	20. 09. = 16. 08.	20. 10. = 16. 09.	20. 11. = 17. 10.	20. 12. = 18. 11.
21. 07. = 14. 06.	21. 08. = 15. 07.	21. 09. = 17. 08.	21. 10. = 17. 09.	21. 11. = 18. 10.	21. 12. = 19. 11.
22. 07. = 15. 06.	22. 08. = 16. 07.	22. 09. = 18. 08.	22. 10. = 18. 09.	22. 11. = 19. 10.	22. 12. = 20. 11.
23. 07. = 16. 06.	23. 08. = 17. 07.	23. 09. = 19. 08.	23. 10. = 19. 09.	23. 11. = 20. 10.	23. 12. = 21. 11.
24. 07. = 17. 06.	24. 08. = 18. 07.	24. 09. = 20. 08.	24. 10. = 20. 09.	24. 11. = 21. 10.	24. 12. = 22. 11.
25. 07. = 18. 06.	25. 08. = 19. 07.	25. 09. = 21. 08.	25. 10. = 21. 09.	25. 11. = 22. 10.	25. 12. = 23. 11.
26. 07. = 19. 06.	26. 08. = 20. 07.	26. 09. = 22. 08.	26. 10. = 22. 09.	26. 11. = 23. 10.	26. 12. = 24. 11.
27. 07. = 20. 06.	27. 08. = 21. 07.	27. 09. = 23. 08.	27. 10. = 23. 09.	27. 11. = 24. 10.	27. 12. = 25. 11.
28. 07. = 21. 06.	28. 08. = 22. 07.	28. 09. = 24. 08.	28. 10. = 24. 09.	28. 11. = 25. 10.	28. 12. = 26. 11.
29. 07. = 22. 06.	29. 08. = 23. 07.	29. 09. = 25. 08.	29. 10. = 25. 09.	29. 11. = 26. 10.	29. 12. = 27. 11.
30. 07. = 23. 06.	30. 08. = 24. 07.	30. 09. = 26. 08.	30. 10. = 26. 09.	30. 11. = 27. 10.	30. 12. = 28. 11.
31. 07. = 24. 06.	31. 08. = 25. 07.		31. 10. = 27. 09.		31. 12. = 29. 11.

1919

Januar	Februar	März	April	Mai	Juni
01. 01. = 30. 11.	01. 02. = 01. 01.	01. 03. = 29. 01.	01. 04. = 01. 03.	01. 05. = 02. 04.	01. 06. = 04. 05.
02. 01. = 01. 12.	02. 02. = 02. 01.	02. 03. = 01. 02.	02. 04. = 02. 03.	02. 05. = .03. 04.	02. 06. = 05. 05.
03. 01. = 02. 12.	03. 02. = 03. 01.	03. 03. = 02. 02.	03. 04. = 03. 03.	03. 05. = 04. 04.	03. 06. = 06. 05.
04. 01. = 03. 12.	04. 02. = 04. 01.	04. 03. = 03. 02.	04. 04. = 04. 03.	04. 05. = 05. 04.	04. 06. = 07. 05.
05. 01. = 04. 12.	05. 02. = 05. 01.	05. 03. = 04. 02.	05. 04. = 05. 03.	05. 05. = 06. 04.	05. 06. = 08. 05.
06. 01. = 05. 12.	06. 02. = 06. 01.	06. 03. = 05. 02.	06. 04. = 06. 03.	06. 05. = 07. 04.	06. 06. = 09. 05.
07. 01. = 06. 12.	07. 02. = 07. 01.	07. 03. = 06. 02.	07. 04. = 07. 03.	07. 05. = 08. 04.	07. 06. = 10. 05.
08. 01. = 07. 12.	08. 02. = 08. 01.	08. 03. = 07. 02.	08. 04.. = 08. 03.	08. 05. = 09. 04.	08. 06. = 11. 05.
09. 01. = 08. 12.	09. 02. = 09. 01.	09. 03. = 08. 02.	09. 04. = 09. 03.	09. 05. = 10. 04.	09. 06. = 12. 05.
10. 01. = 09. 12.	10. 02. = 10. 01.	10. 03. = 09. 02.	10. 04. = 10. 03.	10. 05. = 11. 04.	10. 06. = 13. 05.
11. 01. = 10. 12.	11. 02. = 11. 01.	11. 03. = 10. 02.	11. 04. = 11. 03.	11. 05. = 12. 04.	11. 06. = 14. 05.
12. 01. = 11. 12.	12. 02. = 12. 01.	12. 03. = 11. 02.	12. 04. = 12. 03.	12. 05. = 13. 04.	12. 06. = 15. 05.
13. 01. = 12. 12.	13. 02. = 13. 01.	13. 03. = 12. 02.	13. 04. = 13. 03.	13. 05. = 14. 04.	13. 06. = 16. 05.
14. 01. = 13. 12.	14. 02. = 14. 01.	14. 03. = 13. 02.	14. 04. = 14. 03.	14. 05. = 15. 04.	14. 06. = 17. 05.
15. 01. = 14. 12.	15. 02. = 15. 01.	15. 03. = 14. 02.	15. 04. = 15. 03.	15. 05. = 16. 04.	15. 06. = 18. 05.
16. 01. = 15. 12.	16. 02. = 16. 01.	16. 03. = 15. 02.	16. 04. = 16. 03.	16. 05. = 17. 04.	16. 06. = 19. 05.
17. 01. = 16. 12.	17. 02. = 17. 01.	17. 03. = 16. 02.	17. 04. = 17. 03.	17. 05. = 18. 04.	17. 06. = 20. 05.
18. 01. = 17. 12.	18. 02. = 18. 01.	18. 03. = 17. 02.	18. 04. = 18. 03.	18. 05. = 19. 04.	18. 06. = 21. 05.
19. 01. = 18. 12.	19. 02. = 19. 01.	19. 03. = 18. 02.	19. 04. = 19. 03.	19. 05. = 20. 04.	19. 06. = 22. 05.
20. 01. = 19. 12.	20. 02. = 20. 01.	20. 03. = 19. 02.	20. 04. = 20. 03.	20. 05. = 21. 04.	20. 06. = 23. 05.
21. 01. = 20. 12.	21. 02. = 21. 01.	21. 03. = 20. 02.	21. 04. = 21. 03.	21. 05. = 22. 04.	21. 06. = 24. 05.
22. 01. = 21. 12.	22. 02. = 22. 01.	22. 03. = 21. 02.	22. 04. = 22. 03.	22. 05. = 23. 04.	22. 06. = 25. 05.
23. 01. = 22. 12.	23. 02. = 23. 01.	23. 03. = 22. 02.	23. 04. = 23. 03.	23. 05. = 24. 04.	23. 06. = 26. 05.
24. 01. = 23. 12.	24. 02. = 24. 01.	24. 03. = 23. 02.	24. 04. = 24. 03.	24. 05. = 25. 04.	24. 06. = 27. 05.
25. 01. = 24. 12.	25. 02. = 25. 01.	25. 03. = 24. 02.	25. 04. = 25. 03.	25. 05. = 26. 04.	25. 06. = 28. 05.
26. 01. = 25. 12.	26. 02. = 26. 01.	26. 03. = 25. 02.	26. 04. = 26. 03.	26. 05. = 27. 04.	26. 06. = 29. 05.
27. 01. = 26. 12.	27. 02. = 27. 01.	27. 03. = 26. 02.	27. 04. = 27. 03.	27. 05. = 28. 04.	27. 06. = 30. 05.
28. 01. = 27. 12.	28. 02. = 28. 01.	28. 03. = 27. 02.	28. 04. = 28. 03.	28. 05. = 29. 04.	28. 06. = 01. 06.
29. 01. = 28. 12.		29. 03. = 28. 02.	29. 04. = 29. 03.	29. 05. = 01. 05.	29. 06. = 02. 06.
30. 01. = 29. 12.		30. 03. = 29. 02.	30. 04..=.01. 04.	30. 05. = 02. 05.	30. 06. = 03. 06.
31. 01. = 30. 12.		31. 03. = 30. 02.		31. 05. = 03. 05.	

1919

Juli	August	September	Oktober	November	Dezember
01. 07. = 04. 06.	01. 08. = 06. 07.	01. 09. = 07. 07.	01. 10. = 08. 08.	01. 11. = 09. 09.	01. 12. = 10. 10.
02. 07. = 05. 06.	02. 08. = 07. 07.	02. 09. = 08. 07.	02. 10. = 09. 08.	02. 11. = 10. 09.	02. 12. = 11. 10.
03. 07. = 06. 06.	03. 08. = 08. 07.	03. 09. = 09. 07.	03. 10. = 10. 08.	03. 11. = 11. 09.	03. 12. = 12. 10.
04. 07. = 07. 06.	04. 08. = 09. 07.	04. 09. = 10. 07.	04. 10. = 11. 08.	04. 11. = 12. 09.	04. 12. = 13. 10.
05. 07. = 08. 06.	05. 08. = 10. 07.	05. 09. = 11. 07.	05. 10. = 12. 08.	05. 11. = 13. 09.	05. 12. = 14. 10.
06. 07. = 09. 06.	06. 08. = 11. 07.	06. 09. = 12. 07.	06. 10. = 13. 08.	06. 11. = 14. 09.	06. 12. = 15. 10.
07. 07. = 10. 06.	07. 08. = 12. 07.	07. 09. = 13. 07.	07. 10. = 14. 08.	07. 11. = 15. 09.	07. 12. = 16. 10.
08. 07. = 11. 06.	08. 08. = 13. 07.	08. 09. = 14. 07.	08. 10. = 15. 08.	08. 11. = 16. 09.	08. 12. = 17. 10.
09. 07. = 12. 06.	09. 08. = 14. 07.	09. 09. = 15. 07.	09. 10. = 16. 08.	09. 11. = 17. 09.	09. 12. = 18. 10.
10. 07. = 13. 06.	10. 08. = 15. 07.	10. 09. = 16. 07.	10. 10. = 17. 08.	10. 11. = 18. 09.	10. 12. = 19. 10.
11. 07. = 14. 06.	11. 08. = 16. 07.	11. 09. = 17. 07.	11. 10. = 18. 08.	11. 11. = 19. 09.	11. 12. = 20. 10.
12. 07. = 15. 06.	12. 08. = 17. 07.	12. 09. = 18. 07.	12. 10. = 19. 08.	12. 11. = 20. 09.	12. 12. = 21. 10.
13. 07. = 16. 05.	13. 08. = 18. 07.	13. 09. = 19. 07.	13. 10. = 20. 08.	13. 11. = 21. 09.	13. 12. = 22. 10.
14. 07. = 17. 06.	14. 08. = 19. 07.	14. 09. = 20. 07.	14. 10. = 21. 08.	14. 11. = 22. 09.	14. 12. = 23. 10.
15. 07. = 18. 06.	15. 08. = 20. 07.	15. 09. = 21. 07.	15. 10. = 22. 08.	15. 11. = 23. 09.	15. 12. = 24. 10.
16. 07. = 19. 06.	16. 08. = 21. 07.	16. 09. = 22. 07.	16. 10. = 23. 08.	16. 11. = 24. 09.	16. 12. = 25. 10.
17. 07. = 20. 06.	17. 08. = 22. 07.	17. 09. = 23. 07.	17. 10. = 24. 08.	17. 11. = 25. 09.	17. 12. = 26. 10.
18. 07. = 21. 06.	18. 08. = 23. 07.	18. 09. = 24. 07.	18. 10. = 25. 08.	18. 11. = 26. 09.	18. 12. = 27. 10.
19. 07. = 22. 06.	19. 08. = 24. 07.	19. 09. = 25. 07.	19. 10. = 26. 08.	19. 11. = 27. 09.	19. 12. = 28. 10.
20. 07. = 23. 06.	20. 08. = 25. 07.	20. 09. = 26. 07.	20. 10. = 27. 08.	20. 11. = 28. 09.	20. 12. = 29. 10.
21. 07. = 24. 06.	21. 08. = 26. 07.	21. 09. = 27. 07.	21. 10. = 28. 08.	21. 11. = 29. 09.	21. 12. = 30. 10.
22. 07. = 25. 06.	22. 08. = 27. 07.	22. 09. = 28. 07.	22. 10. = 29. 08.	22. 11. = 01. 10.	22. 12. = 01. 11.
23. 07. = 26. 06.	23. 08. = 28. 07.	23. 09. = 29. 07.	23. 10. = 30. 08.	23. 11. = 02. 10.	23. 12. = 02. 11.
24. 07. = 27. 06.	24. 08. = 29. 07.	24. 09. = 01. 08.	24. 10. = 01. 09.	24. 11. = 03. 10.	24. 12. = 03. 11.
25. 07. = 28. 06.	25. 08. = 30. 07.	25. 09. = 02. 08.	25. 10. = 02. 09.	25. 11. = 04. 10.	25. 12. = 04. 11.
26. 07. = 29. 06.	26. 08. = 01. 07.	26. 09. = 03. 08.	26. 10. − 03. 09.	26. 11. = 05. 10.	26. 12. = 05. 11.
27. 07. = 01. 07.	27. 08. = 02. 07.	27. 09. = 04. 08.	27. 10. = 04. 09.	27. 11. = 06. 10.	27. 12. = 06. 11.
28. 07. = 02. 07.	28. 08. = 03. 07.	28. 09. = 05. 08.	28. 10. = 05. 09.	28. 11. = 07. 10.	28. 12. = 07. 11.
29. 07. = 03. 07.	29. 08. = 04. 07.	29. 09. = 06. 08.	29. 10. = 06. 09.	29. 11. = 08. 10.	29. 12. = 08. 11.
30. 07. = 04. 07.	30. 08. = 05. 07.	30. 09. = 07. 08.	30. 10. = 07. 09.	30. 11. = 09. 10.	30. 12. = 09. 11.
31. 07. = 05. 07.	31. 08. = 06. 07.		31. 10. = 08. 09.		31. 12. = 10. 11.

1920

Januar	Februar	März	April	Mai	Juni
01. 01. = 11. 11.	01. 02. = 12. 12.	01. 03. = 11. 01.	01. 04. = 13. 02.	01. 05. = 13. 03.	01. 06. = 15. 04.
02. 01. = 12. 11.	02. 02. = 13. 12.	02. 03. = 12. 01.	02. 04. = 14. 02.	02. 05. = 14. 03.	02. 06. = 16. 04.
03. 01. = 13. 11.	03. 02. = 14. 12.	03. 03. = 13. 01.	03. 04. = 15. 02.	03. 05. = 15. 03.	03. 06. = 17. 04.
04. 01. = 14. 11.	04. 02. = 15. 12.	04. 03. = 14. 01.	04. 04. = 16. 02.	04. 05. = 16. 03.	04. 06. = 18. 04.
05. 01. = 15. 11.	05. 02. = 16. 12.	05. 03. = 15. 01.	05. 04. = 17. 02.	05. 05. = 17. 03.	05. 06. = 19. 04.
06. 01. = 16. 11.	06. 02. = 17. 12.	06. 03. = 16. 01.	06. 04. = 18. 02.	06. 05. = 18. 03.	06. 06. = 20. 04.
07. 01. = 17. 11.	07. 02. = 18. 12.	07. 03. = 17. 01.	07. 04. = 19. 02.	07. 05. = 19. 03.	07. 06. = 21. 04.
08. 01. = 18. 11.	08. 02. = 19. 12.	08. 03. = 18. 01.	08. 04. = 20. 02.	08. 05. = 20. 03.	08. 06. = 22. 04.
09. 01. = 19. 11.	09. 02. = 20. 12.	09. 03. = 19. 01.	09. 04. = 21. 02.	09. 05. = 21. 03.	09. 06. = 23. 04.
10. 01. = 20. 11.	10. 02. = 21. 12.	10. 03. = 20. 01.	10. 04. = 22. 02.	10. 05. = 22. 03.	10. 06. = 24. 04.
11. 01. = 21. 11.	11. 02. = 22. 12.	11. 03. = 21. 01.	11. 04. = 23. 02.	11. 05. = 23. 03.	11. 06. = 25. 04.
12. 01. = 22. 11.	12. 02. = 23. 12.	12. 03. = 22. 01.	12. 04. = 24. 02.	12. 05. = 24. 03.	12. 06. = 26. 04.
13. 01. = 23. 11.	13. 02. = 24. 12.	13. 03. = 23. 01.	13. 04. = 25. 02.	13. 05. = 25. 03.	13. 06. = 27. 04.
14. 01. = 24. 11.	14. 02. = 25. 12.	14. 03. = 24. 01.	14. 04. = 26. 02.	14. 05. = 26. 03.	14. 06. = 28. 04.
15. 01. = 25. 11.	15. 02. = 26. 12.	15. 03. = 25. 01.	15. 04. = 27. 02.	15. 05. = 27. 03.	15. 06. = 29. 04.
16. 01. = 26. 11.	16. 02. = 27. 12.	16. 03. = 26. 01.	16. 04. = 28. 02.	16. 05. = 28. 03.	16. 06. = 01. 05.
17. 01. = 27. 11.	17. 02. = 28. 12.	17. 03. = 27. 01.	17. 04. = 29. 02.	17. 05. = 29. 03.	17. 06. = 02. 05.
18. 01. = 28. 11.	18. 02. = 29. 12.	18. 03. = 28. 01.	18. 04. = 30. 02.	18. 05. = 01. 04.	18. 06. = 03. 05.
19. 01. = 29. 11.	19. 02. = 30. 12.	19. 03. = 29. 01.	19. 04. = 01. 03.	19. 05. = 02. 04.	19. 06. = 04. 05.
20. 01. = 30. 11.	20. 02. = 01. 01.	20. 03. = 01. 02.	20. 04. = 02. 03.	20. 05. = 03. 04.	20. 06. = 05. 05.
21. 01. = 01. 12.	21. 02. = 02. 01.	21. 03. = 02. 02.	21. 04. = 03. 03.	21. 05. = 04. 04.	21. 06. = 06. 05.
22. 01. = 02. 12.	22. 02. = 03. 01.	22. 03. = 03. 02.	22. 04. = 04. 03.	22. 05. = 05. 04.	22. 06. = 07. 05.
23. 01. = 03. 12.	23. 02. = 04. 01.	23. 03. = 04. 02.	23. 04. = 05. 03.	23. 05. = 06. 04.	23. 06. = 08. 05.
24. 01. = 04. 12.	24. 02. = 05. 01.	24. 03. = 05. 02.	24. 04. = 06. 03.	24. 05. = 07. 04.	24. 06. = 09. 05.
25. 01. = 05. 12.	25. 02. = 06. 01.	25. 03. = 06. 02.	25. 04. = 07. 03.	25. 05. = 08. 04.	25. 06. = 10. 05.
26. 01. = 06. 12.	26. 02. = 07. 01.	26. 03. = 07. 02.	26. 04. = 08. 03.	26. 05. = 09. 04.	26. 06. = 11. 05.
27. 01. = 07. 12.	27. 02. = 08. 01.	27. 03. = 08. 02.	27. 04. = 09. 03.	27. 05. = 10. 04.	27. 06. = 12. 05.
28. 01. = 08. 12.	28. 02. = 09. 01.	28. 03. = 09. 02.	28. 04. = 10. 03.	28. 05. = 11. 04.	28. 06. = 13. 05.
29. 01. = 09. 12.	29. 02. = 10. 01.	29. 03. = 10. 02.	29. 04. = 11. 03.	29. 05. = 12. 04.	29. 06. = 14. 05.
30. 01. = 10. 12.		30. 03. = 11. 02.	30. 04. = 12. 03.	30. 05. = 13. 04.	30. 06. = 15. 05.
31. 01. = 11. 12.		31. 03. = 12. 02.		31. 05. = 14. 04.	

1920

Juli	August	September	Oktober	November	Dezember
01. 07. = 16. 05.	01. 08. = 17. 06.	01. 09. = 19. 07.	01. 10. = 20. 08.	01. 11. = 21. 09.	01. 12. = 22. 10.
02. 07. = 17. 05.	02. 08. = 18. 06.	02. 09. = 20. 07.	02. 10. = 21. 08.	02. 11. = 22. 09.	02. 12. = 23. 10
03. 07. = 18. 05.	03. 08. = 19. 06.	03. 09. = 21. 07.	03. 10. = 22. 08.	03. 11. = 23. 09.	03. 12. = 24. 10.
04. 07. = 19. 05.	04. 08. = 20. 06.	04. 09. = 22. 07.	04. 10. = 23. 08.	04. 11. = 24. 09.	04. 12. = 25. 10.
05. 07. = 20. 05.	05. 08. = 21. 06.	05. 09. = 23. 07.	05. 10. = 24. 08.	05. 11. = 25. 09.	05. 12. = 26. 10.
06. 07. = 21. 05.	06. 08. = 22. 06.	06. 09. = 24. 07.	06. 10. = 25. 08.	06. 11. = 26. 09.	06. 12. = 27. 10.
07. 07. = 22. 05.	07. 08. = 23. 06.	07. 09. = 25. 07.	07. 10. = 26. 08.	07. 11. = 27. 09.	07. 12. = 28. 10.
08. 07. = 23 .05.	08. 08. = 24. 06.	08. 09. = 26. 07.	08. 10. = 27. 08.	08. 11. = 28. 09.	08. 12. = 29. 10.
09. 07. = 24. 05.	09. 08. = 25. 06.	09. 09. = 27. 07.	09. 10. = 28. 08.	09. 11. = 29. 09.	09. 12. = 30. 10.
10. 07. = 25. 05.	10. 08. = 26. 06.	10. 09. = 28. 07.	10. 10. = 29. 08.	10. 11. = 01. 10.	10. 12. = 01. 11.
11. 07. = 26. 05.	11. 08. = 27. 06.	11. 09. = 29. 07.	11. 10. = 30. 08.	11. 11. = 02. 10.	11. 12. = 02. 11.
12. 07. = 27. 05.	12. 08. = 28. 06.	12. 09. = 01. 08.	12. 10. = 01. 09.	12. 11. = 03. 10.	12. 12. = 03. 11.
13. 07. = 28. 05.	13. 08. = 29. 06.	13. 09. = 02. 08.	13. 10. = 02. 09.	13. 11. = 04. 10.	13. 12. = 04. 11.
14. 07. = 29. 05.	14. 08. = 01. 07.	14. 09. = 03. 08.	14. 10. = 03. 09.	14. 11. = 05. 10.	14. 12. = 05. 11.
15. 07. = 30. 05.	15. 08. = 02. 07.	15. 09. = 04. 08.	15. 10. = 04. 09.	15. 11. = 06. 10.	15. 12. = 06. 11.
16. 07. = 01. 06.	16. 08. = 03. 07.	16. 09. = 05. 08.	16. 10. = 05. 09.	16. 11. = 07. 10.	16. 12. = 07. 11.
17. 07. = 02. 06.	17. 08. = 04. 07.	17. 09. = 06. 08.	17. 10. = 06. 09.	17. 11. = 08. 10.	17. 12. = 08. 11.
18. 07. = 03. 06.	18. 08. = 05. 07.	18. 09. = 07. 08.	18. 10. = 07. 09.	18. 11. = 09. 10.	18. 12. = 09. 11.
19. 07. = 04. 06.	19. 08. = 06. 07.	19. 09. = 08. 08.	19. 10. = 08. 09.	19. 11. = 10. 10.	19. 12. = 10. 11.
20. 07. = 05. 06.	20. 08. = 07. 07.	20. 09. = 09. 08.	20. 10. = 09. 09.	20. 11. = 11. 10.	20. 12. = 11. 11.
21. 07. = 06. 06.	21. 08. = 08. 07.	21. 09. = 10. 08.	21. 10. = 10. 09.	21. 11. = 12. 10.	21. 12. = 12. 11.
22. 07. = 07. 06.	22. 08. = 09. 07.	22. 09. = 11. 08.	22. 10. = 11. 09.	22. 11. = 13. 10.	22. 12. = 13. 11.
23. 07. = 08. 06.	23. 08. = 10. 07.	23. 09. = 12. 08.	23. 10. = 12. 09.	23. 11. = 14. 10.	23. 12. = 14. 11.
24. 07. = 09. 06.	24. 08. = 11. 07.	24. 09. = 13. 08.	24. 10. = 13. 09.	24. 11. = 15. 10.	24. 12. = 15. 11.
25. 07. = 10. 06.	25. 08. = 12. 07.	25. 09. = 14. 08.	25. 10. = 14. 09.	25. 11. = 16. 10.	25. 12. = 16. 11.
26. 07. = 11. 06.	26. 08. = 13. 07.	26. 09. = 15. 08.	26. 10. = 15. 09.	26. 11. = 17. 10.	26. 12. = 17. 11.
27. 07. = 12. 06.	27. 08. = 14. 07.	27. 09. = 16. 08.	27. 10. = 16. 09.	27. 11. = 18. 10.	27. 12. = 18. 11.
28. 07. = 13. 06.	28. 08. = 15. 07.	28. 09. = 17. 08.	28. 10. = 17. 09.	28. 11. = 19. 10.	28. 12. = 19. 11.
29. 07. = 14. 06.	29. 08. = 16. 07.	29. 09. = 18. 08.	29. 10. = 18. 09.	29. 11. = 20. 10.	29. 12. = 20. 11.
30. 07. = 15. 06.	30. 08. = 17. 07.	30. 09. = 19. 08.	30. 10. = 19. 09.	30. 11. = 21. 10.	30. 12. = 21. 11.
31. 07. = 16. 06.	31. 08. = 18. 07.		31. 10. = 20. 09.		31. 12. = 22. 11.

1921

Januar	Februar	März	April	Mai	Juni
01. 01. = 23. 11.	01. 02. = 24. 12.	01. 03. = 22. 01.	01. 04. = 23. 02.	01. 05. = 24. 03.	01. 06. = 25. 04.
02. 01. = 24. 11.	02. 02. = 25. 12.	02. 03. = 23. 01.	02. 04. = 24. 02.	02. 05. = 25. 03.	02. 06. = 26. 04.
03. 01. = 25. 11.	03. 02. = 26. 12.	03. 03. = 24. 01.	03. 04. = 25. 02.	03. 05. = 26. 03.	03. 06. = 27. 04.
04. 01. = 26. 11.	04. 02. = 27. 12.	04. 03. = 25. 01.	04. 04. = 26. 02.	04. 05. = 27. 03.	04. 06. = 28. 04.
05. 01. = 27. 11.	05. 02. = 28. 12.	05. 03. = 26. 01.	05. 04. = 27. 02.	05. 05. = 28. 03.	05. 06. = 29. 04.
06. 01. = 28. 11.	06. 02. = 29. 12.	06. 03. = 27. 01.	06. 04. = 28. 02.	06. 05. = 29. 03.	06. 06. = 01. 05.
07. 01. = 29. 11.	07. 02. = 30. 12.	07. 03. = 28. 01.	07. 04. = 29. 02.	07. 05. = 30. 03.	07. 06. = 02. 05.
08. 01. = 30. 11.	08. 02. = 01. 01.	08. 03. = 29. 01.	08. 04. = 01. 03.	08. 05. = 01. 04.	08. 06. = 03. 05.
09. 01. = 01. 12.	09. 02. =.02. 01.	09. 03. = 30. 01.	09. 04. = 02. 03.	09. 05. = 02 .04.	09. 06. = 04. 05.
10. 01. = 02. 12.	10. 02. = 03. 01.	10. 03. = 01. 02.	10. 04. = 03. 03.	10. 05. = 03. 04.	10. 06. = 05. 05.
11. 01. = 03. 12.	11. 02. = 04. 01.	11. 03. = 02. 02.	11. 04. = 04. 03.	11. 05. = 04. 04.	11. 06. = 06. 05.
12. 01. = 04. 12.	12. 02. = 05. 01.	12. 03. = 03. 02.	12. 04. = 05. 03.	12. 05. = 05. 04.	12. 06. = 07. 05.
13. 01. = 05. 12.	13. 02. = 06. 01.	13. 03. = 04. 02.	13. 04. = 06. 03.	13. 05. = 06. 04.	13. 06. = 08. 05.
14. 01. = 0.6 12.	14. 02. = 07. 01.	14. 03. = 05. 02.	14. 04. = 07. 03.	14. 05. = 07. 04.	14. 06. = 09. 05.
15. 01. = 07. 12.	15. 02. = 08. 01.	15. 03. = 06. 02.	15. 04. = 08. 03.	15. 05. = 08. 04.	15. 06. = 10. 05.
16. 01. = 08. 12.	16. 02. = 09. 01.	16. 03. = 07. 02.	16. 04. = 09. 03.	16. 05. = 09. 04.	16. 06. = 11. 05.
17. 01. = 09. 12.	17. 02. = 10. 01.	17. 03. = 08. 02.	17. 04. = 10. 03.	17. 05. = 10. 04.	17. 06. = 12. 05.
18. 01. = 10. 12.	18. 02. = 11. 01.	18. 03. = 09. 02.	18. 04. = 11. 03.	18. 05. = 11. 04.	18. 06. = 13. 05.
19. 01. = 11. 12.	19. 02. = 12. 01.	19. 03. = 10. 02.	19. 04. = 12. 03.	19. 05. = 12. 04.	19. 06. = 14. 05.
20. 01. = 12. 12.	20. 02. = 13. 01.	20. 03. = 11. 02.	20. 04. = 13. 02.	20. 05. = 13. 04.	20. 06. = 15. 05.
21. 01. = 13. 12.	21. 02. = 14. 01.	21. 03. = 12. 02.	21. 04. = 14. 03.	21. 05. = 14. 04.	21. 06. = 16. 05.
22. 01. = 14. 12.	22. 02. = 15. 01.	22. 03. = 13. 02.	22. 04. = 15. 03.	22. 05. = 15. 04.	22. 06. = 17. 05.
23. 01. = 15. 12.	23. 02. = 16. 01.	23. 03. = 14. 02.	23. 04. = 16. 03.	23. 05. = 16. 04.	23. 06. = 18. 05.
24. 01. = 16. 12.	24. 02. = 17. 01.	24. 03. = 15. 02.	24. 04. = 17. 03.	24. 05. = 17. 04.	24. 06. = 19. 05.
25. 01. = 17. 12.	25. 02. = 18. 01.	25. 03. = 16. 02.	25. 04. = 18. 03.	25. 05. = 18. 04.	25. 06. = 20. 05.
26. 01. = 18. 12.	26. 02. = 19. 01.	26. 03. = 17. 02.	26. 04. = 19. 03.	26. 05. = 19. 04.	26. 06. = 21. 05.
27. 01. = 19. 12.	27. 02. = 20. 01.	27. 03. = 18. 02.	27. 04. = 20. 03.	27. 05. = 20. 04.	27. 06. = 22. 05.
28. 01. = 20. 12.	28. 02. = 21. 01.	28. 03. = 19. 02.	28. 04. = 21. 03.	28. 05. = 21. 04.	28. 06. = 23. 05.
29. 01. = 21. 12.		29. 03. = 20. 02.	29. 04. = 22. 03.	29. 05. = 22. 04.	29. 06. = 24. 05.
30. 01. = 22. 12.		30. 03. = 21. 02.	30. 04. = 23. 03.	30. 05. = 23. 04.	30. 06. = 25. 05.
31. 01. = 23. 12.		31. 03. = 22. 02.		31. 05. = 24. 04.	

1921

Juli	August	September	Oktober	November	Dezember
01. 07. = 26. 05.	01. 08. = 28. 06.	01. 09. = 29. 07.	01. 10. = 01. 09.	01. 11. = 02. 10.	01. 12. = 03. 11.
02. 07. = 27. 05.	02. 08. = 29. 06.	02. 09. = 01. 08.	02. 10. = 02. 09.	02. 11. = 03. 10.	02. 12. = 04. 11.
03. 07. = 28. 05.	03. 08. = 30. 06.	03. 09. = 02. 08.	03. 10. = 03. 09.	03. 11. = 04. 10.	03. 12. = 05. 11.
04. 07. = 29. 05.	04. 08. = 01. 07.	04. 09. = 03. 08.	04. 10. = 04. 09.	04. 11. = 05..10.	04. 12. = 06. 11.
05. 07. = 01. 06.	05. 08. = 02. 07.	05. 09. = 04. 08.	05. 10. = 05. 09.	05. 11. = 06. 10.	05. 12. = 07. 11.
06. 07. = 02. 06.	06. 08. = 03. 07.	06. 09. = 05. 08.	06. 10. = 06. 09.	06. 11. = 07. 10.	06. 12. = 08. 11.
07. 07. = 03. 06.	07. 08. = 04. 07.	07. 09. = 06. 08.	07. 10. = 07. 09.	07. 11. = 08. 10.	07. 12. = 09 .11.
08. 07. = 04. 06.	08. 08. = 05. 07.	08. 09. = 07. 08.	08. 10. = 08. 09.	08. 11. = 09. 10.	08. 12. = 10. 11.
09. 07. = 05. 06.	09. 08. = 06. 07.	09. 09. = 08. 08.	09. 10. = 09. 09.	09. 11. = 10. 10.	09. 12. = 11. 11.
10. 07. = 06 .06.	10. 08. = 07. 07.	10. 09. = 09. 08.	10. 10. = 10. 09.	10. 11. = 11. 10.	10. 12. = 12. 11.
11. 07. = 07 .06.	11. 08. = 08. 07.	11. 09. = 10. 08.	11. 10. = 11. 09.	11. 11. = 12. 10.	11. 12. = 13. 11.
12. 07. = 08. 06.	12. 08. = 09. 07.	12. 09. = 11. 08.	12. 10. = 12. 09.	12. 11. = 13. 10.	12. 12. = 14. 11.
13. 07. = 09. 06.	13. 08. = 10. 07.	13. 09. = 12. 08.	13. 10. = 13. 09.	13. 11. = 14. 10.	13. 12. = 15. 11.
14. 07. = 10. 06.	14. 08. = 11. 07.	14. 09. = 13. 08.	14. 10. = 14. 09.	14. 11. = 15. 10.	14. 12. = 16. 11.
15. 07. = 11. 06.	15. 08. = 12. 07.	15. 09. = 14. 08.	15. 10. = 15. 09.	15. 11. = 16. 10.	15. 12. = 17. 11.
16. 07. = 12. 06.	16. 08. = 13. 07.	16. 09. = 15. 08.	16. 10. = 16. 09.	16. 11. = 17. 10.	16. 12. = 18. 11.
17. 07. = 13. 06.	17. 08. = 14. 07.	17. 09. = 16. 08.	17. 10. = 17. 09.	17. 11. = 18. 10.	17. 12. = 19. 11.
18. 07. = 14. 06.	18. 08. = 15. 07.	18. 09. = 17. 08.	18. 10. = 18. 09.	18. 11. = 19. 10.	18. 12. = 20. 11.
19. 07. = 15. 06.	19. 08. = 16. 07.	19. 09. = 18. 08.	19. 10. = 19. 09.	19. 11. = 20. 10.	19. 12. = 21. 11.
20. 07. = 16. 06.	20. 08. = 17. 07.	20. 09. = 19. 08.	20. 10. = 20. 09.	20. 11. = 21. 10.	20. 12. = 22. 11.
21. 07. = 17. 06.	21. 08. = 18. 07.	21. 09. = 20. 08.	21. 10. = 21 .09.	21. 11. = 22. 10.	21. 12. = 23. 11.
22. 07. = 18. 06.	22. 08. = 19. 07.	22. 09. = 21. 08.	22. 10. = 22. 09.	22. 11. = 23. 10.	22. 12. = 24. 11.
23. 07. = 19. 06.	23. 08. = 20. 07.	23. 09. = 22. 08.	23. 10. = 23. 09.	23. 11. = 24. 10.	23. 12. = 25. 11.
24. 07. = 20. 06.	24. 08. = 21. 07.	24. 09. = 23. 08.	24. 10. = 24. 09.	24. 11. = 25. 10.	24. 12. = 26. 11.
25. 07. = 21 .06.	25. 08. = 22. 07.	25. 09. = 24. 08.	25. 10. = 25. 09.	25. 11. = 26. 10.	25. 12. = 27. 11.
26. 07. = 22. 06.	26. 08. = 23. 07.	26. 09. = 25. 08.	26. 10. = 26. 09.	26. 11. = 27. 10.	26. 12. = 28. 11.
27. 07. = 23. 06.	27. 08. = 24. 07.	27. 09. = 26. 08.	27. 10. = 27. 09.	27. 11. = 28. 10.	27. 12. = 29. 11.
28. 07. = 24. 06.	28. 08. = 25. 07.	28. 09. = 27. 08.	28. 10. = 28. 09.	28. 11. = 29. 10.	28. 12. = 30. 11.
29. 07. = 25. 06.	29. 08. = 26. 07.	29. 09. = 28. 08.	29. 10. = 29. 09.	29. 11. = 01. 11.	29. 12. = 01. 12.
30. 07. = 26. 06.	30. 08. = 27. 07.	30. 09. = 29. 08.	30. 10. = 30. 09.	30. 11. = 02. 11.	30. 12. = 02. 12.
31. 07. = 27. 06.	31. 08. = 28. 07.		31. 10. = 01. 10.		31. 12. = 03. 12.

1922

Januar	Februar	März	April	Mai	Juni
01. 01. = 04. 12.	01. 02. = 05. 01.	01. 03. = 03. 02.	01. 04. = 05. 03.	01. 05. = 05. 04.	01. 06. = 06. 05.
02. 01. = 05. 12.	02. 02. = 06. 01.	02. 03. = 04. 02.	02. 04. = 06. 03.	02. 05. = 06..04.	02. 06. = 07. 05.
03. 01. = 06. 12.	03. 02. = 07. 01.	03. 03. = 05. 02.	03. 04. = 07. 03.	03. 05. = 07. 04.	03. 06. = 08. 05.
04. 01. = 07. 12.	04. 02. = 08. 01.	04. 03. = 06. 02.	04. 04. = 08. 03.	04. 05. = 08. 04.	04. 06. = 09. 05.
05. 01. = 08. 12.	05. 02. = 09. 01.	05. 03. = 07 .02.	05. 04. = 09. 03.	05. 05. = 09. 04.	05. 06. = 10. 05.
06. 01. = 09. 12.	06. 02. = 10. 01.	06. 03. = 08 .02.	06. 04. = 10. 03.	06. 05. = 10. 04.	06. 06. = 11. 05.
07. 01. = 10. 12.	07. 02. = 11. 01.	07. 03. = 09. 02.	07. 04. = 11. 03.	07. 05. = 11. 04.	07. 06. = 12. 05.
08. 01. = 11. 12.	08. 02. = 12. 01.	08. 03. = 10. 02.	08. 04. = 12. 03.	08. 05. = 12. 04.	08. 06. = 13. 05.
09. 01. = 12. 12.	09. 02. = 13. 01.	09. 03. = 11. 02.	09. 04. = 13. 03.	09. 05. = 13. 04.	09. 06. = 14. 05.
10. 01. = 13. 12.	10. 02. = 14. 01.	10. 03. = 12. 02.	10. 04. = 14. 03.	10. 05. = 14. 04.	10. 06. = 15. 05.
11. 01. = 14. 12.	11. 02. = 15. 01.	11. 03. = 13. 02.	11. 04. = 15. 03.	11. 05. = 15. 04.	11. 06. = 16. 05.
12. 01. = 15. 12.	12. 02. = 16. 01.	12. 03. = 14. 02.	12. 04. = 16. 03.	12. 05. = 16. 04.	12. 06. = 17. 05.
13. 01. = 16. 12.	13. 02. = 17. 01.	13. 03. = 15. 02.	13. 04. = 17. 03.	13. 05. = 17. 04.	13. 06. = 18. 05.
14. 01. = 17. 12.	14. 02. = 18. 01.	14. 03. = 16. 02.	14. 04. = 18. 03.	14. 05. = 18. 04.	14. 06. = 19. 05.
15. 01. = 18. 12.	15. 02. = 19. 01.	15. 03. = 17. 02.	15. 04. = 19. 03.	15. 05. = 19. 04.	15. 06. = 20. 05.
16. 01. = 19. 12.	16. 02. = 20. 01.	16. 03. = 18. 02.	16. 04. = 20. 03.	16. 05. = 20. 04.	16. 06. = 21. 05.
17. 01. = 20. 12.	17. 02. = 21. 01.	17. 03. = 19. 02.	17. 04. = 21. 03.	17. 05. = 21. 04.	17. 06. = 22. 05.
18. 01. = 21. 12.	18. 02. = 22. 01.	18. 03. = 20. 02.	18. 04. = 22. 03.	18. 05. = 22. 04.	18. 06. = 23. 05.
19. 01. = 22. 12.	19. 02. = 23. 01.	19. 03. = 21. 02.	19. 04. = 23. 03.	19. 05. = 23. 04.	19. 06. = 24. 05.
20. 01. = 23. 12.	20. 02. = 24. 01.	20. 03. = 22. 02.	20. 04. = 24. 03.	20. 05. = 24. 04.	20. 06. = 25. 05.
21. 01. = 24. 12.	21. 02. = 25. 01.	21. 03. = 23. 02.	21. 04. = 25. 03.	21. 05. = 25. 04.	21. 06. = 26. 05.
22. 01. = 25. 12.	22. 02. = 26. 01.	22. 03. = 24. 02.	22. 04. = 26. 03.	22. 05. = 26. 04.	22. 06. = 27. 05.
23. 01. = 26. 12.	23. 02. = 27. 01.	23. 03. = 25. 02.	23. 04. = 27. 03.	23. 05. = 27. 04.	23. 06. = 28. 05.
24. 01. = 27. 12.	24. 02. = 28. 01.	24. 03. = 26. 02.	24. 04. = 28. 03.	24. 05. = 28. 04.	24. 06. = 29. 05.
25. 01. = 28. 12.	25. 02. = 29. 01.	25. 03. = 27. 02.	25. 04. = 29. 03.	25. 05. = 29. 04.	25. 06. = 01. 05.
26. 01. = 29. 12.	26. 02. = 30. 01.	26. 03. = 28. 02.	26. 04. = 30. 03.	26. 05. = 30. 04.	26. 06. = 02. 05.
27. 01. = 30. 12.	27. 02. = 01. 02.	27. 03. = 29. 02.	27. 04. = 01. 04.	27. 05. = 01. 05.	27. 06. = 03. 05.
28. 01. = 01. 01.	28. 02. = 02. 02.	28. 03. = 01. 03.	28. 04. = 02. 04.	28. 05. = 02. 05.	28. 06. = 04. 05.
29. 01. = 02. 01.		29. 03. = 02. 03.	29. 04. = 03. 04.	29. 05. = 03. 05.	29. 06. = 05. 05.
30. 01. =.03. 01.		30. 03. = 03. 03.	30. 04. = 04. 04.	30. 05. = 04. 05.	30. 06. = 06. 05.
31. 01. = 04. 01.		31. 03. = 04. 03.		31. 05. = 05. 05.	

1922

Juli	August	September	Oktober	November	Dezember
01. 07. = 07. 05.	01. 08. = 09. 06.	01. 09. = 10. 07.	01. 10. = 11. 08.	01. 11. = 13. 09.	01. 12. = 13. 10.
02. 07. = 08. 05.	02. 08. = 10. 06.	02. 09. = 11. 07.	02. 10. = 12. 08.	02. 11. = 14. 09.	02. 12. = 14. 10.
03. 07. = 09. 05.	03. 08. = 11 .06.	03. 09. = 12. 07.	03. 10. = 13. 08.	03. 11. = 15. 09.	03. 12. = 15. 10.
04. 07. = 10. 05.	04. 08. = 12. 06.	04. 09. = 13. 07.	04. 10. = 14. 08.	04. 11. = 16. 09.	04. 12. = 16. 10.
05. 07. = 11. 05.	05. 08. = 13. 06.	05. 09. = 14. 07.	05. 10. = 15. 08.	05. 11. = 17. 09.	05. 12. = 17. 10.
06. 07. = 12. 05.	06. 08. = 14. 06.	06. 09. = 15. 07.	06. 10. = 16. 08.	06. 11. = 18. 09.	06. 12. = 18. 10.
07. 07. = 13. 05.	07. 08. = 15. 06.	07. 09. = 16. 07.	07. 10. = 17. 08.	07. 11. = 19. 09.	07. 12. = 19. 10.
08. 07. = 14. 05.	08. 08. = 16. 06.	08. 09. = 17. 07.	08. 10. = 18. 08.	08. 11. = 20. 09.	08. 12. = 20. 10.
09. 07. = 15. 05.	09. 08. = 17. 06.	09. 09. = 18. 07.	09. 10. = 19. 08.	09. 11. = 21. 09.	09. 12. = 21. 10.
10. 07. = 16. 05.	10. 08. = 18. 06.	10. 09. = 19. 07.	10. 10. = 20. 08.	10. 11. = 22. 09.	10. 12. = 22. 10.
11. 07. = 17. 05.	11. 08. = 19. 06.	11. 09. = 20. 07.	11. 10. = 21. 08.	11. 11. = 23. 09.	11. 12. = 23. 10.
12. 07. = 18. 05.	12. 08. = 20. 06.	12. 09. = 21. 07.	12. 10. = 22. 08.	12. 11. = 24. 09.	12. 12. = 24. 10.
13. 07. = 19. 05.	13. 08. = 21. 06.	13. 09. = 22. 07.	13. 10. = 23. 08.	13. 11. = 25. 09.	13. 12. = 25. 10.
14. 07. = 20. 05.	14. 08. = 22. 06.	14. 09. = 23. 07.	14. 10. = 24. 08.	14. 11. = 26. 09.	14. 12. = 26. 10.
15. 07. = 21. 05.	15. 08. = 23. 06.	15. 09. = 24. 07.	15. 10. = 25. 08.	15. 11. = 27. 09.	15. 12. = 27. 10.
16. 07. = 22. 05.	16. 08. = 24. 06.	16. 09. = 25. 07.	16. 10. = 26. 08.	16. 11. = 28. 09.	16. 12. = 28. 10.
17. 07. = 23. 05.	17. 08. = 25. 06.	17. 09. = 26. 07.	17. 10. = 27. 08.	17. 11. = 29. 09.	17. 12. = 29. 10.
18. 07. = 24. 05.	18. 08. = 26. 06.	18. 09. = 27. 07.	18. 10. = 28. 08.	18. 11. = 30. 09.	18. 12. =.01. 11.
19. 07. = 25. 05.	19. 08. = 27. 06.	19. 09. = 28. 07.	19. 10. = 29. 08.	19. 11. = 01. 10.	19. 12. =.02. 11.
20. 07. = 26. 05.	20. 08. = 28. 06.	20. 09. = 29. 07.	20. 10. = 01. 09.	20. 11. = 02. 10.	20. 12. = 03. 11.
21. 07. = 27. 05.	21. 08. = 29. 06.	21. 09. = 01. 08.	21. 10. = 02. 09.	21. 11. = 03. 10.	21. 12. = 04. 11.
22. 07. = 28. 05.	22. 08. = 30. 06.	22. 09. = 02. 08.	22. 10. = 03. 09.	22. 11. = 04. 10.	22. 12. = 05. 11.
23. 07. = 29. 05.	23. 08. = 01. 07.	23. 09. = 03. 08.	23. 10. = 04. 09.	23. 11. = 05. 10.	23. 12. = 06. 11.
24. 07. = 01. 06.	24. 08. = 02. 07.	24. 09. = 04. 08.	24. 10. = 05. 09.	24. 11. = 06. 10.	24. 12. = 07. 11.
25. 07. = 02. 06.	25. 08. = 03. 07.	25. 09. = 05. 08.	25. 10. = 06. 09.	25. 11. = 07. 10.	25. 12. = 08. 11.
26. 07. = 03. 06.	26. 08. = 04. 07.	26. 09. = 06. 08.	26. 10. = 07. 09.	26. 11. = 08. 10.	26. 12. = 09..11.
27. 07. = 04. 06.	27. 08. = 05. 07.	27. 09. = 07. 08.	27. 10. = 08. 09.	27. 11. = 09. 10.	27. 12. = 10. 11.
28. 07. = 05. 06.	28. 08. = 06. 07.	28. 09. = 08. 08.	28. 10. = 09. 09.	28. 11. = 10. 10.	28. 12. = 11. 11.
29. 07. = 06. 06.	29. 08. = 07. 07.	29. 09. = 09. 08.	29. 10. = 10. 09.	29. 11. = 11. 10.	29. 12. = 12. 11.
30. 07. = 07. 06.	30. 08. = 08. 07.	30. 09. = 10. 08.	30. 10. = 11. 09.	30. 11. = 12. 10.	30. 12. = 13. 11.
31. 07. = 08. 06.	31. 08. = 09. 07.		31. 10. = 12. 09.		31. 12. = 14. 11.

1923

Januar	Februar	März	April	Mai	Juni
01. 01. = 15. 11.	01. 02. = 16. 12.	01. 03. = 14. 01.	01. 04. = 16. 02.	01. 05. = 16. 03.	01. 06. = 17. 04.
02. 01. = 16. 11.	02. 02. = 17. 12.	02. 03. = 15. 01.	02. 04. = 17. 02.	02. 05. = 17. 03.	02. 06. = 18. 04.
03. 01. = 17. 11.	03. 02. = 18. 12.	03. 03. = 16. 01.	03. 04. = 18. 02.	03. 05. = 18. 03.	03. 06. = 19. 04.
04. 01. = 18. 11.	04. 02. = 19. 12.	04. 03. = 17. 01.	04. 04. = 19. 02.	04. 05. = 19. 03.	04. 06. = 20. 04.
05. 01. = 19. 11.	05. 02. = 20. 12.	05. 03. = 18. 01.	05. 04. = 20. 02.	05. 05. = 20. 03.	05. 06. = 21. 04.
06. 01. = 20. 11.	06. 02. = 21. 12.	06. 03. = 19. 01.	06. 04. = 21. 02.	06. 05. = 21. 03.	06. 06. = 22. 04.
07. 01. = 21. 11.	07. 02. = 22. 12.	07. 03. = 20. 01.	07. 04. = 22. 02.	07. 05. = 22. 03.	07. 06. = 23. 04.
08. 01. = 22. 11.	08. 02. = 23. 12.	08. 03. = 21. 01.	08. 04. = 23. 02.	08. 05. = 23. 03.	08. 06. = 24. 04.
09. 01. = 23. 11.	09. 02. = 24. 12.	09. 03. = 22. 01.	09. 04. = 24. 02.	09. 05. = 24. 03.	09. 06. = 25. 04.
10. 01. = 24. 11.	10. 02. = 25. 12.	10. 03. = 23. 01.	10. 04. = 25. 02.	10. 05. = 25. 03.	10. 06. = 26. 04.
11. 01. = 25. 11.	11. 02. = 26. 12.	11. 03. = 24. 01.	11. 04. = 26. 02.	11. 05. = 26. 03.	11. 06. = 27. 04.
12. 01. = 26. 11.	12. 02. = 27. 12.	12. 03. = 25. 01.	12. 04. = 27. 02.	12. 05. = 27. 03.	12. 06. = 28. 04.
13. 01. = 27. 11.	13. 02. = 28. 12.	13. 03. = 26. 01.	13. 04. = 28. 02.	13. 05. = 08. 03.	13. 06. = 29. 04.
14. 01. = 28. 11.	14. 02. = 29. 12.	14. 03. = 27. 01.	14. 04. = 29. 02.	14. 05. = 29. 03.	14. 06. = 01. 05.
15. 01. = 29. 11.	15. 02. = 30. 12.	15. 03. = 28. 01.	15. 04. = 30. 02.	15. 05. = 30. 03.	15. 06. = 02. 05.
16. 01. = 30. 11.	16. 02. = 01. 01.	16. 03. = 29. 01.	16. 04. = 01. 03.	16. 05. = 01. 04.	16. 06. = 03. 05.
17. 01. = 01. 12.	17. 02. = 02. 01.	17. 03. = 01. 02.	17. 04. = 02. 03.	17. 05. = 02. 04.	17. 06. = 04. 05.
18. 01. = 02. 12.	18. 02. = 03. 01.	18. 03. = 02. 02.	18. 04. = 03. 03.	18. 05. = 03. 04.	18. 06. = 05. 05.
19. 01. = 03. 12.	19. 02. = 04. 01.	19. 03. = 03. 02.	19. 04. = 04. 03.	19. 05. = 04. 04.	19. 06. = 06. 05.
20. 01. = 04. 12.	20. 02. = 05. 01.	20. 03. = 04. 02.	20. 04. = 05. 03.	20. 05. = 05. 04.	20. 06. = 07. 05.
21. 01. = 05. 12.	21. 02. = 06. 01.	21. 03. = 05. 02.	21. 04. = 06. 03.	21. 05. = 06. 04.	21. 06. = 08. 05.
22. 01. = 06. 12.	22. 02. = 07. 01.	22. 03. = 06. 02.	22. 04. = 07. 03.	22. 05. = 07. 04.	22. 06. = 09. 05.
23. 01. = 07. 12.	23. 02. = 08. 01.	23. 03. = 07. 02.	23. 04. = 08. 03.	23. 05. = 08. 04.	23. 06. = 10. 05.
24. 01. = 08. 12.	24. 02. = 09. 01.	24. 03. = 08. 02.	24. 04. = 09. 03.	24. 05. = 09. 04.	24. 06. = 11. 05.
25. 01. = 09. 12.	25. 02. = 10. 01.	25. 03. = 09. 02.	25. 04. = 10. 03.	25. 05. = 10. 04.	25. 06. = 12. 05.
26. 01. = 10. 12.	26. 02. = 11. 01.	26. 03. = 10. 02.	26. 04. = 11. 03.	26. 05. = 11. 04.	26. 06. = 13. 05.
27. 01. = 11. 12.	27. 02. = 12. 01.	27. 03. = 11. 02.	27. 04. = 12. 03.	27. 05. = 12. 04.	27. 06. = 14. 05.
28. 01. = 12. 12.	28. 02. = 13. 01.	28. 03. = 12. 02.	28. 04. = 13. 03.	28. 05. = 13. 04.	28. 06. = 15. 05.
29. 01. = 13. 12.		29. 03. = 13. 02.	29. 04. = 14. 03.	29. 05. = 14. 04.	29. 06. = 16. 05.
30. 01. = 14. 12.		30. 03. = 14. 02.	30. 04. = 15. 03.	30. 05. = 15. 04.	30. 06. = 17. 05.
31. 01. = 15. 12.		31. 03. = 15. 02.		31. 05. = 16. 04.	

1923

Juli	August	September	Oktober	November	Dezember
01. 07. = 18. 05.	01. 08. = 19. 06.	01. 09. = 21. 07.	01. 10. = 21. 08.	01. 11. = 23. 09.	01. 12. = 24. 10.
02. 07. = 19. 05.	02. 08. = 20. 06.	02. 09. = 22. 07.	02. 10. = 22. 08.	02. 11. = 24. 09.	02. 12. = 25. 10.
03. 07. = 20. 05.	03. 08. = 21. 06.	03. 09. = 23. 07.	03. 10. = 23.0 8.	03. 11. = 25. 09.	03. 12. = 26. 10.
04. 07. = 21. 05.	04. 08. = 22. 06.	04. 09. = 24. 07.	04. 10. = 24. 08.	04. 11. = 26. 09.	04. 12. = 27. 10.
05. 07. = 22. 05.	05. 08. = 23. 06.	05. 09. = 25. 07.	05. 10. = 25. 08.	05. 11. = 27. 09.	05. 12. = 28. 10.
06. 07. = 23. 05.	06. 08. = 24. 06.	06. 09. = 26. 07.	06. 10. = 26. 08.	06. 11. = 28. 09.	06. 12. = 29. 10.
07. 07. = 24. 05.	07. 08. = 25. 06.	07. 09. = 27. 07.	07. 10. = 27. 08.	07. 11. = 29. 09.	07. 12. = 30. 10.
08. 07. = 25. 05.	08. 08. = 26. 06.	08. 09. = 28. 07.	08. 10. = 28. 08.	08. 11. = 01. 10.	08. 12. = 01. 11.
09. 07. = 26. 05.	09. 08. = 27. 06.	09. 09. = 29. 07.	09. 10. = 29. 08.	09. 11. = 02. 10.	09. 12. = 02. 11.
10. 07. = 27. 05.	10. 08. = 28. 06.	10. 09. = 30. 07.	10. 10. = 01. 09.	10. 11. = 03. 10.	10. 12. = 03. 11.
11. 07. = 28. 05.	11. 08. = 29. 06.	11. 09. = 01. 08.	11. 10. = 02. 09.	11. 11. = 04. 10.	11. 12. = 04. 11.
12. 07. = 29. 05.	12. 08. = 01. 07.	12. 09. = 02. 08.	12. 10. = 03. 09.	12. 11. = 05. 10.	12. 12. = 05. 11.
13. 07. = 30. 05.	13. 08. = 02. 07.	13. 09. = 03.0 8.	13. 10. = 04. 09.	13. 11. = 06. 10.	13. 12. = 06. 11.
14. 07. = 01. 06.	14. 08. = 03. 07.	14. 09. = 04.0 8.	14. 10. = 05. 09.	14. 11. = 07. 10.	14. 12. = 07. 11.
15. 07. = 02. 06.	15. 08. = 04. 07.	15. 09. = 05. 08.	15. 10. = 06. 09.	15. 11. = 08. 10.	15. 12. = 08. 11.
16. 07. = 03. 06.	16. 08. = 05. 07.	16. 09. = 06. 08.	16. 10. = 07. 09.	16. 11. = 09. 10.	16. 12. = 09. 11.
17. 07. = 04. 06.	17. 08. = 06. 07.	17. 09. = 07. 08.	17. 10. = 08. 09.	17. 11. = 10. 10.	17. 12. = 10. 11.
18. 07. = 05. 06.	18. 08. = 07. 07.	18. 09. = 08. 08.	18. 10. = 09. 09.	18. 11. = 11. 10.	18. 12. = 11. 11.
19. 07. = 06. 05.	19. 08. = 08. 07.	19. 09. = 09. 08.	19. 10. = 10. 09.	19. 11. = 12. 10.	19. 12. = 12. 11.
20. 07. = 07. 06.	20. 08. = 09. 07.	20. 09. = 10. 08.	20. 10. = 11. 09.	20. 11. = 13. 10.	20. 12. = 13. 11.
21. 07. = 08. 06.	21. 08. = 10. 07.	21. 09. = 11. 08.	21. 10. = 12. 09.	21. 11. = 14. 10.	21. 12. = 14. 11.
22. 07. = 09. 06.	22. 08. = 11. 07.	22. 09. = 12. 08.	22. 10. = 13. 09.	22. 11. = 15. 10.	22. 12. = 15. 11.
23. 07. = 10. 06.	23. 08. = 12. 07.	23. 09. = 13. 08.	23. 10. = 14. 09.	23. 11. = 16. 10.	23. 12. = 16. 11.
24. 07. = 11. 06.	24. 08. = 13. 07.	24. 09. = 14. 08.	24. 10. = 15. 09.	24. 11. = 17. 10.	24. 12. = 17. 11.
25. 07. = 12. 06.	25. 08. = 14. 07.	25. 09. = 15. 08.	25. 10. = 16. 09.	25. 11. = 18. 10.	25. 12. = 18. 11.
26. 07. = 13. 06.	26. 08. = 15. 07.	26. 09. = 16. 08.	26. 10. = 17. 09.	26. 11. = 19. 10.	26. 12. = 19. 11.
27. 07. = 14. 06.	27. 08. = 16. 07.	27. 09. = 17. 08.	27. 10. = 18. 09.	27. 11. = 20. 10.	27. 12. = 20. 11.
28. 07. = 15. 06.	28. 08. = 17. 07.	28. 09. = 18. 08.	28. 10. = 19. 09.	28. 11. = 21. 10.	28. 12. = 21. 11.
29. 07. = 16. 06.	29. 08. = 18. 07.	29. 09. = 19. 08.	29. 10. = 20. 09.	29. 11. = 22. 10.	29. 12. = 22. 11.
30. 07. = 17. 06.	30. 08. = 19. 07.	30. 09. = 20. 08.	30. 10. = 21. 09.	30. 11. = 23. 10.	30. 12. = 23. 11.
31. 07. = 18. 06.	31. 08. = 20. 07.		31. 10. = 22. 09.		31. 12. = 24. 11.

1924

Januar	Februar	März	April	Mai	Juni
01. 01. = 25. 11.	01. 02. = 27. 12.	01. 03. = 26. 01.	01. 04. = 28. 02.	01. 05. = 28. 03.	01. 06. = 29. 04.
02. 01. = 26. 11.	02. 02. = 28. 12.	02. 03. = 27. 01.	02. 04. = 29. 02.	02. 05. = 29. 03.	02. 06. = 01. 05.
03. 01. = 27. 11.	03. 02. = 29. 12.	03. 03. = 28. 01.	03. 04. = 30. 02.	03. 05. = 30. 03.	03. 06. = 02. 05.
04. 01. = 28. 11.	04. 02. = 30. 12.	04. 03. = 29. 01.	04. 04. = 01. 03.	04. 05. = 01. 04.	04. 06. = 03. 05.
05. 01. = 29. 11.	05. 02. = 01. 01.	05. 03. = 01. 02.	05. 04. = 02. 03.	05. 05. = 02. 04.	05. 06. = 04. 05.
06. 01. = 01. 12.	06. 02. = 02. 01.	06. 03. = 02. 02.	06. 04. = 03. 03.	06. 05. = 03. 04.	06. 06. = 05. 05.
07. 01. = 02. 12.	07. 02. = 03. 01.	07. 03. = 03. 02.	07. 04. = 04. 03.	07. 05. = 04. 04.	07. 06. = 06. 05.
08. 01. = 03. 12.	08. 02. = 04. 01.	08. 03. = 04. 02.	08. 04. = 05. 03.	08. 05. = 05. 04.	08. 06. = 07. 05.
09. 01. = 04. 12.	09. 02. = 05. 01.	09. 03. = 05. 02.	09. 04. = 06. 03.	09. 05. = 06. 04.	09. 06. = 08. 05.
10. 01. = 05. 12.	10. 02. = 06. 01.	10. 03. = 06. 02.	10. 04. = 07. 03.	10. 05. = 07. 04.	10. 06. = 09. 05.
11. 01. = 06. 12.	11. 02. = 07. 01.	11. 03. = 07. 02.	11. 04. = 08. 03.	11. 05. = 08. 04.	11. 06. = 10. 05.
12. 01. = 07. 12.	12. 02. = 08. 01.	12. 03. = 08. 02.	12. 04. = 09. 03.	12. 05. = 09. 04.	12. 06. = 11. 05.
13. 01. = 08. 12.	13. 02. = 09. 01.	13. 03. = 09. 02.	13. 04. = 10. 03.	13. 05. = 10. 04.	13. 06. = 12. 05.
14. 01. = 09. 12.	14. 02. = 10. 01.	14. 03. = 10. 02.	14. 04. = 11. 03.	14. 05. = 11. 04.	14. 06. = 13. 05.
15. 01. = 10. 12.	15. 02. = 11. 01.	15. 03. = 11. 02.	15. 04. = 12. 03.	15. 05. = 12. 04.	15. 06. = 14. 05.
16. 01. = 11. 12.	16. 02. = 12. 01.	16. 03. = 12. 02.	16. 04. = 13. 03.	16. 05. = 13. 04.	16. 06. = 15. 05.
17. 01. = 12. 12.	17. 02. = 13. 01.	17. 03. = 13. 02.	17. 04. = 14. 03.	17. 05. = 14. 04.	17. 06. = 16. 05.
18. 01. = 13. 12.	18. 02. = 14. 01.	18. 03. = 14. 02.	18. 04. = 15. 03.	18. 05. = 15. 04.	18. 06. = 17. 05.
19. 01. = 14. 12.	19. 02. = 15. 01.	19. 03. = 15. 02.	19. 04. = 16. 03.	19. 05. = 16. 04.	19. 06. = 18. 05.
20. 01. = 15. 12.	20. 02. = 16. 01.	20. 03. = 16. 02.	20. 04. = 17. 03.	20. 05. = 17. 04.	20. 06. = 19. 05.
21. 01. = 16. 12.	21. 02. = 17. 01.	21. 03. = 17. 02.	21. 04. = 18. 03.	21. 05. = 18. 04.	21. 06. = 20. 05.
22. 01. = 17. 12.	22. 02. = 18. 01.	22. 03. = 18. 02.	22. 04. = 19. 03.	22. 05. = 19. 04.	22. 06. = 21. 05.
23. 01. = 18. 12.	23. 02. = 19. 01.	23. 03. = 19. 02.	23. 04. = 20. 03.	23. 05. = 20. 04.	23. 06. = 22. 05.
24. 01. = 19. 12.	24. 02. = 20. 01.	24. 03. = 20. 02.	24. 04. = 21. 03.	24. 05. = 21. 04.	24. 06. = 23. 05.
25. 01. = 20. 12.	25. 02. = 21. 01.	25. 03. = 21. 02.	25. 04. = 22. 03.	25. 05. = 22. 04.	25. 06. = 24. 05.
26. 01. = 21. 12.	26. 02. = 22. 01.	26. 03. = 22. 02.	26. 04. = 23. 03.	26. 05. = 23. 04.	26. 06. = 25. 05.
27. 01. = 22. 12.	27. 02. = 23. 01.	27. 03. = 23. 02.	27. 04. = 24. 03.	27. 05. = 24. 04.	27. 06. = 26. 05.
28. 01. = 23. 12.	28. 02. = 24. 01.	28. 03. = 24. 02.	28. 04. = 25. 03.	28. 05. = 25. 04.	28. 06. = 27. 05.
29. 01. = 24. 12.	29. 02. = 25. 01.	29. 03. = 25. 02.	29. 04. = 26. 03.	29. 05. = 26. 04.	29. 06. = 28. 05.
30. 01. = 25. 12.		30. 03. = 26. 02.	30. 04. = 27. 03.	30. 05. = 27. 04.	30. 06. = 29. 05.
31. 01. = 26. 12.		31. 03. = 27. 02.		31. 05. = 28. 04.	

1924

Juli	August	September	Oktober	November	Dezember
01. 07. = 30. 05.	01. 08. = 01. 07.	01. 09. = 03. 08.	01. 10. = 03. 09.	01. 11. = 05. 10.	01. 12. = 05. 11.
02. 07. = 01. 06.	02. 08. = 02. 07.	02. 09. = 04. 08.	02. 10. = 04. 09.	02. 11. = 06. 10.	02. 12. = 06. 11
03. 07. = 02. 06.	03. 08. = 03. 07.	03. 09. = 05. 08.	03. 10. = 05. 09.	03. 11. = 07. 10.	03. 12. = 07. 11.
04. 07. = 03. 06.	04. 08. = 04. 07.	04. 09. = 06. 08.	04. 10. = 06. 09.	04. 11. = 08. 10.	04. 12. = 08. 11.
05. 07. = 04. 06.	05. 08. = 05. 07.	05. 09. = 07. 08.	05. 10. = 07. 09.	05. 11. = 09. 10.	05. 12. = 09. 11.
06. 07. = 05. 06.	06. 08. = 06. 07.	06. 09. = 08. 08.	06. 10. = 08. 09.	06. 11. = 10. 10.	06. 12. = 10. 11.
07. 07. = 06. 06.	07. 08. = 07. 07.	07. 09. = 09. 08.	07. 10. = 09. 09.	07. 11. = 11. 10.	07. 12. = 11. 11.
08. 07. = 07. 06.	08. 08. = 08. 07.	08. 09. = 10. 08.	08. 10. = 10. 09.	08. 11. = 12. 10.	08. 12. = 12. 11.
09. 07. = 08. 06.	09. 08. = 09. 07.	09. 09. = 11. 08.	09. 10. = 11. 09.	09. 11. = 13. 10.	09. 12. = 13. 11.
10. 07. = 09. 06.	10. 08. = 10. 07.	10. 09. = 12. 08.	10. 10. = 12. 09.	10. 11. = 14. 10.	10. 12. = 14. 11.
11. 07. = 10. 06.	11. 08. = 11. 07.	11. 09. = 13. 08.	11. 10. = 13. 09.	11. 11. = 15. 10.	11. 12. = 15. 11.
12. 07. = 11. 06.	12. 08. = 12. 07.	12. 09. = 14. 08.	12. 10. = 14. 09.	12. 11. = 16. 10.	12. 12. = 16. 11.
13. 07. = 12. 06.	13. 08. = 13. 07.	13. 09. = 15. 08.	13. 10. = 15. 09.	13. 11. = 17. 10.	13. 12. = 17. 11.
14. 07. = 13. 06.	14. 08. = 14. 07.	14. 09. = 16. 08.	14. 10. = 16. 09.	14. 11. = 18. 10.	14. 12. = 18. 11.
15. 07. = 14. 06.	15. 08. = 15. 07.	15. 09. = 17. 08.	15. 10. = 17. 09.	15. 11. = 19. 10.	15. 12. = 19. 11.
16. 07. = 15. 06.	16. 08. = 16. 07.	16. 09. = 18. 08.	16. 10. = 18. 09.	16. 11. = 20. 10.	16. 12. = 20. 11.
17. 07. = 16. 06.	17. 08. = 17. 07.	17. 09. = 19. 08.	17. 10. = 19. 09.	17. 11. = 21. 10.	17. 12. = 21. 11.
18. 07. = 17. 06.	18. 08. = 18. 07.	18. 09. = 20. 08.	18. 10. = 20. 09.	18. 11. = 22. 10.	18. 12. = 22. 11.
19. 07. = 18. 06.	19. 08. = 19. 07.	19. 09. = 21. 08.	19. 10. = 21. 09.	19. 11. = 23. 10.	19. 12. = 23. 11.
20. 07. = 19. 06.	20. 08. = 20. 07.	20. 09. = 22. 08.	20. 10. = 22. 09.	20. 11. = 24. 10.	20. 12. = 24. 11.
21. 07. = 20. 06.	21. 08. = 21. 07.	21. 09. = 23. 08.	21. 10. = 23. 09.	21. 11. = 25. 10.	21. 12. = 25. 11.
22. 07. = 21. 06.	22. 08. = 22. 07.	22. 09. = 24. 08.	22. 10. = 24. 09.	22. 11. = 26. 10.	22. 12. = 26. 11.
23. 07. = 22. 06.	23. 08. = 23. 07.	23. 09. = 25. 08.	23. 10. = 25. 09.	23. 11. = 27. 10.	23. 12. = 27. 11.
24. 07. = 23. 06.	24. 08. = 24. 07.	24. 09. = 26. 08.	24. 10. = 26. 09.	24. 11. = 28. 10.	24. 12. = 28. 11.
25. 07. = 24. 06.	25. 08. = 25. 07.	25. 09. = 27. 08.	25. 10. = 27. 09.	25. 11. = 29. 10.	25. 12. = 29. 11.
26. 07. = 25. 06.	26. 08. = 26. 07.	26. 09. = 28. 08.	26. 10. = 28. 09.	26. 11. = 30. 10.	26. 12. = 01. 12.
27. 07. = 26. 06.	27. 08. = 27. 07.	27. 09. = 29. 08.	27. 10. = 29. 09.	27. 11. = 01. 11.	27. 12. = 02. 12.
28. 07. = 27. 06.	28. 08. = 28. 07.	28. 09. = 30. 08.	28. 10. = 01. 10.	28. 11. = 02. 11.	28. 12. = 03. 12.
29. 07. = 28. 06.	29. 08. = 29. 07.	29. 09. = 01. 09.	29. 10. = 02. 10.	29. 11. = 03. 11.	29. 12. = 04. 12.
30. 07. = 29. 06.	30. 08. = 01. 08.	30. 09. = 02. 09.	30. 10. = 03. 10.	30. 11. = 04. 11.	30. 12. = 05. 12.
31. 07. = 30. 06.	31. 08. = 02. 08.		31. 10. = 04. 10.		31. 12. = 06. 12.

1925

Januar	Februar	März	April	Mai	Juni
01. 01. = 07. 12.	01. 02. = 09. 01.	01. 03. = 07. 02.	01. 04. = 09. 03.	01. 05. = 09. 04.	01. 06. = 10. 04.
02. 01. = 08. 12.	02. 02. = 10. 01.	02. 03. = 08. 02.	02. 04. = 10. 03.	02. 05. = 10. 04.	02. 06. = 11. 04.
03. 01. = 09. 12.	03. 02. = 11. 01.	03. 03. = 09. 02.	03. 04. = 11. 03.	03. 05. = 11. 04.	03. 06. = 12. 04.
04. 01. = 10. 12.	04. 02. = 12. 01.	04. 03. = 10. 02.	04. 04. = 12. 03.	04. 05. = 12. 04.	04. 06. = 13. 04.
05. 01. = 11. 12.	05. 02. = 13. 01.	05. 03. = 11. 02.	05. 04. = 13. 03.	05. 05. = 13. 04.	05. 06. = 14. 04.
06. 01. = 12. 12.	06. 02. = 14. 01.	06. 03. = 12. 02.	06. 04. = 14. 03.	06. 05. = 14. 04.	06. 06. = 15. 04.
07. 01. = 13. 12.	07. 02. = 15. 01.	07. 03. = 13. 02.	07. 04. = 15. 03.	07. 05. = 15. 04.	07. 06. = 16. 04.
08. 01. = 14. 12.	08. 02. = 16. 01.	08. 03. = 14. 02.	08. 04. = 16. 03.	08. 05. = 16. 04.	08. 06. = 17. 04.
09. 01. = 15. 12.	09. 02. = 17. 01.	09. 03. = 15. 02.	09. 04. = 17. 03.	09. 05. = 17. 04.	09. 06. = 18. 04.
10. 01. = 16. 12.	10. 02. = 18. 01.	10. 03. = 16. 02.	10. 04. = 18. 03.	10. 05. = 18. 04.	10. 06. = 19. 04.
11. 01. = 17. 12.	11. 02. = 19. 01.	11. 03. = 07. 02.	11. 04. = 19. 03.	11. 05. = 19. 04.	11. 06. = 20. 04.
12. 01. = 18. 12.	12. 02. = 20. 01.	12. 03. = 18. 02.	12. 04. = 20. 03.	12. 05. = 20. 04.	12. 06. = 21. 04.
13. 01. = 19. 12.	13. 02. = 21. 01.	13. 03. = 19. 02.	13. 04. = 21. 03.	13. 05. = 21. 04.	13. 06. = 22. 04.
14. 01. = 20. 12.	14. 02. = 22. 01.	14. 03. = 20. 02.	14. 04. = 22. 03.	14. 05. = 22. 04.	14. 06. = 23. 04.
15. 01. = 21. 12.	15. 02. = 23. 01.	15. 03. = 21. 02.	15. 04. = 23. 03.	15. 05. = 23. 04.	15. 06. = 24. 04.
16. 01. = 22. 12.	16. 02. = 24. 01.	16. 03. = 22. 02.	16. 04. = 24. 03.	16. 05. = 24. 04.	16. 06. = 25. 04.
17. 01. = 23. 12.	17. 02. = 25. 01.	17. 03. = 23. 02.	17. 04. = 25. 03.	17. 05. = 25. 04.	17. 06. = 26. 04.
18. 01. = 24. 12.	18. 02. = 26. 01.	18. 03. = 24. 02.	18. 04. = 26. 03.	18. 05. = 26. 04.	18. 06. = 27. 04.
19. 01. = 25. 12.	19. 02. = 27. 01.	19. 03. = 25. 02.	19. 04. = 27. 03.	19. 05. = 27. 04.	19. 06. = 28. 04.
20. 01. = 26. 12.	20. 02. = 28. 01.	20. 03. = 26. 02.	20. 04. = 28. 03.	20. 05. = 28. 04.	20. 06. = 29. 04.
21. 01. = 27. 12.	21. 02. = 29. 01.	21. 03. = 27. 02.	21. 04. = 29. 03.	21. 05. = 29. 04.	21. 06. = 01. 05.
22. 01. = 28. 12.	22. 02. = 30. 01.	22. 03. = 28. 02.	22. 04. = 30. 03.	22. 05. = 30. 04.	22. 06. = 02. 05.
23. 01. = 29. 12.	23. 02. = 01. 02.	23. 03. = 29. 02.	23. 04. = 01.0 4.	23. 05. = 01. 04.	23. 06. = 03. 05.
24. 01. = 01. 01.	24. 02. = 02. 02.	24. 03. = 01. 03.	24. 04. = 02. 04.	24. 05. = 02. 04.	24. 06. = 04. 05.
25. 01. = 02. 01.	25. 02. = 03. 02.	25. 03. = 02. 03.	25. 04. = 03. 04.	25. 05. = 03. 04.	25. 06. = 05. 05.
26. 01. = 03. 01.	26. 02. = 04. 02.	26. 03. = 03. 03.	26. 04. = 04. 03.	26. 05. = 04. 04.	26. 06. = 06. 05.
27. 01. = 04. 01.	27. 02. = 05. 02.	27. 03. = 04. 03.	27. 04. = 05. 04.	27. 05. = 05. 04.	27. 06. = 07. 05.
28. 01. = 05. 01.	28. 02. = 06. 02.	28. 03. = 05. 03.	28. 04. = 06. 04.	28. 05. = 06. 04.	28. 06. = 08. 05.
29. 01. = 06. 01.		29. 03. = 06. 03.	29. 04. = 07. 04.	29. 05. = 07. 04.	29. 06. = 09. 05.
30. 01. = 07. 01.		30. 03. = 07. 03.	30. 04. = 08. 04.	30. 05. = 08. 04.	30. 06. = 10. 05.
31. 01. = 08. 01.		31. 03. = 08. 03.		31. 05. = 09. 04.	

1925

Juli	August	September	Oktober	November	Dezember
01. 07. = 11. 05.	01. 08. = 12. 06.	01. 09. = 14. 07.	01. 10. = 14. 08.	01. 11. = 15. 09.	01. 12. = 16. 10.
02. 07. = 12. 05.	02. 08. = 13. 06.	02. 09. = 15. 07.	02. 10. = 15. 08.	02. 11. = 16. 09.	02. 12. = 17. 10.
03. 07. = 13. 05.	03. 08. = 14. 06.	03. 09. = 16. 07.	03. 10. = 16. 08.	03. 11. − 17. 09.	03. 12. = 18. 10.
04. 07. = 14. 05.	04. 08. = 15. 06.	04. 09. = 17. 07.	04. 10. = 17. 08.	04. 11. = 18. 09.	04. 12. = 19. 10.
05. 07. = 15. 05.	05. 08. = 16. 06.	05. 09. = 18. 07.	05. 10. = 18. 08.	05. 11. = 19. 09.	05. 12. = 20. 10.
06. 07. = 16. 05.	06. 08. = 17. 06.	06. 09. = 19. 07.	06. 10. = 19. 08.	06. 11. = 20. 09.	06. 12. = 21. 10.
07. 07. = 17. 05.	07. 08. = 18. 06.	07. 09. = 20. 07.	07. 10. = 20. 08.	07. 11. = 21. 09.	07. 12. = 22. 10.
08. 07. = 18. 05.	08. 08. = 19. 06.	08. 09. = 21 07.	08. 10. = 21. 08.	08. 11. = 22. 09.	08. 12. = 23. 10.
09. 07. = 19. 05.	09. 08. = 20. 06.	09. 09. = 22. 07.	09. 10. = 22. 08.	09. 11. = 23. 09.	09. 12. = 24. 10.
10. 07. = 20. 05.	10. 08. = 21. 06.	10. 09. = 23. 07.	10. 10. = 23. 08.	10. 11. = 24. 09.	10. 12. = 25. 10.
11. 07. = 21. 05.	11. 08. − 22. 06.	11. 09. = 24. 07.	11. 10. = 24. 08.	11. 11. = 25. 09.	11. 12. = 26. 10.
12. 07. = 22. 05.	12. 08. = 23. 06.	12. 09. = 25. 07.	12. 10. = 25. 08.	12. 11. = 26. 09.	12. 12. = 27. 10.
13. 07. = 23. 05.	13. 08. = 24. 06.	13. 09. = 26. 07.	13. 10. = 26. 08.	13. 11. = 27. 09.	13. 12. = 28. 10.
14. 07. = 24. 05.	14. 08. = 25. 06.	14. 09. = 27. 07.	14. 10. = 27. 08.	14. 11. = 28. 09.	14. 12. = 29. 10.
15. 07. = 25. 05.	15. 08. = 26. 06.	15. 09. = 28. 07.	15. 10. = 28. 08.	15. 11. = 29. 09.	15. 12. = 30. 10.
16. 07. = 26. 05.	16. 08. = 27. 06.	16. 09. = 29. 07.	16. 10. = 29. 08.	16. 11. = 01. 10.	16. 12. = 01. 11.
17. 07. = 27. 05.	17. 08. = 28. 06.	17. 09. = 30. 07.	17. 10. = 30. 08.	17. 11. = 02. 01.	17. 12. = 02. 11.
18. 07. = 28. 05.	18. 08. = 29. 06.	18. 09. = 01. 08.	18. 10. = 01. 09.	18. 11. = 03. 10.	18. 12. = 03. 11.
19. 07. = 29. 05.	19. 08. = 01. 07.	19. 09. = 02. 08.	19. 10. = 02. 09.	19. 11. = 04. 10.	19. 12. = 04. 11.
20. 07. = 30. 05.	20. 08. = 02. 07.	20. 09. = 03. 08.	20. 10. = 03. 09.	20. 11. = 05. 10.	20. 12. = 05. 11.
21. 07. = 01. 06.	21. 08. = 03. 07.	21. 09. = 04. 08.	21. 10. = 04. 09.	21. 11. = 06. 10.	21. 12. = 06. 11.
22. 07. = 02. 06.	22. 08. = 04. 07.	22. 09. = 05. 08.	22. 10. = 05. 09.	22. 11. = 07. 10.	22. 12. = 07. 11.
23. 07. = 03. 06.	23. 08. = 05. 07.	23. 09. = 06. 08.	23. 10. = 06. 09.	23. 11. = 08. 10.	23. 12. = 08. 11.
24. 07. = 04. 06.	24. 08. = 06. 07.	24. 09. = 07. 08.	24. 10. = 07. 09.	24. 11. = 09. 10.	24. 12. = 09. 11.
25. 07. = 05. 06.	25. 08. = 07. 07.	25. 09. = 08. 08.	25. 10. = 08. 09.	25. 11. = 10. 10.	25. 12. = 10. 11.
26. 07. = 06. 06.	26. 08. = 08. 07.	26. 09. = 09. 08.	26. 10. = 09. 09.	26. 11. = 11. 10.	26. 12. = 11. 11.
27. 07. = 07. 06.	27. 08. = 09. 07.	27. 09. = 10. 08.	27. 10. = 10. 09.	27. 11. = 12. 10.	27. 12. = 12. 11.
28. 07. = 08. 06.	28. 08. = 10. 07.	28. 09. = 11. 08.	28. 10. = 11. 09.	28. 11. = 13. 10.	28. 12. = 13. 11.
29. 07. = 09. 06.	29. 08. = 11. 07.	29. 09. = 12. 08.	29. 10. = 12. 09.	29. 11. = 14. 10.	29. 12. = 14. 11.
30. 07. = 10 .06.	30. 08. = 12. 07.	30. 09. = 13. 08.	30. 10. = 13. 09.	30. 11. = 15. 10.	30. 12. = 15. 11.
31. 07. = 11. 06.	31. 08. = 13. 07.		31. 10. = 14. 09.		31. 12. = 16. 11.

1926

Januar	Februar	März	April	Mai	Juni
01. 01. = 17. 11.	01. 02. = 19. 12.	01. 03. = 17. 01.	01. 04. = 19. 02.	01. 05. = 20. 03.	01. 06. = 21. 04.
02. 01. = 18. 11.	02. 02. = 20. 12.	02. 03. = 18. 01.	02. 04. = 20. 02.	02. 05. = 21. 03.	02. 06. = 22. 04.
03. 01. = 19. 11.	03. 02. = 21. 12.	03. 03. = 19. 01.	03. 04. = 21. 02.	03. 05. = 22. 03.	03. 06. = 23. 04.
04. 01. = 20. 11.	04. 02. = 22. 12.	04. 03. = 20. 01.	04. 04. = 22. 02.	04. 05. = 23. 03.	04. 06. = 24. 04.
05. 01. = 21. 11.	05. 02. = 23. 12.	05. 03. = 21. 01.	05. 04. = 23. 02.	05. 05. = 24. 03.	05. 06. = 25. 04.
06. 01. = 22. 11.	06. 02. = 24. 12.	06. 03. = 22. 01.	06. 04. = 24. 02.	06. 05. = 25. 03.	06. 06. = 26. 04.
07. 01. = 23. 11.	07. 02. = 25. 12.	07. 03. = 23. 01.	07. 04. = 25. 02.	07. 05. = 26. 03.	07. 06. = 27. 04.
08. 01. = 24. 11.	08. 02. = 26. 12.	08. 03. = 24. 01.	08. 04. = 26. 02.	08. 05. = 27. 03.	08. 06. = 28. 04.
09. 01. = 25. 11.	09. 02. = 27. 12.	09. 03. = 25. 01.	09. 04. = 27. 02.	09. 05. = 28. 03.	09. 06. = 29. 04.
10. 01. = 26. 11.	10. 02. = 28. 12.	10. 03. = 26. 01.	10. 04. = 28. 02.	10. 05. = 29. 03.	10. 06. = 01. 05.
11. 01. = 27. 11.	11. 02. = 29. 12.	11. 03. = 27. 01.	11. 04. = 29. 02.	11. 05. = 30. 03.	11. 06. = 02. 05.
12. 01. = 28. 11.	12. 02. = 30. 12.	12. 03. = 28. 01.	12. 04. = 01. 03.	12. 05. = 01. 04.	12. 06. = 03. 05.
13. 01. = 29. 11.	13. 02. = 01. 01.	13. 03. = 29. 01.	13. 04. = 02. 03.	13. 05. = 02. 04.	13. 06. = 04. 05.
14. 01. = 01. 12.	14. 02. = 02. 01.	14. 03. = 01. 02.	14. 04. = 03. 03.	14. 05. = 03. 04.	14. 06. = 05. 05.
15. 01. = 02. 12.	15. 02. = 03. 01.	15. 03. = 02. 02.	15. 04. = 04. 03.	15. 05. = 04. 04.	15. 06. = 06. 05.
16. 01. = 03. 12.	16. 02. = 04. 01.	16. 03. = 03. 02.	16. 04. = 05. 03.	16. 05. = 05. 04.	16. 06. = 07. 05.
17. 01. = 04. 12.	17. 02. = 05. 01.	17. 03. = 04. 02.	17. 04. = 06. 03.	17. 05. = 06. 04.	17. 06. = 08. 05.
18. 01. = 05. 12.	18. 02. = 06. 01.	18. 03. = 05. 02.	18. 04. = 07. 03.	18. 05. = 07. 04.	18. 06. = 09. 05.
19. 01. = 06. 12.	19. 02. = 07. 01.	19. 03. = 06. 02.	19. 04. = 08. 03.	19. 05. = 08. 04.	19. 06. = 10. 05.
20. 01. = 07. 12.	20. 02. = 08. 01.	20. 03. = 07. 02.	20. 04. = 09. 03.	20. 05. = 09 .04.	20. 06. = 11. 05.
21. 01. = 08. 12.	21. 02. = 09. 01.	21. 03. = 08. 02.	21. 04. = 10. 03.	21. 05. = 10. 04.	21. 06. = 12. 05.
22. 01. = 09. 12.	22. 02. = 10. 01.	22. 03. = 09. 02.	22. 04. = 11. 03.	22. 05. = 11. 04.	22. 06. = 13. 05.
23. 01. = 10. 12.	23. 02. = 11. 01.	23. 03. = 10. 02.	23. 04. = 12. 03.	23. 05. = 12. 04.	23. 06. = 14. 05.
24. 01. = 11. 12.	24. 02. = 12. 01.	24. 03. = 11. 02.	24. 04. = 13. 03.	24. 05. = 13. 04.	24. 06. = 15. 05.
25. 01. = 12. 12.	25. 02. = 13. 01.	25. 03. = 12. 02.	25. 04. = 14. 03.	25. 05. = 14. 04.	25. 06. = 16. 05.
26. 01. = 13. 12.	26. 02. = 14. 01.	26. 03. = 13. 02.	26. 04. = 15. 03.	26. 05. = 15. 04.	26. 06. = 17. 05.
27. 01. = 14. 12.	27. 02. = 15. 01.	27. 03. = 14. 02.	27. 04. = 16. 03.	27. 05. = 16. 04.	27. 06. = 18. 05.
28. 01. = 15. 12.	28. 02. = 16. 01.	28. 03. = 15. 02.	28. 04. = 17. 03.	28. 05. = 17. 04.	28. 06. = 19. 05.
29. 01. = 16. 12.		29. 03. = 16. 02.	29. 04. = 18. 03.	29. 05. = 18. 04.	29. 06. = 20. 05.
30. 01. = 17. 12.		30. 03. = 17. 02.	30. 04. = 19. 03.	30. 05. = 19. 04.	30. 06. = 21. 05.
31. 01. = 18. 12.		31. 03. = 18. 02.		31. 05. = 20. 04.	

1926

Juli	August	September	Oktober	November	Dezember
01. 07. = 22. 05.	01. 08. = 23. 06.	01. 09. = 25. 07.	01. 10. = 25. 08.	01. 11. = 26. 09.	01. 12. = 27. 10.
02. 07. = 23. 05.	02. 08. = 24. 06.	02. 09. = 26. 07.	02. 10. = 26. 08.	02. 11. = 27. 09.	02. 12. = 28. 10.
03. 07. = 24. 05.	03. 08. = 25. 06.	03. 09. = 27. 07.	03. 10. = 27. 08.	03. 11. = 28. 09.	03. 12. = 29. 10.
04. 07. = 25. 05.	04. 08. = 26. 06.	04. 09. = 28. 07.	04. 10. = 28. 08.	04. 11. = 29. 09.	04. 12. = 30. 10.
05. 07. = 26. 05.	05. 08. = 27. 06.	05. 09. = 29. 07.	05. 10. = 29. 08.	05. 11. = 01. 10.	05. 12. = 01. 11.
06. 07. = 27. 05.	06. 08. = 28. 06.	06. 09. = 30. 07.	06. 10. = 30. 08.	06. 11. = 02. 10.	06. 12. = 02. 11.
07. 07. = 28. 05.	07. 08. = 29. 06.	07. 09. = 01. 08.	07. 10. = 01. 09.	07. 11. = 03. 10.	07. 12. = 03. 11.
08. 07. = 29. 05.	08. 08. = 01. 07.	08. 09. = 02. 08.	08. 10. = 02. 09.	08. 11. = 04. 10.	08. 12. = 04. 11.
09. 07. = 30. 05.	09. 08. = 02. 07.	09. 09. = 03. 08.	09. 10. = 03. 09.	09. 11. = 05. 10.	09. 12. = 05. 11.
10. 07. = 01. 06.	10. 08. = 03. 07.	10. 09. = 04. 08.	10. 10. = 04. 09.	10. 11. = 06. 10.	10. 12. = 06. 11.
11. 07. = 02. 06.	11. 08. = 04. 07.	11. 09. = 05. 08.	11. 10. = 05. 09.	11. 11. = 07. 10.	11. 12. = 07. 11.
12. 07. = 03. 06.	12. 08. = 05. 07.	12. 09. = 06. 08.	12. 10. = 06. 09.	12. 11. = 08. 10.	12. 12. = 08. 11.
13. 07. = 04. 06.	13. 08. = 06. 07.	13. 09. = 07. 08.	13. 10. = 07 .09.	13. 11. = 09. 10.	13. 12. = 09. 11.
14. 07. = 05. 06.	14. 08. = 07. 07.	14. 09. = 08. 08.	14. 10. = 08. 09.	14. 11. = 10. 10.	14. 12. = 10. 11.
15. 07. = 06. 06.	15. 08. = 08. 07.	15. 09. = 09. 08.	15. 10. = 09. 09.	15. 11. = 11. 10.	15. 12. = 11. 11.
16. 07. = 07. 06.	16. 08. = 09. 07.	16. 09. = 10. 08.	16. 10. = 10. 09.	16. 11. = 12. 10.	16. 12. = 12. 11.
17. 07. = 08. 06.	17. 08. = 10. 07.	17. 09. = 11. 08.	17. 10. = 11. 09.	17. 11. = 13. 10.	17. 12. = 13. 11.
18. 07. = 09. 06.	18. 08. = 11. 07.	18. 09. = 12. 08.	18. 10. = 12. 09.	18. 11. = 14. 10.	18. 12. = 14. 11.
19. 07. = 10. 06.	19. 08. = 12. 07.	19. 09. = 13. 08.	19. 10. = 13. 09.	19. 11. = 15. 10.	19. 12. = 15. 11.
20. 07. = 11. 06.	20. 08. = 13. 07.	20. 09. = 14. 08.	20. 10. = 14. 09.	20. 11. = 16. 10.	20. 12. = 16. 11.
21. 07. = 12. 06.	21. 08. = 14. 07.	21. 09. = 15. 08.	21. 10. = 15. 09.	21. 11. = 17. 10.	21. 12. = 17. 11.
22. 07. = 13. 06.	22. 08. = 15. 07.	22. 09. = 16. 08.	22. 10. = 16. 09.	22. 11. = 18. 10.	22. 12. = 18. 11.
23. 07. = 14. 06.	23. 08. = 16. 07.	23. 09. = 17. 08.	23. 10. = 17. 09.	23. 11. = 19. 10.	23. 12. = 19. 11.
24. 07. = 15. 06.	24. 08. = 17. 07.	24. 09. = 18. 08.	24. 10. = 18. 09.	24. 11. = 20. 10.	24. 12. = 20. 11.
25. 07. = 16. 06.	25. 08. = 18. 07.	25. 09. = 19. 08.	25. 10. = 19. 09.	25. 11. = 21. 10.	25. 12. = 21. 11.
26. 07. = 17. 06.	26. 08. = 19. 07.	26. 09. = 20. 08.	26. 10. = 20. 09.	26. 11. = 22. 10.	26. 12. = 22. 11.
27. 07. = 18. 06.	27. 08. = 20. 07.	27. 09. = 21. 08.	27. 10. = 21. 09.	27. 11. = 23. 10.	27. 12. = 23. 11.
28. 07. = 19. 06.	28. 08. = 21. 07.	28. 09. = 22. 08.	28. 10. = 22. 09.	28. 11. = 24. 10.	28. 12. = 24. 11.
29. 07. = 20. 06.	29. 08. = 22. 07.	29. 09. = 23. 08.	29. 10. = 23. 09.	29. 11. = 25. 10.	29. 12. = 25. 11.
30. 07. = 21. 06.	30. 08. = 23. 07.	30. 09. = 24. 08.	30. 10. = 24. 09.	30. 11. = 26. 10.	30. 12. = 26. 11.
31. 07. = 22. 06.	31. 08. = 24. 07.		31. 10. = 25. 09.		31. 12. = 27. 11.

1927

Januar	Februar	März	April	Mai	Juni
01. 01. = 28. 11.	01. 02. = 29. 12.	01. 03. = 28. 01.	01. 04. = 29. 02.	01. 05. = 01. 04.	01. 06. = 02. 05.
02. 01. = 29. 11.	02. 02. = 01. 01.	02. 03. = 29. 01.	02. 04. = 01. 03.	02. 05. = 02. 04.	02. 06. = 03. 05.
03. 01. = 30. 11.	03. 02. = 02. 01.	03. 03. = 30. 01.	03. 04. = 02. 03.	03. 05. = 03. 04.	03. 06. = 04. 05.
04. 01. = 01. 12.	04. 02. = 03. 01.	04. 03. = 01. 02.	04. 04. = 03. 03.	04. 05. = 04. 04.	04. 06. = 05. 05.
05. 01. = 02. 12.	05. 02. = 04. 01.	05. 03. = 02. 02.	05. 04. = 04. 03.	05. 05. = 05. 04.	05. 06. = 06. 05.
06. 01. = 03. 12.	06. 02. = 05. 01.	06. 03. = 03. 02.	06. 04. = 05. 03.	06. 05. = 06. 04.	06. 06. = 07. 05.
07. 01. = 04. 12.	07. 02. = 06.0 1.	07. 03. = 04. 02.	07. 04. = 06. 03.	07. 05. = 07. 04.	07. 06. = 08. 05.
08. 01. = 05. 12.	08. 02. = 07. 01.	08. 03. = 05. 02.	08. 04. = 07. 03.	08. 05. = 08. 04.	08. 06. = 09. 05.
09. 01. = 06. 12.	09. 02. = 08. 01.	09. 03. = 06. 02.	09. 04. = 08. 03.	09. 05. = 09. 04.	09. 06. = 10. 05.
10. 01. = 07. 12.	10. 02. = 09. 01.	10. 03. = 07. 02.	10. 04. = 09. 03.	10. 05. = 10. 04.	10. 06. = 11. 05.
11. 01. = 08. 12.	11. 02. = 10. 01.	11. 03. = 08. 02.	11. 04. = 10. 03.	11. 05. = 11. 04.	11. 06. = 12. 05.
12. 01. = 09. 12.	12. 02. = 11. 01.	12. 03. = 09. 02.	12. 04. = 11. 03.	12. 05. = 12. 04.	12. 06. = 13. 05.
13. 01. = 10. 12.	13. 02. = 12. 01.	13. 03. = 10. 02.	13. 04. = 12. 03.	13. 05. = 13. 04.	13. 06. = 14. 05.
14. 01. = 11. 12.	14. 02. = 13. 01.	14. 03. = 11. 02.	14. 04. = 13. 03.	14. 05. = 14. 04.	14. 06. = 15. 05.
15. 01. = 12. 12.	15. 02. = 14. 01.	15. 03. = 12. 02.	15. 04. = 14. 03.	15. 05. = 15. 04.	15. 06. = 16. 05.
16. 01. = 13. 12.	16. 02. = 15. 01.	16. 03. = 13. 02.	16. 04. = 15. 03.	16. 05. = 16. 04.	16. 06. = 17. 05.
17. 01. = 14. 12.	17. 02. = 16. 01.	17. 03. = 14. 02.	17. 04. = 16. 03.	17. 05. = 17. 04.	17. 06. = 18. 05.
18. 01. = 15. 12.	18. 02. = 17. 01.	18. 03. = 15. 02.	18. 04. = 17. 03.	18. 05. = 18. 04.	18. 06. = 19. 05.
19. 01. = 16. 12.	19. 02. = 18. 01.	19. 03. = 16. 02.	19. 04. = 18. 03.	19. 05. = 19. 04.	19. 06. = 20. 05.
20. 01. = 17. 12.	20. 02. = 19. 01.	20. 03. = 17. 02.	20. 04. = 19. 03.	20. 05. = 20. 04.	20. 06. = 21. 05.
21. 01. = 18. 12.	21. 02. = 20. 01.	21. 03. = 18. 02.	21. 04. = 20. 03.	21. 05. = 21. 04.	21. 06. = 22.0 5.
22. 01. = 19. 12.	22. 02. = 21. 01.	22. 03. = 19. 02.	22. 04. = 21 .03.	22. 05. = 22. 04.	22. 06. = 23. 05.
23. 01. = 20. 12.	23. 02. = 22. 01.	23. 03. = 20. 02.	23. 04. = 22. 03.	23. 05. = 23. 04.	23. 06. = 24. 05.
24. 01. = 21. 12.	24. 02. = 23. 01.	24. 03. = 21. 02.	24. 04. = 23. 03.	24. 05. = 24. 04.	24. 06. = 25. 05.
25. 01. = 22. 12.	25. 02. = 24. 01.	25. 03. = 22. 02.	25. 04. = 24. 03.	25. 05. = 25. 04.	25. 06. = 26. 05.
26. 01. = 23. 12.	26. 02. = 25. 01.	26. 03. = 23. 02.	26. 04. = 25. 03.	26. 05. = 26. 04.	26. 06. = 07. 05.
27. 01. = 24. 12.	27. 02. = 26. 01.	27. 03. = 24. 02.	27. 04. = 26. 03.	27. 05. = 27. 04.	27. 06. = 28. 05.
28. 01. = 25. 12.	28. 02. = 27. 01.	28. 03. = 25. 02.	28. 04. = 27. 03.	28. 05. = 28. 04.	28. 06. = 29. 05.
29. 01. = 26. 12.		29. 03. = 26. 02.	29. 04. = 28. 03.	29. 05. = 29. 04.	29. 06. = 01. 06.
30. 01. = 27. 12.		30. 03. = 27. 02.	30. 04. = 29. 03.	30. 05. = 30. 04.	30. 06. = 02. 06.
31. 01. = 28. 12.		31. 03. = 28. 02.		31. 05. = 01. 05.	

1927

Juli	August	September	Oktober	November	Dezember
01. 07. = 03. 06.	01. 08. = 04. 07.	01. 09. = 06. 08.	01. 10. = 06. 09.	01. 11. = 08. 10.	01. 12. = 08. 11.
02. 07. = 04. 06.	02. 08. = 05. 07.	02. 09. = 07. 08.	02. 10. = 07. 09.	02. 11. = 09. 10.	02. 12. = 09. 11.
03. 07. = 05. 06.	03. 08. = 06. 07.	03. 09. = 08. 08.	03. 10. = 08. 09.	03. 11. = 10. 10.	03. 12. = 10. 11.
04. 07. = 06. 06.	04. 08. = 07. 07.	04. 09. = 09. 08.	04. 10. = 09. 09.	04. 11. = 11. 10.	04. 12. = 11. 11.
05. 07. = 07. 06.	05. 08. = 08. 07.	05. 09. = 10. 08.	05. 10. = 10. 09.	05. 11. = 12. 10.	05. 12. = 12. 11.
06. 07. = 08. 06.	06. 08. = 09. 07.	06. 09. = 11. 08.	06. 10. = 11. 09.	06. 11. = 13. 10.	06. 12. = 13. 11.
07. 07. = 09. 06.	07. 08. = 10. 07.	07. 09. = 12. 08.	07. 10. = 12. 09.	07. 11. = 14. 10.	07. 12. = 14. 11.
08. 07. = 10. 06.	08. 08. = 11. 07.	08. 09. = 13. 08.	08. 10. = 13. 09.	08. 11. = 15. 10.	08. 12. = 15. 11.
09. 07. = 11. 06.	09. 08. = 12. 07.	09. 09. = 14. 08.	09. 10. = 14. 09.	09. 11. = 16. 10.	09. 12. = 16. 11.
10. 07. = 12. 06.	10. 08. = 13. 07.	10. 09. = 15. 08.	10. 10. = 15. 09.	10. 11. = 17. 10.	10. 12. = 17. 11.
11. 07. = 13. 06.	11. 08. = 14. 07.	11. 09. = 16. 08.	11. 10. = 16. 09.	11. 11. = 18. 10.	11. 12. = 18. 11.
12. 07. = 14. 06.	12. 08. = 15. 07.	12. 09. = 17. 08.	12. 10. = 17. 09.	12. 11. = 19. 10.	12. 12. = 19. 11.
13. 07. = 15. 06.	13. 08. = 16. 07.	13. 09. = 18. 08.	13. 10. = 18. 09.	13. 11. = 20. 10.	13. 12. = 20. 11.
14. 07. = 16. 06.	14. 08. = 17. 07.	14. 09. = 19. 08.	14. 10. = 19. 09.	14. 11. = 21. 10.	14. 12. = 21. 11.
15. 07. = 17. 06.	15. 08. = 18. 07.	15. 09. = 20. 08.	15. 10. = 20. 09.	15. 11. = 22. 10.	15. 12. = 22. 11.
16. 07. = 18. 06.	16. 08. = 19. 07.	16. 09. = 21. 08.	16. 10. = 21. 09.	16. 11. = 23. 10.	16. 12. = 23. 11.
17. 07. = 19. 06.	17. 08. = 20. 07.	17. 09. = 22. 08.	17. 10. = 22. 09.	17. 11. = 24. 10.	17. 12. = 24. 11.
18. 07. = 20. 06.	18. 08. = 21. 07.	18. 09. = 23. 08.	18. 10. = 23. 09.	18. 11. = 25. 10.	18. 12. = 25. 11.
19. 07. = 21. 06.	19. 08. = 22. 07.	19. 09. = 24. 08.	19. 10. = 24. 09.	19. 11. = 26. 10.	19. 12. = 26. 11.
20. 07. = 22. 06.	20. 08. = 23. 07.	20. 09. = 25. 08.	20. 10. = 25. 09.	20. 11. = 27. 10.	20. 12. = 27. 11.
21. 07. = 23. 06.	21. 08. = 24. 07.	21. 09. = 26. 08.	21. 10. = 26. 09.	21. 11. = 28. 10.	21. 12. = 28. 11.
22. 07. = 24. 06.	22. 08. = 25. 07.	22. 09. = 27. 08.	22. 10. = 27. 09.	22. 11. = 29. 10.	22. 12. = 29. 11.
23. 07. = 25. 06.	23. 08. = 26. 07.	23. 09. = 28. 08.	23. 10. = 28. 09.	23. 11. = 30. 10.	23. 12. = 30. 11.
24. 07. = 26. 06.	24. 08. = 27. 07.	24. 09. = 29. 08.	24. 10. = 29. 09.	24. 11. = 01. 11.	24. 12. = 01. 12.
25. 07. = 27. 06.	25. 08. = 28. 07.	25. 09. = 30 .08.	25. 10. = 01. 10.	25. 11. = 02. 11.	25. 12. = 02. 12.
26. 07. = 28. 06.	26. 08. = 29. 07.	26. 09. = 01. 09.	26. 10. = 02. 10.	26. 11. = 03. 11.	26. 12. = 03. 12.
27. 07. = 29. 06.	27. 08. = 01. 08.	27. 09. = 02. 09.	27. 10. = 03. 10.	27. 11. = 04. 11.	27. 12. = 04. 12.
28. 07. = 30. 06.	28. 08. = 02. 08.	28. 09. = 03. 09.	28. 10. = 04. 10.	28. 11. = 05. 11.	28. 12. = 05. 12.
29. 07. = 01. 07.	29. 08. = 03. 08.	29. 09. = 04. 09.	29. 10. = 05. 10.	29. 11. = 06. 11.	29. 12. = 06. 12.
30. 07. = 02. 07.	30. 08. = 04. 08.	30. 09. = 05. 09.	30. 10. = 06. 10.	30. 11. = 07. 11.	30. 12. = 07. 12.
31. 07. = 03. 07.	31. 08. = 05. 08.		31. 10. = 07. 10.		31. 12. = 08. 12.

1928

Januar	Februar	März	April	Mai	Juni
01. 01. = 09. 12.	01. 02. = 10. 01.	01. 03. = 10. 02.	01. 04. = 12. 02.	01. 05. = 12. 03.	01. 06. = 14. 04.
02. 01. = 10. 12.	02. 02. = 11. 01.	02. 03. = 11. 02.	02. 04. = 13. 02.	02. 05. = 13. 03.	02. 06. = 15. 04.
03. 01. = 11. 12.	03. 02. = 12. 01.	03. 03. = 12. 02.	03. 04. = 14. 02.	03. 05. = 14. 03.	03. 06. = 16. 04.
04. 01. = 12. 12.	04. 02. = 13. 01.	04. 03. = 13. 02.	04. 04. = 15. 02.	04. 05. = 15. 03.	04. 06. = 17. 04.
05. 01. = 13. 12.	05. 02. = 04. 01.	05. 03. = 14. 02.	05. 04. = 16. 02.	05. 05. = 16. 03.	05. 06. = 18. 04.
06. 01. = 14. 12.	06. 02. = 15. 01.	06. 03. = 15. 02.	06. 04. = 17. 02.	06. 05. = 17. 03.	06. 06. = 19. 04.
07. 01. = 15. 12.	07. 02. = 16. 01.	07. 03. = 16. 02.	07. 04. = 18. 02.	07. 05. = 18. 03.	07. 06. = 20. 04.
08. 01. = 16. 12.	08. 02. = 17. 01.	08. 03. = 17. 02.	08. 04. = 19. 02.	08. 05. = 19. 03.	08. 06. = 21. 04.
09. 01. = 17. 12.	09. 02. = 18. 01.	09. 03. = 18. 02.	09. 04. = 20. 02.	09. 05. = 20. 03.	09. 06. = 22. 04.
10. 01. = 18. 12.	10. 02. = 19. 01.	10. 03. = 19. 02.	10. 04. = 21. 02.	10. 05. = 21. 03.	10. 06. = 23. 04.
11. 01. = 19. 12.	11. 02. = 20. 01.	11. 03. = 20. 02.	11. 04. = 22. 02.	11. 05. = 22. 03.	11. 06. = 24. 04.
12. 01. = 20. 12.	12. 02. = 21. 01.	12. 03. = 21. 02.	12. 04. = 23. 02.	12. 05. = 23. 03.	12. 06. = 25. 04.
13. 01. = 21. 12.	13. 02. = 22. 01.	13. 03. = 22. 02.	13. 04. = 24. 02.	13. 05. = 24. 03.	13. 06. = 26. 04.
14. 01. = 22. 12.	14. 02. = 23. 01.	14. 03. = 23. 02.	14. 04. = 25. 02.	14. 05. = 25. 03.	14. 06. = 27. 04.
15. 01. = 23. 12.	15. 02. = 24. 01.	15. 03. = 24. 02.	15. 04. = 26. 02.	15. 05. = 26. 03.	15. 06. = 28. 04.
16. 01. = 24. 12.	16. 02. = 25. 01.	16. 03. = 25. 02.	16. 04. = 27. 02.	16. 05. = 27. 03.	16. 06. = 29. 04.
17. 01. = 25. 12.	17. 02. = 26. 01.	17. 03. = 26. 02.	17. 04. = 28. 02.	17. 05. = 28. 03.	17. 06. = 30. 04.
18. 01. = 26. 12.	18. 02. = 27. 01.	18. 03. = 27. 02.	18. 04. = 29. 02.	18. 05. = 29. 03.	18. 06. = 01. 05.
19. 01. = 27. 12.	19. 02. = 28. 01.	19. 03. = 28. 02.	19. 04. = 30. 02.	19. 05. = 01. 04.	19. 06. = 02. 05.
20. 01. = 28. 12.	20. 02. = 29. 01.	20. 03. = 29. 02.	20. 04. = 01. 03.	20. 05. = 02. 04.	20. 06. = 03. 05.
21. 01. = 29. 12.	21. 02. = 01. 02.	21. 03. = 01. 02.	21. 04. = 02. 03.	21. 05. = 03. 04.	21. 06. = 04. 05.
22. 01. = 30. 12.	22. 02. = 02. 02.	22. 03. = 02. 02.	22. 04. = 03. 03.	22. 05. = 04. 04.	22. 06. = 05. 05.
23. 01. = 01. 12.	23. 02. = 03. 02.	23. 03. = 03. 02.	23. 04. = 04. 03.	23. 05. = 05. 04.	23. 06. = 06. 05.
24. 01. = 02. 01.	24. 02. = 04. 02.	24. 03. = 04. 02.	24. 04. = 05. 03.	24. 05. = 06. 04.	24. 06. = 07. 05.
25. 01. = 03. 01.	25. 02. = 05. 02.	25. 03. = 05. 02.	25. 04. = 06. 03.	25. 05. = 07. 04.	25. 06. = 08. 05.
26. 01. = 04. 01.	26. 02. = 06. 02.	26. 03. = 06. 02.	26. 04. = 07. 03.	26. 05. = 08. 04.	26. 06. = 09. 05.
27. 01. = 05. 01.	27. 02. = 07. 02.	27. 03. = 07. 02.	27. 04. = 08. 03.	27. 05. = 09. 04.	27. 06. = 10. 05.
28. 01. = 06. 01.	28. 02. = 08. 02.	28. 03. = 08. 02.	28. 04. = 09. 03.	28. 05. = 10. 04.	28. 06. = 11. 05.
29. 01. = 07. 01.	29. 02. = 09. 02.	29. 03. = 09. 02.	29. 04. = 10. 03.	29. 05. = 11. 04.	29. 06. = 12. 05.
30. 01. = 08. 01.		30. 03. = 10. 02.	30. 04. = 11. 03.	30. 05. = 12. 04.	30. 06. = 13. 05.
31. 01. = 09. 01.		31. 03. = 11. 02.		31. 05. = 13. 04.	

1928

Juli	August	September	Oktober	November	Dezember
01. 07. = 14. 05.	01. 08. = 16. 06.	01. 09. = 18. 07.	01. 10. = 18. 08.	01. 11. = 20. 09.	01. 12. = 20. 10.
02. 07. = 15. 05.	02. 08. = 17. 06.	02. 09. = 19. 07.	02. 10. = 19. 08.	02. 11. = 21. 09.	02. 12. = 21. 10.
03. 07. = 16. 05.	03. 08. = 18. 06.	03. 09. = 20. 07.	03. 10. = 20. 08.	03. 11. = 22. 09.	03. 12. = 22. 10.
04. 07. = 17. 05.	04. 08. = 19. 06.	04. 09. = 21. 07.	04. 10. = 21. 08.	04. 11. = 23. 09.	04. 12. = 23. 10.
05. 07. = 18. 05.	05. 08. = 20. 06.	05. 09. = 22. 07.	05. 10. = 22. 08.	05. 11. = 24. 09.	05. 12. = 24. 10.
06. 07. = 19. 05.	06. 08. = 21. 06.	06. 09. = 23. 07.	06. 10. = 23. 08.	06. 11. = 25. 09.	06. 12. = 25. 10.
07. 07. = 20. 05.	07. 08. = 22. 06.	07. 09. = 24. 07.	07. 10. = 24. 08.	07. 11. = 26. 09.	07. 12. = 26. 10.
08. 07. = 21. 05.	08. 08. = 23. 06.	08. 09. = 25. 07.	08. 10. = 25. 08.	08. 11. = 27. 09.	08. 12. = 27. 10.
09. 07. = 22. 05.	09. 08. = 24. 06.	09. 09. = 26. 07.	09. 10. = 06. 08.	09. 11. = 28. 09.	09. 12. = 28. 10.
10. 07. = 23. 05.	10. 08. = 25. 06.	10. 09. = 27. 07.	10. 10. = 27. 08.	10. 11. = 29. 09.	10. 12. = 29. 10.
11. 07. = 24. 05.	11. 08. = 26. 06.	11. 09. = 28. 07.	11. 10. = 28. 08.	11. 11. = 30. 09.	11. 12. = 30. 10.
12. 07. = 25. 05.	12. 08. = 27. 06.	12. 09. = 29. 07.	12. 10. = 29. 08.	12. 11. = 01. 10.	12. 12. = 01. 11.
13. 07. = 26. 05.	13. 08. = 28. 06.	13. 09. = 30. 07.	13. 10. = 01.0 9.	13. 11. = 02. 10.	13. 12. = 02. 11.
14. 07. = 27. 05.	14. 08. = 29. 06.	14. 09. = 01. 08.	14. 10. = 02. 09.	14. 11. = 03. 10.	14. 12. = 03. 11.
15. 07. = 28. 05.	15. 08. = 01. 07.	15. 09. = 02. 08.	15. 10. = 03. 09.	15. 11. = 04. 10.	15. 12. = 04. 11.
16. 07. = 29. 05.	16. 08. = 02. 07.	16. 09. = 03. 08.	16. 10. = 04. 09.	16. 11. = 05. 10.	16. 12. = 05. 11.
17. 07. = 01. 06.	17. 08. = 03. 07.	17. 09. = 04. 08.	17. 10. = 05. 09.	17. 11. = 06. 10.	17. 12. = 06..11.
18. 07. = 02. 06.	18. 08. = 04. 07.	18. 09. = 05. 08.	18. 10. = 06. 09.	18. 11. = 07. 10.	18. 12. = 07. 11.
19. 07. = 03. 06.	19. 08. = 05. 07.	19. 09. = 06. 08.	19. 10. = 07. 09.	19. 11. = 08. 10.	19. 12. = 08. 11.
20. 07. = 04. 06.	20. 08. = 06. 07.	20. 09. = 07. 08.	20. 10. = 08. 09.	20. 11. = 09. 10.	20. 12. = 09. 11.
21. 07. = 05. 06.	21. 08. = 07. 07.	21. 09. = 08. 08.	21. 10. = 09. 09.	21. 11. = 10. 10.	21. 12. = 10. 11.
22. 07. = 06. 06.	22. 08. = 08. 07.	22. 09. = 09. 08.	22. 10. = 10. 09.	22. 11. = 11. 10.	22. 12. = 11. 11.
23. 07. = 07. 06.	23. 08. = 09. 07.	23. 09. = 10. 08.	23. 10. = 11. 09.	23. 11. = 12. 10.	23. 12. = 12. 11.
24. 07. = 08. 06.	24. 08. = 10. 07.	24. 09. = 11. 08.	24. 10. = 12. 09.	24. 11. = 13. 10.	24. 12. = 13. 11.
25. 07. = 09. 06.	25. 08. = 11. 07.	25. 09. = 12. 08.	25. 10. = 13. 09.	25. 11. = 14. 10.	25. 12. = 14. 11.
26. 07. = 10. 06.	26. 08. = 12. 07.	26. 09. = 13. 08.	26. 10. = 14. 09.	26. 11. = 15. 10.	26. 12. = 15. 11.
27. 07. = 11. 06.	27. 08. = 13. 07.	27. 09. = 14. 08.	27. 10. = 15. 09.	27. 11. = 16. 10.	27. 12. = 16. 11.
28. 07. = 12. 06.	28. 08. = 14. 07.	28. 09. = 15. 08.	28. 10. = 16. 09.	28. 11. = 17. 10.	28. 12. = 17. 11.
29. 07. = 13. 06.	29. 08. = 15. 07.	29. 09. = 16. 08.	29. 10. = 17. 09.	29. 11. = 18. 10.	29. 12. = 18. 11.
30. 07. = 14. 06.	30. 08. = 16. 07.	30. 09. = 17. 08.	30. 10. = 18. 09.	30. 11. = 19. 10.	30. 12. = 19. 11.
31. 07. = 15. 06.	31. 08. = 17. 07.		31. 10. = 19. 09.		31. 12. = 20. 11.

1929

Januar	Februar	März	April	Mai	Juni
01. 01. = 21. 11.	01. 02. = 22. 12.	01. 03. = 20 .01.	01. 04. = 22. 02.	01. 05. = 22. 03.	01. 06. = 24. 04.
02. 01. = 22. 11.	02. 02. = 23. 12.	02. 03. = 21. 01.	02. 04. = 23. 02.	02. 05. = 23. 03.	02. 06. = 25. 04.
03. 01. = 23. 11.	03. 02. = 24. 12.	03. 03. = 22. 01.	03. 04. = 24. 02.	03. 05. = 24 .03.	03. 06. = 26. 04.
04. 01. = 24. 11.	04. 02. = 25. 12.	04. 03. = 23. 01.	04. 04. = 25. 02.	04. 05. = 25. 03.	04. 06. = 27. 04.
05. 01. = 25. 11.	05. 02. = 26. 12.	05. 03. = 24. 01.	05. 04. = 26. 02.	05. 05. = 26. 03.	05. 06. = 28. 04.
06. 01. = 26. 11.	06. 02. = 27. 12.	06. 03. = 25. 01.	06. 04. = 27. 02.	06. 05. = 27. 03.	06. 06. = 29. 04.
07. 01. = 27. 11.	07. 02. = 28. 12.	07. 03. = 26. 01.	07. 04. = 28. 02.	07. 05. = 28. 03.	07. 06. = 01. 05.
08. 01. = 28. 11.	08. 02. = 29. 12.	08. 03. = 27. 01.	08. 04. = 29. 02.	08. 05. = 29. 03.	08. 06. = 02. 05.
09. 01. = 29. 11.	09. 02. = 30. 12.	09. 03. = 28. 01.	09. 04. = 30. 02.	09. 05. = 01. 04.	09. 06. = 03. 05.
10. 01. = 30. 11.	10. 02. = 01. 01.	10. 03. = 29. 01.	10. 04. = 01. 03.	10. 05. = 02. 04.	10. 06. = 04. 05.
11. 01. = 01. 12.	11. 02. = 02. 01.	11. 03. = 01. 02.	11. 04. = 02. 03.	11. 05. = 03. 04.	11. 06. = 05. 05.
12. 01. = 02. 12.	12. 02. = 03. 01.	12. 03. = 02. 02.	12. 04. = 03. 03.	12. 05. = 04. 04.	12. 06. = 06. 05.
13. 01. = 03. 12.	13. 02. = 04. 01.	13. 03. = 03. 02.	13. 04. = 04. 03.	13. 05. = 05. 04.	13. 06. = 07. 05.
14. 01. = 04. 12.	14. 02. = 05. 01.	14. 03. = 04. 02.	14. 04. = 05. 03.	14. 05. = 06. 04.	14. 06. = 08. 05.
15. 01. = 05. 12.	15. 02. = 06. 01.	15. 03. = 05. 02.	15. 04. = 06. 03.	15. 05. = 07. 04.	15. 06. = 09. 05.
16. 01. = 06. 12.	16. 02. = 07. 01.	16. 03. = 06. 02.	16. 04. = 07. 03.	16. 05. = 08. 04.	16. 06. = 10. 05.
17. 01. = 07. 12.	17. 02. = 08. 01.	17. 03. = 07. 02.	17. 04. = 08. 03.	17. 05. = 09. 04.	17. 06. = 11. 05.
18. 01. = 08. 12.	18. 02. = 09. 01.	18. 03. = 08. 02.	18. 04. = 09. 03.	18. 05. = 10. 04.	18. 06. = 12. 05.
19. 01. = 09. 12.	19. 02. = 10. 01.	19. 03. = 09. 02.	19. 04. = 10. 03.	19. 05. = 11. 04.	19. 06. = 13. 05.
20. 01. = 10. 12.	20. 02. = 11. 01.	20. 03. = 10. 02.	20. 04. = 11. 03.	20. 05. = 12. 04.	20. 06. = 14. 05.
21. 01. = 11. 12.	21. 02. = 12. 01.	21. 03. = 11. 02.	21. 04. = 12. 03.	21. 05. = 13. 04.	21. 06. = 15. 05.
22. 01. = 12. 12.	22. 02. = 13. 01.	22. 03. = 12. 02.	22. 04. = 13. 03.	22. 05. = 14. 04.	22. 06. = 16. 05.
23. 01. = 13. 12.	23. 02. = 14. 01.	23. 03. = 13. 02.	23. 04. = 14. 03.	23. 05. = 15. 04.	23. 06. = 17. 05.
24. 01. = 14. 12.	24. 02. = 15. 01.	24. 03. = 14. 02.	24. 04. = 15. 03.	24. 05. = 16. 04.	24. 06. = 18. 05.
25. 01. = 15. 12.	25. 02. = 16. 01.	25. 03. = 15. 02.	25. 04. = 16. 03.	25. 05. = 17. 04.	25. 06. = 19. 05.
26. 01. = 16. 12.	26. 02. = 17. 01.	26. 03. = 16. 02.	26. 04. = 17. 03.	26. 05. = 18. 04.	26. 06. = 20. 05.
27. 01. = 17. 12.	27. 02. = 18. 01.	27. 03. = 17. 02.	27. 04. = 18. 03.	27. 05. = 19. 04.	27. 06. = 21. 05.
28. 01. = 18. 12.	28. 02. = 19. 01.	28. 03. = 18. 02.	28. 04. = 19. 03.	28. 05. = 20. 04.	28. 06. = 22. 05.
29. 01. = 19. 12.		29. 03. = 19. 02.	29. 04. = 20. 03.	29. 05. = 21. 04.	29. 06. = 23. 05.
30. 01. = 20. 12.		30. 03. = 20. 02.	30. 04. = 21 .03.	30. 05. = 22. 04.	30. 06. = 24. 05.
31. 01. = 21. 12.		31. 03. = 21. 02.		31. 05. = 23. 04.	

1929

Juli	August	September	Oktober	November	Dezember
01. 07. = 25. 05.	01. 08. = 26. 06.	01. 09. = 28. 07.	01. 10. = 29. 08.	01. 11. = 01. 10.	01. 12. = 01 11.
02. 07. = 26. 05.	02. 08. = 27. 06.	02. 09. = 29. 07.	02. 10. = 30. 08.	02. 11. = 02. 10.	02. 12. = 02. 11.
03. 07. = 27. 05.	03. 08. = 28. 06.	03. 09. = 01. 08.	03. 10. = 01. 09.	03. 11. = 03. 10.	03. 12. = 03. 11.
04. 07. = 28. 05.	04. 08. = 29. 06.	04. 09. = 02. 08.	04. 10. = 02. 09.	04. 11. = 04. 10.	04. 12. = 04. 11.
05. 07. = 29. 05.	05. 08. = 01. 07.	05. 09. = 03. 08.	05. 10. = 03. 09.	05. 11. = 05. 10.	05. 12. = 05. 11.
06. 07. = 30. 05.	06. 08. = 02. 07.	06. 09. = 04. 08.	06. 10. = 04. 09.	06. 11. = 06. 10.	06. 12. = 06. 11.
07. 07. = 01. 06.	07. 08. = 03. 07.	07. 09. = 05. 08.	07. 10. = 05. 09.	07. 11. = 07. 10.	07. 12. = 07. 11.
08. 07. = 02. 06.	08. 08. = 04. 07.	08. 09. = 06. 08.	08. 10. = 06. 09.	08. 11. = 08. 10.	08. 12. = 08. 11.
09. 07. = 03. 06.	09. 08. = 05. 07.	09. 09. = 07. 08.	09. 10. = 07. 09.	09. 11. = 09. 10.	09. 12. = 09. 11.
10. 07. = 04. 06.	10. 08. = 06. 07.	10. 09. = 08. 08.	10. 10. = 08. 09.	10. 11. = 10. 10.	10. 12. = 10. 11.
11. 07. = 05. 06.	11. 08. = 07. 07.	11. 09. = 09. 08.	11. 10. = 09. 09.	11. 11. = 11. 10.	11. 12. = 11. 11.
12. 07. = 06. 06.	12. 08. = 08. 07.	12. 09. = 10. 08.	12. 10. = 10. 09.	12. 11. = 12. 10.	12. 12. = 12. 11.
13. 07. = 07. 06.	13. 08. = 09. 07.	13. 09. = 11. 08.	13. 10. = 11. 09.	13. 11. = 13. 10.	13. 12. = 13. 11.
14. 07. = 08. 06.	14. 08. = 10. 07.	14. 09. = 12. 08.	14. 10. = 12. 09.	14. 11. = 14. 10.	14. 12. = 14. 11.
15. 07. = 09. 06.	15. 08. = 11. 07.	15. 09. = 13. 08.	15. 10. = 13. 09.	15. 11. = 15. 10.	15. 12. = 15. 11.
16. 07. = 10. 06.	16. 08. = 12. 07.	16. 09. = 14. 08.	16. 10. = 14. 09.	16. 11. = 16. 10.	16. 12. = 16. 11.
17. 07. = 11. 06.	17. 08. = 13. 07.	17. 09. = 15. 08.	17. 10. = 15. 09.	17. 11. = 17. 10.	17. 12. = 17. 11.
18. 07. = 12. 06.	18. 08. = 14. 07.	18. 09. = 16. 08.	18. 10. = 16. 09.	18. 11. = 18. 10.	18. 12. = 18. 11.
19. 07. = 13. 06.	19. 08. = 15. 07.	19. 09. = 17. 08.	19. 10. = 17. 09.	19. 11. = 19. 10.	19. 12. = 19. 11.
20. 07. = 14. 06.	20. 08. = 16. 07.	20. 09. = 18. 08.	20. 10. = 18. 09.	20. 11. = 20. 10.	20. 12. = 20. 11.
21. 07. = 15. 06.	21. 08. = 17. 07.	21. 09. = 19. 08.	21. 10. = 19. 09.	21. 11. = 21. 10.	21. 12. = 21. 11.
22. 07. = 16. 06.	22. 08. = 18. 07.	22. 09. = 20. 08.	22. 10. = 20. 09.	22. 11. = 22. 10.	22. 12. = 22. 11.
23. 07. = 17. 06.	23. 08. = 19. 07.	23. 09. = 21. 08.	23. 10. = 21. 09.	23. 11. = 23. 10.	23. 12. = 23. 11.
24. 07. = 18. 06.	24. 08. = 20. 07.	24. 09. = 22. 08.	24. 10. = 22. 09.	24. 11. = 24. 10.	24. 12. = 24. 11.
25. 07. = 19. 06.	25. 08. = 21. 07.	25. 09. = 23. 08.	25. 10. = 23. 09.	25. 11. = 25. 10.	25. 12. = 25. 11.
26. 07. = 20. 06.	26. 08. = 22. 07.	26. 09. = 24. 08.	26. 10. = 24. 09.	26. 11. = 26. 10.	26. 12. = 26. 11.
27. 07. = 21. 06.	27. 08. = 23. 07.	27. 09. = 25. 08.	27. 10. = 25. 09.	27. 11. = 27. 10.	27. 12. = 27. 11.
28. 07. = 22. 06.	28. 08. = 24. 07.	28. 09. = 26. 08.	28. 10. = 26. 09.	28. 11. = 28. 10.	28. 12. = 28. 11.
29. 07. = 23. 06.	29. 08. = 25. 07.	29. 09. = 27. 08.	29. 10. = 27. 09.	29. 11. = 29. 10.	29. 12. = 29. 11.
30. 07. = 24. 06.	30. 08. = 26. 07.	30. 09. = 28. 08.	30. 10. = 28. 09.	30. 11. = 30. 10.	30. 12. = 30. 11.
31. 07. = 25. 06.	31. 08. = 27. 07.		31. 10. = 29. 09.		31. 12. = 01. 12.

1930

Januar	Februar	März	April	Mai	Juni
01. 01. = 02. 12.	01. 02. = 03. 01.	01. 03. = 02. 02.	01. 04. = 03. 02.	01. 05. = 03. 04.	01. 06. = 05. 05.
02. 01. = 03. 12.	02. 02. = 04. 01.	02. 03. = 03. 02.	02. 04. = 04. 03.	02. 05. = 04. 04.	02. 06. = 06. 05.
03. 01. = 04. 12.	03. 02. = 05. 01.	03. 03. = 04. 02.	03. 04. = 05. 03.	03. 05. = 05. 04.	03. 06. = 07. 05.
04. 01. = 05. 12.	04. 02. = 06. 01.	04. 03. = 05. 02.	04. 04. = 06. 03.	04. 05. = 06. 04.	04. 06. = 08. 05.
05. 01. = 06. 12.	05. 02. = 07. 01.	05. 03. = 06. 02.	05. 04. = 07. 03.	05. 05. = 07. 04.	05. 06. = 09. 05.
06. 01. = 07. 02.	06. 02. = 08. 01.	06. 03. = 07. 02.	06. 04. = 08. 03.	06. 05. = 08. 04.	06. 06. = 10. 05.
07. 01. = 08. 12.	07. 02. = 09. 01.	07. 03. = 08. 02.	07. 04. = 09. 03.	07. 05. = 09. 04.	07. 06. = 11. 05.
08. 01. = 09. 12.	08. 02. = 10. 01.	08. 03. = 09. 02.	08. 04. = 10. 03.	08. 05. = 10. 04.	08. 06. = 12. 05.
09. 01. = 10. 12.	09. 02. = 11. 01.	09. 03. = 10. 02.	09. 04. = 11. 03.	09. 05. = 11. 04.	09. 06. = 13. 05.
10. 01. = 11. 12.	10. 02. = 12. 01.	10. 03. = 11. 02.	10. 04. = 12. 03.	10. 05. = 12. 04.	10. 06. = 14. 05.
11. 01. = 12. 12.	11. 02. = 13. 01.	11. 03. = 12. 02.	11. 04. = 13. 03.	11. 05. = 13. 04.	11. 06. = 15. 05.
12. 01. = 13. 12.	12. 02. = 14. 01.	12. 03. = 13. 02.	12. 04. = 14. 03.	12. 05. = 14. 04.	12. 06. = 16. 05.
13. 01. = 14. 12.	13. 02. = 15. 01.	13. 03. = 14. 02.	13. 04. = 15. 03.	13. 05. = 15. 04.	13. 06. = 17. 05.
14. 01. = 15. 12.	14. 02. = 16. 01.	14. 03. = 15. 02.	14. 04. = 16. 03.	14. 05. = 16. 04.	14. 06. = 18. 05.
15. 01. = 16. 12.	15. 02. = 17. 01.	15. 03. = 16. 02.	15. 04. = 17. 03.	15. 05. = 17. 04.	15. 06. = 19. 05.
16. 01. = 17. 12.	16. 02. = 18. 01.	16. 03. = 17. 02.	16. 04. = 18. 03.	16. 05. = 18. 04.	16. 06. = 20. 05.
17. 01. = 18. 12.	17. 02. = 19. 01.	17. 03. = 18. 02.	17. 04. = 19. 03.	17. 05. = 19. 04.	17. 06. = 21. 05.
18. 01. = 19. 12.	18. 02. = 20. 01.	18. 03. = 19. 02.	18. 04. = 20. 03.	18. 05. = 20. 04.	18. 06. = 22. 05.
19. 01. = 20. 12.	19. 02. = 21. 01.	19. 03. = 20. 02.	19. 04. = 21. 03.	19. 05. = 21. 04.	19. 06. = 23. 05.
20. 01. = 21. 12.	20. 02. = 22. 01.	20. 03. = 21. 02.	20. 04. = 22. 03.	20. 05. = 22. 04.	20. 06. = 24. 05.
21. 01. = 22. 12.	21. 02. = 23. 01.	21. 03. = 22. 02.	21. 04. = 23. 03.	21. 05. = 23. 04.	21. 06. = 25. 05.
22. 01. = 23. 12.	22. 02. = 24. 01.	22. 03. = 23. 02.	22. 04. = 24. 03.	22. 05. = 24. 04.	22. 06. = 26. 05.
23. 01. = 24. 12.	23. 02. = 25. 01.	23. 03. = 24. 02.	23. 04. = 25. 03.	23. 05. = 25. 04.	23. 06. = 27. 05.
24. 01. = 25. 12.	24. 02. = 26. 01.	24. 03. = 25. 02.	24. 04. = 26. 03.	24. 05. = 26. 04.	24. 06. = 28. 05.
25. 01. = 26. 12.	25. 02. = 27. 01.	25. 03. = 26. 02.	25. 04. = 27. 03.	25. 05. = 27. 04.	25. 06. = 29. 05.
26. 01. = 27. 12.	26. 02. = 28. 01.	26. 03. = 27. 02.	26. 04. = 28. 03.	26. 05. = 28. 04.	26. 06. = 01. 06.
27. 01. = 28. 12.	27. 02. = 29. 01.	27. 03. = 28. 02.	27. 04. = 29. 03.	27. 05. = 29. 04.	27. 06. = 02. 06.
28. 01. = 29. 12.	28. 02. = 01. 02.	28. 03. = 29. 02.	28. 04. = 30. 03.	28. 05. = 01. 05.	28. 06. = 03. 06.
29. 01. = 30. 12.		29. 03. = 30. 02.	29. 04. = 01. 04.	29. 05. = 02. 05.	29. 06. = 04. 06.
30. 01. = 01. 01.		30. 03. = 01. 03.	30. 04. = 02. 04.	30. 05. = 03. 05.	30. 06. = 05. 06.
31. 01. = 02. 01.		31. 03. = 02. 03.		31. 05. = 04. 05.	

1930

Juli	August	September	Oktober	November	Dezember
01. 07. = 06. 06.	01. 08. = 07. 06.	01. 09. = 09. 07.	01. 10. = 10. 08.	01. 11. = 11. 09.	01. 12. = 12. 10.
02. 07. = 07. 06.	02. 08. = 08. 06.	02. 09. = 10. 07.	02. 10. = 11. 08.	02. 11. = 12. 09.	02. 12. = 13. 10.
03. 07. = 08. 06.	03. 08. = 09. 06.	03. 09. = 11. 07.	03. 10. = 12. 08.	03. 11. = 13. 09.	03. 12. = 14. 10.
04. 07. = 09. 06.	04. 08. = 10. 06.	04. 09. = 12. 07.	04. 10. = 13. 08.	04. 11. = 14. 09.	04. 12. = 15. 10.
05. 07. = 10. 06.	05. 08. = 11. 06.	05. 09. = 13. 07.	05. 10. = 14. 08.	05. 11. = 15. 09.	05. 12. = 16. 10.
06. 07. = 11. 06.	06. 08. = 12. 06.	06. 09. = 14. 07.	06. 10. = 15. 08.	06. 11. = 16. 09.	06. 12. = 17. 10.
07. 07. = 12. 06.	07. 08. = 13. 06.	07. 09. = 15. 07.	07. 10. = 16. 08.	07. 11. = 17. 09.	07. 12. = 18. 10.
08. 07. = 13. 06.	08. 08. = 14. 06.	08. 09. = 16. 07.	08. 10. = 17. 08.	08. 11. = 18. 09.	08. 12. = 19. 10.
09. 07. = 14. 06.	09. 08. = 15. 06.	09. 09. = 17. 07.	09. 10. = 18. 08.	09. 11. = 19. 09.	09. 12. = 20. 10.
10. 07. = 15. 06.	10. 08. = 16. 06.	10. 09. = 18. 07.	10. 10. = 19. 08.	10. 11. = 20. 09.	10 .12. = 21. 10.
11. 07. = 16. 06.	11. 08. = 17. 06.	11. 09. = 19. 07.	11. 10. = 20. 08.	11. 11. = 21. 09.	11. 12. = 22. 10.
12. 07. = 17. 06.	12. 08. = 18. 06.	12. 09. = 20. 07.	12. 10. = 21. 08.	12. 11. = 22. 09.	12. 12. = 23. 10.
13. 07. = 18. 06.	13. 08. = 19. 06.	13. 09. = 21. 07.	13. 10. = 22. 08.	13. 11. = 23. 09.	13. 12. = 24. 10.
14. 07. = 19. 06.	14. 08. = 20. 06.	14. 09. = 22. 07.	14. 10. = 23. 08.	14. 11. = 24. 09.	14. 12. = 25. 10.
15. 07. = 20. 06.	15. 08. = 21. 06.	15. 09. = 23. 07.	15. 10. = 24. 08.	15. 11. = 25. 09.	15. 12. = 26. 10.
16. 07. = 21. 06.	16. 08. = 22. 06.	16. 09. = 24. 07.	16. 10. = 25. 08.	16. 11. = 26. 09.	16. 12. = 27. 10.
17. 07. = 22. 06.	17. 08. = 23. 06.	17. 09. = 25. 07.	17. 10. = 26. 08.	17. 11. = 27. 09.	17. 12. = 28. 10.
18. 07. = 23. 06.	18. 08. = 24. 06.	18. 09. = 26. 07.	18. 10. = 27. 08.	18. 11. = 28. 09.	18. 12. = 29. 10.
19. 07. = 24. 06.	19. 08. = 25. 06.	19. 09. = 27. 07.	19. 10. = 28. 08.	19. 11. = 29. 09.	19. 12. = 30. 10.
20. 07. = 25. 06.	20. 08. = 26. 06.	20. 09. = 28. 07.	20. 10. = 29. 08.	20. 11. = 01. 10.	20. 12. = 01. 11.
21. 07. = 26. 06.	21. 08. = 27. 06.	21. 09. = 29. 07.	21. 10. = 30. 08.	21. 11. = 02. 10.	21. 12. = 02. 11.
22. 07. = 27. 06.	22. 08. = 28. 06.	22. 09. = 01. 08.	22. 10. = 01. 09.	22. 11. = 03. 10.	22. 12. = 03. 11.
23. 07. = 28. 06.	23. 08. = 29. 06.	23. 09. = 02. 08.	23. 10. = 02. 09.	23. 11. = 04. 10.	23. 12. = 04. 11.
24. 07. = 29. 06.	24. 08. = 01. 07.	24. 09. = 03. 08.	24. 10. = 03. 09.	24. 11. = 05. 10.	24. 12. = 05. 11.
25. 07. = 30. 06.	25. 08. = 02. 07.	25. 09. = 04. 08.	25. 10. = 04. 09.	25. 11. = 06. 10.	25. 12. = 06. 11.
26. 07. = 01. 06.	26. 08. = 03. 07.	26. 09. = 05. 08.	26. 10. = 05. 09.	26. 11. = 07. 10.	26. 12. = 07. 11.
27. 07. = 02. 06.	27. 08. = 04. 07.	27. 09. = 06. 08.	27. 10. = 06. 09.	27. 11. = 08. 10.	27. 12. = 08. 11.
28. 07. = 03. 06.	28. 08. = 05. 07.	28. 09. = 07. 08.	28. 10. = 07. 09.	28. 11. = 09. 10.	28. 12. = 09. 11.
29. 07. = 04. 06.	29. 08. = 06. 07.	29. 09. = 08. 08	29. 10. = 08. 09.	29. 11. = 10. 10.	29. 12. = 10. 11.
30. 07. = 05. 06.	30. 08. = 07. 07.	30. 09. = 09. 08.	30. 10. = 09. 09.	30. 11. = 11. 10.	30. 12. = 11. 11.
31. 07. = 06. 06.	31. 08. = 08. 07.		31. 10. = 10. 09.		31. 12. = 12. 11.

1931

Januar	Februar	März	April	Mai	Juni
01. 01. = 13. 11.	01. 02. = 14. 12.	01. 03. = 13. 01.	01. 04. = 14. 02.	01. 05. = 14. 03.	01. 06. = 16. 04.
02. 01. = 14. 11.	02. 02. = 15. 12.	02. 03. = 14. 01.	02. 04. = 15. 02.	02. 05. = 15. 03.	02. 06. = 17. 04.
03. 01. = 15. 11.	03. 02. = 16. 12.	03. 03. = 15. 01.	03. 04. = 16. 02.	03. 05. = 16. 03.	03. 06. = 18. 04.
04. 01. = 16. 11.	04. 02. = 17. 12.	04. 03. = 16. 01.	04. 04. = 17. 02.	04. 05. = 17. 03.	04. 06. = 19. 04.
05. 01. = 17. 11.	05. 02. = 18. 12.	05. 03. = 17. 01.	05. 04. = 18. 02.	05. 05. = 18. 03.	05. 06. = 20. 04.
06. 01. = 18. 11.	06. 02. = 19. 12.	06. 03. = 18. 01.	06. 04. = 19. 02.	06. 05. = 19. 03.	06. 06. = 21. 04.
07. 01. = 19. 11.	07. 02. = 20. 12.	07. 03. = 19. 01.	07. 04. = 20. 02.	07. 05. = 20. 03.	07. 06. = 22. 04.
08. 01. = 20. 11.	08. 02. = 21. 12.	08. 03. = 20. 01.	08. 04. = 21. 02.	08. 05. = 21. 03.	08. 06. = 23. 04.
09. 01. = 21. 11.	09. 02. = 22. 12.	09. 03. = 21. 01.	09. 04. = 22. 02.	09. 05. = 22. 03.	09. 06. = 24. 04.
10. 01. = 22. 11.	10. 02. = 23. 12.	10. 03. = 22. 01.	10. 04. = 23. 02.	10. 05. = 23. 03.	10. 06. = 25. 04.
11. 01. = 23. 11.	11. 02. = 24. 12.	11. 03. = 23. 01.	11. 04. = 24. 02.	11. 05. = 24. 03.	11. 06. = 26. 04.
12. 01. = 24. 11.	12. 02. = 25. 12.	12. 03. = 24. 01.	12. 04. = 25. 02.	12. 05. = 25. 03.	12. 06. = 27. 04.
13. 01. = 25. 11.	13. 02. = 26. 12.	13. 03. = 25. 01.	13. 04. = 26. 02.	13. 05. = 26 .03.	13. 06. = 28. 04.
14. 01. = 26. 11.	14. 02. = 27. 12.	14. 03. = 26. 01.	14. 04. = 27. 02.	14. 05. = 27. 03.	14. 06. = 29. 04.
15. 01. = 27. 11.	15. 02. = 28. 12.	15. 03. = 27. 01.	15. 04. = 28. 02.	15. 05. = 28. 03.	15. 06. = 30. 04.
16. 01. = 28. 11.	16. 02. = 29. 12.	16. 03. = 28. 01.	16. 04. = 29. 02.	16. 05. = 29. 03.	16. 06. = 01. 05.
17. 01. = 29. 11.	17. 02. = 01. 01.	17. 03. = 29. 01.	17. 04. = 30. 02.	17. 05. = 01. 04.	17. 06. = 02. 05.
18. 01. = 30. 11.	18. 02. = 02. 01.	18. 03. = 30. 01.	18. 04. = 01. 03.	18. 05. = 02. 04.	18. 06. = 03. 05.
19. 01. = 01. 12.	19. 02. = 03. 01.	19. 03. = 01. 02.	19. 04. = 02. 03.	19. 05. = 03. 04.	19. 06. = 04. 05.
20. 01. = 02. 12.	20. 02. = 04. 01.	20. 03. = 02. 02.	20. 04. = 03. 03.	20. 05. = 04. 04.	20. 06. = 05. 05.
21. 01. = 03. 12.	21. 02. = 05. 01.	21. 03. = 03. 02.	21. 04. = 04. 03.	21. 05. = 05. 04.	21. 06. = 06. 05.
22. 01. = 04. 12.	22. 02. = 06. 01.	22. 03. = 04. 02.	22. 04. = 05. 03.	22. 05. = 06. 04.	22. 06. = 07. 05.
23. 01. = 05. 12.	23. 02. = 07. 01.	23. 03. = 05. 02.	23. 04. = 06. 03.	23. 05. = 07. 04.	23. 06. = 08. 05.
24. 01. = 06. 12.	24. 02. = 08. 01.	24. 03. = 06. 02.	24. 04. = 07. 03.	24. 05. = 08. 04.	24. 06. = 09. 05.
25. 01. = 07. 12.	25. 02. = 09. 01.	25. 03. = 07. 02.	25. 04. = 08. 03.	25. 05. = 09. 04.	25. 06. = 10. 05.
26. 01. = 08. 12.	26. 02. = 10. 01.	26. 03. = 08. 02.	26. 04. = 09. 03.	26. 05. = 10. 04.	26. 06. = 11. 05.
27. 01. = 09. 12.	27. 02. = 11. 01.	27. 03. = 09. 02.	27. 04. = 10. 03.	27. 05. = 11. 04.	27. 06. = 12. 05.
28. 01. = 10. 12.	28. 02. = 12. 01.	28. 03. = 10. 02.	28. 04. = 11. 03.	28. 05. = 12. 04.	28. 06. = 13. 05.
29. 01. = 11. 12.		29. 03. = 11. 02.	29. 04. = 12. 03.	29. 05. = 13. 04.	29. 06. = 14. 05.
30. 01. = 12. 12.		30. 03. = 12. 02.	30. 04. = 13. 03.	30. 05. = 14. 04.	30. 06. = 15. 05.
31. 01. = 13. 12.		31. 03. = 13. 02.		31. 05. = 15. 04.	

1931

Juli	August	September	Oktober	November	Dezember
01. 07. = 16. 05.	01. 08. = 18. 06.	01. 09. = 19. 07.	01. 10. = 20. 08.	01. 11. = 22. 09.	01. 12. = 22. 10.
02. 07. = 17. 05.	02. 08. = 19. 06.	02. 09. = 20. 07.	02. 10. = 21. 08.	02. 11. = 23. 09.	02. 12. = 23. 10.
03. 07. = 18. 05.	03. 08. = 20. 06.	03. 09. = 21. 07.	03. 10. = 22. 08.	03. 11. = 24. 09.	03. 12. = 24. 10.
04. 07. = 19. 05.	04. 08. = 21. 06.	04. 09. = 22. 07.	04. 10. = 23. 08.	04. 11. = 25. 09.	04. 12. = 25. 10.
05. 07. = 20. 05.	05. 08. = 22. 06.	05. 09. = 23. 07.	05. 10. = 24. 08.	05. 11. = 26. 09.	05. 12. = 26. 10.
06. 07. = 21. 05.	06. 08. = 23. 06.	06. 09. = 24. 07.	06. 10. = 25. 08.	06. 11. = 27. 09.	06. 12. = 27. 10.
07. 07. = 22. 05.	07. 08. = 24. 06.	07. 09. = 25. 07.	07. 10. = 26. 08.	07. 11. = 28. 09.	07. 12. = 28. 10.
08. 07. = 23. 05.	08. 08. = 25. 06.	08. 09. = 26. 07.	08. 10. = 27. 08.	08. 11. = 29. 09.	08. 12. = 29. 10.
09. 07. = 24. 05.	09. 08. = 26. 06.	09. 09. = 27. 07.	09. 10. = 28. 08.	09. 11. = 30. 09.	09. 12. = 01. 11.
10. 07. = 25. 05.	10. 08. = 27. 06.	10. 09. = 28. 07.	10. 10. = 29. 08.	10. 11. = 01. 10.	10. 12. = 02. 11.
11. 07. = 26. 05.	11. 08. = 28. 06.	11. 09. = 29. 07.	11. 10. = 01. 09.	11. 11. = 02. 10.	11. 12. = 03. 11.
12. 07. = 27. 05.	12. 08. = 29. 06.	12. 09. = 01. 08.	12. 10. = 02. 09.	12. 11. = 03. 10.	12. 12. = 04. 11.
13. 07. = 28. 05.	13. 08. = 30 .06.	13. 09. = 02. 08.	13. 10. = 03. 09.	13. 11. = 04. 10.	13. 12. = 05. 11.
14. 07. = 29. 05.	14. 08. = 01. 07.	14. 09. = 03. 08.	14. 10. = 04. 09.	14. 11. = 05. 10.	14. 12. = 06. 11.
15. 07. = 01. 06.	15. 08. = 02. 07.	15. 09. = 04. 08.	15. 10. = 05. 09.	15. 11. = 06. 10.	15. 12. = 07. 11.
16. 07. = 02. 06.	16. 08. = 03. 07.	16. 09. = 05. 08.	16. 10. = 06. 09.	16. 11. = 07. 10.	16. 12. = 08. 11.
17. 07. = 03. 06.	17. 08. = 04. 07.	17. 09. = 06. 08.	17. 10. = 07. 09.	17. 11. = 08. 10.	17. 12. = 09. 11.
18. 07. = 04. 06.	18. 08. = 05. 07.	18. 09. = 07. 08.	18. 10. = 08. 09.	18. 11. = 09. 10.	18. 12. = 10 .11.
19. 07. = 05. 06.	19. 08. = 06. 07.	19. 09. = 08. 08.	19. 10. = 09. 09.	19. 11. = 10. 10.	19. 12. = 11. 11.
20. 07. = 06. 06.	20. 08. = 07. 07.	20. 09. = 09. 08.	20. 10. = 10. 09.	20. 11. = 11. 10.	20. 12. = 12. 11.
21. 07. = 07. 06.	21. 08. = 08. 07.	21. 09. = 10. 08.	21. 10. = 11. 09.	21. 11. = 12. 10.	21. 12. = 13. 11.
22. 07. = 08. 06.	22. 08. = 09. 07.	22. 09. = 11. 08.	22. 10. = 12. 09.	22. 11. = 13. 10.	22. 12. = 14. 11.
23. 07. = 09. 06.	23. 08. = 10. 07.	23. 09. = 12. 08.	23. 10. = 13. 09.	23. 11. = 14. 10.	23. 12. = 15 .11.
24. 07. = 10. 06.	24. 08. = 11. 07.	24. 09. = 13. 08.	24. 10. = 14. 09.	24. 11. = 15. 10.	24. 12. = 16. 11.
25. 07. = 11. 06.	25. 08. = 12. 07.	25. 09. = 14. 08.	25. 10. = 15. 09.	25. 11. = 16. 10.	25. 12. = 17. 11.
26. 07. = 12. 06.	26. 08. = 13. 07.	26. 09. = 15. 08.	26. 10. = 16. 09.	26. 11. = 17. 10.	26. 12. = 18. 11.
27. 07. = 13. 06.	27. 08. = 14. 07.	27. 09. = 16. 08.	27. 10. = 17. 09.	27. 11. = 18. 10.	27. 12. = 19. 11.
28. 07. = 14. 06.	28. 08. = 15. 07.	28. 09. = 17. 08.	28. 10. = 18. 09.	28. 11. = 19. 10.	28. 12. = 20. 11.
29. 07. = 15. 06.	29. 08. = 16. 07.	29. 09. = 18. 08.	29. 10. = 19. 09.	29. 11. = 20. 10.	29. 12. = 21. 11.
30. 07. = 16. 06.	30. 08. = 17. 07.	30. 09. = 19. 08.	30. 10. = 20. 09.	30. 11. = 21. 10.	30. 12. = 22. 11.
31. 07. = 17. 06.	31. 08. = 18. 07.		31. 10. = 21. 09.		31. 12. = 23. 11.

1932

Januar	Februar	März	April	Mai	Juni
01. 01. = 24. 11.	01. 02. = 25. 12.	01. 03. = 25. 01.	01. 04. = 26. 02.	01. 05. = 26. 03.	01. 06. = 27. 04.
02. 01. = 25. 11.	02. 02. = 26. 12.	02. 03. = 26. 01.	02. 04. = 27. 02.	02. 05. = 27. 03.	02. 06. = 28. 04.
03. 01. = 26. 11.	03. 02. = 27. 12.	03. 03. = 27. 01.	03. 04. = 28. 02.	03. 05. = 28. 03.	03. 06. = 29. 04.
04. 01. = 27. 11.	04. 02. = 28. 12.	04. 03. = 28. 01.	04. 04. = 29. 02.	04. 05. = 29. 03.	04. 06. = 01. 05.
05. 01. = 28. 11.	05. 02. = 29. 12.	05. 03. = 29. 01.	05. 04. = 30. 02.	05. 05. = 30. 03.	05. 06. = 02. 05.
06. 01. = 29. 11.	06. 02. = 01. 01.	06. 03. = 30. 01.	06. 04. = 01. 03.	06. 05. = 01. 04.	06. 06. = 03. 05.
07. 01. = 30. 11.	07. 02. = 02. 01.	07. 03. = 01. 02.	07. 04. = 02. 03.	07. 05. = 02. 04.	07. 06. = 04. 05.
08. 01. = 01. 12.	08. 02. = 03. 01.	08. 03. = 02. 02.	08. 04. = 03. 03.	08. 05. = 03. 04.	08. 06. = 05. 05.
09. 01. = 02. 12.	09. 02. = 04. 01.	09. 03. = 03. 02.	09. 04. = 04. 03.	09. 05. = 04. 04.	09. 06. = 06. 05.
10. 01. = 03. 12.	10. 02. = 05. 01.	10. 03. = 04. 02.	10. 04. = 05. 03.	10. 05. = 05. 04.	10. 06. = 07. 05.
11. 01. = 04. 12.	11. 02. = 06. 01.	11. 03. = 05. 02.	11. 04. = 06. 03.	11. 05. = 06. 04.	11. 06. = 08. 05.
12. 01. = 05. 12.	12. 02. = 07. 01.	12. 03. = 06. 02.	12. 04. = 07. 03.	12. 05. = 07. 04.	12. 06. = 09. 05.
13. 01. = 06. 12.	13. 02. = 08. 01.	13. 03. = 07. 02.	13. 04. = 08. 03.	13. 05. = 08. 04.	13. 06. = 10. 05.
14. 01. = 07. 12.	14. 02. = 09. 01.	14. 03. = 08. 02.	14. 04. = 09. 03.	14. 05. = 09. 04.	14. 06. = 11. 05.
15. 01. = 08. 12.	15. 02. = 10. 01.	15. 03. = 09. 02.	15. 04. = 10. 03.	15. 05. = 10. 04.	15. 06. = 12. 05.
16. 01. = 09. 12.	16. 02. = 11. 01.	16. 03. = 10. 02.	16. 04. = 11. 03.	16. 05. = 11. 04.	16. 06. = 13. 05.
17. 01. = 10. 12.	17. 02. = 12. 01.	17. 03. = 11. 02.	17. 04. = 12. 03.	17. 05. = 12. 04.	17. 06. = 14. 05.
18. 01. = 11. 12.	18. 02. = 13. 01.	18. 03. = 12. 02.	18. 04. = 13. 03.	18. 05. = 13. 04.	18. 06. = 15. 05.
19. 01. = 12. 12.	19. 02. = 14. 01.	19. 03. = 13. 02.	19. 04. = 14. 03.	19. 05. = 14. 04.	19. 06. = 16. 05.
20. 01. = 13. 12.	20. 02. = 15. 01.	20. 03. = 14. 02.	20. 04. = 15. 03.	20. 05. = 15. 04.	20. 06. = 17. 05.
21. 01. = 14. 12.	21. 02. = 16. 01.	21. 03. = 15. 02.	21. 04. = 16. 03.	21. 05. = 16. 04.	21. 06. = 18. 05.
22. 01. = 15. 12.	22. 02. = 17. 01.	22. 03. = 16. 02.	22. 04. = 17. 03.	22. 05. = 17. 04.	22. 06. = 19. 05.
23. 01. = 16. 12.	23. 02. = 18. 01.	23. 03. = 17. 02.	23. 04. = 18. 03.	23. 05. = 18. 04.	23. 06. = 20. 05.
24. 01. = 17. 12.	24. 02. = 19. 01.	24. 03. = 18. 02.	24. 04. = 19. 03.	24. 05. = 19. 04.	24. 06. = 21. 05.
25. 01. = 18. 12.	25. 02. = 20. 01.	25. 03. = 19. 02.	25. 04. = 20. 03.	25. 05. = 20. 04.	25. 06. = 22. 05.
26. 01. = 19. 12.	26. 02. = 21. 01.	26. 03. = 20 .02.	26. 04. = 21. 03.	26. 05. = 21. 04.	26. 06. = 23. 05.
27. 01. = 20. 12.	27. 02. = 22. 01.	27. 03. = 21. 02.	27. 04. = 22. 03.	27. 05. = 22. 04.	27. 06. = 24. 05.
28. 01. = 21. 12.	28. 02. = 23. 01.	28. 03. = 22. 02.	28. 04. = 23. 03.	28. 05. = 23. 04.	28. 06. = 25. 05.
29. 01. = 22. 12.	29. 02. = 24. 01.	29. 03. = 23. 02.	29. 04. = 24. 03.	29. 05. = 24. 04.	29. 06. = 26. 05.
30. 01. = 23. 12.		30. 03. = 24. 02.	30. 04. = 25. 03.	30. 05. = 25. 04.	30. 06. = 27. 05.
31. 01. = 24. 12.		31. 03. = 25. 02.		31. 05. = 26. 04.	

1932

Juli	August	September	Oktober	November	Dezember
01. 07. = 28. 05.	01. 08. = 29. 06.	01. 09. = 01. 08.	01. 10. = 02. 09.	01. 11. = 04. 10.	01. 12. = 04. 11.
02. 07. = 29. 05.	02. 08. = 01. 07.	02. 09. = 02. 08.	02. 10. = 03. 09.	02. 11. = 05. 10.	02. 12. = 05. 11.
03. 07. = 30. 05.	03. 08. = 02. 07.	03. 09. = 03. 08.	03. 10. = 04. 09.	03. 11. = 06. 10.	03. 12. = 06. 11.
04. 07. = 01. 06.	04. 08. = 03. 07.	04. 09. = 04. 08.	04. 10. = 05. 09.	04. 11. = 07. 10.	04. 12. = 07. 11.
05. 07. = 02. 06.	05. 08. = 04. 07.	05. 09. = 05. 08.	05. 10. = 06. 09.	05. 11. = 08. 10.	05. 12. = 08. 11.
06. 07. = 03. 06.	06. 08. = 05. 07.	06. 09. = 06. 08.	06. 10. = 07. 09.	06. 11. = 09. 10.	06. 12. = 09. 11.
07. 07. = 04. 06.	07. 08. = 06. 07.	07. 09. = 07. 08.	07. 10. = 08. 09.	07. 11. = 10. 10.	07. 12. = 10. 11.
08. 07. = 05. 06.	08. 08. = 07. 07.	08. 09. = 08. 08.	08. 10. = 09. 09.	08. 11. = 11. 10.	08. 12. = 11. 11.
09. 07. = 06. 06.	09. 08. = 08. 07.	09. 09. = 09. 08.	09. 10. = 10. 09.	09. 11. = 12. 10.	09. 12. = 12. 11.
10. 07. = 07. 06.	10. 08. = 09. 07.	10. 09. = 10. 08.	10. 10. = 11. 09.	10. 11. = 13. 10.	10. 12. = 13. 11.
11. 07. = 08. 06.	11. 08. = 10. 07.	11. 09. = 11. 08.	11. 10. = 12. 09.	11. 11. = 14. 10.	11. 12. = 14. 11.
12. 07. = 09. 06.	12. 08. = 11. 07.	12. 09. = 12. 08.	12. 10. = 13. 09.	12. 11. = 15. 10.	12. 12. = 15. 11.
13. 07. = 10. 06.	13. 08. = 12. 07.	13. 09. = 13. 08.	13. 10. = 14. 09.	13. 11. = 16. 10.	13. 12. = 16. 11.
14. 07. = 11. 06.	14. 08. = 13. 07.	14. 09. = 14. 08.	14. 10. = 15. 09.	14. 11. = 17. 10.	14. 12. = 17. 11.
15. 07. = 12. 06.	15. 08. = 14. 07.	15. 09. = 15. 08.	15. 10. = 16. 09.	15. 11. = 18. 10.	15. 12. = 18. 11.
16. 07. = 13. 06.	16. 08. = 15. 07.	16. 09. = 16. 08.	16. 10. = 17. 09.	16. 11. = 19. 10.	16. 12. = .19. 11.
17. 07. = 14. 06.	17. 08. = 16. 07.	17. 09. = 17. 08.	17. 10. = 18. 09.	17. 11. = 20. 10.	17. 12. = 20. 11.
18. 07. = 15. 06.	18. 08. = 17. 07.	18. 09. = 18. 08.	18. 10. = 19. 09.	18. 11. = 21. 10.	18. 12. = 21. 11.
19. 07. = 16. 06.	19. 08. = 18. 07.	19. 09. = 19. 08.	19. 10. = 20. 09.	19. 11. = 22. 10.	19. 12. = 22. 11.
20. 07. = 17. 06.	20. 08. = 19. 07.	20. 09. = 20. 08.	20. 10. = 21. 09.	20. 11. = 23. 10.	20. 12. = 23. 11.
21. 07. = 18. 06.	21. 08. = 20. 07.	21. 09. = 21. 08.	21. 10. = 22. 09.	21. 11. = 24. 10.	21. 12. = 24. 11.
22. 07. = 19. 06.	22. 08. = 21. 07.	22. 09. = 22. 08.	22. 10. = 23. 09.	22. 11. = 25. 10.	22. 12. = 25. 11.
23. 07. = 20. 06.	23. 08. = 22. 07.	23. 09. = 23. 08.	23. 10. = 24. 09.	23. 11. = 26. 10.	23. 12. = 26. 11.
24. 07. = 21. 06.	24. 08. = 23. 07.	24. 09. = 24. 08.	24. 10. = 25. 09.	24. 11. = 27. 10.	24. 12. = 27. 11.
25. 07. = 22. 06.	25. 08. = 24. 07.	25. 09. = 25. 08.	25. 10. = 26. 09.	25. 11. = 28. 10.	25. 12. = 28. 11.
26. 07. = 23. 06.	26. 08. = 25. 07.	26. 09. = 26. 08.	26. 10. = 27. 09.	26. 11. = 29. 10.	26. 12. = 29. 11.
27. 07. = 24. 06.	27. 08. = 26. 07.	27. 09. = 27. 08.	27. 10. = 28. 09.	27. 11. = 30. 10.	27. 12. = 01. 12.
28. 07. = 25. 06.	28. 08. = 27. 07.	28. 09. = 28. 08.	28. 10. = 29. 09.	28. 11. = 01. 11.	28. 12. = 02. 12.
29. 07. = 26. 06.	29. 08. = 28. 07.	29. 09. = 29. 08.	29. 10. = 01. 10.	29. 11. = 02. 11.	29. 12. = 03. 12.
30. 07. = 27. 06.	30. 08. = 29. 07.	30. 09. = 01. 09.	30. 10. = 02. 10.	30. 11. = 03. 11.	30. 12. = 04. 12.
31. 07. = 28. 06.	31. 08. = 30. 07.		31. 10. = 03. 10.		31. 12. = 05. 12.

1933

Januar	Februar	März	April	Mai	Juni
01. 01. = 06. 12.	01. 02. = 07. 01.	01. 03. = 06. 02.	01. 04. = 07. 03.	01. 05. = 07. 04.	01. 06. = 09. 05.
02. 01. = 07. 12.	02. 02. = 0.8 01.	02. 03. = 07. 02.	02. 04. = 08. 03.	02. 05. = 08. 04.	02. 06. = 10. 05.
03. 01. = 08. 12.	03. 02. = 09. 01.	03. 03. = 08. 02.	03. 04. = 09. 03.	03. 05. = 09. 04.	03. 06. = 11. 05.
04. 01. = 09. 12.	04. 02. = 10. 01.	04. 03. = 09. 02.	04. 04. = 10. 03.	04. 05. = 10. 04.	04. 06. = 12. 05.
05. 01. = 10. 12.	05. 02. = 11. 01.	05. 03. = 10. 02.	05. 04. = 11. 03.	05. 05. = 11. 04.	05. 06. = 13. 05.
06. 01. = 11. 12.	06. 02. = 12. 01.	06. 03. = 11. 02.	06. 04. = 12. 03.	06. 05. = 12. 04.	06. 06. = 14. 05.
07. 01. = 12. 12.	07. 02. = 13. 01.	07. 03. = 12. 02.	07. 04. = 13. 03.	07. 05. = 13. 04.	07. 06. = 15. 05.
08. 01. = 13. 12.	08. 02. = 14. 01.	08. 03. = 13. 02.	08. 04. = 14. 03.	08. 05. = 14. 04.	08. 06. = 16. 05.
09. 01. = 14. 12.	09. 02. = 15. 01.	09. 03. = 14. 02.	09. 04. = 15. 03.	09. 05. = 15. 04.	09. 06. = 17. 05.
10. 01. = 15. 12.	10. 02. = 16. 01.	10. 03. = 15. 02.	10. 04. = 16. 03.	10. 05. = 16. 04.	10. 06. = 18. 05.
11. 01. = 16. 12.	11. 02. = 17. 01.	11. 03. = 16. 02.	11. 04. = 17. 03.	11. 05. = 17. 04.	11. 06. = 19. 05.
12. 01. = 17. 12.	12. 02. = 18. 01.	12. 03. = 17. 02.	12. 04. = 18. 03.	12. 05. = 18. 04.	12. 06. = 20. 05.
13. 01. = 18. 12.	13. 02. = 19. 01.	13. 03. = 18. 02.	13. 04. = 19. 03.	13. 05. = 19. 04.	13. 06. = 21. 05.
14. 01. =19. 12.	14. 02. = 20. 01.	14. 03. = 19. 02.	14. 04. = 20. 03.	14. 05. = 20. 04.	14. 06. = 22. 05.
15. 01. = 20. 12.	15. 02. = 21. 01.	15. 03. = 20. 02.	15. 04. = 21. 03.	15. 05. = 21. 04.	15. 06. = 23. 05.
16. 01. = 21. 12.	16. 02. = 22. 01.	16. 03. = 21. 02.	16. 04. = 22. 03.	16. 05. = 22. 04.	16. 06. = 24. 05.
17. 01. = 22. 12.	17. 02. = 23. 01.	17. 03. = 22. 02.	17. 04. = 23. 03.	17. 05. = 23. 04.	17. 06. = 25. 05.
18. 01. = 23. 12.	18. 02. = 24. 01.	18. 03. = 23. 02.	18. 04. = 24. 03.	18. 05. = 24. 04.	18. 06. = 26. 05.
19. 01. = 24. 12.	19. 02. = 25. 01.	19. 03. = 24. 02.	19. 04. = 25. 03.	19. 05. = 25. 04.	19. 06. = 27. 05.
20. 01. = 25. 12.	20. 02. = 26. 01.	20. 03. = 25. 02.	20. 04. = 26. 03.	20. 05. = 26. 04.	20. 06. = 28. 05.
21. 01. = 26. 12.	21. 02. = 27. 01.	21. 03. = 26. 02.	21. 04. = 27. 03.	21. 05. = 27. 04.	21. 06. = 29. 05.
22. 01. = 27. 12.	22. 02. = 28. 01.	22. 03. = 27. 02.	22. 04. = 28. 03.	22. 05. = 28. 04.	22. 06. = 30. 05.
23. 01. = 28. 12.	23. 02. = 29. 01.	23. 03. = 28. 02.	23. 04. = 29. 03.	23. 05. = 29. 04.	23. 06. = 01. 05.
24. 01. = 29. 12.	24. 02. = 01. 02.	24. 03. = 29. 02.	24. 04. = 30. 03.	24. 05. = 01. 05.	24. 06. = 02. 05.
25. 01. = 30. 12.	25. 02. = 02. 02.	25. 03. = 30. 02.	25. 04. = 01. 04.	25. 05. = 02. 05.	25. 06. = 03. 05.
26. 01. = 01. 01.	26. 02. = 03. 02.	26. 03. = 01. 03.	26. 04. = 02. 04.	26. 05. = 03. 05.	26. 06. = 04. 05.
27. 01. = 02. 01.	27. 02. = 04. 02.	27. 03. = 02. 03.	27. 04. = 03. 04.	27. 05. = 04. 05.	27. 06. = 05. 05.
28. 01. = 03. 01.	28. 02. = 05. 02.	28. 03. = 03. 03.	28. 04. = 04. 04.	28. 05. = 05. 05.	28. 06. = 06. 05.
29. 01. = 04. 01.		29. 03. = 04. 03.	29. 04. = 05. 04.	29. 05. = 06. 05.	29. 06. = 07. 05.
30. 01. = 05. 01.		30. 03. = 05. 03.	30. 04. = 06. 04.	30. 05. = 07. 05.	30. 06. = 08. 05.
31. 01. = 06. 01.		31. 03. = 06. 03.		31. 05. = 08. 05.	

1933

Juli	August	September	Oktober	November	Dezember
01. 07. = 09. 05.	01. 08. = 10. 06.	01. 09. = 12. 07.	01. 10. = 12. 08.	01. 11. = 14. 09.	01. 12. = 14. 10.
02. 07. = 10. 05.	02. 08. = 11. 06.	02. 09. = 13. 07.	02. 10. = 13. 08.	02. 11. = 15. 09.	02. 12. = 15. 10.
03. 07. = 11. 05.	03. 08. = 12. 06.	03. 09. = 14. 07.	03. 10. = 14. 08.	03. 11. = 16. 09.	03. 12. = 16. 10.
04. 07. = 12. 05.	04. 08. = 13. 06.	04. 09. = 15. 07.	04. 10. = 15. 08.	04. 11. = 17. 09.	04. 12. = 17. 10.
05. 07. = 13. 05.	05. 08. = 14. 06.	05. 09. = 16. 07.	05. 10. = 16. 08.	05. 11. = 18. 09.	05. 12. = 18. 10.
06. 07. = 14. 05.	06. 08. = 15. 06.	06. 09. = 17. 07.	06. 10. = 17. 08.	06. 11. = 19. 09.	06. 12. = 19. 10.
07. 07. = 15. 05.	07. 08. = 16. 06.	07. 09. = 18. 07.	07. 10. = 18. 08.	07. 11. = 20. 09.	07. 12. = 20. 10.
08. 07. = 16. 05.	08. 08. = 17. 06.	08. 09. = 19. 07.	08. 10. = 19. 08.	08. 11. = 21. 09.	08. 12. = 21. 10.
09. 07. = 17. 05.	09. 08. = 18. 06.	09. 09. = 20. 07.	09. 10. = 20. 08.	09. 11. = 22. 09.	09. 12. = 22. 10.
10. 07. = 18. 05.	10. 08. = 19. 06.	10. 09. = 21. 07.	10. 10. = 21. 08.	10. 11. = 23. 09.	10. 12. = 23. 10.
11. 07. = 19. 05.	11. 08. = 20. 06.	11. 09. = 22. 07.	11. 10. = 22. 08.	11. 11. = 24. 09.	11. 12. = 24. 10.
12. 07. = 20. 05.	12. 08. = 21. 06.	12. 09. = 23. 07.	12. 10. = 23. 08.	12. 11. = 25. 09.	12. 12. = 25. 10.
13. 07. = 21. 05.	13. 08. = 22. 06.	13. 09. = 24. 07.	13. 10. = 24. 08.	13. 11. = 26. 09.	13. 12. = 26. 10.
14. 07. = 22. 05.	14. 08. = 23. 06.	14. 09. = 25. 07.	14. 10. = 25. 08.	14. 11. = 27. 09.	14. 12. = 27. 10.
15. 07. = 23. 05.	15. 08. = 24. 06.	15. 09. = 26. 07.	15. 10. = 26. 08.	15. 11. = 28. 09.	15. 12. = 28. 10.
16. 07. = 24. 05.	16. 08. = 25. 06.	16. 09. = 27. 07.	16. 10. = 27. 08.	16. 11. = 29. 09.	16. 12. = 29. 10.
17. 07. = 25. 05.	17. 08. = 26. 06.	17. 09. = 28. 07.	17. 10. = 28. 08.	17. 11. = 30. 09.	17. 12. = 01. 11.
18. 07. = 26. 05.	18. 08. = 27. 06.	18. 09. = 29. 07.	18. 10. = 29. 08.	18. 11. = 01. 10.	18. 12. = 02. 11.
19. 07. = 27. 05.	19. 08. = 28. 06.	19. 09. = 30. 07.	19. 10. = 01. 09.	19. 11. = 02. 10.	19. 12. = 03. 11.
20. 07. = 28. 05.	20. 08. = 29. 06.	20. 09. = 01. 08.	20. 10. = 02. 09.	20. 11. = 03. 10.	20. 12. = 04. 11.
21. 07. = 29. 05.	21. 08. = 01. 07.	21. 09. = 02. 08.	21. 10. = 03. 09.	21. 11. = 04. 10.	21. 12. = 05. 11.
22. 07. = 30. 05.	22. 08. = 02. 07.	22. 09. = 03. 08.	22. 10. = 04. 09.	22. 11. = 05. 10.	22. 12. = 06. 11.
23. 07. = 01. 06.	23. 08. = 03. 07.	23. 09. = 04. 08.	23. 10. = 05. 09.	23. 11. = 06. 10.	23. 12. = 07. 11.
24. 07. = 02. 06.	24. 08. = 04. 07.	24. 09. = 05. 08.	24. 10. = 06. 09.	24. 11. = 07. 10.	24. 12. = 08. 11.
25. 07. = 03. 06.	25. 08. = 05. 07.	25. 09. = 06. 08.	25. 10. = 07. 09.	25. 11. = 08. 10.	25. 12. = 09. 11.
26. 07. = 04. 06.	26. 08. = 06. 07.	26. 09. = 07. 08.	26. 10. = 08. 09.	26. 11. = 09. 10.	26. 12. = .10. 11.
27. 07. = 05. 06.	27. 08. = 07. 06.	27. 09. = 08. 08.	27. 10. = 09. 09.	27. 11. = 10. 10.	27. 12. = 11. 11.
28. 07. = 06. 06.	28. 08. = 08. 07.	28. 09. = 09. 08.	28. 10. = 10. 09.	28. 11. = 11. 10.	28. 12. = 12. 11.
29. 07. = 07. 06.	29. 08. = 09. 07.	29. 09. = 10. 08.	29. 10. = 11. 09.	29. 11. = 12. 10.	29. 12. = 13. 11.
30. 07. = 08. 06.	30. 08. = 10. 07.	30. 09. = 11. 08.	30. 10. = 12. 09.	30. 11. = 13. 10.	30. 12. = 14. 11.
31. 07. = 09. 06.	31. 08. = 11. 07.		31. 10. = 13. 09.		31. 12. = 15. 11.

1934

Januar	Februar	März	April	Mai	Juni
01. 01. = 16. 11.	01. 02. = 18. 12.	01. 03. = 16. 01.	01. 04. = 18. 02.	01. 05. = 18. 03.	01. 06. = 20. 04.
02. 01. = 17. 11.	02. 02. = 19. 12.	02. 03. = 17. 01.	02. 04. = 19. 02.	02. 05. = 19. 03.	02. 06. = 21. 04.
03. 01. = 18. 11.	03. 02. = 20. 12.	03. 03. = 18. 01.	03. 04. = 20. 02.	03. 05. = 20. 03.	03. 06. = 22. 04.
04. 01. = 19. 11.	04. 02. = 21. 12.	04. 03. = 19. 01.	04. 04. = 21. 02.	04. 05. = 21. 03.	04. 06. = 23. 04.
05. 01. = 20. 11.	05. 02. = 22. 12.	05. 03. = 20. 01.	05. 04. = 22. 02.	05. 05. = 22. 03.	05. 06. = 24. 04.
06. 01. = 21. 11.	06. 02. = 23. 12.	06. 03. = 21. 01.	06. 04. = 23. 02.	06. 05. = 23. 03.	06. 06. = 25. 04.
07. 01. = 22. 11.	07. 02. = 24. 12.	07. 03. = 22. 01.	07. 04. = 24. 02.	07. 05. = 24. 03.	07. 06. = 26. 04.
08. 01. = 23. 11.	08. 02. = 25. 12.	08. 03. = 23. 01.	08. 04. = 25. 02.	08. 05. = 25. 03.	08. 06. = 27. 04.
09. 01. = 24. 11.	09. 02. = 26. 12.	09. 03. = 24. 01.	09. 04. = 26. 02.	09. 05. = 26. 03.	09. 06. = 28. 04.
10. 01. = 25. 11.	10. 02. = 27. 12.	10. 03. = 25. 01.	10. 04. = 27. 02.	10. 05. = 27. 03.	10. 06. = 29. 04.
11. 01. = 26. 11.	11. 02. = 28. 12.	11. 03. = 26. 01.	11. 04. = 28. 02.	11. 05. = 28. 03.	11. 06. = 30. 04.
12. 01. = 27. 11.	12. 02. = 29. 12.	12. 03. = 27. 01.	12. 04. = 29. 02.	12. 05. = 29. 03.	12. 06. = 01. 05.
13. 01. = 28. 11.	13. 02. = 30. 12.	13. 03. = 28. 01.	13. 04. = 30. 02.	13. 05. = 01. 04.	13. 06. = 02. 05.
14. 01. = 29. 11.	14. 02. = 01. 01.	14. 03. = 29. 01.	14. 04. = 01. 03.	14. 05. = 02. 04.	14. 06. = 03. 05.
15. 01. = 01. 12.	15. 02. = 02. 01.	15. 03. = 01. 02.	15. 04. = 02. 03.	15. 05. = 03. 04.	15. 06. = 04. 05.
16. 01. = 02. 12.	16. 02. = 03. 01.	16. 03. = 02. 02.	16. 04. = 03. 03.	16. 05. = 04. 04.	16. 06. = 05. 05.
17. 01. = 03. 12.	17. 02. = 04. 01.	17. 03. = 03. 02.	17. 04. = 04. 03.	17. 05. = 05. 04.	17. 06. = 06. 05.
18. 01. = 04. 12.	18. 02. = 05. 01.	18. 03. = 04. 02.	18. 04. = 05. 03.	18. 05. = 06. 04.	18. 06. = 07. 05.
19. 01. = 05. 12.	19. 02. = 06. 01.	19. 03. = 05. 02.	19. 04. = 06. 03.	19. 05. = 07. 04.	19. 06. = 08. 05.
20. 01. = 06. 12.	20. 02. = 07. 01.	20. 03. = 06. 02.	20. 04. = 07. 03.	20. 05. = 08. 04.	20. 06. = 09. 05.
21. 01. = 07. 12.	21. 02. = 08. 01.	21. 03. = 07. 02.	21. 04. = 08. 03.	21. 05. = 09. 04.	21. 06. = 10. 05.
22. 01. = 08. 12.	22. 02. = 09. 01.	22. 03. = 08. 02.	22. 04. = 09. 03.	22. 05. = 10. 04.	22. 06. = 11. 05.
23. 01. = 09. 12.	23. 02. = 10. 01.	23. 03. = 09. 02.	23. 04. = 10. 03.	23. 05. = 11. 04.	23. 06. = 12. 05.
24. 01. = 10. 12.	24. 02. = 11. 01.	24. 03. = 10. 02.	24. 04. = 11. 03.	24. 05. = 12. 04.	24. 06. = 13. 05.
25. 01. = 11. 12.	25. 02. = 12. 01.	25. 03. = 11. 02.	25. 04. = 12. 03.	25. 05. = 13. 04.	25. 06. = 14. 05.
26. 01. = 12. 12.	26. 02. = 13. 01.	26. 03. = 12. 02.	26. 04. = 13. 03.	26. 05. = 14. 04.	26. 06. = 15. 05.
27. 01. = 13. 12.	27. 02. = 14. 01.	27. 03. = 13. 02.	27. 04. = 14. 03.	27. 05. = 15. 04.	27. 06. = 16. 05.
28. 01. = 14. 12.	28. 02. = 15. 01.	28. 03. = 14. 02.	28. 04. = 15. 03.	28. 05. = 16. 04.	28. 06. = 17. 05.
29. 01. = 15. 12.		29. 03. = 15. 02.	29. 04. = 16. 03.	29. 05. = 17. 04.	29. 06. = 18. 05.
30. 01. = 16. 12.		30. 03. = 16. 02.	30. 04. = 17. 03.	30. 05. = 18. 04.	30. 06. = 19. 05.
31. 01. = 17. 12.		31. 03. = 17. 02.		31. 05. = 19. 04.	

1934

Juli	August	September	Oktober	November	Dezember
01. 07. = 20. 05.	01. 08. = 21. 06.	01. 09. = 23. 07.	01. 10. = 23. 08.	01. 11. = 25. 09.	01. 12. = 25. 10.
02. 07. = 21. 05.	02. 08. = 22. 06.	02. 09. = 24. 07.	02. 10. = 24. 08.	02. 11. = 26. 09.	02. 12. = 26. 10.
03. 07. = 22. 05.	03. 08. = 23. 06.	03. 09. = 25. 07.	03. 10. = 25. 08.	03. 11. = 27. 09.	03. 12. = 27. 10.
04. 07. = 23. 05.	04. 08. = 24. 06.	04. 09. = 26. 07.	04. 10. = 26. 08.	04. 11. = 28. 09.	04. 12. = 28. 10.
05. 07. = 24. 05.	05. 08. = 25. 06.	05. 09. = 27. 07.	05. 10. = 27. 08.	05. 11. = 29. 09.	05. 12. = 29. 10.
06. 07. = 25. 05.	06. 08. = 26. 06.	06. 09. = 28. 07.	06. 10. = 28. 08.	06. 11. = 30. 09.	06. 12. = 30. 10.
07. 07. = 26. 05.	07. 08. = 27. 06.	07. 09. = 29. 07.	07. 10. = 29. 08.	07. 11. = 01. 10.	07. 12. = 01. 11.
08. 07. = 27. 05.	08. 08. = 28. 06.	08. 09. = 30. 07.	08. 10. = 01. 09.	08. 11. = 02. 10.	08. 12. = 02. 11.
09. 07. = 28. 05.	09. 08. = 29. 06.	09. 09. = 01. 08.	09. 10. = 02. 09.	09. 11. = 03. 10.	09. 12. = 03. 11.
10. 07. = 29. 05.	10. 08. = 01. 07.	10. 09. = 02. 08.	10. 10. = 03. 09.	10. 11. = 04. 10.	10. 12. = 04. 11.
11. 07. = 30. 05.	11. 08. = 02. 07.	11. 09. = 03. 08.	11. 10. = 04. 09.	11. 11. = 05. 10.	11. 12. = 05. 11.
12. 07. = 01. 06.	12. 08. = 03. 07.	12. 09. = 04. 08.	12. 10. = 05. 09.	12. 11. = 06. 10.	12. 12. = 06. 11.
13. 07. = 02. 06.	13. 08. = 04. 07.	13. 09. = 05. 08.	13. 10. = 06. 09.	13. 11. = 07. 10.	13. 12. = 07. 11.
14. 07. = 03. 06.	14. 08. = 05. 07.	14. 09. = 06. 08.	14. 10. = 07. 09.	14. 11. = 08. 10.	14. 12. = 08. 11.
15. 07. = 04. 06.	15. 08. = 06. 07.	15. 09. = 07. 08.	15. 10. = 08. 09.	15. 11. = 09. 10.	15. 12. = 09. 11.
16. 07. = 05. 06.	16. 08. = 07. 07.	16. 09. = 08. 08.	16. 10. = 09. 09.	16. 11. = 10. 10.	16. 12. = 10. 11.
17. 07. = 06. 06.	17. 08. = 08. 07.	17. 09. = 09. 08.	17. 10. = 10. 09.	17. 11. = 11. 10.	17. 12. = 11. 11.
18. 07. = 07. 06.	18. 08. = 09. 07.	18. 09. = 10. 08.	18. 10. = 11. 09.	18. 11. = 12. 10.	18. 12. = 12. 11.
19. 07. = 08. 06.	19. 08. = 10. 07.	19. 09. = 11. 08.	19. 10. = 12. 09.	19. 11. = 13. 10.	19. 12. = 13. 11.
20. 07. = 09. 06.	20. 08. = 11. 07.	20. 09. = 12. 08.	20. 10. = 13. 09.	20. 11. = 14. 10.	20. 12. = 14. 11.
21. 07. = 10. 06.	21. 08. = 12. 07.	21. 09. = 13. 08.	21. 10. = 14. 09.	21. 11. = 15. 10.	21. 12. = 15. 11.
22. 07. = 11. 06.	22. 08. = 13. 07.	22. 09. = 14. 08.	22. 10. = 15. 09.	22. 11. = 16. 10.	22. 12. = 16. 11.
23. 07. = 12. 06.	23. 08. = 14. 07.	23. 09. = 15. 08.	23. 10. = 16. 09.	23. 11. = 17. 10.	23. 12. = 17. 11.
24. 07. = 13. 06.	24. 08. = 15. 07.	24. 09. = 16. 08.	24. 10. = 17. 09.	24. 11. = 18. 10.	24. 12. = 18. 11.
25. 07. = 14. 06.	25. 08. = 16. 07.	25. 09. = 17. 08.	25. 10. = 18. 09.	25. 11. = 19. 10.	25. 12. = 19. 11.
26. 07. = 15. 06.	26. 08. = 17. 07.	26. 09. = 18. 08.	26. 10. = 19. 09.	26. 11. = 20. 10.	26. 12. = 20. 11.
27. 07. = 16. 06.	27. 08. = 18. 07.	27. 09. = 19. 08.	27. 10. = 20. 09.	27. 11. = 21. 10.	27. 12. = 21. 11.
28. 07. = 17. 06.	28. 08. = 19. 07.	28. 09. = 20. 08.	28. 10. = 21. 09.	28. 11. = 22. 10.	28. 12. = 22. 11.
29. 07. = 18. 06.	29. 08. = 20. 07.	29. 09. = 21. 08.	29. 10. = 22. 09.	29. 11. = 23. 10.	29. 12. = 23. 11.
30. 07. = 19. 06.	30. 08. = 21. 07.	30. 09. = 22. 08.	30. 10. = 23. 09.	30. 11. = 24. 10.	30. 12. = 24. 11.
31. 07. = 20. 06.	31. 08. = 22. 07.		31. 10. = 24. 09.		31. 12. = 25. 11.

1935

Januar	Februar	März	April	Mai	Juni
01. 01. = 26. 11.	01. 02. = 28. 12.	01. 03. = 26. 01.	01. 04. = 28. 02.	01. 05. = 29. 03.	01. 06. = 01. 05.
02. 01. = 27. 11.	02. 02. = 29. 12.	02. 03. = 27. 01.	02. 04. = 29. 02.	02. 05. = 30. 03.	02. 06. = 02. 05.
03. 01. = 28. 11.	03. 02. = 30. 12.	03. 03. = 28. 01.	03. 04. = 01. 03.	03. 05. = 01. 04.	03. 06. = 03. 05.
04. 01. = 29. 11.	04. 02. = 01. 01.	04. 03. = 29. 01.	04. 04. = 02. 03.	04. 05. = 02. 04.	04. 06. = 04. 05.
05. 01. = 01. 12.	05. 02. = 02. 01.	05. 03. = 01. 02.	05. 04. = 03. 03.	05. 05. = 03. 04.	05. 06. = 05. 05.
06. 01. = 02. 12.	06. 02. = 03. 01.	06. 03. = 02. 02.	06. 04. = 04. 03.	06. 05. = 04. 04.	06. 06. = 06. 05.
07. 01. = 03. 12.	07. 02. = 04. 01.	07. 03. = 03. 02.	07. 04. = 05. 03.	07. 05. = 05. 04.	07. 06. = 07. 05.
08. 01. = 04. 12.	08. 02. = 05. 01.	08. 03. = 04. 02.	08. 04. = 06. 03.	08. 05. = 06. 04.	08. 06. = 08. 05.
09. 01. = 05. 12.	09. 02. = 06. 01.	09. 03. = 05. 02.	09. 04. = 07. 03.	09. 05. = 07. 04.	09. 06. = 09. 05.
10. 01. = 06. 12.	10. 02. = 07. 01.	10. 03. = 06. 02.	10. 04. = 08. 03.	10. 05. = 08. 04.	10. 06. = 10. 05.
11. 01. = 07. 12.	11. 02. = 08. 01.	11. 03. = 07. 02.	11. 04. = 09. 03.	11. 05. = 09. 04.	11. 06. = 11. 05.
12. 01. = 08. 12.	12. 02. = 09. 01.	12. 03. = 08. 02.	12. 04. = 10. 03.	12. 05. = 10. 04.	12. 06. = 12. 05.
13. 01. = 09. 12.	13. 02. = 10. 01.	13. 03. = 09. 02.	13. 04. = 11. 03.	13. 05. = 11. 04.	13. 06. = 13. 05.
14. 01. = 10. 12.	14. 02. = 11. 01.	14. 03. = 10 .02.	14. 04. = 11. 03.	14. 05. = 12. 04.	14. 06. = 14. 05.
15. 01. = 11. 12.	15. 02. = 12. 01.	15. 03. = 11. 02.	15. 04. = 12. 03.	15. 05. = 13. 04.	15. 06. = 15. 05.
16. 01. = 12. 12.	16. 02. = 13. 01.	16. 03. = 12. 02.	16. 04. = 13. 03.	16. 05. = 14. 04.	16. 06. = 16. 05.
17. 01. = 13. 12.	17. 02. = 14. 01.	17. 03. = 13. 02.	17. 04. = 14. 03.	17. 05. = 15. 04.	17. 06. = 17. 05.
18. 01. = 14. 12.	18. 02. = 15. 01.	18. 03. = 14. 02.	18. 04. = 15. 03.	18. 05. = 16. 04.	18. 06. = 18. 05.
19. 01. = 15. 12.	19. 02. = 16. 01.	19. 03. = 15. 02.	19. 04. = 16. 03.	19. 05. = 17. 04.	19. 06. = 19. 05.
20. 01. = 16. 12.	20. 02. = 17. 01.	20. 03. = 16. 02.	20. 04. = 17. 03.	20. 05. = 18. 04.	20. 06. = 20 .05.
21. 01. = 17. 12.	21. 02. = 18. 01.	21. 03. = 17. 02.	21. 04. = 18. 03.	21. 05. = 19 .04.	21. 06. = 21. 05.
22. 01. = 18. 12.	22. 02. = 19. 01.	22. 03. = 18. 02.	22. 04. = 19. 03.	22. 05. = 20. 04.	22. 06. = 22. 05.
23. 01. = 19. 12.	23. 02. = 20. 01.	23. 03. = 19. 02.	23. 04. = 20. 03.	23. 05. = 21. 04.	23. 06. = 23. 05.
24. 01. = 20. 12.	24. 02. = 21. 01.	24. 03. = 20 .02.	24. 04. = 21. 03.	24. 05. = 22. 04.	24. 06. = 24. 05.
25. 01. = 21. 12.	25. 02. = 22. 01.	25. 03. = 21. 02.	25. 04. = 22. 03.	25. 05. = 23. 04.	25. 06. = 25. 05.
26. 01. = 22. 12.	26. 02. = 23. 01.	26. 03. = 22. 02.	26. 04. = 24. 03.	26. 05. = 24. 04.	26. 06. = 26. 05.
27. 01. = 23. 12.	27. 02. = 24. 01.	27. 03. = 23. 02.	27. 04. = 25. 03.	27. 05. = 25. 04.	27. 06. = 27. 05.
28. 01. = 24. 12.	28. 02. = 25. 01.	28. 03. = 24. 02.	28. 04. = 26. 03.	28. 05. = 26. 04.	28. 06. = 28. 05.
29. 01. = 25. 12.		29. 03. = 25. 02.	29. 04. = 27. 03.	29. 05. = 27. 04.	29. 06. = 29. 05.
30. 01. = 26. 12.		30. 03. = 26. 02.	30. 04. = 28. 03.	30. 05. = 28. 04.	30. 06. = 30. 05.
31. 01. = 27. 12.		31. 03. = 27. 02.		31. 05. = 29. 04.	

1935

Juli	August	September	Oktober	November	Dezember
01. 07. = 01. 06.	01. 08. = 03. 07.	01. 09. = 04. 08.	01. 10. = 04. 09.	01. 11. = 06. 10.	01. 12. = 06. 11.
02. 07. = 02. 06.	02. 08. = 04. 07.	02. 09. = 05. 08.	02. 10. = 05. 09.	02. 11. = 07. 10.	02. 12. = 07. 11.
03. 07. = 03. 06.	03. 08. = 05. 07.	03. 09. = 06. 08.	03. 10. = 06. 09.	03. 11. = 08. 10.	03. 12. = 08. 11.
04. 07. = 04. 06.	04. 08. = 06. 07.	04. 09. = 07. 08.	04. 10. = 07. 09.	04. 11. = 09. 10.	04. 12. = 09. 11.
05. 07. = 05. 06.	05. 08. = .07. 07.	05. 09. = 08. 08.	05. 10. = 08. 09.	05. 11. = 10. 10.	05. 12. = 10. 11.
06. 07. = 06. 06.	06. 08. = 08. 07.	06. 09. = 09. 08.	06. 10. = 09. 09.	06. 11. = 11. 10.	06. 12. = 11. 11.
07. 07. = 07. 06.	07. 08. = 09. 07.	07. 09. = 10. 08.	07. 10. = 10. 09.	07. 11. = 12. 10.	07. 12. = 12. 11.
08. 07. = 08. 06.	08. 08. = 10. 07.	08. 09. = 11. 08.	08. 10. = 11. 09.	08. 11. = 13. 10.	08. 12. = 13. 11.
09. 07. = 09. 06.	09. 08. = 11. 07.	09. 09. = 12. 08.	09. 10. = 12. 09.	09. 11. = 14. 10.	09. 12. = 14. 11.
10. 07. = 10. 06.	10. 08. = 12. 07.	10. 09. = 13. 08.	10. 10. = 13. 09.	10. 11. = 15. 10.	10. 12. = 15. 11.
11. 07. = 11. 06.	11. 08. = 13. 07.	11. 09. = 14. 08.	11. 10. = 14. 09.	11. 11. = 16. 10.	11. 12. = 16. 11.
12. 07. = 12. 06.	12. 08. = 14. 07.	12. 09. = 15. 08.	12. 10. = 15. 09.	12. 11. = 17. 10.	12. 12. = 17. 11.
13. 07. = 13. 06.	13. 08. = 15. 07.	13. 09. = 16. 08.	13. 10. = 16. 09.	13. 11. = 18. 10.	13. 12. = 18. 11.
14. 07. = 14. 06.	14. 08. = 16. 07.	14. 09. = 17. 08.	14. 10. = 17. 09.	14. 11. = 19. 10.	14. 12. = 19. 11.
15. 07. = 15. 06.	15. 08. = 17. 07.	15. 09. = 18. 08.	15. 10. = 18. 09.	15. 11. = 20. 10.	15. 12. = 20. 11.
16. 07. = 16. 06.	16. 08. = 18. 07.	16. 09. = 19. 08.	16. 10. = 19. 09.	16. 11. = 21. 10.	16. 12. = 21. 11.
17. 07. = 17. 06.	17. 08. = 19. 07.	17. 09. = 20. 08.	17. 10. = 20. 09.	17. 11. = 22. 10.	17. 12. = 22. 11.
18. 07. = 18. 06.	18. 08. = 20. 07.	18. 09. = 21. 08.	18. 10. = 21. 09.	18. 11. = 23. 10.	18. 12. = 23. 11.
19. 07. = 19. 06.	19. 08. = 21. 07.	19. 09. = 22. 08.	19. 10. = 22. 09.	19. 11. = 24. 10.	19. 12. = 24. 11.
20. 07. = 20. 06.	20. 08. = 22. 07.	20. 09. = 23. 08.	20. 10. = 23. 09.	20. 11. = 25. 10.	20. 12. = 25. 11.
21. 07. = 21. 06.	21. 08. = 23. 07.	21. 09. = 24. 08.	21. 10. = 24. 09.	21. 11. = 26. 10.	21. 12. = 26. 11.
22. 07. = 22. 06.	22. 08. = 24. 07.	22. 09. = 25. 08.	22. 10. = 25. 09.	22. 11. = 27. 10.	22. 12. = 27. 11.
23. 07. = 23. 06.	23. 08. = 25. 07.	23. 09. = 26. 08.	23. 10. = 26. 09.	23. 11. = 28. 10.	23. 12. = 28. 11.
24. 07. = 24. 06.	24. 08. = 26. 07.	24. 09. = 27. 08.	24. 10. = 27. 09.	24. 11. = 29. 10.	24. 12. = 29. 11.
25. 07. = 25. 06.	25. 08. = 27. 07.	25. 09. = 28. 08.	25. 10. = 28. 09.	25. 11. = 30. 10.	25. 12. = 30. 11.
26. 07. = 26. 06.	26. 08. = 28. 07.	26. 09. = 29. 08.	26. 10. = 29. 09.	26. 11. = 01. 11.	26. 12. = 01. 12.
27. 07. = 27. 06.	27. 08. = 29. 07.	27. 09. = 30. 08.	27. 10. = 01. 10.	27. 11. = 02. 11.	27. 12. = 02. 12.
28. 07. = 28. 06.	28. 08. = 30. 07.	28. 09. = 01. 09.	28. 10. = 02. 10.	28. 11. = 03. 11.	28. 12. = 03. 12.
29. 07. = 29. 06.	29. 08. = 01. 08.	29. 09. = 02. 09.	29. 10. = 03. 10.	29. 11. = 04. 11.	29. 12. = 04. 12.
30. 07. = 01. 07.	30. 08. = 02. 08.	30. 09. = 03. 09.	30. 10. = 04. 10.	30. 11. = 05. 11.	30. 12. = 05. 12.
31. 07. = 02. 07.	31. 08. = 03. 08.		31. 10. = 05. 10.		31. 12. = 06. 12.

1936

Januar	Februar	März	April	Mai	Juni
01. 01. = 07. 12.	01. 02. = 09. 01.	01. 03. = 08. 02.	01. 04. = 10. 03.	01. 05. = 11. 03.	01. 06. = 12. 04.
02. 01. = 08. 12.	02. 02. = 10. 01.	02. 03. = 09. 02.	02. 04. = 11. 03.	02. 05. = 12. 03.	02. 06. = 13. 04.
03. 01. = 09. 12.	03. 02. = 11. 01.	03. 03. = 10. 02.	03. 04. = 12. 03.	03. 05. = 13. 03.	03. 06. = 14. 04.
04. 01. = 10. 12.	04. 02. = 12. 01.	04. 03. = 11. 02.	04. 04. = 13. 03.	04. 05. = 14. 03.	04. 06. = 15. 04.
05. 01. = 11. 12.	05. 02. = 13. 01.	05. 03. = 12. 02.	05. 04. = 14. 03.	05. 05. = 15. 03.	05. 06. = 16. 04.
06. 01. = 12. 12.	06. 02. = 14. 01.	06. 03. = 13. 02.	06. 04. = 15. 03.	06. 05. = 16. 03.	06. 06. = 17. 04.
07. 01. = 13. 12.	07. 02. = 15. 01.	07. 03. = 14. 02.	07. 04. = 16. 03.	07. 05. = 17. 03.	07. 06. = 18. 04.
08. 01. = 14. 12.	08. 02. = 16. 01.	08. 03. = 15. 02.	08. 04. = 17. 03.	08. 05. = 18. 03.	08. 06. = 19. 04.
09. 01. = 15. 12.	09. 02. = 17. 01.	09. 03. = 16. 02.	09. 04. = 18. 03.	09. 05. = 19. 03.	09. 06. = 20 .04.
10. 01. = 16. 12.	10. 02. = 18. 01.	10. 03. = 17. 02.	10. 04. = 19. 03.	10. 05. = 20. 03.	10. 06. = 21. 04.
11. 01. = 17. 12.	11. 02. = 19. 01.	11. 03. = 18. 02.	11. 04. = 20. 03.	11. 05. = 21. 03.	11. 06. = 22. 04.
12. 01. = 18. 12.	12. 02. = 20. 01.	12. 03. = 19. 02.	12. 04. = 21. 03.	12. 05. = 22. 03.	12. 06. = 23. 04.
13. 01. = 19. 12.	13. 02. = 21. 01.	13. 03. = 20. 02.	13. 04. = 22. 03.	13. 05. = 23. 03.	13. 06. = 24. 04.
14. 01. = 20. 12.	14. 02. = 22. 01.	14. 03. = 21. 02.	14. 04. = 23. 03.	14. 05. = 24. 03.	14. 06. = 25. 04.
15. 01. = 21. 12.	15. 02. = 23. 01.	15. 03. = 22. 02.	15. 04. = 24. 03.	15. 05. = 25. 03.	15. 06. = 26. 04.
16. 01. = 22. 12.	16. 02. = 24. 01.	16. 03. = 23. 02.	16. 04. = 25. 03.	16. 05. = 26. 03.	16. 06. = 27. 04.
17. 01. = 23. 12.	17. 02. = 15. 01.	17. 03. = 24. 02.	17. 04. = 26. 03.	17. 05. = 27. 03.	17. 06. = 28. 04.
18. 01. = 24. 12.	18. 02. = 26. 01.	18. 03. = 25. 02.	18. 04. = 27. 03.	18. 05. = 28. 03.	18. 06. = 29. 04.
19. 01. = 25. 12.	19. 02. = 27. 01.	19. 03. = 26. 02.	19. 04. = 28. 03.	19. 05. = 29. 03.	19. 06. = 01. 05.
20. 01. = 26. 12.	20. 02. = 28. 01.	20. 03. = 27. 02.	20. 04. = 29. 03.	20. 05. = 30. 03.	20. 06. = 02. 05.
21. 01. = 27. 12.	21. 02. = 29. 01.	21. 03. = 28. 02.	21. 04. = 01. 03.	21. 05. = 01. 04.	21. 06. = 03. 05.
22. 01. = 28. 12.	22. 02. = 30. 01.	22. 03. = 29. 02.	22. 04. = 02. 03.	22. 05. = 02. 04.	22. 06. = 04. 05.
23. 01. = 29. 12.	23. 02. = 01. 02.	23. 03. = 01. 03.	23. 04. = 03. 03.	23. 05. = 03. 04.	23. 06. = 05. 05.
24. 01. = 01. 01.	24. 02. = 02. 02.	24. 03. = 02. 03.	24. 04. = 04. 03.	24. 05. = 04. 04.	24. 06. = 06. 05.
25. 01. = 02. 01.	25. 02. = 03. 02.	25. 03. = 03. 03.	25. 04. = 05. 03.	25. 05. = 05. 04.	25. 06. = 07. 05.
26. 01. = 03. 01.	26. 02. = 04. 02.	26. 03. = 04. 03.	26. 04. = 06. 03.	26. 05. = 06. 04.	26. 06. = 08. 05.
27. 01. = 04. 01.	27. 02. = 05. 02.	27. 03. = 05. 03.	27. 04. = 07. 03.	27. 05. = 07. 04.	27. 06. = 09. 05.
28. 01. = 05. 01.	28. 02. = 06. 02.	28. 03. = 06. 03.	28. 04. = 08. 03.	28. 05. = 08. 04.	28. 06. = 10. 05.
29. 01. = 06. 01.	29. 02. = 07. 02.	29. 03. = 07. 03.	29. 04. = 09. 03.	29. 05. = 09. 04.	29. 06. = 11. 05.
30. 01. = 07. 01.		30. 03. = 08. 03.	30. 04. = 10. 03.	30. 05. = 10. 04.	30. 06. = 12. 05.
31. 01. = 08. 01.		31. 03. = 09. 03.		31. 05. = 11. 04.	

1936

Juli	August	September	Oktober	November	Dezember
01. 07. = 13. 05.	01. 08. =.15. 06.	01. 09. = 16. 07.	01. 10. = 16. 08.	01. 11. = 18. 09.	01. 12. = 18. 10.
02. 07. = 14. 05.	02. 08. = 16. 06.	02. 09. = 17. 07.	02. 10. = 17. 08.	02. 11. = 19. 09.	02. 12. = 19. 10.
03. 07. = 15. 05.	03. 08. = 17. 06.	03. 09. = 18. 07.	03. 10. = 18. 08.	03. 11. = 20. 09.	03. 12. = 20. 10.
04. 07. = 16. 05.	04. 08. = 18. 06.	04. 09. = 19. 07.	04. 10. = 19. 08.	04. 11. = 21. 09.	04. 12. = 21. 10.
05. 07. = 17. 05.	05. 08. = 19. 06.	05. 09. = 20 .07.	05. 10. = 20. 08.	05. 11. = 22. 09.	05. 12. = 22. 10.
06. 07. = 18. 05.	06. 08. = 20. 06.	06. 09. = 21. 07.	06. 10. = 21. 08.	06. 11. = 23. 09.	06. 12. = 23. 10.
07. 07. = 19. 05.	07. 08. = 21. 06.	07. 09. = 22. 07.	07. 10. = 22. 08.	07. 11. = 24. 09.	07. 12. = 24. 10.
08. 07. =.20. 05.	08. 08. = 22. 06.	08. 09. = 23. 07.	08. 10. = 23. 08.	08. 11. = 25. 09.	08. 12. = 25. 10.
09. 07. = 21. 05.	09. 08. = 23. 06.	09. 09. = 24. 07.	09. 10. = 24. 08.	09. 11. = 26. 09.	09. 12. = 26. 10.
10. 07. = 22. 05.	10. 08. = 24. 06.	10. 09. = 25. 07.	10. 10. = 25. 08.	10. 11. = 27. 09.	10. 12. = 27. 10.
11. 07. = 23. 05.	11. 08. = 25. 06.	11. 09. = 26. 07.	11. 10. = 26. 08.	11. 11. = 28. 09.	11. 12. = 28. 10.
12. 07. = 24. 05.	12. 08. = 26. 06.	12. 09. = 27. 07.	12. 10. = 27. 08.	12. 11. = 29. 09.	12. 12. = 29. 10.
13. 07. = 25. 05.	13. 08. = 27. 06.	13. 09. = 28. 07.	13. 10. = 28. 08.	13. 11. = 30. 09.	13. 12. = 30. 10.
14. 07. = 26. 05.	14. 08. = 28. 06.	14. 09. = 29. 07.	14. 10. = 29. 08.	14. 11. = 01. 10.	14. 12. = 01. 11.
15. 07. = 27. 05.	15. 08. = 29 .06.	15. 09. = 30. 07.	15. 10. = 01. 09.	15. 11. = 02. 10.	15. 12. = 02. 11.
16. 07. = 28. 05.	16. 08. = 30. 06.	16. 09. = 01. 08.	16. 10. = 02. 09.	16. 11. = 03. 10.	16. 12. = 03. 11.
17. 07. = 29. 05.	17. 08. = 01. 07.	17. 09. = 02. 08.	17. 10. = 03. 09.	17. 11. = 04. 10.	17. 12. = 04. 11.
18. 07. = 01. 06.	18. 08. = 02. 07.	18. 09. = 03. 08.	18. 10. = 04. 09.	18. 11. = 05. 10.	18. 12. = 05. 11.
19. 07. = 02. 06.	19. 08. = 03. 07.	19. 09. = 04. 08.	19. 10. = 05. 09.	19. 11. = 06. 10.	19. 12. = 06. 11.
20. 07. = 03. 06.	20. 08. = 04. 07.	20. 09. = 05. 08.	20. 10. = 06. 09.	20. 11. = 07. 10.	20. 12. = 07. 11.
21. 07. = 04. 06.	21. 08. = 05. 07.	21. 09. = 06. 08.	21. 10. = 07. 09.	21. 11. = 08. 10.	21. 12. = 08. 11.
22. 07. = 05. 06.	22. 08. = 06. 07.	22. 09. = 07. 08.	22. 10. = 08. 09.	22. 11. = 09. 10.	22. 12. = 09. 11.
23. 07. = 06. 06.	23. 08. = 07. 07.	23. 09. = 08. 08.	23. 10. = 09. 09.	23. 11. = 10. 10.	23. 12. = 10. 11.
24. 07. = 07. 06.	24. 08. = 08. 07.	24. 09. = 09. 08.	24. 10. = 10. 09.	24. 11. = 11. 10.	24. 12. = 11. 11.
25. 07. = 08. 06.	25. 08. = 09. 07.	25. 09. = 10. 08.	25. 10. = 11. 09.	25. 11. = 12. 10.	25. 12. = 12. 11.
26. 07. = 09. 06.	26. 08. = 10. 07.	26. 09. = 11. 08.	26. 10. = 12. 09.	26. 11. = 13. 10.	26. 12. = 13. 11.
27. 07. = 10 .06.	27. 08. = 11. 07.	27. 09. = 12. 08.	27. 10. = 13. 09.	27. 11. = 14. 10.	27. 12. = 14. 11.
28. 07. = 11. 06.	28. 08. = 12. 07.	28. 09. = 13. 08.	28. 10. = 14. 09.	28. 11. = 15. 10.	28. 12. = 15. 11.
29. 07. = 12. 06.	29. 08. = 13. 07.	29. 09. = 14. 08.	29. 10. = 15. 09.	29. 11. = 16. 10.	29. 12. = 16. 11.
30. 07. = 13. 06.	30. 08. = 14. 07.	30. 09. = 15. 08.	30. 10. = 16. 09.	30. 11. = 17. 10.	30. 12. = 17. 11.
31. 07. = 14. 06.	31. 08. = 15. 07.		31. 10. = 17. 09.		31. 12. = 18. 11.

1937

Januar	Februar	März	April	Mai	Juni
01. 01. = 19. 11.	01. 02. = 20. 12.	01. 03. = 19. 01.	01. 04. = 20. 02.	01. 05. = 21. 03.	01. 06. = 23. 04.
02. 01. = 20. 11.	02. 02. = 21. 12.	02. 03. = 20. 01.	02. 04. = 21. 02.	02. 05. = 22. 03.	02. 06. = 24. 04.
03. 01. = 21. 11.	03. 02. = 22. 12.	03. 03. = 21. 01.	03. 04. = 22. 02.	03. 05. = 23. 03.	03. 06. = 25. 04.
04. 01. = 22. 11.	04. 02. = 23. 12.	04. 03. = 22. 01.	04. 04. = 23. 02.	04. 05. = 24. 03.	04. 06. = 26. 04.
05. 01. = 23. 11.	05. 02. = 24. 12.	05. 03. = 23. 01.	05. 04. = 24. 02.	05. 05. = 25. 03.	05. 06. = 27. 04.
06. 01. = 24. 11.	06. 02. = 25. 12.	06. 03. = 24. 01.	06. 04. = 25. 02.	06. 05. = 26. 03.	06. 06. = 28. 04.
07. 01. = 25. 11.	07. 02. = 26. 12.	07. 03. = 25. 01.	07. 04. = 26. 02.	07. 05. = 27. 03.	07. 06. = 29. 04.
08. 01. = 26. 11.	08. 02. = 27. 12.	08. 03. = 26. 01.	08. 04. = 27. 02.	08. 05. = 28. 03.	08. 06. = 30. 04.
09. 01. = 27. 11.	09. 02. = 28. 12.	09. 03. = 27. 01.	09. 04. = 28. 02.	09. 05. = 29. 03.	09. 06. = 01. 05.
10. 01. = 28. 11.	10. 02. = 29. 12.	10. 03. = 28. 01.	10. 04. = 29. 02.	10. 05. = 01. 04.	10. 06. = 02. 05.
11. 01. = 29. 11.	11. 02. = 01. 01.	11. 03. = 29. 01.	11. 04. = 01. 03.	11. 05. = 02. 04.	11. 06. = 03. 05.
12. 01. = 30. 11.	12. 02. = 02. 01.	12. 03. = 30. 01.	12. 04. = 02. 03.	12. 05. = 03. 04.	12. 06. = 04. 05.
13. 01. = 01. 12.	13. 02. = 03. 01.	13. 03. = 01. 02.	13. 04. = 03. 03.	13. 05. = 04. 04.	13. 06. = 05. 05.
14. 01. = 02. 12.	14. 02. = 04. 01.	14. 03. = 02. 02.	14. 04. = 04. 03.	14. 05. = 05. 04.	14. 06. = 06. 05.
15. 01. = 03. 12.	15. 02. = 05. 01.	15. 03. = 03. 02.	15. 04. = 05. 03.	15. 05. = 06. 04.	15. 06. = 07. 05.
16. 01. = 04. 12.	16. 02. = 06. 01.	16. 03. = 04. 02.	16. 04. = 06. 03.	16. 05. = 07. 04.	16. 06. = 08. 05.
17. 01. = 05. 12.	17. 02. = 07. 01.	17. 03. = 05. 02.	17. 04. = 07. 03.	17. 05. = 08. 04.	17. 06. = 09. 05.
18. 01. = 06. 12.	18. 02. = 08. 01.	18. 03. = 06. 02.	18. 04. = 08. 03.	18. 05. = 09. 04.	18. 06. = 10. 05.
19. 01. = 07. 12.	19. 02. = 09. 01.	19. 03. = 07. 02.	19. 04. = 09. 03.	19. 05. = 10. 04.	19. 06. = 11. 05.
20. 01. = 08. 12.	20. 02. = 10. 01.	20. 03. = 08. 02.	20. 04. = 10. 03.	20. 05. = 11. 04.	20. 06. = 12. 05.
21. 01. = 09. 12.	21. 02. = 11. 01.	21. 03. = 09. 02.	21. 04. = 11. 03.	21. 05. = 12. 04.	21. 06. = 13. 05.
22. 01. = 10 .12.	22. 02. = 12. 01.	22. 03. = 10. 02.	22. 04. = 12. 03.	22. 05. = 13. 04.	22. 06. = 14. 05.
23. 01. = 11. 12.	23. 02. = 13. 01.	23. 03. = 11. 02.	23. 04. = 13. 03.	23. 05. = 14. 04.	23. 06. = 15. 05.
24. 01. = 12. 12.	24. 02. = 14. 01.	24. 03. = 12. 02.	24. 04. = 14. 03.	24. 05. = 15. 04.	24. 06. = 16. 05.
25. 01. = 13. 12.	25. 02. = 15. 01.	25. 03. = 13. 02.	25. 04. = 15. 03.	25. 05. = 16. 04.	25. 06. = 17. 05.
26. 01. = 14. 12.	26. 02. = 16. 01.	26. 03. = 14. 02.	26. 04. = 16. 03.	26. 05. = 17. 04.	26. 06. = 18. 05.
27. 01. = 15. 12.	27. 02. = 17. 01.	27. 03. = 15. 02.	27. 04. = 17. 03.	27. 05. = 18. 04.	27. 06. = 19. 05.
28. 01. = 16. 12.	28. 02. = 18. 01.	28. 03. = 16. 02.	28. 04. = 18. 03.	28. 05. = 19. 04.	28. 06. = 20. 05.
29. 01. = 17. 12.		29. 03. = 17. 02.	29. 04. = 19. 03.	29. 05. = 20. 04.	29. 06. = 21. 05.
30. 01. = 18. 12.		30. 03. = 18. 02.	30. 04. = 20. 03.	30. 05. = 21. 04.	30. 06. = 22. 05.
31. 01. = 19. 12.		31. 03. = 19. 02.		31. 05. = 22. 04.	

1937

Juli	August	September	Oktober	November	Dezember
01. 07. = 23. 05.	01. 08. = 25. 06.	01. 09. = 27. 07.	01. 10. = 27. 08.	01. 11. = 29. 09.	01. 12. = 29. 10.
02. 07. = 24. 05.	02. 08. = 26. 06.	02. 09. = 28. 07.	02. 10. = 28. 08.	02. 11. = 30. 09.	02. 12. = 30. 10.
03. 07. = 25. 05.	03. 08. = 27. 06.	03. 09. = 29. 07.	03. 10. = 29. 08.	03. 11. = 01. 10.	03. 12. = 01. 11.
04. 07. = 26. 05.	04. 08. = 28. 06.	04. 09. = 30. 07.	04. 10. = 01. 09.	04. 11. = 02. 10.	04. 12. = 02. 11.
05. 07. = 27. 05.	05. 08. = 29. 06.	05. 09. = 01. 08.	05. 10. = 02. 09.	05. 11. = 03. 10.	05. 12. = 03. 11.
06. 07. = 28. 05.	06. 08. = 01. 07.	06. 09. = 02. 08.	06. 10. = 03. 09.	06. 11. = 04. 10.	06. 12. = 04. 11.
07. 07. = 29. 05.	07. 08. = 02. 07.	07. 09. = 03. 08.	07. 10. = 04. 09.	07. 11. = 05. 10.	07. 12. = 05. 11.
08. 07. = 01. 06.	08. 08. = 03. 07.	08. 09. = 04. 08.	08. 10. = 05. 09.	08. 11. = 06. 10.	08. 12. = 06. 11.
09. 07. = 02. 06.	09. 08. = 04. 07.	09. 09. = 05. 08.	09. 10. = 06. 09.	09. 11. = 07. 10.	09. 12. = 07. 11.
10. 07. = 03. 06.	10. 08. = 05. 07.	10. 09. = 06. 08.	10. 10. = 07. 09.	10. 11. = 08. 10.	10. 12. = 08. 11.
11. 07. = 04. 06.	11. 08. = 06. 07.	11. 09. = 07. 08.	11. 10. = 08. 09.	11. 11. = 09. 10.	11. 12. = 09. 11.
12. 07. = 05. 06.	12. 08. = 07. 07.	12. 09. = 08. 08.	12. 10. = 09. 09.	12. 11. = 10. 10.	12. 12. = 10. 11.
13. 07. = 06. 06.	13. 08. = 08. 07.	13. 09. = 09. 08.	13. 10. = 10. 09.	13. 11. = 11. 10.	13. 12. = 11. 11.
14. 07. = 07. 06.	14. 08. = 09. 07.	14. 09. = 10. 08.	14. 10. = 11. 09.	14. 11. = 12. 10.	14. 12. = 12. 11.
15. 07. = 08. 06.	15. 08. = 10. 07.	15. 09. = 11. 08.	15. 10. = 12. 09.	15. 11. = 13. 10.	15. 12. = 13. 11.
16. 07. = 09. 06.	16. 08. = 11. 07.	16. 09. = 12. 08.	16. 10. = 13. 09.	16. 11. = 14. 10.	16. 12. = 14. 11.
17. 07. = 10. 06.	17. 08. = 12. 07.	17. 09. = 13. 08.	17. 10. = 14. 09.	17. 11. = 15. 10.	17. 12. = 15. 11.
18. 07. = 11. 06.	18. 08. = 13. 07.	18. 09. = 14. 08.	18. 10. = 15. 09.	18. 11. = 16. 10.	18. 12. = 16. 11.
19. 07. = 12. 06.	19. 08. = 14. 07.	19. 09. = 15. 08.	19. 10. = 16. 09.	19. 11. = 17. 10.	19. 12. = 17. 11.
20. 07. = 13. 06.	20. 08. = 15. 07.	20. 09. = 16. 08.	20. 10. = 17. 09.	20. 11. = 18. 10.	20. 12. = 18. 11.
21. 07. = 14. 06.	21. 08. = 16. 07.	21. 09. = 17. 08.	21. 10. = 18. 09.	21. 11. = 19. 10.	21. 12. = 19. 11.
22. 07. = 15. 06.	22. 08. = 17. 07.	22. 09. = 18. 08.	22. 10. = 19. 09.	22. 11. = 20. 10.	22. 12. = 20. 11.
23. 07. = 16. 06.	23. 08. = 18. 07.	23. 09. = 19. 08.	23. 10. = 20. 09.	23. 11. = 21. 10.	23. 12. = 21. 11.
24. 07. = 17. 06.	24. 08. = 19. 07.	24. 09. = 20. 08.	24. 10. = 21. 09.	24. 11. = 22. 10.	24. 12. = 22. 11.
25. 07. = 18. 06.	25. 08. = 20. 07.	25. 09. = 21. 08.	25. 10. = 22. 09.	25. 11. = 23. 10.	25. 12. = 23. 11.
26. 07. = 19. 06.	26. 08. = 21. 07.	26. 09. = 22. 08.	26. 10. = 23. 09.	26. 11. = 24. 10.	26. 12. = 24. 11.
27. 07. = 20. 06.	27. 08. = 22. 07.	27. 09. = 23. 08.	27. 10. = 24. 09.	27. 11. = 25. 10.	27. 12. = 25. 11.
28. 07. = 21. 06.	28. 08. = 23. 07.	28. 09. = 24. 08.	28. 10. = 25. 09.	28. 11. = 26. 10.	28. 12. = 26. 11.
29. 07. = 22. 06.	29. 08. = 24. 07.	29. 09. = 25. 08.	29. 10. = 26. 09.	29. 11. = 27. 10.	29. 12. = 27. 11.
30. 07. = 23. 06.	30. 08. = 25. 07.	30. 09. = 26. 08.	30. 10. = 27. 09.	30. 11. = 28. 10.	30. 12. = 28. 11.
31. 07. = 24. 06.	31. 08. = 26. 07.		31. 10. = 28. 09.		31. 12. = 29. 11.

1938

Januar	Februar	März	April	Mai	Juni
01. 01. = 30. 11.	01. 02. = 02. 01.	01. 03. = 30. 01.	01. 04. = 01. 03.	01. 05. = 02. 04.	01. 06. = 04. 05.
02. 01. = 01. 12.	02. 02. = 03. 01.	02. 03. = 01. 02.	02. 04. = 02. 03.	02. 05. = 03. 04.	02. 06. = 05. 05.
03. 01. = 02. 12.	03. 02. = 04. 01.	03. 03. = 02. 02.	03. 04. = 03. 03.	03. 05. = 04. 04.	03. 06. = 06. 05.
04. 01. = 03. 12.	04. 02. = 05. 01.	04. 03. = 03. 02.	04. 04. = 04. 03.	04. 05. = 05. 04.	04. 06. = 07. 05.
05. 01. = 04. 12.	05. 02. = 06. 01.	05. 03. = 04. 02.	05. 04. = 05. 03.	05. 05. = 06. 04.	05. 06. = 08. 05.
06. 01. = 05. 12.	06. 02. = 07. 01.	06. 03. = 05. 02.	06. 04. = 06. 03.	06. 05. = 07. 04.	06. 06. = 09. 05.
07. 01. = 06. 12.	07. 02. = 08. 01.	07. 03. = 06. 02.	07. 04. = 07. 03.	07. 05. = 08. 04.	07. 06. = 10. 05.
08. 01. = 07. 12.	08. 02. = 09. 01.	08. 03. = 07. 02.	08. 04. = 08. 03.	08. 05. = 09. 04.	08. 06. = 11. 05.
09. 01. = 08. 12.	09. 02. = 10. 01.	09. 03. = 08. 02.	09. 04. = 09. 03.	09. 05. = 10. 04.	09. 06. = 12. 05.
10. 01. = 09. 12.	10. 02. = 11. 01.	10. 03. = 09. 02.	10. 04. = 10. 03.	10. 05. = 11. 04.	10. 06. = 13. 05.
11. 01. = 10. 12.	11. 02. = 12. 01.	11. 03. = 10. 02.	11. 04. = 11. 03.	11. 05. = 12. 04.	11. 06. = 14. 05.
12. 01. = 11. 12.	12. 02. = 13. 01.	12. 03. = 11. 02.	12. 04. = 12. 03.	12. 05. = 13. 04.	12. 06. = 15. 05.
13. 01. = 12. 12.	13. 02. = 14. 01.	13. 03. = 12. 02.	13. 04. = 13. 03.	13. 05. = 14. 04.	13. 06. = 16. 05.
14. 01. = 13. 12.	14. 02. = 15. 01.	14. 03. = 13. 02	14. 04. = 14. 03.	14. 05. = 15. 04.	14. 06. = 17. 05.
15. 01. = 14. 12.	15. 02. = 16. 01.	15. 03. = 14. 02.	15. 04. = 15. 03.	15. 05. = 16. 04.	15. 06. = 18. 05.
16. 01. = 15. 12.	16. 02. = 17. 01.	16. 03. = 15. 02.	16. 04. = 16. 03.	16. 05. = 17. 04.	16. 06. = 19. 05.
17. 01. = 16. 12.	17. 02. = 18. 01.	17. 03. = 16. 02.	17. 04. = 17. 03.	17. 05. = 18. 04.	17. 06. = 20. 05.
18. 01. = 17. 12.	18. 02. = 19. 01.	18. 03. = 17. 02.	18. 04. = 18. 03.	18. 05. = 19. 04.	18. 06. = 21. 05.
19. 01. = 18. 12.	19. 02. = 20. 01.	19. 03. = 18. 02.	19. 04. = 19. 03.	19. 05. = 20. 04.	19. 06. = 22. 05.
20. 01. = 19. 12.	20. 02. = 21. 01.	20. 03. = 19. 02.	20. 04. = 20. 03.	20. 05. = 21. 04.	20. 06. = 23. 05.
21. 01. = 20. 12.	21. 02. = 22. 01.	21. 03. = 20. 02.	21. 04. = 21. 03.	21. 05. = 22. 04.	21. 06. = 24. 05.
22. 01. = 21. 12.	22. 02. = 23. 01.	22. 03. = 21. 02.	22. 04. = 22. 03.	22. 05. = 23. 04.	22. 06. = 25. 05.
23. 01. = 22. 12.	23. 02. = 24. 01.	23. 03. = 22. 02.	23. 04. = 23. 03.	23. 05. = 24. 04.	23. 06. = 26. 05.
24. 01. = 23. 12.	24. 02. = 25. 01.	24. 03. = 23. 02.	24. 04. = 24. 03.	24. 05. = 25. 04.	24. 06. = 27. 05.
25. 01. = 24. 12.	25. 02. = 26. 01.	25. 03. = 24. 02.	25. 04. = 25. 03.	25. 05. = 26. 04.	25. 06. = 28. 05.
26. 01. = 25. 12.	26. 02. = 27. 01.	26. 03. = 25. 02.	26. 04. = 26. 03.	26. 05. = 27. 04.	26. 06. = 29. 05.
27. 01. = 26. 12.	27. 02. = 28. 01.	27. 03. = 26. 02.	27. 04. = 27. 03.	27. 05. = 28. 04.	27. 06. = 30. 05.
28. 01. = 27. 12.	28. 02. = 29. 01.	28. 03. = 27. 02.	28. 04. = 28. 03.	28. 05. = 29. 04.	28. 06. = 01. 06.
29. 01. = 28. 12.		29. 03. = 28. 02.	29. 04. = 29. 03.	29. 05. = 01. 05.	29. 06. = 02 .06.
30. 01. = 29. 12.		30. 03. = 29. 02.	30. 04. = 01. 04.	30. 05. = 02. 05.	30. 06. = 03. 06.
31. 01. = 01. 01.		31. 03. = 30. 02.		31. 05. = 03. 05.	

1938

Juli	August	September	Oktober	November	Dezember
01. 07. = 04. 06.	01. 08. = 06. 07.	01. 09. = 08. 07.	01. 10. = 08. 08.	01. 11. = 10. 09.	01. 12. = 10. 10.
02. 07. = 05. 06.	02. 08. = 07. 07.	02. 09. = 09. 07.	02. 10. = 09. 08.	02. 11. = 11. 09.	02. 12. = 11. 10.
03. 07. = 06. 06.	03. 08. = 08. 07.	03. 09. = 10. 07.	03. 10. = 10. 08.	03. 11. = 12. 09.	03. 12. = 12. 10.
04. 07. = 07. 06.	04. 08. = 09. 07.	04. 09. = 11. 07.	04. 10. = 11. 08.	04. 11. = 13. 09.	04. 12. = 13. 10.
05. 07. = 08. 06.	05. 08. = 10. 07.	05. 09. = 12. 07.	05. 10. = 12. 08.	05. 11. = 14. 09.	05. 12. = 14. 10.
06. 07. = 09. 06.	06. 08. = 11. 07.	06. 09. = 13. 07.	06. 10. = 13. 08.	06. 11. = 15. 09.	06. 12. = 15. 10.
07. 07. = 10. 06.	07. 08. = 12. 07.	07. 09. = 14. 07.	07. 10. = 14. 08.	07. 11. = 16. 09.	07. 12. = 16. 10.
08. 07. = 11. 06.	08. 08. = 13. 07.	08. 09. = 15. 07.	08. 10. = 15. 08.	08. 11. = 17. 09.	08. 12. = 17. 10.
09. 07. = 12. 06.	09. 08. = 14. 07.	09. 09. = 16. 07.	09. 10. = 16. 08.	09. 11. = 18. 09.	09. 12. = 18. 10.
10. 07. = 13. 06.	10. 08. = 15. 07.	10. 09. = 17. 07.	10. 10. = 17. 08.	10. 11. = 19. 09.	10. 12. = 19. 10.
11. 07. = 14. 06.	11. 08. = 16. 07.	11. 09. = 18. 07.	11. 10. = 18. 08.	11. 11. = 20. 09.	11. 12. = 20. 10.
12. 07. = 15. 06.	12. 08. = 17. 07.	12. 09. = 19. 07.	12. 10. = 19. 08.	12. 11. = 21. 09.	12. 12. = 21. 10.
13. 07. = 16. 06.	13. 08. = 18. 07.	13. 09. = 20. 07.	13. 10. = 20. 08.	13. 11. = 22.0 9.	13. 12. = 22. 10.
14. 07. = 17. 06.	14. 08. = 19. 07.	14. 09. = 21. 07.	14. 10. = 21. 08.	14. 11. = 23. 09.	14. 12. = 23. 10.
15. 07. = 18. 06.	15. 08. = 20. 07.	15. 09. = 22. 07.	15. 10. = 22. 08.	15. 11. = 24. 09.	15. 12. = 24. 10.
16. 07. = 19. 06.	16. 08. = 21. 07.	16. 09. = 23. 07.	16. 10. = 23. 08.	16. 11. = 25. 09.	16. 12. = 25. 10.
17. 07. = 20. 06.	17. 08. = 22. 07.	17. 09. = 24. 07.	17. 10. = 24. 08.	17. 11. = 26. 09.	17. 12. = 26. 10.
18. 07. = 21. 06.	18. 08. = 23. 07.	18. 09. = 25. 07.	18. 10. = 25. 08.	18. 11. = 27. 09.	18. 12. = 27. 10.
19. 07. = 22. 06.	19. 08. = 24. 07.	19. 09. = 26. 07.	19. 10. = 26. 08.	19. 11. = 28. 09.	19. 12. = 28. 10.
20. 07. = 23. 06.	20. 08. = 25. 07.	20. 09. = 27. 07.	20. 10. = 27. 08.	20. 11. = 29. 09.	20. 12. = 29. 10.
21. 07. = 24. 06.	21. 08. = 26. 07.	21. 09. = 28. 07.	21. 10. = 28. 08.	21. 11. = 30. 09.	21. 12. = 30. 10.
22. 07. = 25. 06.	22. 08. = 27. 07.	22. 09. = 29. 07.	22. 10. = 29. 08.	22. 11. = 01. 10.	22. 12. = 01. 11.
23. 07. = 26. 06.	23. 08. = 28. 07.	23. 09. = 30. 07.	23. 10. = 01. 09.	23. 11. = 02. 10.	23. 12. = 02. 11.
24. 07. = 27. 06.	24. 08. = 29. 07.	24. 09. = 01. 08.	24. 10. = 02. 09.	24. 11. = 03. 10.	24. 12. = 03. 11.
25. 07. = 28. 06.	25. 08. = 01. 07.	25. 09. = 02. 08.	25. 10. = 03. 09.	25. 11. = 04. 10.	25. 12. = 04. 11.
26. 07. = 29. 06.	26. 08. = 02. 07.	26. 09. = 03. 08.	26. 10. = 04. 09.	26. 11. = 05.1 0.	26. 12. = 05. 11.
27. 07. = 01. 07.	27. 08. = 03 .07.	27. 09. = 04. 08.	27. 10. = 05. 09.	27. 11. = 06. 10.	27. 12. = 06. 11.
28. 07. = 02. 07.	28. 08. = 04. 07.	28. 09. = 05. 08.	28. 10. = 06. 09.	28. 11. = 07. 10.	28. 12. = 07. 11.
29. 07. = 03. 07.	29. 08. = 05. 07.	29. 09. = 06. 08.	29. 10. = 07. 09.	29. 11. = 08. 10.	29. 12. = 08. 11.
30. 07. = 04. 07.	30. 08. = 06. 07.	30. 09. = 07. 08.	30. 10. = 08. 09.	30. 11. = 09. 10.	30. 12. = 09. 11.
31. 07. = 05. 07.	31. 08. = 07. 07.		31. 10. = 09. 09.		31. 12. = 10. 11.

1939

Januar	Februar	März	April	Mai	Juni
01. 01. = 11. 11.	01. 02. = 13. 12.	01. 03. = 11. 01.	01. 04. = 12. 02.	01. 05. = 12. 03.	01. 06. = 14. 04.
02. 01. = 12. 11.	02. 02. = 14. 12.	02. 03. = 12. 01.	02. 04. = 13. 02.	02. 05. = 13. 03.	02. 06. = 15. 04.
03. 01. = 13. 11.	03. 02. = 15. 12.	03. 03. = 13. 01.	03. 04. = 14. 02.	03. 05. = 14. 03.	03. 06. = 16. 04.
04. 01. = 14. 11.	04. 02. = 16. 12.	04. 03. = 14. 01.	04. 04. = 15. 02.	04. 05. = 15. 03.	04. 06. = 17. 04.
05. 01. = 15. 11.	05. 02. = 17. 12.	05. 03. = 15. 01.	05. 04. = 16. 02.	05. 05. = 16. 03.	05. 06. = 18. 04.
06. 01. = 16. 11.	06. 02. = 18. 12.	06. 03. = 16. 01.	06. 04. = 17. 02.	06. 05. = 17. 03.	06. 06. = 19. 04.
07. 01. = 17. 11.	07. 02. = 19. 12.	07. 03. = 17. 01.	07. 04. = 18. 02.	07. 05. = 18. 03.	07. 06. = 20. 04.
08. 01. = 18. 11.	08. 02. = 20. 12.	08. 03. = 18. 01.	08. 04. = 19. 02.	08. 05. = 19. 03.	08. 06. = 21. 04.
09. 01. = 19. 11.	09. 02. = 21. 12.	09. 03. = 19. 01.	09. 04. = 20. 02.	09. 05. = 20. 03.	09. 06. = 22. 04.
10. 01. = 20. 11.	10. 02. = 22. 12.	10. 03. = 20. 01.	10. 04. = 21 .02.	10. 05. = 21. 03.	10. 06. = 23. 04.
11. 01. = 21. 11.	11. 02. = 23. 12.	11. 03. = 21. 01.	11. 04. = 22. 02.	11. 05. = 22. 03.	11. 06. = 24. 04.
12. 01. = 22. 11.	12. 02. = 24. 12.	12. 03. = 22. 01.	12. 04. = 23. 02.	12. 05. = 23. 03.	12. 06. = 25. 04.
13. 01. = 23. 11.	13. 02. = 25. 12.	13. 03. = 23. 01.	13. 04. = 24. 02.	13. 05. = 24. 03.	13. 06. = 26. 04.
14. 01. = 24. 11.	14. 02. = 26. 12.	14. 03. = 24. 01.	14. 04. = 25. 02.	14. 05. = 25. 03.	14. 06. = 27. 04.
15. 01. = 25. 11.	15. 02. = 27. 12.	15. 03. = 25. 01.	15. 04. = 26. 02.	15. 05. = 26. 03.	15. 06. = 28. 04.
16. 01. = 26. 11.	16. 02. = 28. 12.	16. 03. = 26. 01.	16. 04. = 27. 02.	16. 05. = 27. 03.	16. 06. = 29. 04.
17. 01. = 27. 11.	17. 02. = 29. 12.	17. 03. = 27. 01.	17. 04. = 28. 02.	17. 05. = 28. 03.	17. 06. = 01. 05.
18. 01. = 28. 11.	18. 02. = 30. 12.	18. 03. = 28. 01.	18. 04. = 29. 02.	18. 05. = 29. 03.	18. 06. = 02. 05.
19. 01. = 29. 11.	19. 02. = 01. 01.	19. 03. = 29. 01.	19. 04. = 30. 02.	19. 05. = 01. 04.	19. 06. = 03. 05.
20. 01. = 01. 12.	20. 02. = 02. 01.	20. 03. = 30. 01.	20. 04. = 01. 03.	20. 05. = 02. 04.	20. 06. = 04. 05.
21. 01. = 02. 12.	21. 02. = 03. 01.	21. 03. = 01. 02.	21. 04. = 02. 03.	21. 05. = 03. 04.	21. 06. = 05. 05.
22. 01. = 03. 12.	22. 02. = 04. 01.	22. 03. = 02. 02.	22. 04. = 03. 03.	22. 05. = 04. 04.	22. 06. = 06. 05.
23. 01. = 04. 12.	23. 02. = 05. 01.	23. 03. = 03. 02.	23. 04. = 04. 03.	23. 05. = 05 .04.	23. 06. = 07. 05.
24. 01. = 05. 12.	24. 02. = 06. 01.	24. 03. = 04. 02.	24. 04. = 05. 03.	24. 05. = 06. 04.	24. 06. = 08. 05.
25. 01. = 06. 12.	25. 02. = 07. 01.	25. 03. = 05. 02.	25. 04. = 06. 03.	25. 05. = 07. 04.	25. 06. = 09. 05.
26. 01. = 07. 12.	26. 02. = 08. 01.	26. 03. = 06. 02.	26. 04. = 07. 03.	26. 05. = 08. 04.	26. 06. = 10. 05.
27. 01. = 08. 12.	27. 02. = 09. 01.	27. 03. = 07. 02.	27. 04. = 08. 03.	27. 05. = 09. 04.	27. 06. = 11. 05.
28. 01. = 09. 12.	28. 02. = 10. 01.	28. 03. = 08. 02.	28. 04. = 09. 03.	28. 05. = 10. 04.	28. 06. = 12. 05.
29. 01. = 10. 12.		29. 03. = 09. 02.	29. 04. = 10. 03.	29. 05. = 11. 04.	29. 06. = 13. 05.
30. 01. = 11. 12.		30. 03. = 10. 02.	30. 04. = 11. 03.	30. 05. = 12. 04.	30. 06. = 14. 05.
31. 01. = 12. 12.		31. 03. = 11. 02.		31. 05. = 13. 04.	

1939

Juli	August	September	Oktober	November	Dezember
01. 07. = 15. 05.	01. 08. = 16. 06.	01. 09. = 18. 07.	01. 10. = 19. 08.	01. 11. = 20. 09.	01. 12. = 21. 01.
02. 07. = 16. 05.	02. 08. = 17. 06.	02. 09. = 19. 07.	02. 10. = 20. 08.	02. 11. = 21. 09.	02. 12. = 22. 10.
03. 07. = 17. 05.	03. 08. = 18. 06.	03. 09. = 20. 07.	03. 10. = 21. 08.	03. 11. = 22. 09.	03. 12. = 23. 10.
04. 07. = 18. 05.	04. 08. = 19. 06.	04. 09. = 21. 07.	04. 10. = 22. 08.	04. 11. = 23. 09.	04. 12. = 24. 10.
05. 07. = 19. 05.	05. 08. = 20. 06.	05. 09. = 22. 07.	05. 10. = 23. 08.	05. 11. = 24. 09.	05. 12. = 25. 10.
06. 07. = 20. 05.	06. 08. = 21. 06.	06. 09. = 23. 07.	06. 10. = 24. 08.	06. 11. = 25. 09.	06. 12. = 26. 10.
07. 07. = 21. 05.	07. 08. = 22. 06.	07. 09. = 24. 07.	07. 10. = 25. 08.	07. 11. = 26. 09.	07. 12. = 27. 10.
08. 07. = 22. 05.	08. 08. = 23. 06.	08. 09. = 25. 07.	08. 10. = 26. 08.	08. 11. = 27. 09.	08. 12. = 28. 10.
09. 07. = 23. 05.	09. 08. = 24. 06.	09. 09. = 26. 07.	09. 10. = 27. 08.	09. 11. = 28. 09.	09. 12. = 29. 10.
10. 07. = 24. 05.	10. 08. = 25. 06.	10. 09. = 27. 07.	10. 10. = 28. 08.	10. 11. = 29. 09.	10. 12. = 30. 10.
11. 07. = 25. 05.	11. 08. = 26. 06.	11. 09. = 28. 07.	11. 10. = 29. 08.	11. 11. = 01. 10.	11. 12. = 01. 11.
12. 07. = 26. 05.	12. 08. = 27. 06.	12. 09. = 29. 07.	12. 10. = 30. 08.	12. 11. = 02. 10.	12. 12. = 02. 11.
13. 07. = 27. 05.	13. 08. = 28. 06.	13. 09. = 01. 08.	13. 10. = 01. 09.	13. 11. = 03. 10.	13. 12. = 03. 11.
14. 07. = 28. 05.	14. 08. = 29. 06.	14. 09. = 02. 08.	14. 10. = 02. 09.	14. 11. = 04. 10.	14. 12. = 04. 11.
15. 07. = 29. 05.	15. 08. = 01. 07.	15. 09. = 03. 08.	15. 10. = 03. 09.	15. 11. = 05. 10.	15. 12. = 05. 11.
16. 07. = 30. 05.	16. 08. = 02. 07.	16. 09. = 04. 08.	16. 10. = 04. 09.	16. 11. = 06. 10.	16. 12. = 06. 11.
17. 07. = 01. 06.	17. 08. = 03. 07.	17. 09. = 05. 08.	17. 10. = 05. 09.	17. 11. = 07. 10.	17. 12. = 07. 11.
18. 07. = 02. 06.	18. 08. = 04. 07.	18. 09. = 06. 08.	18. 10. = 06. 09.	18. 11. = 08. 10.	18. 12. = 08. 11.
19. 07. = 03. 06.	19. 08. = 05. 07.	19. 09. = 07. 08.	19. 10. = 07. 09.	19. 11. = 09. 10.	19. 12. = 09. 11.
20. 07. = 04. 06.	20. 08. = 06. 07.	20. 09. = 08. 08.	20. 10. = 08. 09.	20. 11. = 10. 10.	20. 12. = 10. 11.
21. 07. = 05. 06.	21. 08. = 07. 07.	21. 09. = 09. 08.	21. 10. = 09. 09.	21. 11. = 11. 10.	21. 12. = 11. 11.
22. 07. = 06. 06.	22. 08. = 08. 07.	22. 09. = 10. 08.	22. 10. = 10. 09.	22. 11. = 12. 10.	22. 12. = 12. 11.
23. 07. = 07. 06.	23. 08. = 09. 07.	23. 09. = 11. 08.	23. 10. = 11. 09.	23. 11. = 13. 10.	23. 12. = 13. 11.
24. 07. = 08. 06.	24. 08. = 10. 07.	24. 09. = 12. 08.	24. 10. = 12. 09.	24. 11. = 14. 10.	24. 12. = 14. 11.
25. 07. = 09. 06.	25. 08. = 11. 07.	25. 09. = 13. 08.	25. 10. = 13. 09.	25. 11. = 15. 10.	25. 12. = 15. 11.
26. 07. = 10. 06.	26. 08. = 12. 07.	26. 09. = 14. 08.	26. 10. = 14. 09.	26. 11. = 16. 10.	26. 12. = 16. 11.
27. 07. = 11. 06.	27. 08. = 13. 07.	27. 09. = 15. 08.	27. 10. = 15. 09.	27. 11. = 17. 10.	27. 12. = 17. 11.
28. 07. = 12. 06.	28. 08. = 14. 07.	28. 09. = 16. 08.	28. 10. = 16. 09.	28. 11. = 18. 10.	28. 12. = 18. 11.
29. 07. = 13. 06.	29. 08. = 15. 07.	29. 09. = 17. 08.	29. 10. = 17. 09.	29. 11. = 19. 10.	29. 12. = 19. 11.
30. 07. = 14. 06.	30. 08. = 16. 07.	30. 09. = 18. 08.	30. 10. = 18. 09.	30. 11. = 20. 10.	30. 12. = 20. 11.
31. 07. = 15. 06.	31. 08. = 17. 07.		31. 10. = 19. 09.		31. 12. = 21. 11.

1940

Januar	Februar	März	April	Mai	Juni
01. 01. = 22. 11.	01. 02. = 24. 12.	01. 03. = 23. 01.	01. 04. = 24. 02.	01. 05. = 24. 03.	01. 06. = 26. 04.
02. 01. = 23. 11.	02. 02. = 25. 12.	02. 03. = 24. 01.	02. 04. = 25. 02.	02. 05. = 25. 03.	02. 06. = 27. 04.
03. 01. = 24. 11.	03. 02. = 26. 12.	03. 03. = 25. 01.	03. 04. = 26. 02.	03. 05. = 26. 03.	03. 06. = 28. 04.
04. 01. = 25. 11.	04. 02. = 27. 12.	04. 03. = 26. 01.	04. 04. = 27. 02.	04. 05. = 27. 03.	04. 06. = 29. 04.
05. 01. = 26. 11.	05. 02. = 28. 12.	05. 03. = 27. 01.	05. 04. = 28. 02.	05. 05. = 28. 03.	05. 06. = 30. 04.
06. 01. = 27. 11.	06. 02. = 29. 12.	06. 03. = 28. 01.	06. 04. = 29. 02.	06. 05. = 29. 03.	06. 06. = 01. 05.
07. 01. = 28. 11.	07. 02. = 30. 12.	07. 03. = 29. 01.	07. 04. = 30. 02.	07. 05. = 01. 04.	07. 06. = 02 .05.
08. 01. = 29. 11.	08. 02. = 01. 01.	08. 03. = 30. 01.	08. 04. = 01. 03.	08. 05. = 02. 04.	08. 06. = 03. 05.
09. 01. = 01. 12.	09. 02. = 02 .01.	09. 03. = 01. 02.	09. 04. = 02. 03.	09. 05. = 03. 04.	09. 06. = 04. 05.
10. 01. = 02. 12.	10. 02. = 03. 01.	10. 03. = 02. 02.	10. 04. = 03. 03.	10. 05. = 04. 04.	10. 06. = 05. 05.
11. 01. = 03. 12.	11. 02. = 04. 01.	11. 03. = 03. 02.	11. 04. = 04. 03.	11. 05. = 05. 04.	11. 06. = 06. 05.
12. 01. = 04. 12.	12. 02. = 05. 01.	12. 03. = 04. 02.	12. 04. = 05. 03.	12. 05. = 06. 04.	12. 06. = 07. 05.
13. 01. = 05. 12.	13. 02. = 06. 01.	13. 03. = 05. 02.	13. 04. = 06. 03.	13. 05. = 07. 04.	13. 06. = 08. 05.
14. 01. = 06. 12.	14. 02. = 07. 01.	14. 03. = 06. 02.	14. 04. = 07. 03.	14. 05. = 08. 04.	14. 06. = 09. 05.
15. 01. = 07. 12.	15. 02. = 08. 01.	15. 03. = 07. 02.	15. 04. = 08. 03.	15. 05. = 09. 04.	15. 06. = 10. 05.
16. 01. = 08. 12.	16. 02. = 09. 01.	16. 03. = 08. 02.	16. 04. = 09. 03.	16. 05. = 10. 04.	16. 06. = 11. 05.
17. 01. = 09. 12.	17. 02. = 10. 01.	17. 03. = 09. 02.	17. 04. = 10. 03.	17. 05. = 11. 04.	17. 06. = 12. 05.
18. 01. = 10. 12.	18. 02. = 11. 01.	18. 03. = 10. 02.	18. 04. = 11. 03.	18. 05. = 12. 04.	18. 06. = 13. 05.
19. 01. = 11. 12.	19. 02. = 12. 01.	19. 03. = 11. 02.	19. 04. = 12. 03.	19. 05. = 13. 04.	19. 06. = 14. 05.
20. 01. = 12. 12.	20. 02. = 13. 01.	20. 03. = 12. 02.	20. 04. = 13. 03.	20. 05. = 14. 04.	20. 06. = 15. 05.
21. 01. = 13. 12.	21. 02. = 14. 01.	21. 03. = 13. 02.	21. 04. = 14. 03.	21. 05. = 15. 04.	21. 06. = 16. 05.
22. 01. = 14. 12.	22. 02. = 15. 01.	22. 03. = 14. 02.	22. 04. = 15. 03.	22. 05. = 16. 04.	22. 06. = 17. 05.
23. 01. = 15. 12.	23. 02. = 16. 01.	23. 03. = 15. 02.	23. 04. = 16. 03.	23. 05. = 17. 04.	23. 06. = 18. 05.
24. 01. = 16. 12.	24. 02. = 17. 01.	24. 03. = 16. 02.	24. 04. = 17. 03.	24. 05. = 18. 04.	24. 06. = 19. 05.
25. 01. = 17. 12.	25. 02. = 18. 01.	25. 03. = 17. 02.	25. 04. = 18. 03.	25. 05. = 19. 04.	25. 06. = 20. 05.
26. 01. = 18. 12.	26. 02. = 19. 01.	26. 03. = 18. 02.	26. 04. = 19. 03.	26. 05. = 20. 04.	26. 06. = 21. 05.
27. 01. = 19. 12.	27. 02. = 20. 01.	27. 03. = 19. 02.	27. 04. = 20. 03.	27. 05. = 21. 04.	27. 06. = 22. 05.
28. 01. = 20. 12.	28. 02. = 21. 01.	28. 03. = 20. 02.	28. 04. = 21. 03.	28. 05. = 22. 04.	28. 06. = 23. 05.
29. 01. = 21. 12.	29. 02. = 22. 01.	29. 03. = 21. 02.	29. 04. = 22. 03.	29. 05. = 23. 04.	29. 06. = 24. 05.
30. 01. = 22. 12.		30. 03. = 22. 02.	30. 04. = 23. 03.	30. 05. = 24. 04.	30. 06. = 25. 05.
31. 01. = 23. 12.		31. 03. = 23. 02.		31. 05. = 25. 04.	

1940

Juli	August	September	Oktober	November	Dezember
01. 07. = 26. 05.	01. 08. = 28. 06.	01. 09. = 29. 07.	01. 10. = 01. 09.	01. 11. = 02. 10.	01. 12. = 03. 11.
02. 07. = 27. 05.	02. 08. = 29. 06.	02. 09. = 01. 08.	02. 10. = 02. 09.	02. 11. = 03. 10.	02. 12. = 04. 11.
03. 07. = 28. 05.	03. 08. = 30. 06.	03. 09. = 02. 08.	03. 10. = 03. 09.	03. 11. = 04. 10.	03. 12. = 05. 11.
04. 07. = 29. 05.	04. 08. = 01. 07.	04. 09. = 03. 08.	04. 10. = 04. 09.	04. 11. = 05. 10.	04. 12. = 06. 11.
05. 07. = 01. 06.	05. 08. = 02. 07.	05. 09. = 04. 08.	05. 10. = 05. 09.	05. 11. = 06. 10.	05. 12. = 07. 11.
06. 07. = 02. 06.	06. 08. = 03. 07.	06. 09. = 05. 08.	06. 10. = 06. 09.	06. 11. = 07. 10.	06. 12. = 08. 11.
07. 07. = 03. 06.	07. 08. = 04. 07.	07. 09. = 06. 08.	07. 10. = 07. 09.	07. 11. = 08. 10.	07. 12. = 09. 11.
08. 07. = 04. 06.	08. 08. = 05. 07.	08. 09. = 07. 08.	08. 10. = 08. 09.	08. 11. = 09. 10.	08. 12. = 10. 11.
09. 07. = 05. 06.	09. 08. = 06. 07.	09. 09. = 08. 08.	09. 10. = 09. 09.	09. 11. = 10. 10.	09. 12. = 11. 11.
10. 07. = 06. 06.	10. 08. = 07. 07.	10. 09. = 09. 08.	10. 10. = 10. 09.	10. 11. = 11. 10.	10. 12. = 12. 11.
11. 07. = 07. 06.	11. 08. = 08. 07.	11. 09. = 10. 08.	11. 10. = 11. 09.	11. 11. = 12. 10.	11. 12. = 13. 11.
12. 07. = 08. 06.	12. 08. = 09. 07.	12. 09. = 11. 08.	12. 10. = 12. 09.	12. 11. = 13. 10.	12. 12. = 14. 11.
13. 07. = 09. 06.	13. 08. = 10. 07.	13. 09. = 12. 08.	13. 10. = 13. 09.	13. 11. = 14. 10.	13. 12. = 15. 11.
14. 07. = 10. 06.	14. 08. = 11. 07.	14. 09. = 13. 08.	14. 10. = 14. 09.	14. 11. = 15. 10.	14. 12. = 16. 11.
15. 07. = 11. 06.	15. 08. = 12. 07.	15. 09. = 14. 08.	15. 10. = 15. 09.	15. 11. = 16. 10.	15. 12. = 17. 11.
16. 07. = 12. 06.	16. 08. = 13. 07.	16. 09. = 15. 08.	16. 10. = 16. 09.	16. 11. = 17. 10.	16. 12. = 18. 11.
17. 07. = 13. 06.	17. 08. = 14. 07.	17. 09. = 16. 08.	17. 10. = 17. 09.	17. 11. = 18. 10.	17. 12. = 19. 11.
18. 07. = 14. 06.	18. 08. = 15. 07.	18. 09. = 17. 08.	18. 10. = 18. 09.	18. 11. = 19. 10.	18. 12. = 20. 11.
19. 07. = 15. 06.	19. 08. = 16. 07.	19. 09. = 18. 08.	19. 10. = 19. 09.	19. 11. = 20. 10.	19. 12. = 21. 11.
20. 07. = 16. 06.	20. 08. = 17. 07.	20. 09. = 19. 08.	20. 10. = 20. 09.	20. 11. = 21. 10.	20. 12. = 22. 11.
21. 07. = 17. 06.	21. 08. = 18. 07.	21. 09. = 20. 08.	21. 10. = 21. 09.	21. 11. = 22. 10.	21. 12. = 23. 11.
22. 07. = 18. 06.	22. 08. = 19. 07.	22. 09. = 21. 08.	22. 10. = 22. 09.	22. 11. = 23. 10.	22. 12. = 24. 11.
23. 07. = 19. 06.	23. 08. = 20. 07.	23. 09. = 22. 08.	23. 10. = 23. 09.	23. 11. = 24. 10.	23. 12. = 25. 11.
24. 07. = 20. 06.	24. 08. = 21. 07.	24. 09. = 23. 08.	24. 10. = 24. 09.	24. 11. = 25. 10.	24. 12. = 26. 11.
25. 07. = 21. 06.	25. 08. = 22. 07.	25. 09. = 24. 08.	25. 10. = 25. 09.	25. 11. = 26. 10.	25. 12. = 27. 11.
26. 07. = 22. 06.	26. 08. = 23. 07.	26. 09. = 25. 08.	26. 10. = 26. 09.	26. 11. = 27. 10.	26. 12. = 28. 11.
27. 07. = 23. 06.	27. 08. = 24. 07.	27. 09. = 26. 08.	27. 10. = 27. 09.	27. 11. = 28. 10.	27. 12. = 29. 11.
28. 07. = 24. 06.	28. 08. = 25. 07.	28. 09. = 27. 08.	28. 10. = 28. 09.	28. 11. = 29. 10.	28. 12. = 30. 11.
29. 07. = 25. 06.	29. 08. = 26. 07.	29. 09. = 28. 08.	29. 10. = 29. 09.	29. 11. = 01. 11.	29. 12. = 01. 12.
30. 07. = 26. 06.	30. 08. = 27. 07.	30. 09. = 29. 08.	30. 10. = 30. 09.	30. 11. = 02. 11.	30. 12. = 02. 12.
31. 07. = 27. 06.	31. 08. = 28. 07.		31. 10. = 01. 10.		31. 12. = 03. 12.

1941

Januar	Februar	März	April	Mai	Juni
01. 01. = 04. 12.	01. 02. = 06. 01.	01. 03. = 04. 02.	01. 04. = 05. 03.	01. 05. = 06. 04.	01. 06. = 07. 05.
02. 01. = 05. 12.	02. 02. = 07. 01.	02. 03. = 05. 02.	02. 04. = 06. 03.	02. 05. = 07. 04.	02. 06. = 08. 05.
03. 01. = 06. 12.	03. 02. = 08. 01.	03. 03. = 06. 02.	03. 04. = 07. 03.	03. 05. = 08. 04.	03. 06. = 09. 05.
04. 01. = 07. 12.	04. 02. = 09. 01.	04. 03. = 07. 02.	04. 04. = 08. 03.	04. 05. = 09. 04.	04. 06. = 10. 05.
05. 01. = 08. 12.	05. 02. = 10. 01.	05. 03. = 08. 02.	05. 04. = 09. 03.	05. 05. = 10. 04.	05. 06. = 11. 05.
06. 01. = 09. 12.	06. 02. = 11. 01.	06. 03. = 09. 02.	06. 04. = 10. 03.	06. 05. = 11. 04.	06. 06. = 12. 05.
07. 01. = 10. 12.	07. 02. = 12. 01.	07. 03. = 10. 02.	07. 04. = 11. 03.	07. 05. = 12. 04.	07. 06. = 13. 05.
08. 01. = 11. 12.	08. 02. = 13. 01.	08. 03. = 11. 02.	08. 04. = 12. 03.	08. 05. = 13. 04.	08. 06. = 14. 05.
09. 01. = 12. 12.	09. 02. = 14. 01.	09. 03. = 12. 02.	09. 04. = 13. 03.	09. 05. = 14. 04.	09. 06. = 15. 05.
10. 01. = 13. 12.	10. 02. = 15. 01.	10. 03. = 13. 02.	10. 04. = 14. 03.	10. 05. = 15. 04.	10. 06. = 16. 05.
11. 01. = 14. 12.	11. 02. = 16. 01.	11. 03. = 14. 02.	11. 04. = 15. 03.	11. 05. = 16. 04.	11. 06. = 17. 05.
12. 01. = 15. 12.	12. 02. = 17. 01.	12. 03. = 15. 02.	12. 04. = 16. 03.	12. 05. = 17. 04.	12. 06. = 18. 05.
13. 01. = 16. 12.	13. 02. = 18. 01.	13. 03. = 16. 02.	13. 04. = 17. 03.	13. 05. = 18. 04.	13. 06. = 19. 05.
14. 01. = 17. 12.	14. 02. = 19. 01.	14. 03. = 17. 02.	14. 04. = 18. 03.	14. 05. = 19. 04.	14. 06. = 20. 05.
15. 01. = 18. 12.	15. 02. = 20. 01.	15. 03. = 18. 02.	15. 04. = 19. 03.	15. 05. = 20. 04.	15. 06. = 21. 05.
16. 01. = 19. 12.	16. 02. = 21. 01.	16. 03. = 19. 02.	16. 04. = 20. 03.	16. 05. = 21. 04.	16. 06. = 22. 05.
17. 01. = 20. 12.	17. 02. = 22. 01.	17. 03. = 20. 02.	17. 04. = 21. 03.	17. 05. = 22. 04.	17. 06. = 23. 05.
18. 01. = 21. 12.	18. 02. = 23. 01.	18. 03. = 21. 02.	18. 04. = 22. 03.	18. 05. = 23. 04.	18. 06. = 24. 05.
19. 01. = 22. 12.	19. 02. = 24. 01.	19. 03. = 22. 02.	19. 04. = 23. 03.	19. 05. = 24. 04.	19. 06. = 25. 05.
20. 01. = 23. 12.	20. 02. = 25. 01.	20. 03. = 23. 02.	20. 04. = 24. 03.	20. 05. = 25. 04.	20. 06. = 26. 05.
21. 01. = 24. 12.	21. 02. = 26. 01.	21. 03. = 24. 02.	21. 04. = 25. 03.	21. 05. = 26. 04.	21. 06. = 27. 05.
22. 01. = 25. 12.	22. 02. = 27. 01.	22. 03. = 25. 02.	22. 04. = 26. 03.	22. 05. = 27. 04.	22. 06. = 28. 05.
23. 01. = 26. 12.	23. 02. = 28. 01.	23. 03. = 26. 02.	23. 04. = 27. 03.	23. 05. = 28. 04.	23. 06. = 29. 05.
24. 01. = 27. 12.	24. 02. = 29. 01.	24. 03. = 27. 02.	24. 04. = 28. 03.	24. 05. = 29. 04.	24. 06. = 30. 05.
25. 01. = 28. 12.	25. 02. = 30. 01.	25. 03. = 28. 02.	25. 04. = 29. 03.	25. 05. = 30. 04.	25. 06. = 01. 06.
26. 01. = 29. 12.	26. 02. = 01. 02.	26. 03. = 29. 02.	26. 04. = 01. 04.	26. 05. = 01. 05.	26. 06. = 02. 06.
27. 01. = 01. 01.	27. 02. = 02. 02.	27. 03. = 30. 02.	27. 04. = 02. 04.	27. 05. = 02. 05.	27. 06. = 03. 06.
28. 01. = 02. 01.	28. 02. = 03. 02.	28. 03. = 01. 03.	28. 04. = 03. 04.	28. 05. = 03. 05.	28. 06. = 04. 06.
29. 01. = 03. 01.		29. 03. = 02. 03.	29. 04. = 04. 04.	29. 05. = 04. 05.	29. 06. = 05. 06.
30. 01. = 04. 01.		30. 03. = 03. 03.	30. 04. = 05. 04.	30. 05. = 05. 05.	30. 06. = 06. 06.
31. 01. = 05. 01.		31. 03. = 04. 03.		31. 05. = 06. 05.	

1941

Juli	August	September	Oktober	November	Dezember
01. 07. = 07. 06.	01. 08. = 09. 06.	01. 09. = 10. 07.	01. 10. = 11. 08.	01. 11. = 13. 09.	01. 12. = 13. 10.
02. 07. = 08. 06.	02. 08. = 10. 06.	02. 09. = 11. 07.	02. 10. = 12. 08.	02. 11. = 14. 09.	02. 12. = 14. 10.
03. 07. = 09. 06.	03. 08. = 11. 06.	03. 09. = 12. 07.	03. 10. = 13. 08.	03. 11. = 15. 09.	03. 12. = 15. 10.
04. 07. = 10. 06.	04. 08. = 12. 06.	04. 09. = 13. 07.	04. 10. = 14. 08.	04. 11. = 16. 09.	04. 12. = 16. 10.
05. 07. = 11. 06.	05. 08. = 13. 06.	05. 09. = 14. 07.	05. 10. = 15. 08.	05. 11. = 17. 09.	05. 12. = 17. 10.
06. 07. = 12. 06.	06. 08. = 14. 06.	06. 09. = 15. 07.	06. 10. = 16. 08.	06. 11. = 18. 09.	06. 12. = 18. 10.
07. 07. = 13. 06.	07. 08. = 15. 06.	07. 09. = 16. 07.	07. 10. = 17. 08.	07. 11. = 19. 09.	07. 12. = 19. 10.
08. 07. = 14. 06.	08. 08. = 16. 06.	08. 09. = 17. 07.	08. 10. = 18. 08.	08. 11. = 20. 09.	08. 12. = 20. 10.
09. 07. = 15. 06.	09. 08. = 17. 06.	09. 09. = 18. 07.	09. 10. = 19. 08.	09. 11. = 21. 09.	09. 12. = 21. 10.
10. 07. = 16. 06.	10. 08. = 18. 06.	10. 09. = 19. 07.	10. 10. = 20. 08.	10. 11. = 22. 09.	10. 12. = 22. 10.
11. 07. = 17. 06.	11. 08. = 19. 06.	11. 09. = 20. 07.	11. 10. = 21. 08.	11. 11. = 23. 09.	11. 12. = 23. 10.
12. 07. = 18. 06.	12. 08. = 20. 06.	12. 09. = 21. 07.	12. 10. = 22. 08.	12. 11. = 24. 09.	12. 12. = 24. 10.
13. 07. = 09. 06.	13. 08. = 21. 06.	13. 09. = 22. 07.	13. 10. = 23. 08.	13. 11. = 25. 09.	13. 12. = 25. 10.
14. 07. = 20. 06.	14. 08. = 22. 06.	14. 09. = 23. 07.	14. 10. = 24. 08.	14. 11. = 26. 09.	14. 12. = 26. 10.
15. 07. = 21. 06.	15. 08. = 23. 06.	15. 09. = 24. 07.	15. 10. = 25. 08.	15. 11. = 27. 09.	15. 12. = 27. 10.
16. 07. = 22. 06.	16. 08. = 24. 06.	16. 09. = 25. 07.	16. 10. = 26. 08.	16. 11. = 28. 09.	16. 12. = 28. 10.
17. 07. = 23. 06.	17. 08. = 25. 06.	17. 09. = 26. 07.	17. 10. = 27. 08.	17. 11. = 29. 09.	17. 12. = 29. 10.
18. 07. = 24. 06.	18. 08. = 26. 06.	18. 09. = 27. 07.	18. 10. = 28. 08.	18. 11. = 30. 09.	18. 12. = 01. 11.
19. 07. = 25. 06.	19. 08. = 27. 06.	19. 09. = 28. 07.	19. 10. = 29. 08.	19. 11. = 01. 10.	19. 12. = 02. 11.
20. 07. = 26. 06.	20. 08. = 28. 06.	20. 09. = 29. 07.	20. 10. = 01. 09.	20. 11. = 02. 10.	20. 12. = 03. 11.
21. 07. = 27. 06.	21. 08. = 29. 06.	21. 09. = 01. 08.	21. 10. = 02. 09.	21. 11. = 03. 10.	21. 12. = 04. 11.
22. 07. = 28. 06.	22. 08. = 30. 06.	22. 09. = 02. 08.	22. 10. = 03. 09.	22. 11. = 04. 10.	22. 12. = 05. 11.
23. 07. = 29. 06.	23. 08. = 01. 07.	23. 09. = 03. 08.	23. 10. = 04. 09.	23. 11. = 05. 10.	23. 12. = 06. 11.
24. 07. = 01. 06.	24. 08. = 02. 07.	24. 09. = 04. 08.	24. 10. = 05. 09.	24. 11. = 06. 10.	24. 12. = 07. 11.
25. 07. = 02. 06.	25. 08. = 03. 07.	25. 09. = 05. 08.	25. 10. = 06. 09.	25. 11. = 07. 10.	25. 12. = 08. 11.
26. 07. = 03. 06.	26. 08. = 04. 07.	26. 09. = 06. 08.	26. 10. = 07. 09.	26. 11. = 08. 10.	26. 12. = 09. 11.
27. 07. = 04. 06.	27. 08. = 05. 07.	27. 09. = 07. 08.	27. 10. = 08. 09.	27. 11. = 09. 10.	27. 12. = 10. 11.
28. 07. = 05. 06.	28. 08. = 06. 07.	28. 09. = 08. 08.	28. 10. = 09. 09.	28. 11. = 10. 10.	28. 12. = 11. 11.
29. 07. = 06. 06.	29. 08. = 07. 07.	29. 09. = 09. 08.	29. 10. = 10. 09.	29. 11. = 11. 10.	29. 12. = 12. 11.
30. 07. = 07. 06.	30. 08. = 08. 07.	30. 09. = 10. 08.	30. 10. = 11. 09.	30. 11. = 12. 10.	30. 12. = 13. 11.
31. 07. = 08. 06.	31. 08. = 09. 07.		31. 10. = 12. 09.		31. 12. = 14. 11.

1942

Januar	Februar	März	April	Mai	Juni
01. 01. = 15. 11.	01. 02. = 16. 12.	01. 03. = 15. 01.	01. 04. = 16. 02.	01. 05. = 17. 03.	01. 06. = 18. 04.
02. 01. = 16. 11.	02. 02. = 17. 12.	02. 03. = 16. 01.	02. 04. = 17. 02.	02. 05. = 18. 03.	02. 06. = 19. 04.
03. 01. = 17. 11.	03. 02. = 18. 12.	03. 03. = 17. 01.	03. 04. = 18. 02.	03. 05. = 19. 03.	03. 06. = 20 .04.
04. 01. = 18. 11.	04. 02. = 19. 12.	04. 03. = 18. 01.	04. 04. = 19. 02.	04. 05. = 20. 03.	04. 06. = 21. 04.
05. 01. = 19. 11.	05. 02. = 20. 12.	05. 03. = 19. 01.	05. 04. = 20. 02.	05. 05. = 21. 03.	05. 06. = 22. 04.
06. 01. = 20. 11.	06. 02. = 21. 12.	06. 03. = 20. 01.	06. 04. = 21. 02.	06. 05. = 22. 03.	06. 06. = 23. 04.
07. 01. = 21. 11.	07. 02. = 22. 12.	07. 03. = 21. 01.	07. 04. = 22. 02.	07. 05. = 23. 03.	07. 06. = 24. 04.
08. 01. = 22. 11.	08. 02. = 23. 12.	08. 03. = 22. 01.	08. 04. = 23. 02.	08. 05. = 24. 03.	08. 06. = 25. 04.
09. 01. = 23. 11.	09. 02. = 24. 12.	09. 03. = 23. 01.	09. 04. = 24. 02.	09. 05. = 25. 03.	09. 06. = 26. 04.
10. 01. = 24. 11.	10. 02. = 25. 12.	10. 03. = 24. 01.	10. 04. = 25. 02.	10. 05. = 26. 03.	10. 06. = 27. 04.
11. 01. = 25. 11.	11. 02. = 26. 12.	11. 03. = 25. 01.	11. 04. = 26. 02.	11. 05. = 27. 03.	11. 06. = 28. 04.
12. 01. = 26. 11.	12. 02. = 27. 12.	12. 03. = 26. 01.	12. 04. = 27. 02.	12. 05. = 28. 03.	12. 06. = 29. 04.
13. 01. = 27. 11.	13. 02. = 28. 12.	13. 03. = 27. 01.	13. 04. = 28. 02.	13. 05. = 29. 03.	13. 06. = 30. 04.
14. 01. = 28. 11.	14. 02. = 29. 12.	14. 03. = 28. 01.	14. 04. = 29. 02.	14. 05. = 30. 03.	14. 06. = 01. 05.
15. 01. = 29. 11.	15. 02. = 01. 01.	15. 03. = 29. 01.	15. 04. = 01. 03.	15. 05. = 01. 04.	15. 06. = 02. 05.
16. 01. = 30. 11.	16. 02. = 02. 01.	16. 03. = 30. 01.	16. 04. = 02. 03.	16. 05. = 02. 04.	16. 06. = 03. 05.
17. 01. = 01. 12.	17. 02. = 03. 01.	17. 03. = 01. 02.	17. 04. = 03. 03.	17. 05. = 03. 04.	17. 06. = 04. 05.
18. 01. = 02. 12.	18. 02. = 04. 01.	18. 03. = 02. 02.	18. 04. = 04. 03.	18. 05. = 04. 04.	18. 06. = 05. 05.
19. 01. = 03. 12.	19. 02. = 05. 01.	19. 03. = 03. 02.	19. 04. = 05. 03.	19. 05. = 05. 04.	19. 06. = 06. 05.
20. 01. = 04. 12.	20. 02. = 06. 01.	20. 03. = 04. 02.	20. 04. = 06. 0.3	20. 05. = 06. 04.	20. 06. = 07. 05.
21. 01. = 05. 12.	21. 02. = 07. 01.	21. 03. = 05. 02.	21. 04. = 07. 03.	21. 05. = 07. 04.	21. 06. = 08. 05.
22. 01. = 06. 12.	22. 02. = 08. 01.	22. 03. = 06. 02.	22. 04. = 08. 03.	22. 05. = 08. 04.	22. 06. = 09. 05.
23. 01. = 07. 12.	23. 02. = 09. 01.	23. 03. = 07. 02.	23. 04. = 09. 03.	23. 05. = 09. 04.	23. 06. = 10. 05.
24. 01. = 08. 12.	24. 02. = 10. 01.	24. 03. = 08. 02.	24. 04. = 10. 03.	24. 05. = 10. 04.	24. 06. = 11. 05.
25. 01. = 09. 12.	25. 02. = 11. 01.	25. 03. = 09. 02.	25. 04. = 11. 03.	25. 05. = 11. 04.	25. 06. = 12. 05.
26. 01. = 10. 12.	26. 02. = 12. 01.	26. 03. = 10. 02.	26. 04. = 12. 03.	26. 05. = 12. 04.	26. 06. = 13. 05.
27. 01. = 11. 12.	27. 02. = 13. 01.	27. 03. = 11. 02.	27. 04. = 13. 03.	27. 05. = 13. 04.	27. 06. = 14. 05.
28. 01. = 12. 12.	28. 02. = 14. 01.	28. 03. = 12. 02.	28. 04. = 14. 03.	28. 05. = 14. 04.	28. 06. = 15. 05.
29. 01. = 13. 12.		29. 03. = 13. 02.	29. 04. = 15. 03.	29. 05. = 15. 04.	29. 06. = 16. 05.
30. 01. = 14. 12.		30. 03. = 14. 02.	30. 04. = 16. 03.	30. 05. = 16. 04.	30. 06. = 17. 05.
31. 01. = 15. 12.		31. 03. = 15. 02.		31. 05. = 17. 04.	

1942

Juli	August	September	Oktober	November	Dezember
01. 07. = 18. 05.	01. 08. = 20. 06.	01. 09. = 21. 07.	01. 10. = 22. 08.	01. 11. = 22. 09.	01. 12. = 24. 10.
02. 07. = 19. 05.	02. 08. = 21. 06.	02. 09. = 22. 07.	02. 10. = 23. 08.	02. 11. = 23. 09.	02. 12. = 25. 10.
03. 07. = 20. 05.	03. 08. = 22. 06.	03. 09. = 23. 07.	03. 10. = 24. 08.	03. 11. = 24. 09.	03. 12. = 26. 10.
04. 07. = 21. 05.	04. 08. = 23. 06.	04. 09. = 24. 07.	04. 10. = 25. 08.	04. 11. = 25.0 9.	04. 12. = 27. 10.
05. 07. = 22. 05.	05. 08. = 24. 06.	05. 09. = 25. 07.	05. 10. = 26. 08.	05. 11. = 26. 09.	05. 12. = 28. 10.
06. 07. = 23. 05.	06. 08. = 25. 06.	06. 09. = 26. 07.	06. 10. = 27. 08.	06. 11. = 27. 09.	06. 12. = 29. 10.
07. 07. = 24. 05.	07. 08. = 26. 06.	07. 09. = 27. 07.	07. 10. = 28. 08.	07. 11. = 28. 09.	07. 12. = 30. 10.
08. 07. = 25. 05.	08. 08. = 27. 06.	08. 09. = 28. 07.	08. 10. = 29. 08.	08. 11. = 01. 10.	08. 12. = 01. 11.
09. 07. = 26. 05.	09. 08. = 28. 06.	09. 09. = 29. 07.	09. 10. = 30. 08.	09. 11. = 02. 10.	09. 12. = 02. 11.
10. 07. = 27. 05.	10. 08. = 29. 06.	10. 09. = 01. 08.	10. 10. = 31. 08.	10. 11. = 03. 10.	10. 12. = 03. 11.
11. 07. = 28. 05.	11. 08. = 30. 06.	11. 09. = 02. 08.	11. 10. = 01. 09.	11. 11. = 04. 10.	11. 12. = 04. 11.
12. 07. = 29. 05.	12. 08. = 01. 07.	12. 09. = 03. 08.	12. 10. = 02. 09.	12. 11. = 05. 10.	12. 12. = 05. 11.
13. 07. = 01. 06.	13. 08. = 02. 07.	13. 09. = 04. 08.	13. 10. = 03. 09.	13. 11. = 06. 10.	13. 12. = 06. 11.
14. 07. = 02. 06.	14. 08. = 03. 07.	14. 09. = 05. 08.	14. 10. = 04. 09.	14. 11. = 07. 10.	14. 12. = 07. 11.
15. 07. = 03. 06.	15. 08. = 04. 07.	15. 09. = 06. 08.	15. 10. = 05. 09.	15. 11. = 08. 10.	15. 12. = 08. 11.
16. 07. = 04. 06.	16. 08. = 05. 07.	16. 09. = 07. 08.	16. 10. = 06. 09.	16. 11. = 09. 10.	16. 12. = 09. 11.
17. 07. = 05. 06.	17. 08. = 06. 07.	17. 09. = 08. 08.	17. 10. = 07. 09.	17. 11. = 10. 10.	17. 12. = 10. 11.
18. 07. = 06. 06.	18. 08. = 07. 07.	18. 09. = 09. 08.	18. 10. = 08. 0 9	18. 11. = 11. 10.	18. 12. = 11. 11.
19. 07. = 07. 06.	19. 08. = 08 .07.	19. 09. = 10. 08.	19. 10. = 09. 09.	19. 11. = 12. 10.	19. 12. = 12. 11.
20. 07. = 08. 06.	20. 08. = 09. 07.	20. 09. = 11. 08.	20. 10. = 10. 09.	20. 11. = 13. 10.	20. 12. = 13. 11.
21. 07. = 09. 06.	21. 08. = 10. 07.	21. 09. = 12. 08.	21. 10. = 11. 09.	21. 11. = 14. 10.	21. 12. = 14. 11.
22. 07. = 10. 06.	22. 08. = 11. 07.	22. 09. = 13. 08.	22. 10. = 12. 09.	22. 11. = 15. 10.	22. 12. = 15. 11.
23. 07. = 11. 06.	23. 08. = 12. 07.	23. 09. = 14. 08.	23. 10. = 13. 09.	23. 11. = 16. 10.	23. 12. = 16. 11.
24. 07. = 12. 06.	24. 08. = 13. 07.	24. 09. = 15. 08.	24. 10. = 1.4 09.	24. 11. = 17. 10.	24. 12. = 17. 11.
25. 07. = 13. 06.	25. 08. = 14. 07.	25. 09. = 16. 08.	25. 10. = 15. 09.	25. 11. = 18. 10.	25. 12. = 18. 11.
26. 07. = 14. 06.	26. 08. = 15. 07.	26. 09. = 17. 08.	26. 10. = 16. 09.	26. 11. = 19. 10.	26. 12. = 19. 11.
27. 07. = 15. 06.	27. 08. = 16. 07.	27. 09. = 18. 08.	27. 10. = 17. 09.	27. 11. = 20. 10.	27. 12. = 20. 11.
28. 07. = 16. 06.	28. 08. = 17. 07.	28. 09. = 19. 08.	28. 10. = 18. 09.	28. 11. = 21. 10.	28. 12. = 21. 11.
29. 07. = 17. 06.	29. 08. = 18. 07.	29. 09. = 20. 08.	29. 10. = 19. 09.	29. 11. = 22. 10.	29. 12. = 22. 11.
30. 07. = 18. 06.	30. 08. = 19. 07.	30. 09. = 21. 08.	30. 10. = 20. 09.	30. 11. = 23. 10.	30. 12. = 23. 11.
31. 07. = 19. 06.	31. 08. = 20. 07.		31. 10. = 21. 09.		31. 12. = 24. 11.

1943

Januar	Februar	März	April	Mai	Juni
01. 01. = 25. 11.	01. 02. = 27. 12.	01. 03. = 25. 01.	01. 04. = 27. 02.	01. 05. = 27. 03.	01. 06. = 29. 04.
02. 01. = 26. 11.	02. 02. = 28. 12.	02. 03. = 26. 01.	02. 04. = 28. 02.	02. 05. = 28. 03.	02. 06. = 30. 04.
03. 01. = 27. 11.	03. 02. = 29. 12.	03. 03. = 27. 01.	03. 04. = 29. 02.	03. 05. = 29. 03.	03. 06. = 01. 05.
04. 01. = 28. 11.	04. 02. = 30. 12.	04. 03. = 28. 01.	04. 04. = 30. 02.	04. 05. = 01.0 4.	04. 06. = 02. 05.
05. 01. = 29. 11.	05. 02. = 01. 01.	05. 03. = 29. 01.	05. 04. = 01. 03.	05. 05. = 02. 04.	05. 06. = 03. 05.
06. 01. = 01. 12.	06. 02. = 02. 01.	06. 03. = 01. 02.	06. 04. = 02. 03.	06. 05. = 03. 04.	06. 06. = 04. 05.
07. 01. = 02. 12.	07. 02. = 03. 01.	07. 03. = 02. 02.	07. 04. = 03. 03.	07. 05. = 04. 04.	07. 06. = 05. 05.
08. 01. = 03. 12.	08. 02. = 04. 01.	08. 03. = 03. 02.	08. 04. = 04. 03.	08. 05. = 05. 04.	08. 06. = 06. 05.
09. 01. = 04. 12.	09. 02. = 05. 01.	09. 03. = 04. 02.	09. 04. = 05. 03.	09. 05. = 06. 04.	09. 06. = 07. 05.
10. 01. = 05. 12.	10. 02. = 06. 01.	10. 03. = 05. 02.	10. 04. = 06. 03.	10. 05. = 07. 04.	10. 06. = 08. 05.
11. 01. = 06. 12.	11. 02. = 07. 01.	11. 03. = 06. 02.	11. 04. = 07. 03.	11. 05. = 08. 04.	11. 06. = 09. 05.
12. 01. = 07. 12.	12. 02. = 08. 01.	12. 03. = 07. 02.	12. 04. = 08. 03.	12. 05. = 09. 04.	12. 06. = 10. 05.
13. 01. = 08. 12.	13. 02. = 09. 01.	13. 03. = 08. 02.	13. 04. = 09. 03.	13. 05. = 10. 04.	13. 06. = 11. 05.
14. 01. = 09. 12.	14. 02. = 10. 01.	14. 03. = 09. 02.	14. 04. = 10. 03.	14. 05. = 11. 04.	14. 06. = 12. 05.
15. 01. = 10. 12.	15. 02. = 11. 01.	15. 03. = 10. 02.	15. 04. = 11. 03.	15. 05. = 12. 04.	15. 06. = 13. 05.
16. 01. = 11. 12.	16. 02. = 12. 01.	16. 03. = 11. 02.	16. 04. = 12. 03.	16. 05. = 13. 04.	16. 06. = 14. 05.
17. 01. = 12. 12.	17. 02. = 13. 01.	17. 03. = 12. 02.	17. 04. = 13. 03.	17. 05. = 14. 04.	17. 06. = 15. 05.
18. 01. = 13. 12.	18. 02. = 14. 01.	18. 03. = 13. 02.	18. 04. = 14. 03.	18. 05. = 15. 04.	18. 06. = 16. 05.
19. 01. = 14. 12.	19. 02. = 15. 01.	19. 03. = 14. 02.	19. 04. = 15. 03.	19. 05. = 16. 04.	19. 06. = 17. 05.
20. 01. = 15. 12.	20. 02. = 16. 01.	20. 03. = 15. 02.	20. 04. = 16. 03.	20. 05. = 17. 04.	20. 06. = 18. 05.
21. 01. = 16. 12.	21. 02. = 17. 01.	21. 03. = 16. 02.	21. 04. = 17. 03.	21. 05. = 18. 04.	21. 06. = 19. 05.
22. 01. = 17. 12.	22. 02. = 18. 01.	22. 03. = 17. 02.	22. 04. = 18. 03.	22. 05. = 19. 04.	22. 06. = 20. 05.
23. 01. = 18. 12.	23. 02. = 19. 01.	23. 03. = 18. 02.	23. 04. = 19. 03.	23. 05. = 20. 04.	23. 06. = 21. 05.
24. 01. = 19. 12.	24. 02. = 20. 01.	24. 03. = 19. 02.	24. 04. = 20. 03.	24. 05. = 21. 04.	24. 06. = 22. 05.
25. 01. = 20. 12.	25. 02. = 21 .01.	25. 03. = 20. 02.	25. 04. = 21. 03.	25. 05. = 22. 04.	25. 06. = 23. 05.
26. 01. = 21. 12.	26. 02. = 22. 01.	26. 03. = 21. 02.	26. 04. = 22. 03.	26. 05. = 23. 04.	26. 06. = 24. 05.
27. 01. = 22. 12.	27. 02. = 23. 01.	27. 03. = 22. 02.	27. 04. = 23. 03.	27. 05. = 24. 04.	27. 06. = 25. 05.
28. 01. = 23. 12.	28. 02. = 24. 01.	28. 03. = 23. 02.	28. 04. = 24. 03.	28. 05. = 25. 04.	28. 06. = 26. 05.
29. 01. = 24. 12.		29. 03. = 24. 02.	29. 04. = 25. 03.	29. 05. = 26. 04.	29. 06. = 27. 05.
30. 01. = 25. 12.		30. 03. = 25. 02.	30. 04. = 26. 03.	30. 05. = 27. 04.	30. 06. = 28. 05.
31. 01. = 26. 12.		31. 03. = 26. 02.		31. 05. = 28. 04.	

1943

Juli	August	September	Oktober	November	Dezember
01. 07. = 29. 05.	01. 08. = 01. 07.	01. 09. = 02. 08.	01. 10. = 03. 09.	01. 11. = 04. 10.	01. 12. = 05. 11.
02. 07. = 01. 06.	02. 08. = 02. 07.	02. 09. = 03. 08.	02. 10. = 04. 09.	02. 11. = 05. 10.	02. 12. = 06. 11.
03. 07. = 02. 06.	03. 08. = 03. 07.	03. 09. = 04. 08.	03. 10. = 05. 09.	03. 11. = 06. 10.	03. 12. = 07. 11.
04. 07. = 03. 06.	04. 08. = 04. 07.	04. 09. = 05. 08.	04. 10. = 06. 09.	04. 11. = 07. 10.	04. 12. = 08. 11.
05. 07. = 04. 06.	05. 08. = 05. 07.	05. 09. = 06. 08.	05. 10. = 07. 09.	05. 11. = 08. 10.	05. 12. = 09. 11.
06. 07. = 05. 06.	06. 08. = 06. 07.	06. 09. = 07. 08.	06. 10. = 08. 09.	06. 11. = 09. 10.	06. 12. = 10. 11.
07. 07. = 06. 06.	07. 08. = 07. 07.	07. 09. = 08. 08.	07. 10. = 09. 09.	07. 11. = 10. 10.	07. 12. = 11. 11.
08. 07. = 07. 06.	08. 08. = 08. 07.	08. 09. = 09. 08.	08. 10. = 10. 09.	08. 11. = 11. 10.	08. 12. = 12. 11.
09. 07. = 08. 06.	09. 08. = 09. 07.	09. 09. = 10. 08.	09. 10. = 11. 09.	09. 11. = 12. 10.	09. 12. = 13. 11.
10. 07. = 09. 06.	10. 08. = 10. 07.	10. 09. = 11. 08.	10. 10. = 12. 09.	10. 11. = 13. 10.	10. 12. = 14. 11.
11. 07. = 10. 06.	11. 08. = 11. 07.	11. 09. = 12. 08.	11. 10. = 13. 09.	11. 11. = 14. 10.	11. 12. = 15. 11.
12. 07. = 11. 06.	12. 08. = 12. 07.	12. 09. = 13. 08.	12. 10. = 14. 09.	12. 11. = 15. 10.	12. 12. = 16. 11.
13. 07. = 12. 06.	13. 08. = 13. 07.	13. 09. = 14. 08.	13. 10. = 15. 09.	13. 11. = 16. 10.	13. 12. = 17. 11.
14. 07. = 13. 06.	14. 08. = 14. 07.	14. 09. = 15. 08.	14. 10. = 16. 09.	14. 11. = 17. 10.	14. 12. = 18. 11.
15. 07. = 14. 06.	15. 08. = 15. 07.	15. 09. = 16. 08.	15. 10. = 17. 09.	15. 11. = 18. 10.	15. 12. = 19. 11.
16. 07. = 15. 06.	16. 08. = 16. 07.	16. 09. = 17. 08.	16. 10. = 18. 09.	16. 11. = 19. 10.	16. 12. = 20. 11.
17. 07. = 16. 06.	17. 08. = 17. 07.	17. 09. = 18. 08.	17. 10. = 19. 09.	17. 11. = 20. 10.	17. 12. = 21. 11.
18. 07. = 17. 06.	18. 08. = 18. 07.	18. 09. = 19. 08.	18. 10. = 20. 09.	18. 11. = 21. 10.	18. 12. = 22. 11.
19. 07. = 18. 06.	19. 08. = 19. 07.	19. 09. = 20. 08.	19. 10. = 21. 09.	19. 11. = 22. 10.	19. 12. = 23. 11.
20. 07. = 19. 06.	20. 08. = 20. 07.	20. 09. = 21. 08.	20. 10. = 22. 09.	20. 11. = 23. 10.	20. 12. = 24. 11.
21. 07. = 20. 06.	21. 08. = 21. 07.	21. 09. = 22. 08.	21. 10. = 23. 09.	21. 11. = 24. 10.	21. 12. = 25. 11.
22. 07. = 21. 06.	22. 08. = 22. 07.	22. 09. = 23. 08.	22. 10. = 24. 09.	22. 11. = 25. 10.	22. 12. = 26. 11.
23. 07. = 22. 06.	23. 08. = 23. 07.	23. 09. = 24. 08.	23. 10. = 25. 09.	23. 11. = 26. 10.	23. 12. = 27. 11.
24. 07. = 23. 06.	24. 08. = 24. 07.	24. 09. = 25. 08.	24. 10. = 26. 09.	24. 11. = 27. 10.	24. 12. = 28. 11.
25. 07. = 24. 06.	25. 08. = 25. 07.	25. 09. = 26. 08.	25. 10. = 27. 09.	25. 11. = 28. 10.	25. 12. = 29. 11.
26. 07. = 25. 06.	26. 08. = 26. 07.	26. 09. = 27. 08.	26. 10. = 28. 09.	26. 11. = 29. 10.	26. 12. = 30. 11.
27. 07. = 26. 06.	27. 08. = 27. 07.	27. 09. = 28. 08.	27. 10. = 29. 09.	27. 11. = 01. 11.	27. 12. = 01. 12.
28. 07. = 27. 06.	28. 08. = 28. 07.	28. 09. = 29. 08.	28. 10. = 30. 09.	28. 11. = 02. 11.	28. 12. = 02. 12.
29. 07. = 28. 06.	29. 08. = 29. 07.	29. 09. = 01. 09.	29. 10. = 01. 10.	29. 11. = 03. 11.	29. 12. = 03. 12.
30. 07. = 29. 06.	30. 08. = 30. 07.	30. 09. = 02. 09.	30. 10. = 02. 10.	30. 11. = 04. 11.	30. 12. = 04. 12.
31. 07. = 30. 06.	31. 08. = 01. 08.		31. 10. = 03. 10.		31. 12. = 05. 12.

1944

Januar	Februar	März	April	Mai	Juni
01. 01. = 06. 12.	01. 02. = 08. 01.	01. 03. = 07. 02.	01. 04. = 09. 03.	01. 05. = 09. 04.	01. 06. = 11. 04.
02. 01. = 07. 12.	02. 02. = 09. 01.	02. 03. = 08. 02.	02. 04. = 10. 03.	02. 05. = 10. 04.	02. 06. = 12. 04.
03. 01. = 08. 12.	03. 02. = 10. 01.	03. 03. = 09. 02.	03. 04. = 11. 03.	03. 05. = 11. 04.	03. 06. = 13. 04.
04. 01. = 09. 12.	04. 02. = 11. 01.	04. 03. = 10. 02.	04. 04. = 12. 03.	04. 05. = 12. 04.	04. 06. = 14. 04.
05. 01. = 10. 12.	05. 02. = 12. 01.	05. 03. = 11. 02.	05. 04. = 13. 03.	05. 05. = 13. 04.	05. 06. = 15. 04.
06. 01. = 11. 12.	06. 02. = 13. 01.	06. 03. = 12. 02.	06. 04. = 14. 03.	06. 05. = 14. 04.	06. 06. = 16. 04.
07. 01. = 12. 12.	07. 02. = 14. 01.	07. 03. = 13. 02.	07. 04. = 15. 03.	07. 05. = 15. 04.	07. 06. = 17. 04.
08. 01. = 13. 12.	08. 02. = 15. 01.	08. 03. = 14. 02.	08. 04. = 16. 03.	08. 05. = 16. 04.	08. 06. = 18. 04.
09. 01. = 14. 12.	09. 02. = 16. 01.	09. 03. = 15. 02.	09. 04. = 17. 03.	09. 05. = 17. 04.	09. 06. = 19. 04.
10. 01. = 15. 12.	10. 02. = 17. 01.	10. 03. = 16. 02.	10. 04. = 18. 03.	10. 05. = 18. 04.	10. 06. = 20. 04.
11. 01. = 16. 12.	11. 02. = 18. 01.	11. 03. = 17. 02.	11. 04. = 19. 03.	11. 05. = 19. 04.	11. 06. = 21. 04.
12. 01. = 17. 12.	12. 02. = 19. 01.	12. 03. = 18. 02.	12. 04. = 20. 03.	12. 05. = 20. 04.	12. 06. = 22. 04.
13. 01. = 18. 12.	13. 02. = 20. 01.	13. 03. = 19. 02.	13. 04. = 21. 03.	13. 05. = 21. 04.	13. 06. = 23. 04.
14. 01. = 19. 12.	14. 02. = 21. 01.	14. 03. = 20. 02.	14. 04. = 22. 03.	14. 05. = 22. 04.	14. 06. = 24. 04.
15. 01. = 20. 12.	15. 02. = 22. 01.	15. 03. = 21. 02.	15. 04. = 23. 03.	15. 05. = 23. 04.	15. 06. = 25. 04.
16. 01. = 21. 12.	16. 02. = 23. 01.	16. 03. = 22. 02.	16. 04. = 24. 03.	16. 05. = 24. 04.	16. 06. = 26. 04.
17. 01. = 22. 12.	17. 02. = 24. 01.	17. 03. = 23. 02.	17. 04. = 25. 03.	17. 05. = 25. 04.	17. 06. = 27. 04.
18. 01. = 23. 12.	18. 02. = 25. 01.	18. 03. = 24. 02.	18. 04. = 26. 03.	18. 05. = 26. 04.	18. 06. = 28. 04.
19. 01. = 24. 12.	19. 02. = 26. 01.	19. 03. = 25. 02.	19. 04. = 27. 03.	19. 05. = 27. 04.	19. 06. = 29. 04.
20. 01. = 25. 12.	20. 02. = 27. 01.	20. 03. = 26. 02.	20. 04. = 28. 03.	20. 05. = 28. 04.	20. 06. = 30. 04.
21. 01. = 26. 12.	21. 02. = 28. 01.	21. 03. = 27. 02.	21. 04. = 29. 03.	21. 05. = 29. 04.	21. 06. = 01. 05.
22. 01. = 27. 12.	22. 02. = 29. 01.	22. 03. = 28. 02.	22. 04. = 30. 03.	22. 05. = 01. 04.	22. 06. = 02. 05.
23. 01. = 28. 12.	23. 02. = 30. 01.	23. 03. = 29. 02.	23. 04. = 01. 04.	23. 05. = 02. 04.	23. 06. = 03. 05.
24. 01. = 29. 12.	24. 02. = 01. 02.	24. 03. = 01. 03.	24. 04. = 02. 04.	24. 05. = 03. 04.	24. 06. = 04. 05.
25. 01. = 01. 01.	25. 02. = 02 .02.	25. 03. = 02. 03.	25. 04. = 03. 04.	25. 05. = 04. 04.	25. 06. = 05. 05.
26. 01. = 02. 01.	26. 02. = 03. 02.	26. 03. = 03. 03.	26. 04. = 04. 04.	26. 05. = 05. 04.	26. 06. = 06. 05.
27. 01. = 03. 01.	27. 02. = 04. 02.	27. 03. = 04. 03.	27. 04. = 05. 04.	27. 05. = 06. 04.	27. 06. = 07. 05.
28. 01. = 04. 01.	28. 02. = 05. 02.	28. 03. = 05. 03.	28. 04. = 06. 04.	28. 05. = 07. 04.	28. 06. = 08. 05.
29. 01. = 05. 01.	29. 02. = 06. 02.	29. 03. = 06. 03.	29. 04. = 07. 04.	29. 05. = 08. 04.	29. 06. = 09. 05.
30. 01. = 06. 01.		30. 03. = 07. 03.	30. 04. = 08. 04.	30. 05. = 09. 04.	30. 06. = 10. 05.
31. 01. = 07. 01.		31. 03. = 08. 03.		31. 05. = 10. 04.	

1944

Juli	August	September	Oktober	November	Dezember
01. 07. = 11. 05.	01. 08. = 13. 06.	01. 09. = 14. 07.	01. 10. = 15. 08.	01. 11. = 16. 09.	01. 12. = 16. 10.
02. 07. = 12. 05.	02. 08. = 14. 06.	02. 09. = 15. 07.	02. 10. = 16. 08.	02. 11. = 17. 09.	02. 12. = 17. 10.
03. 07. = 13. 05.	03. 08. = 15. 06.	03. 09. = 16. 07.	03. 10. = 17. 08.	03. 11. = 18. 09.	03. 12. = 18. 10.
04. 07. = 14. 05.	04. 08. = 16. 06.	04. 09. = 17. 07.	04. 10. = 18. 08.	04. 11. = 19. 09.	04. 12. = 19. 10.
05. 07. = 15. 05.	05. 08. = 17. 06.	05. 09. = 18. 07.	05. 10. = 19. 08.	05. 11. = 20. 09.	05. 12. = 20. 10.
06. 07. = 16. 05.	06. 08. = 18. 06.	06. 09. = 19. 07.	06. 10. = 20. 08.	06. 11. = 21. 09.	06. 12. = 21. 10.
07. 07. = 17. 05.	07. 08. = 19. 06.	07. 09. = 20. 07.	07. 10. = 21. 08.	07. 11. = 22. 09.	07. 12. = 22. 10.
08. 07. = 18. 05.	08. 08. = 20. 06.	08. 09. = 21. 07.	08. 10. = 22. 08.	08. 11. = 23. 09.	08. 12. = 23. 10.
09. 07. = 19. 05.	09. 08. = 21. 06.	09. 09. = 22. 07.	09. 10. = 23. 08.	09. 11. = 24. 09.	09. 12. = 24. 10.
10. 07. = 20 .05.	10. 08. = 22. 06.	10. 09. = 23. 07.	10. 10. = 24. 08.	10. 11. = 25. 09.	10. 12. = 25. 10.
11. 07. = 21. 05.	11. 08. = 23. 06.	11. 09. = 24. 07.	11. 10. = 25. 08.	11. 11. = 26. 09.	11. 12. = 26. 10.
12. 07. = 22. 05.	12. 08. = 24. 06.	12. 09. = 25. 07.	12. 10. = 26. 08.	12. 11. = 27. 09.	12. 12. = 27. 10.
13. 07. = 23. 05.	13. 08. = 25. 06.	13. 09. = 26. 07.	13. 10. = 27. 08.	13. 11. = 28. 09.	13. 12. = 28. 10.
14. 07. = 24. 05.	14. 08. = 26. 06.	14. 09. = 27. 07.	14. 10. = 28. 08.	14. 11. = 29. 09.	14. 12. = 29. 10.
15. 07. = 25. 05.	15. 08. = 27. 06.	15. 09. = 28. 07.	15. 10. = 29. 08.	15. 11. = 30. 09.	15. 12. = 01. 11.
16. 07. = 26. 05.	16. 08. = 28. 06.	16. 09. = 29. 07.	16. 10. = 30. 08.	16. 11. = 01. 10.	16. 12. = 02. 11.
17. 07. = 27. 05.	17. 08. = 29. 06.	17. 09. = 01. 08.	17. 10. = 01. 09.	17. 11. = 02. 10.	17. 12. = 03. 11.
18. 07. = 28. 05.	18. 08. = 30. 06.	18. 09. = 02. 08.	18. 10. = 02. 09.	18. 11. = 03. 10.	18. 12. = 04. 11.
19. 07. = 29. 05.	19. 08. = 01. 07.	19. 09. = 03. 08.	19. 10. = 03. 09.	19. 11. = 04. 10.	19. 12. = 05. 11.
20. 07. = 01. 06.	20. 08. = 02. 07.	20. 09. = 04. 08.	20. 10. = 04. 09.	20. 11. = 05. 10.	20. 12. = 06. 11.
21. 07. = 02. 06.	21. 08. = 03. 07.	21. 09. = 05. 08.	21. 10. = 05. 09.	21. 11. = 06. 10.	21. 12. = 07. 11.
22. 07. = 03. 06.	22. 08. = 04. 07.	22. 09. = 06. 08.	22. 10. = 06. 09.	22. 11. = 07. 10.	22. 12. = 08. 11.
23. 07. = 04. 06.	23. 08. = 05. 07.	23. 09. = 07. 08.	23. 10. = 07. 09.	23. 11. = 08. 10.	23. 12. = 09 .11.
24. 07. = 05. 06.	24. 08. = 06. 07.	24. 09. = 08. 08.	24. 10. = 08. 09.	24. 11. = 09. 10.	24. 12. = 10. 11.
25. 07. = 06. 06.	25. 08. = 07. 07.	25. 09. = 09. 08.	25. 10. = 09. 09.	25. 11. = 10. 10.	25. 12. = 11. 11.
26. 07. = 07. 06.	26. 08. = 08. 07.	26. 09. = 10. 08.	26. 10. = 10. 09.	26. 11. = 11. 10.	26. 12. = 12. 11.
27. 07. = 08. 06.	27. 08. = 09. 07.	27. 09. = 11. 08.	27. 10. = 11. 09.	27. 11. = 12. 10.	27. 12. = 13. 11.
28. 07. = 09. 06.	28. 08. = 10. 07.	28. 09. = 12. 08.	28. 10. = 12. 09.	28. 11. = 13. 10.	28. 12. = 14. 11.
29. 07. = 10. 06.	29. 08. = 11. 07.	29. 09. = 13. 08.	29. 10. = 13. 09.	29. 11. = 14. 10.	29. 12. = 15. 11.
30. 07. = 11. 06.	30. 08. = 12. 07.	30. 09. = 14. 08.	30. 10. = 14. 09.	30. 11. = 15. 10.	30. 12. = 16. 11.
31. 07. = 12. 06.	31. 08. = 13. 07.		31. 10. = 15. 09.		31. 12. = 17. 11.

1945

Januar	Februar	März	April	Mai	Juni
01. 01. = 18. 11.	01. 02. = 19. 12.	01. 03. = 17. 01.	01. 04. = 19. 02.	01. 05. = 20. 03.	01. 06. = 21. 04.
02. 01. = 19. 11.	02. 02. = 20. 12.	02. 03. = 18. 01.	02. 04. = 20. 02.	02. 05. = 21. 03.	02. 06. = 22. 04.
03. 01. = 20. 11.	03. 02. = 21. 12.	03. 03. = 19. 01.	03. 04. = 21. 02.	03. 05. = 22. 03.	03. 06. = 23. 04.
04. 01. = 21. 11.	04. 02. = 22. 12.	04. 03. = 20. 01.	04. 04. = 22. 02.	04. 05. = 23. 03.	04. 06. = 24. 04.
05. 01. = 22. 11.	05. 02. = 23. 12.	05. 03. = 21. 01.	05. 04. = 23. 02.	05. 05. = 24. 03.	05. 06. = 25. 04.
06. 01. = 23. 11.	06. 02. = 24. 12.	06. 03. = 22. 01.	06. 04. = 24. 02.	06. 05. = 25. 03.	06. 06. = 26. 04.
07. 01. = 24. 11.	07. 02. = 25. 12.	07. 03. = 23. 01.	07. 04. = 25. 02.	07. 05. = 26. 03.	07. 06. = 27. 04.
08. 01. = 25. 11.	08. 02. = 26. 12.	08. 03. = 24. 01.	08. 04. = 26. 02.	08. 05. = 27. 03.	08. 06. = 28. 04.
09. 01. = 26. 11.	09. 02. = 27. 12.	09. 03. = 25. 01.	09. 04. = 27. 02.	09. 05. = 28. 03.	09. 06. = 29. 04.
10. 01. = 27. 11.	10. 02. = 28. 12.	10. 03. = 26. 01.	10. 04. = 28. 02.	10. 05. = 29. 03.	10. 06. = 01. 05.
11. 01. = 28. 11.	11. 02. = 29. 12.	11. 03. = 27. 01.	11. 04. = 29. 02.	11. 05. = 30. 03.	11. 06. = 02. 05.
12. 01. = 29. 11.	12. 02. = 30. 12.	12. 03. = 28. 01.	12. 04. = 01. 03.	12. 05. = 01. 04.	12. 06. = 03. 05.
13. 01. = 30 .11.	13. 02. = 01. 01.	13. 03. = 29. 01.	13. 04. = 02. 03.	13. 05. = 02. 04.	13. 06. = 04. 05.
14. 01. = 01. 12.	14. 02. = 02. 01.	14. 03. = 01. 02.	14. 04. = 03. 03.	14. 05. = 03. 04.	14. 06. = 05. 05.
15. 01. = 02. 12.	15. 02. = 03. 01.	15. 03. = 02. 02.	15. 04. = 04. 03.	15. 05. = 04. 04.	15. 06. = 06. 05.
16. 01. = 03. 12.	16. 02. = 04. 01.	16. 03. = 03. 02.	16. 04. = 05. 03.	16. 05. = 05. 04.	16. 06. = 07. 05.
17. 01. = 04. 12.	17. 02. = 05. 01.	17. 03. = 04. 02.	17. 04. = 06. 03.	17. 05. = 06. 04.	17. 06. = 08. 05.
18. 01. = 05. 12.	18. 02. = 06. 01.	18. 03. = 05. 02.	18. 04. = 07. 03.	18. 05. = 07. 04.	18. 06. = 09. 05.
19. 01. = 06. 12.	19. 02. = 07. 01.	19. 03. = 06. 02.	19. 04. = 08. 03.	19. 05. = 08. 04.	19. 06. = 10. 05.
20. 01. = 07. 12.	20. 02. = 08. 01.	20. 03. = 07. 02.	20. 04. = 09. 03.	20. 05. = 09. 04.	20. 06. = 11. 05.
21. 01. = 08. 12.	21. 02. = 09. 01.	21. 03. = 08. 02.	21. 04. = 10. 03.	21. 05. = 10. 04.	21. 06. = 12. 05.
22. 01. = 09. 12.	22. 02. = 10. 01.	22. 03. = 09. 02.	22. 04. = 11. 03.	22. 05. = 11. 04.	22. 06. = 13. 05.
23. 01. = 10. 12.	23. 02. = 11. 01.	23. 03. = 10. 02.	23. 04. = 12. 03.	23. 05. = 12. 04.	23. 06. = 14. 05.
24. 01. = 11. 12.	24. 02. = 12. 01.	24. 03. = 11. 02.	24. 04. = 13. 03.	24. 05. = 13. 04.	24. 06. = 15. 05.
25. 01. = 12. 12.	25. 02. = 13. 01.	25. 03. = 12. 02.	25. 04. = 14. 03.	25. 05. = 14. 04.	25. 06. = 16. 05.
26. 01. = 13. 12.	26. 02. = 14. 01.	26. 03. = 13. 02.	26. 04. = 15..03.	26. 05. = 15. 04.	26. 06. = 17. 05.
27. 01. = 14. 12.	27. 02. = 15. 01.	27. 03. = 14. 02.	27. 04. = 16. 03.	27. 05. = 16. 04.	27. 06. = 18. 05.
28. 01. = 15. 12.	28. 02. = 16. 01.	28. 03. = 15. 02.	28. 04. = 17. 03.	28. 05. = 17. 04.	28. 06. = 19. 05.
29. 01. = 16. 12.		29. 03. = 16. 02.	29. 04. = 18. 03.	29. 05. = 18. 04.	29. 06. = 20. 05.
30. 01. = 17. 12.		30. 03. = 17. 02.	30. 04. = 19. 03.	30. 05. = 19. 04.	30. 06. = 21. 05.
31. 01. = 18. 12.		31. 03. = 18. 02.		31. 05. = 20. 04.	

1945

Juli	August	September	Oktober	November	Dezember
01. 07. = 22. 05.	01. 08. = 24. 06.	01. 09. = 25. 07.	01. 10. = 26. 08.	01. 11. = 27. 09.	01. 12. = 27. 10.
02. 07. = 23. 05.	02. 08. = 25. 06.	02. 09. = 26. 07.	02. 10. = 27. 08.	02. 11. = 28. 09.	02. 12. = 28. 10.
03. 07. = 24. 05.	03. 08. = 26. 06.	03. 09. = 27. 07.	03. 10. = 28. 08.	03. 11. = 29. 09.	03. 12. = 29. 10.
04. 07. = 25. 05.	04. 08. = 27. 06.	04. 09. = 28. 07.	04. 10. = 29. 08.	04. 11. = 30. 09.	04. 12. = 30. 10.
05. 07. = 26. 05.	05. 08. = 28. 06.	05. 09. = 29. 07.	05. 10. = 30. 08.	05. 11. = 01. 10.	05. 12. = 01. 11.
06. 07. = 27. 05.	06. 08. = 29. 06.	06. 09. = 01. 08.	06. 10. = 01. 09.	06. 11. = 02. 10.	06. 12. = 02. 11.
07. 07. = 28. 05.	07. 08. = 30. 06.	07. 09. = 02. 08.	07. 10. = 02. 09.	07. 11. = 03. 10.	07. 12. = 03. 11.
08. 07. = 29. 05.	08. 08. = 01. 07.	08. 09. = 03. 08.	08. 10. = 03. 09.	08. 11. = 04. 10.	08. 12. = 04. 11.
09. 07. = 01. 06.	09. 08. = 02. 07.	09. 09. = 04. 08.	09. 10. = 04. 09.	09. 11. = 05. 10.	09. 12. = 05. 11.
10. 07. = 02. 06.	10. 08. = 03. 07.	10. 09. = 05. 08.	10. 10. = 05. 09.	10. 11. = 06. 10.	10. 12. = 06. 11.
11. 07. = 03. 06.	11. 08. = 04. 07.	11. 09. = 06. 08.	11. 10. = 06. 09.	11. 11. = 07. 10.	11. 12. = 07. 11.
12. 07. = 04. 06.	12. 08. = 05. 07.	12. 09. = 07. 08.	12. 10. = 07. 09.	12. 11. = 08. 10.	12. 12. = 08. 11.
13. 07. = 05. 06.	13. 08. = 06. 07.	13. 09. = 08. 08.	13. 10. = 08. 09.	13. 11. = 09. 10.	13. 12. = 09. 11.
14. 07. = 06. 06.	14. 08. = 07. 07.	14. 09. = 09. 08.	14. 10. = 09. 09.	14. 11. = 10. 10.	14. 12. = 10. 11.
15. 07. = 07. 06.	15. 08. = 08. 07.	15. 09. = 10. 08.	15. 10. = 10. 09.	15. 11. = 11. 10.	15. 12. = 11. 11.
16. 07. = 08. 06.	16. 08. = 09. 07.	16. 09. = 11. 08.	16. 10. = 11. 09.	16. 11. = 12. 10.	16. 12. = 12. 11.
17. 07. = 09. 06.	17. 08. = 10. 07.	17. 09. = 12. 08.	17. 10. = 12. 09.	17. 11. = 13. 10.	17. 12. = 13. 11.
18. 07. = 10. 06.	18. 08. = 11. 07.	18. 09. = 13. 08.	18. 10. = 13. 09.	18. 11. = 14. 10.	18. 12. = 14. 11.
19. 07. = 11. 06.	19. 08. = 12. 07.	19. 09. = 14. 08.	19. 10. = 14. 09.	19. 11. = 15. 10.	19. 12. = 15. 11.
20. 07. = 12. 06.	20. 08. = 13. 07.	20. 09. = 15. 08.	20. 10. = 15. 09.	20. 11. = 16. 10.	20. 12. = 16. 11.
21. 07. = 13. 06.	21. 08. = 14. 07.	21. 09. = 16. 08.	21. 10. = 16. 09.	21. 11. = 17. 10.	21. 12. = 17. 11.
22. 07. = 14. 06.	22. 08. = 15. 07.	22. 09. = 17. 08.	22. 10. = 17. 09.	22. 11. = 18. 10.	22. 12. = 18. 11.
23. 07. = 15. 06.	23. 08. = 16. 07.	23. 09. = 18. 08.	23. 10. = 18. 09.	23. 11. = 19. 10.	23. 12. = 19. 11.
24. 07. = 16. 06.	24. 08. = 17. 07.	24. 09. = 19. 08.	24. 10. = 19. 09.	24. 11. = 20. 10.	24. 12. = 20. 11.
25. 07. = 17. 06.	25. 08. = 18. 07.	25. 09. = 20. 08.	25. 10. = 20. 09.	25. 11. = 21. 10.	25. 12. = 21. 11.
26. 07. = 18. 06.	26. 08. = 19. 07.	26. 09. = 21. 08.	26. 10. = 21. 09.	26. 11. = 22. 10.	26. 12. = 22. 11.
27. 07. = 19. 06.	27. 08. = 20. 07.	27. 09. = 22. 08.	27. 10. = 22. 09.	27. 11. = 23. 10.	27. 12. = 23. 11.
28. 07. = 20. 06.	28. 08. = 21. 07.	28. 09. = 23. 08.	28. 10. = 23. 09.	28. 11. = 24. 10.	28. 12. = 24. 11.
29. 07. = 21. 06.	29. 08. = 22. 07.	29. 09. = 24. 08.	29. 10. = 24. 09.	29. 11. = 25. 10.	29. 12. = 25. 11.
30. 07. = 22. 06.	30. 08. = 23. 07.	30. 09. = 25. 08.	30. 10. = 25. 09.	30. 11. = 26. 10.	30. 12. = 26. 11.
31. 07. = 23. 06.	31. 08. = 24. 07.		31. 10. = 26. 09.		31. 12. = 27. 11.

1946

Januar	Februar	März	April	Mai	Juni
01. 01. = 28. 11.	01. 02. = 30. 12.	01. 03. = 28. 01.	01. 04. = 29. 02.	01. 05. = 01. 04.	01. 06. = 02. 05.
02. 01. = 29. 11.	02. 02. = 01. 01.	02. 03. = 29. 01.	02. 04. = 01. 03.	02. 05. = 02. 04.	02. 06. = 03. 05.
03. 01. = 01. 12.	03. 02. = 02. 01.	03. 03. = 30. 01.	03. 04. = 02. 03.	03. 05. = 03. 04.	03. 06. = 04. 05.
04. 01. = 02. 12.	04. 02. = 03. 01.	04. 03. = 01. 02.	04. 04. = 03. 03.	04. 05. = 04. 04.	04. 06. = 05. 05.
05. 01. = 03. 12.	05. 02. = 04. 01.	05. 03. = 02. 02.	05. 04. = 04. 03.	05. 05. = 05. 04.	05. 06. = 06. 05.
06. 01. = 04. 12.	06. 02. = 05. 01.	06. 03. = 03. 02.	06. 04. = 05. 03.	06. 05. = 06. 04.	06. 06. = 07. 05.
07. 01. = 05. 12.	07. 02. = 06. 01.	07. 03. = 04. 02.	07. 04. = 06. 03.	07. 05. = 07. 04.	07. 06. = 08. 05.
08. 01. = 06. 12.	08. 02. = 07. 01.	08. 03. = 05. 02.	08. 04. = 07. 03.	08. 05. = 08. 04.	08. 06. = 09. 05.
09. 01. = 07. 12.	09. 02. = 08. 01.	09. 03. = 06. 02.	09. 04. = 08. 03.	09. 05. = 09. 04.	09. 06. = 10. 05.
10. 01. = 08. 12.	10. 02. = 09. 01.	10. 03. = 07. 02.	10. 04. = 09. 03.	10. 05. = 10. 04.	10. 06. = 11. 05.
11. 01. = 09. 12.	11. 02. = 10. 01.	11. 03. = 08. 02.	11. 04. = 10. 03.	11. 05. = 11. 04.	11. 06. = 12. 05.
12. 01. = 10. 12.	12. 02. = 11. 01.	12. 03. = 09. 02.	12. 04. = 11. 03.	12. 05. = 12. 04.	12. 06. = 13. 05.
13. 01. = 11. 12.	13. 02. = 12. 01.	13. 03. = 10. 02.	13. 04. = 12. 03.	13. 05. = 13. 04.	13. 06. = 14. 05.
14. 01. = 12. 12.	14. 02. = 13. 01.	14. 03. = 11. 02.	14. 04. = 13. 03.	14. 05. = 14. 04.	14. 06. = 15. 05.
15. 01. = 13. 12.	15. 02. = 14. 01.	15. 03. = 12. 02.	15. 04. = 14. 03.	15. 05. = 15. 04.	15. 06. = 16. 05.
16. 01. = 14. 12.	16. 02. = 15. 01.	16. 03. = 13. 02.	16. 04. = 15. 03.	16. 05. = 16. 04.	16. 06. = 17. 05.
17. 01. = 15. 12.	17. 02. = 16. 01.	17. 03. = 14. 02.	17. 04. = 16. 03.	17. 05. = 17. 04.	17. 06. = 18. 05.
18. 01. = 16. 12.	18. 02. = 17. 01.	18. 03. = 15. 02.	18. 04. = 17 .03.	18. 05. = 18. 04.	18. 06. = 19. 05.
19. 01. = 17. 12.	19. 02. = 18. 01.	19. 03. = 16. 02.	19. 04. = 18. 03.	19. 05. = 19. 04.	19. 06. = 20. 05.
20. 01. = 18. 12.	20. 02. = 19. 01.	20. 03. = 17. 02.	20. 04. = 19. 03.	20. 05. = 20. 04.	20. 06. = 21. 05.
21. 01. = 19. 12.	21. 02. = 20. 01.	21. 03. = 18. 02.	21. 04. = 20. 03.	21. 05. = 21. 04.	21. 06. = 22. 05.
22. 01. = 20. 12.	22. 02. = 21. 01.	22. 03. = 19. 02.	22. 04. = 21. 03.	22. 05. = 22. 04.	22. 06. = 23. 05.
23. 01. = 21. 12.	23. 02. = 22. 01.	23. 03. = 20. 02.	23. 04. = 22. 03.	23. 05. = 23. 04.	23. 06. = 24. 05.
24. 01. = 22. 12.	24. 02. = 23. 01.	24. 03. = 21. 02.	24. 04. = 23. 03.	24. 05. = 24. 04.	24. 06. = 25. 05.
25. 01. = 23. 12.	25. 02. = 24. 01.	25. 03. = 22. 02.	25. 04. = 24. 03.	25. 05. = 25. 04.	25. 06. = 26. 05.
26. 01. = 24. 12.	26. 02. = 25. 01.	26. 03. = 23. 02.	26. 04. = 25. 03.	26. 05. = 26. 04.	26. 06. = 27. 05.
27. 01. = 25. 12.	27. 02. = 26. 01.	27. 03. = 24. 02.	27. 04. = 26. 03.	27. 05. = 27. 04.	27. 06. = 28. 05.
28. 01. = 26. 12.	28. 02. = 27. 01.	28. 03. = 25. 02.	28. 04. = 27. 03.	28. 05. = 28. 04.	28. 06. = 29. 05.
29. 01. = 27. 12.		29. 03. = 26. 02.	29. 04. = 28. 03.	29. 05. = 29. 04.	29. 06. = 01. 06.
30. 01. = 28. 12.		30. 03. = 27. 02.	30. 04. = 29. 03.	30. 05. = 30. 04.	30. 06. = 02. 06.
31. 01. = 29. 12.		31. 03. = 28. 02.		31. 05. = 01. 05.	

1946

Juli	August	September	Oktober	November	Dezember
01. 07. = 03. 06.	01. 08. = 05. 07.	01. 09. = 06. 08.	01. 10. = 07. 09.	01. 11. = 08. 10.	01. 12. = 08. 11.
02. 07. = 04. 06.	02. 08. = 06. 07.	02. 09. = 07. 08.	02. 10. = 08. 09.	02. 11. = 09. 10.	02. 12. = 09. 11.
03. 07. = 05. 06.	03. 08. = 07. 07.	03. 09. = 08. 08.	03. 10. = 09. 09.	03. 11. = 10. 10.	03. 12. = 10. 11.
04. 07. = 06. 06.	04. 08. = 08. 07.	04. 09. = 09. 08.	04. 10. = 10. 09.	04. 11. = 11. 10.	04. 12. = 11. 11.
05. 07. = 07. 06.	05. 08. = 09. 07.	05. 09. = 10. 08.	05. 10. = 11. 09.	05. 11. = 12. 10.	05. 12. = 12. 11.
06. 07. = 08. 06.	06. 08. = 10. 07.	06. 09. = 11. 08.	06. 10. = 12. 09.	06. 11. = 13. 10.	06. 12. = 13. 11.
07. 07. = 09. 06.	07. 08. = 11. 07.	07. 09. = 12. 08.	07. 10. = 13. 09.	07. 11. = 14. 10.	07. 12. = 14. 11.
08. 07. = 10. 06.	08. 08. = 12. 07.	08. 09. = 13. 08.	08. 10. = 14. 09.	08. 11. = 15. 10.	08. 12. = 15. 11.
09. 07. = 11. 06.	09. 08. = 13. 07.	09. 09. = 14. 08.	09. 10. = 15. 09.	09. 11. = 16. 10.	09. 12. = 16. 11.
10. 07. = 12. 06.	10. 08. = 14. 07.	10. 09. = 15. 08.	10. 10. = 16. 09.	10. 11. = 17. 10.	10. 12. = 17. 11.
11. 07. = 13. 06.	11. 08. = 15. 07.	11. 09. = 16. 08.	11. 10. = 17. 09.	11. 11. = 18. 10.	11. 12. = 18. 11.
12. 07. = 14. 06.	12. 08. = 16. 07.	12. 09. = 17. 08.	12. 10. = 18. 09.	12. 11. = 19. 10.	12. 12. = 19. 11.
13. 07. = 15. 06.	13. 08. = 17. 07.	13. 09. = 18. 08.	13. 10. = 19. 09.	13. 11. = 20. 10.	13. 12. = 20. 11.
14. 07. = 16. 06.	14. 08. = 18. 07.	14. 09. = 19. 08.	14. 10. = 20. 09.	14. 11. = 21. 10.	14. 12. = 21. 11.
15. 07. = 17. 06.	15. 08. = 19. 07.	15. 09. = 20. 08.	15. 10. = 21. 09.	15. 11. = 22. 10.	15. 12. = 22. 11.
16. 07. = 18. 06.	16. 08. = 20. 07.	16. 09. = 21. 08.	16. 10. = 22. 09.	16. 11. = 23. 10.	16. 12. = 23. 11.
17. 07. = 19. 06.	17. 08. = 21. 07.	17. 09. = 22. 08.	17. 10. = 23. 09.	17. 11. = 24. 10.	17. 12. = 24. 11.
18. 07. = 20. 06.	18. 08. = 22. 07.	18. 09. = 23. 08.	18. 10. = 24. 09.	18. 11. = 25. 10.	18. 12. = 25. 11.
19. 07. = 21. 06.	19. 08. = 23. 07.	19. 09. = 24. 08.	19. 10. = 25. 09.	19. 11. = 26. 10.	19. 12. = 26. 11.
20. 07. = 22. 06.	20. 08. = 24. 07.	20. 09. = 25. 08.	20. 10. = 26. 09.	20. 11. = 27. 10.	20. 12. = 27. 11.
21. 07. = 23. 06.	21. 08. = 25. 07.	21. 09. = 26. 08.	21. 10. = 27. 09.	21. 11. = 28. 10.	21. 12. = 28. 11.
22. 07. = 24. 06.	22. 08. = 26. 07.	22. 09. = 27. 08.	22. 10. = 28. 09.	22. 11. = 29. 10.	22. 12. = 29. 11.
23. 07. = 25. 06.	23. 08. = 27. 07.	23. 09. = 28. 08.	23. 10. = 29. 09.	23. 11. = 30. 10.	23. 12. = 01. 12.
24. 07. = 26. 06.	24. 08. = 28. 07.	24. 09. = 29. 08.	24. 10. = 30. 09.	24. 11. = 01. 11.	24. 12. = 02. 12.
25. 07. = 27. 06.	25. 08. = 29. 07.	25. 09. = 01. 09.	25. 10. = 01. 10.	25. 11. = 02. 11.	25. 12. = 03. 12.
26. 07. = 28. 06.	26. 08. = 30. 07.	26. 09. = 02. 09.	26. 10. = 02. 10.	26. 11. = 03. 11.	26. 12. = 04. 12.
27. 07. = 29. 06.	27. 08. = 01. 08.	27. 09. = 03. 09.	27. 10. = 03. 10.	27. 11. = 04. 11.	27. 12. = 05. 12.
28. 07. = 01. 07.	28. 08. = 02. 08.	28. 09. = 04. 09.	28. 10. = 04. 10.	28. 11. = 05. 11.	28. 12. = 06. 12.
29. 07. = 02. 07.	29. 08. = 03. 08.	29. 09. = 05. 09.	29. 10. = 05. 10.	29. 11. = 06. 11.	29. 12. = 07. 12.
30. 07. = 03. 07.	30. 08. = 04. 08.	30. 09. = 06. 09.	30. 10. = 06. 10.	30. 11. = 07. 11.	30. 12. = 08. 12.
31. 07. = 04. 07.	31. 08. = 05. 08.		31. 10. = 07. 10.		31. 12. = 09. 12.

1947

Januar	Februar	März	April	Mai	Juni
01. 01. = 10. 12.	01. 02. = 11. 01.	01. 03. = 09. 02.	01. 04. = 10. 02.	01. 05. = 11. 03.	01. 06. = 13. 04.
02. 01. = 11. 12.	02. 02. = 12. 01.	02. 03. = 10. 02.	02. 04. = 11. 02.	02. 05. = 12. 03.	02. 06. = 14. 04.
03. 01. = 12. 12.	03. 02. = 13. 01.	03. 03. = 11. 02.	03. 04. = 12. 02.	03. 05. = 13. 03.	03. 06. = 15. 04.
04. 01. = 13. 12.	04. 02. = 14. 01.	04. 03. = 12. 02.	04. 04. = 13. 02.	04. 05. = 14. 03.	04. 06. = 16. 04.
05. 01. = 14. 12.	05. 02. = 15. 01.	05. 03. = 13. 02.	05. 04. = 14. 02.	05. 05. = 15. 03.	05. 06. = .17. 04.
06. 01. = 15. 12.	06. 02. = 16. 01.	06. 03. = 14. 02.	06. 04. = 15. 02.	06. 05. = 16. 03.	06. 06. = 18. 04.
07. 01. = 16. 12.	07. 02. = 17. 01.	07. 03. = 15. 02.	07. 04. = 16. 02.	07. 05. = 17. 03.	07. 06. = 19. 04.
08. 01. = 17. 12.	08. 02. = 18. 01.	08. 03. = 16. 02.	08. 04. = 17. 02.	08. 05. = 18. 03.	08. 06. = 20. 04.
09. 01. = 18. 12.	09. 02. = 19. 01.	09. 03. = 07. 02.	09. 04. = 18. 02.	09. 05. = 19. 03.	09. 06. = 21. 04.
10. 01. = 19. 12.	10. 02. = 20. 01.	10. 03. = 18. 02.	10. 04. = 19. 02.	10. 05. = 20. 03.	10. 06. = 22. 04.
11. 01. = 20. 12.	11. 02. = 21. 01.	11. 03. = 19. 02.	11. 04. = 20. 02.	11. 05. = 21. 03.	11. 06. = 23. 04.
12. 01. = 21. 12.	12. 02. = 22. 01.	12. 03. = 20. 02.	12. 04. = 21. 02.	12. 05. = 22. 03.	12. 06. = 24. 04.
13. 01. = 22. 12.	13. 02. = 23. 01.	13. 03. = 21. 02.	13. 04. = 22. 02.	13. 05. = 23. 03.	13. 06. = 25. 04.
14. 01. = 23. 12.	14. 02. = 24. 01.	14. 03. = 22. 02.	14. 04. = 23. 02.	14. 05. = 24. 03.	14. 06. = 26. 04.
15. 01. = 24. 12.	15. 02. = 25. 01.	15. 03. = 23. 02.	15. 04. = 24. 02.	15. 05. = 25. 03.	15. 06. = 27. 04.
16. 01. = 25. 12.	16. 02. = 26. 01.	16. 03. = 24. 02.	16. 04. = 25. 02.	16. 05. = 26. 03.	16. 06. = 28. 04.
17. 01. = 26. 12.	17. 02. = 27. 01.	17. 03. = 25. 02.	17. 04. = 26. 02.	17. 05. = 27. 03.	17. 06. = 29. 04.
18. 01. = 27. 12.	18. 02. = 28. 01.	18. 03. = 26. 02.	18. 04. = 27. 02.	18. 05. = 28. 03.	18. 06. = 30. 04.
19. 01. = 28. 12.	19. 02. = 29. 01.	19. 03. = 27. 02.	19. 04. = 28. 02.	19. 05. = 29. 03.	19. 06. = 01. 05.
20. 01. = 29. 12.	20. 02. = 30. 01.	20. 03. = 28. 02.	20. 04. = 29. 02.	20. 05. = 01. 04.	20. 06. = 02. 05.
21. 01. = 30. 12.	21. 02. = 01. 02.	21. 03. = 29. 02.	21. 04. = 01. 03.	21. 05. = 02. 04.	21. 06. = 03. 05.
22. 01. = 01. 01.	22. 02. = 02. 02.	22. 03. = 30. 02.	22. 04. = 02. 03.	22. 05. = 03. 04.	22. 06. = 04. 05.
23. 01. = 02. 01.	23. 02. = 03. 02.	23. 03. = 01. 02.	23. 04. = 03. 03.	23. 05. = 04. 04.	23. 06. = 05. 05.
24. 01. = 03. 01.	24. 02. = 04. 02.	24. 03. = 02. 02.	24. 04. = 04. 03.	24. 05. = 05. 04.	24. 06. = 06. 05.
25. 01. = 04. 01.	25. 02. = 05. 02.	25. 03. = 03. 02.	25. 04. = 05. 03.	25. 05. = 06. 04.	25. 06. = 07. 05.
26. 01. = 05. 01.	26. 02. = 06. 02.	26. 03. = 04. 02.	26. 04. = 06. 03.	26. 05. = 07. 04.	26. 06. = 08. 05.
27. 01. = 06. 01.	27. 02. = 07. 02.	27. 03. = 05. 02.	27. 04. = 07. 03.	27. 05. = 08. 04.	27. 06. = 09. 05.
28. 01. = 07. 01.	28. 02. = 08. 02.	28. 03. = 06. 02.	28. 04. = 08. 03.	28. 05. = 09. 04.	28. 06. = 10. 05.
29. 01. = 08. 01.		29. 03. = 07. 02.	29. 04. = 09. 03.	29. 05. = 10. 04.	29. 06. = 11. 05.
30. 01. = 09. 01.		30. 03. = 08. 02.	30. 04. = 10. 03.	30. 05. = 11. 04.	30. 06. = 12. 05.
31. 01. = 10. 01.		31. 03. = 09. 02.		31. 05. = 12. 04.	

1947

Juli	August	September	Oktober	November	Dezember
01. 07. = 13. 05.	01. 08. = 15. 06.	01. 09. = 17. 07.	01. 10. = 17. 08.	01. 11. = 19. 09.	01. 12. = 19. 10.
02. 07. = 14. 05.	02. 08. = 16. 06.	02. 09. = 18. 07.	02. 10. = 18. 08.	02. 11. = 20. 09.	02. 12. = 20. 10.
03. 07. = 15. 05.	03. 08. = 17. 06.	03. 09. = 19. 07.	03. 10. = 19. 08.	03. 11. = 21. 09.	03. 12. = 21. 10.
04. 07. = 16. 05.	04. 08. = 18. 06.	04. 09. = 20. 07.	04. 10. = 20. 08.	04. 11. = 22. 09.	04. 12. = 22. 10.
05. 07. = 17. 05.	05. 08. = 19. 06.	05. 09. = 21. 07.	05. 10. = 21. 08.	05. 11. = 23. 09.	05. 12. = 23. 10.
06. 07. = 18. 05.	06. 08. = 20 .06.	06. 09. = 22. 07.	06. 10. = 22. 08.	06. 11. = 24. 09.	06. 12. = 24. 10.
07. 07. = 19. 05.	07. 08. = 21. 06.	07. 09. = 23. 07.	07. 10. = 23. 08.	07. 11. = 25. 09.	07. 12. = 25. 10.
08. 07. = 20. 05.	08. 08. = 22. 06.	08. 09. = 24. 07.	08. 10. = 24. 08.	08. 11. = 26. 09.	08. 12. = 26. 10.
09. 07. = 21. 05.	09. 08. = 23. 06.	09. 09. = 25. 07.	09. 10. = 25. 08.	09. 11. = 27. 09.	09. 12. = 27. 10.
10. 07. = 22. 05.	10. 08. = 24. 06.	10. 09. = 26. 07.	10. 10. = 26. 08.	10. 11. = 28. 09.	10. 12. = 28. 10.
11. 07. = 23. 05.	11. 08. = 25. 06.	11. 09. = 27. 07.	11. 10. = 27. 08.	11. 11. = 29. 09.	11. 12. = 29. 10.
12. 07. = 24. 05.	12. 08. = 26. 06.	12. 09. = 28. 07.	12. 10. = 28. 08.	12. 11. = 30. 09.	12. 12. = 01. 11.
13. 07. = 25. 05.	13. 08. = 27. 06.	13. 09. = 29. 07.	13. 10. = 29. 08.	13. 11. = 01. 10.	13. 12. = 02. 11.
14. 07. = 26. 05.	14. 08. = 28. 06.	14. 09. = 30. 07.	14. 10. = 01. 09.	14. 11. = 02. 10.	14. 12. = 03. 11.
15. 07. = 27. 05.	15. 08. = 29. 06.	15. 09. = 01. 08.	15. 10. = 02. 09.	15. 11. = 03. 10.	15. 12. = 04. 11.
16. 07. = 28. 05.	16. 08. = 01. 07.	16. 09. = 02. 08.	16. 10. = 03. 09.	16. 11. = 04. 10.	16. 12. = 05. 11.
17. 07. = 29. 05.	17. 08. = 02. 07.	17. 09. = 03. 08.	17. 10. = 04. 09.	17. 11. = 05. 10.	17. 12. = 06. 11.
18. 07. = 01. 06.	18. 08. = 03.0 7.	18. 09. = 04. 08.	18. 10. = 05. 09.	18. 11. = 06. 10.	18. 12. = 07. 11.
19. 07. = 02. 06.	19. 08. = 04. 07.	19. 09. = 05. 08.	19. 10. = 06. 09.	19. 11. = 07. 10.	19. 12. = 08. 11.
20. 07. = 03. 06.	20. 08. = 05. 07.	20. 09. = 06. 08.	20. 10. = 07. 09.	20. 11. = 08. 10.	20. 12. = 09. 11.
21. 07. = 04. 06.	21. 08. = 06. 07.	21. 09. = 07. 08.	21. 10. = 08. 09.	21. 11. = 09. 10.	21. 12. = 10. 11.
22. 07. = 05. 06.	22. 08. = 07. 07.	22. 09. = 08. 08.	22. 10. = 09. 09.	22. 11. = 10. 10.	22. 12. = 11. 11.
23. 07. = 06. 06.	23. 08. = 08. 07.	23. 09. = 09. 08.	23. 10. = 10. 09.	23. 11. = 11. 10.	23. 12. = 12. 11.
24. 07. = 07. 06.	24. 08. = 09. 07.	24. 09. = 10. 08.	24. 10. = 11. 09.	24. 11. = 12. 10.	24. 12. = 13. 11.
25. 07. = 08. 06.	25. 08. = 10. 07.	25. 09. = 11. 08.	25. 10. = 12. 09.	25. 11. = 13. 10.	25. 12. = 14. 11.
26. 07. = 09. 06.	26. 08. = 11. 07.	26. 09. = 12. 08.	26. 10. = 13. 09.	26. 11. = 14. 10.	26. 12. = 15. 11.
27. 07. = 10. 06.	27. 08. = 12. 07.	27. 09. = 13. 08.	27. 10. = 14. 09.	27. 11. = 15. 10.	27. 12. = 16. 11.
28. 07. = 11. 06.	28. 08. = 13. 07.	28. 09. = 14. 08.	28. 10. = 15. 09.	28. 11. = 16. 10.	28. 12. = 17. 11.
29. 07. = 12.0 6.	29. 08. = 14. 07.	29. 09. = 15. 08.	29. 10. = 16. 09.	29. 11. = 17. 10.	29. 12. = 18. 11.
30. 07. = 13. 06.	30. 08. = 15. 07.	30. 09. = 16. 08.	30. 10. = 17. 09.	30. 11. = 18. 10.	30. 12. = 19. 11.
31. 07. = 14. 06.	31. 08. = 16. 07.		31. 10. = 18. 09.		31. 12. = 20. 11.

1948

Januar	Februar	März	April	Mai	Juni
01. 01. = 21. 11.	01. 02. = 22. 12.	01. 03. = 21. 01.	01. 04. = 22. 02.	01. 05. = 23. 03.	01. 06. = 24. 04.
02. 01. = 22. 11.	02. 02. = 23. 12.	02. 03. = 22. 01.	02. 04. = 23. 02.	02. 05. = 24. 03.	02. 06. = 25. 04.
03. 01. = 23. 11.	03. 02. = 24. 12.	03. 03. = 23. 01.	03. 04. = 24. 02.	03. 05. = 25. 03.	03. 06. = 26. 04.
04. 01. = 24. 11.	04. 02. = 25. 12.	04. 03. = 24. 01.	04. 04. = 25. 02.	04. 05. = 26. 03.	04. 06. = 27. 04.
05. 01. = 25. 11.	05. 02. = 26. 12.	05. 03. = 25. 01.	05. 04. = 26. 02.	05. 05. = 27. 03.	05. 06. = 28. 04.
06. 01. = 26. 11.	06. 02. = 27. 12.	06. 03. = 26. 01.	06. 04. = 27. 02.	06. 05. = 28. 03.	06. 06. = .29. 04.
07. 01. = 27. 11.	07. 02. = 28. 12.	07. 03. = 27. 01.	07. 04. = 28. 02.	07. 05. = 29. 03.	07. 06. = 01. 05.
08. 01. = 28. 11.	08. 02. = 29. 12.	08. 03. = 28. 01.	08. 04. = 29. 02.	08. 05. = 30. 03.	08. 06. = 02. 05.
09. 01. = 29. 11.	09. 02. = 30. 12.	09. 03. = 29. 01.	09. 04. = 01. 03.	09. 05. = 01. 04.	09. 06. = 03. 05.
10. 01. = 30. 11.	10. 02. = 01. 01.	10. 03. = 30. 01.	10. 04. = 02. 03.	10. 05. = 02. 04.	10. 06. = 04. 05.
11. 01. = 01. 12.	11. 02. = 02. 01.	11. 03. = .01. 02.	11. 04. = 03. 03.	11. 05. = 03. 04.	11. 06. = 05. 05.
12. 01. = 02. 12.	12. 02. = 03. 01.	12. 03. = 02. 02.	12. 04. = 04. 03.	12. 05. = 04. 04.	12. 06. = 06. 05.
13. 01. = 03. 12.	13. 02. = 04. 01.	13. 03. = 03. 02.	13. 04. = 05. 03.	13. 05. = 05. 04.	13. 06. = 07. 05.
14. 01. = 04. 12.	14. 02. = 05. 01.	14. 03. = 04. 02.	14. 04. = 06. 03.	14. 05. = 06. 04.	14. 06. = 08. 05.
15. 01. = 05. 12.	15. 02. = 06. 01.	15. 03. = 05. 02.	15. 04. = 07. 03.	15. 05. = 07. 04.	15. 06. = 09. 05.
16. 01. = 06. 12.	16. 02. = 07. 01.	16. 03. = 06. 02.	16. 04. = 08. 03.	16. 05. = 08. 04.	16. 06. = 10. 05.
17. 01. = 07. 12.	17. 02. = 08. 01.	17. 03. = 07. 02.	17. 04. = 09. 03.	17. 05. = 09. 04.	17. 06. = 11. 05.
18. 01. = 08. 12.	18. 02. = 09. 01.	18. 03. = 08. 02.	18. 04. = 10. 03.	18. 05. = 10. 04.	18. 06. = 12. 05.
19. 01. = 09. 12.	19. 02. = 10. 01.	19. 03. = 09. 02.	19. 04. = 11. 03.	19. 05. = 11. 04.	19. 06. = 13. 05.
20. 01. = 10. 12.	20. 02. = 11. 01.	20. 03. = 10. 02.	20. 04. = 12. 03.	20. 05. = 12. 04.	20. 06. = 14. 05.
21. 01. = 11. 12.	21. 02. = 12. 01.	21. 03. = 11. 02.	21. 04. = 13. 03.	21. 05. = 13. 04.	21. 06. = 15. 05.
22. 01. = 12. 12.	22. 02. = 13. 01.	22. 03. = 12. 02.	22. 04. = 14. 03.	22. 05. = 14. 04.	22. 06. = 16. 05.
23. 01. = 13. 12.	23. 02. = 14. 01.	23. 03. = 13. 02.	23. 04. = 15. 03.	23. 05. = 15. 04.	23. 06. = 17. 05.
24. 01. = 14. 12.	24. 02. = 15. 01.	24. 03. = 14. 02.	24. 04. = 16. 03.	24. 05. = 16. 04.	24. 06. = 18. 05.
25. 01. = 15. 12.	25. 02. = 16. 01.	25. 03. = 15. 02.	25. 04. = 17. 03.	25. 05. = 17. 04.	25. 06. = 19. 05.
26. 01. = 16. 12.	26. 02. = 17. 01.	26. 03. = 16. 02.	26. 04. = 18. 03.	26. 05. = 18. 04.	26. 06. = 20. 05.
27. 01. = 17. 12.	27. 02. = 18. 01.	27. 03. = 17. 02.	27. 04. = 19. 03.	27. 05. = 19. 04.	27. 06. = 21. 05.
28. 01. = 18. 12.	28. 02. = 19. 01.	28. 03. = 18. 02.	28. 04. = 20. 03.	28. 05. = 20. 04.	28. 06. = 22. 05.
29. 01. = 19. 12.	29. 02. = 20. 01.	29. 03. = 19. 02.	29. 04. = 21. 03.	29. 05. = 21. 04.	29. 06. = 23. 05.
30. 01. = 20. 12.		30. 03. = 20. 02.	30. 04. = 22. 03.	30. 05. = 22. 04.	30. 06. = 24. 05.
31. 01. = 21. 12.		31. 03. = 21. 02.		31. 05. = 23. 04.	

1948

Juli	August	September	Oktober	November	Dezember
01. 07. = 25. 05.	01. 08. = 26. 06.	01. 09. = 28. 07.	01. 10. = 29. 08.	01. 11. = 01. 10.	01. 12. = 01. 11.
02. 07. = 26. 05.	02. 08. = 27. 06.	02. 09. = 29. 07.	02. 10. = 30. 08.	02. 11. = 02. 10.	02. 12. = 02. 11.
03. 07. = 27. 05.	03. 08. = 28. 06.	03. 09. = 01. 08.	03. 10. = 01. 09.	03. 11. = 03. 10.	03. 12. = 03. 11.
04. 07. = 28. 05.	04. 08. = 29. 06.	04. 09. = 02. 08.	04. 10. = 02. 09.	04. 11. = 04. 10.	04. 12. = 04. 11.
05. 07. = 29. 05.	05. 08. = 01. 07.	05. 09. = 03. 08.	05. 10. = 03. 09.	05. 11. = 05. 10.	05. 12. = 05. 11.
06. 07. = 30. 05.	06. 08. = 02. 07.	06. 09. = 04. 08.	06. 10. = 04. 09.	06. 11. = 06. 10.	06. 12. = 06. 11.
07. 07. = 01. 06.	07. 08. = 03. 07.	07. 09. = 05. 08.	07. 10. = 05. 09.	07. 11. = 07. 10.	07. 12. = 07. 11.
08. 07. = 02. 06.	08. 08. = 04. 07.	08. 09. = 06. 08.	08. 10. = 06. 09.	08. 11. = 08. 10.	08. 12. = 08. 11.
09. 07. = 03. 06.	09. 08. = 05. 07.	09. 09. = 07. 08.	09. 10. = 07. 09.	09. 11. = 09. 10.	09. 12. = 09. 11.
10. 07. = 04. 06.	10. 08. = 06. 07.	10. 09. = 08. 08.	10. 10. = 08. 09.	10. 11. = 10. 10.	10. 12. = 10. 11.
11. 07. = 05. 06.	11. 08. = 07. 07.	11. 09. = 09. 08.	11. 10. = 09. 09.	11. 11. = 11. 10.	11. 12. = 11. 11.
12. 07. = 06. 06.	12. 08. = 08. 07.	12. 09. = 10. 08.	12. 10. = 10. 09.	12. 11. = 12. 10.	12. 12. = 12. 11.
13. 07. = 07. 06.	13. 08. = 09. 07.	13. 09. = 11. 08.	13. 10. = 11. 09.	13. 11. = 13. 10.	13. 12. = 13. 11.
14. 07. = 08. 06.	14. 08. = 10. 07.	14. 09. = 12. 08.	14. 10. = 12. 09.	14. 11. = 14. 10.	14. 12. = 14. 11.
15. 07. = 09. 06.	15. 08. = 11. 07.	15. 09. = 13. 08.	15. 10. = 13. 09.	15. 11. = 15. 10.	15. 12. = 15. 11.
16. 07. = 10. 06.	16. 08. = 12. 07.	16. 09. = 14. 08.	16. 10. = 14. 09.	16. 11. = 16. 10.	16. 12. = 16. 11.
17. 07. = 11. 06.	17. 08. = 13. 07.	17. 09. = 15. 08.	17. 10. = 15. 09.	17. 11. = 17. 10.	17. 12. = 17. 11.
18. 07. = 12. 06.	18. 08. = 14. 07.	18. 09. = 16. 08.	18. 10. = 16. 09.	18. 11. = 18. 10.	18. 12. = 18. 11.
19. 07. = 13. 06.	19. 08. = 15. 07.	19. 09. = 17. 08.	19. 10. = 17. 09.	19. 11. = 19. 10.	19. 12. = 19. 11.
20. 07. = 14. 06.	20. 08. = 16. 07.	20. 09. = 18. 08.	20. 10. = 18. 09.	20. 11. = 20. 10.	20. 12. = 20. 11.
21. 07. = 15. 06.	21. 08. = 17. 07.	21. 09. = 19. 08.	21. 10. = 19. 09.	21. 11. = 21. 10.	21. 12. = 21. 11.
22. 07. = 16. 05.	22. 08. = 18. 07.	22. 09. = 20. 08.	22. 10. = 20. 09.	22. 11. = 22. 10.	22. 12. = 22. 11.
23. 07. = 17. 06.	23. 08. = 19. 07.	23. 09. = 21. 08.	23. 10. = 21. 09.	23. 11. = 23. 10.	23. 12. = 23. 11.
24. 07. = 18. 06.	24. 08. = 20. 07.	24. 09. = 22. 08.	24. 10. = 22. 09.	24. 11. = 24. 10.	24. 12. = 24. 11.
25. 07. = 19. 06.	25. 08. = 21. 07.	25. 09. = 23. 08.	25. 10. = 23. 09.	25. 11. = 25. 10.	25. 12. = 25. 11.
26. 07. = 20. 06.	26. 08. = 22. 07.	26. 09. = 24. 08.	26. 10. = 24. 09.	26. 11. = 26. 10.	26. 12. = 26. 11.
27. 07. = 21. 06.	27. 08. = 23. 07.	27. 09. = 25. 08.	27. 10. = 25. 09.	27. 11. = 27. 10.	27. 12. = 27. 11.
28. 07. = 22. 06.	28. 08. = 24. 07.	28. 09. = 26. 08.	28. 10. = 26. 09.	28. 11. = 28. 10.	28. 12. = 28. 11.
29. 07. = 23. 06.	29. 08. = 25. 07.	29. 09. = 27. 08.	29. 10. = 27. 09.	29. 11. = 29. 10.	29. 12. = 29. 11.
30. 07. = 24. 06.	30. 08. = 26. 07.	30. 09. = 28. 08.	30. 10. = 28. 09.	30. 11. = 30. 10.	30. 12. = 01. 12.
31. 07. = 25. 06.	31. 08. = 27. 07.		31. 10. = 29. 09.		31. 12. = 02. 12.

1949

Januar	Februar	März	April	Mai	Juni
01. 01. = 03. 12.	01. 02. = 04. 01.	01. 03. = 02. 02.	01. 04. = 04. 03.	01. 05. = 04. 04.	01. 06. = 05. 05.
02. 01. = 04. 12.	02. 02. = 05. 01.	02. 03. = 03. 02.	02. 04. = 05. 03.	02. 05. = 05. 04.	02. 06. = 06. 05.
03. 01. = 05. 12.	03. 02. = 06. 01.	03. 03. = 04. 02.	03. 04. = 06. 03.	03. 05. = 06. 04.	03. 06. = 07. 05.
04. 01. = 06. 12.	04. 02. = 07. 01.	04. 03. = 05. 02.	04. 04. = 07. 03.	04. 05. = 07. 04.	04. 06. = 08. 05.
05. 01. = 07. 12.	05. 02. = 08. 01.	05. 03. = 06. 02.	05. 04. = 08. 03.	05. 05. = 08. 04.	05. 06. = 09. 05.
06. 01. = 08. 12.	06. 02. = 09. 01.	06. 03. = 07. 02.	06. 04. = 09. 03.	06. 05. = 09. 04.	06. 06. = 10. 05.
07. 01. = 09. 12.	07. 02. = 10. 01.	07. 03. = 08. 02.	07. 04. = 10. 03.	07. 05. = 10. 04.	07. 06. = 11. 05.
08. 01. = 10. 12.	08. 02. = 11. 01.	08. 03. = 09. 02.	08. 04. = 11. 03.	08. 05. = 11. 04.	08. 06. = 12. 05.
09. 01. = 11. 12.	09. 02. = 12. 01.	09. 03. = 10. 02.	09. 04. = 12. 03.	09. 05. = 12. 04.	09. 06. = 13. 05.
10. 01. = 12. 12.	10. 02. = 13. 01.	10. 03. = 11. 02.	10. 04. = 13. 03.	10. 05. = 13. 04.	10. 06. = 14. 05.
11. 01. = 13. 12.	11. 02. = 14. 01.	11. 03. = 12. 02.	11. 04. = 14. 03.	11. 05. = 14. 04.	11. 06. = 15. 05.
12. 01. = 14. 12.	12. 02. = 15. 01.	12. 03. = 13. 02.	12. 04. = 15. 03.	12. 05. = 15. 04.	12. 06. = 16. 05.
13. 01. = 15. 12.	13. 02. = 16. 01.	13. 03. = 14. 02.	13. 04. = 16. 03.	13. 05. = 16. 04.	13. 06. = 17. 05.
14. 01. = 16. 12.	14. 02. = 17. 01.	14. 03. = 15. 02.	14. 04. = 17. 03.	14. 05. = 17. 04.	14. 06. = 18. 05.
15. 01. = 17. 12.	15. 02. = 18. 01.	15. 03. = 16. 02.	15. 04. = 18. 03.	15. 05. = 18. 04.	15. 06. = 19. 05.
16. 01. = 18. 12.	16. 02. = 19. 01.	16. 03. = 17. 02.	16. 04. = 19. 03.	16. 05. = 19. 04.	16. 06. = 20. 05.
17. 01. = 19. 12.	17. 02. = 20. 01.	17. 03. = 18. 02.	17. 04. = 20. 03.	17. 05. = 20. 04.	17. 06. = 21. 05.
18. 01. = 20. 12.	18. 02. = 21. 01.	18. 03. = 19. 02.	18. 04. = 21. 03.	18. 05. = 21. 04.	18. 06. = 22. 05.
19. 01. = 21. 12.	19. 02. = 22. 01.	19. 03. = 20. 02.	19. 04. = 22. 03.	19. 05. = 22. 04.	19. 06. = 23. 05.
20. 01. = 22. 12.	20. 02. = 23. 01.	20. 03. = 21. 02.	20. 04. = 23. 03.	20. 05. = 23. 04.	20. 06. = 24. 05.
21. 01. = 23. 12.	21. 02. = 24. 01.	21. 03. = 22. 02.	21. 04. = 24. 03.	21. 05. = 24. 04.	21. 06. = 25. 05.
22. 01. = 24. 12.	22. 02. = 25. 01.	22. 03. = 23. 02.	22. 04. = 25. 03.	22. 05. = 25. 04.	22. 06. = 26. 05.
23. 01. = 25. 12.	23. 02. = 26. 01.	23. 03. = 24. 02.	23. 04. = 26. 03.	23. 05. = 26. 04.	23. 06. = 27. 05.
24. 01. = 26. 12.	24. 02. = 27. 01.	24. 03. = 25. 02.	24. 04. = 27. 03.	24. 05. = 27. 04.	24. 06. = 28. 05.
25. 01. = 27. 12.	25. 02. = 28. 01.	25. 03. = 26. 02.	25. 04. = 28. 03.	25. 05. = 28. 04.	25. 06. = 29. 05.
26. 01. = 28. 12.	26. 02. = 29. 01.	26. 03. = 27. 02.	26. 04. = 29. 03.	26. 05. = 29. 04.	26. 06. = 01. 06.
27. 01. = 29. 12.	27. 02. = 30. 01.	27. 03. = 28. 02.	27. 04. = 30. 03.	27. 05. = 30. 04.	27. 06. = 02. 06.
28. 01. = 30. 12.	28. 02. = 01. 02.	28. 03. = 29. 02.	28. 04. = 01. 04.	28. 05. = 01. 05.	28. 06. = 03. 06.
29. 01. = 01. 01.		29. 03. = 01. 03.	29. 04. = 02. 04.	29. 05. = 02. 05.	29. 06. = 04. 06.
30. 01. = 02. 01.		30. 03. = 02. 03.	30. 04. = 03. 04.	30. 05. = 03. 05.	30. 06. = 05. 06.
31. 01. = 03. 01.		31. 03. = 03. 03.		31. 05. = 04. 05.	

1949

Juli	August	September	Oktober	November	Dezember
01. 07. = 06. 06.	01. 08. = 07. 07.	01. 09. = 09. 07.	01. 10. = 10. 08.	01. 11. = 11. 09.	01. 12. = 12. 10.
02. 07. = 07. 06.	02. 08. = 08. 07.	02. 09. = 11. 07.	02. 10. = 11. 08.	02. 11. = 12. 09.	02. 12. = 13. 10.
03. 07. = 08. 06.	03. 08. = 09. 07.	03. 09. = 11. 07.	03. 10. = 12. 08.	03. 11. = 13. 09.	03. 12. = 14. 10.
04. 07. = 09. 06.	04. 08. = 10. 07.	04. 09. = 12. 07.	04. 10. = 13. 08.	04. 11. = 14. 09.	04. 12. = 15. 10.
05. 07. = 10. 06.	05. 08. = 11. 07.	05. 09. = 13. 07.	05. 10. = 14. 08.	05. 11. = 15. 09.	05. 12. = 16. 10.
06. 07. = 11. 06.	06. 08. = 12. 07.	06. 09. = 14. 07.	06. 10. = 15. 08.	06. 11. = 16. 09.	06. 12. = 17. 10.
07. 07. = 12. 06.	07. 08. = 13. 07.	07. 09. = 15. 07.	07. 10. = 16. 08.	07. 11. = 17. 09.	07. 12. = 18. 10.
08. 07. = 13. 06.	08. 08. = 14. 07.	08. 09. = 16. 07.	08. 10. = 17. 08.	08. 11. = 18. 09.	08. 12. = 19. 10.
09. 07. = 14. 06.	09. 08. = 15. 07.	09. 09. = 17. 07.	09. 10. = 18. 08.	09. 11. = 19. 09.	09. 12. = 20. 10.
10. 07. = 15. 06.	10. 08. = 16. 07.	10. 09. = 18. 07.	10. 10. = 19. 08.	10. 11. = 20. 09.	10. 12. = 21. 10.
11. 07. = 16. 06.	11. 08. = 17. 07.	11. 09. = 19. 07.	11. 10. = 20. 08.	11. 11. = 21. 09.	11. 12. = 22. 10.
12. 07. = 17. 06.	12. 08. = 18. 07.	12. 09. = 20. 07.	12. 10. = 21. 08.	12. 11. = 22. 09.	12. 12. = 23. 10.
13. 07. = 18. 06.	13. 08. = 19. 07.	13. 09. = 21. 07.	13. 10. = 22. 08.	13. 11. = 23. 09.	13. 12. = 24. 10.
14. 07. = 19. 06.	14. 08. = 20. 07.	14. 09. = 22. 07.	14. 10. = 23. 08.	14. 11. = 24. 09.	14. 12. = 25. 10.
15. 07. = 20. 06.	15. 08. = 21. 07.	15. 09. = 23. 07.	15. 10. = 24. 08.	15. 11. = 25. 09.	15. 12. = 26. 10.
16. 07. = 21. 06.	16. 08. = 22. 07.	16. 09. = 24. 07.	16. 10. = 25. 08.	16. 11. = 26. 09.	16. 12. = 27. 10.
17. 07. = 22. 06.	17. 08. = 23. 07.	17. 09. = 25. 07.	17. 10. = 26. 08.	17. 11. = 27. 09.	17. 12. = 28. 10.
18. 07. = 23. 06.	18. 08. = 24. 07.	18. 09. = 26. 07.	18. 10. = 27. 08.	18. 11. = 28. 09.	18. 12. = 29. 10.
19. 07. = 24. 06.	19. 08. = 25. 07.	19. 09. = 27. 07.	19. 10. = 28. 08.	19. 11. = 29. 09.	19. 12. = 30. 10.
20. 07. = 25. 06.	20. 08. = 26. 07.	20. 09. = 28. 07.	20. 10. = 29. 08.	20. 11. = 01. 10.	20. 12. = 01. 11.
21. 07. = 26. 06.	21. 08. = 27. 07.	21. 09. = 29. 07.	21. 10. = 30. 08.	21. 11. = 02. 10.	21. 12. = 02. 11.
22. 07. = 27. 06.	22. 08. = 28. 07.	22. 09. = 01. 08.	22. 10. = 01. 09.	22. 11. = 03. 10.	22. 12. = 03. 11.
23. 07. = 28. 06.	23. 08. = 29. 07.	23. 09. = 02. 08.	23. 10. = 02. 09.	23. 11. = 04. 10.	23. 12. = 04. 11.
24. 07. = 29. 06.	24. 08. = 01. 07.	24. 09. = 03. 08.	24. 10. = 03. 09.	24. 11. = 05. 10.	24. 12. = 05. 11.
25. 07. = 30. 06.	25. 08. = 02. 07.	25. 09. = 04. 08.	25. 10. = 04. 09.	25. 11. = 06. 10.	25. 12. = 06. 11.
26. 07. = 01. 07.	26. 08. = 03. 07.	26. 09. = 05. 08.	26. 10. = 05. 09.	26. 11. = 07. 10.	26. 12. = 07. 11.
27. 07. = 02. 07.	27. 08. = 04. 07.	27. 09. = 06. 08.	27. 10. = 06. 09.	27. 11. = 08. 10.	27. 12. = 08. 11.
28. 07. = 03. 07.	28. 08. = 05. 07.	28. 09. = 07. 08.	28. 10. = 07. 09.	28. 11. = 09. 10.	28. 12. = 09. 11.
29. 07. = 04. 07.	29. 08. = 06. 07.	29. 09. = 08. 08.	29. 10. = 08. 09.	29. 11. = 10. 10.	29. 12. = 10. 11.
30. 07. = 05. 07.	30. 08. = 07. 07.	30. 09. = 09. 08.	30. 10. = 09. 09.	30. 11. = 11. 10.	30. 12. = 11. 11.
31. 07. = 06. 07.	31. 08. = 08. 07.		31. 10. = 10. 09.		31. 12. = 12. 11.

1950

Januar	Februar	März	April	Mai	Juni
01. 01. = 13. 11.	01. 02. = 15. 12.	01. 03. = 13. 01.	01. 04. = 15. 02.	01. 05. = 15. 03.	01. 06. = 16. 04.
02. 01. = 14. 11.	02. 02. = 16. 12.	02. 03. = 14. 01.	02. 04. = 16. 02.	02. 05. = 16. 03.	02. 06. = 17. 04.
03. 01. = 15. 11.	03. 02. = 17. 12.	03. 03. = 15. 01.	03. 04. = 17. 02.	03. 05. = 17. 03.	03. 06. = 18. 04.
04. 01. = 16. 11.	04. 02. = 18. 12.	04. 03. = 16. 01.	04. 04. = 18. 02.	04. 05. = 18. 03.	04. 06. = 19. 04.
05. 01. = 17. 11.	05. 02. = 19. 12.	05. 03. = 17. 01.	05. 04. = 19. 02.	05. 05. = 19. 03.	05. 06. = 20. 04.
06. 01. = 18. 11.	06. 02. = 20. 12.	06. 03. = 18. 01.	06. 04. = 20. 02.	06. 05. = 20. 03.	06. 06. = 21. 04.
07. 01. = 19. 11.	07. 02. = 21. 12.	07. 03. = 19. 01.	07. 04. = 21. 02.	07. 05. = 21. 03.	07. 06. = 22. 04.
08. 01. = 20. 11.	08. 02. = 22. 12.	08. 03. = 20. 01.	08. 04. = 22. 02.	08. 05. = 22. 03.	08. 06. = 23. 04.
09. 01. = 21. 11.	09. 02. = 23. 12.	09. 03. = 21. 01.	09. 04. = 23. 02.	09. 05. = 23. 03.	09. 06. = 24. 04.
10. 01. = 22. 11.	10. 02. = 24. 12.	10. 03. = 22. 01.	10. 04. = 24. 02.	10. 05. = 24. 03.	10. 06. = 25. 04.
11. 01. = 23. 11.	11. 02. = 25. 12.	11. 03. = 23. 01.	11. 04. = 25. 02.	11. 05. = 25. 03.	11. 06. = 26. 04.
12. 01. = 24. 11.	12. 02. = 26. 12.	12. 03. = 24. 01.	12. 04. = 26. 02.	12. 05. = 26. 03.	12. 06. = 27. 04.
13. 01. = 25. 11.	13. 02. = 27. 12.	13. 03. = 25. 01.	13. 04. = 27. 02.	13. 05. = 27. 03.	13. 06. = 28. 04.
14. 01. = 26. 11.	14. 02. = 28. 12.	14. 03. = 26. 01.	14. 04. = 28. 02.	14. 05. = 28. 03.	14. 06. = 29. 04.
15. 01. = 27. 11.	15. 02. = 29. 12.	15. 03. = 27. 01.	15. 04. = 29. 02.	15. 05. = 29. 03.	15. 06. = 01. 05.
16. 01. = 28. 11.	16. 02. = 30. 12.	16. 03. = 28. 01.	16. 04. = 30. 02.	16. 05. = 30. 03.	16. 06. = 02. 05.
17. 01. = 29. 11.	17. 02. = 01. 01.	17. 03. = 29. 01.	17. 04. = 01. 03.	17. 05. = 01. 04.	17. 06. = 03. 05.
18. 01. = 01. 12.	18. 02. = 02. 01.	18. 03. = 01. 02.	18. 04. = 02. 03.	18. 05. = 02. 04.	18. 06. = 04. 05.
19. 01. = 02. 12.	19. 02. = 03. 01.	19. 03. = 02. 02.	19. 04. = 03. 03.	19. 05. = 03. 04.	19. 06. = 05. 05.
20. 01. = 03. 12.	20. 02. = 04. 01.	20. 03. = 03. 02.	20. 04. = 04. 03.	20. 05. = 04. 04.	20. 06. = 06. 05.
21. 01. = 04. 12.	21. 02. = 05. 01.	21. 03. = 04. 02.	21. 04. = 05. 03.	21. 05. = 05. 04.	21. 06. = 07. 05.
22. 01. = 05. 12.	22. 02. = 06. 01.	22. 03. = 05. 02.	22. 04. = 06. 03.	22. 05. = 06. 04.	22. 06. = 08. 05.
23. 01. = 06. 12.	23. 02. = 07. 01.	23. 03. = 06. 02.	23. 04. = 07. 03.	23. 05. = 07. 04.	23. 06. = 09. 05.
24. 01. = 07. 12.	24. 02. = 08. 01.	24. 03. = 07. 02.	24. 04. = 08. 03.	24. 05. = 08. 04.	24. 06. = 10. 05.
25. 01. = 08. 12.	25. 02. = 09. 01.	25. 03. = 08. 02.	25. 04. = 09. 03.	25. 05. = 09. 04.	25. 06. = 11. 05.
26. 01. = 09. 12.	26. 02. = 10. 01.	26. 03. = 09. 02.	26. 04. = 10. 03.	26. 05. = 10. 04.	26. 06. = 12. 05.
27. 01. = 10. 12.	27. 02. = 11. 01.	27. 03. = 10. 02.	27. 04. = 11. 03.	27. 05. = 11. 04.	27. 06. = 13. 05.
28. 01. = 11. 12.	28. 02. = 12. 01.	28. 03. = 11. 02.	28. 04. = 12. 03.	28. 05. = 12. 04.	28. 06. = 14. 05.
29. 01. = 12. 12.		29. 03. = 12. 02.	29. 04. = 13. 03.	29. 05. = 13. 04.	29. 06. = 15. 05.
30. 01. = 13. 12.		30. 03. = 13. 02.	30. 04. = 14. 03.	30. 05. = 14. 04.	30. 06. = 16. 05.
31. 01. = 14. 12.		31. 03. = 14. 02.		31. 05. = 15. 04.	

1950

Juli	August	September	Oktober	November	Dezember
01. 07. = 17. 05.	01. 08. = 18. 06.	01. 09. = 19. 07.	01. 10. = 20. 08.	01. 11. = 22. 09.	01. 12. = 22. 10.
02. 07. = 18. 05.	02. 08. = 19. 06.	02. 09. = 20. 07.	02. 10. = 21. 08.	02. 11. = 23. 09.	02. 12. = 23. 10.
03. 07. = 19. 05.	03. 08. = 20. 06.	03. 09. = 21. 07.	03. 10. = 22. 08.	03. 11. = 24. 09.	03. 12. = 24. 10.
04. 07. = 20. 05.	04. 08. = 21. 06.	04. 09. = 22. 07.	04. 10. = 23. 08.	04. 11. = 25. 09.	04. 12. = 25. 10.
05. 07. = 21. 05.	05. 08. = 22. 06.	05. 09. = 23. 07.	05. 10. = 24. 08.	05. 11. = 26. 09.	05. 12. = 26. 10.
06. 07. = 22. 05.	06. 08. = 23. 06.	06. 09. = 24. 07.	06. 10. = 25. 08.	06. 11. = 27. 09.	06. 12. = 27. 10.
07. 07. = 23. 05.	07. 08. = 24. 06.	07. 09. =.25. 07.	07. 10. = 26. 08.	07. 11. = 28. 09.	07. 12. = 28. 10.
08. 07. = 24. 05.	08. 08. = 25. 06.	08. 09. = 26. 07.	08. 10. = 27. 08.	08. 11. = 29. 09.	08. 12. = 29. 10.
09. 07. = 25. 05.	09. 08. = 26. 06.	09. 09. = 27. 07.	09. 10. = 28. 08.	09. 11. = 30. 09.	09. 12. = 01. 11.
10. 07. = 26. 05.	10. 08. = 27. 06.	10. 09. = 28. 07.	10. 10. = 29. 08.	10. 11. = 01. 10.	10. 12. = 02. 11.
11. 07. = 27. 05.	11. 08. = 28. 06.	11. 09. = 29. 07.	11. 10. = 01. 09.	11. 11. = 02. 10.	11. 12. = 03. 11.
12. 07. = 28. 05.	12. 08. = 29. 06.	12. 09. = 01. 08.	12. 10. = 02. 09.	12. 11. = 03. 10.	12. 12. = 04. 11.
13. 07. = 29. 05.	13. 08. = 30. 06.	13. 09. = 02. 08.	13. 10. = 03. 09.	13. 11. = 04. 10.	13. 12. = 05. 11.
14. 07. = 30. 05.	14. 08. = 01. 07.	14. 09. = 03. 08.	14. 10. = 04. 09.	14. 11. = 25. 10.	14. 12. = 06. 11.
15. 07. = 01. 06.	15. 08. = 02. 07.	15. 09. = 04. 08.	15. 10. = 05. 09.	15. 11. = 06. 10.	15. 12. = 07. 11.
16. 07. = 02. 06.	16. 08. = 03. 07.	16. 09. = 05. 08.	16. 10. = 06. 09.	16. 11. = 07. 10.	16. 12. = 08. 11.
17. 07. = 03. 06.	17. 08. = 04. 07.	17. 09. = 06. 08.	17. 10. = 07. 09.	17. 11. = 08. 10.	17. 12. = 09. 11.
18. 07. = 04. 06.	18. 08. = 05. 07.	18. 09. = 07. 08.	18. 10. = 08. 09.	18. 11. = 09. 10.	18. 12. = 10. 11.
19. 07. = 05. 06.	19. 08. = 06. 07.	19. 09. = 08. 08.	19. 10. = 09. 09.	19. 11. = 10. 10.	19. 12. = 11. 11.
20. 07. = 06. 04.	20. 08. = 07. 07.	20. 09. = 09. 08.	20. 10. = 10. 09.	20. 11. = 11. 10.	20. 12. = 12. 11.
21. 07. = 07. 06.	21. 08. = 08. 07.	21. 09. = 10. 08.	21. 10. = 11. 09.	21. 11. = 12. 10.	21. 12. = 13. 11.
22. 07. = 08. 06.	22. 08. = 09. 07.	22. 09. = 11. 08.	22. 10. = 12. 09.	22. 11. = 13. 10.	22. 12. = 14. 11.
23. 07. = 09. 06.	23. 08. = 10. 07.	23. 09. = 12. 08.	23. 10. = 13. 09.	23. 11. = 14. 10.	23. 12. = 15. 11.
24. 07. = 10. 06.	24. 08. = 11. 07.	24. 09. = 13. 08.	24. 10. = 14. 09.	24. 11. = 15. 10.	24. 12. = 16. 11.
25. 07. = 11. 06.	25. 08. = 12. 07.	25. 09. = 14. 08.	25. 10. = 15. 09.	25. 11. = 16. 10.	25. 12. = 17. 11.
26. 07. = 12. 06.	26. 08. = 13. 07.	26. 09. = 15. 08.	26. 10. = 16. 09.	26. 11. = 17. 10.	26. 12. = 18. 11.
27. 07. = 13. 06.	27. 08. = 14. 07.	27. 09. = 16. 08.	27. 10. = 17. 09.	27. 11. = 18. 10.	27. 12. = 19. 11.
28. 07. = 14. 06.	28. 08. = 15. 07.	28. 09. = 17. 08.	28. 10. = 18. 09.	28. 11. = 19. 10.	28. 12. = 20. 11.
29. 07. = 15. 06.	29. 08. = 16. 07.	29. 09. = 18. 08.	29. 10. = 19. 09.	29. 11. = 20. 10.	29. 12. = 21. 11.
30. 07. = 16. 06.	30. 08. = 17. 07.	30. 09. = 19. 08.	30. 10. = 20. 09.	30. 11. = 21. 10.	30. 12. = 22. 11.
31. 07. = 17. 06.	31. 08. = 18. 07.		31. 10. = 21. 09.		31. 12. = 23. 11.

1951

Januar	Februar	März	April	Mai	Juni
01. 01. = 24. 11.	01. 02. = 25. 12.	01. 03. = 24. 01.	01. 04. = 25. 02.	01. 05. = 26. 03.	01. 06. = 27. 04.
02. 01. = 25. 11.	02. 02. = 26. 12.	02. 03. = 25. 01.	02. 04. = 26. 02.	02. 05. = 27. 03.	02. 06. = 28. 04.
03. 01. = 26. 11.	03. 02. = 27. 12.	03. 03. = 26. 01.	03. 04. = 27. 02.	03. 05. = 28. 03.	03. 06. = 29. 04.
04. 01. = 27. 11.	04. 02. = 28. 12.	04. 03. = 27. 01.	04. 04. = 28. 02.	04. 05. = 29. 03.	04. 06. = 30. 04.
05. 01. = 28. 11.	05. 02. = 29. 12.	05. 03. = 28. 01.	05. 04. = 29. 02.	05. 05. = 30. 03.	05. 06. = 01. 05.
06. 01. = 29. 11.	06. 02. = 01. 01.	06. 03. = 29. 01.	06. 04. = 01. 03.	06. 05. = 01. 04.	06. 06. = 02. 05.
07. 01. = 30. 11.	07. 02. = 02. 01.	07. 03. = 30. 01.	07. 04. = 02. 03.	07. 05. = 02. 04.	07. 06. = 03. 05.
08. 01. = 01. 12.	08. 02. = 03. 01.	08. 03. = 01. 02.	08. 04. = 03. 03.	08. 05. = 03. 04.	08. 06. = 04. 05.
09. 01. = 02. 12.	09. 02. = 04. 01.	09. 03. = 02. 02.	09. 04. = 04. 03.	09. 05. = 04. 04.	09. 06. = 05. 05.
10. 01. = 03. 12.	10. 02. = 05. 01.	10. 03. = 03. 02.	10. 04. = 05. 03.	10. 05. = 05. 04.	10. 06. = 06. 05.
11. 01. = 04. 12.	11. 02. = 06. 01.	11. 03. = 04. 02.	11. 04. = 06. 03.	11. 05. = 06. 04.	11. 06. = 07. 05.
12. 01. = 05. 12.	12. 02. = 07. 01.	12. 03. = 05. 02.	12. 04. = 07. 03.	12. 05. = 07. 04.	12. 06. = 08. 05.
13. 01. = 06. 12.	13. 02. = 08. 01.	13. 03. = 06. 02.	13. 04. = 08. 03.	13. 05. = 08. 04.	13. 06. = 09. 05.
14. 01. = 07. 12.	14. 02. = 09. 01.	14. 03. = 07. 02.	14. 04. = 09. 03.	14. 05. = 09. 04.	14. 06. = 10. 05.
15. 01. = 08. 12.	15. 02. = 10. 01.	15. 03. = 08. 02.	15. 04. = 10. 03.	15. 05. = 10. 04.	15. 06. = 11. 05.
16. 01. = 09. 12.	16. 02. = 11. 01.	16. 03. = 09. 02.	16. 04. = 11. 03.	16. 05. = 11. 04.	16. 06. = 12. 05.
17. 01. = 10. 12.	17. 02. = 12. 01.	17. 03. = 10. 02.	17. 04. = 12. 03.	17. 05. = 12. 04.	17. 06. = 13. 05.
18. 01. = 11. 12.	18. 02. = 13. 01.	18. 03. = 11. 02.	18. 04. = 13. 03.	18. 05. = 13. 04.	18. 06. = 14. 05.
19. 01. = 12. 12.	19. 02. = 14. 01.	19. 03. = 12. 02.	19. 04. = 14. 03.	19. 05. = 14. 04.	19. 06. = 15. 05.
20. 01. = 13. 12.	20. 02. = 15. 01.	20. 03. = 13. 02.	20. 04. = 15. 03.	20. 05. = 15. 04.	20. 06. = 16. 05.
21. 01. = 14. 12.	21. 02. = 16. 01.	21. 03. = 14. 02.	21. 04. = 16. 03.	21. 05. = 16. 04.	21. 06. = 17. 05.
22. 01. = 15. 12.	22. 02. = 17. 01.	22. 03. = 15. 02.	22. 04. = 17. 03.	22. 05. = 17. 04.	22. 06. = 18. 05.
23. 01. = 16. 12.	23. 02. = 18. 01.	23. 03. = 16. 02.	23. 04. = 18. 03.	23. 05. = 18. 04.	23. 06. = 19. 05.
24. 01. = 17. 12.	24. 02. = 19. 01.	24. 03. = 17. 02.	24. 04. = 19. 03.	24. 05. = 19. 04.	24. 06. = 20. 05.
25. 01. = 18. 12.	25. 02. = 20. 01.	25. 03. = 18. 02.	25. 04. = 20. 03.	25. 05. = 20. 04.	25. 06. = 21. 05.
26. 01. = 19. 12.	26. 02. = 21. 01.	26. 03. = 19. 02.	26. 04. = 21. 03.	26. 05. = 21. 04.	26. 06. = 22. 05.
27. 01. = 20. 12.	27. 02. = 22. 01.	27. 03. = 20. 02.	27. 04. = 22. 03.	27. 05. = 22. 04.	27. 06. = 23. 05.
28. 01. = 21. 12.	28. 02. = 23. 01.	28. 03. = 21. 02.	28. 04. = 23. 03.	28. 05. = 23. 04.	28. 06. = 24. 05.
29. 01. = 22. 12.		29. 03. = 22. 02.	29. 04. = 24. 03.	29. 05. = 24. 04.	29. 06. = 25. 05.
30. 01. = 23. 12.		30. 03. = 23. 02.	30. 04. = 25. 03.	30. 05. = 25. 04.	30. 06. = 26. 05.
31. 01. = 24. 12.		31. 03. = 24. 02.		31. 05. = 26. 04.	

1951

Juli	August	September	Oktober	November	Dezember
01. 07. = 27. 05.	01. 08. = 29. 06.	01. 09. = 01. 08.	01. 10. = 01. 09.	01. 11. = 03. 10	01. 12. = 03. 11.
02. 07. = 28. 05.	02. 08. = 30. 06.	02. 09. = 02. 08.	02. 10. = 02. 09.	02. 11. = 04. 10.	02. 12. = 04. 11.
03. 07. = 29. 05.	03. 08. = 01. 07.	03. 09. = 03. 08.	03. 10. = 03. 09.	03. 11. = 05. 10.	03. 12. = 05. 11.
04. 07. = 01. 06.	04. 08. = 02. 07.	04. 09. = 04. 08.	04. 10. = 04. 09.	04. 11. = 06. 10.	04. 12. = 06. 11.
05. 07. = 02. 06.	05. 08. = 03. 07.	05. 09. = 05 .08.	05. 10. = 05. 09.	05. 11. = 07. 10.	05. 12. = 07. 11.
06. 07. = 03. 06.	06. 08. = 04. 07.	06. 09. = 06. 08.	06. 10. = 06. 09.	06. 11. = 08. 10.	06. 12. = 08. 11.
07. 07. = 04. 06.	07. 08. = 05. 07.	07. 09. = 07. 08.	07. 10. = 07. 09.	07. 11. = 09. 10.	07. 12. = 09. 11.
08. 07. = 05. 06.	08. 08. = 06. 07.	08. 09. = 08. 08.	08. 10. = 08. 09.	08. 11. = 10. 10.	08. 12. = 10 .11.
09. 07. = 06. 06.	09. 08. = 07. 07.	09. 09. = 09. 08.	09. 10. = 09. 09.	09. 11. = 11. 10.	09. 12. = 11. 11.
10. 07. = 07. 06.	10. 08. = 08. 07.	10. 09. = 10. 08.	10. 10. = 10. 09.	10. 11. = 12. 10.	10. 12. = 12. 11.
11. 07. = 08. 06.	11. 08. = 09. 0.7	11. 09. = 11. 08.	11. 10. = 11. 09.	11. 11. = 13. 10.	11. 12. = 13. 11.
12. 07. = 09. 06.	12. 08. = 10. 07.	12. 09. = 12. 08.	12. 10. = 12. 09.	12. 11. = 14. 10.	12. 12. = 14. 11.
13. 07. = 10. 06.	13. 08. = 11. 07.	13. 09. = 13. 08.	13. 10. = 13. 09.	13. 11. = 15. 10.	13. 12. = 15. 11.
14. 07. = 11. 06.	14. 08. = 12. 07.	14. 09. = 14. 08.	14. 10. = 14. 09.	14. 11. = 16. 10.	14. 12. = 16. 11.
15. 07. = 12. 06.	15. 08. = 13. 07.	15. 09. = 15. 08.	15. 10. = 15. 09.	15. 11. = 17. 10.	15. 12. = 17. 11.
16. 07. = 13. 06.	16. 08. = 14. 07.	16. 09. = 16. 08.	16. 10. = 16. 09.	16. 11. = 18. 10.	16. 12. = 18. 11.
17. 07. = 14. 06.	17. 08. = 15. 07.	17. 09. = 17. 08.	17. 10. = 17. 09.	17. 11. = 19. 10.	17. 12. = 19. 11.
18. 07. = 15. 06.	18. 08. = 16. 07.	18. 09. = 18. 08.	18. 10. = 18. 09.	18. 11. = 20. 10.	18. 12. = 20. 11.
19. 07. = 16. 06.	19. 08. = 17. 07.	19. 09. = 19. 08.	19. 10. = 19. 09.	19. 11. = 21. 10.	19. 12. = 21. 11.
20. 07. = 17. 06.	20. 08. = 18. 07.	20. 09. = 20. 08.	20. 10. = 20. 09.	20. 11. = 22. 10.	20. 12. = 22. 11.
21. 07. = 18. 06.	21. 08. = 19. 07.	21. 09. = 21. 08.	21. 10. = 21. 0.9	21. 11. = 23. 10.	21. 12. = 23. 11.
22. 07. = 19. 06.	22. 08. = 20. 07.	22. 09. = 22. 08.	22. 10. = 22. 09.	22. 11. = 24. 10.	22. 12. = 24. 11.
23. 07. = 20. 06.	23. 08. = 21. 07.	23. 09. = 23. 08.	23. 10. = 23. 09.	23. 11. = 25. 10.	23. 12. = 25. 11.
24. 07. = 21. 06.	24. 08. = 22. 07.	24. 09. = 24. 08.	24. 10. = 24. 09.	24. 11. = 26. 10.	24. 12. = 26. 11.
25. 07. = 22. 06.	25. 08. = 23. 07.	25. 09. = 25. 08.	25. 10. = 25. 09.	25. 11. = 27. 10.	25. 12. = 27. 11.
26. 07. = 23. 06.	26. 08. = 24. 07.	26. 09. = 26. 08.	26. 10. = 26. 09.	26. 11. = 28. 10.	26. 12. = 28. 11.
27. 07. = 24. 06.	27. 08. = 25. 07.	27. 09. = 27. 08.	27. 10. = 27. 09.	27. 11. = 29. 10.	27. 12. = 29. 11.
28. 07. = 25. 06.	28. 08. = 26. 07.	28. 09. = 28. 08.	28. 10. = 28. 09.	28. 11. = 30 .10.	28. 12. = 01. 12.
29. 07. = 26. 06.	29. 08. = 27. 07.	29. 09. = 29. 08.	29. 10. = 29. 09.	29. 11. = 01. 11.	29. 12. = 02. 12.
30. 07. = 27. 06.	30. 08. = 28. 07.	30. 09. = 30. 08.	30. 10. = 01. 10.	30. 11. = 02. 11.	30. 12. = 03. 12.
31. 07. = 28. 06.	31. 08. = 29. 07.		31. 10. = 02. 10.		31. 12. = 04. 12.

1952

Januar	Februar	März	April	Mai	Juni
01. 01. = 05. 12.	01. 02. = 06. 01.	01. 03. = 06. 02.	01. 04. = 07. 03.	01. 05. = 08. 04.	01. 06. = 09. 05.
02. 01. = 06. 12.	02. 02. = 07. 01.	02. 03. = 07. 02.	02. 04. = 08. 03.	02. 05. = 09. 04.	02. 06. = 10. 05.
03. 01. = 07. 12.	03. 02. = 08. 01.	03. 03. = 08. 02.	03. 04. = 09. 03.	03. 05. = 10. 04.	03. 06. = 11. 05.
04. 01. = 08. 12.	04. 02. = 09. 01.	04. 03. = 09. 02.	04. 04. = 10. 03.	04. 05. = 11. 04.	04. 06. = 12. 05.
05. 01. = 09. 12.	05. 02. = 10. 01.	05. 03. = 10. 02.	05. 04. = 11. 03.	05. 05. = 12. 04.	05. 06. = 13. 05.
06. 01. = 10. 12.	06. 02. = 11. 01.	06. 03. = 11. 02.	06. 04. = 12. 03.	06. 05. = 13. 04.	06. 06. = 14. 05.
07. 01. = 11. 12.	07. 02. = 12. 01.	07. 03. = 12. 02.	07. 04. = 13. 03.	07. 05. = 14. 04.	07. 06. = 15. 05.
08. 01. = 12. 12.	08. 02. = 13. 01.	08. 03. = 13. 02.	08. 04. = 14. 03.	08. 05. = 15. 04.	08. 06. = 16. 05.
09. 01. = 13. 12.	09. 02. = 14. 01.	09. 03. = 14. 02.	09. 04. = 15. 03.	09. 05. = 16. 04.	09. 06. = 17. 05.
10. 01. = 14. 12.	10. 02. = 15. 01.	10. 03. = 15. 02.	10. 04. = 16. 03.	10. 05. = 17. 04.	10. 06. = 18. 05.
11. 01. = 15. 12.	11. 02. = 16. 01.	11. 03. = 16. 02.	11. 04. = 17. 03.	11. 05. = 18. 04.	11. 06. = 19. 05.
12. 01. = 16. 12.	12. 02. = 17. 01.	12. 03. = 17. 02.	12. 04. = 18. 03.	12. 05. = 19. 04.	12. 06. = 20. 05.
13. 01. = 17. 12.	13. 02. = 18. 01.	13. 03. = 18. 02.	13. 04. = 19. 03.	13. 05. = 20. 04.	13. 06. = 21. 05.
14. 01. = 18. 12.	14. 02. = 19. 01.	14. 03. = 19. 02.	14. 04. = 20. 03.	14. 05. = 21. 04.	14. 06. = 22. 05.
15. 01. = 19. 12.	15. 02. = 20. 01.	15. 03. = 20. 02.	15. 04. = 21. 03.	15. 05. = 22. 04.	15. 06. = 23. 05.
16. 01. = 20. 12.	16. 02. = 21. 01.	16. 03. = 21. 02.	16. 04. = 22. 03.	16. 05. = 23. 04.	16. 06. = 24. 05.
17. 01. = 21. 12.	17. 02. = 22. 01.	17. 03. = 22. 02.	17. 04. = 23. 03.	17. 05. = 24. 04.	17. 06. = 25. 05.
18. 01. = 22. 12.	18. 02. = 23. 01.	18. 03. = 23. 02.	18. 04. = 24. 03.	18. 05. = 25. 04.	18. 06. = 26. 05.
19. 01. = 23. 12.	19. 02. = 24. 01.	19. 03. = 24. 02.	19. 04. = 25. 03.	19. 05. = 26. 04.	19. 06. = 27. 05.
20. 01. = 24. 12.	20. 02. = 25. 01.	20. 03. = 25. 02.	20. 04. = 26. 03.	20. 05. = 27. 04.	20. 06. = 28. 05.
21. 01. = 25. 12.	21. 02. = 26. 01.	21. 03. = 26. 02.	21. 04. = 27. 03.	21. 05. = 28. 04.	21. 06. = 29. 05.
22. 01. = 26. 12.	22. 02. = 27. 01.	22. 03. = 27. 02.	22. 04. = 28. 03.	22. 05. = 29. 04.	22. 06. = 01. 05.
23. 01. = 27. 12.	23. 02. = 28. 01.	23. 03. = 28. 02.	23. 04. = 29. 03.	23. 05. = 30. 04.	23. 06. = 02. 05.
24. 01. = 28. 12.	24. 02. = 29. 01.	24. 03. = 29. 02.	24. 04. = 01. 04.	24. 05. = 01. 05.	24. 06. = 03. 05.
25. 01. = 29. 12.	25. 02. = 01. 02.	25. 03. = 30. 02.	25. 04. = 02. 04.	25. 05. = 02. 05.	25. 06. = 04. 05.
26. 01. = 30. 12.	26. 02. = 02. 02.	26. 03. = 01. 03.	26. 04. = 03. 04.	26. 05. = 03. 05.	26. 06. = 05. 05.
27. 01. = 01. 01.	27. 02. = 03. 02.	27. 03. = 02. 03.	27. 04. = 04. 04.	27. 05. = 04. 05.	27. 06. = 06. 05.
28. 01. = 02. 01.	28. 02. = 04. 02.	28. 03. = 03. 03.	28. 04. = 05. 04.	28. 05. = 05. 05.	28. 06. = 07. 05.
29. 01. = 03. 01.	29. 02. = 05. 02.	29. 03. = 04. 03.	29. 04. = 06. 04.	29. 05. = 06. 05.	29. 06. = 08. 05.
30. 01. = 04. 01.		30. 03. = 05. 03.	30. 04. = 07. 04.	30. 05. = 07. 05.	30. 06. = 09. 05.
31. 01. = 05. 01.		31. 03. = 06. 03.		31. 05. = 08. 05.	

1952

Juli	August	September	Oktober	November	Dezember
01. 07. = 10. 05.	01. 08. = 11. 06.	01. 09. = 13. 07.	01. 10. = 13. 08.	01. 11. = 14. 09.	01. 12. = 15. 10.
02. 07. = 11. 05.	02. 08. = 12. 06.	02. 09. = 14. 07.	02. 10. = 14. 08.	02. 11. = 15. 09.	02. 12. = 16. 10.
03. 07. = 12. 05.	03. 08. = 13. 06.	03. 09. = 15. 07.	03. 10. = 15. 08.	03. 11. = 16. 09.	03. 12. = 17. 10.
04. 07. = 13. 05.	04. 08. = 14. 06.	04. 09. = 16. 07.	04. 10. = 16. 08.	04. 11. = 17. 09.	04. 12. = 18. 10.
05. 07. = 14. 05.	05. 08. = 15. 06.	05. 09. = 17. 07.	05. 10. = 17. 08.	05. 11. = 18. 09.	05. 12. = 19. 10.
06. 07. = 15. 05.	06. 08. = 16. 06.	06. 09. = 18. 07.	06. 10. = 18. 08.	06. 11. = 19. 09.	06. 12. = 20. 10.
07. 07. = 16. 05.	07. 08. = 17. 06.	07. 09. = 19. 07.	07. 10. = 19. 08.	07. 11. = 20. 09.	07. 12. = 21. 10.
08. 07. = 17. 05.	08. 08. = 18. 06.	08. 09. = 20. 07.	08. 10. = 20. 08.	08. 11. = 21. 09.	08. 12. = 22. 10.
09. 07. = 18. 05.	09. 08. = 19. 06.	09. 09. = 21. 07.	09. 10. = 21. 08.	09. 11. = 22. 09.	09. 12. = 23. 10.
10. 07. = 19. 05.	10. 08. = 20. 06.	10. 09. = 22. 07.	10. 10. = 22. 08.	10. 11. = 23. 09.	10. 12. = 24. 10.
11. 07. = 20. 05.	11. 08. = 21. 06.	11. 09. = 23. 07.	11. 10. = 23. 08.	11. 11. = 24. 09.	11. 12. = 25. 10.
12. 07. = 21. 05.	12. 08. = 22. 06.	12. 09. = 24. 07.	12. 10. = 24. 08.	12. 11. = 25. 09.	12. 12. = 26. 10.
13. 07. = 22. 05.	13. 08. = 23. 06.	13. 09. = 25. 07.	13. 10. = 25. 08.	13. 11. = 26. 09.	13. 12. = 27. 10.
14. 07. = 23. 05.	14. 08. = 24. 06.	14. 09. = 26. 07.	14. 10. = 26. 08.	14. 11. = 27. 09.	14. 12. = 28. 10.
15. 07. = 24. 05.	15. 08. = 25. 06.	15. 09. = 27. 07.	15. 10. = 27. 08.	15. 11. = 28. 09.	15. 12. = 29. 10.
16. 07. = 25. 05.	16. 08. = 26. 06.	16. 09. = 28. 07.	16. 10. = 28. 08.	16. 11. = 29. 09.	16. 12. = 30. 10.
17. 07. = 26. 05.	17. 08. = 27. 06.	17. 09. = 29. 07.	17. 10. = 29. 08.	17. 11. =.01. 10.	17. 12. = 01. 11.
18. 07. = 27. 05.	18. 08. = 28. 06.	18. 09. = 30. 07.	18. 10. = 30. 08.	18. 11. = 02. 10.	18. 12. = 02. 11.
19. 07. = 28. 05.	19. 08. = 29. 06.	19. 09. = 01. 08.	19. 10. = 01. 09.	19. 11. = 03. 10.	19. 12. = 03. 11.
20. 07. = 29. 05.	20. 08. = 01. 07.	20. 09. = 02. 08.	20. 10. = 02. 09.	20. 11. = 04. 10.	20. 12. = 04. 11.
21. 07. = 30. 05.	21. 08. = 02. 07.	21. 09. = 03. 08.	21. 10. = 03. 09.	21. 11. = 05. 10.	21. 12. = 05. 11.
22. 07. = 01. 06.	22. 08. = 03. 07.	22. 09. = 04. 08.	22. 10. = 04. 09.	22. 11. = 06. 10.	22. 12. = 06. 11.
23. 07. = 02. 06.	23. 08. = 04. 07.	23. 09. = 05. 08.	23. 10. = 05. 09.	23. 11. = 07. 10.	23. 12. = 07. 11.
24. 07. = 03. 06.	24. 08. = 05. 07.	24. 09. = 06. 08.	24. 10. = 06. 09.	24. 11. = 08. 10.	24. 12. = 08. 11.
25. 07. = 04. 06.	25. 08. = 06. 07.	25. 09. = 07. 08.	25. 10. = 07. 09.	25. 11. = 09. 10.	25. 12. = 09. 11.
26. 07. = 05. 06.	26. 08. = 07. 0.7	26. 09. = 08. 08.	26. 10. = 08. 09.	26. 11. = 10. 10.	26. 12. = 10. 11.
27. 07. = 06. 06.	27. 08. = 08. 07.	27. 09. = 09. 08.	27. 10. = 09. 09.	27. 11. = 11. 10.	27. 12. = 11. 11.
28. 07. = 07. 06.	28. 08. = 09. 07.	28. 09. = 10. 08.	28. 10. = 10. 09.	28. 11. = 12. 10.	28. 12. = 12. 11.
29. 07. = 08. 06.	29. 08. = 10. 07.	29. 09. = 11. 08.	29. 10. = 11. 09.	29. 11. = 13. 10.	29. 12. = 13. 11.
30. 07. = 09. 06.	30. 08. = 11. 07.	30. 09. = 12. 08.	30. 10. = 12. 09.	30. 11. = 14. 10.	30. 12. = 14. 11.
31. 07. = 10. 06.	31. 08. = 12. 07.		31. 10. = 13. 09.		31. 12. = 15. 11.

1953

Januar	Februar	März	April	Mai	Juni
01. 01. = 16. 11.	01. 02. = 18. 12.	01. 03. = 16. 01.	01. 04. = 18. 02.	01. 05. = 18. 03.	01. 06. = 20. 04.
02. 01. = 17. 11.	02. 02. = 19. 12.	02. 03. = 17. 01.	02. 04. = 19. 02.	02. 05. = 19. 03.	02. 06. = 21. 04.
03. 01. = 18. 11.	03. 02. = 20. 12.	03. 03. = 18. 01.	03. 04. = 20. 02.	03. 05. = 20. 03.	03. 06. = 22. 04.
04. 01. = 19. 11.	04. 02. = 21. 12.	04. 03. = 19. 01.	04. 04. = 21. 02.	04. 05. = 21. 03.	04. 06. = 23. 04.
05. 01. = 20. 11.	05. 02. = 22. 21.	05. 03. = 20. 01.	05. 04. = 22. 02.	05. 05. = 22. 03.	05. 06. = 24. 04.
06. 01. = 21. 11.	06. 02. = 23. 12.	06. 03. = 21. 01.	06. 04. = 23. 02.	06. 05. = 23. 03.	06. 06. = 25. 04.
07. 01. = 22. 11.	07. 02. = 24. 12.	07. 03. = 22. 01.	07. 04. = 24. 02.	07. 05. = 24. 03.	07. 06. = 26. 04.
08. 01. = 23. 11.	08. 02. = 25. 12.	08. 03. = 23. 01.	08. 04. = 25. 02.	08. 05. = 25. 03.	08. 06. = 27. 04.
09. 01. = 24. 11.	09. 02. = 26. 12.	09. 03. = 24. 01.	09. 04. = 26. 02.	09. 05. = 26. 03.	09. 06. = 28. 04.
10. 01. = 25. 11.	10. 02. = 27. 12.	10. 03. = 25. 01.	10. 04. = 27. 02.	10. 05. = 27. 03.	10. 06. = 29. 04.
11. 01. = 26. 11.	11. 02. = 28. 12.	11. 03. = 26. 01.	11. 04. = 28. 02.	11. 05. = 28. 03.	11. 06. = 01. 05.
12. 01. = 27. 11.	12. 02. = 29. 12.	12. 03. = 27. 01.	12. 04. = 29. 02.	12. 05. = 29. 03.	12. 06. = 02. 05.
13. 01. = 28. 11.	13. 02. = 30. 12.	13. 03. = 28. 01.	13. 04. = 30. 02.	13. 05. = 01. 04.	13. 06. = 03. 05.
14. 01. = 29. 11.	14. 02. = 01. 01.	14. 03. = 29. 01.	14. 04. = 01. 03.	14. 05. = 02. 04.	14. 06. = 04. 05.
15. 01. = 01. 12.	15. 02. = 02. 01.	15. 03. = 01. 02.	15. 04. = 02. 03.	15. 05. = 03. 04.	15. 06. = 05. 05.
16. 01. = 02. 12.	16. 02. = 03. 01.	16. 03. = 02. 02.	16. 04. = 03. 03.	16. 05. = 04. 04.	16. 06. = 06. 05.
17. 01. = 03. 12.	17. 02. = 04. 01.	17. 03. = 03. 02.	17. 04. = 04. 03.	17. 05. = 05. 04.	17. 06. = 07. 05.
18. 01. = 04. 12.	18. 02. = 05. 01.	18. 03. = 04. 02.	18. 04. = 05. 03.	18. 05. = 06. 04.	18. 06. = 08. 05.
19. 01. = 05. 12.	19. 02. = 06. 01.	19. 03. = 05. 02.	19. 04. = 06. 03.	19. 05. = 07. 04.	19. 06. = 09. 05.
20. 01. = 06. 12.	20. 02. = 07. 01.	20. 03. = 06. 02.	20. 04. = 07. 03.	20. 05. = 08. 04.	20. 06. = 10. 05.
21. 01. = 07. 12.	21. 02. = 08. 01.	21. 03. = 07. 02.	21. 04. = 08. 03.	21. 05. = 09. 04.	21. 06. = 11. 05.
22. 01. =.08. 12.	22. 02. = 09. 01.	22. 03. = 08. 02.	22. 04. = 09. 03.	22. 05. = 10. 04.	22. 06. = 12. 05.
23. 01. = 09. 12.	23. 02. = 10. 01.	23. 03. = 09. 02.	23. 04. = 10. 03.	23. 05. = 11. 04.	23. 06. = 13. 05.
24. 01. = 10. 12.	24. 02. = 11. 01.	24. 03. = 10. 02.	24. 04. = 11. 03.	24. 05. = 12. 04.	24. 06. = 14. 05.
25. 01. = 11. 12.	25. 02. = 12. 01.	25. 03. = 11. 02.	25. 04. = 12. 03.	25. 05. = 13. 04.	25. 06. = 15. 05.
26. 01. = 12. 12.	26. 02. = 13. 01.	26. 03. = 12. 02.	26. 04. = 13. 03.	26. 05. = 14. 04.	26. 06. = 16. 05.
27. 01. = 13. 12.	27. 02. = 14. 01.	27. 03. = 13. 02.	27. 04. = 14. 03.	27. 05. = 15. 04.	27. 06. = 17. 05.
28. 01. = 14. 12.	28. 02. = 15. 01.	28. 03. = 14. 02.	28. 04. = 15. 03.	28. 05. = 16. 04.	28. 06. = 18. 05.
29. 01. = 15. 12.		29. 03. = 15. 02.	29. 04. = 16. 03.	29. 05. = 17. 04.	29. 06. = 19. 05.
30. 01. = 16. 12.		30. 03. = 16. 02.	30. 04. = 17. 03.	30. 05. = 18. 04.	30. 06. = 20. 05.
31. 01. = 17. 12.		31. 03. = 17. 02.		31. 05. = 19. 04.	

1953

Juli	August	September	Oktober	November	Dezember
01. 07. = 21. 05.	01. 08. = 22. 06.	01. 09. = 23. 07.	01. 10. = 24. 08.	01. 11. = 25. 09.	01. 12. = 25. 10.
02. 07. = 22. 05.	02. 08. = 23. 06.	02. 09. = 24. 07.	02. 10. = 25. 08.	02. 11. = 26. 09.	02. 12. = 26. 10.
03. 07. = 23. 05.	03. 08. = 24. 06.	03. 09. = 25. 07.	03. 10. = 26. 08.	03. 11. = 27. 09.	03. 12. = 27. 10.
04. 07. = 24. 05.	04. 08. = 25. 06.	04. 09. = 26. 07.	04. 10. = 27. 08.	04. 11. = 28. 09.	04. 12. = 28. 10.
05. 07. = 25. 05.	05. 08. = 26. 06.	05. 09. = 27. 07.	05. 10. = 28. 08.	05. 11. = 29. 09.	05. 12. = 29. 10.
06. 07. = 26. 05.	06. 08. = 27. 06.	06. 09. = 28. 07.	06. 10. = 29. 08.	06. 11. = 30. 09.	06. 12. = 01. 11.
07. 07. = 27. 05.	07. 08. = 28. 06.	07. 09. = 29. 07.	07. 10. = 30. 08.	07. 11. = 01. 10.	07. 12. = 02. 11.
08. 07. = 28. 05.	08. 08. = 29. 06.	08. 09. = 01. 08.	08. 10. = 01. 09.	08. 11. = 02. 10.	08. 12. = 03 .11.
09. 07. = 29. 05.	09. 08. = 30. 06.	09. 09. = 02. 08.	09. 10. = 02. 09.	09. 11. = 03. 10.	09. 12. = 04. 11.
10. 07. = 30. 05.	10. 08. = 01. 07.	10. 09. = 03. 08.	10. 10. = 03. 09.	10. 11. = 04. 10.	10. 12. = 05. 11.
11. 07. = 01. 06.	11. 08. = 02. 07.	11. 09. = 04. 08.	11. 10. = 04. 09.	11. 11. = 05. 10.	11. 12. = 06. 11.
12. 07. = 02. 06.	12. 08. = 03. 0.7	12. 09. = 05. 08.	12. 10. = 05. 09.	12. 11. = 06. 10.	12. 12. = 07. 11.
13. 07. = 03. 06.	13. 08. = 04. 07.	13. 09. = 06. 08.	13. 10. = 06. 09.	13. 11. = 07. 10.	13. 12. = 08. 11.
14. 07. = 04. 06.	14. 08. = 05. 07.	14. 09. = 07. 08.	14. 10. = 07. 09.	14. 11. = 08. 10.	14. 12. = 09. 11.
15. 07. = 05. 06.	15. 08. = 06. 07.	15. 09. = 08. 08.	15. 10. = 08. 09.	15. 11. = 09. 10.	15. 12. = 10. 11.
16. 07. = 06. 06.	16. 08. = 07. 07.	16. 09. = 09. 08.	16. 10. = 09. 09.	16. 11. = 10. 10.	16. 12. = 11. 11.
17. 07. = 07. 06.	17. 08. = 08. 07.	17. 09. = 10. 08.	17. 10. = 10. 09.	17. 11. = 11. 10.	17. 12. = 12. 11.
18. 07. = 08. 06.	18. 08. = 09. 07.	18. 09. = 11. 08.	18. 10. = 11. 09.	18. 11. = 12. 10.	18. 12. = 13. 11.
19. 07. = 09. 06.	19. 08. = 10. 07.	19. 09. = 12. 08.	19. 10. = 12. 09.	19. 11. = 13. 10.	19. 12. = 14. 11.
20. 07. = 10. 06.	20. 08. = 11. 07.	20. 09. = 13. 08.	20. 10. = 13. 09.	20. 11. = 14. 10.	20. 12. = 15. 11.
21. 07. = 11. 06.	21. 08. = 12. 07.	21. 09. = 14. 08.	21. 10. = 14. 09.	21. 11. = 15. 10.	21. 12. = 16. 11.
22. 07. = 12. 06.	22. 08. = 13. 07.	22. 09. = 15. 08.	22. 10. = 15. 09.	22. 11. = 16. 10.	22. 12. = 17. 11.
23. 07. = 13. 06.	23. 08. = 14. 07.	23. 09. = 16. 08.	23. 10. = 16. 09.	23. 11. = 17. 10.	23. 12. = 18. 11.
24. 07. = 14. 06.	24. 08. = 15. 07.	24. 09. = 17. 08.	24. 10. = 17. 09.	24. 11. = 18. 10.	24. 12. = 19. 11.
25. 07. = 15. 06.	25. 08. = 16. 07.	25. 09. = 18. 08.	25. 10. = 18. 09.	25. 11. = 19. 10.	25. 12. = 20. 11.
26. 07. = 16. 06.	26. 08. = 17. 07.	26. 09. = 19. 08.	26. 10. = 19. 09.	26. 11. = 20. 10.	26. 12. = 21. 11.
27. 07. = 17. 06.	27. 08. = 18. 07.	27. 09. = 20. 08.	27. 10. = 20. 09.	27. 11. = 21. 10.	27. 12. = 22. 11.
28. 07. = 18. 06.	28. 08. = 19. 07.	28. 09. = 21. 08.	28. 10. = 21. 09.	28. 11. = 22. 10.	28. 12. = 23. 11.
29. 07. = 19. 06.	29. 08. = 20. 07.	29. 09. = 22. 08.	29. 10. = 22. 09.	29. 11. = 23. 10.	29. 12. = 24. 11.
30. 07. = 20. 06.	30. 08. = 21. 07.	30. 09. = 23. 08.	30. 10. = 23. 09.	30. 11. = 24. 10.	30. 12. = 25. 11.
31. 07. = 21. 06.	31. 08. = 22. 07.		31. 10. = 24. 09.		31. 12. = 26. 11.

1954

Januar	Februar	März	April	Mai	Juni
01. 01. = 27. 11.	01. 02. = 28. 12.	01. 03. = 27. 01.	01. 04. = 28. 02.	01. 05. = 29. 03.	01. 06. = 01. 05.
02. 01. = 28. 11.	02. 02. = 29. 12.	02. 03. = 28. 01.	02. 04. = 29. 02.	02. 05. = 30. 03.	02. 06. = 02. 05.
03. 01. = 29. 11.	03. 02. = 01. 01.	03. 03. = 29. 01.	03. 04. = 01. 03.	03. 05. = 01. 04.	03. 06. = 03. 05.
04. 01. = 30. 11.	04. 02. = 02. 01.	04. 03. = 30. 01.	04. 04. = 02. 03.	04. 05. = 02. 04.	04. 06. = 04. 05.
05. 01. = 01. 12.	05. 02. = 03. 01.	05. 03. = 01. 02.	05. 04. = 03. 03.	05. 05. = 03. 04.	05. 06. = 05. 05.
06. 01. = 02. 12.	06. 02. = 04. 01.	06. 03. = 02. 02.	06. 04. = 04. 03.	06. 05. = 04. 04.	06. 06. = 06. 05.
07. 01. = 03. 12.	07. 02. = 05. 01.	07. 03. = 03. 02.	07. 04. = 05. 03.	07. 05. = 05. 04.	07. 06. = 07. 05.
08. 01. = 04. 12	08. 02. = 06. 01.	08. 03. = 04. 02.	08. 04. = 06. 03.	08. 05. = 06. 04.	08. 06. = 08. 05.
09. 01. = 05. 12.	09. 02. = 07. 01.	09. 03. = 05. 02.	09. 04. = 07. 03.	09. 05. = 07. 04.	09. 06. = 09. 05.
10. 01. = 06. 12.	10. 02. = 08. 01.	10. 03. = 06. 02.	10. 04. = 08. 03.	10. 05. = 08. 04.	10. 06. = 10. 05.
11. 01. = 07. 12.	11. 02. = 09. 01.	11. 03. = 07. 02.	11. 04. = 09. 03.	11. 05. = 09. 04.	11. 06. = 11. 05.
12. 01. = 08. 12.	12. 02. = 10. 01.	12. 03. = 08. 02.	12. 04. = 10. 03.	12. 05. = 10. 04.	12. 06. = 12. 05.
13. 01. = 09. 12.	13. 02. = 11. 01.	13. 03. = 09. 02.	13. 04. = 11. 03.	13. 05. = 11. 04.	13. 06. = 13. 05.
14. 01. = 10. 12.	14. 02. = 12. 01.	14. 03. = 10. 02.	14. 04. = 12. 03.	14. 05. = 12. 04.	14. 06. = 14. 05.
15. 01. = 11. 12.	15. 02. = 13. 01.	15. 03. = 11. 02.	15. 04. = 13. 03.	15. 05. = 13. 04.	15. 06. = 15. 05.
16. 01. = 12. 12.	16. 02. = 14. 01.	16. 03. = 12. 02.	16. 04. = 14. 03.	16. 05. = 14. 04.	16. 06. = 16. 05.
17. 01. = 13. 12.	17. 02. = 15. 01.	17. 03. = 13. 02.	17. 04. = 15. 03.	17. 05. = 15. 04.	17. 06. = 17. 05.
18. 01. = 14. 12.	18. 02. = 16. 01.	18. 03. = 14. 02.	18. 04. = 16. 03.	18. 05. = 16. 04.	18. 06. = 18. 05.
19. 01. = 15. 12.	19. 02. = 17. 01.	19. 03. = 15. 02.	19. 04. = 17. 03.	19. 05. = 17. 04.	19. 06. = 19. 05.
20. 01. = 16. 12	20. 02. = 18. 01.	20. 03. = 16. 02.	20. 04. = 18. 03.	20. 05. = 18. 04.	20. 06. = 20. 05.
21. 01. = 17. 12.	21. 02. = 19. 01.	21. 03. = 17. 02.	21. 04. = 19. 03.	21. 05. = 19. 04.	21. 06. = 21. 05.
22. 01. = 18. 12.	22. 02. = 20. 01.	22. 03. = 18. 02.	22. 04. = 20. 03.	22. 05. = 20. 04.	22. 06. = 22. 05.
23. 01. = 19. 12.	23. 02. = 21. 01.	23. 03. = 19. 02.	23. 04. = 21. 03.	23. 05. = 21. 04.	23. 06. = 23. 05.
24. 01. = 20. 12.	24. 02. = 22. 01.	24. 03. = 20. 02.	24. 04. = 22. 03.	24. 05. =.22. 04.	24. 06. = 24. 05.
25. 01. = 21. 12.	25. 02. = 23. 01.	25. 03. = 21. 02.	25. 04. = 23. 03.	25. 05. = 23. 04.	25. 06. = 25. 05.
26. 01. = 22. 12.	26. 02. = 24. 01.	26. 03. = 22. 02.	26. 04. = 24. 03.	26. 05. = 24. 04.	26. 06. = 26. 05.
27. 01. = 23. 12.	27. 02. = 25. 01.	27. 03. = 23. 02.	27. 04. = 25. 03.	27. 05. = 25. 04.	27. 06. = 27. 05.
28. 01. = 24. 12.	28. 02. = 26. 01.	28. 03. = 24. 02.	28. 04. = 26. 03.	28. 05. = 26. 04.	28. 06. = 28. 05.
29. 01. = 25. 12.		29. 03. = 25. 02.	29. 04. = 27. 03.	29. 05. = 27. 04.	29. 06. = 29. 05.
30. 01. = 26. 12.		30. 03. = 26. 02.	30. 04. = 28. 03.	30. 05. = 28. 04.	30. 06. = 01. 06.
31. 01. = 27. 12.		31. 03. = 27. 02.		31. 05. = 29. 04.	

1954

Juli	August	September	Oktober	November	Dezember
01. 07. = 02. 06.	01. 08. = 03. 07.	01. 09. = 05. 08.	01. 10. = 05. 09.	01. 11. = 06. 10.	01. 12. = 07. 11.
02. 07. = 03. 06.	02. 08. = 04. 07.	02. 09. = 06. 08.	02. 10. = 06. 09.	02. 11. = 07. 10.	02. 12. = 08. 11.
03. 07. = 04. 06.	03. 08. = 05. 07.	03. 09. = 07. 08.	03. 10. = 07. 09.	03. 11. = 08. 10.	03. 12. = 09. 11.
04. 07. = 05. 06.	04. 08. = 06. 07.	04. 09. = 08. 08.	04. 10. = 08. 09.	04. 11. = 09. 10.	04. 12. = 10. 11.
05. 07. = 06. 06.	05. 08. = 07. 07.	05. 09. = 09. 08.	05. 10. = 09. 09.	05. 11. = 10. 10.	05. 12. = 11. 11.
06. 07. = 07. 06.	06. 08. = 08. 07.	06. 09. = 10. 08.	06. 10. = 10. 09.	06. 11. = 11. 10.	06. 12. = 12. 11.
07. 07. = 08. 06.	07. 08. = 09. 07.	07. 09. = 11. 08.	07. 10. = 11. 09.	07. 11. = 12. 10.	07. 12. = 13. 11.
08. 07. = 09. 06.	08. 08. = 10. 07.	08. 09. = 12. 08.	08. 10. = 12.0 9.	08. 11. = 13. 10.	08. 12. = 14. 11.
09. 07. = 10. 06.	09. 08. = 11. 07.	09. 09. = 13. 08.	09. 10. = 13. 09.	09. 11. = 14. 10.	09. 12. = 15. 11.
10. 07. = 11. 06.	10. 08. = 12. 07.	10. 09. = 14. 08.	10. 10. = 14. 09.	10. 11. = 15. 10.	10. 12. = 16. 11.
11. 07. = 12. 06.	11. 08. = 13. 07.	11. 09. = 15. 08.	11. 10. = 15. 09.	11. 11. = 16. 10.	11. 12. = 17. 11.
12. 07. = 13. 06.	12. 08. = 14. 07.	12. 09. = 16. 08.	12. 10. = 16. 09.	12. 11. = 17. 10.	12. 12. = 18. 11.
13. 07. = 14. 06.	13. 08. = 15. 07.	13. 09. = 17. 08.	13. 10. = 17. 09.	13. 11. = 18. 10.	13. 12. = 19. 11.
14. 07. = 15. 06.	14. 08. = 16. 07.	14. 09. = 18. 08.	14. 10. = 18. 09.	14. 11. = 19. 10.	14. 12. = 20. 11.
15. 07. = 16. 06.	15. 08. = 17. 07.	15. 09. = 19. 08.	15. 10. = 19. 09.	15. 11. = 20. 10.	15. 12. = 21. 11.
16. 07. = 17. 06.	16. 08. = 18. 07.	16. 09. = 20. 08.	16. 10. = 20. 09.	16. 11. = 21. 10.	16. 12. = 22. 11.
17. 07. = 18. 06.	17. 08. = 19. 07.	17. 09. = 21. 08.	17. 10. = 21. 09.	17. 11. = 22. 10.	17. 12. = 23. 11.
18. 07. = 19. 06.	18. 08. = 20. 07.	18. 09. = 22. 08.	18. 10. = 22. 09.	18. 11. = 23. 10.	18. 12. = 24. 11.
19. 07. = 20. 06.	19. 08. = 21. 07.	19. 09. = 23. 08.	19. 10. = 23. 09.	19. 11. = 24. 10.	19. 12. = 25. 11.
20. 07. = 21. 06.	20. 08. = 22. 07.	20. 09. = 24. 08.	20. 10. = 24. 09.	20. 11. = 25. 10.	20. 12. = 26. 11.
21. 07. = 22. 06.	21. 08. = 23. 07.	21. 09. = 25. 08.	21. 10. = 25. 09.	21. 11. = 26. 10.	21. 12. = 27. 11.
22. 07. = 23. 06.	22. 08. = 24. 07.	22. 09. = 26. 08.	22. 10. = 26. 09.	22. 11. = 27. 10.	22. 12. = 28. 11.
23. 07. = 24. 06.	23. 08. = 25. 07.	23. 09. = 27. 08.	23. 10. = 27. 09.	23. 11. = 28. 10.	23. 12. = 29. 11.
24. 07. = 25. 06.	24. 08. = 26. 07.	24. 09. = 28. 08.	24. 10. = 28. 09.	24. 11. = 29. 10.	24. 12. = 30. 11.
25. 07. = 26. 06.	25. 08. = 27. 07.	25. 09. = 29. 08.	25. 10. = 29. 09.	25. 11. = 01. 11.	25. 12. = 01. 12.
26. 07. = 27. 06.	26. 08. = 28. 07.	26. 09. = 30. 08.	26. 10. = 30. 09.	26. 11. = 02. 11.	26. 12. = 02. 12.
27. 07. = 28. 06.	27. 08. = 29. 07.	27. 09. = 01. 09.	27. 10. = 01. 10.	27. 11. = 03. 11.	27. 12. = 03. 12.
28. 07. = 29. 06.	28. 08. = 01. 08.	28. 09. = 02. 09.	28. 10. = 02. 10.	28. 11. = 04. 11.	28. 12. = 04. 12.
29. 07. = 30. 06.	29. 08. = 02. 08.	29. 09. = 03. 09.	29. 10. = 03. 10.	29. 11. = 05. 11.	29. 12. = 05. 12.
30. 07. = 01. 07.	30. 08. = 03. 08.	30. 09. = 04. 09.	30. 10. = 04. 10.	30. 11. = 06. 11.	30. 12. = 06. 12.
31. 07. = 02. 07.	31. 08. = 04. 08.		31. 10. = 05. 10.		31. 12. = 07. 12.

1955

Januar	Februar	März	April	Mai	Juni
01. 01. = 08. 12.	01. 02. = 09. 01.	01. 03. = 08. 02.	01. 04. = 09. 03.	01. 05. = 10. 03.	01. 06. = 11. 04.
02. 01. = 09. 12.	02. 02. = 10. 01.	02. 03. = 09. 02.	02. 04. = 10. 03.	02. 05. = 11. 03.	02. 06. = 12. 04.
03. 01. = 10. 12.	03. 02. = 11. 01.	03. 03. = 10. 02.	03. 04. = 11. 03.	03. 05. = 12. 03.	03. 06. = 13. 04.
04. 01. = 11. 21.	04. 02. = 12. 01.	04. 03. = 11. 02.	04. 04. = 12. 03.	04. 05. =.13. 03.	04. 06. = 14. 04.
05. 01. = 12. 12.	05. 02. = 13. 01.	05. 03. = 12. 02.	05. 04. = 13. 03.	05. 05. = 14. 03.	05. 06. = 15. 04.
06. 01. = 13. 12.	06. 02. = 14. 01.	06. 03. = 13. 02.	06. 04. = 14. 03.	06. 05. = 15. 03.	06. 06. = 16. 04.
07. 01. = 14. 12.	07. 02. = 15. 01.	07. 03. = 14. 02.	07. 04. = 15. 03.	07. 05. = 16. 03.	07. 06. = 17. 04.
08. 01. = 15. 12.	08. 02. = 16. 01.	08. 03. = 15. 02.	08. 04. = 16. 03.	08. 05. = 17. 03.	08. 06. = 18. 04.
09. 01. = 16. 12.	09. 02. = 17. 01.	09. 03. = 16. 02.	09. 04. = 17. 03.	09. 05. = 18. 03.	09. 06. = 19. 04.
10. 01. = 17. 12.	10. 02. = 18. 01.	10. 03. = 17. 02.	10. 04. = 18. 03.	10. 05. = 19. 03.	10. 06. = 20. 04.
11. 01. = 18. 12.	11. 02. = 19. 01.	11. 03. = 18. 02.	11. 04. = 19. 03.	11. 05. = 20. 03.	11. 06. = 21. 04.
12. 01. = 19. 12.	12. 02. = 20. 01.	12. 03. = 19. 02.	12. 04. = 20. 03.	12. 05. =.21. 03.	12. 06. = 22. 04.
13. 01. = 20. 12.	13. 02. = 21. 01.	13. 03. = 20. 02.	13. 04. = 21. 03.	13. 05. = 22. 03.	13. 06. = 23. 04.
14. 01. = 21. 12.	14. 02. = 22. 01.	14. 03. = 21. 02.	14. 04. = 22. 03.	14. 05. = 23. 03.	14. 06. = 24. 04.
15. 01. = 22. 12.	15. 02. = 23. 01.	15. 03. = 22. 02.	15. 04. = 23. 03.	15. 05. = 24. 03.	15. 06. = 25. 04.
16. 01. = 23. 12.	16. 02. = 24. 01.	16. 03. = 23. 02.	16. 04. = 24. 03.	16. 05. = 25. 03.	16. 06. = 26. 04.
17. 01. = 24. 12.	17. 02. = 25. 01.	17. 03. = 24. 02.	17. 04. = 25. 03.	17. 05. = 26. 03.	17. 06. = 27. 04.
18. 01. = 25. 12.	18. 02. = 26. 01.	18. 03. = 25. 02.	18. 04. = 26. 03.	18. 05. = 27. 03.	18. 06. = 28. 04.
19. 01. = 26. 12.	19. 02. = 27. 01.	19. 03. = 26. 02.	19. 04. = 27. 03.	19. 05. = 28. 03.	19. 06. = 29. 04.
20. 01. = 27. 12.	20. 02. = 28. 01.	20. 03. = 27. 02.	20. 04. = 28. 03.	20. 05. = 29. 03.	20. 06. = 01. 05.
21. 01. = 28. 12.	21. 02. = 29. 01.	21. 03. = 28. 02.	21. 04. = 29. 03.	21. 05. = 30. 03.	21. 06. = 02. 05.
22. 01. = 29. 12.	22. 02. = 01. 02.	22. 03. = 29. 02.	22. 04. = 01. 03.	22. 05. = 01. 04.	22. 06. = 03. 05.
23. 01. = 30. 12.	23. 02. = 02. 02.	23. 03. = 30. 02.	23. 04. = 02. 03.	23. 05. = 02. 04.	23. 06. = 04. 05.
24. 01. = 01. 01.	24. 02. = 03. 02.	24. 03. = 01. 03.	24. 04. = 03. 03.	24. 05. = 03. 04.	24. 06. = 05. 05.
25. 01. = 02. 01.	25. 02. = 04. 02.	25. 03. = 02. 03.	25. 04. = 04. 03.	25. 05. = 04. 04.	25. 06. = 06. 05.
26. 01. = 03. 01.	26. 02. = 05. 02.	26. 03. = 04. 03.	26. 04. = 05. 03.	26. 05. = 05. 04.	26. 06. = 07. 05.
27. 01. = 04. 01.	27. 02. = 06. 02.	27. 03. = 04. 03.	27. 04. = 06. 03.	27. 05. = 06. 04.	27. 06. = 08. 05.
28. 01. = 05. 01.	28. 02. = 07. 02.	28. 03. = 05. 03.	28. 04. = 07. 03.	28. 05. = 07. 04.	28. 06. = 09. 05.
29. 01. = 06. 01.		29. 03. = 06. 03.	29. 04. = 08. 03.	29. 05. = 08. 04.	29. 06. = 10. 05.
30. 01. = 07. 01.		30. 03. = 07. 03.	30. 04. = 09. 03.	30. 05. = 09. 04.	30. 06. = 11. 05.
31. 01. = 08. 01.		31. 03. = 08. 03.		31. 05. = 10. 04.	

1955

Juli	August	September	Oktober	November	Dezember
01. 07. = 12. 05.	01. 08. = 14. 06.	01. 09. = 15. 07.	01. 10. = 16. 08.	01. 11. = 17. 09.	01. 12. = 18. 10.
02. 07. = 13. 05.	02. 08. = 15. 06.	02. 09. = 16. 07.	02. 10. = 17. 08.	02. 11. = 18. 09.	02. 12. = 19. 10.
03. 07. = 14. 05.	03. 08. = 16. 06.	03. 09. = 17. 07.	03. 10. = 18. 08.	03. 11. = 19. 09.	03. 12. = 20. 10.
04. 07. = 15. 05.	04. 08. = 17. 06.	04. 09. = 18. 07.	04. 10. = 19. 08.	04. 11. = 20. 09.	04. 12. = 21. 10.
05. 07. = 16. 05.	05. 08. = 18. 06.	05. 09. = 19. 07.	05. 10. = 20. 08.	05. 11. = 21. 09.	05. 12. = 22. 10.
06. 07. = 17. 05.	06. 08. = 19. 06.	06. 09. = 20. 07.	06. 10. = 21. 08.	06. 11. = 22. 09.	06. 12. = 23. 10.
07. 07. = 18. 05.	07. 08. = 20. 06.	07. 09. = 21. 07.	07. 10. = 22. 08.	07. 11. = 23. 09.	07. 12. = 24. 10.
08. 07. = 19. 05.	08. 08. = 21. 06.	08. 09. = 22. 07.	08. 10. = 23. 08.	08. 11. = 24. 09.	08. 12. = 25. 10.
09. 07. = 20. 05.	09. 08. = 22. 06.	09. 09. = 23. 07.	09. 10. = 24. 08.	09. 11. = 25. 09.	09. 12. = 26. 10.
10. 07. = 21. 05.	10. 08. = 23. 06.	10. 09. = 24. 07.	10. 10. = 25. 08.	10. 11. = 26. 09.	10. 12. = 27. 10.
11. 07. = 22. 05.	11. 08. = 24. 06.	11. 09. = 25. 07.	11. 10. = 26. 08.	11. 11. = 27. 09.	11. 12. = 28. 10.
12. 07. = 23. 05.	12. 08. = 25. 06.	12. 09. = 26. 07.	12. 10. = 27. 08.	12. 11. = 28. 09.	12. 12. = 29. 10.
13. 07. = 24. 05.	13. 08. = 26. 06.	13. 09. = 27. 07.	13. 10. = 28. 08.	13. 11. = 29. 09.	13. 12. = 30. 10.
14. 07. = 25. 05.	14. 08. = 27. 06.	14. 09. = .28. 07.	14. 10. = 29. 08.	14. 11. = 01. 10.	14. 12. = 01. 11.
15. 07. = 26. 05.	15. 08. = 28. 06.	15. 09. = 29. 07.	15. 10. = 30. 08.	15. 11. = 02. 10.	15. 12. = 02. 11.
16. 07. = 27. 05.	16. 08. = 29. 06.	16. 09. = 01. 08.	16. 10. = 01. 09.	16. 11. = 03. 10.	16. 12. = 03. 11.
17. 07. = 28. 05.	17. 08. = 30. 06.	17. 09. = 02. 08.	17. 10. = 02. 09.	17. 11. = 04. 10.	17. 12. = 04. 11.
18. 07. = 29. 05.	18. 08. = 01. 07.	18. 09. = 03. 08.	18. 10. = 03. 09.	18. 11. = 05. 10.	18. 12. = 05. 11.
19. 07. = 01. 06.	19. 08. = 02. 07.	19. 09. = 04. 08.	19. 10. = 04. 09.	19. 11. = 06. 10.	19. 12. = 06. 11.
20. 07. = 02. 06.	20. 08. = 03. 07.	20. 09. = 05. 08.	20. 10. = 05. 09.	20. 11. = 07. 10.	20. 12. = 07. 11.
21. 07. = 03. 06.	21. 08. = 04. 07.	21. 09. = 06. 08.	21. 10. = 06. 09.	21. 11. = 08. 10.	21. 12. = 08. 11.
22. 07. = 04. 06.	22. 08. = 05. 07.	22. 09. = 07. 08.	22. 10. = 07. 09.	22. 11. = 09. 10.	22. 12. = 09. 11.
23. 07. = 05. 06.	23. 08. = 06. 07.	23. 09. = 08. 08.	23. 10. = 08. 09.	23. 11. = 10. 10.	23. 12. = 10. 11.
24. 07. = 06. 06.	24. 08. = 07. 07.	24. 09. = 09. 08.	24. 10. = 09. 09.	24. 11. = 11. 10.	24. 12. = 11. 11.
25. 07. = 07. 06.	25. 08. = 08. 07.	25. 09. = 10. 08.	25. 10. = 10. 09.	25. 11. = 12. 10.	25. 12. = 12. 11.
26. 07. = 08. 06.	26. 08. = 09. 07.	26. 09. = 11. 08.	26. 10. = 11. 09.	26. 11. = 13. 10.	26. 12. = 13. 11.
27. 07. = 09. 06.	27. 08. = 10. 07.	27. 09. = 12. 08.	27. 10. = 12. 09.	27. 11. = 14. 10.	27. 12. = 14. 11.
28. 07. = 10. 06.	28. 08. = 11. 07.	28. 09. = 13. 08.	28. 10. = 13. 09.	28. 11. = 15. 10.	28. 12. = 15. 11.
29. 07. = 11. 06.	29. 08. = 12. 07.	29. 09. = 14. 08.	29. 10. = 14. 09.	29. 11. = 16. 10.	29. 12. = 16. 11.
30. 07. = 12. 06.	30. 08. = 13. 07.	30. 09. = 15. 08.	30. 10. = 15. 09.	30. 11. = 17. 10.	30. 12. = 17. 11.
31. 07. = 13. 06.	1. 08. = 14. 07.		31. 10. = 16. 09.		31. 12. = 18. 11.

1956

Januar	Februar	März	April	Mai	Juni
01. 01. = 19. 11.	01. 02. = 20. 12.	01. 03. = 19. 01.	01. 04. = 21. 02.	01. 05. = 21. 03.	01. 06. = 23. 04.
02. 01. = 20. 11.	02. 02. = 21. 12.	02. 03. = 20. 01.	02. 04. = 22. 02.	02. 05. = 22. 03.	02. 06. = 24. 04.
03. 01. = 21. 11.	03. 02. = 22. 12.	03. 03. = 21. 01.	03. 04. = 23. 02.	03. 05. = 23. 03.	03. 06. = 25. 04.
04. 01. = 22. 11.	04. 02. = 23. 12.	04. 03. = 22. 01.	04. 04. = 24. 02.	04. 05. = 24. 03.	04. 06. = 26. 04.
05. 01. = 23. 11.	05. 02. = 24. 12.	05. 03. = 23. 01.	05. 04. = 25. 02.	05. 05. = 25. 03.	05. 06. = 27. 04.
06. 01. = 24. 11.	06. 02. = 25. 12.	06. 03. = 24. 01.	06. 04. = 26. 02.	06. 05. = 26. 03.	06. 06. = 28. 04.
07. 01. = 25. 11.	07. 02. = 26. 12.	07. 03. = 25. 01.	07. 04. = 27. 02.	07. 05. = 27. 03.	07. 06. = 29. 04.
08. 01. = 26. 11.	08. 02. = 27. 12.	08. 03. = 26. 01.	08. 04. = 28. 02.	08. 05. = 28. 03.	08. 06. = 30. 04.
09. 01. = 27. 11.	09. 02. = 28. 12.	09. 03. = 27. 01.	09. 04. = 29. 02.	09. 05. = 29. 03.	09. 06. = 01. 05.
10. 01. = 28. 11.	10. 02. = 29. 12.	10. 03. = 28. 01.	10. 04. = 30. 02.	10. 05. = 01. 04.	10. 06. = 02. 05.
11. 01. = 29. 11.	11. 02. = 30. 12.	11. 03. = 29. 01.	11. 04. = 01. 03.	11. 05. = 02. 04.	11. 06. = 03. 05.
12. 01. = 30. 11.	12. 02. = 01. 01.	12. 03. = 01. 02.	12. 04. = 02. 03.	12. 05. = 03. 04.	12. 06. = 04. 05.
13. 01. = 01. 12.	13. 02. = 02. 01.	13. 03. = 02. 02.	13. 04. = 03. 03.	13. 05. = 04. 04.	13. 06. = 05. 05.
14. 01. = 02. 12.	14. 02. = 03 .01.	14. 03. = 03. 02.	14. 04. = 04. 03.	14. 05. = 05. 04.	14. 06. = 06. 05.
15. 01. = 03. 12.	15. 02. = 04. 01.	15. 03. = 04. 02.	15. 04. = 05. 03.	15. 05. = 06. 04.	15. 06. = 07. 05.
16. 01. = 04. 12.	16. 02. = 05. 01.	16. 03. = 05. 02.	16. 04. = 06. 03.	16. 05. = 07. 04.	16. 06. = 08. 05.
17. 01. = 05. 12.	17. 02. = 06. 01.	17. 03. = 06. 02.	17. 04. = 07. 0.3	17. 05. = 08. 04.	17. 06. = 09. 05.
18. 01. = 06. 12.	18. 02. = 07. 01.	18. 03. = 07. 02.	18. 04. = 08. 03.	18. 05. = 09. 04.	18. 06. = 10. 05.
19. 01. = 07. 12.	19. 02. = 08. 01.	19. 03. = 08. 02.	19. 04. = 09. 03.	19. 05. = 10. 04.	19. 06. = 11. 05.
20. 01. = 08. 12.	20. 02. = 09. 01.	20. 03. = 09. 02.	20. 04. = 10. 03.	20. 05. = 11. 04.	20. 06. = 12. 05.
21. 01. = 09. 12.	21. 02. = 10. 01.	21. 03. = 10. 02.	21. 04. = 11. 03.	21. 05. = 12. 04.	21. 06. = 13. 05.
22. 01. = 10. 12.	22. 02. = 11. 01.	22. 03. = 11. 02.	22. 04. = 12. 03.	22. 05. = 13. 04.	22. 06. = 14. 05.
23. 01. = 11. 12.	23. 02. = 12. 01.	23. 03. = 12. 02.	23. 04. = 13. 03.	23. 05. = 14. 04.	23. 06. = 15. 05.
24. 01. = 12. 12.	24. 02. = 13. 01.	24. 03. = 13. 02.	24. 04. = 14. 03.	24. 05. = 15. 04.	24. 06. = 16. 05.
25. 01. = 13. 12.	25. 02. = 14. 01.	25. 03. = 14. 02.	25. 04. = 15. 03.	25. 05. = 16. 04.	25. 06. = 17. 05.
26. 01. = 14. 12.	26. 02. = 15. 01.	26. 03. = 15. 02.	26. 04. = 16. 03.	26. 05. = 17. 04.	26. 06. = 18. 05.
27. 01. = 15. 12.	27. 02. = 16. 01.	27. 03. = 16. 02.	27. 04. = 17. 03.	27. 05. = 18. 04.	27. 06. = 19. 05.
28. 01. = 16. 12.	28. 02. = 17. 01.	28. 03. = 17. 02.	28. 04. = 18. 03.	28. 05. = 19. 04.	28. 06. = 20. 05.
29. 01. = 17. 12.	29. 02. = 18. 01.	29. 03. = 18. 02.	29. 04. = 19. 03.	29. 05. = 20. 04.	29. 06. = 21. 05.
30. 01. = 18. 12.		30. 03. = 19. 02.	30. 04. = 20. 03.	30. 05. = 21. 04.	30. 06. = 22. 05.
31. 01. = 19. 12.		31. 03. = 20. 02.		31. 05. = 22. 04.	

1956

Juli	August	September	Oktober	November	Dezember
01. 07. = 23. 05.	01. 08. = 25. 06.	01. 09. = 27. 07.	01. 10. = 27. 08.	01. 11. = 29. 09.	01. 12. = 29. 10.
02. 07. = 24. 05.	02. 08. = 26. 06.	02. 09. = 28. 07.	02. 10. = 28. 08.	02. 11. = 30. 09.	02. 12. = 01. 11.
03. 07. = 25. 05.	03. 08. = 27. 06.	03. 09. = 29. 07.	03. 10. = 29. 08.	03. 11. = 01. 10.	03. 12. = 02. 11.
04. 07. = 26. 05.	04. 08. = 28. 06.	04. 09. = 30. 07.	04. 10. = 01. 09.	04. 11. = 02. 10.	04. 12. = 03. 11.
05. 07. = 27. 05.	05. 08. = 29. 06.	05. 09. = 01. 08.	05. 10. = 02. 09.	05. 11. = 03. 10.	05. 12. = 04. 11.
06. 07. = 28. 05.	06. 08. = 01. 07.	06. 09. = 02. 08.	06. 10. = 03. 09.	06. 11. = 04. 10.	06. 12. = 05. 11.
07. 07. = 29. 05.	07. 08. = 02. 07.	07. 09. = 03. 08.	07. 10. = 04. 09.	07. 11. = 05. 10.	07. 12. = 06. 11.
08. 07. = 01. 06.	08. 08. = 03. 07.	08. 09. = 04. 08.	08. 10. = 05. 09.	08. 11. = 06. 10.	08. 12. = 07. 11.
09. 07. = 02. 06.	09. 08. = 04. 07.	09. 09. = 05. 08.	09. 10. = 06. 09.	09. 11. = 07. 10.	09. 12. = 08. 11.
10. 07. = 03. 06.	10. 08. = 05. 07.	10. 09. = 06. 08.	10. 10. = 07. 09.	10. 11. = 08. 10.	10. 12. = 09. 11.
11. 07. = 04. 06.	11. 08. = 06. 07.	11. 09. = 07. 08.	11. 10. = 08. 09.	11. 11. = 09. 10.	11. 12. = 10. 11.
12. 07. = 05. 06.	12. 08. = 07. 07.	12. 09. = 08. 08.	12. 10. = 09. 09.	12. 11. = 10. 10.	12. 12. = 11. 11.
13. 07. = 06. 06.	13. 08. = 08. 07.	13. 09. = 09. 08.	13. 10. = 10. 09.	13. 11. = 11. 10.	13. 12. = 12. 11.
14. 07. = 07. 06.	14. 08. = 09. 07.	14. 09. = 10. 08.	14. 10. = 11. 09.	14. 11. = 12. 10.	14. 12. = 13. 11.
15. 07. = 08. 06.	15. 08. = 10. 07.	15. 09. = 11. 08.	15. 10. = 12. 09.	15. 11. = 13. 10.	15. 12. = 14. 11.
16. 07. = 09. 06.	16. 08. = 11. 07.	16. 09. = 12. 08.	16. 10. = 13. 09.	16. 11. = 14. 10.	16. 12. = 15. 11.
17. 07. = 10. 06.	17. 08. = 12. 07.	17. 09. = 13. 08.	17. 10. = 14. 09.	17. 11. = 15. 10.	17. 12. = 16. 11.
18. 07. = 11. 06.	18. 08. = 13. 07.	18. 09. = 14. 08.	18. 10. = 15. 09.	18. 11. = 16. 10.	18. 12. = 17. 11.
19. 07. = 12. 06.	19. 08. = 14. 07.	19. 09. = 15. 08.	19. 10. = 16. 09.	19. 11. = 17. 10.	19. 12. = 18. 11.
20. 07. = 13. 06.	20. 08. = 15. 07.	20. 09. = 16. 08.	20. 10. = 17. 09.	20. 11. = 18. 10.	20. 12. = 19. 11.
21. 07. = 14. 06.	21. 08. = 16. 07.	21. 09. = 17. 08.	21. 10. = 18. 09.	21. 11. = 19. 10.	21. 12. = 20. 11.
22. 07. = 15. 06.	22. 08. = 17. 07.	22. 09. = 18. 08.	22. 10. = 19. 09.	22. 11. = 20. 10.	22. 12. = 21. 11.
23. 07. = 16. 06.	23. 08. = 18. 07.	23. 09. = 19. 08.	23. 10. = 20. 09.	23. 11. = 21. 10.	23. 12. = 22. 11.
24. 07. = 17. 06.	24. 08. = 19. 07.	24. 09. = 20. 09.	24. 10. = 21. 09.	24. 11. = 22. 10.	24. 12. = 23. 11.
25. 07. = 18. 06.	25. 08. = 20. 07.	25. 09. = 21. 08.	25. 10. = 22. 09.	25. 11. = 23. 10.	25. 12. = 24. 11.
26. 07. = 19. 06.	26. 08. = 21. 07.	26. 09. = 22. 08.	26. 10. = 23. 09.	26. 11. = 24. 10.	26. 12. = 25. 11.
27. 07. = 20. 06.	27. 08. = 22. 07.	27. 09. = 23. 08.	27. 10. = 24. 09.	27. 11. = 25. 10.	27. 12. = 26. 11.
28. 07. = 21. 06.	28. 08. = 23. 07.	28. 09. = 24. 08.	28. 10. = 25. 09.	28. 11. = 26. 10.	28. 12. = 27. 11.
29. 07. = 22. 06.	29. 08. = 24. 07.	29. 09. = 25. 08.	29. 10. = 26. 09.	29. 11. = 27. 10.	29. 12. = 28. 11.
30. 07. = 23. 06.	30. 08. = 25. 07.	30. 09. = 26. 08.	30. 10. = 27. 09.	30. 11. = 28. 10	30. 12. = 29. 11.
31. 07. = 24. 06.	31. 08. = 26. 07.		31. 10. = 28. 09.		31. 12. = 30. 11.

1957

Januar	Februar	März	April	Mai	Juni
01. 01. = 01. 12.	01. 02. = 02. 01.	01. 03. = 30. 01.	01. 04. = 02. 03.	01. 05. = 02. 04.	01. 06. = 04. 05.
02. 01. = 02. 12.	02. 02. = 03. 01.	02. 03. = 01. 02.	02. 04. = 03. 03.	02. 05. = 03. 04.	02. 06. = 05. 05.
03. 01. = 03. 12.	03. 02. = 04. 01.	03. 03. = 02. 02.	03. 04. = 04. 03.	03. 05. = 04. 04.	03. 06. = 06. 05.
04. 01. = 04. 12.	04. 02. = 05. 01.	04. 03. = 03. 02.	04. 04. = 05. 03.	04. 05. = 05. 04.	04. 06. = 07. 05.
05. 01. = 05. 12	05. 02. = 06. 01.	05. 03. = 04. 02.	05. 04. = 06. 03.	05. 05. = 06. 04.	05. 06. = 08. 05.
06. 01. = 06. 12.	06. 02. = 07. 01.	06. 03. = 05. 02.	06. 04. = 07. 03.	06. 05. = 07. 04.	06. 06. = 09. 05.
07. 01. = 07. 12.	07. 02. = 08. 01.	07. 03. = 06. 02.	07. 04. = 08. 03.	07. 05. = 08. 04.	07. 06. =.10. 05.
08. 01. = 08. 12.	08. 02. = 09. 01.	08. 03. = 07. 02.	08. 04. = 09. 03.	08. 05. = 09. 04.	08. 06. = 11. 05.
09. 01. = 09. 12.	09. 02. = 10. 01.	09. 03. = 08. 02.	09. 04. = 10. 03.	09. 05. = 10. 04.	09. 06. = 12. 05.
10. 01. = 10. 12.	10. 02. = 11. 01.	10. 03. = 09. 02.	10. 04. = 11. 03.	10. 05. = 11. 04.	10. 06. = 13. 05.
11. 01. = 11. 12.	11. 02. = 12. 01.	11. 03. = 10. 02.	11. 04. = 12. 03.	11. 05. = 12. 04.	11. 06. = 14. 05.
12. 01. = 12. 12.	12. 02. = 13. 01.	12. 03. = 11. 02.	12. 04. = 13. 03.	12. 05. = 13. 04.	12. 06. = 15. 05.
13. 01. = 13. 12.	13. 02. = 14. 01.	13. 03. = 12. 02.	13. 04. = 14. 03.	13. 05. = 14. 04.	13. 06. = 16. 05.
14. 01. = 14. 12.	14. 02. = 15. 01.	14. 03. = 13. 02.	14. 04. = 15. 03.	14. 05. = 15. 04.	14. 06. = 17. 05.
15. 01. = 15. 12.	15. 02. = 16. 01.	15. 03. = 14. 02.	15. 04. = 16. 03.	15. 05. = 16. 04.	15. 06. = 18. 05.
16. 01. = 16. 12.	16. 02. = 17. 01.	16. 03. = 15. 02.	16. 04. = 17. 03.	16. 05. = 17. 04.	16. 06. = 19. 05.
17. 01. = 17. 12.	17. 02. = 18. 01.	17. 03. = 16. 02.	17. 04. = 18. 03.	17. 05. = 18. 04.	17. 06. = 20. 05.
18. 01. = 18. 12.	18. 02. = 19. 01.	18. 03. = 17. 02.	18. 04. = 19. 03.	18. 05. = 19. 04.	18. 06. = 21. 05.
19. 01. = 19. 12.	19. 02. = 20. 01.	19. 03. = 18. 02.	19. 04. = 20. 03.	19. 05. = 20. 04.	19. 06. = 22. 05.
20. 01. = 20. 12.	20. 02. = 21. 01.	20. 03. = 19. 02.	20. 04. = 21. 03.	20. 05. = 21. 04.	20. 06. = 23. 05.
21. 01. = 21. 12.	21. 02. = 22. 01.	21. 03. = 20. 02.	21. 04. = 22. 03.	21. 05. = 22. 04.	21. 06. = 24. 05.
22. 01. = 22. 12.	22. 02. = 23. 01.	22. 03. = 21. 02.	22. 04. = 23. 03.	22. 05. = 23. 04.	22. 06. = 25. 05.
23. 01. = 23. 12.	23. 02. = 24. 01.	23. 03. = 22. 02.	23. 04. = 24. 03.	23. 05. = 24. 04.	23. 06. = 26. 05.
24. 01. − 24. 12.	24. 02. − 25. 01.	24. 03. − 23. 02.	24. 04. − 25. 03.	24. 05. − 25. 04.	24. 06. − 27. 05.
25. 01. = 25. 12.	25. 02. = 26. 01.	25. 03. = 24. 02.	25. 04. = 26. 03.	25. 05. = 26. 04.	25. 06. = 28. 05.
26. 01. = 26. 12.	26. 02. = 27. 01.	26. 03. = 25. 02.	26. 04. = 27. 03.	26. 05. = 27. 04.	26. 06. = 29. 05.
27. 01. = 27. 12.	27. 02. = 28. 01.	27. 03. = 26. 02.	27. 04. = 28. 03.	27. 05. = 28. 04.	27. 06. = 30. 05.
28. 01. = 28. 12.	28. 02. = 29. 01.	28. 03. = 27. 02.	28. 04. = 29. 03.	28. 05. = 29. 04.	28. 06. = 01. 06.
29. 01. = 29. 12.		29. 03. = 28. 02.	29. 04. = 30. 03.	29. 05. = 01. 05.	29. 06. = 02. 06.
30. 01. = 30. 12.		30. 03. = 29. 02.	30. 04. = 01. 04.	30. 05. = 02. 05.	30. 06. = 03. 06.
31. 01. = 01. 01.		31. 03. = 01. 03.		31. 05. = 03. 05.	

1957

Juli	August	September	Oktober	November	Dezember
01. 07. = 04. 06.	01. 08. = 06. 07.	01. 09. = 08. 08.	01. 10. = 08. 08.	01. 11. = 10. 09.	01. 12. = 10. 10.
02. 07. = 05. 06.	02. 08. = 07. 07.	02. 09. = 09. 08.	02. 10. = 09. 08.	02. 11. = 11. 09.	02. 12. = 11. 10.
03. 07. = 06. 06.	03. 08. = 08. 07.	03. 09. = 10. 08.	03. 10. = 10. 08.	03. 11. = 12. 09.	03. 12. = 12. 10.
04. 07. = 07. 06.	04. 08. = 09. 07.	04. 09. = 11. 08.	04. 10. = 11. 08.	04. 11. = 13. 09.	04. 12. = 13. 10.
05. 07. = 08. 06.	05. 08. = 10. 07.	05. 09. = 12. 08.	05. 10. = 12. 08.	05. 11. = 14. 09.	05. 12. = 14. 10.
06. 07. = 09. 06.	06. 08. = 11. 07.	06. 09. = 13. 08.	06. 10. = 13. 08.	06. 11. = 15. 09.	06. 12. = 15. 10.
07. 07. = 10. 06.	07. 08. = 12. 07.	07. 09. = 14. 08.	07. 10. = 14. 08.	07. 11. = 16. 09.	07. 12. = 16. 10.
08. 07. = 11. 06.	08. 08. = 13. 07.	08. 09. = 15. 08.	08. 10. = 15. 08.	08. 11. = 17. 09.	08. 12. = 17. 10.
09. 07. = 12. 06.	09. 08. = 14. 07.	09. 09. = 16. 08.	09. 10. = 16. 08.	09. 11. = 18. 09.	09. 12. = 18. 10.
10. 07. = 13. 06.	10. 08. = 15. 07.	10. 09. = 17. 08.	10. 10. = 17. 08.	10. 11. = 19. 09.	10. 12. = 19. 10.
11. 07. = 14. 06.	11. 08. = 16. 07.	11. 09. = 18. 08.	11. 10. = 18. 08.	11. 11. = 20. 09.	11. 12. = 20. 10.
12. 07. = 15. 06.	12. 08. = 17. 07.	12. 09. = 19. 08.	12. 10. = 19. 08.	12. 11. = 21. 09.	12. 12. = 21. 10.
13. 07. = 16. 06.	13. 08. = 18. 07.	13. 09. = 20. 08.	13. 10. = 20. 08.	13. 11. = 22. 09.	13. 12. = 22. 10.
14. 07. = 17. 06.	14. 08. = 19. 07.	14. 09. = 21. 08.	14. 10. = 21. 08.	14. 11. = 23. 09.	14. 12. = 23. 10.
15. 07. = 18. 06.	15. 08. = 20. 07.	15. 09. = 22. 08.	15. 10. = 22. 08.	15. 11. = 24. 09.	15. 12. = 24. 10.
16. 07. = 19. 06.	16. 08. = 21. 07.	16. 09. = 23. 08.	16. 10. = 23. 08.	16. 11. = 25. 09.	16. 12. = 25. 10.
17. 07. = 20. 06.	17. 08. = 22. 07.	17. 09. = 24. 08.	17. 10. = 24. 08.	17. 11. = 26. 09.	17. 12. = 26. 10.
18. 07. = 21. 06.	18. 08. = 23. 07.	18. 09. = 25. 08.	18. 10. = 25. 08.	18. 11. = 27. 09.	18. 12. = 27. 10.
19. 07. = 22. 06.	19. 08. = 24. 07.	19. 09. = 26. 08.	19. 10. = 26. 08.	19. 11. = 28. 09.	19. 12. = 28. 10.
20. 07. = 23. 06.	20. 08. = 25. 07.	20. 09. = 27. 08.	20. 10. = 27. 08.	20. 11. = 29. 09.	20. 12. = 29. 10.
21. 07. = 24. 06.	21. 08. = 26. 07.	21. 09. = 28. 08.	21. 10. = 28. 08.	21. 11. = 30. 09.	21. 12. = 01. 11.
22. 07. = 25. 06.	22. 08. = 27. 07.	22. 09. = 29. 08.	22. 10. = 29. 08.	22. 11. = 01. 10.	22. 12. = 02. 11.
23. 07. = 26. 06.	23. 08. = 28. 07.	23. 09. = 30. 08.	23. 10. = 01. 09.	23. 11. = 02. 10.	23. 12. = 03. 11.
24. 07. = 27. 06.	24. 08. = 29. 07.	24. 09. = 01. 08.	24. 10. = 02. 09.	24. 11. = 03. 10.	24. 12. = 04. 11.
25. 07. = 28. 06.	25. 08. = 01. 08.	25. 09. = 02. 08.	25. 10. = 03. 09.	25. 11. = 04. 10.	25. 12. = 05. 11.
26. 07. = 29. 06.	26. 08. = 02. 08.	26. 09. = 03. 08.	26. 10. = 04. 09.	26. 11. = 05. 10.	26. 12. = 06. 11.
27. 07. = 01. 07.	27. 08. = 03. 08.	27. 09. = 04. 08.	27. 10. = 05. 09.	27. 11. = 06. 10.	27. 12. = 07. 11.
28. 07. = 02. 07.	28. 08. = 04. 08.	28. 09. = 05. 08.	28. 10. = 06. 09.	28. 11. = 07. 10.	28. 12. = 08. 11.
29. 07. = 03. 07.	29. 08. = 05. 08.	29. 09. = 06. 08.	29. 10. = 07. 09.	29. 11. = 08. 10.	29. 12. = 09. 11.
30. 07. = 04. 07.	30. 08. = 06. 08.	30. 09. = 07. 08.	30. 10. = 08. 09.	30. 11. = 09. 10.	30. 12. = 10. 11.
31. 07. = 05. 07.	31. 08. = 07. 08.		31. 10. = 09. 09.		31. 12. = 11. 11.

1958

Januar	Februar	März	April	Mai	Juni
01. 01. = 12. 11.	01. 02. = 13. 12.	01. 03. = 12. 01.	01. 04. = 13. 02.	01. 05. = 13. 03.	01. 06. = 14. 04.
02. 01. = 13. 11.	02. 02. = 14. 12.	02. 03. = 13. 01.	02. 04. = 14. 02.	02. 05. = 14. 03.	02. 06. = 15. 04.
03. 01. = 14. 11.	03. 02. = 15. 12.	03. 03. = 14. 01.	03. 04. = 15. 02.	03. 05. = 15. 03.	03. 06. = 16. 04.
04. 01. = 15. 11.	04. 02. = 16. 12.	04. 03. = 15. 01.	04. 04. = 16. 02.	04. 05. = 16. 03.	04. 06. = 17. 04.
05. 01. = 16. 11.	05. 02. = 17. 12.	05. 03. = 16. 01.	05. 04. = 17. 02.	05. 05. = 17. 03.	05. 06. = 18. 04.
06. 01. = 17. 11.	06. 02. = 18. 12.	06. 03. = 17. 01.	06. 04. = 18. 02.	06. 05. = 18. 03.	06. 06. = 19. 04.
07. 01. = 18. 11.	07. 02. = 19. 12.	07. 03. = 18. 01.	07. 04. = 19. 02.	07. 05. = 19. 03.	07. 06. = 20. 04.
08. 01. = 19. 11.	08. 02. = 20. 12.	08. 03. = 19. 01.	08. 04. = 20. 02.	08. 05. = 20. 03.	08. 06. = 21. 04.
09. 01. = 20. 11.	09. 02. = 21. 12.	09. 03. = 20. 01.	09. 04. = 21. 02.	09. 05. = 21. 03.	09. 06. = 22. 04.
10. 01. = 21. 11.	10. 02. = 22. 12.	10. 03. = 21. 01.	10. 04. = 22. 02.	10. 05. = 22. 03.	10. 06. = 23. 04.
11. 01. = 22. 11.	11. 02. = 23. 12.	11. 03. = 22. 01.	11. 04. = 23. 02.	11. 05. = 23. 03.	11. 06. = 24. 04.
12. 01. = 23. 11.	12. 02. = 24. 12.	12. 03. = 23. 01.	12. 04. = 24. 02.	12. 05. = 24. 03.	12. 06. = 25. 04.
13. 01. = 24. 11.	13. 02. = 25. 12.	13. 03. = 24. 01.	13. 04. = 25. 02.	13. 05. = 25. 03.	13. 06. = 26. 04.
14. 01. = 25. 11.	14. 02. = 26. 12.	14. 03. = 25. 01.	14. 04. = 26. 02.	14. 05. = 26. 03.	14. 06. = 27. 04.
15. 01. = 26. 11.	15. 02. = 27. 12.	15. 03. = 26. 01.	15. 04. = 27. 02.	15. 05. = 27. 03.	15. 06. = 28. 04.
16. 01. = 27. 11.	16. 02. = 28. 12.	16. 03. = 27. 01.	16. 04. = 28. 02.	16. 05. = 28. 03.	16. 06. = 29. 04.
17. 01. = 28. 11.	17. 02. = 29. 12.	17. 03. = 28. 01.	17. 04. = 29. 02.	17. 05. = 29. 03.	17. 06. = 01. 05.
18. 01. = 29. 11.	18. 02. = 01. 01.	18. 03. = 29. 01.	18. 04. = 30. 02.	18. 05. = 30. 03.	18. 06. = 02. 05.
19. 01. = 30. 11.	19. 02. = 02. 01.	19. 03. = 30. 01.	19. 04. = 01. 03.	19. 05. = 01. 04.	19. 06. = 03. 05.
20. 01. = 01. 12.	20. 02. = 03. 01.	20. 03. = 01. 02.	20. 04. = 02. 03.	20. 05. = 02. 04.	20. 06. = 04. 05.
21. 01. = 02. 12.	21. 02. = 04. 01.	21. 03. = 02. 02.	21. 04. = 03. 03.	21. 05. = 03. 04.	21. 06. = 05. 05.
22. 01. = 03. 12.	22. 02. = 05. 01.	22. 03. = 03. 02.	22. 04. = 04. 03.	22. 05. = 04. 04.	22. 06. = 06. 05.
23. 01. = 04. 12.	23. 02. = 06. 01.	23. 03. = 04. 02.	23. 04. = 05. 03.	23. 05. = 05. 04.	23. 06. = 07. 05.
24. 01. = 05. 12.	24. 02. = 07. 01.	24. 03. = 05. 02.	24. 04. – 06. 03.	24. 05. – 06. 04.	24. 06. – 08. 05.
25. 01. = 06. 12.	25. 02. = 08. 01.	25. 03. = 06. 02.	25. 04. = 07. 03.	25. 05. = 07. 04.	25. 06. = 09. 05.
26. 01. = 07. 12.	26. 02. = 09. 01.	26. 03. = 07. 02.	26. 04. = 08. 03.	26. 05. = 08. 04.	26. 06. = 10. 05.
27. 01. = 08. 12.	27. 02. = 10. 01.	27. 03. = 08. 02.	27. 04. = 09. 03.	27. 05. = 09. 04.	27. 06. = 11. 05.
28. 01. = 09. 12.	28. 02. = 11. 01.	28. 03. = 09. 02.	28. 04. = 10. 03.	28. 05. = 10. 04.	28. 06. = 12. 05.
29. 01. = 10. 12.		29. 03. = 10. 02.	29. 04. = 11. 03.	29. 05. = 11. 04.	29. 06. = 13. 05.
30. 01. = 11. 12.		30. 03. = 11. 02.	30. 04. = 12. 03.	30. 05. = 12. 04.	30. 06. = 14. 05.
31. 01. = 12. 12.		31. 03. = 12. 02.		31. 05. = 13. 04.	

1958

Juli	August	September	Oktober	November	Dezember
01. 07. = 15. 05.	01. 08. = 16. 06.	01. 09. = 18. 07.	01. 10. = 19. 08.	01. 11. = 20. 09.	01. 12. = 21. 10.
02. 07. = 16. 05.	02. 08. = 17. 06.	02. 09. = 19. 07.	02. 10. = 20. 08.	02. 11. = 21. 09.	02. 12. = 22. 10.
03. 07. = 17. 05.	03. 08. = 18. 06.	03. 09. = 20. 07.	03. 10. = 21. 08.	03. 11. = 22. 09.	03. 12. = 23. 10.
04. 07. = 18. 05.	04. 08. = 19. 06.	04. 09. = 21. 07.	04. 10. = 22. 08.	04. 11. = 23. 09.	04. 12. = 24. 10.
05. 07. = 19. 05.	05. 08. = 20. 06.	05. 09. = 22. 07.	05. 10. = 23. 08.	05. 11. = 24. 09.	05. 12. = 25. 10.
06. 07. = 20. 05.	06. 08. = 21. 06.	06. 09. = 23. 07.	06. 10. = 24. 08.	06. 11. = 25. 09.	06. 12. = 26. 10.
07. 07. = 21. 05.	07. 08. = 22. 06.	07. 09. = 24. 07.	07. 10. = 25. 08.	07. 11. = 26. 09.	07. 12. = 27. 10.
08. 07. = 22. 05.	08. 08. = 23. 06.	08. 09. = 25. 07.	08. 10. = 26. 08.	08. 11. = 27. 09.	08. 12. = 28. 10.
09. 07. = 23. 05.	09. 08. = 24. 06.	09. 09. = 26. 07.	09. 10. = 27. 08.	09. 11. = 28. 09.	09. 12. = 29. 10.
10. 07. = 24. 05.	10. 08. = 25. 06.	10. 09. = 27. 07.	10. 10. = 28. 08.	10. 11. = 29. 09.	10. 12. = 30. 10.
11. 07. = 25. 05.	11. 08. = 26. 06.	11. 09. = 28. 07.	11. 10. = 29. 08.	11. 11. = 01. 10.	11. 12. = 01. 11.
12. 07. = 26. 05.	12. 08. = 27. 06.	12. 09. = 29. 07.	12. 10. = 30. 08.	12. 11. = 02. 10.	12. 12. = 02. 11.
13. 07. = 27. 05.	13. 08. = 28. 06.	13. 09. = 01. 08.	13. 10. = 01. 09.	13. 11. = 03. 10.	13. 12. = 03. 11.
14. 07. = 28. 05.	14. 08. = 29. 06.	14. 09. =.02. 08.	14. 10. = 02. 09.	14. 11. = 04. 10.	14. 12. = 04. 11.
15. 07. = 29. 05.	15. 08. = 01. 07.	15. 09. = 03. 08.	15. 10. = 03. 09.	15. 11. = 05. 10.	15. 12. = 05. 11.
16. 07. = 30. 05.	16. 08. = 02. 07.	16. 09. = 04. 08.	16. 10. = 04. 09.	16. 11. = 06. 10.	16. 12. = 06. 11.
17. 07. = 01. 06.	17. 08. = 03. 07.	17. 09. = 05. 08.	17. 10. = 05. 09.	17. 11. = 07. 10.	17. 12. = 07. 11.
18. 07. = 02. 06.	18. 08. = 04. 07.	18. 09. = 06. 08.	18. 10. = 06. 09.	18. 11. = 08. 10.	18. 12. = 08. 11.
19. 07. = 03. 06.	19. 08. = 05. 07.	19. 09. = 07. 08.	19. 10. = 07. 09.	19. 11. = 09. 10.	19. 12. = 09. 11.
20. 07. = 04. 06.	20. 08. = 06. 07.	20. 09. = 08. 08.	20. 10. = 08. 09.	20. 11. = 10. 10.	20. 12. = 10. 11.
21. 07. = 05. 06.	21. 08. = 07. 07.	21. 09. = 09. 08.	21. 10. = 09. 09.	21. 11. = 11. 10.	21. 12. = 11. 11.
22. 07. = 06. 06.	22. 08. = 08. 07.	22. 09. = 10. 08.	22. 10. = 10. 09.	22. 11. = 12. 10.	22. 12. = 12. 11.
23. 07. = 07. 06.	23. 08. = 09. 07.	23. 09. = 11. 08.	23. 10. = 11. 09.	23. 11. = 13. 10.	23. 12. = 13. 11.
24. 07. = 08. 06.	24. 08. = 10. 07.	24. 09. = 12. 08.	24. 10. = 12. 09.	24. 11. = 14. 10.	24. 12. = 14. 11.
25. 07. = 09. 06.	25. 08. = 11. 07.	25. 09. = 13. 08.	25. 10. = 13. 09.	25. 11. = 15. 10.	25. 12. = 15. 11.
26. 07. = 10. 06.	26. 08. = 12. 07.	26. 09. = 14. 08.	26. 10. = 14. 09.	26. 11. = 16. 10.	26. 12. = 16. 11.
27. 07. = 11. 06.	27. 08. = 13. 07.	27. 09. = 15. 08.	27. 10. = 15. 09.	27. 11. = 17. 10.	27. 12. = 17. 11.
28. 07. = 12. 06.	28. 08. = 14. 07.	28. 09. = 16. 08.	28. 10. = 16. 09.	28. 11. = 18. 10.	28. 12. = 18. 11.
29. 07. = 13. 06.	29. 08. = 15. 07.	29. 09. = 17. 08.	29. 10. = 17. 09.	29. 11. = 19. 10.	29. 12. = 19. 11.
30. 07. = 14. 06.	30. 08. = 16. 07.	30. 09. = 18. 08.	30. 10. = 18. 09.	30. 11. = 20. 10.	30. 12. = 20. 11.
31. 07. = 15. 06.	31. 08. = 17. 07.		31. 10. = 19. 09.		31. 12. = 21. 11.

1959

Januar	Februar	März	April	Mai	Juni
01. 01. = 22. 11.	01. 02. = 24. 12.	01. 03. = 22. 01.	01. 04. = 24. 02.	01. 05. = 24. 03.	01. 06. = 25. 04.
02. 01. = 23. 11.	02. 02. = 25. 12.	02. 03. = 23. 01.	02. 04. = 25. 02.	02. 05. = 25. 03.	02. 06. = 26. 04.
03. 01. = 24. 11.	03. 02. = 26. 12.	03. 03. = 24. 01.	03. 04. = 26. 02.	03. 05. = 26. 03.	03. 06. = 27. 04.
04. 01. = 25. 11.	04. 02. = 27. 12.	04. 03. = 25. 01.	04. 04. = 27. 02.	04. 05. = 27. 03.	04. 06. = 28. 04.
05. 01. = 26. 11.	05. 02. = 28. 12.	05. 03. = 26. 01.	05. 04. = 28. 02.	05. 05. = 28. 03.	05. 06. = 29. 04.
06. 01. = 27. 11.	06. 02. = 29. 12.	06. 03. = 27. 01.	06. 04. = 29. 02.	06. 05. = 29. 03.	06. 06. = 01. 05.
07. 01. = 28. 11.	07. 02. = 30. 12.	07. 03. = 28. 01.	07. 04. = 30. 02.	07. 05. = 30. 03.	07. 06. = 02. 05.
08. 01. = 29. 11.	08. 02. = 01. 01.	08. 03. = 29. 01.	08. 04. = 01. 03.	08. 05. = 01. 04.	08. 06. = 03. 05.
09. 01. = 01. 12.	09. 02. = 02. 01.	09. 03. = 01. 02.	09. 04. = 02. 03.	09. 05. = 02. 04.	09. 06. = 04. 05.
10. 01. = 02. 12.	10. 02. = 03. 01.	10. 03. = 02. 02.	10. 04. = 03. 03.	10. 05. = 03. 04.	10. 06. = 05. 05.
11. 01. = 03. 12.	11. 02. = 04. 01.	11. 03. = 03. 02.	11. 04. = 04. 03.	11. 05. = 04. 04.	11. 06. = 06. 05.
12. 01. = 04. 12.	12. 02. = 05. 01.	12. 03. = 04. 02.	12. 04. = 05. 03.	12. 05. = 05. 04.	12. 06. = 07. 05.
13. 01. = 05. 12.	13. 02. = 06. 01.	13. 03. = 05. 02.	13. 04. = 06. 03.	13. 05. = 06. 04.	13. 06. = 08. 05.
14. 01. = 06. 12.	14. 02. = 07. 01.	14. 03. = 06. 02.	14. 04. = 07. 03.	14. 05. = 07. 04.	14. 06. = 09. 05.
15. 01. = 07. 12.	15. 02. = 08. 01.	15. 03. = 07. 02.	15. 04. = 08. 03.	15. 05. = 08. 04.	15. 06. = 10. 05.
16. 01. = 08. 12.	16. 02. = 09. 01.	16. 03. = 08. 02.	16. 04. = 09. 03.	16. 05. = 09. 04.	16. 06. = 11. 05.
17. 01. = 09. 12.	17. 02. = 10. 01.	17. 03. = 09. 02.	17. 04. = 10. 03.	17. 05. = 10. 04.	17. 06. = 12. 05.
18. 01. = 10. 12.	18. 02. = 11. 01.	18. 03. = 10. 02.	18. 04. = 11. 03.	18. 05. = 11. 04.	18. 06. = 13. 05.
19. 01. = 11. 12.	19. 02. = 12. 01.	19. 03. = 11. 02.	19. 04. = 12. 03.	19. 05. = 12. 04.	19. 06. = 14. 05.
20. 01. = 12. 12.	20. 02. = 13. 01.	20. 03. = 12. 02.	20. 04. = 13. 03.	20. 05. = 13. 04.	20. 06. = 15. 05.
21. 01. = 13. 12.	21. 02. = 14. 01.	21. 03. = 13. 02.	21. 04. = 14. 03.	21. 05. = 14. 04.	21. 06. = 16. 05.
22. 01. = 14. 12.	22. 02. = 15. 01.	22. 03. = 14. 02.	22. 04. = 15. 03.	22. 05. = 15. 04.	22. 06. = 17. 05.
23. 01. = 15. 12.	23. 02. = 16. 01.	23. 03. = 15. 02.	23. 04. = 16. 03.	23. 05. = 16. 04.	23. 06. = 18. 05.
24. 01. – 16. 12.	24. 02. = 17. 01.	24. 03. = 16. 02.	24. 04. = 17. 03.	24. 05. – 17. 04.	24. 06. – 19. 05.
25. 01. = 17. 12.	25. 02. = 18. 01.	25. 03. = 17. 02.	25. 04. = 18. 03.	25. 05. = 18. 04.	25. 06. = 20. 05.
26. 01. = 18. 12.	26. 02. = 19. 01.	26. 03. = 18. 02.	26. 04. = 19. 03.	26. 05. = 19. 04.	26. 06. = 21. 05.
27. 01. = 19. 12.	27. 02. = 20. 01.	27. 03. = 19. 02.	27. 04. = 20. 03.	27. 05. = 20. 04.	27. 06. = 22. 05.
28. 01. = 20. 12.	28. 02. = 21. 01.	28. 03. = 20. 02.	28. 04. = 21. 03.	28. 05. = 21. 04.	28. 06. = 23. 05.
29. 01. = 21. 12.		29. 03. =.21. 02.	29. 04. = 22. 03.	29. 05. = 22. 04.	29. 06. = 24. 05.
30. 01. = 22. 12.		30. 03. = 22. 02.	30. 04. = 23. 03.	30. 05. = 23. 04.	30. 06. = 25. 05.
31. 01. = 23. 12.		31. 03. = 23. 02.		31. 05. = 24. 04.	

1959

Juli	August	September	Oktober	November	Dezember
01. 07. = 26. 05.	01. 08. = 27. 06.	01. 09. = 29. 07.	01. 10. = 29. 08.	01. 11. = 01. 10.	01. 12. = 02. 11.
02. 07. = 27. 05.	02. 08. = 28. 06.	02. 09. = 30. 07.	02. 10. = 01. 09.	02. 11. = 02. 10.	02. 12. = 03. 11.
03. 07. = 28. 05.	03. 08. = 29. 06.	03. 09. = 01. 08.	03. 10. = 02. 09.	03. 11. = 03. 10.	03. 12. = 04. 11.
04. 07. = 29. 05.	04. 08. = 01. 07.	04. 09. = 02. 08.	04. 10. = 03. 09.	04. 11. = 04. 10.	04. 12. = 05. 11.
05. 07. = 30. 05.	05. 08. = 02. 07.	05. 09. = 03. 08.	05. 10. = 04. 09.	05. 11. = 05. 10.	05. 12. = 06. 11.
06. 07. = 01. 06.	06. 08. = 03. 07.	06. 09. = 04. 08.	06. 10. = 05. 09.	06. 11. = 06. 10.	06. 12. = 07. 11.
07. 07. = 02. 06.	07. 08. = 04. 07.	07. 09. = 05. 08.	07. 10. = 06. 09.	07. 11. = 07. 10.	07. 12. = 08. 11.
08. 07. = 03. 06.	08. 08. = 05. 07.	08. 09. = 06. 08.	08. 10. = 07. 09.	08. 11. = 08. 10.	08. 12. = 09. 11.
09. 07. = 04. 06.	09. 08. = 06. 07.	09. 09. = 07. 08.	09. 10. = 08. 09.	09. 11. = 09. 10.	09. 12. = 10. 11.
10. 07. = 05. 06.	10. 08. = 07. 07.	10. 09. = 08. 08.	10. 10. = 09. 09.	10. 11. = 10. 10.	10. 12. = 11. 11.
11. 07. = 06. 06.	11. 08. = 08. 07.	11. 09. = 09. 08.	11. 10. = 10. 09.	11. 11. = 11. 10.	11. 12. = 12. 11.
12. 07. = 07. 06.	12. 08. = 09. 07.	12. 09. = 10. 08.	12. 10. = 11. 09.	12. 11. = 12. 10.	12. 12. = 13. 11.
13. 07. = 08. 06.	13. 08. = 10. 07.	13. 09. = 11. 08.	13. 10. = 12. 09.	13. 11. = 13. 10.	13. 12. = 14. 11.
14. 07. = 09. 06.	14. 08. = 11. 07.	14. 09. = 12. 08.	14. 10. = 13. 09.	14. 11. = 14. 10.	14. 12. = 15. 11.
15. 07. = 10. 06.	15. 08. = 12. 07.	15. 09. = 13. 08.	15. 10. = 14. 09.	15. 11. = 15. 10.	15. 12. = 16. 11.
16. 07. = 11. 06.	16. 08. = 13. 07.	16. 09. = 14. 08.	16. 10. = 15. 09.	16. 11. = 16. 10.	16. 12. = 17. 11.
17. 07. = 12. 06.	17. 08. = 14. 07.	17. 09. = 15. 08.	17. 10. = 16. 09.	17. 11. = 17. 10.	17. 12. = 18. 11.
18. 07. = 13. 06.	18. 08. = 15. 07.	18. 09. = 16. 08.	18. 10. = 17. 09.	18. 11. = 18. 10.	18. 12. = 19. 11.
19. 07. = 14. 06.	19. 08. = 16. 07.	19. 09. = 17. 08.	19. 10. = 18. 09.	19. 11. = 19. 10.	19. 12. = 20. 11.
20. 07. = 15. 06.	20. 08. = 17. 07.	20. 09. = 18. 08.	20. 10. = 19. 09.	20. 11. = 20. 10.	20. 12. = 21. 11.
21. 07. = 16. 06.	21. 08. = 18. 07.	21. 09. = 19. 08.	21. 10. = 20. 09.	21. 11. = 21. 10.	21. 12. = 22. 11.
22. 07. = 17. 06.	22. 08. = 19. 07.	22. 09. = 20. 08.	22. 10. = 21. 09.	22. 11. = 22. 10.	22. 12. = 23. 11.
23. 07. = 18. 06.	23. 08. = 20. 07.	23. 09. = 21. 08.	23. 10. = 22. 09.	23. 11. = 23. 10.	23. 12. = 24. 11.
24. 07. = 19. 06.	24. 08. = 21. 07.	24. 09. = 22. 08.	24. 10. = 23. 09.	24. 11. = 24. 10.	24. 12. = 25. 11.
25. 07. = 20. 06.	25. 08. = 22. 07.	25. 09. = 23. 08.	25. 10. = 24. 09.	25. 11. = 25. 10.	25. 12. = 26. 11.
26. 07. = 21. 06.	26. 08. = 23. 07.	26. 09. = 24. 08.	26. 10. = 25. 09.	26. 11. = 26. 10.	26. 12. = 27. 11.
27. 07. = 22. 06.	27. 08. = 24. 07.	27. 09. = 25. 08.	27. 10. = 26. 09.	27. 11. = 27. 10.	27. 12. = 28. 11.
28. 07. = 23. 06.	28. 08. = 25. 07.	28. 09. = 26. 08.	28. 10. = 27. 09.	28. 11. = 28. 10.	28. 12. = 29. 11.
29. 07. = 24. 06.	29. 08. = 26. 07.	29. 09. = 27. 08.	29. 10. = 28. 09.	29. 11. = 29. 10.	29. 12. = 30. 11.
30. 07. = 25. 06.	30. 08. = 27. 07.	30. 09. = 28. 08.	30. 10. = 29. 09.	30. 11. = 01. 11.	30. 12. = 01. 12.
31. 07. = 26. 06.	31. 08. = 28. 07.		31. 10. = 30. 09.		31. 12. = 02. 12.

1960

Januar	Februar	März	April	Mai	Juni
01. 01. = 03. 12.	01. 02. = 05. 01.	01. 03. = 04. 02	01. 04. = 06. 03.	01. 05. = 06. 04.	01. 06. = 08. 05.
02. 01. = 04. 12.	02. 02. = 06. 01.	02. 03. = 05. 02.	02. 04. = 07. 03.	02. 05. = 07. 04.	02. 06. = 09. 05.
03. 01. = 05. 12.	03. 02. = 07. 01.	03. 03. = 06. 02.	03. 04. = 08. 03.	03. 05. = 08. 04.	03. 06. = 10. 05.
04. 01. = 06. 12.	04. 02. = 08. 01.	04. 03. = 07. 02.	04. 04. = 09. 03.	04. 05. = 09. 04.	04. 06. = 11. 05.
05. 01. = 07. 12.	05. 02. = 09. 01.	05. 03. = 08. 02.	05. 04. = 10. 03.	05. 05. = 10. 04.	05. 06. = 12. 05.
06. 01. = 08. 12.	06. 02. = 10. 01.	06. 03. = 09. 02.	06. 04. = 11. 03.	06. 05. = 11. 04.	06. 06. = 13. 05.
07. 01. = 09. 12.	07. 02. = 11. 01.	07. 03. = 10. 02.	07. 04. = 12. 03.	07. 05. = 12. 04.	07. 06. = 14. 05.
08. 01. = 10. 12.	08. 02. = 12. 01.	08. 03. = 11. 02.	08. 04. = 13. 03.	08. 05. = 13. 04.	08. 06. = 15. 05.
09. 01. = 11. 12.	09. 02. = 13. 01.	09. 03. = 12. 02.	09. 04. = 14. 03.	09. 05. = 14. 04.	09. 06. = 16. 05.
10. 01. = 12. 12.	10. 02. = 14. 01.	10. 03. = 13. 02.	10. 04. = 15. 03.	10. 05. = 15. 04.	10. 06. = 17. 05.
11. 01. = 13. 12.	11. 02. = 15. 01.	11. 03. = 14. 02.	11. 04. = 16. 03.	11. 05. = 16. 04.	11. 06. = 18. 05.
12. 01. = 14. 12.	12. 02. = 16. 01.	12. 03. = 15. 02.	12. 04. = 17. 03.	12. 05. = 17. 04.	12. 06. = 19. 05.
13. 01. = 15. 12.	13. 02. = 17. 01.	13. 03. = 16. 02.	13. 04. = 18. 03.	13. 05. = 18. 04.	13. 06. = 20. 05.
14. 01. = 16. 12.	14. 02. = 18. 01.	14. 03. = 17. 02.	14. 04. = 19. 03.	14. 05. = 19. 04.	14. 06. = 21. 05.
15. 01. = 17. 12.	15. 02. = 19. 01.	15. 03. = 18. 02.	15. 04. = 20. 03.	15. 05. = 20. 04.	15. 06. = 22. 05.
16. 01. = 18. 12.	16. 02. = 20. 01.	16. 03. = 19. 02.	16. 04. = 21. 03.	16. 05. = 21. 04.	16. 06. = 23. 05.
17. 01. = 19. 12.	17. 02. = 21. 01.	17. 03. = 20. 02.	17. 04. = 22. 03.	17. 05. = 22. 04.	17. 06. = 24. 05.
18. 01. = 20. 12.	18. 02. = 22. 01.	18. 03. = 21. 02.	18. 04. = 23. 03.	18. 05. = 23. 04.	18. 06. = 25. 05.
19. 01. = 21. 12.	19. 02. = 23. 01.	19. 03. = 22. 02.	19. 04. = 24. 03.	19. 05. = 24. 04.	19. 06. = 26. 05.
20. 01. = 22. 12.	20. 02. = 24. 01.	20. 03. = 23. 02.	20. 04. = 25. 03.	20. 05. = 25. 04.	20. 06. = 27. 05.
21. 01. = 23. 12.	21. 02. = 25. 01.	21. 03. = 24. 02.	21. 04. = 26. 03.	21. 05. = 26. 04.	21. 06. = 28. 05.
22. 01. = 24. 12.	22. 02. = 26. 01.	22. 03. = 25. 02.	22. 04. = 27. 03.	22. 05. = 27. 04.	22. 06. = 29. 05.
23. 01. = 25. 12.	23. 02. = 27. 01.	23. 03. = 26. 02.	23. 04. = 28. 03.	23. 05. = 28. 04.	23. 06. = 30. 05.
24. 01. = 26. 12.	24. 02. = 28. 01.	24. 03. = 27. 02.	24. 04. = 29. 03.	24. 05. = 29. 04.	24. 06. = 01. 06.
25. 01. = 27. 12.	25. 02. = 29. 01.	25. 03. = 28. 02.	25. 04. = 30. 03.	25. 05. = 01. 05.	25. 06. = 02. 06.
26. 01. = 28. 12.	26. 02. = 30. 01.	26. 03. = 29. 02.	26. 04. = 01. 04.	26. 05. = 02. 05.	26. 06. = 03. 06.
27. 01. = 29. 12.	27. 02. = 01. 02.	27. 03. = 01. 03.	27. 04. = 02. 04.	27. 05. = 03. 05.	27. 06. = 04. 06.
28. 01. = 01. 01.	28. 02. = 02. 02.	28. 03. = 02. 03.	28. 04. = 03. 04.	28. 05. = 04. 05.	28. 06. = 05. 06.
29. 01. = 02. 01.	29. 02. = .03. 02.	29. 03. = 03. 03.	29. 04. = 04. 04.	29. 05. = 05. 05.	29. 06. = 06. 06.
30. 01. = 03. 01.		30. 03. = 04. 03.	30. 04. = 05. 04.	30. 05. = 06. 05.	30. 06. = 07. 06.
31. 01. = 04. 01.		31. 03. = 05. 03.		31. 05. = 07. 05.	

1960

Juli	August	September	Oktober	November	Dezember
01. 07. = 08. 06.	01. 08. = 09. 06.	01. 09. = 11. 07.	01. 10. = 11. 08.	01. 11. = 13. 09.	01. 12. = 13. 10.
02. 07. = 09. 06.	02. 08. = 10. 06.	02. 09. = 12. 07.	02. 10. = 12. 08.	02. 11. = 14. 09.	02. 12. = 14. 10.
03. 07. = 10. 06.	03. 08. = 11. 06.	03. 09. = 13. 07.	03. 10. = 13. 08.	03. 11. = 15. 09.	03. 12. = 15. 10.
04. 07. = 11. 06.	04. 08. = 12. 06.	04. 09. = 14. 07.	04. 10. = 14. 08.	04. 11. = 16. 09.	04. 12. = 16. 10.
05. 07. = 12. 06.	05. 08. = 13. 06.	05. 09. = 15. 07.	05. 10. = 15. 08.	05. 11. = 17. 09.	05. 12. = 17. 10.
06. 07. = 13. 06.	06. 08. = 14. 06.	06. 09. = 16. 07.	06. 10. = 16. 08.	06. 11. = 18. 09.	06. 12. = 18. 10.
07. 07. = 14. 06.	07. 08. = 15. 06.	07. 09. = 17. 07.	07. 10. = 17. 08.	07. 11. = 19. 09.	07. 12. = 19. 10.
08. 07. = 15. 06.	08. 08. = 16. 06.	08. 09. = 18. 07.	08. 10. = 18. 08.	08. 11. = 20. 09.	08. 12. = 20. 10.
09. 07. = 16. 06.	09. 08. = 17. 06.	09. 09. = 19. 07.	09. 10. = 19. 08.	09. 11. = 21. 09.	09. 12. = 21. 10.
10. 07. = 17. 06.	10. 08. = 18. 06.	10. 09. = 20. 07.	10. 10. = 20 .08.	10. 11. = 22. 09.	10. 12. = 22. 10.
11. 07. = 18. 06.	11. 08. = 19. 06.	11. 09. = 21. 07.	11. 10. = 21. 08.	11. 11. = 23. 09.	11. 12. = 23. 10.
12. 07. = 19. 06.	12. 08. = 20. 06.	12. 09. = 22. 07.	12. 10. = 22. 08.	12. 11. = 24. 09.	12. 12. = 24. 10.
13. 07. = 20. 06.	13. 08. = 21. 06.	13. 09. = 23. 07.	13. 10. = 23. 08.	13. 11. = 25. 09.	13. 12. = 25. 10.
14. 07. = 21. 06.	14. 08. = 22. 06.	14. 09. = 24. 07.	14. 10. = 24. 08.	14. 11. = 26. 09.	14. 12. = 26. 10.
15. 07. = 22. 06.	15. 08. = 23. 06.	15. 09. = 25. 07.	15. 10. = 25. 08.	15. 11. = 27. 09.	15. 12. = 27. 10.
16. 07. = 23. 06.	16. 08. = 24. 06.	16. 09. = 26. 07.	16. 10. = 26. 08.	16. 11. = 28. 09.	16. 12. = 28. 10.
17. 07. = 24. 06.	17. 08. = 25. 06.	17. 09. = 27. 07.	17. 10. = 27. 08.	17. 11. = 29. 09.	17. 12. = 29. 10.
18. 07. = 25. 06.	18. 08. = 26. 06.	18. 09. = 28. 07.	18. 10. = 28. 08.	18. 11. = 30. 09.	18. 12. = 01. 11.
19. 07. = 26. 06.	19. 08. = 27. 06.	19. 09. = 29. 07.	19. 10. = 29. 08.	19. 11. = 01. 10.	19. 12. = 02. 11.
20. 07. = 27. 06.	20. 08. = 28. 06.	20. 09. = 30. 07.	20. 10. = 01. 09.	20. 11. = 02. 10.	20. 12. = 03. 11.
21. 07. = 28. 06.	21. 08. = 29. 06.	21. 09. = 01. 08.	21. 10. = 02. 09.	21. 11. = 03. 10.	21. 12. = 04. 11.
22. 07. = 29. 06.	22. 08. = 01. 07.	22. 09. = 02. 08.	22. 10. = 03. 09.	22. 11. = 04. 10.	22. 12. = 05. 11.
23. 07. = 30. 06.	23. 08. = 02. 07.	23. 09. = 03. 08.	23. 10. = 04. 09.	23. 11. = 05. 10.	23. 12. = 06. 11.
24. 07. = 01. 06.	24. 08. = 03. 07.	24. 09. = 04. 08.	24. 10. = 05. 09.	24. 11. = 06. 10.	24. 12. = 07. 11.
25. 07. = 02. 06.	25. 08. = 04. 07.	25. 09. = 05. 08.	25. 10. = 06. 09	25. 11. = 07. 10.	25. 12. = 08. 11.
26. 07. = 03. 06.	26. 08. = 05. 07.	26. 09. = 06. 08.	26. 10. = 07. 09.	26. 11. = 08. 10.	26. 12. = 09. 11.
27. 07. = 04. 06.	27. 08. = 06. 07.	27. 09. = 07. 08.	27. 10. = 08. 09.	27. 11. = 09. 10.	27. 12. = 10. 11.
28. 07. = 05. 06.	28. 08. = 07. 07.	28. 09. = 08. 08.	28. 10. = 09. 09.	28. 11. = 10. 10.	28. 12. = 11. 11.
29. 07. = 06. 06.	29. 08. = 08. 07.	29. 09. = 09. 08.	29. 10. = 10. 09.	29. 11. = 11. 10.	29. 12. = 12. 11.
30. 07. = 07. 06.	30. 08. = 09. 07.	30. 09. = 10. 08.	30. 10. = 11. 09.	30. 11. = 12. 10.	30. 12. = 13. 11.
31. 07. = 08. 06.	31. 08. = 10. 07.		31. 10. = 12. 09.		31. 12. = 14. 11.

1961

Januar	Februar	März	April	Mai	Juni
01. 01. = 15. 11.	01. 02. = 16. 12.	01. 03. = 15. 01.	01. 04. = 16. 02.	01. 05. = 17. 03.	01. 06. = 18. 04.
02. 01. = 16. 11.	02. 02. = 17. 12.	02. 03. = 16. 01.	02. 04. = 17. 02.	02. 05. = 18. 03.	02. 06. = 19. 04.
03. 01. = 17. 11.	03. 02. = 18. 12.	03. 03. = 17. 01.	03. 04. = 18. 02.	03. 05. = 19. 03.	03. 06. = 20. 04.
04. 01. = 18. 11.	04. 02. = 19. 12.	04. 03. = 18. 01.	04. 04. = 19. 02.	04. 05. = 20. 03.	04. 06. = 21. 04.
05. 01. = 19. 11.	05. 02. = 20. 12.	05. 03. = 19. 01.	05. 04. = 20. 02.	05. 05. = 21. 03.	05. 06. = 22. 04.
06. 01. = 20. 11.	06. 02. = 21. 12.	06. 03. = 20 .01.	06. 04. = 21. 02.	06. 05. = 22. 03.	06. 06. = 23. 04.
07. 01. = 21. 11.	07. 02. = 22. 12.	07. 03. = 21. 01.	07. 04. = 22. 02.	07. 05. = 23. 03.	07. 06. = 24. 04.
08. 01. = 22. 11.	08. 02. = 23. 12.	08. 03. = 22. 01.	08. 04. = 23. 02.	08. 05. = 24. 03.	08. 06. = 25. 04.
09. 01. = 23. 11.	09. 02. = 24. 12.	09. 03. = 23. 01.	09. 04. = 24. 02.	09. 05. = 25. 03.	09. 06. = 26. 04.
10. 01. = 24. 11.	10. 02. = 25. 12.	10. 03. = 24. 01.	10. 04. = 25. 02.	10. 05. = 26. 03.	10. 06. = 27. 04.
11. 01. = 25. 11.	11. 02. = 26. 12.	11. 03. = 25. 01.	11. 04. = 26. 02.	11. 05. = 27. 03.	11. 06. = 28. 04.
12. 01. = 26. 11.	12. 02. = 27. 12.	12. 03. = 26. 01.	12. 04. = 27. 02.	12. 05. = 28. 03.	12. 06. = 29. 04.
13. 01. = 27. 11.	13. 02. = 28. 12.	13. 03. = 27. 01.	13. 04. = 28. 02.	13. 05. = 29. 03.	13. 06. = 01. 05.
14. 01. = 28. 11.	14. 02. = 29. 12.	14. 03. = 28. 01.	14. 04. = 29. 02.	14. 05. = 30. 03.	14. 06. = 02. 05.
15. 01. = 29. 11.	15. 02. = 01. 01.	15. 03. = 29. 01.	15. 04. = 01. 03.	15. 05. = 01. 04.	15. 06. = 03. 05.
16. 01. = 30. 11.	16. 02. = 02. 01.	16. 03. = 30. 01.	16. 04. = 02. 03.	16. 05. = 02. 04.	16. 06. = 04. 05.
17. 01. = 01. 12.	17. 02. = 03. 01.	17. 03. = 01. 02.	17. 04. = 03. 03.	17. 05. = 03. 04.	17. 06. = 05. 05.
18. 01. = 02. 12.	18. 02. = 04. 01.	18. 03. = 02. 02.	18. 04. = 04. 03.	18. 05. = 04. 04.	18. 06. = 06. 05.
19. 01. = 03. 12.	19. 02. = 05. 01.	19. 03. = 03. 02.	19. 04. = 05. 03.	19. 05. = 05. 04.	19. 06. = 07. 05.
20. 01. = 04. 12.	20. 02. = 06. 01.	20. 03. = 04. 02.	20. 04. = 06. 03.	20. 05. = 06. 04.	20. 06. = 08. 05.
21. 01. = 05. 12.	21. 02. = 07. 01.	21. 03. = 05. 02.	21. 04. = 07. 03.	21. 05. = 07. 04.	21. 06. = 09. 05.
22. 01. = 06. 12.	22. 02. = 08. 01.	22. 03. = 06. 02.	22. 04. = 08. 03.	22. 05. = 08. 04.	22. 06. = 10. 05.
23. 01. = 07. 12.	23. 02. = 09. 01.	23. 03. = 07. 02.	23. 04. = 09. 03.	23. 05. = 09. 04.	23. 06. = 11. 05.
24. 01. – 08. 12.	24. 02. – 10. 01.	24. 03. – 08. 02.	24. 04. – 10. 03.	24. 05. – 10. 04.	24. 06. – 12. 05.
25. 01. = 09. 12.	25. 02. = 11. 01.	25. 03. = 09. 02.	25. 04. = 11. 03.	25. 05. = 11. 04.	25. 06. = 13. 05.
26. 01. = 10. 12.	26. 02. = 12. 01.	26. 03. = 10. 02.	26. 04. = 12. 03.	26. 05. = 12. 04.	26. 06. = 14. 05.
27. 01. = 11. 12.	27. 02. = 13. 01.	27. 03. = 11. 02.	27. 04. = 13. 03.	27. 05. = 13. 04.	27. 06. = 15. 05.
28. 01. = 12. 12.	28. 02. = 14. 01.	28. 03. = 12. 02.	28. 04. = 14. 03.	28. 05. = 14. 04.	28. 06. = 16. 05.
29. 01. = 13. 12.		29. 03. = 13. 02.	29. 04. = 15. 03.	29. 05. = 15. 04.	29. 06. = 17. 05.
30. 01. = 14. 12.		30. 03. = 14. 02.	30. 04. = 16. 03.	30. 05. = 16. 04.	30. 06. = 18. 05.
31. 01. = 15. 12.		31. 03. = 15. 02.		31. 05. = 17. 04.	

1961

Juli	August	September	Oktober	November	Dezember
01. 07. = 19. 05.	01. 08. = 20. 06.	01. 09. = 22. 07.	01. 10. = 22. 08.	01. 11. = 23. 09.	01. 12. = 24. 10.
02. 07. = 20. 05.	02. 08. = 21. 06.	02. 09. = 23. 07.	02. 10. = 23. 08.	02. 11. = 24. 09.	02. 12. = 25. 10.
03. 07. = 21. 05.	03. 08. = 22. 06.	03. 09. = 24. 07.	03. 10. = 24. 08.	03. 11. = 25. 09.	03. 12. = 26. 10.
04. 07. = 22. 05.	04. 08. = 23. 06.	04. 09. = 25. 07.	04. 10. = 25. 08.	04. 11. = 26. 09.	04. 12. = 27. 10.
05. 07. = 23. 05.	05. 08. = 24. 06.	05. 09. = 26. 07.	05. 10. = 26. 08.	05. 11. = 27. 09.	05. 12. = 28. 10.
06. 07. = 24. 05.	06. 08. = 25. 06.	06. 09. = 27. 07.	06. 10. = 27. 08.	06. 11. = 28. 09.	06. 12. = 29. 10.
07. 07. = 25. 05.	07. 08. = 26. 06.	07. 09. = 28. 07.	07. 10. = 28. 08.	07. 11. = 29. 09.	07. 12. = 30. 10.
08. 07. = 26. 05.	08. 08. = 27. 06.	08. 09. = 29. 07.	08. 10. = 29. 08.	08. 11. = .01. 10.	08. 12. = 01. 11.
09. 07. = 27. 05.	09. 08. = 28. 06.	09. 09. = 30. 07.	09. 10. = 30. 08.	09. 11. = 02. 10.	09. 12. = 02. 11.
10. 07. = 28. 05.	10. 08. = 29. 06.	10. 09. = 01. 08.	10. 10. = 01. 09.	10. 11. = 03. 10.	10. 12. = 03. 11.
11. 07. = 29. 05.	11. 08. = 01. 07.	11. 09. = 02. 08.	11. 10. = 02. 09.	11. 11. = 04. 10.	11. 12. = 04. 11.
12. 07. = 30. 05.	12. 08. = 02. 07.	12. 09. = 03. 08.	12. 10. = 03. 09.	12. 11. = 05. 10.	12. 12. = 05. 11.
13. 07. = 01. 06.	13. 08. = 03. 07.	13. 09. = 04. 08.	13. 10. = 04. 09.	13. 11. = 06. 10.	13. 12. = 06. 11.
14. 07. = 02. 06.	14. 08. = 04. 07.	14. 09. = 05. 08.	14. 10. = 05. 09.	14. 11. = 07. 10.	14. 12. = 07. 11.
15. 07. = 03. 06.	15. 08. = 05. 07.	15. 09. = 06. 08.	15. 10. = 06. 09.	15. 11. = 08. 10.	15. 12. = 08. 11.
16. 07. = 04. 06.	16. 08. = 06. 07.	16. 09. = 07. 08.	16. 10. = 07. 09.	16. 11. = 09. 10.	16. 12. = 09. 11.
17. 07. = 05. 06.	17. 08. = 07. 07.	17. 09. = 08. 08.	17. 10. = 08. 09.	17. 11. = 10. 10.	17. 12. = 10. 11.
18. 07. = 06. 06.	18. 08. = 08. 07.	18. 09. = 09. 08.	18. 10. = 09. 09.	18. 11. = 11. 10.	18. 12. = 11. 11.
19. 07. = 07. 06.	19. 08. = 09. 07.	19. 09. = 10. 08.	19. 10. = 10. 09.	19. 11. = 12. 10.	19. 12. = 12. 11.
20. 07. = 08. 06.	20. 08. = 10. 07.	20. 09. = 11. 08.	20. 10. = 11. 09.	20. 11. = 13. 10.	20. 12. = 13. 11.
21. 07. = 09. 06.	21. 08. = 11. 07.	21. 09. = 12. 08.	21. 10. = 12. 09.	21. 11. = 14. 10.	21. 12. = 14. 11.
22. 07. = 10. 06.	22. 08. = 12. 07.	22. 09. = 13. 08.	22. 10. = 13. 09.	22. 11. = 15. 10.	22. 12. = 15. 11.
23. 07. = 11. 06.	23. 08. = 13. 07.	23. 09. = 14. 08.	23. 10. = 14. 09.	23. 11. = 16. 10.	23. 12. = 16. 11.
24. 07. = 12. 06.	24. 08. = 14. 07.	24. 09. = 15. 08.	24. 10. = 15. 09.	24. 11. = 17. 10.	24. 12. = 17. 11.
25. 07. = 13. 06.	25. 08. = 15. 07.	25. 09. = 16. 08.	25. 10. = 16. 09.	25. 11. = 18. 10.	25. 12. = 18. 11.
26. 07. = 14. 06.	26. 08. = 16. 07.	26. 09. = 17. 08.	26. 10. = 17. 09.	26. 11. = 19. 10.	26. 12. = 19. 11.
27. 07. = 15. 06.	27. 08. = 17. 07.	27. 09. = 18. 08.	27. 10. = 18. 09.	27. 11. = 20. 10.	27. 12. = 20. 11.
28. 07. = 16. 06.	28. 08. = 18. 07.	28. 09. = 19. 08.	28. 10. = 19. 09.	28. 11. = 21. 10.	28. 12. = 21. 11.
29. 07. = 17. 06.	29. 08. = 19. 07.	29. 09. = 20. 08.	29. 10. = 20. 09.	29. 11. = 22. 10.	29. 12. = 22. 11.
30. 07. = 18. 06.	30. 08. = 20. 07.	30. 09. = 21. 08.	30. 10. = 21. 09.	30. 11. = 23. 10.	30. 12. = 23. 11.
31. 07. = 19. 06.	31. 08. = 21. 07.		31. 10. = 22. 09.		31. 12. = 24. 11.

1962

Januar	Februar	März	April	Mai	Juni
01. 01. = 25. 11.	01. 02. = 27. 12.	01. 03. = 25. 01.	01. 04. = 27. 02.	01. 05. = 27. 03.	01. 06. = 29. 04.
02. 01. = 26. 11.	02. 02. = 28. 12.	02. 03. = 26. 01.	02. 04. = 28. 02.	02. 05. = 28. 03.	02. 06. = 01. 05.
03. 01. = 27. 11.	03. 02. = 29. 12.	03. 03. = 27. 01.	03. 04. = 29. 02.	03. 05. = 29. 03.	03. 06. = 02. 05.
04. 01. = 28. 11.	04. 02. = 30. 12.	04. 03. = 28. 01.	04. 04. = 30. 02.	04. 05. = 01. 04.	04. 06. = 03. 05.
05. 01. = 29. 11.	05. 02. = 01. 01.	05. 03. = 29. 01.	05. 04. = 01. 03.	05. 05. = 02. 04.	05. 06. = 04. 05.
06. 01. = 01. 12.	06. 02. = 02. 01.	06. 03. = 01. 02.	06. 04. = 02. 03.	06. 05. = 03. 04.	06. 06. = 05. 05.
07. 01. = 02. 12.	07. 02. = 03. 01.	07. 03. = 02. 02.	07. 04. = 03. 03.	07. 05. = 04. 04.	07. 06. = 06. 05.
08. 01. = 03. 12.	08. 02. = 04. 01.	08. 03. = 03. 02.	08. 04. = 04. 03.	08. 05. = 05. 04.	08. 06. = 07. 05.
09. 01. = 04. 12.	09. 02. = 05. 01.	09. 03. = 04. 02.	09. 04. = 05. 03.	09. 05. = 06. 04.	09. 06. = 08. 05.
10. 01. = 05. 12.	10. 02. = 06. 01.	10. 03. = 05. 02.	10. 04. = 06. 03.	10. 05. = 07. 04.	10. 06. = 09. 05.
11. 01. = 06. 12.	11. 02. = 07. 01.	11. 03. = 06. 02.	11. 04. = 07. 03.	11. 05. = 08. 04.	11. 06. = 10. 05.
12. 01. = 07. 12.	12. 02. = 08. 01.	12. 03. = 07. 02.	12. 04. = 08. 03.	12. 05. = 09. 04.	12. 06. = 11. 05.
13. 01. = 08. 12.	13. 02. = 09. 01.	13. 03. = 08. 02.	13. 04. = 09. 03.	13. 05. = 10. 04.	13. 06. = 12. 05.
14. 01. = 09. 12.	14. 02. = 10. 01.	14. 03. = 09. 02.	14. 04. = 10. 03.	14. 05. = 11. 04.	14. 06. = 13. 05.
15. 01. = 10. 12.	15. 02. = 11. 01.	15. 03. = 10. 02.	15. 04. = 11. 03.	15. 05. = 12. 04.	15. 06. = 14. 05.
16. 01. = 11. 12.	16. 02. = 12. 01.	16. 03. = 11. 02.	16. 04. = 12. 03.	16. 05. = 13. 04.	16. 06. = 15. 05.
17. 01. = 12. 12.	17. 02. = 13. 01.	17. 03. = 12. 02.	17. 04. = 13. 03.	17. 05. = 14. 04.	17. 06. = 16. 05.
18. 01. = 13. 12.	18. 02. = 14. 01.	18. 03. = 13. 02.	18. 04. = 14. 03.	18. 05. = 15. 04.	18. 06. = 17. 05.
19. 01. = 14. 12.	19. 02. = 15. 01.	19. 03. = 14. 02.	19. 04. = 15. 03.	19. 05. = 16. 04.	19. 06. = 18. 05.
20. 01. = 15. 12.	20. 02. = 16. 01.	20. 03. = 15. 02.	20. 04. = 16. 03.	20. 05. = 17. 04.	20. 06. = 19. 05.
21. 01. = 16. 12.	21. 02. = 17. 01.	21. 03. = 16. 02.	21. 04. = 17. 03.	21. 05. = 18. 04.	21. 06. = 20. 05.
22. 01. = 17. 12.	22. 02. = 18. 01.	22. 03. = 17. 02.	22. 04. = 18. 03.	22. 05. = 19. 04.	22. 06. = 21. 05.
23. 01. = 18. 12.	23. 02. = 19. 01.	23. 03. = 18. 02.	23. 04. = 19. 03.	23. 05. = 20. 04.	23. 06. = 22. 05.
24. 01. – 19. 12.	24. 02. – 20. 01.	24. 03. – 19. 02.	24. 04. ▪ 20. 03.	24. 05. – 21. 04.	24. 06. – 23. 05.
25. 01. = 20. 12.	25. 02. = 21. 01.	25. 03. = 20. 02.	25. 04. = 21. 03.	25. 05. = 22. 04.	25. 06. = 24. 05.
26. 01. = 21. 12.	26. 02. = 22. 01.	26. 03. = 21. 02.	26. 04. = 22. 03.	26. 05. = 23. 04.	26. 06. = 25. 05.
27. 01. = 22. 12.	27. 02. = 23. 01.	27. 03. = 22. 02.	27. 04. = 23. 03.	27. 05. = 24. 04.	27. 06. = 26. 05.
28. 01. = 23. 12.	28. 02. = 24. 01.	28. 03. = 23. 02.	28. 04. = 24. 03.	28. 05. = 25. 04.	28. 06. = 27. 05.
29. 01. = 24. 12.		29. 03. = 24. 02.	29. 04. = 25. 03.	29. 05. = 26. 04.	29. 06. = 28. 05.
30. 01. = 25. 12.		30. 03. = 25. 02.	30. 04. = 26. 03.	30. 05. = 27. 04.	30. 06. = 29. 05.
31. 01. = 26. 12.		31. 03. = 26. 02.		31. 05. = 28. 04.	

1962

Juli	August	September	Oktober	November	Dezember
01. 07. = 30. 05.	01. 08. = 02. 07.	01. 09. = 03. 08.	01. 10. = 03. 09.	01. 11. = 05. 10.	01. 12. = 05. 11.
02. 07. = 01. 06.	02. 08. = 03. 07.	02. 09. = 04. 08.	02. 10. = 04. 09.	02. 11. = 06. 10.	02. 12. = 06. 11.
03. 07. = 02. 06.	03. 08. = 04. 07.	03. 09. = 05. 08.	03. 10. = 05. 09.	03. 11. = 07. 10.	03. 12. = 07. 11.
04. 07. = 03. 06.	04. 08. = 05. 07.	04. 09. = 06. 08.	04. 10. = 06. 09.	04. 11. = 08. 10.	04. 12. = 08. 11.
05. 07. = 04. 06.	05. 08. = 06. 07.	05. 09. = 07. 08.	05. 10. = 07. 09.	05. 11. = 09. 10.	05. 12. = 09. 11.
06. 07. = 05. 06.	06. 08. = 07. 07.	06. 09. = 08. 08.	06. 10. = 08. 09.	06. 11. = 10. 10.	06. 12. = 10. 11.
07. 07. = 06. 06.	07. 08. = 08. 07.	07. 09. = 09. 08.	07. 10. = 09. 09.	07. 11. = 11. 10.	07. 12. = 11. 11.
08. 07. = 07. 06.	08. 08. = 09. 07.	08. 09. = 10. 08.	08. 10. = 10. 09.	08. 11. = 12. 10.	08. 12. = 12. 11.
09. 07. = 08. 06.	09. 08. = 10. 07.	09. 09. = 11. 08.	09. 10. = 11. 09.	09. 11. = 13. 10.	09. 12. = 13. 11.
10. 07. = 09. 06.	10. 08. = 11. 07.	10. 09. = 12. 08.	10. 10. = 12. 09.	10. 11. = 14. 10.	10. 12. = 14. 11.
11. 07. = 10. 06.	11. 08. = 12. 07.	11. 09. = 13. 08.	11. 10. = 13. 09.	11. 11. = 15. 10.	11. 12. = 15. 11.
12. 07. = 11. 06.	12. 08. = 13. 07.	12. 09. = 14. 08.	12. 10. = 14. 09.	12. 11. = 16. 10.	12. 12. = 16. 11.
13. 07. = 12. 06.	13. 08. = 14. 07.	13. 09. = 15. 08.	13. 10. = 15. 09.	13. 11. = 17. 10.	13. 12. = 17. 11.
14. 07. = 13. 06.	14. 08. = 15. 07.	14. 09. = 16. 08.	14. 10. = 16. 09.	14. 11. = 18. 10.	14. 12. = 18. 11.
15. 07. = 14. 06.	15. 08. = 16. 07.	15. 09. = 17. 08.	15. 10. = 17. 09.	15. 11. = 19. 10.	15. 12. = 19. 11.
16. 07. = 15. 06.	16. 08. = 17. 07.	16. 09. = 18. 08.	16. 10. = 18. 09.	16. 11. = 20. 10.	16. 12. = 20. 11.
17. 07. = 16. 06.	17. 08. = 18. 07.	17. 09. = 19. 08.	17. 10. = 19. 09.	17. 11. = 21. 10.	17. 12. = 21. 11.
18. 07. = 17. 06.	18. 08. = 19. 07.	18. 09. = 20. 08.	18. 10. = 20. 09.	18. 11. = 22. 10.	18. 12. = 22. 11.
19. 07. = 18. 06.	19. 08. = 20. 07.	19. 09. = 21. 08.	19. 10. = 21. 09.	19. 11. = 23. 10.	19. 12. = 23. 11.
20. 07. = 19. 06.	20. 08. = 21. 07.	20. 09. = 22. 08.	20. 10. = 22. 09.	20. 11. = 24. 10.	20. 12. = 24. 11.
21. 07. = 20. 06.	21. 08. = 22. 07.	21. 09. = 23. 08.	21. 10. = 23. 09.	21. 11. = 25. 10.	21. 12. = 25. 11.
22. 07. = 21. 06.	22. 08. = 23. 07.	22. 09. = 24. 08.	22. 10. = 24. 09.	22. 11. = 26. 10.	22. 12. = 26. 11.
23. 07. = 22. 06.	23. 08. = 24. 07.	23. 09. = 25. 08.	23. 10. = 25. 09.	23. 11. = 27. 10.	23. 12. = 27. 11.
24. 07. = 23. 06.	24. 08. = 25. 07.	24. 09. = 26. 08.	24. 10. = 26. 09.	24. 11. = 28. 10.	24. 12. = 28. 11.
25. 07. = 24. 06.	25. 08. = 26. 07.	25. 09. = 27. 08.	25. 10. = 27. 09.	25. 11. = 29. 10.	25. 12. = 29. 11.
26. 07. = 25. 06.	26. 08. = 27. 07.	26. 09. = 28. 08.	26. 10. = 28. 09.	26. 11. = 30. 10.	26. 12. = 30. 12.
27. 07. = 26. 06.	27. 08. = 28. 07.	27. 09. = 29. 0.8	27. 10. = 29. 09.	27. 11. = 01. 11.	27. 12. = 01. 12.
28. 07. = 27. 06.	28. 08. = 29. 07.	28. 09. = 30. 08.	28. 10. = 01. 10.	28. 11. = 02. 11.	28. 12. = 02. 12.
29. 07. = 28. 06.	29. 08. = 30. 07.	29. 09. = 01. 09.	29. 10. = 02. 10.	29. 11. = 03. 11.	29. 12. = 03. 12.
30. 07. = 29. 06.	30. 08. = 01. 08.	30. 09. = 02. 09.	30. 10. = 03. 10.	30. 11. = 04. 11.	30. 12. = 04. 12.
31. 07. = 01. 07.	31. 08. = 02. 08.		31. 10. = 04. 10.		31. 12. = 05. 12.

1963

Januar	Februar	März	April	Mai	Juni
01. 01. = 06. 12.	01. 02. = 08. 01.	01. 03. = 06. 02.	01. 04. = 08. 03.	01. 05. = 08. 04.	01. 06. = 10. 04.
02. 01. = 07. 12.	02. 02. = 09. 01.	02. 03. = 07. 02.	02. 04. = 09. 03.	02. 05. = 09. 04.	02. 06. = 11. 04.
03. 01. = 08. 12.	03. 02. = 10. 01.	03. 03. = 08. 02.	03. 04. = 10. 03.	03. 05. = 10. 04.	03. 06. = 12. 04.
04. 01. = 09. 12.	04. 02. = 11. 01.	04. 03. = 09. 02.	04. 04. = 11. 03.	04. 05. = 11. 04.	04. 06. = 13. 04.
05. 01. = 10. 12.	05. 02. = 12. 01.	05. 03. = 10. 02.	05. 04. = 12. 03.	05. 05. = 12. 04.	05. 06. = 14. 04.
06. 01. = 11. 12.	06. 02. = 13. 01.	06. 03. = 11. 02.	06. 04. = 13. 03.	06. 05. = 13. 04.	06. 06. = 15. 04.
07. 01. = 12. 12.	07. 02. = 14. 01.	07. 03. = 12. 02.	07. 04. = 14. 03.	07. 05. = 14. 04.	07. 06. = 16. 04.
08. 01. = 13. 12.	08. 02. = 15. 01.	08. 03. = 13. 02.	08. 04. = 15. 03.	08. 05. = 15. 04.	08. 06. = 17. 04.
09. 01. = 14. 12.	09. 02. = 16. 01.	09. 03. = 14. 02.	09. 04. = 16. 03.	09. 05. = 16. 04.	09. 06. = 18. 04.
10. 01. = 15. 12.	10. 02. = 17. 01.	10. 03. = 15. 02.	10. 04. = 17. 03.	10. 05. = 17. 04.	10. 06. = 19. 04.
11. 01. = 16. 12.	11. 02. = 18. 01.	11. 03. = 16. 02.	11. 04. = 18. 03.	11. 05. = 18. 04.	11. 06. = 20. 04.
12. 01. = 17. 12.	12. 02. = 19. 01.	12. 03. = 17. 02.	12. 04. = 19. 03.	12. 05. = 19. 04.	12. 06. = 21. 04.
13. 01. = 18. 12.	13. 02. = 20. 01.	13. 03. = 18. 02.	13. 04. = 20. 03.	13. 05. = 20. 04.	13. 06. = 22. 04.
14. 01. = 19. 12.	14. 02. = 21. 01.	14. 03. = 19. 02.	14. 04. = 21. 03.	14. 05. = 21. 04.	14. 06. = 23. 04.
15. 01. = 20. 12.	15. 02. = 22. 01.	15. 03. = 20. 02.	15. 04. = 22. 03.	15. 05. = 22. 04.	15. 06. = 24. 04.
16. 01. = 21. 12.	16. 02. = 23. 01.	16. 03. = 21. 02.	16. 04. = 23. 03.	16. 05. = 23. 04.	16. 06. = 25. 04.
17. 01. = 22. 12.	17. 02. = 24. 01.	17. 03. = 22. 02.	17. 04. = 24. 03.	17. 05. = 24. 04.	17. 06. = 26. 04.
18. 01. = 23. 12.	18. 02. = 25. 01.	18. 03. = 23. 02.	18. 04. = 25. 03.	18. 05. = 25. 04.	18. 06. = 27. 04.
19. 01. = 24. 12.	19. 02. = 26. 01.	19. 03. = 24. 02.	19. 04. = 26. 03.	19. 05. = 26. 04.	19. 06. = 28. 04.
20. 01. = 25. 12.	20. 02. = 27. 01.	20. 03. = 25. 02.	20. 04. = 27. 03.	20. 05. = 27. 04.	20. 06. = 29. 04.
21. 01. = 26. 12.	21. 02. = 28. 01.	21. 03. = 26. 02.	21. 04. = 28. 03.	21. 05. = 28. 04.	21. 06. = 01. 05.
22. 01. = 27. 12.	22. 02. = 29. 01.	22. 03. = 27. 02.	22. 04. = 29. 03.	22. 05. = 29. 04.	22. 06. = 02.0 5.
23. 01. = 28. 12.	23. 02. = 30. 01.	23. 03. = 28. 02.	23. 04. = 30.0 4.	23. 05. = 01. 04.	23. 06. = 03. 05.
24. 01. = 29. 12.	24. 02. – 01. 02.	24. 03. = 29. 02.	24. 04. = 01. 04.	24. 05. = 02. 04.	24. 06. = 04. 05.
25. 01. = 01. 01.	25. 02. = 02. 02.	25. 03. = 01. 03.	25. 04. = 02. 04.	25. 05. = 03. 04.	25. 06. = 05. 05.
26. 01. = 02. 01.	26. 02. = 03. 02.	26. 03. = 02. 03.	26. 04. = 03. 04.	26. 05. = 04. 04.	26. 06. = 06. 05.
27. 01. = 03. 01.	27. 02. = 04. 02.	27. 03. = 03. 03.	27. 04. = 04. 04.	27. 05. = 05. 04.	27. 06. = 07. 05.
28. 01. = 04. 01.	28. 02. = 05. 02.	28. 03. = 04. 03.	28. 04. = 05. 04.	28. 05. = 06. 04.	28. 06. = 08. 05.
29. 01. = 05. 01.		29. 03. = 05. 03.	29. 04. = 06. 04.	29. 05. = 07. 04.	29. 06. = 09. 05.
30. 01. = 06. 01.		30. 03. = 06. 03.	30. 04. = 07. 04.	30. 05. = 08. 04.	30. 06. = 10. 05.
31. 01. = 07. 01.		31. 03. = 07. 03.		31. 05. = 09. 04.	

1963

Juli	August	September	Oktober	November	Dezember
01. 07. = 11. 05.	01. 08. = 12. 06.	01. 09. = 14. 07.	01. 10. = 14. 08.	01. 11. = 16. 09.	01. 12. = 16. 10.
02. 07. = 12. 05.	02. 08. = 13. 06.	02. 09. = 15. 07.	02. 10. = 15. 08.	02. 11. = 17. 09.	02. 12. = 17. 10.
03. 07. = 13. 05.	03. 08. = 14. 06.	03. 09. = 16. 07.	03. 10. = 16. 08.	03. 11. = 18. 09.	03. 12. = 18. 10.
04. 07. = 14. 05.	04. 08. = 15. 06.	04. 09. = 17. 07.	04. 10. = 17. 08.	04. 11. = 19. 09.	04. 12. = 19. 10.
05. 07. = 15. 05.	05. 08. = 16. 06.	05. 09. = 18. 07.	05. 10. = 18. 08.	05. 11. = 20. 09.	05. 12. = 20. 10.
06. 07. = 16. 05.	06. 08. = 17. 06.	06. 09. = 19. 07.	06. 10. = 19. 08.	06. 11. = 21. 09.	06. 12. = 21. 10.
07. 07. = 17. 05.	07. 08. = 18. 06.	07. 09. = 20. 07.	07. 10. = 20. 08.	07. 11. = 22. 09.	07. 12. = 22. 10.
08. 07. = 18. 05.	08. 08. = 19. 06.	08. 09. = 21. 07.	08. 10. = 21. 08.	08. 11. = 23. 09.	08. 12. = 23. 10.
09. 07. = 19. 05.	09. 08. = 20. 06.	09. 09. = 22. 07.	09. 10. = 22. 08.	09. 11. = 24. 09.	09. 12. = 24. 10.
10. 07. = 20. 05.	10. 08. = 21. 06.	10. 09. = 23. 07.	10. 10. = 23. 08.	10. 11. = 25. 09.	10. 12. = 25. 10.
11. 07. = 21. 05.	11. 08. = 22. 06.	11. 09. = 24. 07.	11. 10. = 24. 08.	11. 11. = 26. 09.	11. 12. = 26. 10.
12. 07. = 22. 05.	12. 08. = 23. 06.	12. 09. = 25. 07.	12. 10. = 25. 08.	12. 11. = 27. 09.	12. 12. = 27. 10.
13. 07. = 23. 05.	13. 08. = 24. 06.	13. 09. = 26. 07.	13. 10. = 26. 08.	13. 11. = 28. 09.	13. 12. = 28. 10.
14. 07. = 24. 05.	14. 08. = 25. 06.	14. 09. = 27. 07.	14. 10. = 27. 08.	14. 11. = 29. 09.	14. 12. = 29. 10.
15. 07. = 25. 05.	15. 08. = 26. 06.	15. 09. = 28. 07.	15. 10. = 28. 08.	15. 11. = 30. 09.	15. 12. = 30. 10.
16. 07. = 26. 05.	16. 08. = 27. 06.	16. 09. = 29. 07.	16. 10. = 29. 08.	16. 11. = 01. 10.	16. 12. = 01. 11.
17. 07. = 27. 05.	17. 08. = 28. 06.	17. 09. = 30. 07.	17. 10. = 01. 09.	17. 11. = 02. 10.	17. 12. = 02. 11.
18. 07. = 28. 05.	18. 08. = 29. 06.	18. 09. = 01. 08.	18. 10. = 02. 09.	18. 11. = 03. 10.	18. 12. = 03. 11.
19. 07. = 29. 05.	19. 08. = 01. 07.	19. 09. = 02. 08.	19. 10. = 03. 09.	19. 11. = 04. 10.	19. 12. = 04. 11.
20. 07. = 30. 05.	20. 08. = 02. 07.	20. 09. = 03. 08.	20. 10. = 04. 09.	20. 11. = 05. 10.	20. 12. = 05. 11.
21. 07. = 01. 06.	21. 08. = 03. 07.	21. 09. = 04. 08.	21. 10. = 05. 09.	21. 11. = 06. 10.	21. 12. = 06. 11.
22. 07. = 02. 06.	22. 08. = 04. 07.	22. 09. = 05. 08.	22. 10. = 06. 09.	22. 11. = 07. 10.	22. 12. = 07. 11.
23. 07. = 03. 06.	23. 08. = 05. 07.	23. 09. = 06. 08.	23. 10. = 07. 09.	23. 11. = 08. 10.	23. 12. = 08. 11.
24. 07. = 04. 06.	24. 08. = 06. 07.	24. 09. = 07. 08.	24. 10. = 08. 09.	24. 11. = 09. 10.	24. 12. = 09. 11.
25. 07. = 05. 06.	25. 08. = 07. 07.	25. 09. = 08. 08.	25. 10. = 09. 09.	25. 11. = 10. 10.	25. 12. = 10. 11.
26. 07. = 06. 06.	26. 08. = 08. 07.	26. 09. = 09. 08.	26. 10. = 10. 09.	26. 11. = 11. 10.	26. 12. = 11. 11.
27. 07. = 07. 06.	27. 08. = 09. 07.	27. 09. = 10. 08.	27. 10. = 11. 09.	27. 11. = 12. 10.	27. 12. = 12. 11.
28. 07. = 08. 06.	28. 08. = 10. 07.	28. 09. = 11. 08.	28. 10. = 12. 09.	28. 11. = 13. 10.	28. 12. = 13. 11.
29. 07. = 09. 06.	29. 08. = 11. 07.	29. 09. = 12. 08.	29. 10. = 13. 09.	29. 11. = 14. 10.	29. 12. = 14. 11.
30. 07. = 10. 06.	30. 08. = 12. 07.	30. 09. = 13. 08.	30. 10. = 14. 09.	30. 11. = 15. 10.	30. 12. = 15. 11.
31. 07. = 11. 06.	31. 08. = 13. 07.		31. 10. = 15. 09.		31. 12. = 16. 11.

1964

Januar	Februar	März	April	Mai	Juni
01. 01. = 17. 11.	01. 02. = 18. 12.	01. 03. = 18. 01.	01. 04. = 19. 02.	01. 05. = 20. 03.	01. 06. = 21. 04.
02. 01. = 18. 11.	02. 02. = 19. 12.	02. 03. = 19. 01.	02. 04. = 20. 02.	02. 05. = 21. 03.	02. 06. = 22. 04.
03. 01. = 19. 11.	03. 02. = 20. 12.	03. 03. = 20. 01.	03. 04. = 21. 02.	03. 05. = 22. 03.	03. 06. = 23. 04.
04. 01. = 20. 11.	04. 02. = 21. 12.	04. 03. = 21. 01.	04. 04. = 22. 02.	04. 05. = 23. 03.	04. 06. = 24. 04.
05. 01. = 21. 11.	05. 02. = 22. 12.	05. 03. = 22. 01.	05. 04. = 23. 02.	05. 05. = 24. 03.	05. 06. = 25. 04.
06. 01. = 22. 11.	06. 02. = 23. 12.	06. 03. = 23. 01.	06. 04. = 24. 02.	06. 05. = 25. 03.	06. 06. = 26. 04.
07. 01. = 23. 11.	07. 02. = 24. 12.	07. 03. = 24. 01.	07. 04. = 25. 02.	07. 05. = 26. 03.	07. 06. = 27. 04.
08. 01. = 24. 11.	08. 02. = 25. 12.	08. 03. = 25. 01.	08. 04. = 26. 02.	08. 05. = 27. 03.	08. 06. = 28. 04.
09. 01. = 25. 11.	09. 02. = 26. 12.	09. 03. = 26. 01.	09. 04. = 27. 02.	09. 05. = 28. 03.	09. 06. = 29. 04.
10. 01. = 26. 11.	10. 02. = 27. 12.	10. 03. = 27. 01.	10. 04. = 28. 02.	10. 05. = 29. 03.	10. 06. = 01. 05.
11. 01. = 27. 11.	11. 02. = 28. 12.	11. 03. = 28. 01.	11. 04. = 29. 02.	11. 05. = 30. 03.	11. 06. = 02. 05.
12. 01. = 28. 11.	12. 02. = 29. 12.	12. 03. = 29. 01.	12. 04. = 01. 03.	12. 05. = 01. 04.	12. 06. = 03. 05.
13. 01. = 29. 11.	13. 02. = 01. 01.	13. 03. = 30. 01.	13. 04. = 02. 03.	13. 05. = 02. 04.	13. 06. = 04. 05.
14. 01. = 30. 11.	14. 02. = 02. 01.	14. 03. = 01. 02.	14. 04. = 03. 03.	14. 05. = 03. 04.	14. 06. = 05. 05.
15. 01. = 01. 12.	15. 02. = 03. 01.	15. 03. = 02. 02.	15. 04. = 04. 03.	15. 05. = 04. 04.	15. 06. = 06. 05.
16. 01. = 02. 12.	16. 02. = 04. 01.	16. 03. = 03. 02.	16. 04. = 05. 03.	16. 05. = 05. 04.	16. 06. = 07. 05.
17. 01. = 03. 12.	17. 02. = 05. 01.	17. 03. = 04. 02.	17. 04. = 06. 03.	17. 05. = 06. 04.	17. 06. = 08. 05.
18. 01. = 04. 12.	18. 02. = 06. 01.	18. 03. = 05. 02.	18. 04. = 07. 03.	18. 05. = 07. 04.	18. 06. = 09. 05.
19. 01. = 05. 12.	19. 02. = 07. 01.	19. 03. = 06. 02.	19. 04. = 08. 03.	19. 05. = 08. 04.	19. 06. = 10. 05.
20. 01. = 06. 12.	20. 02. = 08. 01.	20. 03. = 07. 02.	20. 04. = 09. 03.	20. 05. = 09. 04.	20. 06. = 11. 05.
21. 01. = 07. 12.	21. 02. = 09. 01.	21. 03. = 08. 02.	21. 04. = 10. 03.	21. 05. = 10. 04.	21. 06. = 12. 05.
22. 01. = 08. 12.	22. 02. = 10. 01.	22. 03. = 09. 02.	22. 04. = 11. 03.	22. 05. = 11. 04.	22. 06. = 13. 05.
23. 01. = 09. 12.	23. 02. = 11. 01.	23. 03. = 10. 02.	23. 04. = 12. 03.	23. 05. = 12. 04.	23. 06. = 14. 05.
24. 01. = 10. 12.	24. 02. = 12. 01.	24. 03. = 11. 02.	24. 04. = 13. 03.	24. 05. = 13. 04.	24. 06. = 15. 05.
25. 01. = 11. 12.	25. 02. = 13. 01.	25. 03. = 12. 02.	25. 04. = 14. 03.	25. 05. = 14. 04.	25. 06. = 16. 05.
26. 01. = 12. 12.	26. 02. = 14. 01.	26. 03. = 13. 02.	26. 04. = 15. 03.	26. 05. = 15. 04.	26. 06. = 17. 05.
27. 01. = 13. 12.	27. 02. = 15. 01.	27. 03. = 14. 02.	27. 04. = 16. 03.	27. 05. = 16. 04.	27. 06. = 18. 05.
28. 01. = 14. 12.	28. 02. = 16. 01.	28. 03. = 15. 02.	28. 04. = 17. 03.	28. 05. = 17. 04.	28. 06. = 19. 05.
29. 01. = 15. 12.	29. 02. = 17. 01.	29. 03. = 16. 02.	29. 04. = 18. 03.	29. 05. = 18. 04.	29. 06. = 20. 05.
30. 01. = 16. 12.		30. 03. = 17. 02.	30. 04. = 19. 03.	30. 05. = 19. 04.	30. 06. = 21. 05.
31. 01. = 17. 12.		31. 03. = 18. 02.		31. 05. = 20. 04.	

1964

Juli	August	September	Oktober	November	Dezember
01. 07. = 22. 05.	01. 08. = 24. 06.	01. 09. = 25. 07.	01. 10. = 26. 08.	01. 11. = 27. 09.	01. 12. = 28. 10.
02. 07. = 23. 05.	02. 08. = 25. 06.	02. 09. = 26. 07.	02. 10. = 27. 08.	02. 11. = 28. 09.	02. 12. = 29. 10.
03. 07. = 24. 05.	03. 08. = 26. 06.	03. 09. = 27. 07.	03. 10. = 28. 08.	03. 11. = 29. 09.	03. 12. = 30. 10.
04. 07. = 25. 05.	04. 08. = 27. 06.	04. 09. = 28. 07.	04. 10. = 29. 08.	04. 11. = 01. 10.	04. 12. = 01. 11.
05. 07. = 26. 05.	05. 08. = 28. 06.	05. 09. = 29. 07.	05. 10. = 30. 08.	05. 11. = 02. 10.	05. 12. = 02. 11.
06. 07. = 27. 05.	06. 08. = 29. 06.	06. 09. = 01. 08.	06. 10. = 01. 09.	06. 11. = 03. 10.	06. 12. = 03. 11.
07. 07. = 28. 05.	07. 08. = 30. 06.	07. 09. = 02. 08.	07. 10. = 02. 09.	07. 11. = 04. 10.	07. 12. = 04. 11.
08. 07. = 29. 05.	08. 08. = 01. 07.	08. 09. = 03. 08.	08. 10. = 03. 09.	08. 11. = 05. 10.	08. 12. = 05. 11.
09. 07. = 01. 06.	09. 08. = 02. 07.	09. 09. = 04. 08.	09. 10. = 04. 09.	09. 11. = 06. 10.	09. 12. = 06. 11.
10. 07. = 02. 06.	10. 08. = 03. 07.	10. 09. = 05. 08.	10. 10. = 05. 09.	10. 11. = 07. 10.	10. 12. = 07. 11.
11. 07. = 03. 06.	11. 08. = 04. 07.	11. 09. = 06. 08.	11. 10. = 06. 09.	11. 11. = 08. 10.	11. 12. = 08. 11.
12. 07. = 04. 06.	12. 08. = 05. 07.	12. 09. = 07. 08.	12. 10. = 07. 09.	12. 11. = 09. 10.	12. 12. = 09. 11.
13. 07. = 05. 06.	13. 08. = 06. 07.	13. 09. = 08. 08.	13. 10. = 08. 09.	13. 11. = 10. 10.	13. 12. = 10. 11.
14. 07. = 06. 06.	14. 08. = 07. 07.	14. 09. = 09. 08.	14. 10. = 09. 09.	14. 11. = 11. 10.	14. 12. = 11. 11.
15. 07. = 07. 06.	15. 08. = 08. 07.	15. 09. = 10. 08.	15. 10. = 10. 09.	15. 11. = 12. 10.	15. 12. = 12. 11.
16. 07. = 08. 06.	16. 08. = 09. 07.	16. 09. = 11. 08.	16. 10. = 11. 09.	16. 11. = 13. 10.	16. 12. = 13. 11.
17. 07. = 09. 06.	17. 08. = 10. 07.	17. 09. = 12. 08.	17. 10. = 12. 09.	17. 11. = 14. 10.	17. 12. = 14. 11.
18. 07. = 10. 06.	18. 08. = 11. 07.	18. 09. = 13. 08.	18. 10. = 13. 09.	18. 11. = 15. 10.	18. 12. = 15. 11.
19. 07. = 11. 06.	19. 08. = 12. 07.	19. 09. = 14. 08.	19. 10. = 14. 09.	19. 11. = 16. 10.	19. 12. = 16. 11.
20. 07. = 12. 06.	20. 08. = 13. 07.	20. 09. = 15. 08.	20. 10. = 15. 09.	20. 11. = 17. 10.	20. 12. = 17. 11.
21. 07. = 13. 06.	21. 08. = 14. 07.	21. 09. = 16. 08.	21. 10. = 16. 09.	21. 11. = 18. 10.	21. 12. = 18. 11.
22. 07. = 14. 06.	22. 08. = 15. 07.	22. 09. = 17. 08.	22. 10. = 17. 09.	22. 11. = 19. 10.	22. 12. = 19. 11.
23. 07. = 15. 06.	23. 08. = 16. 07.	23. 09. = 18. 08.	23. 10. = 18. 09.	23. 11. = 20. 10.	23. 12. = 20. 11.
24. 07. = 16. 06.	24. 08. = 17. 07.	24. 09. = 19. 08.	24. 10. = 19. 09.	24. 11. = 21. 10.	24. 12. = 21. 11.
25. 07. = 17. 06.	25. 08. = 18. 07.	25. 09. = 20. 08.	25. 10. = 20. 09.	25. 11. = 22. 10.	25. 12. = 22. 11.
26. 07. = 18. 06.	26. 08. = 19. 07.	26. 09. = 21. 08.	26. 10. = 21. 09.	26. 11. = 23. 10.	26. 12. = 23. 11.
27. 07. = 19. 06.	27. 08. = 20. 07.	27. 09. = 22. 08.	27. 10. = 22. 09.	27. 11. = 24. 10.	27. 12. = 24. 11.
28. 07. = 20. 06.	28. 08. = 21. 07.	28. 09. = 23. 08.	28. 10. = 23. 09.	28. 11. = 25. 10.	28. 12. = 25. 11.
29. 07. = 21. 06.	29. 08. = 22. 07.	29. 09. = 24. 08.	29. 10. = 24. 09.	29. 11. = 26. 10.	29. 12. = 26. 11.
30. 07. = 22. 06.	30. 08. = 23. 07.	30. 09. = 25. 08.	30. 10. = 25. 09.	30. 11. = 27. 10.	30. 12. = 27. 11.
31. 07. = 23. 06.	31. 08. = 24. 07.		31. 10. = 26. 09.		31. 12. = 28. 11.

1965

Januar	Februar	März	April	Mai	Juni
01. 01. = 29. 11.	01. 02. = 30. 12.	01. 03. = 28. 01.	01. 04. = 30. 02.	01. 05. = 01. 04.	01. 06. = 02. 05.
02. 01. = 30. 11.	02. 02. = 01. 01.	02. 03. = 29. 01.	02. 04. = 01. 03.	02. 05. = 02. 04.	02. 06. = 03. 05.
03. 01. = 01. 12.	03. 02. = 02. 01.	03. 03. = 01. 02.	03. 04. = 02. 03.	03. 05. = 03. 04.	03. 06. = 04. 05.
04. 01. = 02. 12.	04. 02. = 03. 01.	04. 03. = 02. 02.	04. 04. = 03. 03.	04. 05. = 04. 04.	04. 06. = 05. 05.
05. 01. = 03. 12.	05. 02. = 04. 01.	05. 03. = 03. 02.	05. 04. = 04. 03.	05. 05. = 05. 04.	05. 06. = 06. 05.
06. 01. = 04. 12.	06. 02. = 05. 01.	06. 03. = 04. 02.	06. 04. = 05. 03.	06. 05. = 06. 04.	06. 06. = 07. 05.
07. 01. = 05. 12.	07. 02. = 06. 01.	07. 03. = 05. 02.	07. 04. = 06. 03.	07. 05. = 07. 04.	07. 06. = 08. 05.
08. 01. = 06. 12.	08. 02. = 07. 01.	08. 03. = 06. 02.	08. 04. = 07. 03.	08. 05. = 08. 04.	08. 06. = 09. 05.
09. 01. = 07. 12.	09. 02. = 08. 01.	09. 03. = 07. 02.	09. 04. = 08. 03.	09. 05. = 09. 04.	09. 06. = 10. 05.
10. 01. = 08. 12.	10. 02. = 09. 01.	10. 03. = 08. 02.	10. 04. = 09. 03.	10. 05. = 10. 04.	10. 06. = 11. 05.
11. 01. = 09. 12.	11. 02. = 10. 01.	11. 03. = 09. 02.	11. 04. = 10. 03.	11. 05. = 11. 04.	11. 06. = 12. 05.
12. 01. = 10. 12.	12. 02. = 11. 01.	12. 03. = 10. 02.	12. 04. = 11. 03.	12. 05. = 12. 04.	12. 06. = 13. 05.
13. 01. = 11. 12.	13. 02. = 12. 01.	13. 03. = 11. 02.	13. 04. = 12. 03.	13. 05. = 13. 04.	13. 06. = 14. 05.
14. 01. = 12. 12.	14. 02. = 13. 01.	14. 03. = 12. 02.	14. 04. = 13. 03.	14. 05. = 14. 04.	14. 06. = 15. 05.
15. 01. = 13. 12.	15. 02. = 14. 01.	15. 03. = 13. 02.	15. 04. = 14. 03.	15. 05. = 15. 04.	15. 06. = 16. 05.
16. 01. = 14. 12.	16. 02. = 15. 01.	16. 03. = 14. 02.	16. 04. = 15. 03.	16. 05. = 16. 04.	16. 06. = 17. 05.
17. 01. = 15. 12.	17. 02. = 16. 01.	17. 03. = 15. 02.	17. 04. = 16. 03.	17. 05. = 17. 04.	17. 06. = 18. 05.
18. 01. = 16. 12.	18. 02. = 17. 01.	18. 03. = 16. 02.	18. 04. = 17. 03.	18. 05. = 18. 04.	18. 06. = 19. 05.
19. 01. = 17. 12.	19. 02. = 18. 01.	19. 03. = 17. 02.	19. 04. = 18. 03.	19. 05. = 19. 04.	19. 06. = 20. 05.
20. 01. = 18. 12.	20. 02. = 19. 01.	20. 03. = 18. 02.	20. 04. = 19. 03.	20. 05. = 20. 04.	20. 06. = 21. 05.
21. 01. = 19. 12.	21. 02. = 20. 01.	21. 03. = 19. 02.	21. 04. = 20. 03.	21. 05. = 21. 04.	21. 06. = 22. 05.
22. 01. = 20. 12.	22. 02. = 21. 01.	22. 03. = 20. 02.	22. 04. = 21. 03.	22. 05. = 22. 04.	22. 06. = 26. 05.
23. 01. = 21. 12.	23. 02. = 22. 01.	23. 03. = 21. 02.	23. 04. = 22. 03.	23. 05. = 23. 04.	23. 06. = 24. 05.
24. 01. = 22. 12.	24. 02. = 23. 01.	24. 03. = 22. 02.	24. 04. = 23. 03.	24. 05. = 24. 04.	24. 06. = 25. 05.
25. 01. = 23. 12.	25. 02. = 24. 01.	25. 03. = 23. 02.	25. 04. = 24. 03.	25. 05. = 25. 04.	25. 06. = 26. 05.
26. 01. = 24. 12.	26. 02. = 25. 01.	26. 03. = 24. 02.	26. 04. = 25. 03.	26. 05. = 26. 04.	26. 06. = 27. 05.
27. 01. = 25. 12.	27. 02. = 26. 01.	27. 03. = 25. 02.	27. 04. = 26. 03.	27. 05. = 27. 04.	27. 06. = 28. 05.
28. 01. = 26. 12.	28. 02. = 27. 01.	28. 03. = 26. 02.	28. 04. = 27. 03.	28. 05. = 28. 04.	28. 06. = 29. 05.
29. 01. = 27. 12.		29. 03. = 27. 02.	29. 04. = 28. 03.	29. 05. = 29. 04.	29. 06. = 01. 06.
30. 01. = 28. 12.		30. 03. = 28. 02.	30. 04. = 29. 03.	30. 05. = 30. 04.	30. 06. = 02. 06.
31. 01. = 29. 12.		31. 03. = 29. 02.		31. 05. = 01. 05.	

1965

Juli	August	September	Oktober	November	Dezember
01. 07. = 03. 06.	01. 08. = 05. 07.	01. 09. = 06. 08.	01. 10. = 07. 09.	01. 11. = 09. 10.	01. 12. = 09. 11.
02. 07. = 04. 06.	02. 08. = 06. 07.	02. 09. = 07. 08.	02. 10. = 08. 09.	02. 11. = 10. 10.	02. 12. = 10. 11.
03. 07. = 05. 06.	03. 08. = 07. 07.	03. 09. = 08. 08.	03. 10. = 09. 09.	03. 11. = 11. 10.	03. 12. = 11. 11.
04. 07. = 06. 06.	04. 08. = 08. 07.	04. 09. = 09. 08.	04. 10. = 10. 09.	04. 11. = 12. 10.	04. 12. = 12. 11.
05. 07. = 07. 06.	05. 08. = 09. 07.	05. 09. = 10. 08.	05. 10. = 11. 09.	05. 11. = 13. 10.	05. 12. = 13. 11.
06. 07. = 08. 06.	06. 08. = 10. 07.	06. 09. = 11. 08.	06. 10. = 12. 09.	06. 11. = 14. 10.	06. 12. = 14. 11.
07. 07. = 09. 06.	07. 08. = 11. 07.	07. 09. = 12. 08.	07. 10. = 13. 09.	07. 11. = 15. 10.	07. 12. = 15. 11.
08. 07. = 10. 06.	08. 08. = 12. 07.	08. 09. = 13. 08.	08. 10. = 14. 09.	08. 11. = 16. 10.	08. 12. = 16. 11.
09. 07. = 11. 06.	09. 08. = 13. 07.	09. 09. = 14. 08.	09. 10. = 15. 09.	09. 11. = 17. 10.	09. 12. = 17. 11.
10. 07. = 12. 06.	10. 08. = 14. 07.	10. 09. = 15. 08.	10. 10. = 16. 09.	10. 11. = 18. 10.	10. 12. = 18. 11.
11. 07. = 13. 06.	11. 08. = 15. 07.	11. 09. = 16. 08.	11. 10. = 17. 09.	11. 11. = 19. 10.	11. 12. = 19. 11.
12. 07. = 14. 06.	12. 08. = 16. 07.	12. 09. = 17. 08.	12. 10. = 18. 09.	12. 11. = 20. 10.	12. 12. = 20. 11.
13. 07. = 15. 06.	13. 08. = 17. 07.	13. 09. = 18. 08.	13. 10. = 19. 09.	13. 11. = 21. 10.	13. 12. = 21. 11.
14. 07. = 16. 06.	14. 08. = 18. 07.	14. 09. = 19. 08.	14. 10. = 20. 09.	14. 11. = 22. 10.	14. 12. = 22. 11.
15. 07. = 17. 06.	15. 08. = 19. 07.	15. 09. = 20. 08.	15. 10. = 21. 09.	15. 11. = 23. 10.	15. 12. = 23. 11.
16. 07. = 18. 06.	16. 08. = 20. 07.	16. 09. = 21. 08.	16. 10. = 22. 09.	16. 11. = 24. 10.	16. 12. = 24. 11.
17. 07. = 19. 06.	17. 08. = 21. 07.	17. 09. = 22. 08.	17. 10. = 23. 09.	17. 11. = 25. 10.	17. 12. = 25. 11.
18. 07. = 20. 06.	18. 08. = 22. 07.	18. 09. = 23. 08.	18. 10. = 24. 09.	18. 11. = 26. 10.	18. 12. = 26. 11.
19. 07. = 21. 06.	19. 08. = 23. 07.	19. 09. = 24. 08.	19. 10. = 25. 09.	19. 11. = 27. 10.	19. 12. = 27. 11.
20. 07. = 22. 06.	20. 08. = 24. 07.	20. 09. = 25. 08.	20. 10. = 26. 09.	20. 11. = 28. 10.	20. 12. = 28. 11.
21. 07. = 23. 06.	21. 08. = 25. 07.	21. 09. = 26. 08.	21. 10. = 27. 09.	21. 11. = 29. 10.	21. 12. = 29. 11.
22. 07. = 24. 06.	22. 08. = 26. 07.	22. 09. = 27. 08.	22. 10. = 28. 09.	22. 11. = 30. 10.	22. 12. = 30. 11.
23. 07. = 25. 06.	23. 08. = 27. 07.	23. 09. = 28. 08.	23. 10. = 29. 09.	23. 11. = 01. 11.	23. 12. = 01. 12.
24. 07. = 26. 06.	24. 08. = 28. 07.	24. 09. = 29. 08.	24. 10. = 01. 10.	24. 11. = 02. 11.	24. 12. = 02. 12.
25. 07. = 27. 06.	25. 08. = 29. 07.	25. 09. = 01. 09.	25. 10. = 02. 10.	25. 11. = 03. 11.	25. 12. = 03. 12.
26. 07. = 28. 06.	26. 08. = 30. 07.	26. 09. = 02. 09.	26. 10. = 03. 10.	26. 11. = 04. 11.	26. 12. = 04. 12.
27. 07. = 29. 06.	27. 08. = 01. 08.	27. 09. = 03. 09.	27. 10. = 04. 10.	27. 11. = 05. 11.	27. 12. = 05. 12.
28. 07. = 01. 07.	28. 08. = 02. 08.	28. 09. = 04. 09.	28. 10. = 05. 10.	28. 11. = 06. 11.	28. 12. = 06. 12.
29. 07. = 02. 07.	29. 08. = 03. 08.	29. 09. = 05. 09.	29. 10. = 06. 10.	29. 11. = 07. 11.	29. 12. = 07. 12.
30. 07. = 03. 07.	30. 08. = 04. 08.	30. 09. = 06. 09.	30. 10. = 07. 10.	30. 11. = 08. 11.	30. 12. = 08. 12.
31. 07. = 04. 07.	31. 08. = 05. 08.		31. 10. = 08. 10.		31. 12. = 09. 12.

1966

Januar	Februar	März	April	Mai	Juni
01. 01. = 10. 12.	01. 02. = 12. 01.	01. 03. = 10. 02.	01. 04. = 11. 03.	01. 05. = 11. 03.	01. 06. = 12. 04.
02. 01. = 11. 12.	02. 02. = 13. 01.	02. 03. = 11. 02.	02. 04. = 12. 03.	02. 05. = 12. 03.	02. 06. = 13. 04.
03. 01. = 12. 12.	03. 02. = 14. 01.	03. 03. = 12. 02.	03. 04. = 13. 03.	03. 05. = 13. 03.	03. 06. = 14. 04.
04. 01. = 13. 12.	04. 02. = 15. 01.	04. 03. = 13. 02.	04. 04. = 14. 03.	04. 05. = 14. 03.	04. 06. = 15. 04.
05. 01. = 14. 12.	05. 02. = 16. 01.	05. 03. = 14. 02.	05. 04. = 15. 03.	05. 05. = 15. 03.	05. 06. = 16. 04.
06. 01. = 15. 12.	06. 02. = 17. 01.	06. 03. = 15. 02.	06. 04. = 16. 03.	06. 05. = 16. 03.	06. 06. = 17. 04.
07. 01. = 16. 12.	07. 02. = 18. 01.	07. 03. = 16. 02.	07. 04. = 17. 03.	07. 05. = 17. 03.	07. 06. = 18. 04.
08. 01. = 17. 21.	08. 02. = 19. 01.	08. 03. = 17. 02.	08. 04. = 18. 03.	08. 05. = 18. 03.	08. 06. = 19. 04.
09. 01. = 18. 12.	09. 02. = 20. 01.	09. 03. = 18. 02.	09. 04. = 19. 03.	09. 05. = 19. 03.	09. 06. = 20. 04.
10. 01. = 19. 12.	10. 02. = 21. 01.	10. 03. = 19. 02.	10. 04. = 20. 03.	10. 05. = 20. 03.	10. 06. = 21. 04.
11. 01. = 20. 12.	11. 02. = 22. 01.	11. 03. = 20. 02.	11. 04. = 21. 03.	11. 05. = 21. 03.	11. 06. = 22. 04.
12. 01. = 21. 12.	12. 02. = 23. 01.	12. 03. = 21. 02.	12. 04. = 22. 03.	12. 05. = 22. 03.	12. 06. = 23. 04.
13. 01. = 22. 12.	13. 02. = 24. 01.	13. 03. = 22. 02.	13. 04. = 23. 03.	13. 05. = 23. 03.	13. 06. = 24. 04.
14. 01. = 23. 12.	14. 02. = 25. 01.	14. 03. = 23. 02.	14. 04. = 24. 03.	14. 05. = 24. 03.	14. 06. = 25. 04.
15. 01. = 24. 12.	15. 02. = 26. 01.	15. 03. = 24. 02.	15. 04. = 25. 03.	15. 05. = 25. 03.	15. 06. = 26. 04.
16. 01. = 25. 12.	16. 02. = 27. 01.	16. 03. = 25. 02.	16. 04. = 26. 03.	16. 05. = 26. 03.	16. 06. = 27. 04.
17. 01. = 26. 12.	17. 02. = 28. 01.	17. 03. = 26. 02.	17. 04. = 27. 03.	17. 05. = 27. 03.	17. 06. = 28. 04.
18. 01. = 27. 21.	18. 02. = 29. 01.	18. 03. = 27. 02.	18. 04. = 28. 03.	18. 05. = 28. 03.	18. 06. = 29. 04.
19. 01. = 28. 12.	19. 02. = 30. 01.	19. 03. = 28. 02.	19. 04. = 29. 03.	19. 05. = 29. 03.	19. 06. = 01. 05.
20. 01. = 29. 12.	20. 02. = 01. 02.	20. 03. = 29. 02.	20. 04. = 30. 03.	20. 05. = 30. 03.	20. 06. = 02. 05.
21. 01. = 01. 01.	21. 02. = 02. 02.	21. 03. = 30. 02.	21. 04. = 01. 03.	21. 05. = 01. 04.	21. 06. = 03. 05.
22. 01. = 02. 01.	22. 02. = 03. 02.	22. 03. = 01. 03.	22. 04. = 02. 03.	22. 05. = 02. 04.	22. 06. = 04. 05.
23. 01. = 03. 01.	23. 02. = 04. 02.	23. 03. = 02. 03.	23. 04. = 03. 03.	23. 05. = 03. 04.	23. 06. = 05. 05.
24. 01. = 04. 01.	24. 02. = 05. 02.	24. 03. = 03. 03.	24. 04. = 04. 03.	24. 05. = 04. 04.	24. 06. = 06. 05.
25. 01. = 05. 01.	25. 02. = 06. 02.	25. 03. = 04. 03.	25. 04. = 05. 03.	25. 05. = 05. 04.	25. 06. = 07. 05.
26. 01. = 06. 01.	26. 02. = 07. 02.	26. 03. = 05. 03.	26. 04. = 06. 03.	26. 05. = 06. 04.	26. 06. = 08. 05.
27. 01. = 07. 01.	27. 02. = 08. 02.	27. 03. = 06. 03.	27. 04. = 07. 03.	27. 05. = 07. 04.	27. 06. = 09. 05.
28. 01. = 08. 01.	28. 02. = 09. 02.	28. 03. = 07. 03.	28. 04. = 08. 03.	28. 05. = 08. 04.	28. 06. = 10. 05.
29. 01. = 09. 01.		29. 03. = 08. 03.	29. 04. = 09. 03.	29. 05. = 09. 04.	29. 06. = 11. 05.
30. 01. = 10. 01.		30. 03. = 09. 03.	30. 04. = 10. 03.	30. 05. = 10. 04.	30. 06. = 12. 05.
31. 01. = 11. 01.		31. 03. = 10. 03.		31. 05. = 11. 04.	

1966

Juli	August	September	Oktober	November	Dezember
01. 07. = 13. 05.	01. 08. = 15. 06.	01. 09. = 17. 07.	01. 10. = 17. 08.	01. 11. = 19. 09.	01. 12. = 20. 10.
02. 07. = 14. 05.	02. 08. = 16. 05.	02. 09. = 18. 07.	02. 10. = 18. 08.	02. 11. = 20. 09.	02. 12. = 21. 10.
03. 07. = 15. 05.	03. 08. = 17. 06.	03. 09. = 19. 07.	03. 10. = 19. 08.	03. 11. = 21. 09.	03. 12. = 22. 10.
04. 07. = 16. 05.	04. 08. = 18. 06.	04. 09. = 20. 07.	04. 10. = 20. 08.	04. 11. = 22. 09.	04. 12. = 23. 10.
05. 07. = 17. 05.	05. 08. = 19. 06.	05. 09. = 21. 07.	05. 10. = 21. 08.	05. 11. = 23. 09.	05. 12. = 24. 10.
06. 07. = 18. 05.	06. 08. = 20. 06.	06. 09. = 22. 07.	06. 10. = 22. 08.	06. 11. = 24. 09.	06. 12. = 25. 10.
07. 07. = 19. 05.	07. 08. = 21. 06.	07. 09. = 23. 07.	07. 10. = 23. 08.	07. 11. = 25. 09.	07. 12. = 26. 10.
08. 07. = 20. 05.	08. 08. = 22. 06.	08. 09. = 24. 07.	08. 10. = 24. 08.	08. 11. = 26. 09.	08. 12. = 27. 10.
09. 07. = 21. 05.	09. 08. = 23. 06.	09. 09. = 25. 07.	09. 10. = 25. 08.	09. 11. = 27. 09.	09. 12. = 28. 10.
10. 07. = 22. 05.	10. 08. = 24. 06.	10. 09. = 26. 07.	10. 10. = 26. 08.	10. 11. = 28. 09.	10. 12. = 29. 10.
11. 07. = 23. 05.	11. 08. = 25. 06.	11. 09. = 27. 07.	11. 10. = 27. 08.	11. 11. = 29. 09.	11. 12. = 30. 10.
12. 07. = 24. 05.	12. 08. = 26. 06.	12. 09. = 28. 07.	12. 10. = 28. 08.	12. 11. = 01. 10.	12. 12. = 01. 11.
13. 07. = 25. 05.	13. 08. = 27. 06.	13. 09. = 29. 07.	13. 10. = 29. 08.	13. 11. = 02. 10.	13. 12. = 02. 11.
14. 07. = 26. 05.	14. 08. = 28. 06.	14. 09. = 30. 07.	14. 10. =.01. 09.	14. 11. = 03. 10.	14. 12. = 03. 11.
15. 07. = 27. 05.	15. 08. = 29. 06.	15. 09. = 01. 08.	15. 10. = 02. 09.	15. 11. = 04. 10.	15. 12. = 04. 11.
16. 07. = 28. 05.	16. 08. = 01. 07.	16. 09. = 02. 08.	16. 10. = 03. 09.	16. 11. = 05. 10.	16. 12. = 05. 11.
17. 07. = 29. 05.	17. 08. = 02. 0.7	17. 09. = 03. 08.	17. 10. = 04. 09.	17. 11. = 06. 10.	17. 12. = 06. 11.
18. 07. = 01. 06.	18. 08. = 03. 07.	18. 09. = 04. 08.	18. 10. = 05. 09.	18. 11. = 07. 10.	18. 12. = 07. 11.
19. 07. = 02. 06.	19. 08. = 04. 07.	19. 09. = 05. 08.	19. 10. = 06. 0.9	19. 11. = 08. 10.	19. 12. = 08. 11.
20. 07. = 03. 06.	20. 08. = 05. 07.	20. 09. = 06. 08.	20. 10. = 07. 09.	20. 11. = 09. 10.	20. 12. = 09. 11.
21. 07. = 04. 06.	21. 08. = 06. 07.	21. 09. = 07. 08.	21. 10. = 08. 09.	21. 11. = 10. 10.	21. 12. = 10. 11.
22. 07. = 05. 06.	22. 08. = 07. 07.	22. 09. = 08. 08.	22. 10. = 09. 09.	22. 11. = 11. 10.	22. 12. = 11. 11.
23. 07. = 06. 06.	23. 08. = 08. 07.	23. 09. = 09. 08.	23. 10. = 10. 09.	23. 11. = 12. 10.	23. 12. = 12. 11.
24. 07. = 07. 06.	24. 08. = 09. 07.	24. 09. = 10. 08.	24. 10. = 11. 09.	24. 11. = 13. 10.	24. 12. = 13. 11.
25. 07. = 08. 06.	25. 08. = 10. 07.	25. 09. = 11. 08.	25. 10. = 12. 09.	25. 11. = 14. 10.	25. 12. = 14. 11.
26. 07. = 09. 06.	26. 08. = 11. 07.	26. 09. = 12. 08.	26. 10. = 13. 09.	26. 11. = 15. 10.	26. 12. = 15. 11.
27. 07. = 10. 06.	27. 08. = 12. 07.	27. 09. = 13. 08.	27. 10. = 14. 09.	27. 11. = 16. 10.	27. 12. = 16. 11.
28. 07. = 11. 06.	28. 08. = 13. 07.	28. 09. = 14. 08.	28. 10. = 15. 09.	28. 11. = 17. 10.	28. 12. = 17. 11.
29. 07. = 12. 06.	29. 08. = 14. 07.	29. 09. = 15. 08.	29. 10. = 16. 09.	29. 11. = 18. 10.	29. 12. = 18. 11.
30. 07. = 13. 06.	30. 08. = 15. 07.	30. 09. = 16. 08.	30. 10. = 17. 09.	30. 11. = 19. 10.	30. 12. = 19. 11.
31. 07. = 14. 06.	31. 08. = 16. 07.		31. 10. = 18. 09.		31. 12. = 20. 11.

1967

Januar	Februar	März	April	Mai	Juni
01. 01. = 21. 11.	01. 02. = 22. 12.	01. 03. = 21. 01.	01. 04. = 22. 02.	01. 05. = 22. 03.	01. 06. = 24. 04.
02. 01. = 22. 11.	02. 02. = 23. 12.	02. 03. = 22. 01.	02. 04. = 23. 02.	02. 05. = 23. 03.	02. 06. = 25. 04.
03. 01. = 23. 11.	03. 02. = 24. 12.	03. 03. = 23. 01.	03. 04. = 24. 02.	03. 05. = 24. 03.	03. 06. = 26. 04.
04. 01. = 24. 11.	04. 02. = 25. 12.	04. 03. = 24. 01.	04. 04. = 25. 02.	04. 05. = 25. 03.	04. 06. = 27. 04.
05. 01. = 25. 11.	05. 02. = 26. 12.	05. 03. = 25. 01.	05. 04. = 26. 02.	05. 05. = 26. 03.	05. 06. = 28. 04.
06. 01. = 26. 11.	06. 02. = 27. 12.	06. 03. = 26. 01.	06. 04. = 27. 02.	06. 05. = 27. 03.	06. 06. = 29. 04.
07. 01. = 27. 11.	07. 02. = 28. 12.	07. 03. = 27. 01.	07. 04. = 28. 02.	07. 05. = 28. 03.	07. 06. = 30. 04.
08. 01. = 28. 11.	08. 02. = 29. 12.	08. 03. = 28. 01.	08. 04. = 29. 02.	08. 05. = 29. 03.	08. 06. = 01. 05.
09. 01. = 29. 11.	09. 02. = 01. 01.	09. 03. = 29. 01.	09. 04. = 30. 02.	09. 05. = 01. 04.	09. 06. = 02. 05.
10. 01. = 30. 11.	10. 02. = 02. 01.	10. 03. = 30. 01.	10. 04. = 01. 03.	10. 05. = 02. 04.	10. 06. = 03. 05.
11. 01. = 01. 12.	11. 02. = 03. 01.	11. 03. = 01. 02.	11. 04. = 02. 03.	11. 05. = 03. 04.	11. 06. = 04. 05.
12. 01. = 02. 12.	12. 02. = 04. 01.	12. 03. = 02. 02.	12. 04. = 03. 03.	12. 05. = 04. 04.	12. 06. = 05. 05.
13. 01. = 03. 12.	13. 02. = 05. 01.	13. 03. = 03. 02.	13. 04. = 04. 03.	13. 05. = 05. 04.	13. 06. = 06. 05.
14. 01. = 04. 12.	14. 02. = 06. 01.	14. 03. = 04. 02.	14. 04. = 05. 03.	14. 05. = 06. 04.	14. 06. = 07. 05.
15. 01. = 05. 12.	15. 02. = 07. 01.	15. 03. = 05. 02.	15. 04. = 06. 03.	15. 05. = 07. 04.	15. 06. = 08. 05.
16. 01. = 06. 12.	16. 02. = 08. 01.	16. 03. = 06. 02.	16. 04. = 07. 03.	16. 05. = 08. 04.	16. 06. = 09. 05.
17. 01. = 07. 12.	17. 02. = 09. 01.	17. 03. = 07. 02.	17. 04. = 08. 03.	17. 05. = 09. 04.	17. 06. = 10. 05.
18. 01. = 08. 12.	18. 02. = 10. 01.	18. 03. = 08. 02.	18. 04. = 09. 03.	18. 05. = 10. 04.	18. 06. = 11. 05.
19. 01. = 09. 12.	19. 02. = 11. 01.	19. 03. = 09. 02.	19. 04. = 10. 03.	19. 05. = 11. 04.	19. 06. = 12. 05.
20. 01. = 10. 12.	20. 02. = 12. 01.	20. 03. = 10. 02.	20. 04. = 11. 03.	20. 05. = 12. 04.	20. 06. = 13. 05.
21. 01. = 11. 12.	21. 02. = 13. 01.	21. 03. = 11. 02.	21. 04. = 12. 03.	21. 05. = 13. 04.	21. 06. = 14. 05.
22. 01. = 12. 12.	22. 02. = 14. 01.	22. 03. = 12. 02.	22. 04. = 13. 03.	22. 05. = 14. 04.	22. 06. = 15. 05.
23. 01. = 13. 12.	23. 02. = 15. 01.	23. 03. = 13. 02.	23. 04. = 14. 03.	23. 05. = 15. 04.	23. 06. = 16. 05.
24. 01. = 14. 12.	24. 02. = 16. 01.	24. 03. = 14. 02.	24. 04. = 15. 03.	24. 05. = 16. 04.	24. 06. = 17. 05.
25. 01. = 15. 12.	25. 02. = 17. 01.	25. 03. = 15. 02.	25. 04. = 16. 03.	25. 05. = 17. 04.	25. 06. = 18. 05.
26. 01. = 16. 12.	26. 02. = 18. 01.	26. 03. = 16. 02.	26. 04. = 17. 03.	26. 05. = 18. 04.	26. 06. = 19. 05.
27. 01. = 17. 12.	27. 02. = 19. 01.	27. 03. = 17. 02.	27. 04. = 18. 03.	27. 05. = 19. 04.	27. 06. = 20. 05.
28. 01. = 18. 12.	28. 02. = 20. 01.	28. 03. = 18. 02.	28. 04. = 19. 03.	28. 05. = 20. 04.	28. 06. = 21. 05.
29. 01. = 19. 12.		29. 03. = 19. 02.	29. 04. = 20. 03.	29. 05. = 21. 04.	29. 06. = 22. 05.
30. 01. = 20. 12.		30. 03. = 20. 02.	30. 04. = 21. 03.	30. 05. = 22. 04.	30. 06. = 23. 05.
31. 01. = 21. 12.		31. 03. = 21. 02.		31. 05. = 23. 04.	

1967

Juli	August	September	Oktober	November	Dezember
01. 07. = 24. 05.	01. 08. = 25. 06.	01. 09. = 27. 07.	01. 10. = 28. 08.	01. 11. = 29. 09.	01. 12. = 30. 10.
02. 07. = 25. 05.	02. 08. = 26. 06.	02. 09. = 28. 07.	02. 10. = 29. 08.	02. 11. = 01. 10.	02. 12. = 01. 11.
03. 07. = 26. 05.	03. 08. = 27. 06.	03. 09. = 29. 07.	03. 10. = 30. 08.	03. 11. = 02. 10.	03. 12. = 02. 11.
04. 07. = 27. 05.	04. 08. = 28. 06.	04. 09. = 01. 08.	04. 10. = 01. 09.	04. 11. = 03. 10.	04. 12. = 03. 11.
05. 07. = 28. 05.	05. 08. = 29. 06.	05. 09. = 02. 08.	05. 10. = 02. 09.	05. 11. = 04. 10.	05. 12. = 04. 11.
06. 07. = 29. 05.	06. 08. = 01. 07.	06. 09. = 03. 08.	06. 10. = 03. 09.	06. 11. = 05. 10.	06. 12. = 05. 11.
07. 07. = 30. 05.	07. 08. = 02. 07.	07. 09. = 04. 08.	07. 10. = 04. 09.	07. 11. = 06. 10.	07. 12. = 06. 11.
08. 07. = 01. 06.	08. 08. = 03. 07.	08. 09. = 05. 08.	08. 10. = 05. 09.	08. 11. = 07. 10.	08. 12. = 07. 11.
09. 07. = 02. 06.	09. 08. = 04. 07.	09. 09. = 06. 08.	09. 10. = 06. 09.	09. 11. = 08. 10.	09. 12. = 08. 11.
10. 07. = 03. 06.	10. 08. = 05. 07.	10. 09. = 07. 08.	10. 10. = 07. 09.	10. 11. = 09. 10.	10. 12. = 09. 11.
11. 07. = 04. 06.	11. 08. = 06. 07.	11. 09. = 08. 08.	11. 10. = 08. 09.	11. 11. = 10. 10.	11. 12. = 10. 11.
12. 07. = 05. 06.	12. 08. = 07. 07.	12. 09. = 09. 08.	12. 10. = 09. 09.	12. 11. = 11. 10.	12. 12. = 11. 11.
13. 07. = 06. 06.	13. 08. = 08. 07.	13. 09. = 10. 08.	13. 10. = 10. 09.	13. 11. = 12. 10.	13. 12. = 12. 11.
14. 07. = 07. 06.	14. 08. = 09. 07.	14. 09. = 11. 08.	14. 10. = 11. 09.	14. 11. = 13. 10.	14. 12. = 13. 11.
15. 07. = 08. 06.	15. 08. = 10. 07.	15. 09. = 12. 08.	15. 10. = 12. 09.	15. 11. = 14. 10.	15. 12. = 14. 11.
16. 07. = 09. 06.	16. 08. = 11. 07.	16. 09. = 13. 08.	16. 10. = 13. 09.	16. 11. = 15. 10.	16. 12. = 15. 11.
17. 07. = 10. 06.	17. 08. = 12. 07.	17. 09. = 14. 08.	17. 10. = 14. 09.	17. 11. = 16. 10.	17. 12. = 16. 11.
18. 07. = 11. 06.	18. 08. = 13. 07.	18. 09. = 15. 08.	18. 10. = 15. 09.	18. 11. = 17. 10.	18. 12. = 17. 11.
19. 07. = 12. 06.	19. 08. = 14. 07.	19. 09. = 16. 08.	19. 10. = 16. 09.	19. 11. = 18. 10.	19. 12. = 18. 11.
20. 07. = 13. 06.	20. 08. = 15. 07.	20. 09. = 17. 08.	20. 10. = 17. 09.	20. 11. = 19. 10.	20. 12. = 19. 11.
21. 07. = 14. 06.	21. 08. = 16. 07.	21. 09. = 18. 08.	21. 10. = 18. 09.	21. 11. = 20. 10.	21. 12. = 20. 11.
22. 07. = 15. 06.	22. 08. = 17. 07.	22. 09. = 19. 08.	22. 10. = 19. 09.	22. 11. = 21. 10.	22. 12. = 21. 11.
23. 07. = 16. 06.	23. 08. = 18. 07.	23. 09. = 20. 08.	23. 10. = 20. 09.	23. 11. = 22. 10.	23. 12. = 22. 11.
24. 07. = 17. 06.	24. 08. = 19. 07.	24. 09. = 21. 08.	24. 10. = 21. 09.	24. 11. = 23. 10.	24. 12. = 23. 11.
25. 07. = 18. 06.	25. 08. = 20. 07.	25. 09. = 22. 08.	25. 10. = 22. 09.	25. 11. = 24. 10.	25. 12. = 24. 11.
26. 07. = 19. 06.	26. 08. = 21. 07.	26. 09. = 23. 08.	26. 10. = 23. 09.	26. 11. = 25. 10.	26. 12. = 25. 11.
27. 07. = 20. 06.	27. 08. = 22. 07.	27. 09. = 24. 08.	27. 10. = 24. 09.	27. 11. = 2.6 10.	27. 12. = 26. 11.
28. 07. = 21. 06.	28. 08. = 23. 07.	28. 09. = 25. 08.	28. 10. = 25. 09.	28. 11. = 27. 10.	28. 12. = 27. 11.
29. 07. = 22. 06.	29. 08. = 24. 07.	29. 09. = 26. 08.	29. 10. = 26. 09.	29. 11. = 28. 10.	29. 12. = 28. 11.
30. 07. = 23. 06.	30. 08. = 25. 07.	30. 09. = 27. 08.	30. 10. = 27. 09.	30. 11. = 29. 10	30. 12. = 29. 11.
31. 07. = 24. 06.	31. 08. = 26. 07.		31. 10. = 28. 09.		31. 12. = 01. 12.

1968

Januar	Februar	März	April	Mai	Juni
01. 01. = 02. 12.	01. 02. = 03. 01.	01. 03. = 03. 02.	01. 04. = 04. 03.	01. 05. = 05. 04.	01. 06. = 06. 05.
02. 01. = 03. 12.	02. 02. = 04. 01.	02. 03. = 04. 02.	02. 04. = 05. 03.	02. 05. = 06. 04.	02. 06. = 07. 05.
03. 01. = 0.4 12.	03. 02. = 05. 01.	03. 03. = 05. 02.	03. 04. = 06. 03.	03. 05. = 07. 04.	03. 06. = 08. 05.
04. 01. = 05. 12.	04. 02. = 06. 01.	04. 03. = 06. 02.	04. 04. = 07. 03.	04. 05. = 08. 04.	04. 06. = 09. 05.
05. 01. = 06. 12.	05. 02. = 07. 01.	05. 03. = 07. 02.	05. 04. = 08. 03.	05. 05. = 09. 04.	05. 06. = 10. 05.
06. 01. = 07. 12.	06. 02. = 08. 01.	06. 03. = 08. 02.	06. 04. = 09. 03.	06. 05. = 10. 04.	06. 06. = 11. 05.
07. 01. = 08. 12.	07. 02. = 09. 01.	07. 03. = 09. 02.	07. 04. = 10. 03.	07. 05. = 11. 04.	07. 06. = 12. 05.
08. 01. = 09. 12.	08. 02. = 10. 01.	08. 03. = 10. 02.	08. 04. = 11. 03.	08. 05. = 12. 04.	08. 06. = 13. 05.
09. 01. = 10. 12.	09. 02. = 11. 01.	09. 03. = 11. 02.	09. 04. = 1.2 03.	09. 05. = 13. 04.	09. 06. = 14. 05.
10. 01. = 11. 12.	10. 02. = 12. 01.	10. 03. = 12. 02.	10. 04. = 13. 03.	10. 05. = 14. 04.	10. 06. = 15. 05.
11. 01. = 12. 12.	11. 02. = 13. 01.	11. 03. = 13. 02.	11. 04. = 14. 03.	11. 05. = 15. 04.	11. 06. = 16. 05.
12. 01. = 13. 12.	12. 02. = 14. 01.	12. 03. = 14. 02.	12. 04. = 15. 03.	12. 05. = 16. 04.	12. 06. = 17. 05.
13. 01. = 14. 12.	13. 02. = 15. 01.	13. 03. = 15. 02.	13. 04. = 16. 03.	13. 05. = 17. 04.	13. 06. = 18. 05.
14. 01. = 15. 12.	14. 02. = 16. 01.	14. 03. = 16. 02.	14. 04. = 17. 03.	14. 05. = 18. 04.	14. 06. = 19. 05.
15. 01. = 16. 12.	15. 02. = 17. 01.	15. 03. = 17. 02.	15. 04. = 18. 03.	15. 05. = 19. 04.	15. 06. = 20. 05.
16. 01. = 17. 12.	16. 02. = 18. 01.	16. 03. = 18. 02.	16. 04. = 19. 03.	16. 05. = 20. 04.	16. 06. = 21. 05.
17. 01. = 18. 12.	17. 02. = 19. 01.	17. 03. = 19. 02.	17. 04. = 20. 03.	17. 05. = 21. 04.	17. 06. = 22. 05.
18. 01. = 19. 12.	18. 02. = 20. 01.	18. 03. = 20. 02.	18. 04. = 21. 03.	18. 05. = 22. 04.	18. 06. = 23. 05.
19. 01. = 20. 12.	19. 02. = 21. 01.	19. 03. = 21. 02.	19. 04. = 22. 03.	19. 05. = 23. 04.	19. 06. = 24. 05.
20. 01. = 21. 12.	20. 02. = 22. 01.	20. 03. = 22. 02.	20. 04. = 23. 03.	20. 05. = 24. 04.	20. 06. = 25. 05.
21. 01. = 22. 12.	21. 02. = 23. 01.	21. 03. = 23. 02.	21. 04. = 24. 03.	21. 05. = 25. 04.	21. 06. = 26. 05.
22. 01. = 23. 12.	22. 02. = 24. 01.	22. 03. = 24. 02.	22. 04. = 25. 03.	22. 05. = 26. 04.	22. 06. = 27. 05.
23. 01. = 24. 12.	23. 02. = 25. 01.	23. 03. = 25. 02.	23. 04. = 26. 03.	23. 05. = 27. 04.	23. 06. = 28. 05.
24. 01. = 25. 12.	24. 02. = 26. 01.	24. 03. = 26. 02.	24. 04. = 27. 03.	24. 05. = 28. 04.	24. 06. – 29. 05.
25. 01. = 26. 12.	25. 02. = 27. 01.	25. 03. = 27. 02.	25. 04. = 28. 03.	25. 05. = 29. 04.	25. 06. = 30. 05.
26. 01. = 27. 12.	26. 02. = 28. 01.	26. 03. = 28. 02.	26. 04. = 29. 03.	26. 05. = 30. 04.	26. 06. = 01. 06.
27. 01. = 28. 12.	27. 02. = 29. 01.	27. 03. = 29. 02.	27. 04. = 01. 04.	27. 05. = 01. 05.	27. 06. = 02. 06.
28. 01. = 29. 12.	28. 02. = 01. 02.	28. 03. = 30. 02.	28. 04. = 02. 04.	28. 05. = 02. 05.	28. 06. = 03. 06.
29. 01. = 30. 12.	29. 02. = 02. 02.	29. 03. = 01. 03.	29. 04. = 03. 04.	29. 05. = 03. 05.	29. 06. = 04. 06.
30. 01. = 01. 01.		30. 03. = 02. 03.	30. 04. = 04. 04.	30. 05. = 04. 05.	30. 06. = 05. 06.
31. 01. = 02. 01.		31. 03. = 03. 03.		31. 05. = 05. 05.	

1968

Juli	August	September	Oktober	November	Dezember
01. 07. = 06. 06.	01. 08. = 08. 07.	01. 09. = 09. 07.	01. 10. = 10. 08.	01. 11. = 11. 09.	01. 12. = 12. 10.
02. 07. = 07. 06.	02. 08. = 09. 07.	02. 09. = 10. 07.	02. 10. = 11. 08.	02. 11. = 12. 09.	02. 12. = 13. 10.
03. 07. = 08. 06.	03. 08. = 10. 07.	03. 09. = 11. 07.	03. 10. = 12. 08.	03. 11. = 13. 09.	03. 12. = 14. 10.
04. 07. = 09. 06.	04. 08. = 11. 07.	04. 09. = 12. 07.	04. 10. = 13. 08.	04. 11. = 14. 09.	04. 12. = 15. 10.
05. 07. = 10. 06.	05. 08. = 12. 07.	05. 09. = 13. 07.	05. 10. = 14. 08.	05. 11. = 15. 09.	05. 12. = 16. 10.
06. 07. = 11. 06.	06. 08. = 13. 07.	06. 09. = 14. 07.	06. 10. = 15. 08.	06. 11. = 16. 09.	06. 12. = 17. 10.
07. 07. = 12. 06.	07. 08. = 14. 07.	07. 09. = 15. 07.	07. 10. = 16. 08.	07. 11. = 17. 09.	07. 12. = 18. 10.
08. 07. = 13. 06.	08. 08. = 15. 07.	08. 09. = 16. 07.	08. 10. = 17. 08.	08. 11. = 18. 09.	08. 12. = 19. 10.
09. 07. = 14. 06.	09. 08. = 16. 07.	09. 09. = 17. 07.	09. 10. = 18. 08.	09. 11. = 19. 09.	09. 12. = 20. 10.
10. 07. = 15. 06.	10. 08. = 17. 07.	10. 09. = 18. 07.	10. 10. = 19. 08.	10. 11. = 20. 09.	10. 12. = 21. 10.
11. 07. = 16. 06.	11. 08. = 18. 07.	11. 09. = 19. 07.	11. 10. = 20. 08.	11. 11. = 21. 09.	11. 12. = 22. 10.
12. 07. = 17. 06.	12. 08. = 19. 07.	12. 09. = 20. 07.	12. 10. = 21. 08.	12. 11. = 22. 09.	12. 12. = 23. 10.
13. 07. = 18. 06.	13. 08. = 20. 07.	13. 09. = 21. 07.	13. 10. = 22. 08.	13. 11. = 23. 09.	13. 12. = 24. 10.
14. 07. = 19. 06.	14. 08. = 21. 07.	14. 09. = 22. 07.	14. 10. = 23. 08.	14. 11. = 24. 09.	14. 12. = 25. 10.
15. 07. = 20. 06.	15. 08. = 22. 07.	15. 09. = 23. 07.	15. 10. = 24. 08.	15. 11. = 25. 09.	15. 12. = 26. 10.
16. 07. = 21. 06.	16. 08. = 23. 07.	16. 09. = 24. 07.	16. 10. = 25. 08.	16. 11. = 26. 09.	16. 12. = 27. 10.
17. 07. = 22. 06.	17. 08. = 24. 07.	17. 09. = 25. 07.	17. 10. = 26. 08.	17. 11. = 27. 09.	17. 12. = 28. 10.
18. 07. = 23. 06.	18. 08. = 25. 07.	18. 09. = 26. 07.	18. 10. = 27. 08.	18. 11. = 28. 09.	18. 12. = 29. 10.
19. 07. = 24. 06.	19. 08. = 26. 07.	19. 09. = 27. 07.	19. 10. = 28. 08.	19. 11. = 29. 09.	19. 12. = 30. 10.
20. 07. = 25. 06.	20. 08. = 27. 07.	20. 09. = 28. 07.	20. 10. = 29. 08.	20. 11. = 01. 10.	20. 12. = 01. 11.
21. 07. = 26. 06.	21. 08. = 28. 07.	21. 09. = 29. 07.	21. 10. = 30. 08.	21. 11. = 02. 10.	21. 12. = 02. 11.
22. 07. = 27. 06.	22. 08. = 29. 07.	22. 09. = 01. 08.	22. 10. = 01. 09.	22. 11. = 03. 10.	22. 12. = 03. 11.
23. 07. = 28. 06.	23. 08. = 30. 07.	23. 09. = 02. 08.	23. 10. = 02. 09.	23. 11. = 04. 10.	23. 12. = 04. 11.
24. 07. = 29. 06.	24. 08. = 01. 07.	24. 09. = 03. 08.	24. 10. = 03. 09.	24. 11. = 05. 10.	24. 12. = 05. 11.
25. 07. = 01. 07.	25. 08. = 02. 07.	25. 09. = 04. 08.	25. 10. = 04. 09.	25. 11. = 06. 10.	25. 12. = 06. 11.
26. 07. = 02. 07.	26. 08. = 03. 07.	26. 09. = 05. 08.	26. 10. = 05. 09.	26. 11. = 07. 10.	26. 12. = 07. 11.
27. 07. = 03. 07.	27. 08. = 04. 07.	27. 09. = 06. 08.	27. 10. = 06. 09.	27. 11. = 08. 10.	27. 12. = 08. 11.
28. 07. = 04. 07.	28. 08. = 05. 07.	28. 09. = 07. 08.	28. 10. = 07. 09.	28. 11. = 09. 10.	28. 12. = 09. 11.
29. 07. = 05. 07.	29. 08. = 06. 07.	29. 09. = 08. 08.	29. 10. = 08. 09.	29. 11. = 10. 10.	29. 12. = 10. 11.
30. 07. = 06. 07.	30. 08. = 07. 07.	30. 09. = 09. 08.	30. 10. = 09. 09.	30. 11. = 11. 10.	30. 12. = 11. 11.
31. 07. = 07. 07.	31. 08. = 08. 07.		31. 10. = 10. 09.		31. 12. = 12. 11.

1969

Januar	Februar	März	April	Mai	Juni
01. 01. = 13. 11.	01. 02. = 15. 12.	01. 03. = 13. 01.	01. 04. = 15. 02.	01. 05. = 15. 03.	01. 06. = 17. 04.
02. 01. = 14. 11.	02. 02. = 16. 12.	02. 03. = 14. 01.	02. 04. = 16. 02.	02. 05. = 16. 03.	02. 06. = 18. 04.
03. 01. = 15. 11.	03. 02. = 17. 12.	03. 03. = 15. 01.	03. 04. = 17. 02.	03. 05. = 17. 03.	03. 06. = 19. 04.
04. 01. = 16. 11.	04. 02. = 18. 12.	04. 03. = 16. 01.	04. 04. = 18. 02.	04. 05. = 18. 03.	04. 06. = 20. 04.
05. 01. = 17. 11.	05. 02. = 19. 12.	05. 03. = 17. 01.	05. 04. = 19. 02.	05. 05. = 19. 03.	05. 06. = 21. 04.
06. 01. = 18. 11.	06. 02. = 20. 12.	06. 03. = 18. 01.	06. 04. = 20. 02.	06. 05. = 20. 03.	06. 06. = 22. 04.
07. 01. = 19. 11.	07. 02. = 21. 12.	07. 03. = 19. 01.	07. 04. = 21. 02.	07. 05. = 21. 03.	07. 06. = 23. 04.
08. 01. = 20. 11.	08. 02. = 22. 12.	08. 03. = 20. 01.	08. 04. = 22.0 2.	08. 05. = 22. 03.	08. 06. = 24. 04.
09. 01. = 21. 11.	09. 02. = 23. 12.	09. 03. = 21. 01.	09. 04. = 23. 02.	09. 05. = 23. 03.	09. 06. = 25. 04.
10. 01. = 22. 11.	10. 02. = 24. 12.	10. 03. = 22. 01.	10. 04. = 24. 02.	10. 05. = 24. 03.	10. 06. = 26. 04.
11. 01. = 23. 11.	11. 02. = 25. 12.	11. 03. = 23. 01.	11. 04. = 25. 02.	11. 05. = 25. 03.	11. 06. = 27. 04.
12. 01. = 24. 11.	12. 02. = 26. 12.	12. 03. = 24. 01.	12. 04. = 26. 02.	12. 05. = 26. 03.	12. 06. = 28. 04.
13. 01. = 25. 11.	13. 02. = 27. 12.	13. 03. = 25. 01.	13. 04. = 27. 02.	13. 05. = 27. 03.	13. 06. = 29. 04.
14. 01. = 26. 11.	14. 02. = 28. 12.	14. 03. = 26. 01.	14. 04. = 28. 02.	14. 05. = 28. 03.	14. 06. = 30. 04.
15. 01. = 27. 11.	15. 02. = 29. 12.	15. 03. = 27. 01.	15. 04. = 29. 02.	15. 05. = 29. 03.	15. 06. = 01. 05.
16. 01. = 28. 11.	16. 02. = 30. 12.	16. 03. = 28. 01.	16. 04. = 30. 02.	16. 05. = 01. 04.	16. 06. = 02. 05.
17. 01. = 29. 11.	17. 02. = 01. 01.	17. 03. = 29. 01.	17. 04. = 01. 03.	17. 05. = 02. 04.	17. 06. = 03. 05.
18. 01. = 01. 12.	18. 02. = 02. 01.	18. 03. = 01. 02.	18. 04. = 02. 03.	18. 05. = 03. 04.	18. 06. = 04. 05.
19. 01. = 02. 12.	19. 02. = 03. 01.	19. 03. = 02. 02.	19. 04. = 03. 03.	19. 05. =.04. 04.	19. 06. = 05. 05.
20. 01. = 03. 12.	20. 02. = 04. 01.	20. 03. = 03. 02.	20. 04. = 04. 03.	20. 05. = 05. 04.	20. 06. = 06. 05.
21. 01. = 04. 12.	21. 02. = 05. 01.	21. 03. = 04. 02.	21. 04. = 05. 03.	21. 05. = 06. 04.	21. 06. = 07. 05.
22. 01. = 05. 12.	22. 02. = 06. 01.	22. 03. = 05. 02.	22. 04. = 06. 03.	22. 05. = 07. 04.	22. 06. = 08. 05.
23. 01. = 06. 12.	23. 02. = 07. 01.	23. 03. = 06. 02.	23. 04. = 07. 03.	23. 05. = 08. 04.	23. 06. = 09. 05.
24. 01. = 07. 12.	24. 02. = 08. 01.	24. 03. = 07. 02.	24. 04. = 08. 03.	24. 05. = 09. 04.	24. 06. = 10. 05.
25. 01. = 08. 12.	25. 02. = 09. 01.	25. 03. = 08. 02.	25. 04. = 09. 03.	25. 05. = 10. 04.	25. 06. = 11. 05.
26. 01. = 09. 12.	26. 02. = 10. 01.	26. 03. = 09. 02.	26. 04. = 10. 03.	26. 05. = 11. 04.	26. 06. = 12. 05.
27. 01. = 10. 12.	27. 02. = 11. 01.	27. 03. = 10. 02.	27. 04. = 11. 03.	27. 05. = 12. 04.	27. 06. = 13. 05.
28. 01. = 11. 12.	28. 02. = 12. 01.	28. 03. = 11. 02.	28. 04. = 12. 03.	28. 05. = 13. 04.	28. 06. = 14. 05.
29. 01. = 12. 12.		29. 03. = 12. 02.	29. 04. = 13. 03.	29. 05. = 14. 04.	29. 06. = 15. 05.
30. 01. = 13. 12.		30. 03. = 13. 02.	30. 04. = 14. 03.	30. 05. = 15. 04.	30. 06. = 16. 05.
31. 01. = 14. 12.		31. 03. = 14. 02.		31. 05. = 16. 04.	

1969

Juli	August	September	Oktober	November	Dezember
01. 07. = 17. 05.	01. 08. = 19. 06.	01. 09. = 20. 07.	01. 10. = 20. 08.	01. 11. = 22. 09.	01. 12. = 22. 10.
02. 07. = 18. 05.	02. 08. = 20. 06.	02. 09. = 21. 07.	02. 10. = 21. 08.	02. 11. = 23. 09.	02. 12. = 23. 10.
03. 07. = 19. 05.	03. 08. = 21. 06.	03. 09. = 22. 07.	03. 10. = 22. 08.	03. 11. = 24. 09.	03. 12. = 24. 10.
04. 07. = 20. 05.	04. 08. = 22. 06.	04. 09. = 23. 07.	04. 10. = 23. 08.	04. 11. = 25. 09.	04. 12. = 25. 10.
05. 07. = 21. 05.	05. 08. = 23. 06.	05. 09. = 24. 07.	05. 10. = 24. 08.	05. 11. = 26. 09.	05. 12. = 26. 10.
06. 07. = 22. 05.	06. 08. = 24. 06.	06. 09. = 25. 07.	06. 10. = 25. 08.	06. 11. = 27. 09.	06. 12. = 27. 10.
07. 07. = 23. 05.	07. 08. = 25. 06.	07. 09. = 26. 07.	07. 10. = 26. 08.	07. 11. = 28. 09.	07. 12. = 28. 10.
08. 07. = 24. 05.	08. 08. = 26. 06.	08. 09. = 27. 07.	08. 10. = 27. 08.	08. 11. = 29. 09.	08. 12. = 29. 10.
09. 07. = 25. 05.	09. 08. = 27. 06.	09. 09. = 28. 07.	09. 10. = 28. 08.	09. 11. = 30. 09.	09. 12. = 01. 11.
10. 07. = 26. 05.	10. 08. = 28. 06.	10. 09. = 29. 07.	10. 10. = 29. 08.	10. 11. = 01. 10.	10. 12. = 02. 11.
11. 07. = 27. 05.	11. 08. = 29. 06.	11. 09. = 30. 07.	11. 10. = 01. 09.	11. 11. = 02. 10.	11. 12. = 03. 11.
12. 07. = 28. 05.	12. 08. = 30. 06.	12. 09. = 01. 08.	12. 10. = 02. 09.	12. 11. = 03. 10.	12. 12. = 04. 11.
13. 07. = 29. 05.	13. 08. = 01. 07.	13. 09. = 02. 08.	13. 10. = 03. 09.	13. 11. = 04. 10.	13. 12. = 05. 11.
14. 07. = 01. 06.	14. 08. = 02. 07.	14. 09. = 03. 08.	14. 10. = 04. 09.	14. 11. = 05. 10.	14. 12. = 06. 11.
15. 07. = 02. 06.	15. 08. = 03. 07.	15. 09. = 04. 08.	15. 10. = 05. 09.	15. 11. = 06. 10.	15. 12. = 07. 11.
16. 07. = 03. 06.	16. 08. = 04. 07.	16. 09. = 05. 08.	16. 10. = 06. 09.	16. 11. = 07. 10.	16. 12. = 08. 11.
17. 07. = 04. 06.	17. 08. = 05. 07.	17. 09. = 06. 08.	17. 10. = 07. 09.	17. 11. = 08. 10.	17. 12. = 09. 11.
18. 07. = 05. 06.	18. 08. = 06. 07.	18. 09. = 07. 08.	18. 10. = 08. 09.	18. 11. = 09. 10.	18. 12. = 10. 11.
19. 07. = 06. 06.	19. 08. = 07. 07.	19. 09. = 08. 08.	19. 10. =.09. 09.	19. 11. = 10. 10.	19. 12. = 11. 11.
20. 07. = 07. 06.	20. 08. = 08. 07.	20. 09. = 09. 08.	20. 10. = 10. 09.	20. 11. = 11. 10.	20. 12. = 12. 11.
21. 07. = 08. 06.	21. 08. = 09. 07.	21. 09. = 10. 08.	21. 10. = 11. 09.	21. 11. = 12. 10.	21. 12. = 13. 11.
22. 07. = 09. 06.	22. 08. = 10. 07.	22. 09. = 11. 08.	22. 10. = 12. 09.	22. 11. = 13. 10.	22. 12. = 14. 11.
23. 07. = 10. 06.	23. 08. = 11.0 7.	23. 09. = 12. 08.	23. 10. = 13. 09.	23. 11. = 14. 10.	23. 12. = 15. 11.
24. 07. = 11. 06.	24. 08. = 12. 07.	24. 09. = 13. 08.	24. 10. = 14. 09.	24. 11. = 15. 10.	24. 12. = 16. 11.
25. 07. = 12. 06.	25. 08. = 13. 07.	25. 09. = 14. 08.	25. 10. = 15. 09.	25. 11. = 16. 10.	25. 12. = 17. 11.
26. 07. = 13. 06.	26. 08. = 14. 07.	26. 09. = 15. 08.	26. 10. = 16. 09.	26. 11. = 17. 10.	26. 12. = 18. 11.
27. 07. = 14. 06.	27. 08. = 15. 07.	27. 09. = 16. 08.	27. 10. = 17. 09.	27. 11. = 18. 10.	27. 12. = 19. 11.
28. 07. = 15. 06.	28. 08. = 16. 07.	28. 09. = 17. 08.	28. 10. = 18. 09.	28. 11. = 19. 10.	28. 12. = 20. 11.
29. 07. = 16. 06.	29. 08. = 17. 07.	29. 09. = 18. 08.	29. 10. = 19. 09.	29. 11. = 20. 10.	29. 12. = 21. 11.
30. 07. = 17. 06.	30. 08. = 18. 07.	30. 09. = 19. 08.	30. 10. = 20. 09.	30. 11. = 21. 10.	30. 12. = 22. 11.
31. 07. = 18. 06.	31. 08. = 19. 07.		31. 10. = 21. 09.		31. 12. = 23. 11.

1970

Januar	Februar	März	April	Mai	Juni
01. 01. = 24. 11.	01. 02. = 25. 12.	01. 03. = 24. 01.	01. 04. = 25. 02.	01. 05. = 26. 03.	01. 06. = 28. 04.
02. 01. = 25. 11.	02. 02. = 26. 12.	02. 03. = 25. 01.	02. 04. = 26. 02.	02. 05. = 27. 03.	02. 06. = 29. 04.
03. 01. = 26. 11.	03. 02. = 27. 12.	03. 03. = 26. 01.	03. 04. = 27. 02.	03. 05. = 28. 03.	03. 06. = 30. 04.
04. 01. = 27. 11.	04. 02. = 28. 12.	04. 03. = 27. 01.	04. 04. = 28. 02.	04. 05. = 29. 03.	04. 06. = 01. 05.
05. 01. = 28. 11.	05. 02. = 29. 12.	05. 03. = 28. 01.	05. 04. = 29. 02.	05. 05. = 01. 04.	05. 06. = 02. 05.
06. 01. = 29. 11.	06. 02. = 01. 01.	06. 03. = 29. 01.	06. 04. = 01. 03.	06. 05. = 02. 04.	06. 06. = 03. 05.
07. 01. = 30. 11.	07. 02. = 02. 01.	07. 03. = 30. 01.	07. 04. = 02. 03.	07. 05. = 03. 04.	07. 06. = 04. 05.
08. 01. = 01. 12.	08. 02. = 03. 01.	08. 03. = 01. 02.	08. 04. = 03. 03.	08. 05. = 04. 04.	08. 06. = 05. 05.
09. 01. = 02. 12.	09. 02. = 04. 01.	09. 03. = 02. 02.	09. 04. = 04. 03.	09. 05. = 05. 04.	09. 06. = 06. 05.
10. 01. = 03. 12.	10. 02. = 05. 01.	10. 03. = 03. 02.	10. 04. = 05. 03.	10. 05. = 06. 04.	10. 06. = 07. 05.
11. 01. = 04. 12.	11. 02. = 06. 01.	11. 03. = 04. 02.	11. 04. = 06. 03.	11. 05. = 07. 04.	11. 06. = 08. 05.
12. 01. = 05. 12.	12. 02. = 07. 01.	12. 03. = 05. 02.	12. 04. = 07. 03.	12. 05. = 08. 04.	12. 06. = 09. 05.
13. 01. = 06. 12.	13. 02. = 08. 01.	13. 03. = 06. 02.	13. 04. = 08. 03.	13. 05. = 09. 04.	13. 06. = 10. 05.
14. 01. = 07. 12.	14. 02. = 09. 01.	14. 03. = 07. 02.	14. 04. = 09. 03.	14. 05. = 10. 04.	14. 06. = 11. 05.
15. 01. = 08. 12.	15. 02. = 10. 01.	15. 03. = 08. 02.	15. 04. = 10. 03.	15. 05. = 11. 04.	15. 06. = 12. 05.
16. 01. = 09. 12.	16. 02. = 11. 01.	16. 03. = 09. 02.	16. 04. = 11. 03.	16. 05. = 12. 04.	16. 06. = 13. 05.
17. 01. = 10. 12.	17. 02. = 12. 01.	17. 03. = 10. 02.	17. 04. = 12. 03.	17. 05. = 13. 04.	17. 06. = 14. 05.
18. 01. = 11. 12.	18. 02. = 13. 01.	18. 03. = 11. 02.	18. 04. = 13. 03.	18. 05. = 14. 04.	18. 06. = 15. 05.
19. 01. = 12. 12.	19. 02. = 14. 01.	19. 03. = 12. 02.	19. 04. = 14. 03.	19. 05. = 15. 04.	19. 06. = 16. 05.
20. 01. = 13. 12.	20. 02. = 15. 01.	20. 03. = 13. 02.	20. 04. = 15. 03.	20. 05. = 16. 04.	20. 06. = 17. 05.
21. 01. = 14. 12.	21. 02. = 16. 01.	21. 03. = 14. 02.	21. 04. = 16. 03.	21. 05. = 17. 04.	21. 06. = 18. 05.
22. 01. = 15. 12.	22. 02. = 17. 01.	22. 03. = 15. 02.	22. 04. = 17. 03.	22. 05. = 18. 04.	22. 06. = 19. 05.
23. 01. = 16. 12.	23. 02. = 18. 01.	23. 03. = 16. 02.	23. 04. = 18. 03.	23. 05. = 19. 04.	23. 06. = 20. 05.
24. 01. = 17. 12.	24. 02. = 19. 01.	24. 03. = 17. 02.	24. 04. = 19. 03.	24. 05. – 20. 04.	24. 06. ▪ 21. 05.
25. 01. = 18. 12.	25. 02. = 20. 01.	25. 03. = 18. 02.	25. 04. = 20. 03.	25. 05. = 21. 04.	25. 06. = 22. 05.
26. 01. = 19. 12.	26. 02. = 21. 01.	26. 03. = 19. 02.	26. 04. = 21. 03.	26. 05. = 22. 04.	26. 06. = 23. 05.
27. 01. = 20. 12.	27. 02. = 22. 01.	27. 03. = 20. 02.	27. 04. = 22. 03.	27. 05. = 23. 04.	27. 06. = 24. 05.
28. 01. = 21. 12.	28. 02. = 23. 01.	28. 03. = 21. 02.	28. 04. = 23. 03.	28. 05. = 24. 04.	28. 06. = 25. 05.
29. 01. = 22. 12.		29. 03. = 22. 02.	29. 04. = 24. 03.	29. 05. = 25. 04.	29. 06. = 26. 05.
30. 01. = 23. 12.		30. 03. = 23. 02.	30. 04. = 25. 03.	30. 05. = 26. 04.	30. 06. = 27. 05.
31. 01. = 24. 12.		31. 03. = 24. 02.		31. 05. = 27. 04.	

1970

Juli	August	September	Oktober	November	Dezember
01. 07. = 28. 05.	01. 08. = 30. 06.	01. 09. = 01. 08.	01. 10. = 02. 09.	01. 11. = 03. 10.	01. 12. = 03. 11.
02. 07. = 29. 05.	02. 08. = 01. 07.	02. 09. = 02. 08.	02. 10. = 03. 09.	02. 11. = 04. 10.	02. 12. = 04. 11.
03. 07. = 01. 06.	03. 08. = 02. 07.	03. 09. = 03. 08.	03. 10. = 04. 09.	03. 11. = 05. 10.	03. 12. = 05. 11.
04. 07. = 02. 06.	04. 08. = 03. 07.	04. 09. = 04. 08.	04. 10. = 05. 09.	04. 11. = 06. 10.	04. 12. = 06. 11.
05. 07. = 03. 06.	05. 08. = 04. 0.7	05. 09. = 05. 08.	05. 10. = 06. 09.	05. 11. = 07. 10.	05. 12. = 07. 11.
06. 07. = 04. 06.	06. 08. = 05. 07.	06. 09. = 06. 08.	06. 10. = 07. 09.	06. 11. = 08. 10.	06. 12. = 08. 11.
07. 07. = 05. 06.	07. 08. = 06. 07.	07. 09. = 07. 08.	07. 10. = 08. 09.	07. 11. = 09. 10.	07. 12. = 09. 11.
08. 07. = 06. 06.	08. 08. = 07. 07.	08. 09. = 08. 08.	08. 10. = 09. 09.	08. 11. = 10. 10.	08. 12. = 10. 11.
09. 07. = 07. 06.	09. 08. = 08. 07.	09. 09. = 09. 08.	09. 10. = 10. 09.	09. 11. = 11. 10.	09. 12. = 11. 11.
10. 07. = 08. 06.	10. 08. = 09. 07.	10. 09. = 10. 08.	10. 10. = 11. 09.	10. 11. = 12. 10.	10. 12. = 12. 11.
11. 07. = 09. 06.	11. 08. = 10. 07.	11. 09. = 11. 08.	11. 10. = 12. 09.	11. 11. = 13. 10.	11. 12. = 13. 11.
12. 07. = 10. 06.	12. 08. = 11. 07.	12. 09. = 12. 08.	12. 10. = 13. 09.	12. 11. = 14. 10.	12. 12. = 14. 11.
13. 07. = 11. 06.	13. 08. = 12. 07.	13. 09. = 13. 08.	13. 10. = 14. 09.	13. 11. = 15. 10.	13. 12. = 15. 11.
14. 07. = 12. 06.	14. 08. = 13. 07.	14. 09. = 14. 08.	14. 10. = 15. 09.	14. 11. = 16. 10.	14. 12. = 16. 11.
15. 07. = 13. 06.	15. 08. = 14. 07.	15. 09. = 15. 08.	15. 10. = 16. 09.	15. 11. = 17. 10.	15. 12. = 17. 11.
16. 07. = 14. 06.	16. 08. = 15. 07.	16. 09. = 16. 08.	16. 10. = 17. 09.	16. 11. = 18. 10.	16. 12. = 18. 11.
17. 07. = 15. 06.	17. 08. = 16. 07.	17. 09. = 17. 08.	17. 10. = 18. 09.	17. 11. = 19. 10.	17. 12. = 19. 11.
18. 07. = 16. 06.	18. 08. = 17. 07.	18. 09. = 18. 08.	18. 10. = 19. 09.	18. 11. = 20. 10.	18. 12. = 20. 11.
19. 07. = 17. 06.	19. 08. = 18. 07.	19. 09. = 19. 08.	19. 10. = 20. 09.	19. 11. = 21. 10.	19. 12. = 21. 11.
20. 07. = 18. 06.	20. 08. = 19. 07.	20. 09. = 20. 08.	20. 10. = 21. 09.	20. 11. = 22. 10.	20. 12. = 22. 11.
21. 07. = 19. 06.	21. 08. = 20. 07.	21. 09. = 21. 08.	21. 10. = 22. 09.	21. 11. = 23. 10.	21. 12. = 23. 11.
22. 07. = 20. 06.	22. 08. = 21. 07.	22. 09. = 22. 08.	22. 10. = 23. 09.	22. 11. = 24. 10.	22. 12. = 24. 11.
23. 07. = 21. 06.	23. 08. = 22. 07.	23. 09. = 23. 08.	23. 10. = 24. 09.	23. 11. = 25. 10.	23. 12. = 25. 11.
24. 07. = 22. 06.	24. 08. = 23. 07.	24. 09. = 24. 08.	24. 10. = 25. 09.	24. 11. = 26. 10.	24. 12. = 26. 11.
25. 07. = 23. 06.	25. 08. = 24. 07.	25. 09. = 25. 08.	25. 10. = 26. 09.	25. 11. = 27. 10.	25. 12. = 27. 11.
26. 07. = 24. 06.	26. 08. = 25. 07.	26. 09. = 26. 08.	26. 10. = 27. 09.	26. 11. = 28. 10.	26. 12. = 28. 11.
27. 07. = 25. 06.	27. 08. = 26. 07.	27. 09. = 27. 08.	27. 10. = 28. 09.	27. 11. = 29. 10.	27. 12. = 29. 11.
28. 07. = 26. 06.	28. 08. = 27. 07.	28. 09. = 28. 08.	28. 10. = 29. 09.	28. 11. = 30. 10.	28. 12. = 01. 12.
29. 07. = 27. 06.	29. 08. = 28. 07.	29. 09. = 29. 08.	29. 10. = 30. 09.	29. 11. = 01. 11.	29. 12. = 02. 12.
30. 07. = 28. 06.	30. 08. = 29. 07.	30. 09. = 01. 09.	30. 10. = 01. 10.	30. 11. = 02. 11.	30. 12. = 03. 12.
31. 07. = 29. 06.	31. 08. = 30. 07.		31. 10. = 02. 10.		31. 12. = 04. 12.

1971

Januar	Februar	März	April	Mai	Juni
01. 01. = 05. 12.	01. 02. = 06. 01.	01. 03. = 05. 02.	01. 04. = 06. 03.	01. 05. = 07. 04.	01. 06. = 09. 05.
02. 01. = 06. 12.	02. 02. = 07. 01.	02. 03. = 06. 02.	02. 04. = 07. 03.	02. 05. = 08. 04.	02. 06. = 10. 05.
03. 01. = 07. 12.	03. 02. = 08. 01.	03. 03. = 07. 02.	03. 04. = 08. 03.	03. 05. = 09. 04.	03. 06. = 11. 05.
04. 01. = 08. 12.	04. 02. = 09. 01.	04. 03. = 08. 02.	04. 04. = 09. 03.	04. 05. = 10. 04.	04. 06. = 12. 05.
05. 01. = 09. 12.	05. 02. = 10. 01.	05. 03. = 09. 02.	05. 04. = 10. 03.	05. 05. = 11. 04.	05. 06. = 13. 05.
06. 01. = 10. 12.	06. 02. = 11. 01.	06. 03. = 10. 02.	06. 04. = 11. 03.	06. 05. = 12. 04.	06. 06. = 14. 05.
07. 01. = 11. 12.	07. 02. = 12. 01.	07. 03. = 11. 02.	07. 04. = 12. 03.	07. 05. = 13. 04.	07. 06. = 15. 05.
08. 01. = 12. 12.	08. 02. = 13. 01.	08. 03. = 12. 02.	08. 04. = 13. 03.	08. 05. = 14. 04.	08. 06. = 16. 05.
09. 01. = 13. 12.	09. 02. = 14. 01.	09. 03. = 13. 02.	09. 04. = 14. 03.	09. 05. = 15. 04.	09. 06. = 17. 05.
10. 01. = 14. 12.	10. 02. = 15. 01.	10. 03. = 14. 02.	10. 04. = 15. 03.	10. 05. = 16. 04.	10. 06. = 18. 05.
11. 01. = 15. 12.	11. 02. = 16. 01.	11. 03. = 15. 02.	11. 04. = 16. 03.	11. 05. = 17. 04.	11. 06. = 19. 05.
12. 01. = 16. 12.	12. 02. = 17. 01.	12. 03. = 16. 02.	12. 04. = 17. 03.	12. 05. = 18. 04.	12. 06. = 20. 05.
13. 01. = 17. 12.	13. 02. = 18. 01.	13. 03. = 17. 02.	13. 04. = 18. 03.	13. 05. = 19. 04.	13. 06. = 21. 05.
14. 01. = 18. 12.	14. 02. = 19. 01.	14. 03. = 18. 02.	14. 04. = 19. 03.	14. 05. = 20. 04.	14. 06. = 22. 05.
15. 01. = 19. 12.	15. 02. = 20. 01.	15. 03. = 19. 02.	15. 04. = 20. 03.	15. 05. = 21. 04.	15. 06. = 23. 05.
16. 01. = 20. 12.	16. 02. = 21. 01.	16. 03. = 20. 02.	16. 04. = 21. 03.	16. 05. = 22. 04.	16. 06. = 24. 05.
17. 01. = 21. 12.	17. 02. = 22. 01.	17. 03. = 21. 02.	17. 04. = 22. 03.	17. 05. = 23. 04.	17. 06. = 25. 05.
18. 01. = 22. 12.	18. 02. = 23. 01.	18. 03. = 22. 02.	18. 04. = 23. 03.	18. 05. = 24. 04.	18. 06. = 26. 05.
19. 01. = 23. 12.	19. 02. = 24. 01.	19. 03. = 23. 02.	19. 04. = 24. 03.	19. 05. = 25. 04.	19. 06. = 27. 05.
20. 01. = 24. 12.	20. 02. = 25. 01.	20. 03. = 24. 02.	20. 04. = 25. 03.	20. 05. = 26. 04.	20. 06. = 28. 05.
21. 01. = 25. 12.	21. 02. = 26. 01.	21. 03. = 25. 02.	21. 04. = 26. 03.	21. 05. = 27. 04.	21. 06. = 29. 05.
22. 01. = 26. 12.	22. 02. = 27. 01.	22. 03. = 26. 02.	22. 04. = 27. 03.	22. 05. = 28. 04.	22. 06. = 30. 05.
23. 01. = 27. 12.	23. 02. = 28. 01.	23. 03. = 27. 02.	23. 04. = 28. 03.	23. 05. = 29. 04.	23. 06. = 01. 05.
24. 01. = 28. 12.	24. 02. = 29. 01.	24. 03. = 28. 02.	24. 04. = 29. 03.	24. 05. = 01. 05.	24. 06. – 02. 05.
25. 01. = 29. 12.	25. 02. = 01. 02.	25. 03. = 29. 02.	25. 04. = 01. 04.	25. 05. = 02. 05.	25. 06. = 03. 05.
26. 01. = 30. 12.	26. 02. = 02. 02.	26. 03. = 30. 02.	26. 04. = 02. 04.	26. 05. = 03. 05.	26. 06. = 04. 05.
27. 01. = 01. 01.	27. 02. = 03. 02.	27. 03. = 01. 03.	27. 04. = 03. 04.	27. 05. = 04. 05.	27. 06. = 05. 05.
28. 01. = 02. 01.	28. 02. = 04. 02.	28. 03. = 02. 03.	28. 04. = 04. 04.	28. 05. = 05. 05.	28. 06. = 06. 05.
29. 01. = 03. 01.		29. 03. = 03. 03.	29. 04. = 05. 04.	29. 05. = 06. 05.	29. 06. = 07. 05.
30. 01. = 04. 01.		30. 03. = 04. 03.	30. 04. = 06. 04.	30. 05. = 07. 05.	30. 06. = 08. 05.
31. 01. = 05. 01.		31. 03. = 05. 03.		31. 05. = 08. 05.	

1971

Juli	August	September	Oktober	November	Dezember
01. 07. = 09. 05.	01. 08. = 11. 06.	01. 09. = 12. 07.	01. 10. = 13. 08.	01. 11. = 14. 09.	01. 12. = 14. 10.
02. 07. = 10. 05.	02. 08. = 12. 06.	02. 09. = 13. 07.	02. 10. = 14. 08.	02. 11. = 15. 09.	02. 12. = 15. 10.
03. 07. = 11. 05.	03. 08. = 13. 06.	03. 09. = 14. 07.	03. 10. = 15. 08.	03. 11. = 16. 09.	03. 12. = 16. 10.
04. 07. = 12. 05.	04. 08. = 14. 06.	04. 09. = 15. 07.	04. 10. = 16. 08.	04. 11. = 17. 09.	04. 12. = 17. 10.
05. 07. = 13. 05.	05. 08. = 15. 06.	05. 09. = 16. 07.	05. 10. = 17. 08.	05. 11. = 18. 09.	05. 12. = 18. 10.
06. 07. = 14. 05.	06. 08. = 16. 06.	06. 09. = 17. 07.	06. 10. = 18. 08.	06. 11. = 19. 09.	06. 12. = 19. 10.
07. 07. = 15. 05.	07. 08. = 17. 06.	07. 09. = 18. 07.	07. 10. = 19. 08.	07. 11. = 20. 09.	07. 12. = 20. 10.
08. 07. = 16. 05.	08. 08. = 18. 06.	08. 09. = 19. 07.	08. 10. = 20. 08.	08. 11. = 21. 09.	08. 12. = 21. 10.
09. 07. = 17. 05.	09. 08. = 19. 06.	09. 09. = 20. 07.	09. 10. = 21. 08.	09. 11. = 22. 09.	09. 12. = 22. 10.
10. 07. = 18. 05.	10. 08. = 20. 06.	10. 09. = 21. 07.	10. 10. = 22. 08.	10. 11. = 23. 09.	10. 12. = 23. 10.
11. 07. = 19. 05.	11. 08. = 21. 06.	11. 09. = 22. 07.	11. 10. = 23. 08.	11. 11. = 24. 09.	11. 12. = 24. 10.
12. 07. = 20. 05.	12. 08. = 22. 06.	12. 09. = 23. 07.	12. 10. = 24. 08.	12. 11. = 25. 09.	12. 12. = 25. 10.
13. 07. = 21. 05.	13. 08. = 23. 06.	13. 09. = 24. 07.	13. 10. = 25. 08.	13. 11. = 26. 09.	13. 12. = 26. 10.
14. 07. = 22. 05.	14. 08. = 24. 06.	14. 09. = 25. 07.	14. 10. = 26. 08.	14. 11. = 27. 09.	14. 12. = 27. 10.
15. 07. = 23. 05.	15. 08. = 25. 06.	15. 09. = 26. 07.	15. 10. = 27. 08.	15. 11. = 28. 09.	15. 12. = 28. 10.
16. 07. = 24. 05.	16. 08. = 26. 06.	16. 09. = 27. 07.	16. 10. = 28. 08.	16. 11. = 29. 09.	16. 12. = 29. 10.
17. 07. = 25. 05.	17. 08. = 27. 06.	17. 09. = 28. 07.	17. 10. = 29. 08.	17. 11. = 30. 09.	17. 12. = 30. 10.
18. 07. = 26. 05.	18. 08. = 28. 06.	18. 09. = 29. 07.	18. 10. = 30. 08.	18. 11. = 01. 10.	18. 12. = 01. 11.
19. 07. = 27. 05.	19. 08. = 29. 06.	19. 09. = 01. 08.	19. 10. = 01. 09.	19. 11. = 02. 10.	19. 12. = 02. 11.
20. 07. = 28. 05.	20. 08. = 30. 06.	20. 09. = 02. 08.	20. 10. = 02. 09.	20. 11. = 03. 10.	20. 12. = 03. 11.
21. 07. = 29. 05.	21. 08. = 01. 07.	21. 09. = 03. 08.	21. 10. = 03. 09.	21. 11. = 04. 10.	21. 12. = 04. 11.
22. 07. = 01. 06.	22. 08. = 02. 07.	22. 09. = 04. 08.	22. 10. = 04. 09.	22. 11. = 05. 10.	22. 12. = 05. 11.
23. 07. = 02. 06.	23. 08. = 03. 07.	23. 09. = 05. 08.	23. 10. = 05. 09.	23. 11. = 06. 10.	23. 12. = 06. 11.
24. 07. = 03. 06.	24. 08. = 04. 07.	24. 09. = 06. 08.	24. 10. = 06. 09.	24. 11. = 07. 10.	24. 12. = 07. 11.
25. 07. = 04. 06.	25. 08. = 05. 07.	25. 09. = 07. 08.	25. 10. = 07. 09.	25. 11. = 08. 10.	25. 12. = 08. 11.
26. 07. = 05. 06.	26. 08. = 06. 07.	26. 09. = 08. 08.	26. 10. = 08. 09.	26. 11. = 09. 10.	26. 12. = 09. 11.
27. 07. = 06. 06.	27. 08. = 07. 07.	27. 09. = 09. 08.	27. 10. = 09. 09.	27. 11. = 10. 10.	27. 12. = 10. 11.
28. 07. = 07. 06.	28. 08. = 08. 07.	28. 09. = 10. 08.	28. 10. = 10. 09.	28. 11. = 11. 10.	28. 12. = 11. 11.
29. 07. = 08. 06.	29. 08. = 09. 07.	29. 09. = 11. 08.	29. 10. = 11. 09.	29. 11. = 12. 10.	29. 12. = 12. 11.
30. 07. = 09. 06.	30. 08. = 10. 07.	30. 09. = 12. 08.	30. 10. = 12. 09.	30. 11. = 13. 10.	30. 12. = 13. 11.
31. 07. = 10. 06.	31. 08. = 11. 07.		31. 10. = 13. 09.		31. 12. = 14. 11.

1972

Januar	Februar	März	April	Mai	Juni
01. 01. = 15. 11.	01. 02. = 17. 12.	01. 03. = 16. 01.	01. 04. = 18. 02.	01. 05. = 18. 03.	01. 06. = 20. 04.
02. 01. = 16. 11.	02. 02. = 18. 12.	02. 03. = 17. 01.	02. 04. = 19. 02.	02. 05. = 19. 03.	02. 06. = 21. 04.
03. 01. = 17. 11.	03. 02. = 19. 12.	03. 03. = 18. 01.	03. 04. = 20. 02.	03. 05. = 20. 03.	03. 06. = 22. 04.
04. 01. = 18. 11.	04. 02. = 20. 12.	04. 03. = 19. 01.	04. 04. = 21. 02.	04. 05. = 21. 03.	04. 06. = 23. 04.
05. 01. = 19. 11.	05. 02. = 21. 12.	05. 03. = 20. 01.	05. 04. = 22. 02.	05. 05. = 22. 03.	05. 06. = 24. 04.
06. 01. = 20. 11.	06. 02. = 22. 12.	06. 03. = 21. 01.	06. 04. = 23. 02.	06. 05. = 23. 03.	06. 06. = 25. 04.
07. 01. = 21. 11.	07. 02. = 23. 12.	07. 03. = 22. 01.	07. 04. = 24. 02.	07. 05. = 24. 03.	07. 06. = 26. 04.
08. 01. = 22. 11.	08. 02. = 24. 12.	08. 03. = 23. 01.	08. 04. = 25. 02.	08. 05. = 25. 03.	08. 06. = 27. 04.
09. 01. = 23. 11.	09. 02. = 25. 12.	09. 03. = 24. 01.	09. 04. = 26. 02.	09. 05. = 26. 03.	09. 06. = 28. 04.
10. 01. = 24. 11.	10. 02. = 26. 12.	10. 03. = 25. 01.	10. 04. = 27. 02.	10. 05. = 27. 03.	10. 06. = 29. 04.
11. 01. = 25. 11.	11. 02. = 27. 12.	11. 03. = 26. 01.	11. 04. = 28. 02.	11. 05. = 28. 03.	11. 06. = 01. 05.
12. 01. = 26. 11.	12. 02. = 28. 12.	12. 03. = 27. 01.	12. 04. = 29. 02.	12. 05. = 29. 03.	12. 06. = 02. 05.
13. 01. = 27. 11.	13. 02. = 29. 12.	13. 03. = 28. 01.	13. 04. = 30. 02.	13. 05. = 01. 04.	13. 06. = 03. 05.
14. 01. = 28. 11.	14. 02. = 30. 12.	14. 03. = 29. 01.	14. 04. = 01. 03.	14. 05. = 02. 04.	14. 06. = 04. 05.
15. 01. = 29. 11.	15. 02. = 01. 01.	15. 03. = 01. 02.	15. 04. = 02. 03.	15. 05. = 03. 04.	15. 06. = 05. 05.
16. 01. = 01. 12.	16. 02. = 02. 01.	16. 03. = 02. 02.	16. 04. = 03. 03.	16. 05. = 04. 04.	16. 06. = 06. 05.
17. 01. = 02. 12.	17. 02. = 03. 01.	17. 03. = 03. 02.	17. 04. = 04. 03.	17. 05. = 05. 04.	17. 06. = 07. 05.
18. 01. = 03. 12.	18. 02. = 04. 01.	18. 03. = 04. 02.	18. 04. = 05. 03.	18. 05. = 06. 04.	18. 06. = 08. 05.
19. 01. = 04. 12.	19. 02. = 05. 01.	19. 03. = 05. 02.	19. 04. = 06. 03.	19. 05. = 07. 04.	19. 06. = 09. 05.
20. 01. = 05. 12.	20. 02. = 06. 01.	20. 03. = 06. 02.	20. 04. = 07. 03.	20. 05. = 08. 04.	20. 06. = 10. 05.
21. 01. = 06. 12.	21. 02. = 07. 01.	21. 03. = 07. 02.	21. 04. = 08. 03.	21. 05. = 09. 04.	21. 06. = 11. 05.
22. 01. = 07. 12.	22. 02. = 08. 01.	22. 03. = 08. 02.	22. 04. = 09. 03.	22. 05. = 10. 04.	22. 06. = 12. 05.
23. 01. = 08. 12.	23. 02. = 09. 01.	23. 03. = 09. 02.	23. 04. = 10. 03.	23. 05. = 11. 04.	23. 06. = 13. 05.
24. 01. = 09. 12.	24. 02. = 10. 01.	24. 03. = 10. 02.	24. 04. = 11. 03.	24. 05. = 12. 04.	24. 06. = 14. 05.
25. 01. = 10. 12.	25. 02. = 11. 01.	25. 03. = 11. 02.	25. 04. = 12. 03.	25. 05. = 13. 04.	25. 06. = 15. 05.
26. 01. = 11. 12.	26. 02. = 12. 01.	26. 03. = 12. 02.	26. 04. = 13. 03.	26. 05. = 14. 04.	26. 06. = 16. 05.
27. 01. = 12. 12.	27. 02. = 13. 01.	27. 03. = 13. 02.	27. 04. = 14. 03.	27. 05. = 15. 04.	27. 06. = 17. 05.
28. 01. = 13. 12.	28. 02. = 14. 01.	28. 03. = 14. 02.	28. 04. = 15. 03.	28. 05. = 16. 04.	28. 06. = 18. 05.
29. 01. = 14. 12.	29. 02. = 15. 01.	29. 03. = 15. 02.	29. 04. = 16. 03.	29. 05. = 17. 04.	29. 06. = 19. 05.
30. 01. = 15. 12.		30. 03. = 16. 02.	30. 04. = 17. 03.	30. 05. = 18. 04.	30. 06. = 20. 05.
31. 01. = 16. 12.		31. 03. = 17. 02.		31. 05. = 19. 04.	

1972

Juli	August	September	Oktober	November	Dezember
01. 07. = 21. 05.	01. 08. = 22. 06.	01. 09. = 24. 07.	01. 10. = 24. 08.	01. 11. = 26. 09.	01. 12. = 26. 10.
02. 07. = 22. 05.	02. 08. = 23. 06.	02. 09. = 25. 07.	02. 10. = 25. 08.	02. 11. = 27. 09.	02. 12. = 27. 10.
03. 07. = 23. 05.	03. 08. = 24. 06.	03. 09. = 26. 07.	03. 10. = 26. 08.	03. 11. = 28. 09.	03. 12. = 28. 10.
04. 07. = 24. 05.	04. 08. = 25. 06.	04. 09. = 27. 07.	04. 10. = 27. 08.	04. 11. = 29. 09.	04. 12. = 29. 10.
05. 07. = 25. 05.	05. 08. = 26. 06.	05. 09. = 28. 07.	05. 10. = 28. 08.	05. 11. = 30. 09.	05. 12. = 30. 10.
06. 07. = 26. 05.	06. 08. = 27. 06.	06. 09. = 29. 07.	06. 10. = 29. 08.	06. 11. = 01. 10.	06. 12. = 01. 11.
07. 07. = 27. 05.	07. 08. = 28. 06.	07. 09. = 30. 07.	07. 10. = 01. 09.	07. 11. = 02. 10.	07. 12. = 02. 11.
08. 07. = 28. 05.	08. 08. = 29. 06.	08. 09. = 01. 08.	08. 10. = 02. 09.	08. 11. = 03. 10.	08. 12. = 03. 11.
09. 07. = 29. 05.	09. 08. = 01. 07.	09. 09. = 02. 08.	09. 10. = 03. 09.	09. 11. = 04. 10.	09. 12. = 04. 11.
10. 07. = 30. 05.	10. 08. = 02. 07.	10. 09. = 03. 08.	10. 10. = 04. 09.	10. 11. = 05. 10.	10. 12. = 05. 11.
11. 07. = 01. 06.	11. 08. = 03. 07.	11. 09. = 04. 08.	11. 10. = 05. 09.	11. 11. = 06. 10.	11. 12. = 06. 11.
12. 07. = 02. 06.	12. 08. = 04. 07.	12. 09. = 05. 08.	12. 10. = 06. 09.	12. 11. = 07. 10.	12. 12. = 07. 11.
13. 07. = 03. 06.	13. 08. = 05. 07.	13. 09. = 06. 08.	13. 10. = 07. 09.	13. 11. = 08. 10.	13. 12. = 08. 11.
14. 07. = 04. 06.	14. 08. = 06. 07.	14. 09. = 07. 08.	14. 10. = 08. 09.	14. 11. = 09. 10.	14. 12. = 09. 11.
15. 07. = 05. 06.	15. 08. = 07. 07.	15. 09. = 08. 08.	15. 10. = 09. 09.	15. 11. = 10. 10.	15. 12. = 10. 11.
16. 07. = 06. 06.	16. 08. = 08. 07.	16. 09. = 09. 08.	16. 10. = 10. 09.	16. 11. = 11. 10.	16. 12. = 11. 11.
17. 07. = 07. 06.	17. 08. = 09. 07.	17. 09. = 10. 08.	17. 10. = 11. 09.	17. 11. = 12. 10.	17. 12. = 12. 11.
18. 07. = 08. 06.	18. 08. = 10. 07.	18. 09. = 11. 08.	18. 10. = 12. 09.	18. 11. = 13. 10.	18. 12. = 13. 11.
19. 07. = 09. 06.	19. 08. = 11. 07.	19. 09. = 12. 08.	19. 10. = 13. 09.	19. 11. = 14. 10.	19. 12. = 14. 11.
20. 07. = 10. 06.	20. 08. = 12. 07.	20. 09. = 13. 08.	20. 10. = 14. 09.	20. 11. = 15. 10.	20. 12. = 15. 11.
21. 07. = 11. 06.	21. 08. = 13. 07.	21. 09. = 14. 08.	21. 10. = 15. 09.	21. 11. = 16. 10.	21. 12. = 16. 11.
22. 07. = 12. 06.	22. 08. = 14. 07.	22. 09. = 15. 08.	22. 10. = 16. 09.	22. 11. = 17. 10.	22. 12. = 17. 11.
23. 07. = 13. 06.	23. 08. = 15. 07.	23. 09. = 16. 08.	23. 10. = 17. 09.	23. 11. = 18. 10.	23. 12. = 18. 11.
24. 07. = 14. 06.	24. 08. = 16. 07.	24. 09. = 17. 08.	24. 10. = 18. 09.	24. 11. = 19. 10.	24. 12. = 19. 11.
25. 07. = 15. 06.	25. 08. = 17. 07.	25. 09. = 18. 08.	25. 10. = 19. 09.	25. 11. = 20. 10.	25. 12. = 20. 11.
26. 07. = 16. 06.	26. 08. = 18. 07.	26. 09. = 19. 08.	26. 10. = 20. 09.	26. 11. = 21. 10.	26. 12. = 21. 11.
27. 07. = 17. 06.	27. 08. = 19. 07.	27. 09. = 20. 08.	27. 10. = 21. 09.	27. 11. = 22. 10.	27. 12. = 22. 11.
28. 07. = 18. 06.	28. 08. = 20. 07.	28. 09. = 21. 08.	28. 10. = 22. 09.	28. 11. = 23. 10.	28. 12. = 23. 11.
29. 07. = 19. 06.	29. 08. = 21. 07.	29. 09. = 22. 08.	29. 10. = 23. 09.	29. 11. = 24. 10.	29. 12. = 24. 11.
30. 07. = 20. 06.	30. 08. = 22. 07.	30. 09. = 23. 08.	30. 10. = 24. 09.	30. 11. = 25. 10.	30. 12. = 25. 11.
31. 07. = 21. 06.	31. 08. = 23. 07.		31. 10. = 25. 09.		31. 12. = 26. 11.

1973

Januar	Februar	März	April	Mai	Juni
01. 01. = 27. 11.	01. 02. = 29. 12.	01. 03. = 27. 01.	01. 04. = 28. 02.	01. 05. = 29. 03.	01. 06. = 01. 05.
02. 01. = 28. 11.	02. 02. = 30. 12.	02. 03. = 28. 01.	02. 04. = 29. 02.	02. 05. = 30. 03.	02. 06. = 02. 05.
03. 01. = 29. 11.	03. 02. = 01. 01.	03. 03. = 29. 01.	03. 04. = 01. 03.	03. 05. = 01. 04.	03. 06. = 03. 05.
04. 01. = 01. 12.	04. 02. = 02. 01.	04. 03. = 30. 01.	04. 04. = 02. 03.	04. 05. = 02. 04.	04. 06. = 04. 05.
05. 01. = 02. 12.	05. 02. = 03. 01.	05. 03. = 01. 02.	05. 04. = 03. 03.	05. 05. = 03. 04.	05. 06. = 05. 05.
06. 01. = 03. 12.	06. 02. = 04. 01.	06. 03. = 02. 02.	06. 04. = 04. 03.	06. 05. = 04. 04.	06. 06. = 06. 05.
07. 01. = 04. 12.	07. 02. = 05. 01.	07. 03. = 03. 02.	07. 04. = 05. 03.	07. 05. = 05. 04.	07. 06. = 07. 05.
08. 01. = 05. 12.	08. 02. = 06. 01.	08. 03. = 04. 02.	08. 04. = 06. 03.	08. 05. = 06. 04.	08. 06. = 08. 05.
09. 01. = 06. 12.	09. 02. = 07. 01.	09. 03. = 05. 02.	09. 04. = 07. 03.	09. 05. = 07. 04.	09. 06. = 09. 05.
10. 01. = 07. 12.	10. 02. = 08. 01.	10. 03. = 06. 02.	10. 04. = 08. 03.	10. 05. = 08. 04.	10. 06. = 10. 05.
11. 01. = 18. 12.	11. 02. = 09. 01.	11. 03. = 07. 02.	11. 04. = 09. 03.	11. 05. = 09. 04.	11. 06. = 11. 05.
12. 01. = 09. 12.	12. 02. = 10. 01.	12. 03. = 08. 02.	12. 04. = 10. 03.	12. 05. = 10. 04.	12. 06. = 12. 05.
13. 01. = 10. 12.	13. 02. = 11. 01.	13. 03. = 09. 02.	13. 04. = 11. 03.	13. 05. = 11. 04.	13. 06. = 13. 05.
14. 01. = 11. 12.	14. 02. = 12. 01.	14. 03. = 10. 02.	14. 04. = 12. 03.	14. 05. = 12. 04.	14. 06. = 14. 05.
15. 01. = 12. 12.	15. 02. = 13. 01.	15. 03. = 11. 02.	15. 04. = 13. 03.	15. 05. = 13. 04.	15. 06. = 15. 05.
16. 01. = 13. 12.	16. 02. = 14. 01.	16. 03. = 12. 02.	16. 04. = 14. 03.	16. 05. = 14. 04.	16. 06. = 16. 05.
17. 01. = 14. 12.	17. 02. = 15. 01.	17. 03. = 13. 02.	17. 04. = 15. 03.	17. 05. = 15. 04.	17. 06. = 17. 05.
18. 01. = 15. 12.	18. 02. = 16. 01.	18. 03. = 14. 02.	18. 04. = 16. 03.	18. 05. = 16. 04.	18. 06. = 18. 05.
19. 01. = 16. 12.	19. 02. = 17. 01.	19. 03. = 15. 02.	19. 04. = 17. 03.	19. 05. = 17. 04.	19. 06. = 19. 05.
20. 01. = 17. 12.	20. 02. = 18. 01.	20. 03. = 16. 02.	20. 04. = 18. 03.	20. 05. = 18. 04.	20. 06. = 20. 05.
21. 01. = 18. 12.	21. 02. = 19. 01.	21. 03. = 17. 02.	21. 04. = 19. 03.	21. 05. = 19. 04.	21. 06. = 21. 05.
22. 01. = 19. 12.	22. 02. = 20. 01.	22. 03. = 18. 02.	22. 04. = 20. 03.	22. 05. = 20. 04.	22. 06. = 22. 05.
23. 01. = 20. 12.	23. 02. = 21. 01.	23. 03. = 19. 02.	23. 04. = 21. 03.	23. 05. = 21. 04.	23. 06. =.23. 05.
24. 01. = 21. 12.	24. 02. = 22. 01.	24. 03. = 20. 02.	24. 04. = 22. 03.	24. 05. = 22. 04.	24. 06. = 24. 05.
25. 01. = 22. 12.	25. 02. = 23. 01.	25. 03. = 21. 02.	25. 04. = 23. 03.	25. 05. = 23. 04.	25. 06. = 25. 05.
26. 01. = 23. 12.	26. 02. = 24. 01.	26. 03. = 22. 02.	26. 04. = 24. 03.	26. 05. = 24. 04.	26. 06. = 26. 05.
27. 01. = 24. 12.	27. 02. = 25. 01.	27. 03. = 23. 02.	27. 04. = 25. 03.	27. 05. = 25. 04.	27. 06. = 27. 05.
28. 01. = 25. 12.	28. 02. = 26. 01.	28. 03. = 24. 02.	28. 04. = 26. 03.	28. 05. = 26. 04.	28. 06. = 28. 05.
29. 01. = 26. 12.		29. 03. = 25. 02.	29. 04. = 27. 03.	29. 05. = 27. 04.	29. 06. = 29. 05.
30. 01. = 27. 12.		30. 03. = 26. 02.	30. 04. = 28. 03.	30. 05. = 28. 04.	30. 06. = 01. 06.
31. 01. = 28. 12.		31. 03. = 27. 02.		31. 05. = 29. 04.	

1973

Juli	August	September	Oktober	November	Dezember
01. 07. = 02. 06.	01. 08. = 03. 07.	01. 09. = 05. 08.	01. 10. = 06. 09.	01. 11. = 07. 10.	01. 12. = 07. 11.
02. 07. = 03. 06.	02. 08. = 04. 07.	02. 09. = 06. 08.	02. 10. = 07. 09.	02. 11. = 08. 10.	02. 12. = 08. 11.
03. 07. = 04. 06.	03. 08. = 05. 07.	03. 09. = 07. 08.	03. 10. = 08. 09.	03. 11. = 09. 10.	03. 12. = 09. 11.
04. 07. = 05. 06.	04. 08. = 06. 07.	04. 09. = 08. 08.	04. 10. = 09. 09.	04. 11. = 10. 10.	04. 12. = 10. 11.
05. 07. = 06. 06.	05. 08. = 07. 07.	05. 09. = 09. 08.	05. 10. = 10. 09.	05. 11. = 11. 10.	05. 12. = 11. 11.
06. 07. = 07. 06.	06. 08. = 08. 07.	06. 09. = 10. 08.	06. 10. = 11. 09.	06. 11. = 12. 10.	06. 12. = 12. 11.
07. 07. = 08. 06.	07. 08. = 09. 07.	07. 09. = 11. 08.	07. 10. = 12. 09.	07. 11. = 13. 10.	07. 12. = 13. 11.
08. 07. = 09. 06.	08. 08. = 10. 07.	08. 09. = 12. 08.	08. 10. = 13. 09.	08. 11. = 14. 10.	08. 12. = 14. 11.
09. 07. = 10. 06.	09. 08. = 11. 07.	09. 09. = 13. 08.	09. 10. = 14. 09.	09. 11. = 15. 10.	09. 12. = 15. 11.
10. 07. = 11. 06.	10. 08. = 12. 07.	10. 09. = 14. 08.	10. 10. = 15. 09.	10. 11. = 16. 10.	10. 12. = 16. 11.
11. 07. = 12. 06.	11. 08. = 13. 07.	11. 09. = 15. 08.	11. 10. = 16. 09.	11. 11. = 17. 10.	11. 12. = 17. 11.
12. 07. = 13. 06.	12. 08. = 14. 07.	12. 09. = 16. 08.	12. 10. = 17. 09.	12. 11. = 18. 10.	12. 12. = 18. 11.
13. 07. = 14. 06.	13. 08. = 15. 07.	13. 09. = 17. 08.	13. 10. = 18. 09.	13. 11. = 19. 10.	13. 12. = 19. 11.
14. 07. = 15. 06.	14. 08. = 16. 07.	14. 09. = 18. 08.	14. 10. = 19. 09.	14. 11. = 20. 10.	14. 12. = 20. 11.
15. 07. = 16. 06.	15. 08. = 17. 07.	15. 09. = 19. 08.	15. 10. = 20. 09.	15. 11. = 21. 10.	15. 12. = 21. 11.
16. 07. = 17. 06.	16. 08. = 18. 07.	16. 09. = 20. 08.	16. 10. = 21. 09.	16. 11. = 22. 10.	16. 12. = 22. 11.
17. 07. = 18. 06.	17. 08. = 19. 07.	17. 09. = 21. 08.	17. 10. = 22. 09.	17. 11. = 23. 10.	17. 12. = 23. 11.
18. 07. = 19. 06.	18. 08. = 20. 07.	18. 09. = 22. 08.	18. 10. = 23. 09.	18. 11. = 24. 10.	18. 12. = 24. 11.
19. 07. = 20. 06.	19. 08. = 21. 07.	19. 09. = 23. 08.	19. 10. = 24. 09.	19. 11. = 25. 10.	19. 12. = 25. 11.
20. 07. = 21. 06.	20. 08. = 22. 07.	20. 09. = 24. 08.	20. 10. = 25. 09.	20. 11. = 26. 10.	20. 12. = 26. 11.
21. 07. = 22. 06.	21. 08. = 23. 07.	21. 09. = 25. 08.	21. 10. = 26. 09.	21. 11. = 27. 10.	21. 12. = 27. 11.
22. 07. = 23. 06.	22. 08. = 24. 07.	22. 09. = 26. 08.	22. 10. = 27. 09.	22. 11. = 28. 10.	22. 12. = 28. 11.
23. 07. = 24. 06.	23. 08. = 25. 07.	23. 09. = 27. 08.	23. 10. = 28. 09.	23. 11. = 29. 10.	23. 12. = 29. 11.
24. 07. = 25. 06.	24. 08. = 26. 07.	24. 09. = 28. 08.	24. 10. = 29. 09.	24. 11. = 30. 10.	24. 12. = 01. 12.
25. 07. = 26. 06.	25. 08. = 27. 07.	25. 09. = 29. 08.	25. 10. = 30. 09.	25. 11. = 01. 11.	25. 12. = 02. 12.
26. 07. = 27. 06.	26. 08. = 28. 07.	26. 09. = 01. 09.	26. 10. = 01. 10.	26. 11. = 02. 11.	26. 12. = 03. 12.
27. 07. = 28. 06.	27. 08. = 29. 07.	27. 09. = 02. 09.	27. 10. = 02. 10.	27. 11. = 03. 11.	27. 12. = 04. 12.
28. 07. = 29. 06.	28. 08. = 01. 08.	28. 09. = 03. 09.	28. 10. = 03. 10.	28. 11. = 04. 11.	28. 12. = 05. 12.
29. 07. = 30. 06.	29. 08. = 02. 08.	29. 09. = 04. 09.	29. 10. = 04. 10.	29. 11. = 05. 11.	29. 12. = 06. 12.
30. 07. = 01. 07.	30. 08. = 03. 08.	30. 09. = 05. 09.	30. 10. = 05. 10.	30. 11. = 06. 11.	30. 12. = 07. 12.
31. 07. = 02. 07.	31. 08. = 04. 08.		31. 10. = 06. 10.		31. 12. = 08. 12.

1974

Januar	Februar	März	April	Mai	Juni
01. 01. = 09. 12.	01. 02. = 10. 01.	01. 03. = 08. 02.	01. 04. = 09. 03.	01. 05. = 10. 04.	01. 06. = 11. 04.
02. 01. = 10. 12.	02. 02. = 11. 01.	02. 03. = 09. 02.	02. 04. = 10. 03.	02. 05. = 11. 04.	02. 06. = 12. 04.
03. 01. = 11. 12.	03. 02. = 12. 01.	03. 03. = 10. 02.	03. 04. = 11. 03.	03. 05. = 12. 04.	03. 06. = 13. 04.
04. 01. = 12. 12.	04. 02. = 13. 01.	04. 03. = 11. 02.	04. 04. = 12. 03.	04. 05. = 13. 04.	04. 06. = 14. 04.
05. 01. = 13. 12.	05. 02. = 14. 01.	05. 03. = 12. 02.	05. 04. = 13. 03.	05. 05. = 14. 04.	05. 06. = 15. 04.
06. 01. = 14. 12.	06. 02. = 15. 01.	06. 03. = 13. 02.	06. 04. = 14. 03.	06. 05. = 15. 04.	06. 06. = 16. 04.
07. 01. = 15. 12.	07. 02. = 16. 01.	07. 03. = 14. 02.	07. 04. = 15. 03.	07. 05. = 16. 04.	07. 06. = 17. 04.
08. 01. = 16. 12.	08. 02. = 17. 01.	08. 03. = 15. 02.	08. 04. = 16. 03.	08. 05. = 17. 04.	08. 06. = 18. 04.
09. 01. = 17. 12.	09. 02. = 18. 01.	09. 03. = 16. 02.	09. 04. = 17. 03.	09. 05. = 18. 04.	09. 06. = 19. 04.
10. 01. = 18. 12.	10. 02. = 19. 01.	10. 03. = 17. 02.	10. 04. = 18. 03.	10. 05. = 19. 04.	10. 06. = 20. 04.
11. 01. = 19. 12.	11. 02. = 20. 01.	11. 03. = 18. 02.	11. 04. = 19. 03.	11. 05. = 20. 04.	11. 06. = 21. 04.
12. 01. = 20. 12.	12. 02. = 21. 01.	12. 03. = 19. 02.	12. 04. = 20. 03.	12. 05. = 21. 04.	12. 06. = 22. 04.
13. 01. = 21. 12.	13. 02. = 22. 01.	13. 03. = 20. 02.	13. 04. = 21. 0.3	13. 05. = 22. 04.	13. 06. = 23. 04.
14. 01. = 22. 12.	14. 02. = 23. 01.	14. 03. = 21. 02.	14. 04. = 22. 03.	14. 05. = 23. 04.	14. 06. = 24. 04.
15. 01. = 23. 12.	15. 02. = 24. 01.	15. 03. = 22. 02.	15. 04. = 23. 03.	15. 05. = 24. 04.	15. 06. = 25. 04.
16. 01. = 24. 12.	16. 02. = 25. 01.	16. 03. = 23. 02.	16. 04. = 24. 03.	16. 05. = 25. 04.	16. 06. = 26. 04.
17. 01. = 25. 12.	17. 02. = 26. 01.	17. 03. = 24. 02.	17. 04. = 25. 03.	17. 05. = 26. 04.	17. 06. = 27. 04.
18. 01. = 26. 12.	18. 02. = 27. 01.	18. 03. = 25. 02.	18. 04. = 26. 03.	18. 05. = 27. 04.	18. 06. = 28. 04.
19. 01. = 27. 12.	19. 02. = 28. 01.	19. 03. = 26. 02.	19. 04. = 27. 03.	19. 05. = 28. 04.	19. 06. = 29. 04.
20. 01. = 28. 12.	20. 02. = 29. 01.	20. 03. = 27. 02.	20. 04. = 28. 03.	20. 05. = 29. 04.	20. 06. = 01. 05.
21. 01. = 29. 12.	21. 02. = 30. 01.	21. 03. = 28. 02.	21. 04. = 29. 03.	21. 05. = 30. 04.	21. 06. = 02. 05.
22. 01. = 30. 12.	22. 02. = 01. 02.	22. 03. = 29. 02.	22. 04. = 01. 04.	22. 05. = 01. 04.	22. 06. = 03. 05.
23. 01. = 01. 01.	23. 02. = 02. 02.	23. 03. = 30. 02.	23. 04. = 02. 04.	23. 05. = 02. 04.	23. 06. = 04. 05.
24. 01. = 02. 01.	24. 02. = 03. 02.	24. 03. = 01. 03.	24. 04. = 03. 04.	24. 05. = 03. 04.	24. 06. = 05. 05.
25. 01. = 03. 01.	25. 02. = 0.4 02.	25. 03. = 02. 03.	25. 04. = 04. 04.	25. 05. = 04. 04.	25. 06. = 06. 05.
26. 01. = 04. 01.	26. 02. = 05. 02.	26. 03. = 03. 03.	26. 04. = 05. 04.	26. 05. = 05. 04.	26. 06. = 07. 05.
27. 01. = 05. 01.	27. 02. = 06. 02.	27. 03. = 04. 03.	27. 04. = 06. 04.	27. 05. = 06. 04.	27. 06. = 08. 05.
28. 01. = 06. 01.	28. 02. = 07. 02.	28. 03. = 05. 03.	28. 04. = 07. 04.	28. 05. = 07. 04.	28. 06. = 09. 05.
29. 01. = 07. 01.		29. 03. = 06. 03.	29. 04. = 08. 04.	29. 05. = 08. 04.	29. 06. = 10. 05.
30. 01. = 08. 01.		30. 03. = 07. 03.	30. 04. = 09. 04.	30. 05. = 09. 04.	30. 06. = 11. 05.
31. 01. = 09. 01.		31. 03. = 08. 03.		31. 05. = 10. 04.	

1974

Juli	August	September	Oktober	November	Dezember
01. 07. = 12. 05.	01. 08. = 14. 06.	01. 09. = 15. 07.	01. 10. = 16. 08.	01. 11. = 18. 09.	01. 12. = 18. 10.
02. 07. = 13. 05.	02. 08. = 15. 06.	02. 09. = 16. 07.	02. 10. = 17. 08.	02. 11. = 19. 09.	02. 12. = 19. 10.
03. 07. = 14. 05.	03. 08. = 16. 06.	03. 09. = 17. 07.	03. 10. = 18. 08.	03. 11. = 20. 09.	03. 12. = 20. 10.
04. 07. = 15. 05.	04. 08. = 17. 06.	04. 09. = 18. 07.	04. 10. = 19. 08.	04. 11. = 21. 09.	04. 12. = 21. 10.
05. 07. = 16. 05.	05. 08. = 18. 06.	05. 09. = 19. 07.	05. 10. = 20. 08.	05. 11. = 22. 09.	05. 12. = 22. 10.
06. 07. = 17. 05.	06. 08. = 19. 06.	06. 09. = 20. 07.	06. 10. = 21. 08.	06. 11. = 23. 09.	06. 12. = 23. 10.
07. 07. = 18. 05.	07. 08. = 20. 06.	07. 09. = 21. 07.	07. 10. = 22.0 8.	07. 11. = 24. 09.	07. 12. = 24. 10.
08. 07. = 19. 05.	08. 08. = 21. 06.	08. 09. = 22. 07.	08. 10. = 23.0 8.	08. 11. = 25. 09.	08. 12. = 25. 10.
09. 07. = 20. 05.	09. 08. = 22. 06.	09. 09. = 23. 07.	09. 10. = 24. 08.	09. 11. = 26. 09.	09. 12. = 26. 10.
10. 07. = 21. 05.	10. 08. = 23. 06.	10. 09. = 24. 07.	10. 10. = 25. 08.	10. 11. = 27. 09.	10. 12. = 27. 10.
11. 07. = 22. 05.	11. 08. = 24. 06.	11. 09. = 25. 07.	11. 10. = 26. 08.	11. 11. = 28. 09.	11. 12. = 28. 10.
12. 07. = 23. 05.	12. 08. = 25. 06.	12. 09. = 26. 07.	12. 10. = 27. 08.	12. 11. = 29. 09.	12. 12. = 29. 10.
13. 07. = 24. 05.	13. 08. = 26. 06.	13. 09. = 27. 07.	13. 10. = 28. 08.	13. 11. = 30. 09.	13. 12. = 30. 10.
14. 07. = 25. 05.	14. 08. = 27. 06.	14. 09. = 28. 07.	14. 10. = 29. 08.	14. 11. = 01. 10.	14. 12. = 01. 11.
15. 07. = 26. 05.	15. 08. = 28. 06.	15. 09. = 29. 07.	15. 10. = 01. 09.	15. 11. = 02. 10.	15. 12. = 02. 11.
16. 07. = 27. 05.	16. 08. = 29. 06.	16. 09. = 01. 08.	16. 10. = 02. 09.	16. 11. = 03. 10.	16. 12. = 03. 11.
17. 07. = 28. 05.	17. 08. = 30. 06.	17. 09. = 02. 08.	17. 10. = 03. 09.	17. 11. = 04. 10.	17. 12. = 04. 11.
18. 07. = 29. 05.	18. 08. = 01. 07.	18. 09. = 03. 08.	18. 10. = 04. 09.	18. 11. = 05. 10.	18. 12. = 05. 11.
19. 07. = 01. 06.	19. 08. = 02. 07.	19. 09. = 04. 08.	19. 10. = 05. 09.	19. 11. = 06. 10.	19. 12. = 06. 11.
20. 07. = 02. 06.	20. 08. = 03. 07.	20. 09. = 05. 08.	20. 10. = 06. 09.	20. 11. = 07. 10.	20. 12. = 07. 11.
21. 07. = 03. 06.	21. 08. = 04. 07.	21. 09. = 06. 08.	21. 10. = 07. 09.	21. 11. = 08. 10.	21. 12. = 08. 11.
22. 07. = 04. 06.	22. 08. = 05. 07.	22. 09. = 07. 08.	22. 10. = 08. 09.	22. 11. = 09. 10.	22. 12. = 09. 11.
23. 07. = 05. 06.	23. 08. = 06. 07.	23. 09. = 08. 08.	23. 10. = 09. 09.	23. 11. = 10. 10.	23. 12. = 10. 11.
24. 07. = 06. 06.	24. 08. = 07. 07.	24. 09. = 09. 08.	24. 10. = 10. 09.	24. 11. = 11. 10.	24. 12. = 11. 11.
25. 07. = 07. 06.	25. 08. = 08. 07.	25. 09. = 10. 08.	25. 10. = 11. 09.	25. 11. = 12. 10.	25. 12. = 12. 11.
26. 07. = 08. 06.	26. 08. = 09. 07.	26. 09. = 11. 08.	26. 10. = 12. 09.	26. 11. = 13. 10.	26. 12. = 13. 11.
27. 07. = 09. 06.	27. 08. = 10. 07.	27. 09. = 12. 08.	27. 10. = 13. 09.	27. 11. = 14. 10.	27. 12. = 14. 11.
28. 07. = 10. 06.	28. 08. = 11. 07.	28. 09. = 13. 08.	28. 10. = 14. 09.	28. 11. = 15. 10.	28. 12. = 15. 11.
29. 07. = 11. 06.	29. 08. = 12. 07.	29. 09. = 14. 08.	29. 10. = 15. 09.	29. 11. = 16. 10.	29. 12. = 16. 11.
30. 07. = 12. 06.	30. 08. = 13. 07.	30. 09. = 15. 08.	30. 10. = 16. 09.	30. 11. = 17. 10.	30. 12. = 17. 11.
31. 07. = 13. 06.	31. 08. = 14. 07.		31. 10. = 17. 09.		31. 12. = 18. 11.

1975

Januar	Februar	März	April	Mai	Juni
01. 01. = 19. 11.	01. 02. = 21. 12.	01. 03. = 19. 01.	01. 04. = 20. 02.	01. 05. = 20. 03.	01. 06. = 22. 04.
02. 01. = 20. 11.	02. 02. = 22. 12.	02. 03. = 20. 01.	02. 04. = 21. 02.	02. 05. = 21. 03.	02. 06. = 23. 04.
03. 01. = 21. 11.	03. 02. = 23. 12.	03. 03. = 21. 01.	03. 04. = 22. 02.	03. 05. = 22. 03.	03. 06. = 24. 04.
04. 01. = 22. 11.	04. 02. = 24. 12.	04. 03. = 22. 01.	04. 04. = 23. 02.	04. 05. = 23. 03.	04. 06. = 25. 04.
05. 01. = 23. 11.	05. 02. = 25. 12.	05. 03. = 23. 01.	05. 04. = 24. 02.	05. 05. = 24. 03.	05. 06. = 26. 04.
06. 01. = 24. 11.	06. 02. = 26. 12.	06. 03. = 24. 01.	06. 04. = 25. 02.	06. 05. = 25. 03.	06. 06. = 27. 04.
07. 01. = 25. 11.	07. 02. = 27. 12.	07. 03. = 25. 01.	07. 04. = 26. 02.	07. 05. = 26. 03.	07. 06. = 28. 04.
08. 01. = 26. 11.	08. 02. = 28. 12.	08. 03. = 26. 01.	08. 04. = 27. 02.	08. 05. = 27. 03.	08. 06. = 29. 04.
09. 01. = 27. 11.	09. 02. = 29. 12.	09. 03. = 27. 01.	09. 04. = 28. 02.	09. 05. = 28. 03.	09. 06. = 30. 04.
10. 01. = 28. 11.	10. 02. = 30. 12.	10. 03. = 28. 01.	10. 04. = 29. 02.	10. 05. = 29. 03.	10. 06. = 01. 05.
11. 01. = 29. 11.	11. 02. = 01. 01.	11. 03. = 29. 01.	11. 04. = 30. 02.	11. 05. = 01. 04.	11. 06. = 02. 05.
12. 01. = 01. 12.	12. 02. = 02. 01.	12. 03. = 30. 01.	12. 04. = 01. 03.	12. 05. = 02. 04.	12. 06. = 03. 05.
13. 01. = 02. 12.	13. 02. = 03. 01.	13. 03. = 01. 02.	13. 04. = 02. 03.	13. 05. = 03. 04.	13. 06. = 04. 05.
14. 01. = 03. 12.	14. 02. = 04. 01.	14. 03. = 02. 02.	14. 04. = 03. 03.	14. 05. = 04. 04.	14. 06. = 05. 05.
15. 01. = 04. 12.	15. 02. = 05. 01.	15. 03. = 03. 02.	15. 04. = 04. 03.	15. 05. = 05. 04.	15. 06. = 06. 05.
16. 01. = 05. 12.	16. 02. = 06. 01.	16. 03. = 04. 02.	16. 04. = 05. 03.	16. 05. = 06. 04.	16. 06. = 07. 05.
17. 01. = 06. 12.	17. 02. = 07. 01.	17. 03. = 05. 02.	17. 04. = 06. 03.	17. 05. = 07. 04.	17. 06. = 08. 05.
18. 01. = 07. 12.	18. 02. = 08. 01.	18. 03. = 06. 02.	18. 04. = 07. 03.	18. 05. = 08. 04.	18. 06. = 09. 05.
19. 01. = 08. 12.	19. 02. = 09. 01.	19. 03. = 07. 02.	19. 04. = 08. 03.	19. 05. = 09. 04.	19. 06. = 10. 05.
20. 01. = 09. 12.	20. 02. = 10. 01.	20. 03. = 08. 02.	20. 04. = 09. 03.	20. 05. = 10. 04.	20. 06. = 11. 05.
21. 01. = 10. 12.	21. 02. = 11. 01.	21. 03. = 09. 02.	21. 04. = 10. 03.	21. 05. = 11. 04.	21. 06. = 12. 05.
22. 01. = 11. 12.	22. 02. = 12. 01.	22. 03. = 10. 02.	22. 04. = 11. 03.	22. 05. = 12. 04.	22. 06. = 13. 05.
23. 01. = 12. 12.	23. 02. = 13. 01.	23. 03. = 11. 02.	23. 04. = 12. 03.	23. 05. = 13.0 4.	23. 06. = 14. 05.
24. 01. = 13. 12.	24. 02. = 14. 01.	24. 03. = 12. 02.	24. 04. = 13. 03.	24. 05. = 14. 04.	24. 06. = 15. 05.
25. 01. = 14. 12.	25. 02. = 15. 01.	25. 03. = 13. 02.	25. 04. = 14. 03.	25. 05. = 15. 04.	25. 06. = 16. 05.
26. 01. = 15. 12.	26. 02. = 16. 01.	26. 03. = 14. 02.	26. 04. = 15. 03.	26. 05. = 16. 04.	26. 06. = 17. 05.
27. 01. = 16. 12.	27. 02. = 17. 01.	27. 03. = 15. 02.	27. 04. = 16. 03.	27. 05. = 17. 04.	27. 06. = 18. 05.
28. 01. = 17. 12.	28. 02. = 18. 01.	28. 03. = 16. 02.	28. 04. = 17. 03.	28. 05. = 18. 04.	28. 06. = 19. 05.
29. 01. = 18. 12.		29. 03. = 17. 02.	29. 04. = 18. 03.	29. 05. = 19. 04.	29. 06. = 20. 05.
30. 01. = 19. 12.		30. 03. = 18. 02.	30. 04. = 19. 03.	30. 05. = 20. 04.	30. 06. = 21. 05.
31. 01. = 20. 12.		31. 03. = 19. 02.		31. 05. = 21. 04.	

1975

Juli	August	September	Oktober	November	Dezember
01. 07. = 22. 05.	01. 08. = 24. 06.	01. 09. = 26. 07.	01. 10. = 26. 08.	01. 11. = 28. 09.	01. 12. = 29. 10.
02. 07. = 23. 05.	02. 08. = 25. 06.	02. 09. = 27. 07.	02. 10. = 27. 08.	02. 11. = 29. 09.	02. 12. = 30. 10.
03. 07. = 24. 05.	03. 08. = 26. 06.	03. 09. = 28. 07.	03. 10. = 28. 08.	03. 11. = 01. 10.	03. 12. = 01. 11.
04. 07. = 25. 05.	04. 08. = 27. 06.	04. 09. = 29. 07.	04. 10. = 29. 08.	04. 11. = 02. 10.	04. 12. = 02. 11.
05. 07. = 26. 05.	05. 08. = 28. 06.	05. 09. = 30. 07.	05. 10. = 01. 09.	05. 11. = 03. 10.	05. 12. = 03. 11.
06. 07. = 27. 05.	06. 08. = 29. 06.	06. 09. = 01. 08.	06. 10. = 02. 09.	06. 11. = 04. 10.	06. 12. = 04. 11.
07. 07. = 28. 05.	07. 08. = 01. 07.	07. 09. = 02. 08.	07. 10. = 03. 09.	07. 11. = 05. 10.	07. 12. = 05. 11.
08. 07. = 29. 05.	08. 08. = 02. 07.	08. 09. = 03. 08.	08. 10. = 04. 09.	08. 11. = 06. 10.	08. 12. = 06. 11.
09. 07. = 01. 06.	09. 08. = 03. 07.	09. 09. = 04. 08.	09. 10. = 05. 09.	09. 11. = 07. 01.	09. 12. = 07. 11.
10. 07. = 02. 06.	10. 08. = 04. 07.	10. 09. = 05. 08.	10. 10. = 06. 09.	10. 11. = 08. 10.	10. 12. = 08. 11.
11. 07. = 03. 06.	11. 08. = 05. 07.	11. 09. = 06. 08.	11. 10. = 07. 09.	11. 11. = 09. 10.	11. 12. = 09. 11.
12. 07. = 04. 06.	12. 08. = 06. 07.	12. 09. = 07. 08.	12. 10. = 08. 09.	12. 11. = 10. 10.	12. 12. = 10. 11.
13. 07. = 05. 06.	13. 08. = 07. 07.	13. 09. = 08. 08.	13. 10. = 09. 09.	13. 11. = 11. 10.	13. 12. = 11. 11.
14. 07. = 06. 06.	14. 08. = 08. 07.	14. 09. = 09. 08.	14. 10. = 10. 09.	14. 11. = 12. 10.	14. 12. = 12. 11.
15. 07. = 07. 06.	15. 08. = 09. 07.	15. 09. = 10. 08.	15. 10. = 11. 09.	15. 11. = 13. 10.	15. 12. = 13. 11.
16. 07. = 08. 06.	16. 08. = 10. 07.	16. 09. = 11. 08.	16. 10. = 12. 09.	16. 11. = 14. 10.	16. 12. = 14. 11.
17. 07. = 09. 06.	17. 08. = 11. 07.	17. 09. = 12. 08.	17. 10. = 13. 09.	17. 11. = 15. 10.	17. 12. = 15. 11.
18. 07. = 10. 06.	18. 08. = 12. 07.	18. 09. = 13. 08.	18. 10. = 14. 09.	18. 11. = 16. 10.	18. 12. = 16. 11.
19. 07. = 11. 06.	19. 08. = 13. 07.	19. 09. = 14. 08.	19. 10. = 15. 09.	19. 11. = 17. 10.	19. 12. = 17. 11.
20. 07. = 12. 06.	20. 08. = 14. 07.	20. 09. = 15. 08.	20. 10. = 16. 09.	20. 11. = 18. 10.	20. 12. = 18. 11.
21. 07. = 13. 06.	21. 08. = 15. 07.	21. 09. = 16. 08.	21. 10. = 17. 09.	21. 11. = 19. 10.	21. 12. = 19. 11.
22. 07. = 14. 06.	22. 08. = 16. 07.	22. 09. = 17. 08.	22. 10. = 18. 09.	22. 11. = 20. 10.	22. 12. = 20. 11.
23. 07. = 15. 06.	23. 08. = 17. 07.	23. 09. = 18. 08.	23. 10. = 19. 09.	23. 11. = 21. 10.	23. 12. = 21. 11.
24. 07. = 16. 06.	24. 08. = 18. 07.	24. 09. = 19. 08.	24. 10. = 20. 09.	24. 11. = 22. 10.	24. 12. = 22. 11.
25. 07. = 17. 06.	25. 08. = 19. 07.	25. 09. = 20. 08.	25. 10. = 21. 09.	25. 11. = 23. 10.	25. 12. = 23. 11.
26. 07. = 18. 06.	26. 08. = 20. 07.	26. 09. = 21. 08.	26. 10. = 22. 09.	26. 11. = 24. 10.	26. 12. = 24. 11.
27. 07. = 19. 06.	27. 08. = 21. 07.	27. 09. = 22. 08.	27. 10. = 23. 09.	27. 11. = 25. 10.	27. 12. = 25. 11.
28. 07. = 20. 06.	28. 08. = 22. 07.	28. 09. = 23. 08.	28. 10. = 24. 09.	28. 11. = 26. 10.	28. 12. = 26. 11.
29. 07. = 21. 06.	29. 08. = 23. 07.	29. 09. = 24. 08.	29. 10. = 25. 09.	29. 11. = 27. 10.	29. 12. = 27. 11.
30. 07. = 22. 06.	30. 08. = 24. 07.	30. 09. = 25. 08.	30. 10. = 26. 09.	30. 11. = 28. 10.	30. 12. = 28. 11.
31. 07. = 23. 06.	31. 08. = 25. 07.		31. 10. = 27. 09.		31. 12. = 29. 11.

1976

Januar	Februar	März	April	Mai	Juni
01. 01. = 01. 12.	01. 02. = 02. 01.	01. 03. = 01. 02.	01. 04. = 02. 03.	01. 05. = 03. 04.	01. 06. = 04. 05.
02. 01. = 02. 12.	02. 02. = 03. 01.	02. 03. = 02. 02.	02. 04. = 03. 03.	02. 05. = 04. 04.	02. 06. = 05. 05.
03. 01. = 03. 12.	03. 02. = 04. 01.	03. 03. = 03. 02.	03. 04. = 04. 03.	03. 05. = 05. 04.	03. 06. = 06. 05.
04. 01. = 04. 12.	04. 02. = 05. 01.	04. 03. = 04. 02.	04. 04. = 05. 03.	04. 05. = 06. 04.	04. 06. = 07. 05.
05. 01. = 05. 12.	05. 02. = 06. 01.	05. 03. = 05. 02.	05. 04. = 06. 03.	05. 05. = 07. 04.	05. 06. = 08. 05.
06. 01. = 06. 12.	06. 02. = 07. 01.	06. 03. = 06. 02.	06. 04. = 07. 03.	06. 05. = 08. 04.	06. 06. = 09. 05.
07. 01. = 07. 12.	07. 02. = 08. 01.	07. 03. = 07. 02.	07. 04. = 08. 03.	07. 05. = 09. 04.	07. 06. = 10. 05.
08. 01. = 08. 12.	08. 02. = 09. 01.	08. 03. = 08. 02.	08. 04. = 09. 03.	08. 05. = 10. 04.	08. 06. = 11. 05.
09. 01. = 09. 12.	09. 02. = 10. 01.	09. 03. = 09. 02.	09. 04. = 10. 03.	09. 05. = 11. 04.	09. 06. = 12. 05.
10. 01. = 10. 12.	10. 02. = 11. 01.	10. 03. = 10. 02.	10. 04. = 11. 03.	10. 05. = 12. 04.	10. 06. = 13. 05.
11. 01. = 11. 12.	11. 02. = 12. 01.	11. 03. = 11. 02.	11. 04. = 12. 03.	11. 05. = 13. 04.	11. 06. = 14. 05.
12. 01. = 12. 12.	12. 02. = 13. 01.	12. 03. = 12. 02.	12. 04. = 13. 03.	12. 05. = 14. 04.	12. 06. = 15. 05.
13. 01. = 13. 12.	13. 02. = 14. 01.	13. 03. = 13. 02.	13. 04. = 14. 03.	13. 05. = 15. 04.	13. 06. = 16. 05.
14. 01. = 14. 12.	14. 02. = 15. 01.	14. 03. = 14. 02.	14. 04. = 15. 03.	14. 05. = 16. 04.	14. 06. = 17. 05.
15. 01. = 15. 12.	15. 02. = 16. 01.	15. 03. = 15. 02.	15. 04. = 16. 03.	15. 05. = 17. 04.	15. 06. = 18. 05.
16. 01. = 16. 12.	16. 02. = 17. 01.	16. 03. = 16. 02.	16. 04. = 17. 03.	16. 05. = 18. 04.	16. 06. = 19. 05.
17. 01. = 17. 12.	17. 02. = 18. 01.	17. 03. = 17. 02.	17. 04. = 18. 03.	17. 05. = 19. 04.	17. 06. = 20. 05.
18. 01. = 18. 12.	18. 02. = 19. 01.	18. 03. = 18. 02.	18. 04. = 19. 03.	18. 05. = 20. 04.	18. 06. = 21. 05.
19. 01. = 19. 12.	19. 02. = 20. 01.	19. 03. = 19. 02.	19. 04. = 20. 03.	19. 05. = 21. 04.	19. 06. = 22. 05.
20. 01. = 20. 12.	20. 02. = 21. 01.	20. 03. = 20. 02.	20. 04. = 21. 03.	20. 05. = 22. 04.	20. 06. = 23. 05.
21. 01. = 21. 12.	21. 02. = 22. 01.	21. 03. = 21. 02.	21. 04. = 22. 03.	21. 05. = 23. 04.	21. 06. = 24. 05.
22. 01. = 22. 12.	22. 02. = 23. 01.	22. 03. = 22. 02.	22. 04. = 23. 03.	22. 05. = 24. 04.	22. 06. = 25. 05.
23. 01. = 23. 12.	23. 02. = 24. 01.	23. 03. = 23. 02.	23. 04. = 24. 03.	23. 05. = 25. 04.	23. 06. = 26. 05.
24. 01. = 24. 12.	24. 02. = 25. 01.	24. 03. = 24. 02.	24. 04. = 25. 03.	24. 05. = 26. 04.	24. 06. = 27. 05.
25. 01. = 25. 12.	25. 02. = 26. 01.	25. 03. = 25. 02.	25. 04. = 26. 03.	25. 05. = 27. 04.	25. 06. = 28. 05.
26. 01. = 26. 12.	26. 02. = 27. 01.	26. 03. = 26. 02.	26. 04. = 27. 03.	26. 05. = 28. 04.	26. 06. = 29. 05.
27. 01. = 27. 12.	27. 02. = 28. 01.	27. 03. = 27. 02.	27. 04. = 28. 03.	27. 05. = 29. 04.	27. 06. = 01. 06.
28. 01. = 28. 12.	28. 02. = 29. 01.	28. 03. = 28. 02.	28. 04. = 29. 03.	28. 05. = 30. 04.	28. 06. = 02. 06.
29. 01. = 29. 12.	29. 02. = 30. 01.	29. 03. = 29. 02.	29. 04. = 01. 04.	29. 05. = 01. 05.	29. 06. = 03. 06.
30. 01. = 30. 12.		30. 03. = 30. 02.	30. 04. = 02. 04.	30. 05. = 02. 05.	30. 06. = 04. 06.
31. 01. = 01. 01.		31. 03. = 01. 03.		31. 05. = 03. 05.	

1976

Juli	August	September	Oktober	November	Dezember
01. 07. = 05. 06.	01. 08. = 06. 07.	01. 09. = 08. 08.	01. 10. = 08. 08.	01. 11. = 10. 09.	01. 12. = 11. 10.
02. 07. = 06. 06.	02. 08. = 07. 07.	02. 09. = 09. 08.	02. 10. = 09. 08.	02. 11. = 11. 09.	02. 12. = 12. 10.
03. 07. = 07. 06.	03. 08. = 08. 07.	03. 09. = 10. 08.	03. 10. = 10. 08.	03. 11. = 12. 09.	03. 12. = 13. 10.
04. 07. = 08. 06.	04. 08. = 09. 07.	04. 09. = 11. 08.	04. 10. = 11. 08.	04. 11. = 13. 09.	04. 12. = 14. 10.
05. 07. = 09. 06.	05. 08. = 10. 07.	05. 09. = 12. 08.	05. 10. = 12. 08.	05. 11. = 14. 09.	05. 12. = 15. 10.
06. 07. = 10. 06.	06. 08. = 11. 07.	06. 09. = 13. 08.	06. 10. = 13. 08.	06. 11. = 15. 09.	06. 12. = 16. 10.
07. 07. = 11. 06.	07. 08. = 12. 07.	07. 09. = 14. 08.	07. 10. = 14. 08.	07. 11. = 16. 09.	07. 12. = 17. 10.
08. 07. = 12. 06.	08. 08. = 13. 07.	08. 09. = 15. 08.	08. 10. = 15. 08.	08. 11. = 17. 09.	08. 12. = 18. 10.
09. 07. = 13. 06.	09. 08. = 14. 07.	09. 09. = 16. 08.	09. 10. = 16. 08.	09. 11. = 18. 09.	09. 12. = 19. 10.
10. 07. = 14. 06.	10. 08. = 15. 07.	10. 09. = 17. 08.	10. 10. = 17. 08.	10. 11. = 19. 09.	10. 12. = 20. 10.
11. 07. = 15. 06.	11. 08. = 16. 07.	11. 09. = 18. 08.	11. 10. = 18. 08.	11. 11. = 20. 09.	11. 12. = 21. 10.
12. 07. = 16. 06.	12. 08. = 17. 07.	12. 09. = 19. 08.	12. 10. = 19. 08.	12. 11. = 21. 09.	12. 12. = 22. 10.
13. 07. = 17. 06.	13. 08. = 18. 07.	13. 09. = 20. 08.	13. 10. = 20. 08.	13. 11. = 22. 09.	13. 12. = 23. 10.
14. 07. = 18. 06.	14. 08. = 19. 07.	14. 09. = 21. 08.	14. 10. = 21. 08.	14. 11. = 23. 09.	14. 12. = 24. 10.
15. 07. = 19. 06.	15. 08. = 20. 07.	15. 09. = 22. 08.	15. 10. = 22. 08.	15. 11. = 24. 09.	15. 12. = 25. 10.
16. 07. = 20. 06.	16. 08. = 21. 07.	16. 09. = 23. 08.	16. 10. = 23. 08.	16. 11. = 25. 09.	16. 12. = 26. 10.
17. 07. = 21. 06.	17. 08. = 22. 07.	17. 09. = 24. 08.	17. 10. = 24. 08.	17. 11. = 26. 09.	17. 12. = 27. 10.
18. 07. = 22. 06.	18. 08. = 23. 07.	18. 09. = 25. 08.	18. 10. = 25. 08.	18. 11. = 27. 09.	18. 12. = 28. 10.
19. 07. = 23. 06.	19. 08. = 24. 07.	19. 09. = 26. 08.	19. 10. = 26. 08.	19. 11. = 28. 09.	19. 12. = 29. 10.
20. 07. = 24. 06.	20. 08. = 25. 07.	20. 09. = 27. 08.	20. 10. = 27. 08.	20. 11. = 29. 09.	20. 12. = 30. 10.
21. 07. = 25. 06.	21. 08. = 26. 07.	21. 09. = 28. 08.	21. 10. = 28. 08.	21. 11. = 01. 10.	21. 12. = 01. 11.
22. 07. = 26. 06.	22. 08. = 27. 07.	22. 09. = 29. 08.	22. 10. = 29. 08.	22. 11. = 02. 10.	22. 12. = 02. 11.
23. 07. = 27. 06.	23. 08. = 28. 07.	23. 09. = 30. 08.	23. 10. = 01. 09.	23. 11. = 03. 10.	23. 12. = 03. 11.
24. 07. = 28. 06.	24. 08. = 29. 07.	24. 09. = 01. 08.	24. 10. = 02. 09.	24. 11. = 04. 10.	24. 12. = 04. 11.
25. 07. = 29. 06.	25. 08. = 01. 08.	25. 09. = 02. 08.	25. 10. = 03. 09.	25. 11. = 05. 10.	25. 12. = 05. 11.
26. 07. = 30. 06.	26. 08. = 02. 08.	26. 09. = 03. 08.	26. 10. = 04. 09.	26. 11. = 06. 10.	26. 12. = 06. 11.
27. 07. = 01. 07.	27. 08. = 03. 08.	27. 09. = 04. 08.	27. 10. = 05. 09.	27. 11. = 07. 10.	27. 12. = 07. 11.
28. 07. = 02. 07.	28. 08. = 04. 08.	28. 09. = 05. 08.	28. 10. = 06. 09.	28. 11. = 08. 10.	28. 12. = 08. 11.
29. 07. = 03. 07.	29. 08. = 05. 08.	29. 09. = 06. 08.	29. 10. = 07. 09.	29. 11. = 09. 10.	29. 12. = 09. 11.
30. 07. = 04. 07.	30. 08. = 06. 08.	30. 09. = 07. 08.	30. 10. = 08. 09.	30. 11. = 10. 10.	30. 12. = 10. 11.
31. 07. = 05. 07.	31. 08. = 07. 08.		31. 10. = 09. 09.		31. 12. = 11. 11.

1977

Januar	Februar	März	April	Mai	Juni
01. 01. = 12. 11.	01. 02. = 14. 12.	01. 03. = 12. 01.	01. 04. = 13. 02.	01. 05. = 14. 03.	01. 06. = 15. 04.
02. 01. = 13. 11.	02. 02. = 15. 12.	02. 03. = 13. 01.	02. 04. = 14. 02.	02. 05. = 15. 03.	02. 06. = 16. 04.
03. 01. = 14. 11.	03. 02. = 16. 12.	03. 03. = 14. 01.	03. 04. = 15. 02.	03. 05. = 16. 03.	03. 06. = 17. 04.
04. 01. = 15. 11.	04. 02. = 17. 12.	04. 03. = 15. 01.	04. 04. = 16. 02.	04. 05. = 17. 03.	04. 06. = 18. 04.
05. 01. = 16. 11.	05. 02. = 18. 12.	05. 03. = 16. 01.	05. 04. = 17. 02.	05. 05. = 18. 03.	05. 06. = 19. 04.
06. 01. = 17. 11.	06. 02. = 19. 12.	06. 03. = 17. 01.	06. 04. = 18. 02.	06. 05. = 19. 03.	06. 06. = 20. 04.
07. 01. = 18. 11.	07. 02. = 20. 12.	07. 03. = 18. 01.	07. 04. = 19. 02.	07. 05. = 20. 03.	07. 06. = 21. 04.
08. 01. = 19. 11.	08. 02. = 21. 12.	08. 03. = 19. 01.	08. 04. = 20. 02.	08. 05. = 21. 03.	08. 06. = 22. 04.
09. 01. = 20. 11.	09. 02. = 22. 12.	09. 03. = 20. 01.	09. 04. = 21. 02.	09. 05. = 22. 03.	09. 06. = 23. 04.
10. 01. = 21. 11.	10. 02. = 23. 12.	10. 03. = 21. 01.	10. 04. = 22. 02.	10. 05. = 23. 03.	10. 06. = 24. 04.
11. 01. = 22. 11.	11. 02. = 24. 12.	11. 03. = 22. 01.	11. 04. = 23. 02.	11. 05. = 24. 03.	11. 06. = 25. 04.
12. 01. = 23. 11.	12. 02. = 25. 12.	12. 03. = 23. 01.	12. 04. = 24. 02.	12. 05. = 25. 03.	12. 06. = 26. 04.
13. 01. = 24. 11.	13. 02. = 26. 12.	13. 03. = 24. 01.	13. 04. = 25. 02.	13. 05. = 26. 03.	13. 06. = 27. 04.
14. 01. = 25. 11.	14. 02. = 27. 12.	14. 03. = 25. 01.	14. 04. = 26. 02.	14. 05. = 27. 03.	14. 06. = 28. 04.
15. 01. = 26. 11.	15. 02. = 28. 12.	15. 03. = 26. 01.	15. 04. = 27. 02.	15. 05. = 28. 03.	15. 06. = 29. 04.
16. 01. = 27. 11.	16. 02. = 29. 12.	16. 03. = 27. 01.	16. 04. = 28. 02.	16. 05. = 29. 03.	16. 06. = 30. 04.
17. 01. = 28. 11.	17. 02. = 30. 12.	17. 03. = 28. 01.	17. 04. = 29. 02.	17. 05. = 30. 03.	17. 06. = 01. 05.
18. 01. = 29. 11.	18. 02. = 01. 01.	18. 03. = 29. 01.	18. 04. = 01. 03.	18. 05. = 01. 04.	18. 06. = 02. 05.
19. 01. = 01. 12.	19. 02. = 02. 01.	19. 03. = 30. 01.	19. 04. = 02. 03.	19. 05. = 02. 04.	19. 06. = 03. 05.
20. 01. = 02. 12.	20. 02. = 03. 01.	20. 03. = 01. 02.	20. 04. = 03. 03.	20. 05. = 03. 04.	20. 06. = 04. 05.
21. 01. = 03. 12.	21. 02. = 04. 01.	21. 03. = 02. 02.	21. 04. = 04. 03.	21. 05. = 04. 04.	21. 06. = 05. 05.
22. 01. = 04. 12.	22. 02. = 05. 01.	22. 03. = 03. 02.	22. 04. = 05. 03.	22. 05. = 05. 04.	22. 06. = 06. 05.
23. 01. = 05. 12.	23. 02. = 06. 01.	23. 03. = 04. 02.	23. 04. = 06. 03.	23. 05. = 06. 04.	23. 06. = 07. 05.
24. 01. = 06. 12.	24. 02. = 07. 01.	24. 03. = 05. 02.	24. 04. = 07. 03.	24. 05. = 07. 04.	24. 06. = 08. 05.
25. 01. = 07. 12.	25. 02. = 08. 01.	25. 03. = 06. 02.	25. 04. = 08. 03.	25. 05. = 08. 04.	25. 06. = 09. 05.
26. 01. = 08. 12.	26. 02. = 09. 01.	26. 03. = 07. 02.	26. 04. = 09. 03.	26. 05. = 09. 04.	26. 06. = 10. 05.
27. 01. = 09. 12.	27. 02. = 10. 01.	27. 03. = 08. 02.	27. 04. = 10. 03.	27. 05. = 10. 04.	27. 06. = 11. 05.
28. 01. = 10. 12.	28. 02. = 11. 01.	28. 03. = 09. 02.	28. 04. = 11. 03.	28. 05. = 11. 04.	28. 06. = 12. 05.
29. 01. = 11. 12.		29. 03. = 10. 02.	29. 04. = 12. 03.	29. 05. = 12. 04.	29. 06. = 13. 05.
30. 01. = 12. 12.		30. 03. = 11. 02.	30. 04. = 13. 03.	30. 05. = 13. 04.	30. 06. = 14. 05.
31. 01. = 13. 12.		31. 03. = 12. 02.		31. 05. = 14. 04.	

1977

Juli	August	September	Oktober	November	Dezember
01. 07. = 15. 05.	01. 08. = 17. 06.	01. 09. = 18. 07.	01. 10. = 19. 08.	01. 11. = 20. 09.	01. 12. = 21. 10.
02. 07. = 16. 05.	02. 08. = 18. 06.	02. 09. = 19. 07.	02. 10. = 20. 08.	02. 11. = 21. 09.	02. 12. = 22. 10.
03. 07. = 17. 05.	03. 08. = 19. 06.	03. 09. = 20. 07.	03. 10. = 21. 08.	03. 11. = 22. 09.	03. 12. = 23. 10.
04. 07. = 18. 05.	04. 08. = 20. 06.	04. 09. = 21. 07.	04. 10. = 22. 08.	04. 11. = 23. 09.	04. 12. = 24. 10.
05. 07. = 19. 05.	05. 08. = 21. 06.	05. 09. = 22. 07.	05. 10. = 23. 08.	05. 11. = 24. 09.	05. 12. = 25. 10.
06. 07. = 20. 05.	06. 08. = 22. 06.	06. 09. = 23. 07.	06. 10. = 24. 08.	06. 11. = 25. 09.	06. 12. = 26. 10.
07. 07. = 21. 05.	07. 08. = 23. 06.	07. 09. = 24. 07.	07. 10. = 25. 08.	07. 11. = 26. 09.	07. 12. = 27. 10.
08. 07. = 22. 05.	08. 08. = 24. 06.	08. 09. = 25. 07.	08. 10. = 26. 08.	08. 11. = 27. 09.	08. 12. = 28. 10.
09. 07. = 23. 05.	09. 08. = 25. 06.	09. 09. = 26. 07.	09. 10. = 27. 08.	09. 11. = 28. 09.	09. 12. = 29. 10.
10. 07. = 24. 05.	10. 08. = 26. 06.	10. 09. = 27. 07.	10. 10. = 28. 08.	10. 11. = 29. 09.	10. 12. = 30. 10.
11. 07. = 25. 05.	11. 08. = 27. 06.	11. 09. = 28. 07.	11. 10. = 29. 08.	11. 11. = 01. 10.	11. 12. = 01. 11.
12. 07. = 26. 05.	12. 08. = 28. 06.	12. 09. = 29. 07.	12. 10. = 30. 08.	12. 11. = 02. 10.	12. 12. = 02. 11.
13. 07. = 27. 05.	13. 08. = 29. 06.	13. 09. = 01. 08.	13. 10. = 01. 09.	13. 11. = 03. 10.	13. 12. = 03. 11.
14. 07. = 28. 05.	14. 08. = 30. 06.	14. 09. = 02. 08.	14. 10. = 02. 09.	14. 11. = 04. 10.	14. 12. = 04. 11.
15. 07. = 29. 05.	15. 08. = 01. 07.	15. 09. = 03. 08.	15. 10. = 03. 09.	15. 11. = 05. 10.	15. 12. = 05. 11.
16. 07. = 01. 06.	16. 08. = 02. 07.	16. 09. = 04. 08.	16. 10. = 04. 09.	16. 11. = 06. 10.	16. 12. = 06. 11.
17. 07. = 02. 06.	17. 08. = 03. 07.	17. 09. = 05. 08.	17. 10. = 05. 09.	17. 11. = 07. 10.	17. 12. = 07. 11.
18. 07. = 03. 06.	18. 08. = 04. 07.	18. 09. = 06. 08.	18. 10. = 06. 09.	18. 11. = 08. 10.	18. 12. = 08. 11.
19. 07. = 04. 06.	19. 08. = 05. 07.	19. 09. = 07. 08.	19. 10. = 07. 09.	19. 11. = 09. 10.	19. 12. = 09. 11.
20. 07. = 05. 06.	20. 08. = 06. 07.	20. 09. = 08. 08.	20. 10. = 08. 09.	20. 11. = 10. 10.	20. 12. = 10. 11.
21. 07. = 06. 06.	21. 08. = 07. 07.	21. 09. = 09. 08.	21. 10. = 09. 09.	21. 11. = 11. 10.	21. 12. = 11. 11.
22. 07. = 07. 06.	22. 08. = 08. 07.	22. 09. = 10. 08.	22. 10. = 10. 09.	22. 11. = 12. 10.	22. 12. = 12. 11.
23. 07. = 08. 06.	23. 08. = 09. 07.	23. 09. = 11. 08.	23. 10. = 11. 09.	23. 11. = 13. 10.	23. 12. = 13. 11.
24. 07. = 09. 06.	24. 08. = 10. 07.	24. 09. = 12. 08.	24. 10. = 12. 09.	24. 11. = 14. 10.	24. 12. = 14. 11.
25. 07. = 10. 06.	25. 08. = 11. 07.	25. 09. = 13. 08.	25. 10. = 13. 09.	25. 11. = 1.5 10.	25. 12. = 15. 11.
26. 07. = 11. 06.	26. 08. = 12. 07.	26. 09. = 14. 08.	26. 10. = 14. 09.	26. 11. = 16. 10.	26. 12. = 16. 11.
27. 07. = 12. 06.	27. 08. = 13. 07.	27. 09. = 15. 08.	27. 10. = 15. 09.	27. 11. = 17. 10.	27. 12. = 17. 11.
28. 07. = 13. 06.	28. 08. = 14. 07.	28. 09. = 16. 08.	28. 10. = 16. 09.	28. 11. = 18. 10.	28. 12. = 18. 11.
29. 07. = 14. 06.	29. 08. = 15. 07.	29. 09. = 17. 08.	29. 10. = 17. 09.	29. 11. = 19. 10.	29. 12. = 19. 11.
30. 07. = 15. 06.	30. 08. = 16. 07.	30. 09. = 18. 08.	30. 10. = 18. 09.	30. 11. = 20. 10.	30. 12. = 20. 11.
31. 07. = 16. 06.	31. 08. = 17. 07.		31. 10. = 19. 09.		31. 12. = 21. 11.

1978

Januar	Februar	März	April	Mai	Juni
01. 01. = 22. 11.	01. 02. = 24. 12.	01. 03. = 23. 01.	01. 04. = 24. 02.	01. 05. = 25. 03.	01. 06. = 26. 04.
02. 01. = 23. 11.	02. 02. = 25. 12.	02. 03. = 24. 01.	02. 04. = 25. 02.	02. 05. = 26. 03.	02. 06. = 27. 04.
03. 01. = 24. 11.	03. 02. = 26. 12.	03. 03. = 25. 01.	03. 04. = 26. 02.	03. 05. = 27. 03.	03. 06. = 28. 04.
04. 01. = 25. 11.	04. 02. = 27. 12.	04. 03. = 26. 01.	04. 04. = 27. 02.	04. 05. = 28. 03.	04. 06. = 29. 04.
05. 01. = 26. 11.	05. 02. = 28. 12.	05. 03. = 27. 01.	05. 04. = 28. 02.	05. 05. = 29. 03.	05. 06. = 30. 04.
06. 01. = 27. 11.	06. 02. = 29. 12.	06. 03. = 28. 01.	06. 04. = 29. 02.	06. 05. = 30. 03.	06. 06. = 01. 05.
07. 01. = 28. 11.	07. 02. = 01. 01.	07. 03. = 29. 01.	07. 04. = 01. 03.	07. 05. = 01. 04.	07. 06. = 02. 05.
08. 01. = 29. 11.	08. 02. = 02. 01.	08. 03. = 30. 01.	08. 04. = 02. 03.	08. 05. = 02. 04.	08. 06. = 03. 05.
09. 01. = 01. 12.	09. 02. = 03. 01.	09. 03. = 01. 02.	09. 04. = 03. 03.	09. 05. = 03. 04.	09. 06. = 04. 05.
10. 01. = 02. 12.	10. 02. = 04. 01.	10. 03. = 02. 02.	10. 04. = 04. 03.	10. 05. = 04. 04.	10. 06. = 05. 05.
11. 01. = 03. 12.	11. 02. = 05. 01.	11. 03. = 03. 02.	11. 04. = 05. 03.	11. 05. = 05. 04.	11. 06. = 06. 05.
12. 01. = 04. 12.	12. 02. = 06. 01.	12. 03. = 04. 02.	12. 04. = 06. 03.	12. 05. = 06. 04.	12. 06. = 07. 05.
13. 01. = 05. 12.	13. 02. = 07. 01.	13. 03. = 05. 02.	13. 04. = 07. 03.	13. 05. = 07. 04.	13. 06. = 08. 05.
14. 01. = 06. 12.	14. 02. = 08. 01.	14. 03. = 06. 02.	14. 04. = 08. 03.	14. 05. = 08. 04.	14. 06. = 09. 05.
15. 01. = 07. 12.	15. 02. = 09. 01.	15. 03. = 07. 02.	15. 04. = 09. 03.	15. 05. = 09. 04.	15. 06. = 10. 05.
16. 01. = 08. 12.	16. 02. = 10. 01.	16. 03. = 08. 02.	16. 04. = 10. 03.	16. 05. = 10. 04.	16. 06. = 11. 05.
17. 01. = 09. 12.	17. 02. = 11. 01.	17. 03. = 09. 02.	17. 04. = 11. 03.	17. 05. = 11. 04.	17. 06. = 12. 05.
18. 01. = 10. 12.	18. 02. = 12. 01.	18. 03. = 10. 02.	18. 04. = 12. 03.	18. 05. = 12. 04.	18. 06. = 13. 05.
19. 01. = 11. 12.	19. 02. = 13. 01.	19. 03. = 11. 02.	19. 04. = 13. 03.	19. 05. = 13. 04.	19. 06. = 14. 05.
20. 01. = 12. 12.	20. 02. = 14. 01.	20. 03. = 12. 02.	20. 04. = 14. 03.	20. 05. = 14. 04.	20. 06. = 15. 05.
21. 01. = 13. 12.	21. 02. = 15. 01.	21. 03. = 13. 02.	21. 04. = 15. 03.	21. 05. = 15. 04.	21. 06. = 16. 05.
22. 01. = 14. 12.	22. 02. = 16. 01.	22. 03. = 14. 02.	22. 04. = 16. 03.	22. 05. = 16. 04.	22. 06. = 17. 05.
23. 01. = 15. 12.	23. 02. = 17. 01.	23. 03. = 15. 02.	23. 04. = 17. 03.	23. 05. = 17. 04.	23. 06. = 18. 05.
24. 01. = 16. 12.	24. 02. = 18. 01.	24. 03. = 16. 02.	24. 04. = 18. 03.	24. 05. = 18. 04.	24. 06. = 19. 05.
25. 01. = 17. 12.	25. 02. = 19. 01.	25. 03. = 17. 02.	25. 04. = 19. 03.	25. 05. = 19. 04.	25. 06. = 20. 05.
26. 01. = 18. 12.	26. 02. = 20. 01.	26. 03. = 18. 02.	26. 04. = 20. 03.	26. 05. = 20. 04.	26. 06. = 21. 05.
27. 01. = 19. 12.	27. 02. = 21. 01.	27. 03. = 19. 02.	27. 04. = 21. 03.	27. 05. = 21. 04.	27. 06. = 22. 05.
28. 01. =.20. 12.	28. 02. = 22. 01.	28. 03. = 20. 02.	28. 04. = 22. 03.	28. 05. = 22. 04.	28. 06. = 23. 05.
29. 01. = 21. 12.		29. 03. = 21. 02.	29. 04. = 23. 03.	29. 05. = 23. 04.	29. 06. = 24. 05.
30. 01. = 22. 12.		30. 03. = 22. 02.	30. 04. = 24. 03.	30. 05. = 24. 04.	30. 06. = 25. 05.
31. 01. = 23. 12.		31. 03. = 23. 02.		31. 05. = 25. 04.	

1978

Juli	August	September	Oktober	November	Dezember
01. 07. = 26. 05.	01. 08. = 28. 06.	01. 09. = 29. 07.	01. 10. = 29. 08.	01. 11. = 01. 10.	01. 12. = 02. 11.
02. 07. = 27. 05.	02. 08. = 29. 06.	02. 09. = 30. 07.	02. 10. = 01. 09.	02. 11. = 02. 10.	02. 12. = 03. 11.
03. 07. = 28. 05.	03. 08. = 30. 06.	03. 09. = 01. 08.	03. 10. = 02. 09.	03. 11. = 03. 10.	03. 12. = 04. 11.
04. 07. = 29. 05.	04. 08. = 01. 07.	04. 09. = 02. 08.	04. 10. = 03. 09.	04. 11. = 04. 10.	04. 12. = 05. 11.
05. 07. = 01. 06.	05. 08. = 02. 07.	05. 09. = 03. 08.	05. 10. = 04. 09.	05. 11. = 05. 10.	05. 12. = 06. 11.
06. 07. = 02. 06.	06. 08. = 03. 07.	06. 09. = 04. 08.	06. 10. = 05. 09.	06. 11. = 06. 10.	06. 12. = 07. 11.
07. 07. = 03. 06.	07. 08. = 04. 07.	07. 09. = 05. 08.	07. 10. = 06. 09.	07. 11. = 07. 10.	07. 12. = 08. 11.
08. 07. = 04. 06.	08. 08. = 05. 07.	08. 09. = 06. 08.	08. 10. = 07. 09.	08. 11. = 08. 10.	08. 12. = 09. 11.
09. 07. = 05. 06.	09. 08. = 06. 07.	09. 09. = 07. 08.	09. 10. = 08. 09.	09. 11. = 09. 10.	09. 12. = 10. 11.
10. 07. = 06. 06.	10. 08. = 07. 07.	10. 09. = 08. 08.	10. 10. = 09. 09.	10. 11. = 10. 10.	10. 12. = 11. 11.
11. 07. = 07. 06.	11. 08. = 08. 07.	11. 09. = 09. 08.	11. 10. = 10. 09.	11. 11. = 11. 10.	11. 12. = 12. 11.
12. 07. = 08. 06.	12. 08. = 09. 07.	12. 09. = 10. 08.	12. 10. = 11. 09.	12. 11. = 12. 10.	12. 12. = 13. 11.
13. 07. = 09. 06.	13. 08. = 10. 07.	13. 09. = 11. 08.	13. 10. = 12. 09.	13. 11. = 13. 10.	13. 12. = 14. 11.
14. 07. = 10. 06.	14. 08. = 11. 07.	14. 09. = 12. 08.	14. 10. = 13. 09.	14. 11. = 14. 10.	14. 12. = 15. 11.
15. 07. = 11. 06.	15. 08. = 12. 07.	15. 09. = 13. 08.	15. 10. = 14. 09.	15. 11. = 15. 10.	15. 12. = 16. 11.
16. 07. = 12. 06.	16. 08. = 13. 07.	16. 09. = 14. 08.	16. 10. = 15. 09.	16. 11. = 16. 10.	16. 12. = 17. 11.
17. 07. = 13. 06.	17. 08. = 14. 07.	17. 09. = 15. 08.	17. 10. = 16. 09.	17. 11. = 17. 10.	17. 12. = 18. 11.
18. 07. = 14. 06.	18. 08. = 15. 07.	18. 09. = 16. 08.	18. 10. = 17. 09.	18. 11. = 18. 10.	18. 12. = 19. 11.
19. 07. = 15. 06.	19. 08. = 16. 07.	19. 09. = 17. 08.	19. 10. = 18. 09.	19. 11. = 19. 10.	19. 12. = 20. 11.
20. 07. = 16. 06.	20. 08. = 17. 07.	20. 09. = 18. 08.	20. 10. = 19. 09.	20. 11. = 20. 10.	20. 12. = 21. 11.
21. 07. = 17. 06.	21. 08. = 18. 07.	21. 09. = 19. 08.	21. 10. = 20. 09.	21. 11. = 21. 10.	21. 12. = 22. 11.
22. 07. = 18. 06.	22. 08. = 19. 07.	22. 09. = 20. 08.	22. 10. = 21. 09.	22. 11. = 22. 10.	22. 12. = 23. 11.
23. 07. = 19. 06.	23. 08. = 20. 07.	23. 09. = 21. 08.	23. 10. = 22. 09.	23. 11. = 23. 10.	23. 12. = 24. 11.
24. 07. = 20. 06.	24. 08. = 21. 07.	24. 09. = 22. 08.	24. 10. = 23. 09.	24. 11. = 24. 10.	24. 12. = 25. 11.
25. 07. = 21. 06.	25. 08. = 22. 07.	25. 09. = 23. 08.	25. 10. = 24. 09.	25. 11. = 25. 10.	25. 12. = 26. 11.
26. 07. = 22. 06.	26. 08. = 23. 07.	26. 09. = 24. 08.	26. 10. = 25. 09.	26. 11. = 26. 10.	26. 12. = 27. 11.
27. 07. = 23. 06.	27. 08. = 24. 07.	27. 09. = 25. 08.	27. 10. = 26. 09.	27. 11. = 27. 10.	27. 12. = 28. 11.
28. 07. = 24. 06.	28. 08. = 25. 07.	28. 09. = 26. 08.	28. 10. = 27. 09.	28. 11. = 28. 10.	28. 12. = 29. 11.
29. 07. = 25. 06.	29. 08. = 26. 07.	29. 09. = 27. 08.	29. 10. = 28. 09.	29. 11. = 29. 10.	29. 12. = 30. 11.
30. 07. = 26. 06.	30. 08. = 27. 07.	30. 09. = 28. 08.	30. 10. = 29. 09.	30. 11. = 01. 11.	30. 12. = 01. 12.
31. 07. = 27. 06.	31. 08. = 28. 07.		31. 10. = 30. 09.		31. 12. = 02. 12.

1979

Januar	Februar	März	April	Mai	Juni
01. 01. =.03. 12.	01. 02. = 05. 01.	01. 03. = 03. 02.	01. 04. = 05. 03.	01. 05. = 06. 04.	01. 06. = 07. 05.
02. 01. = 04. 12.	02. 02. = 06. 01.	02. 03. = 04. 02.	02. 04. = 06. 03.	02. 05. = 07. 04.	02. 06. = 08. 05.
03. 01. = 05. 12.	03. 02. = 07. 01.	03. 03. = 05. 02.	03. 04. = 07. 03.	03. 05. = 08. 04.	03. 06. = 09. 05.
04. 01. = 06. 12.	04. 02. = 08. 01.	04. 03. = 06. 02.	04. 04. = 08. 03.	04. 05. = 09. 04.	04. 06. = 10. 05.
05. 01. = 07. 21.	05. 02. = 09. 01.	05. 03. = 07. 02.	05. 04. = 09. 03.	05. 05. = 10. 04.	05. 06. = 11. 05.
06. 01. = 08. 12.	06. 02. = 10. 01.	06. 03. = 08. 02.	06. 04. = 10. 03.	06. 05. = 11. 04.	06. 06. = 12. 05.
07. 01. = 09. 12.	07. 02. = 11. 01.	07. 03. = 09. 02.	07. 04. = 11. 03.	07. 05. = 12. 04.	07. 06. = 13. 05.
08. 01. = 10. 12.	08. 02. = 12. 01.	08. 03. = 10. 02.	08. 04. = 12. 03.	08. 05. = 13. 04.	08. 06. = 14. 05.
09. 01. = 11. 12.	09. 02. = 13. 01.	09. 03. = 11. 02.	09. 04. = 13. 03.	09. 05. = 14. 04.	09. 06. = 15. 05.
10. 01. = 12. 12.	10. 02. = 14. 01.	10. 03. = 12. 02.	10. 04. = 14. 03.	10. 05. = 15. 04.	10. 06. = 16. 05.
11. 01. = 13. 12.	11. 02. = 15. 01.	11. 03. = 13. 02.	11. 04. = 15. 03.	11. 05. = 16. 04.	11. 06. = 17. 05.
12. 01. = 14. 12.	12. 02. = 16. 01.	12. 03. = 14. 02.	12. 04. = 16. 03.	12. 05. = 17. 04.	12. 06. = 18. 05.
13. 01. = 15. 12.	13. 02. = 17. 01.	13. 03. = 15. 02.	13. 04. = 17. 03.	13. 05. = 18. 04.	13. 06. = 19. 05.
14. 01. = 16. 12.	14. 02. = 18. 01.	14. 03. = 16. 02.	14. 04. = 18. 03.	14. 05. = 19. 04.	14. 06. = 20. 05.
15. 01. = 17. 12.	15. 02. = 19. 01.	15. 03. = 17. 02.	15. 04. = 19. 03.	15. 05. = 20. 04.	15. 06. = 21. 05.
16. 01. = 18. 12.	16. 02. = 20. 01.	16. 03. = 18. 02.	16. 04. = 20. 03.	16. 05. = 21. 04.	16. 06. = 22. 05.
17. 01. = 19. 12.	17. 02. = 21. 01.	17. 03. = 19. 02.	17. 04. = 21. 03.	17. 05. = 22. 04.	17. 06. = 23. 05.
18. 01. = 20. 12.	18. 02. = 22. 01.	18. 03. = 20. 02.	18. 04. = 22. 03.	18. 05. = 23. 04.	18. 06. = 24. 05.
19. 01. = 21. 12.	19. 02. = 23. 01.	19. 03. = 21. 02.	19. 04. = 23. 03.	19. 05. = 24. 04.	19. 06. = 25. 05.
20. 01. = 22. 12.	20. 02. = 24. 01.	20. 03. = 22. 02.	20. 04. = 24. 03.	20. 05. = 25. 04.	20. 06. = 26. 05.
21. 01. = 23. 12.	21. 02. = 25. 01.	21. 03. = 23. 02.	21. 04. = 25. 03.	21. 05. = 26. 04.	21. 06. = 27. 05.
22. 01. = 24. 12.	22. 02. = 26. 01.	22. 03. = 24. 02.	22. 04. = 26. 03.	22. 05. = 27. 04.	22. 06. = 28. 05.
23. 01. = 25. 12.	23. 02. = 27. 01.	23. 03. = 25. 02.	23. 04. = 27. 03.	23. 05. = 28. 04.	23. 06. = 29. 05.
24. 01. = 26. 12.	24. 02. = 28. 01.	24. 03. = 26. 02.	24. 04. = 28. 03.	24. 05. = 29. 04.	24. 06. = 01. 06.
25. 01. = 27. 12.	25. 02. = 29. 01.	25. 03. = 27. 02.	25. 04. = 29. 03.	25. 05. = 30. 04.	25. 06. = 02. 06.
26. 01. = 28. 21.	26. 02. = 30. 01.	26. 03. = 28. 02.	26. 04. = 01. 04.	26. 05. = 01. 05.	26. 06. = 03. 06.
27. 01. = 29. 12.	27. 02. = 01. 02.	27. 03. = 29. 02.	27. 04. = 02. 04.	27. 05. = 02. 05.	27. 06. = 04. 06.
28. 01. = 01. 01.	28. 02. = 02. 02.	28. 03. = 01. 03.	28. 04. = 03. 04.	28. 05. = 03. 05.	28. 06. = 05. 06.
29. 01. = 02. 01.		29. 03. = 02. 03.	29. 04. = 04. 04.	29. 05. = 04. 05.	29. 06. = 06. 06.
30. 01. = 03. 01.		30. 03. = 03. 03.	30. 04. = 05. 04.	30. 05. = 05. 05.	30. 06. = 07. 06.
31. 01. = 04. 01.		31. 03. = 04. 03.		31. 05. = 06. 05.	

1979

Juli	August	September	Oktober	November	Dezember
01. 07. = 08. 06.	01. 08. = 09. 06.	01. 09. = 10. 07.	01. 10. = 11. 08.	01. 11. = 12. 09.	01. 12. = 12. 10.
02. 07. = 09. 06.	02. 08. = 10. 06.	02. 09. = 11. 07.	02. 10. = 12. 08.	02. 11. = 13. 09.	02. 12. = 13. 10.
03. 07. = 10. 06.	03. 08. = 11. 06.	03. 09. = 12. 07.	03. 10. = 13. 08.	03. 11. = 14. 09.	03. 12. = 14. 10.
04. 07. = 11. 06.	04. 08. = 12. 06.	04. 09. = 13. 07.	04. 10. = 14. 08.	04. 11. = 15. 09.	04. 12. = 15. 10.
05. 07. = 12. 06.	05. 08. = 13. 06.	05. 09. = 14. 07.	05. 10. = 15. 08.	05. 11. = 16. 09.	05. 12. = 16. 10.
06. 07. = 13. 06.	06. 08. = 14. 06.	06. 09. = 15. 07.	06. 10. = 16. 08.	06. 11. = 17. 09.	06. 12. = 17. 10.
07. 07. = 14. 06.	07. 08. = 15. 06.	07. 09. = 16. 07.	07. 10. = 17. 08.	07. 11. = 18. 09.	07. 12. = 18. 10.
08. 07. = 15. 06.	08. 08. = 16. 06.	08. 09. = 17. 07.	08. 10. = 18. 08.	08. 11. = 19. 09.	08. 12. = 19. 10.
09. 07. = 16. 06.	09. 08. = 17. 06.	09. 09. = 18. 07.	09. 10. = 19. 08.	09. 11. = 20. 09.	09. 12. = 20. 10.
10. 07. = 17. 06.	10. 08. = 18. 06.	10. 09. = 19. 07.	10. 10. = 20. 08.	10. 11. = 21. 09.	10. 12. = 21. 10.
11. 07. = 18. 06.	11. 08. = 19. 06.	11. 09. = 20. 07.	11. 10. = 21. 08.	11. 11. = 22. 09.	11. 12. = 22. 10.
12. 07. = 19. 06.	12. 08. = 20. 06.	12. 09. = 21. 07.	12. 10. = 22. 08.	12. 11. = 23. 09.	12. 12. = 23. 10.
13. 07. = 20. 06.	13. 08. = 21. 06.	13. 09. = 22. 07.	13. 10. = 23. 08.	13. 11. = 24. 09.	13. 12. = 24. 10.
14. 07. = 21. 06.	14. 08. = 22. 06.	14. 09. = 23. 07.	14. 10. = 24. 08.	14. 11. = 25. 09.	14. 12. = 25. 10.
15. 07. = 22. 06.	15. 08. = 23. 06.	15. 09. = 24. 07.	15. 10. = 25. 08.	15. 11. = 26. 09.	15. 12. = 26. 10.
16. 07. = 23. 06.	16. 08. = 24. 06.	16. 09. = 25. 07.	16. 10. = 26. 08.	16. 11. = 27. 09.	16. 12. = 27. 10.
17. 07. = 24. 06.	17. 08. = 25. 06.	17. 09. = 26. 07.	17. 10. = 27. 08.	17. 11. = 28. 09.	17. 12. = 28. 10.
18. 07. = 25. 06.	18. 08. = 26. 06.	18. 09. = 27. 07.	18. 10. = 28. 08.	18. 11. = 29. 09.	18. 12. = 29. 10.
19. 07. = 26. 06.	19. 08. = 27. 06.	19. 09. = 28. 07.	19. 10. = 29. 08.	19. 11. = 30. 09.	19. 12. = 01. 11.
20. 07. = 27. 06.	20. 08. = 28. 06.	20. 09. = 29. 07.	20. 10. = 30. 08.	20. 11. = 01. 10.	20. 12. = 02. 11.
21. 07. = 28. 06.	21. 08. = 29. 06.	21. 09. = 01. 08.	21. 10. = 01. 09.	21. 11. = 02. 10.	21. 12. = 03. 11.
22. 07. = 29. 06.	22. 08. = 30. 06.	22. 09. = 02. 08.	22. 10. = 02. 09.	22. 11. = 03. 10.	22. 12. = 04. 11.
23. 07. = 30. 06.	23. 08. = 01. 07.	23. 09. = 03. 08.	23. 10. = 03. 09.	23. 11. = 04. 10.	23. 12. = 05. 11.
24. 07. = 01. 06.	24. 08. = 02. 07.	24. 09. = 04. 08.	24. 10. = 04. 09.	24. 11. = 05. 10.	24. 12. = 06. 11.
25. 07. = 02. 06.	25. 08. = 03. 07.	25. 09. = 05. 08.	25. 10. = 05. 09.	25. 11. = 06. 10.	25. 12. = 07. 11.
26. 07. = 03. 06.	26. 08. = 04. 07.	26. 09. = 06. 08.	26. 10. = 06. 09.	26. 11. = 07. 10.	26. 12. = 08. 11.
27. 07. = 04. 06.	27. 08. = 05. 07.	27. 09. = 07. 08.	27. 10. = 07. 09.	27. 11. = 08. 10.	27. 12. = 09. 11.
28. 07. = 05. 06.	28. 08. = 06. 07.	28. 09. = 08. 08.	28. 10. = 08. 09.	28. 11. = 09. 10.	28. 12. = 10. 11.
29. 07. = 06. 06.	29. 08. = 07. 07.	29. 09. = 09. 08.	29. 10. = 09. 09.	29. 11. = 10. 10.	29. 12. = 11. 11.
30. 07. = 07. 06.	30. 08. = 08. 07.	30. 09. = 10. 08.	30. 10. = 10. 09.	30. 11. = 11. 10.	30. 12. = 12. 11.
31. 07. = 08. 06.	31. 08. = 09. 07.		31. 10. = 11. 09.		31. 12. = 13. 11.

1980

Januar	Februar	März	April	Mai	Juni
01. 01. = 14. 11.	01. 02. = 15. 12.	01. 03. = 15. 01.	01. 04. = 16. 02.	01. 05. = 17. 03.	01. 06. = 18. 04.
02. 01. = 05. 11.	02. 02. = 16. 12.	02. 03. = 16. 01.	02. 04. = 17. 02.	02. 05. = 18. 03.	02. 06. = 19. 04.
03. 01. = 16. 11.	03. 02. = 17. 12.	03. 03. = 17. 01.	03. 04. = 18. 02.	03. 05. = 19. 03.	03. 06. = 20. 04.
04. 01. = 17. 11.	04. 02. = 18. 12.	04. 03. = 18. 01.	04. 04. = 19. 02.	04. 05. = 20. 03.	04. 06. = 21. 04.
05. 01. = 1.8 11.	05. 02. = 19. 12.	05. 03. = 19. 01.	05. 04. = 20. 02.	05. 05. = 21. 03.	05. 06. = 22. 04.
06. 01. = 19. 11.	06. 02. = 20. 12.	06. 03. = 20. 01.	06. 04. = 21. 02.	06. 05. = 22. 03.	06. 06. = 23. 04.
07. 01. = 20. 11.	07. 02. = 21. 12.	07. 03. = 21. 01.	07. 04. = 22. 02.	07. 05. = 23. 03.	07. 06. = 24. 04.
08. 01. = 21. 11.	08. 02. = 22. 12.	08. 03. = 22. 01.	08. 04. = 23. 02.	08. 05. = 24. 03.	08. 06. = 25. 04.
09. 01. = 22. 11.	09. 02. = 23. 12.	09. 03. = 23. 01.	09. 04. = 24. 02.	09. 05. = 25. 03.	09. 06. = 26. 04.
10. 01. = 23. 11.	10. 02. = 24. 12.	10. 03. = 24. 01.	10. 04. = 25. 02.	10. 05. = 26. 03.	10. 06. = 27. 04.
11. 01. = 24. 11.	11. 02. = 25. 12.	11. 03. = 25. 01.	11. 04. = 26. 02.	11. 05. = 27. 03.	11. 06. = 28. 04.
12. 01. = 25. 11.	12. 02. = 26. 12.	12. 03. = 26. 01.	12. 04. = 27. 02.	12. 05. = 28. 03.	12. 06. = 29. 04.
13. 01. = 26. 11.	13. 02. = 27. 12.	13. 03. = 27. 01.	13. 04. = 28. 02.	13. 05. = 29. 03.	13. 06. = 01. 05.
14. 01. = 27. 11.	14. 02. = 28. 12.	14. 03. = 28. 01.	14. 04. = 29. 02.	14. 05. = 30. 03.	14. 06. = 02. 05.
15. 01. = 28. 11.	15. 02. = 29. 12.	15. 03. = 29. 01.	15. 04. = 01. 03.	15. 05. = 01. 04.	15. 06. = 03. 05.
16. 01. = 29. 11.	16. 02. = 01. 01	16. 03. = 30. 01.	16. 04. = 02. 03.	16. 05. = 02. 04.	16. 06. = 04. 05.
17. 01. = 30. 11.	17. 02. = 02. 01.	17. 03. = 01. 02.	17. 04. = 03. 03.	17. 05. = 03. 04.	17. 06. = 05. 05.
18. 01. = 01. 12.	18. 02. = 03. 01.	18. 03. = 02. 02.	18. 04. = 04. 03.	18. 05. = 04. 04.	18. 06. = 06. 05.
19. 01. = 02. 12.	19. 02. = 04. 01.	19. 03. = 03. 02.	19. 04. = 05. 03.	19. 05. = 05. 04.	19. 06. = 07. 05.
20. 01. = 03. 12.	20. 02. = 05. 01.	20. 03. = 04. 02.	20. 04. = 06. 03.	20. 05. = 06. 04.	20. 06. = 08. 05.
21. 01. = 04. 12.	21. 02. = 06. 01.	21. 03. = 05. 02.	21. 04. = 07. 03.	21. 05. = 07. 04.	21. 06. = 09. 05.
22. 01. = 05. 12.	22. 02. = 07. 01.	22. 03. = 06. 02.	22. 04. = 08. 03.	22. 05. = 08. 04.	22. 06. = 10. 05.
23. 01. = 06. 12.	23. 02. = 08. 01.	23. 03. = 07. 02.	23. 04. = 09. 03.	23. 05. = 09. 04.	23. 06. = 11. 05.
24. 01. = 07. 12.	24. 02. = 09. 01.	24. 03. = 08. 02.	24. 04. = 10. 03.	24. 05. = 10. 04.	24. 06. = 12. 05.
25. 01. = 08. 12.	25. 02. = 10. 01.	25. 03. = 09. 02.	25. 04. = 11. 03.	25. 05. = 11. 04.	25. 06. = 13. 05.
26. 01. = 09. 12.	26. 02. = 11. 01.	26. 03. = 10. 02.	26. 04. = 12. 03.	26. 05. = 12. 04.	26. 06. = 14. 05.
27. 01. = 10. 12.	27. 02. = 12. 01.	27. 03. = 11. 02.	27. 04. = 13. 03.	27. 05. = 13. 04.	27. 06. = 15. 05.
28. 01. = 11. 12.	28. 02. = 13. 01.	28. 03. = 12. 02.	28. 04. = 14. 03.	28. 05. = 14. 04.	28. 06. = 16. 05.
29. 01. = 12. 12.	29. 02. = 14. 01.	29. 03. = 13. 02.	29. 04. = 15. 03.	29. 05. = 15. 04.	29. 06. = 17. 05.
30. 01. = 13. 12.		30. 03. = 14. 02.	30. 04. = 16. 03.	30. 05. = 16. 04.	30. 06. = 18. 05.
31. 01. = 14. 12.		31. 03. = 15. 02.		31. 05. = 17. 04.	

1980

Juli	August	September	Oktober	November	Dezember
01. 07. = 19. 05.	01. 08. = 21. 06.	01. 09. = 22. 07.	01. 10. = 23. 08.	01. 11. = 24. 09.	01. 12. = 24. 10.
02. 07. = 20. 05.	02. 08. = 22. 06.	02. 09. = 23. 07.	02. 10. = 24. 08.	02. 11. = 25. 09.	02. 12. = 25. 10.
03. 07. = 21. 05.	03. 08. = 23. 06.	03. 09. = 24. 07.	03. 10. = 25. 08.	03. 11. = 26. 09.	03. 12. = 26. 10.
04. 07. = 22. 05.	04. 08. = 24. 06.	04. 09. = 25. 07.	04. 10. = 26. 08.	04. 11. = 27. 09.	04. 12. = 27. 10.
05. 07. = 23. 05.	05. 08. = 25. 06.	05. 09. = 26. 07.	05. 10. = 27. 08.	05. 11. = 28. 09.	05. 12. = 28. 10.
06. 07. = 24. 05.	06. 08. = 26. 06.	06. 09. = 27. 07.	06. 10. = 28. 08.	06. 11. = 29. 09.	06. 12. = 29. 10.
07. 07. = 25. 05.	07. 08. = 27. 06.	07. 09. = 28. 07.	07. 10. = 29. 08.	07. 11. = 30. 09.	07. 12. = 01. 11.
08. 07. = 26. 05.	08. 08. = 28. 06.	08. 09. = 29. 07.	08. 10. = 30. 08.	08. 11. = 01. 10.	08. 12. = 02. 11.
09. 07. = 27. 05.	09. 08. = 29. 06.	09. 09. = 01. 08.	09. 10. = 01. 09.	09. 11. = 02. 10	09. 12. = 03. 11.
10. 07. = 28. 05.	10. 08. = 30. 06.	10. 09. = 02. 08.	10. 10. = 02. 09.	10. 11. = 03. 10.	10. 12. = 04. 11.
11. 07. = 29. 05.	11. 08. = 01. 07.	11. 09. = 03. 08.	11. 10. = 03. 09.	11. 11. = 04. 10.	11. 12. = 05. 11.
12. 07. = 01. 06.	12. 08. = 02. 07.	12. 09. = 04. 08.	12. 10. = 04. 09.	12. 11. = 05. 10.	12. 12. = 06. 11.
13. 07. = 02. 06.	13. 08. = 03. 07.	13. 09. = 05. 08.	13. 10. = 05. 09.	13. 11. = 06. 10.	13. 12. = 07. 11.
14. 07. = 03. 06.	14. 08. = 04. 07.	14. 09. = 06. 08.	14. 10. = 06. 09.	14. 11. = 07. 10.	14. 12. = 08. 11.
15. 07. = 04. 06.	15. 08. = 05. 07.	15. 09. = 07. 08.	15. 10. = 07. 09.	15. 11. = 08. 10.	15. 12. = 09. 11.
16. 07. = 05. 06.	16. 08. = 06. 07.	16. 09. = 08. 08.	16. 10. = 08. 09.	16. 11. = 09. 10.	16. 12. = 10. 11.
17. 07. = 06. 06.	17. 08. = 07. 07.	17. 09. = 09. 08.	17. 10. = 09. 09.	17. 11. = 10. 10.	17. 12. = 11. 11.
18. 07. = 07. 06.	18. 08. = 08. 07.	18. 09. = 10. 08.	18. 10. = 10. 09.	18. 11. = 11. 10.	18. 12. = 12. 11.
19. 07. = 08. 06.	19. 08. = 09. 07.	19. 09. = 11. 08.	19. 10. = 11. 09.	19. 11. = 12. 10.	19. 12. = 13. 11.
20. 07. = 09. 06.	20. 08. = 10. 07.	20. 09. = 12. 08.	20. 10. = 12. 09.	20. 11. = 13. 10.	20. 12. = 14. 11.
21. 07. = 10. 06.	21. 08. = 11. 07.	21. 09. = 13. 08.	21. 10. = 13. 09.	21. 11. = 14. 10.	21. 12. = 15. 11.
22. 07. = 11. 06.	22. 08. = 12. 07.	22. 09. = 14. 08.	22. 10. = 14. 09.	22. 11. = 15. 10.	22. 12. = 16. 11.
23. 07. = 12. 06.	23. 08. = 13. 07.	23. 09. = 15. 08.	23. 10. = 15. 09.	23. 11. = 16. 10.	23. 12. = 17. 11.
24. 07. = 13. 06.	24. 08. = 14. 07.	24. 09. = 16. 08.	24. 10. = 16. 09.	24. 11. = 17. 10.	24. 12. = 18. 11.
25. 07. = 14. 06.	25. 08. = 15. 07.	25. 09. = 17. 08.	25. 10. = 17. 09.	25. 11. = 18. 10.	25. 12. = 19. 11.
26. 07. = 15. 06.	26. 08. = 16. 07.	26. 09. = 18. 08.	26. 10. = 18. 09.	26. 11. = 19. 10.	26. 12. = 20. 11.
27. 07. = 16. 06.	27. 08. = 17. 07.	27. 09. = 19. 08.	27. 10. = 19. 09.	27. 11. = 20. 10.	27. 12. = 21. 11.
28. 07. = 17. 06.	28. 08. = 18. 07.	28. 09. = 20. 08.	28. 10. = 20. 09.	28. 11. = 21. 10.	28. 12. = 22. 11.
29. 07. = 18. 06.	29. 08. = 19. 07.	29. 09. = 21. 08.	29. 10. = 21. 09.	29. 11. = 22. 10.	29. 12. = 23. 11.
30. 07. = 19. 06.	30. 08. = 20. 07.	30. 09. = 22. 08.	30. 10. = 22. 09.	30. 11. = 23. 10.	30. 12. = 24. 11.
31. 07. = 20. 06.	31. 08. = 21. 07.		31. 10. = 23. 09.		31. 12. = 25. 11.

1981

Januar	Februar	März	April	Mai	Juni
01. 01. = 26. 11.	01. 02. = 27. 12.	01. 03. = 25. 01.	01. 04. = 27. 02.	01. 05. = 27. 03.	01. 06. = 29. 04.
02. 01. = 27. 11.	02. 02. = 28. 12.	02. 03. = 26. 01.	02. 04. = 28. 02.	02. 05. = 28. 03.	02. 06. = 01. 05.
03. 01. = 28. 11.	03. 02. = 29. 12.	03. 03. = 27. 01.	03. 04. = 29. 02.	03. 05. = 29. 03.	03. 06. = 02. 05.
04. 01. = 29. 11.	04. 02. = 30. 12.	04. 03. = 28. 01.	04. 04. = 30. 02.	04. 05. = 01. 04.	04. 06. = 03. 05.
05. 01. = 30. 11.	05. 02. = 01. 01.	05. 03. = 29. 01.	05. 04. = 01. 03.	05. 05. = 02. 04.	05. 06. = 04. 05.
06. 01. = 01. 12.	06. 02. = 02. 01.	06. 03. = 01. 02.	06. 04. = 02. 03.	06. 05. = 03. 04.	06. 06. = 05. 05.
07. 01. = 02. 12.	07. 02. = 03. 01.	07. 03. = 02. 02.	07. 04. = 03. 03.	07. 05. = 04. 04.	07. 06. = 06. 05.
08. 01. = 03. 12.	08. 02. = 04. 01.	08. 03. = 03. 02.	08. 04. = 04. 03.	08. 05. = 05. 04.	08. 06. = 07. 05.
09. 01. = 04. 12.	09. 02. = 05. 01.	09. 03. = 04. 02.	09. 04. = 05. 03.	09. 05. = 06. 04.	09. 06. = 08. 05.
10. 01. = 05. 12.	10. 02. = 06. 01.	10. 03. = 05. 02.	10. 04. = 06. 03.	10. 05. = 07. 04.	10. 06. = 09. 05.
11. 01. = 06. 12.	11. 02. = 07. 01.	11. 03. = 06. 02.	11. 04. = 07. 03.	11. 05. = 08. 04.	11. 06. = 10. 05.
12. 01. = 07. 12.	12. 02. = 08. 01.	12. 03. = 07. 02.	12. 04. = 08. 03.	12. 05. = 09. 04.	12. 06. = 11. 05.
13. 01. = 08. 12.	13. 02. = 09. 01.	13. 03. = 08. 02.	13. 04. = 09. 03.	13. 05. = 10. 04.	13. 06. = 12. 05.
14. 01. = 09. 12.	14. 02. = 10. 01.	14. 03. = 09. 02.	14. 04. = 10. 03.	14. 05. = 11. 04.	14. 06. = 13. 05.
15. 01. = 10. 12.	15. 02. = 11. 01.	15. 03. = 10. 02.	15. 04. = 11. 03.	15. 05. = 12. 04.	15. 06. = 14. 05.
16. 01. = 11. 12.	16. 02. = 12. 01.	16. 03. = 11. 02.	16. 04. = 12. 03.	16. 05. = 13. 04.	16. 06. = 15. 05.
17. 01. = 12. 12.	17. 02. = 13. 01.	17. 03. = 12. 02.	17. 04. = 13. 03.	17. 05. = 14. 04.	17. 06. = 16. 05.
18. 01. = 13. 12.	18. 02. = 14. 01.	18. 03. = 13. 02.	18. 04. = 14. 03.	18. 05. = 15. 04.	18. 06. = 17. 05.
19. 01. = 14. 12.	19. 02. = 15. 01.	19. 03. = 14. 02.	19. 04. = 15. 03.	19. 05. = 16. 04.	19. 06. = 18. 05.
20. 01. = 15. 12.	20. 02. = 16. 01.	20. 03. = 15. 02.	20. 04. = 16. 03.	20. 05. = 17. 04.	20. 06. = 19. 05.
21. 01. = 16. 12.	21. 02. = 17. 01.	21. 03. = 16. 02.	21. 04. = 17. 03.	21. 05. = 18. 04.	21. 06. = 20. 05.
22. 01. = 17. 12.	22. 02. = 18. 01.	22. 03. = 17. 02.	22. 04. = 18. 03.	22. 05. = 19. 04.	22. 06. = 21. 05.
23. 01. = 18. 12.	23. 02. = 19. 01.	23. 03. = 18. 02.	23. 04. = 19. 03.	23. 05. = 20. 04.	23. 06. = 22. 05.
24. 01. = 19. 12.	24. 02. = 20. 01.	24. 03. = 19. 02.	24. 04. = 20. 03.	24. 05. = 21. 04.	24. 06. = 23. 05.
25. 01. = 20. 12.	25. 02. = 21. 01.	25. 03. = 20. 02.	25. 04. = 21. 03.	25. 05. = 22. 04.	25. 06. = 24. 05.
26. 01. = 21. 12.	26. 02. = 22. 01.	26. 03. = 21. 02.	26. 04. = 22. 03.	26. 05. = 23. 04.	26. 06. = 25. 05.
27. 01. = 22. 12.	27. 02. = 23. 01.	27. 03. = 22. 02.	27. 04. = 23. 03.	27. 05. = 24. 04.	27. 06. = 26. 05.
28. 01. = 23. 12.	28. 02. = 24. 01.	28. 03. = 23. 02.	28. 04. = 24. 03.	28. 05. = 25. 04.	28. 06. = 27. 05.
29. 01. = 24. 12.		29. 03. = 24. 02.	29. 04. = 25. 03.	29. 05. = 26. 04.	29. 06. = 28. 05.
30. 01. = 25. 12.		30. 03. = 25. 02.	30. 04. = 26. 03.	30. 05. = 27. 04.	30. 06. = 29. 05.
31. 01. = 26. 12.		31. 03. = 26. 02.		31. 05. = 28. 04.	

1981

Juli	August	September	Oktober	November	Dezember
01. 07. = 30. 05.	01. 08. = 02. 07.	01. 09. = 04. 08.	01. 10. = 04. 09.	01. 11. = 05. 10.	01. 12. = 06. 11.
02. 07. = 01. 06.	02. 08. = 03. 07.	02. 09. = 05. 08.	02. 10. = 05. 09.	02. 11. = 06. 10.	02. 12. = 07. 11.
03. 07. = 02. 06.	03. 08. = 04. 07.	03. 09. = 06. 08.	03. 10. = 06. 09.	03. 11. = 07. 10.	03. 12. = 08. 11.
04. 07. = 03. 06.	04. 08. = 05. 07.	04. 09. = 07. 08.	04. 10. = 07. 09.	04. 11. = 08. 10.	04. 12. = 09. 11.
05. 07. = 04. 06.	05. 08. = 06. 07.	05. 09. = 08. 08.	05. 10. = 08. 09.	05. 11. = 09. 10.	05. 12. = 10. 11.
06. 07. = 05. 06.	06. 08. = 07. 07.	06. 09. = 09. 08.	06. 10. = 09. 09.	06. 11. = 10. 10.	06. 12. = 11. 11.
07. 07. = 06. 06.	07. 08. = 08. 07.	07. 09. = 10. 08.	07. 10. = 10. 09.	07. 11. = 11. 10.	07. 12. = 12. 11.
08. 07. = 07. 06.	08. 08. = 09. 07.	08. 09. = 11. 08.	08. 10. = 11. 09.	08. 11. = 12. 10.	08. 12. = 13. 11.
09. 07. = 08. 06.	09. 08. = 10. 07.	09. 09. = 12. 08.	09. 10. = 12. 09.	09. 11. = 13. 10.	09. 12. = 14. 11.
10. 07. = 09. 06.	10. 08. = 11. 07.	10. 09. = 13. 08.	10. 10. = 13. 09.	10. 11. = 14. 10.	10. 12. = 15. 11.
11. 07. = 10. 06.	11. 08. = 12. 07.	11. 09. = 14. 08.	11. 10. = 14. 09.	11. 11. = 15. 10.	11. 12. = 16. 11.
12. 07. = 11. 06.	12. 08. = 13. 07.	12. 09. = 15. 08.	12. 10. = 15. 09.	12. 11. = 16. 10.	12. 12. = 17. 11.
13. 07. = 12. 06.	13. 08. = 14. 07.	13. 09. = 16. 08.	13. 10. = 16. 09.	13. 11. = 17. 10.	13. 12. = 18. 11.
14. 07. = 13. 06.	14. 08. = 15. 07.	14. 09. = 17. 08.	14. 10. = 17. 09.	14. 11. = 18. 10.	14. 12. = 19. 11.
15. 07. = 14. 06.	15. 08. = 16. 07.	15. 09. = 18. 08.	15. 10. = 18. 09.	15. 11. = 19. 10.	15. 12. = 20. 11.
16. 07. = 15. 06.	16. 08. = 17. 07.	16. 09. = 19. 08.	16. 10. = 19. 09.	16. 11. = 20. 10.	16. 12. = 21. 11.
17. 07. = 16. 06.	17. 08. = 18. 07.	17. 09. = 20. 08.	17. 10. = 20. 09.	17. 11. = 21. 10.	17. 12. = 22. 11.
18. 07. = 17. 06.	18. 08. = 19. 07.	18. 09. = 21. 08.	18. 10. = 21. 09.	18. 11. = 22. 10.	18. 12. = 23. 11.
19. 07. = 18. 06.	19. 08. = 20. 07.	19. 09. = 22. 08.	19. 10. = 22. 09.	19. 11. = 23. 10.	19. 12. = 24. 11.
20. 07. = 19. 06.	20. 08. = 21. 07.	20. 09. = 23. 08.	20. 10. = 23. 09.	20. 11. = 24. 10.	20. 12. = 25. 11.
21. 07. = 20. 06.	21. 08. = 22. 07.	21. 09. = 24. 08.	21. 10. = 24. 09.	21. 11. = 25. 10.	21. 12. = 26. 11.
22. 07. = 21. 06.	22. 08. = 23. 07.	22. 09. = 25. 08.	22. 10. = 25. 09.	22. 11. = 26. 10.	22. 12. = 27. 11.
23. 07. = 22. 06.	23. 08. = 24. 07.	23. 09. = 26. 08.	23. 10. = 26. 09.	23. 11. = 27. 10.	23. 12. = 28. 11.
24. 07. = 23. 06.	24. 08. = 25. 07.	24. 09. = 27. 08.	24. 10. = 27. 09.	24. 11. = 28. 10.	24. 12. = 29. 11.
25. 07. = 24. 06.	25. 08. = 26. 07.	25. 09. = 28. 08.	25. 10. = 28. 09.	25. 11. = 29. 10.	25. 12. = 30. 11.
26. 07. = 25. 06.	26. 08. = 27. 07.	26. 09. = 29. 08.	26. 10. = 29. 09.	26. 11. = 01. 11.	26. 12. = 01. 12.
27. 07. = 26. 06.	27. 08. = 28. 07.	27. 09. = 30. 08.	27. 10. = 30. 09.	27. 11. = 02. 11.	27. 12. = 02. 12.
28. 07. = 27. 06.	28. 08. = 29. 07.	28. 09. = 01. 09.	28. 10. = 01. 10.	28. 11. = 03. 11.	28. 12. = 03. 12.
29. 07. = 28. 06.	29. 08. = 01. 08.	29. 09. = 02. 09.	29. 10. = 02. 10.	29. 11. = 04. 11.	29. 12. = 04. 12.
30. 07. = 29. 06.	30. 08. = 02. 08.	30. 09. = 03. 09.	30. 10. = 03. 10.	30. 11. = 05. 11.	30. 12. = 05. 12.
31. 07. = 01. 07.	31. 08. = 03. 08.		31. 10. = 04. 10.		31. 12. = 06. 12.

1982

Januar	Februar	März	April	Mai	Juni
01. 01. = 07. 12.	01. 02. = 08. 01.	01. 03. = 06. 02.	01. 04. = 08. 03.	01. 05. = 08. 04.	01. 06. = 10. 04.
02. 01. = 08. 12.	02. 02. = 09. 01.	02. 03. = 07. 02.	02. 04. = 09. 03.	02. 05. = 09. 04.	02. 06. = 11. 04.
03. 01. = 09. 12.	03. 02. = 10. 01.	03. 03. = 08. 02.	03. 04. = 10. 03.	03. 05. = 10. 04.	03. 06. = 12. 04.
04. 01. = 10. 12.	04. 02. = 11. 01.	04. 03. = 09. 02.	04. 04. = 11. 03.	04. 05. = 11. 04.	04. 06. = 13. 04.
05. 01. = 11. 12.	05. 02. = 12. 01.	05. 03. = 10. 02.	05. 04. = 12. 03.	05. 05. = 12. 04.	05. 06. = 14. 04.
06. 01. = 12. 12.	06. 02. = 13. 01.	06. 03. = 11. 02.	06. 04. = 13. 03.	06. 05. = 13. 04.	06. 06. = 15. 04.
07. 01. = 13. 12.	07. 02. = 14. 01.	07. 03. = 12. 02.	07. 04. = 14. 03.	07. 05. = 14. 04.	07. 06. = 16. 04.
08. 01. = 14. 12.	08. 02. = 15. 01.	08. 03. = 13. 02.	08. 04. = 15. 03.	08. 05. = 15. 04.	08. 06. = 17. 04.
09. 01. = 15. 12.	09. 02. = 16. 01.	09. 03. = 14. 02.	09. 04. = 16. 03.	09. 05. = 16. 04.	09. 06. = 18. 04.
10. 01. = 16. 12.	10. 02. = 17. 01.	10. 03. = 15. 02.	10. 04. = 17. 03.	10. 05. = 17. 04.	10. 06. = 19. 04.
11. 01. = 17. 12.	11. 02. = 18. 01.	11. 03. = 16. 02.	11. 04. = 18. 03.	11. 05. = 18. 04.	11. 06. = 20. 04.
12. 01. = 18. 12.	12. 02. = 19. 01.	12. 03. = 17. 02.	12. 04. = 19. 03.	12. 05. = 19. 04.	12. 06. = 21. 04.
13. 01. = 19. 12.	13. 02. = 20. 01.	13. 03. = 18. 02.	13. 04. = 20. 03.	13. 05. = 20. 04.	13. 06. = 22. 04.
14. 01. = 20. 12.	14. 02. = 21. 01.	14. 03. = 19. 02.	14. 04. = 21. 03.	14. 05. = 21. 04.	14. 06. = 23. 04.
15. 01. = 21. 12.	15. 02. = 22. 01.	15. 03. = 20. 02.	15. 04. = 22. 03.	15. 05. = 22. 04.	15. 06. = 24. 04.
16. 01. = 22. 12.	16. 02. = 23. 01.	16. 03. = 21. 02.	16. 04. = 23. 03.	16. 05. = 23. 04.	16. 06. = 25. 04.
17. 01. = 23. 12.	17. 02. = 24. 01.	17. 03. = 22. 02.	17. 04. = 24. 03.	17. 05. = 24. 04.	17. 06. = 26. 04.
18. 01. = 24. 12.	18. 02. = 25. 01.	18. 03. = 23. 02.	18. 04. = 25. 03.	18. 05. = 25. 04.	18. 06. = 27. 04.
19. 01. = 25. 12.	19. 02. = 26. 01.	19. 03. = 24. 02.	19. 04. = 26. 03.	19. 05. = 26. 04.	19. 06. = 28. 04.
20. 01. = 26. 12.	20. 02. = 27. 01.	20. 03. = 25. 02.	20. 04. = 27. 03.	20. 05. = 27. 04.	20. 06. = 29. 04.
21. 01. = 27. 12.	21. 02. = 28. 01.	21. 03. = 26. 02.	21. 04. = 28. 03.	21. 05. = 28. 04.	21. 06. = 01. 05.
22. 01. = 28. 12.	22. 02. = 29. 01.	22. 03. = 27. 02.	22. 04. = 29. 03.	22. 05. = 29. 04.	22. 06. = 02. 05.
23. 01. = 29. 12.	23. 02. = 30. 01.	23. 03. = 28. 02.	23. 04. = 30. 03.	23. 05. = 01. 04.	23. 06. = 03. 05.
24. 01. = 30. 12.	24. 02. = 01. 02.	24. 03. = 29. 02.	24. 04. = 01. 04.	24. 05. = 02. 04.	24. 06. = 04. 05.
25. 01. = 01. 01.	25. 02. = 02. 02.	25. 03. = 01. 03.	25. 04. = 02. 04.	25. 05. = 03. 04.	25. 06. = 05. 05.
26. 01. = 02. 01.	26. 02. = 03. 01.	26. 03. = 02. 03.	26. 04. = 03. 04.	26. 05. = 04. 04.	26. 06. = 06. 05.
27. 01. = 03. 01.	27. 02. = 04. 02.	27. 03. = 03. 03.	27. 04. = 0. 4 04.	27. 05. = 05. 04.	27. 06. = 07. 05.
28. 01. = 04. 01.	28. 02. = 05. 02.	28. 03. = 04. 03.	28. 04. = 05. 04.	28. 05. = 06. 04.	28. 06. = 08. 05.
29. 01. = 05. 01.		29. 03. = 05. 03.	29. 04. = 06. 04.	29. 05. = 07. 04.	29. 06. = 09. 05.
30. 01. = 06. 01.		30. 03. = 06. 03.	30. 04. = 07. 04.	30. 05. = 08. 04.	30. 06. = 10. 05.
31. 01. = 07. 01.		31. 03. = 07. 03.		31. 05. = 09. 04.	

1982

Juli	August	September	Oktober	November	Dezember
01. 07. = 11. 05.	01. 08. = 12. 06.	01. 09. = 14. 07.	01. 10. = 15. 08.	01. 11. = 16. 09.	01. 12. = 17. 10.
02. 07. = 12. 05.	02. 08. = 13. 06.	02. 09. = 15. 07.	02. 10. = 16. 08.	02. 11. = 17. 09.	02. 12. = 18. 10.
03. 07. = 13. 05.	03. 08. = 14. 06.	03. 09. = 16. 07.	03. 10. = 17. 08.	03. 11. = 18. 09.	03. 12. = 19. 10.
04. 07. = 14. 05.	04. 08. = 15. 06.	04. 09. = 17. 07.	04. 10. = 18. 08.	04. 11. = 19. 09.	04. 12. = 20. 10.
05. 07. = 15. 05.	05. 08. = 16. 06.	05. 09. = 18. 07.	05. 10. = 19. 08.	05. 11. = 20. 09.	05. 12. = 21. 10.
06. 07. = 16. 05.	06. 08. = 17. 06.	06. 09. = 19. 07.	06. 10. = 20. 08.	06. 11. = 21. 09.	06. 12. = 22. 10.
07. 07. = 17. 05.	07. 08. = 18. 06.	07. 09. = 20. 07.	07. 10. = 21. 08.	07. 11. = 22. 09.	07. 12. = 23. 10.
08. 07. = 18. 05.	08. 08. = 19. 06.	08. 09. = 21. 07.	08. 10. = 22. 08.	08. 11. = 23. 09.	08. 12. = 24. 10.
09. 07. = 19. 05.	09. 08. = 20. 06.	09. 09. = 22. 07.	09. 10. = 23. 08.	09. 11. = 24. 09.	09. 12. = 25. 10.
10. 07. = 20. 05.	10. 08. = 21. 06.	10. 09. = 23. 07.	10. 10. = 24. 08.	10. 11. = 25. 09.	10. 12. = 26. 10.
11. 07. = 21. 05.	11. 08. = 22. 06.	11. 09. = 24. 07.	11. 10. = 25. 08.	11. 11. = 26. 09.	11. 12. = 27. 10.
12. 07. = 22. 05.	12. 08. = 23. 06.	12. 09. = 25. 07.	12. 10. = 26. 08.	12. 11. = 27. 09.	12. 12. = 28. 10.
13. 07. = 23. 05.	13. 08. = 24. 06.	13. 09. = 26. 07.	13. 10. = 27. 08.	13. 11. = 28. 09.	13. 12. = 29. 10.
14. 07. = 24. 05.	14. 08. = 25. 06.	14. 09. = 27. 07.	14. 10. = 28. 08.	14. 11. = 29. 09.	14. 12. = 30. 10.
15. 07. = 25. 05.	15. 08. = 26. 06.	15. 09. = 28. 07.	15. 10. = 29. 08.	15. 11. = 01. 10.	15. 12. = 01. 11.
16. 07. = 26. 05.	16. 08. = 27. 06.	16. 09. = 29. 07.	16. 10. = 30. 08.	16. 11. = 02. 10.	16. 12. = 02. 11.
17. 07. = 27. 05.	17. 08. = 28. 06.	17. 09. = 01. 08.	17. 10. = 01. 09.	17. 11. = 03. 10.	17. 12. = 03. 11.
18. 07. = 28. 05.	18. 08. = 29. 06.	18. 09. = 02. 08.	18. 10. = 02. 09.	18. 11. = 04. 10.	18. 12. = 04. 11.
19. 07. = 29. 05.	19. 08. = 01. 07.	19. 09. = 03. 08.	19. 10. = 03. 09.	19. 11. = 05. 10.	19. 12. = 05. 11.
20. 07. = 30. 05.	20. 08. = 02. 07.	20. 09. = 04. 08.	20. 10. = 04. 09.	20. 11. = 06. 10.	20. 12. = 06. 11.
21. 07. = 01. 06.	21. 08. = 03. 07.	21. 09. = 05. 08.	21. 10. = 05. 09.	21. 11. = 07. 10.	21. 12. = 07. 11.
22. 07. = 02. 06.	22. 08. = 04. 07.	22. 09. = 06. 08.	22. 10. = 06. 09.	22. 11. = 08. 10.	22. 12. = 08. 11.
23. 07. = 03. 06.	23. 08. = 05. 07.	23. 09. = 07. 08.	23. 10. = 07. 09.	23. 11. = 09. 10.	23. 12. = 09. 11.
24. 07. = 04. 06.	24. 08. = 06. 07.	24. 09. = 08. 08.	24. 10. = 08. 09.	24. 11. = 10. 10.	24. 12. = 10. 11.
25. 07. = 05. 06.	25. 08. = 07. 07.	25. 09. = 09. 08.	25. 10. = 09. 09.	25. 11. = 11. 10.	25. 12. = 11. 11.
26. 07. = 06. 06.	26. 08. = 08. 07.	26. 09. = 10. 08.	26. 10. = 10. 09.	26. 11. = 12. 10.	26. 12. = 12. 11.
27. 07. = 07. 06.	27. 08. = 09. 07.	27. 09. = 11. 08.	27. 10. = 11. 09.	27. 11. = 13. 10.	27. 12. = 13. 11.
28. 07. = 08. 06.	28. 08. = 10. 07.	28. 09. = 12. 08.	28. 10. = 12. 09.	28. 11. = 14. 10.	28. 12. = 14. 11.
29. 07. = 09. 06.	29. 08. = 11. 07.	29. 09. = 13. 08.	29. 10. = 13. 09.	29. 11. = 15. 10.	29. 12. = 15. 11.
30. 07. = 10. 06.	30. 08. = 12. 07.	30. 09. = 14. 08.	30. 10. = 14. 09.	30. 11. = 16. 10.	30. 12. = 16. 11.
31. 07. = 11. 06.	31. 08. = 13. 07.		31. 10. = 15. 09.		31. 12. = 17. 11.

1983

Januar	Februar	März	April	Mai	Juni
01. 01. = 18. 11.	01. 02. = 19. 12.	01. 03. = 17. 01.	01. 04. = 18. 02.	01. 05. = 19. 03.	01. 06. = 20. 04.
02. 01. = 19. 11.	02. 02. = 20. 12.	02. 03. = 18. 01.	02. 04. = 19. 02.	02. 05. = 20. 03.	02. 06. = 21. 04.
03. 01. = 20. 11.	03. 02. = 21. 12.	03. 03. = 19. 01.	03. 04. = 20. 02.	03. 05. = 21. 03.	03. 06. = 22. 04.
04. 01. = 21. 11.	04. 02. = 22. 12.	04. 03. = 20. 01.	04. 04. = 21. 02.	04. 05. = 22. 03.	04. 06. = 23. 04.
05. 01. = 22. 11.	05. 02. = 23. 12.	05. 03. = 21. 01.	05. 04. = 22. 02.	05. 05. = 23. 03.	05. 06. = 24. 04.
06. 01. = 23. 11.	06. 02. = 24. 12.	06. 03. = 22. 01.	06. 04. = 23. 02.	06. 05. = 24. 03.	06. 06. = 25. 04.
07. 01. = 24. 11.	07. 02. = 25. 12.	07. 03. = 23. 01.	07. 04. = 24. 02.	07. 05. = 25. 03.	07. 06. = 26. 04.
08. 01. = 25. 11.	08. 02. = 26. 12.	08. 03. = 24. 01.	08. 04. = 25. 02.	08. 05. = 26. 03.	08. 06. = 27. 04.
09. 01. = 26. 11.	09. 02. = 27. 12.	09. 03. = 25. 01.	09. 04. = 26. 02.	09. 05. = 27. 03.	09. 06. = 28. 04.
10. 01. = 27. 11.	10. 02. = 28. 12.	10. 03. = 26. 01.	10. 04. = 27. 02.	10. 05. = 28. 03.	10. 06. = 29. 04.
11. 01. = 28. 11.	11. 02. = 29. 12.	11. 03. = 27. 01.	11. 04. = 28. 02.	11. 05. = 29. 03.	11. 06. = 01. 05.
12. 01. = 29. 11.	12. 02. = 30. 12.	12. 03. = 28. 01.	12. 04. = 29. 02.	12. 05. = 30. 03.	12. 06. = 02. 05.
13. 01. = 30. 11.	13. 02. = 01. 01.	13. 03. = 29. 01.	13. 04. = 01. 03.	13. 05. = 01. 04.	13. 06. = 03. 05.
14. 01. = 01. 12.	14. 02. = 02. 01.	14. 03. = 30. 01.	14. 04. = 02. 33.	14. 05. = 02. 04.	14. 06. = 04 .05.
15. 01. = 02. 12.	15. 02. = 03. 01.	15. 03. = 01. 02.	15. 04. = 03. 03.	15. 05. = 03. 04.	15. 06. = 05. 05.
16. 01. = 03. 12.	16. 02. = 04. 01.	16. 03. = 02. 02.	16. 04. = 04. 03.	16. 05. = 04. 04.	16. 06. = 06. 05.
17. 01. = 04. 12.	17. 02. = 05. 01.	17. 03. = 03. 02.	17. 04. = 05. 03.	17. 05. = 05. 04.	17. 06. = 07. 05.
18. 01. = 05. 12.	18. 02. = 06. 01.	18. 03. = 04. 02.	18. 04. = 06. 03.	18. 05. = 06. 04.	18. 06. = 08. 05.
19. 01. = 06. 12.	19. 02. = 07. 01.	19. 03. = 05. 02.	19. 04. = 07. 03.	19. 05. = 07. 04.	19. 06. = 09. 05.
20. 01. = 07. 12.	20. 02. = 08. 01.	20. 03. = 06. 02.	20. 04. = 08. 03.	20. 05. = 08. 04.	20. 06. = 10. 05.
21. 01. = 08. 12.	21. 02. = 09. 01.	21. 03. = 07. 02.	21. 04. = 09. 03.	21. 05. = 09. 04.	21. 06. = 11. 05.
22. 01. = 09. 12.	22. 02. = 10. 01.	22. 03. = 08. 02.	22. 04. =.10. 03.	22. 05. = 10. 04.	22. 06. = 12. 05.
23. 01. = 10. 12.	23. 02. = 11. 01.	23. 03. = 09. 02.	23. 04. = 11. 03.	23. 05. = 11. 04.	23. 06. = 13. 05.
24. 01. = 11. 12.	24. 02. = 12. 01.	24. 03. = 10. 02.	24. 04. = 12. 03.	24. 05. = 12. 04.	24. 06. = 14. 05.
25. 01. = 12. 12.	25. 02. = 13. 01.	25. 03. = 11. 02.	25. 04. = 13. 03.	25. 05. = 13. 04.	25. 06. = 15. 05.
26. 01. = 13. 12.	26. 02. = 14. 01.	26. 03. = 12. 02.	26. 04. = 14. 03.	26. 05. = 14. 04.	26. 06. = 16. 05.
27. 01. = 14. 21.	27. 02. = 15. 01.	27. 03. = 13. 02.	27. 04. = 15. 03.	27. 05. = 15. 04.	27. 06. = 17. 05.
28. 01. = 15. 12.	28. 02. = 16. 01.	28. 03. = 14. 02.	28. 04. = 16. 03.	28. 05. = 16. 04.	28. 06. = 18. 05.
29. 01. = 16. 12.		29. 03. = 15. 02.	29. 04. = 17. 03.	29. 05. = 17. 04.	29. 06. = 19. 05.
30. 01. = 17. 12.		30. 03. = 16. 02.	30. 04. = 18. 03.	30. 05. = 18. 04.	30. 06. = 20. 05.
31. 01. = 18. 12.		31. 03. = 17. 02.		31. 05. = 19. 04.	

1983

Juli	August	September	Oktober	November	Dezember
01. 07. = 21. 05.	01. 08. = 23. 06.	01. 09. = 24. 07.	01. 10. = 25. 08.	01. 11. = 27. 09.	01. 12. = 27. 10.
02. 07. = 22. 05.	02. 08. = 24. 06.	02. 09. = 25. 07.	02. 10. = 26. 08.	02. 11. = 28. 09.	02. 12. = 28. 10.
03. 07. = 23. 05.	03. 08. = 25. 06.	03. 09. = 26. 07.	03. 10. = 27. 08.	03. 11. = 29. 09.	03. 12. = 29. 10.
04. 07. = 24. 05.	04. 08. = 26. 06.	04. 09. = 27. 07.	04. 10. = 28. 08.	04. 11. = 30. 09.	04. 12. = 01. 11.
05. 07. = 25. 05.	05. 08. = 27. 06.	05. 09. = 28. 07.	05. 10. = 29. 08.	05. 11. = 01. 10.	05. 12. = 02. 11.
06. 07. = 26. 05.	06. 08. = 28. 06.	06. 09. = 29. 07.	06. 10. = 01. 09.	06. 11. = 02. 10.	06. 12. = 03. 11.
07. 07. = 27. 05.	07. 08. = 29. 06.	07. 09. = 01. 08.	07. 10. = 02. 09.	07. 11. = 03. 10.	07. 12. = 04. 11.
08. 07. = 28. 05.	08. 08. = 30. 06.	08. 09. = 02. 08.	08. 10. = 03. 09.	08. 11. = 04. 10.	08. 12. = 05. 11.
09. 07. = 29. 05.	09. 08. = 01. 07.	09. 09. = 03. 08.	09. 10. = 04. 09.	09. 11. = 05. 10.	09. 12. = 06. 11.
10. 07. = 01. 06.	10. 08. = 02. 07.	10. 09. = 04. 08.	10. 10. = 05. 09.	10. 11. = 06. 10.	10. 12. = 07. 11.
11. 07. = 02. 06.	11. 08. = 03. 07.	11. 09. = 05. 08.	11. 10. = 06. 09.	11. 11. = 07. 10.	11. 12. = 08. 11.
12. 07. = 03. 06.	12. 08. = 04. 07.	12. 09. = 06. 08.	12. 10. = 07. 09.	12. 11. = 08. 10.	12. 12. = 09. 11.
13. 07. = 04. 06.	13. 08. = 05. 07.	13. 09. = 07. 08.	13. 10. = 08. 09.	13. 11. = 09. 10.	13. 12. = 10. 11.
14. 07. = 05. 06.	14. 08. = 06. 07.	14. 09. = 08. 08.	14. 10. = 09. 09.	14. 11. = 10. 10.	14. 12. = 11. 11.
15. 07. = 06. 06.	15. 08. = 07. 07.	15. 09. = 09. 08.	15. 10. = 10. 09.	15. 11. = 11. 10.	15. 12. = 12. 11.
16. 07. = 07. 06.	16. 08. = 08. 07.	16. 09. = 10. 08.	16. 10. = 11. 09.	16. 11. = 12. 10.	16. 12. = 13. 11.
17. 07. = 08. 06.	17. 08. = 09. 07.	17. 09. = 11. 08.	17. 10. = 12. 09.	17. 11. = 13. 10.	17. 12. = 14. 11.
18. 07. = 09. 06.	18. 08. = 10. 07.	18. 09. = 12. 08.	18. 10. = 13. 09.	18. 11. = 14. 10.	18. 12. = 15. 11.
19. 07. = 10. 06.	19. 08. = 11. 07.	19. 09. = 13. 08.	19. 10. = 14. 09.	19. 11. = 15. 10.	19. 12. = 16. 11.
20. 07. = 11. 06.	20. 08. = 12. 07.	20. 09. = 14. 08.	20. 10. = 15. 09.	20. 11. = 16. 10.	20. 12. = 17. 11.
21. 07. = 12. 06.	21. 08. = 13. 07.	21. 09. = 15. 08.	21. 10. = 16. 09.	21. 11. = 17. 10.	21. 12. = 18. 11.
22. 07. = 13. 06.	22. 08. = 14. 07.	22. 09. = 16. 08.	22. 10. = 17. 09.	22. 11. = 18. 10.	22. 12. = 19. 11.
23. 07. = 14. 06.	23. 08. = 15. 07.	23. 09. = 17. 08.	23. 10. = 18. 09.	23. 11. = 19. 10.	23. 12. = 20. 11.
24. 07. = 15. 06.	24. 08. = 16. 07.	24. 09. = 18. 08.	24. 10. = 19. 09.	24. 11. = 20. 10.	24. 12. = 21. 11.
25. 07. = 16. 06.	25. 08. = 17. 07.	25. 09. = 19. 08.	25. 10. = 20. 09.	25. 11. = 21. 10.	25. 12. = 22. 11.
26. 07. = 17. 06.	26. 08. = 18. 07.	26. 09. = 20. 08.	26. 10. = 21. 09.	26. 11. = 22. 10.	26. 12. = 23. 11.
27. 07. = 18. 06.	27. 08. = 19. 07.	27. 09. = 21. 08.	27. 10. = 22. 09.	27. 11. = 23. 10.	27. 12. = 24. 11.
28. 07. = 19. 06.	28. 08. = 20. 07.	28. 09. = 22. 08.	28. 10. = 23. 09.	28. 11. = 24. 10.	28. 12. = 25. 11.
29. 07. = 20. 06.	29. 08. = 21. 07.	29. 09. = 23. 08.	29. 10. = 24. 09.	29. 11. = 25. 10.	29. 12. = 26. 11.
30. 07. = 21. 06.	30. 08. = 22. 07.	30. 09. = 24. 08.	30. 10. = 25. 09.	30. 11. = 26. 10.	30. 12. = 27. 11.
31. 07. = 22 .06.	31. 08. = 23. 07.		31. 10. = 26. 09.		31. 12. = 28. 11.

1984

Januar	Februar	März	April	Mai	Juni
01. 01. = 29. 11.	01. 02. = 30. 12.	01. 03. =.29. 01.	01. 04. = 01. 03.	01. 05. = 01. 04.	01. 06. = 02. 05.
02. 01. = 30. 11.	02. 02. = 01. 01.	02. 03. =.30. 01.	02. 04. = 02. 03.	02. 05. = 02. 04.	02. 06. = 03. 05.
03. 01. = 01. 12.	03. 02. = 02. 01.	03. 03. = 01. 02.	03. 04. = 03. 03.	03. 05. = 03. 04.	03. 06. = 04. 05.
04. 01. = 02. 12.	04. 02. = 03. 01.	04. 03. = 02. 02.	04. 04. = 04. 03.	04. 05. = 04. 04.	04. 06. = 05. 05.
05. 01. = 03. 12.	05. 02. = 04. 01.	05. 03. = 03. 02.	05. 04. = 05. 03.	05. 05. = 05. 04.	05. 06. = 06. 05.
06. 01. = 04. 12.	06. 02. = 05. 01.	06. 03. = 04. 02.	06. 04. = 06. 03.	06. 05. = 06. 04.	06. 06. = 07. 05.
07. 01. = 05. 12.	07. 02. = 06. 01.	07. 03. = 05. 02.	07. 04. = 07. 03.	07. 05. = 07. 04.	07. 06. = 08. 05.
08. 01. = 06. 12.	08. 02. = 07. 01.	08. 03. = 06. 02.	08. 04. = 08. 03.	08. 05. = 08. 04.	08. 06. = 09. 05.
09. 01. = 07. 12.	09. 02. = 08. 01.	09. 03. = 07. 02.	09. 04. = 09. 03.	09. 05. = 09. 04.	09. 06. = 10. 05.
10. 01. = 08. 12.	10. 02. = 09. 01.	10. 03. = 08. 02.	10. 04. = 10. 03.	10. 05. = 10. 04.	10. 06. = 11. 05.
11. 01. = 09. 12.	11. 02. = 10. 01.	11. 03. = 09. 02.	11. 04. = 11. 03.	11. 05. = 11. 04.	11. 06. = 12. 05.
12. 01. = 10. 12.	12. 02. = 11. 01.	12. 03. = 10. 02.	12. 04. = 12. 03.	12. 05. = 12. 04.	12. 06. = 13. 05.
13. 01. = 11. 12.	13. 02. = 12. 01.	13. 03. = 11. 02.	13. 04. = 13. 03.	13. 05. = 13. 04.	13. 06. = 14. 05.
14. 01. = 12. 12.	14. 02. = 13. 01.	14. 03. = 12. 02.	14. 04. = 14. 03.	14. 05. = 14. 04.	14. 06. = 15. 05.
15. 01. = 13. 12.	15. 02. = 14. 01.	15. 03. = 13. 02.	15. 04. = 15. 03.	15. 05. = 15. 04.	15. 06. = 16. 05.
16. 01. = 14. 12.	16. 02. = 15. 01.	16. 03. = 14. 02.	16. 04. = 16. 03.	16. 05. = 16. 04.	16. 06. = 17. 05.
17. 01. = 15. 12.	17. 02. = 16. 01.	17. 03. = 15. 02.	17. 04. = 17. 03.	17. 05. = 17. 04.	17. 06. = 18. 05.
18. 01. = 16. 12.	18. 02. = 17. 01.	18. 03. = 16. 02.	18. 04. = 18. 03.	18. 05. = 18. 04.	18. 06. = 19. 05.
19. 01. = 17. 12.	19. 02. = 18. 01.	19. 03. = 17. 02.	19. 04. = 19. 03.	19. 05. = 19. 04.	19. 06. = 20. 05.
20. 01. = 18. 12.	20. 02. = 19. 01.	20. 03. = 18. 02.	20. 04. = 20. 03.	20. 05. = 20. 04.	20. 06. = 21. 05.
21. 01. = 19. 12.	21. 02. = 20. 01.	21. 03. = 19. 02.	21. 04. = 21.0 3.	21. 05. = 21. 04.	21. 06. = 22. 05.
22. 01. = 20. 12.	22. 02. = 21. 01.	22. 03. = 20. 02.	22. 04. = 22. 03.	22. 05. = 22. 04.	22. 06. = 23. 05.
23. 01. = 21. 12.	23. 02. = 22. 01.	23. 03. = 21. 02.	23. 04. = 23. 03.	23. 05. = 23. 04.	23. 06. = 24. 05.
24. 01. = 22. 12.	24. 02. = 23. 01.	24. 03. = 22. 02.	24. 04. = 24. 03.	24. 05. = 24. 04.	24. 06. = 25. 05.
25. 01. = 23. 12.	25. 02. = 24. 01.	25. 03. = 23. 02.	25. 04. = 25. 03.	25. 05. = 25. 04.	25. 06. = 26. 05.
26. 01. = 24. 12.	26. 02. = 25. 01.	26. 03. = 24. 02.	26. 04. = 26. 03.	26. 05. = 26. 04.	26. 06. = 27. 05.
27. 01. = 25. 12.	27. 02. = 26. 01.	27. 03. = 25. 02.	27. 04. = 27. 03.	27. 05. = 27. 04.	27. 06. = 28. 05.
28. 01. = 26. 12.	28. 02. = 27. 01.	28. 03. = 26. 02.	28. 04. = 28. 03.	28. 05. = 28. 04.	28. 06. = 29. 05.
29. 01. = 27. 12.	29. 02. = 28. 01.	29. 03. = 27. 02.	29. 04. = 29. 03.	29. 05. = 29. 04.	29. 06. = 01. 06.
30. 01. = 28. 12.		30. 03. = 28. 02.	30. 04. = 30. 03.	30. 05. = 30. 04.	30. 06. = 02. 06.
31. 01. = 29. 12.		31. 03. = 29. 02.		31. 05. = 01. 05.	

1984

Juli	August	September	Oktober	November	Dezember
01. 07. = 03. 06.	01. 08. = 05. 07.	01. 09. = 06. 08.	01. 10. = 07. 09.	01. 11. = 09. 10.	01. 12. = 09. 10.
02. 07. = 04. 06.	02. 08. = 06. 07.	02. 09. = 07. 08.	02. 10. = 08. 09.	02. 11. = 10. 10.	02. 12. = 10. 10.
03. 07. = 05. 06.	03. 08. = 07. 07.	03. 09. = 08. 08.	03. 10. = 09. 09.	03. 11. = 11. 10.	03. 12. = 11. 10.
04. 07. = 06. 06.	04. 08. = 08. 07.	04. 09. = 09. 08.	04. 10. = 10. 09.	04. 11. = 12. 10.	04. 12. = 12. 10.
05. 07. = 07. 06.	05. 08. = 09. 07.	05. 09. = 10. 08.	05. 10. = 11. 09.	05. 11. = 13. 10.	05. 12. = 13. 10.
06. 07. = 08. 06.	06. 08. = 10. 07.	06. 09. = 11. 08.	06. 10. = 12. 09.	06. 11. = 14. 10.	06. 12. = 14. 10.
07. 07. = 09. 06.	07. 08. = 11. 07.	07. 09. = 12. 08.	07. 10. = 13. 09.	07. 11. = 15. 10.	07. 12. = 15. 10.
08. 07. = 10. 06.	08. 08. = 12. 07.	08. 09. = 13. 08.	08. 10. = 14. 09.	08. 11. = 16. 10.	08. 12. = 16. 10.
09. 07. = 11. 06.	09. 08. = 13. 07.	09. 09. = 14. 08.	09. 10. = 15. 09.	09. 11. = 17. 10.	09. 12. = 17. 10.
10. 07. = 12. 06.	10. 08. = 14. 07.	10. 09. = 15. 08.	10. 10. = 16. 09.	10. 11. = 18. 10.	10. 12. = 18. 10.
11. 07. = 13. 06.	11. 08. = 15. 07.	11. 09. = 16. 08.	11. 10. = 17. 09.	11. 11. = 19. 10.	11. 12. = 19. 10.
12. 07. = 14. 06.	12. 08. = 16. 07.	12. 09. = 17. 08.	12. 10. = 18. 09.	12. 11. = 20. 10.	12. 12. = 20. 10.
13. 07. = 15. 06.	13. 08. = 17. 07.	13. 09. = 18. 08.	13. 10. = 19. 09.	13. 11. = 21. 10.	13. 12. = 21. 10.
14. 07. = 16. 06.	14. 08. = 18. 07.	14. 09. = 19. 08.	14. 10. = 20. 09.	14. 11. = 22. 10.	14. 12. = 22. 10.
15. 07. = 17. 06.	15. 08. = 19. 07.	15. 09. = 20. 08.	15. 10. = 21. 09.	15. 11. = 23. 10.	15. 12. = 23. 10.
16. 07. = 18. 06.	16. 08. = 20. 07.	16. 09. = 21. 08.	16. 10. = 22. 09.	16. 11. = 24. 10.	16. 12. = 24. 10.
17. 07. = 19. 06.	17. 08. = 21. 07.	17. 09. = 22. 08.	17. 10. = 23. 09.	17. 11. = 25. 10.	17. 12. = 25. 10.
18. 07. = 20. 06.	18. 08. = 22. 07.	18. 09. = 23. 08.	18. 10. = 24. 09.	18. 11. = 26. 10.	18. 12. = 26. 10.
19. 07. = 21. 06.	19. 08. = 23. 07.	19. 09. = 24. 08.	19. 10. = 25. 09.	19. 11. = 27. 10.	19. 12. = 27. 10.
20. 07. = 22. 06.	20. 08. = 24. 07.	20. 09. = 25. 08.	20. 10. = 26. 09.	20. 11. = 28. 10.	20. 12. = 28. 10.
21. 07. = 23. 06.	21. 08. = 25. 07.	21. 09. = 26. 08.	21. 10. = 27. 09.	21. 11. = 29. 10.	21. 12. = 29. 10.
22. 07. = 24. 06.	22. 08. = 26. 07.	22. 09. = 27. 08.	22. 10. = 28. 09.	22. 11. = 30. 10.	22. 12. = 01. 11.
23. 07. = 25. 06.	23. 08. = 27. 07.	23. 09. = 28. 08.	23. 10. = 29. 09.	23. 11. = 01. 10.	23. 12. = 02. 11.
24. 07. = 26. 06.	24. 08. = 28. 07.	24. 09. = 29. 08.	24. 10. = 01. 10.	24. 11. = 02. 10.	24. 12. = 03. 11.
25. 07. = 27. 06.	25. 08. = 29. 07.	25. 09. = 01. 09.	25. 10. = 02. 10.	25. 11. = 03. 10.	25. 12. = 04. 11.
26. 07. = 28. 06.	26. 08. = 30. 07.	26. 09. = 02. 09.	26. 10. = 03. 10.	26. 11. = 04. 10.	26. 12. = 05. 11.
27. 07. = 29. 06.	27. 08. = 01. 08.	27. 09. = 03. 09.	27. 10. = 04. 10.	27. 11. = 05. 10.	27. 12. = 06. 11.
28. 07. = 01. 07.	28. 08. = 02. 08.	28. 09. = 04. 09.	28. 10. = 05. 10.	28. 11. = 06. 10.	28. 12. = 07. 11.
29. 07. = 02. 07.	29. 08. = 03. 08.	29. 09. = 05. 09.	29. 10. = 06. 10.	29. 11. = 07. 10.	29. 12. = 08. 11.
30. 07. = 03. 07.	30. 08. = 04. 08.	30. 09. = 06. 09.	30. 10. = 07. 10.	30. 11. = 08. 10.	30. 12. = 09. 11.
31. 07. = 04. 07.	31. 08. = 05. 08.		31. 10. = 08. 10.		31. 12. = 10. 11.

1985

Januar	Februar	März	April	Mai	Juni
01. 01. = 11. 11.	01. 02. = 12. 12.	01. 03. = 10. 01.	01. 04. = 12. 02.	01. 05. = 12. 03.	01. 06. = 13. 04.
02. 01. = 12. 11.	02. 02. = 13. 12.	02. 03. = 11. 01.	02. 04. = 13. 02.	02. 05. = 13. 03.	02. 06. = 14. 04.
03. 01. = 13. 11.	03. 02. = 14. 12.	03. 03. = 12. 01.	03. 04. = 14. 02.	03. 05. = 14. 03.	03. 06. = 15. 04.
04. 01. = 14. 11.	04. 02. = 15. 12.	04. 03. = 13. 01.	04. 04. = 15. 02.	04. 05. = 15. 03.	04. 06. = 16. 04.
05. 01. = 15. 11.	05. 02. = 16. 12.	05. 03. = 14. 01.	05. 04. = 16. 02.	05. 05. = 16. 03.	05. 06. = 17. 04.
06. 01. = 16. 11.	06. 02. = 17. 12.	06. 03. = 15. 01.	06. 04. = 17. 02.	06. 05. = 17. 03.	06. 06. = 18. 04.
07. 01. = 17. 11.	07. 02. = 18. 12.	07. 03. = 1.6 01.	07. 04. = 18. 02.	07. 05. = 18. 03.	07. 06. = 19. 04.
08. 01. = 18. 11.	08. 02. = 19. 12.	08. 03. = 17. 01.	08. 04. = 19. 02.	08. 05. = 19. 03.	08. 06. = 20. 04.
09. 01. = 19. 11.	09. 02. = 20. 12.	09. 03. = 18. 01.	09. 04. = 20. 02.	09. 05. = 20. 03.	09. 06. = 21. 04.
10. 01. = 20. 11.	10. 02. = 21. 12.	10. 03. = 19. 01.	10. 04. = 21. 02.	10. 05. = 21. 03.	10. 06. = 22. 04.
11. 01. = 21. 11.	11. 02. = 22. 12.	11. 03. = 20. 01.	11. 04. = 22. 02.	11. 05. = 22. 03.	11. 06. = 23. 04.
12. 01. = 22. 11.	12. 02. = 23. 12.	12. 03. = 21. 01.	12. 04. = 23. 02.	12. 05. = 23. 03.	12. 06. = 24. 04.
13. 01. = 23. 11.	13. 02. = 24. 12.	13. 03. = 22. 01.	13. 04. = 24. 02.	13. 05. = 24. 03.	13. 06. = 25. 04.
14. 01. = 24. 11.	14. 02. = 25. 12.	14. 03. = 23. 01.	14. 04. = 25. 02.	14. 05. = 25. 03.	14. 06. = 26. 04.
15. 01. = 25. 11.	15. 02. = 26. 12.	15. 03. = 24. 01.	15. 04. = 26. 02.	15. 05. = 26. 03.	15. 06. = 27. 04.
16. 01. = 26. 11.	16. 02. = 27. 12.	16. 03. = 25. 01.	16. 04. = 27. 02.	16. 05. = 27. 03.	16. 06. = 28. 04.
17. 01. = 27. 11.	17. 02. = 28. 12.	17. 03. = 26. 01.	17. 04. = 28. 02.	17. 05. = 28. 03.	17. 06. = 29. 04.
18. 01. = 28. 11.	18. 02. = 29. 12.	18. 03. = 27. 01.	18. 04. = 29. 02.	18. 05. = 29. 03.	18. 06. = 01. 05.
19. 01. = 29. 11.	19. 02. = 30. 12.	19. 03. = 28. 01.	19. 04. = 30. 02.	19. 05. = 30. 03.	19. 06. = 02. 05.
20. 01. = 30. 11.	20. 02. = 01. 01.	20. 03. = 29. 01.	20. 04. = 01. 03.	20. 05. = 01. 04.	20. 06. = 03. 05.
21. 01. = 01. 12.	21. 02. = 02. 01.	21. 03. = 01. 02.	21. 04. = 02. 03.	21. 05. = 02. 04.	21. 06. = 04. 05.
22. 01. = 02. 12.	22. 02. = 03. 01.	22. 03. = 02. 02.	22. 04. = 03. 03.	22. 05. = 03. 04.	22. 06. = 05. 05.
23. 01. = 03. 12.	23. 02. = 04. 01.	23. 03. = 03. 02.	23. 04. = 04. 03.	23. 05. = 04. 04.	23. 06. = 06. 05.
24. 01. = 04. 12.	24. 02. = 05. 01.	24. 03. = 04. 02.	24. 04. = 05. 03.	24. 05. = 05. 04.	24. 06. = 07. 05.
25. 01. = 05. 12.	25. 02. = 06. 01.	25. 03. = 05. 02.	25. 04. = 06. 03.	25. 05. = 06. 04.	25. 06. = 08. 05.
26. 01. = 06. 12.	26. 02. = 07. 01.	26. 03. = 06. 02.	26. 04. = 07. 03.	26. 05. = 07. 04.	26. 06. = 09. 05.
27. 01. = 07. 12.	27. 02. = 08. 01.	27. 03. = 07. 02.	27. 04. = 08. 03.	27. 05. = 08. 04.	27. 06. = 10. 05.
28. 01. = 08. 12.	28. 02. = 09. 01.	28. 03. = 08. 02.	28. 04. = 09. 03.	28. 05. = 09. 04.	28. 06. = 11. 05.
29. 01. = 09. 12.		29. 03. = 09. 02.	29. 04. = 10. 03.	29. 05. = 10. 04.	29. 06. = 12. 05.
30. 01. = 10. 12.		30. 03. = 10. 02.	30. 04. = 11. 03.	30. 05. = 11. 04.	30. 06. = 13. 05.
31. 01. = 11. 12.		31. 03. = 11. 02.		31. 05. = 12. 04.	

1985

Juli	August	September	Oktober	November	Dezember
01. 07. = 14. 05.	01. 08. = 15. 06.	01. 09. = 17. 07.	01. 10. = 17. 08.	01. 11. = 19. 09.	01. 12. = 20. 10.
02. 07. = 15. 05.	02. 08. = 16. 06.	02. 09. = 18. 07.	02. 10. = 18. 08.	02. 11. = 20. 09.	02. 12. = 21. 10.
03. 07. = 16. 05.	03. 08. = 17. 06.	03. 09. = 19. 07.	03. 10. = 19. 08.	03. 11. = 21. 09.	03. 12. = 22. 10.
04. 07. = 17. 05.	04. 08. = 18. 06.	04. 09. = 20. 07.	04. 10. = 20. 08.	04. 11. = 22. 09.	04. 12. = 23. 10.
05. 07. = 18. 05.	05. 08. = 19. 06.	05. 09. = 21. 07.	05. 10. = 21. 08.	05. 11. = 23. 09.	05. 12. = 24. 10.
06. 07. = 19. 05.	06. 08. = 20. 06.	06. 09. = 22. 07.	06. 10. = 22. 08.	06. 11. = 24. 09.	06. 12. = 25. 10.
07. 07. = 20. 05.	07. 08. = 21. 06.	07. 09. = 23. 07.	07. 10. = 23. 08.	07. 11. = 25. 09.	07. 12. = 26. 10.
08. 07. = 21. 05.	08. 08. = 22. 06.	08. 09. = 24. 07.	08. 10. = 24. 08.	08. 11. = 26. 09.	08. 12. = 27. 10.
09. 07. = 22. 05.	09. 08. = 23. 06.	09. 09. = 25. 07.	09. 10. = 25. 08.	09. 11. = 27. 09.	09. 12. = 28. 10.
10. 07. = 23. 05.	10. 08. = 24. 06.	10. 09. = 26. 07.	10. 10. = 26. 08.	10. 11. = 28. 09.	10. 12. = 29. 10.
11. 07. = 24. 05.	11. 08. = 25. 06.	11. 09. = 27. 07.	11. 10. = 27. 08.	11. 11. = 29. 09.	11. 12. = 30. 10.
12. 07. = 25. 05.	12. 08. = 26. 06.	12. 09. = 28. 07.	12. 10. = 28. 08.	12. 11. = 01. 10.	12. 12. = 01. 11.
13. 07. = 26. 05.	13. 08. = 27. 06.	13. 09. = 29. 07.	13. 10. = 29. 08.	13. 11. = 02. 10.	13. 12. = 02. 11.
14. 07. = 27. 05.	14. 08. = 28. 06.	14. 09. = 30. 07.	14. 10. = 01. 09.	14. 11. = 03. 10.	14. 12. = 03. 11.
15. 07. = 28. 05.	15. 08. = 29. 06.	15. 09. = 01. 08.	15. 10. = 02. 09.	15. 11. = 04. 10.	15. 12. = 04. 11.
16. 07. = 29. 05.	16. 08. = 01. 07.	16. 09. = 02. 08.	16. 10. = 03. 09.	16. 11. = 05. 10.	16. 12. = 05. 11.
17. 07. = 30. 05.	17. 08. = 02. 07.	17. 09. = 03. 08.	17. 10. = 04. 09.	17. 11. = 06. 10.	17. 12. = 06. 11.
18. 07. = 01. 06.	18. 08. = 03. 07.	18. 09. = 04. 08.	18. 10. = 05. 09.	18. 11. = 07. 10.	18. 12. = 07. 11.
19. 07. = 02. 06.	19. 08. = 04. 07.	19. 09. = 05. 08.	19. 10. = 06. 09.	19. 11. = 08. 10.	19. 12. = 08. 11.
20. 07. = 03. 06.	20. 08. = 05. 07.	20. 09. = 06. 08.	20. 10. = 07. 09.	20. 11. = 09. 10.	20. 12. = 09. 11.
21. 07. = 04. 06.	21. 08. = 06. 07.	21. 09. = 07. 08.	21. 10. = 08. 09.	21. 11. = 10. 10.	21. 12. = 10. 11.
22. 07. = 05. 06.	22. 08. = 07. 07.	22. 09. = 08. 08.	22. 10. = 09. 09.	22. 11. = 11. 10.	22. 12. = 11. 11.
23. 07. = 06. 06.	23. 08. = 08. 07.	23. 09. = 09. 08.	23. 10. = 10. 09.	23. 11. = 12. 10.	23. 12. = 12. 11.
24. 07. = 07. 06.	24. 08. = 09. 07.	24. 09. = 10. 08.	24. 10. = 11. 09.	24. 11. = 13. 10.	24. 12. = 13. 11.
25. 07. = 08. 06.	25. 08. = 10. 07.	25. 09. = 11. 08.	25. 10. = 12. 09.	25. 11. = 14. 10.	25. 12. = 14. 11.
26. 07. = 09. 06.	26. 08. = 11. 07.	26. 09. = 12. 08.	26. 10. = 13. 09.	26. 11. = 15. 10.	26. 12. = 15. 11.
27. 07. = 10. 06.	27. 08. = 12. 07.	27. 09. = 13. 08.	27. 10. = 14. 09.	27. 11. = 16. 10.	27. 12. = 16. 11.
28. 07. = 11. 06.	28. 08. = 13. 07.	28. 09. = 14. 08.	28. 10. = 15. 09.	28. 11. = 17. 10.	28. 12. = 17. 11.
29. 07. = 12. 06.	29. 08. = 14. 07.	29. 09. = 15. 08.	29. 10. = 16. 09.	29. 11. = 18. 10.	29. 12. = 18. 11.
30. 07. = 13. 06.	30. 08. = 15. 07.	30. 09. = 16. 08.	30. 10. = 17. 09.	30. 11. = 19. 10.	30. 12. = 19. 11.
31. 07. = 14. 06.	31. 08. = 16. 07.		31. 10. = 18. 09.		31. 12. = 20. 11.

1986

Januar	Februar	März	April	Mai	Juni
01. 01. = 21. 11.	01. 02. = 23. 12.	01. 03. = 21. 01.	01. 04. = 23. 02.	01. 05. = 23. 03.	01. 06. = 24. 04.
02. 01. = 22. 11.	02. 02. = 24. 12.	02. 03. = 22. 01.	02. 04. = 24. 02.	02. 05. = 24. 03.	02. 06. = 25. 04.
03. 01. = 23. 11.	03. 02. = 25. 12.	03. 03. = 23. 01.	03. 04. = 25. 02.	03. 05. = 25. 03.	03. 06. = 26. 04.
04. 01. = 24. 11.	04. 02. = 26. 12.	04. 03. = 24. 01.	04. 04. = 26. 02.	04. 05. = 26. 03.	04. 06. = 27. 04.
05. 01. = 25. 11.	05. 02. = 27. 12.	05. 03. = 25. 01.	05. 04. = 27. 02.	05. 05. = 27. 03.	05. 06. = 28. 04.
06. 01. = 26. 11.	06. 02. = 28. 12.	06. 03. = 26. 01.	06. 04. = 28. 02.	06. 05. = 28. 03.	06. 06. = 29. 04.
07. 01. = 27. 11.	07. 02. = 29. 12.	07. 03. = 27. 01.	07. 04. = 29. 02.	07. 05. = 29. 03.	07. 06. = 01. 05.
08. 01. = 28. 11.	08. 02. = 30. 12.	08. 03. = 28. 01.	08. 04. = 30. 02.	08. 05. = 30. 03.	08. 06. = 02. 05.
09. 01. = 29. 11.	09. 02. = 01. 01.	09. 03. = 29. 01.	09. 04. = 01. 03.	09. 05. = 01. 04.	09. 06. = 03. 05.
10. 01. = 01. 12.	10. 02. = 02. 01.	10. 03. = 01. 02.	10. 04. = 02. 03.	10. 05. = 02. 04.	10. 06. = 04. 05.
11. 01. = 02. 12.	11. 02. = 03. 01.	11. 03. = 02. 02.	11. 04. = 03. 03.	11. 05. = 03. 04.	11. 06. = 05. 05.
12. 01. = 03. 12.	12. 02. = 04. 01.	12. 03. = 03. 02.	12. 04. = 04. 03.	12. 05. = 04. 04.	12. 06. = 06. 05.
13. 01. = 04. 12.	13. 02. = 05. 01.	13. 03. = 04. 02.	13. 04. = 05. 03.	13. 05. = 05. 04.	13. 06. = 07. 05.
14. 01. = 05. 12.	14. 02. = 06. 01.	14. 03. = 05. 02.	14. 04. = 06. 03.	14. 05. = 06. 04.	14. 06. = 08. 05.
15. 01. = 06. 12.	15. 02. = 07. 01.	15. 03. = 06. 02.	15. 04. = 07. 03.	15. 05. = 07. 04.	15. 06. = 09. 05.
16. 01. = 07. 12.	16. 02. = 08. 01.	16. 03. = 07. 02.	16. 04. = 08. 03.	16. 05. = 08. 04.	16. 06. = 10. 05.
17. 01. = 08. 12.	17. 02. = 09. 01.	17. 03. = 08. 02.	17. 04. = 09. 03.	17. 05. = 09. 04.	17. 06. = 11. 05.
18. 01. = 09. 12.	18. 02. = 10. 01.	18. 03. = 09. 02.	18. 04. = 10. 03.	18. 05. = 10. 04.	18. 06. = 12. 05.
19. 01. = 10. 12.	19. 02. = 11. 01.	19. 03. = 10. 02.	19. 04. = 11. 03.	19. 05. = 11. 04.	19. 06. = 13. 05.
20. 01. = 11. 12.	20. 02. = 12. 01.	20. 03. = 11. 02.	20. 04. = 12. 03.	20. 05. = 12. 04.	20. 06. = 14. 05.
21. 01. = 12. 12.	21. 02. = 13. 01.	21. 03. = 12. 02.	21. 04. = 13. 03.	21. 05. = 13. 04.	21. 06. = 15. 05.
22. 01. = 13. 12.	22. 02. = 14. 01.	22. 03. = 13. 02.	22. 04. = 14. 03.	22. 05. = 14. 04.	22. 06. = 16. 05.
23. 01. = 14. 12.	23. 02. = 15. 01.	23. 03. = 14. 02.	23. 04. = 15. 03.	23. 05. = 15. 04.	23. 06. = 17. 05.
24. 01. = 15. 12.	24. 02. = 16. 01.	24. 03. = 15. 02.	24. 04. = 16. 03.	24. 05. = 16. 04.	24. 06. = 18. 05.
25. 01. = 16. 12.	25. 02. = 17. 01.	25. 03. = 16. 02.	25. 04. = 17. 03.	25. 05. = 17. 04.	25. 06. = 19. 05.
26. 01. = 17. 12.	26. 02. = 18. 01.	26. 03. = 17. 02.	26. 04. = 18. 03.	26. 05. = 18. 04.	26. 06. = 20. 05.
27. 01. = 18. 12.	27. 02. = 19. 01.	27. 03. = 18. 02.	27. 04. = 19. 03.	27. 05. = 19. 04.	27. 06. = 21. 05.
28. 01. = 19. 12.	28. 02. = 20. 01.	28. 03. = 19. 02.	28. 04. = 20. 03.	28. 05. = 20. 04.	28. 06. = 22. 05.
29. 01. = 20. 12.		29. 03. = 20. 02.	29. 04. = 21. 03.	29. 05. = 21. 04.	29. 06. = 23. 05.
30. 01. = 21. 12.		30. 03. = 21. 02.	30. 04. = 22. 03.	30. 05. = 22. 04.	30. 06. = 24. 05.
31. 01. = 22. 12.		31. 03. = 22. 02.		31. 05. = 23. 04.	

1986

Juli	August	September	Oktober	November	Dezember
01. 07. = 25. 05.	01. 08. = 26. 06.	01. 09. = 27. 07.	01. 10. = 28. 08.	01. 11. = 29. 09.	01. 12. = 30. 10.
02. 07. = 26. 05.	02. 08. = 27. 06.	02. 09. = 28. 07.	02. 10. = 29. 08.	02. 11. = 01. 10.	02. 12. = 01. 11.
03. 07. = 27. 05.	03. 08. = 28. 06.	03. 09. = 29. 07.	03. 10. = 30. 08.	03. 11. = 02. 10.	03. 12. = 02. 11.
04. 07. = 28. 05.	04. 08. = 29. 06.	04. 09. = 01. 08.	04. 10. = 01. 09.	04. 11. = 03. 10.	04. 12. = 03. 11.
05. 07. = 29. 05.	05. 08. = 30. 06.	05. 09. = 02. 08.	05. 10. = 02. 09.	05. 11. = 04. 10.	05. 12. = 04. 11.
06. 07. = 30. 05.	06. 08. = 01. 07.	06. 09. = 03. 08.	06. 10. = 03. 09.	06. 11. = 05. 10.	06. 12. = 05. 11.
07. 07. = 01. 06.	07. 08. = 02. 07.	07. 09. = 04. 08.	07. 10. = 04. 09.	07. 11. = 06. 10.	07. 12. = 06. 11.
08. 07. = 02. 06.	08. 08. = 03. 07.	08. 09. = 05. 08.	08. 10. = 05. 09.	08. 11. = 07. 10.	08. 12. = 07. 11.
09. 07. = 03. 06.	09. 08. = 04. 07.	09. 09. = 06. 08.	09. 10. = 06. 09.	09. 11. = 08. 10.	09. 12. = 08. 11.
10. 07. = 04. 06.	10. 08. = 05. 07.	10. 09. = 07. 08.	10. 10. = 07. 09.	10. 11. = 09. 10.	10. 12. = 09. 11.
11. 07. = 05. 06.	11. 08. = 06. 07.	11. 09. = 08. 08.	11. 10. = 08. 09.	11. 11. = 10. 10.	11. 12. = 10. 11.
12. 07. = 06. 06.	12. 08. = 07. 07.	12. 09. = 09. 08.	12. 10. = 09. 09.	12. 11. = 11. 10.	12. 12. = 11. 11.
13. 07. = 07. 06.	13. 08. = 08. 07.	13. 09. = 10. 08.	13. 10. = 10. 09.	13. 11. = 12. 10.	13. 12. = 12. 11.
14. 07. = 08. 06.	14. 08. = 09. 07.	14. 09. = 11. 08.	14. 10. = 11. 09.	14. 11. = 13. 10.	14. 12. = 13. 11.
15. 07. = 09. 06.	15. 08. = 10. 07.	15. 09. = 12. 08.	15. 10. = 12. 09.	15. 11. = 14. 10.	15. 12. = 14. 11.
16. 07. = 10. 06.	16. 08. = 11. 07.	16. 09. = 13. 08.	16. 10. = 13. 09.	16. 11. = 15. 10.	16. 12. = 15. 11.
17. 07. = 11. 06.	17. 08. = 12. 07.	17. 09. = 14. 08.	17. 10. = 14. 09.	17. 11. = 16. 10.	17. 12. = 16. 11.
18. 07. = 12. 06.	18. 08. = 13. 07.	18. 09. = 15. 08.	18. 10. = 15. 09.	18. 11. = 17. 10.	18. 12. = 17. 11.
19. 07. = 13. 06.	19. 08. = 14. 07.	19. 09. = 16. 08.	19. 10. = 16. 09.	19. 11. = 18. 10.	19. 12. = 18. 11.
20. 07. = 14. 06.	20. 08. = 15. 07.	20. 09. = 17. 08.	20. 10. = 17. 09.	20. 11. = 19. 10.	20. 12. = 19. 11.
21. 07. = 15. 06.	21. 08. = 16. 07.	21. 09. = 18. 08.	21. 10. = 18. 09.	21. 11. = 20. 10.	21. 12. = 20. 11.
22. 07. = 16. 06.	22. 08. = 17. 07.	22. 09. = 19. 08.	22. 10. = 19. 09.	22. 11. = 21. 10.	22. 12. = 21. 11.
23. 07. = 17. 06.	23. 08. = 18. 07.	23. 09. = 20. 08.	23. 10. = 20. 09.	23. 11. = 22. 10.	23. 12. = 22. 11.
24. 07. = 18. 06.	24. 08. = 19. 07.	24. 09. = 21. 08.	24. 10. = 21. 09.	24. 11. = 23. 10.	24. 12. = 23. 11.
25. 07. = 19. 06.	25. 08. = 20. 07.	25. 09. = 22. 08.	25. 10. = 22. 09.	25. 11. = 24. 10.	25. 12. = 24. 11.
26. 07. = 20. 06.	26. 08. = 21. 07.	26. 09. = 23. 08.	26. 10. = 23. 09.	26. 11. = 25. 10.	26. 12. = 25. 11.
27. 07. = 21. 06.	27. 08. = 22. 07.	27. 09. = 24. 08.	27. 10. = 24. 09.	27. 11. = 26. 10.	27. 12. = 26. 11.
28. 07. = 22. 06.	28. 08. = 23. 07.	28. 09. = 25. 08.	28. 10. = 25. 09.	28. 11. = 27. 10.	28. 12. = 27. 11.
29. 07. = 23. 06.	29. 08. = 24. 07.	29. 09. = 26. 08.	29. 10. = 26. 09.	29. 11. = 28. 10.	29. 12. = 28. 11.
30. 07. = 24. 06.	30. 08. = 25. 07.	30. 09. = 27. 08.	30. 10. = 27. 09.	30. 11. = 29. 10.	30. 12. = 29. 11.
31. 07. = 25. 06.	31. 08. = 26. 07.		31. 10. = 28. 09.		31. 12. = 01. 12.

1987

Januar	Februar	März	April	Mai	Juni
01. 01. = 02. 12.	01. 02. = 04. 01.	01. 03. = 02. 02.	01. 04. = 04. 03.	01. 05. = 04. 04.	01. 06. = 06. 05.
02. 01. = 03. 12.	02. 02. = 05. 01.	02. 03. = 03. 02.	02. 04. = 05. 03.	02. 05. = 05. 04.	02. 06. = 07. 05.
03. 01. = 04. 12.	03. 02. = 06. 01.	03. 03. = 04. 02.	03. 04. = 06. 03.	03. 05. = 06. 04.	03. 06. = 08. 05.
04. 01. = 05. 12.	04. 02. = 07. 01.	04. 03. = 05. 02.	04. 04. = 07. 03.	04. 05. = 07. 04.	04. 06. = 09. 05.
05. 01. = 06. 12.	05. 02. = 08. 01.	05. 03. = 06. 02.	05. 04. = 08. 03.	05. 05. = 08. 04.	05. 06. = 10. 05.
06. 01. = 07. 12.	06. 02. = 09. 01.	06. 03. = 07. 02.	06. 04. = 09. 03.	06. 05. = 09. 04.	06. 06. = 11. 05.
07. 01. = 08. 12.	07. 02. = 10. 01.	07. 03. = 08. 02.	07. 04. = 10. 03.	07. 05. = 10. 04.	07. 06. = 12. 05.
08. 01. = 09. 12.	08. 02. = 11. 01.	08. 03. = 09. 02.	08. 04. = 11. 03.	08. 05. = 11. 04.	08. 06. = 13. 05.
09. 01. = 10. 12.	09. 02. = 12. 01.	09. 03. = 10. 02.	09. 04. = 12. 03.	09. 05. = 12. 04.	09. 06. = 14. 05.
10. 01. = 11. 12.	10. 02. = 13. 01.	10. 03. = 11. 02.	10. 04. = 13. 03.	10. 05. = 13. 04.	10. 06. = 15. 05.
11. 01. = 12. 12.	11. 02. = 14. 01.	11. 03. = 12. 02.	11. 04. = 14. 03.	11. 05. = 14. 04.	11. 06. = 16. 05.
12. 01. = 13. 12.	12. 02. = 15. 01.	12. 03. = 13. 02.	12. 04. = 15. 03.	12. 05. = 15. 04.	12. 06. = 17. 05.
13. 01. = 14. 12.	13. 02. = 16. 01.	13. 03. = 14. 02.	13. 04. = 16. 03.	13. 05. = 16. 04.	13. 06. = 18. 05.
14. 01. = 15. 12.	14. 02. = 17. 01.	14. 03. = 15. 02.	14. 04. = 17. 03.	14. 05. = 17. 04.	14. 06. = 19. 05.
15. 01. = 16. 12.	15. 02. = 18. 01.	15. 03. = 16. 02.	15. 04. = 18. 03.	15. 05. = 18. 04.	15. 06. = 20. 05.
16. 01. = 17. 12.	16. 02. = 19. 01.	16. 03. = 17. 02.	16. 04. = 19. 03.	16. 05. = 19. 04.	16. 06. = 21. 05.
17. 01. = 18. 12.	17. 02. = 20. 01.	17. 03. = 18. 02.	17. 04. = 20. 03.	17. 05. = 20. 04.	17. 06. = 22. 05.
18. 01. = 19. 12.	18. 02. = 21. 01.	18. 03. = 19. 02.	18. 04. = 21. 03.	18. 05. = 21. 04.	18. 06. = 23. 05.
19. 01. = 20. 12.	19. 02. = 22. 01.	19. 03. = 20. 02.	19. 04. = 22. 03.	19. 05. = 22. 04.	19. 06. = 24. 05
20. 01. = 21. 12.	20. 02. = 23. 01.	20. 03. = 21. 02.	20. 04. = 23. 03.	20. 05. = 23. 04.	20. 06. = 25. 05.
21. 01. = 22. 12.	21. 02. = 24. 01.	21. 03. = 22. 02.	21. 04. = 24. 03.	21. 05. = 24. 04.	21. 06. = 26. 05.
22. 01. = 23. 12.	22. 02. = 25. 01.	22. 03. = 23. 02.	22. 04. = 25. 03.	22. 05. = 25. 04.	22. 06. = 27. 05.
23. 01. = 24. 12.	23. 02. = 26. 01.	23. 03. = 24. 02.	23. 04. = 26. 03.	23. 05. = 26. 04.	23. 06. = 28. 05.
24. 01. = 25. 12.	24. 02. = 27. 01.	24. 03. = 25. 02.	24. 04. = 27. 03.	24. 05. = 27. 04.	24. 06. = 29. 05.
25. 01. = 26. 12.	25. 02. = 28. 01.	25. 03. = 26. 02.	25. 04. = 28. 03.	25. 05. = 28. 04.	25. 06. = 30. 05.
26. 01. = 27. 12.	26. 02. = 29. 01.	26. 03. = 27. 02.	26. 04. = 29. 03.	26. 05. = 29. 04.	26. 06. = 01. 06.
27. 01. = 28. 12.	27. 02. = 30. 01.	27. 03. = 28. 02.	27. 04. = 30. 03.	27. 05. = 01. 05.	27. 06. = 02. 06.
28. 01. = 29. 12.	28. 02. = 01. 02.	28. 03. = 29. 02.	28. 04. = 01. 04.	28. 05. = 02. 05.	28. 06. = 03. 06.
29. 01. = 01. 01.		29. 03. = 01. 03.	29. 04. = 02. 04.	29. 05. = 03. 05.	29. 06. = 04. 06.
30. 01. = 02. 01.		30. 03. = 02. 03.	30. 04. = 03. 04.	30. 05. = 04. 05.	30. 06. = 05. 06.
31. 01. = 03. 01.		31. 03. = 03. 03.		31. 05. = 05. 05.	

1987

Juli	August	September	Oktober	November	Dezember
01. 07. = 06. 06.	01. 08. = 07. 06.	01. 09. = 09. 07.	01. 10. = 09. 08.	01. 11. = 10. 09.	01. 12. = 11. 10.
02. 07. = 07. 06.	02. 08. = 08. 06.	02. 09. = 10. 07.	02. 10. = 10. 08.	02. 11. = 11. 09.	02. 12. = 12. 10.
03. 07. = 08. 06.	03. 08. = 09. 06.	03. 09. = 11. 07.	03. 10. = 11. 08.	03. 11. = 12. 09.	03. 12. = 13. 10.
04. 07. = 09. 06.	04. 08. = 10. 06.	04. 09. = 12. 07.	04. 10. = 12. 08.	04. 11. = 13. 09.	04. 12. = 14. 10.
05. 07. = 10. 06.	05. 08. = 11. 06.	05. 09. = 13. 07.	05. 10. = 13. 08.	05. 11. = 14. 09.	05. 12. = 15. 10.
06. 07. = 11. 06.	06. 08. = 12. 06.	06. 09. = 14. 07.	06. 10. = 14. 08.	06. 11. = 15. 09.	06. 12. = 16. 10.
07. 07. = 12. 06.	07. 08. = 13. 06.	07. 09. = 15. 07.	07. 10. = 15. 08.	07. 11. = 16. 09.	07. 12. = 17. 10.
08. 07. = 13. 06.	08. 08. = 14. 06.	08. 09. = 16. 07.	08. 10. = 16. 08.	08. 11. = 17. 09.	08. 12. = 18. 10.
09. 07. = 14. 06.	09. 08. = 15. 06.	09. 09. = 17. 07.	09. 10. = 17. 08.	09. 11. = 18. 09.	09. 12. = 19. 10.
10. 07. = 15. 06.	10. 08. = 16. 06.	10. 09. = 18. 07.	10. 10. = 18. 08.	10. 11. = 19. 09.	10. 12. = 20. 10.
11. 07. = 16. 06.	11. 08. = 17. 06.	11. 09. = 19. 07.	11. 10. = 19. 08.	11. 11. = 20. 09.	11. 12. = 21. 10.
12. 07. = 17. 06.	12. 08. = 18. 06.	12. 09. = 20. 07.	12. 10. = 20. 08.	12. 11. = 21. 09.	12. 12. = 22. 10.
13. 07. = 18. 06.	13. 08. = 19. 06.	13. 09. = 21. 07.	13. 10. = 21. 08.	13. 11. = 22. 09.	13. 12. = 23. 10.
14. 07. = 19. 06.	14. 08. = 20. 06.	14. 09. = 22. 07.	14. 10. = 22. 08.	14. 11. = 23. 09.	14. 12. = 24. 10.
15. 07. = 20. 06.	15. 08. = 21. 06.	15. 09. = 23. 07.	15. 10. = 23. 08.	15. 11. = 24. 09.	15. 12. = 25. 10.
16. 07. = 21. 06.	16. 08. = 22. 06.	16. 09. = 24. 07.	16. 10. = 24. 08.	16. 11. = 25. 09.	16. 12. = 26. 10.
17. 07. = 22. 06.	17. 08. = 23. 06.	17. 09. = 25. 07.	17. 10. = 25. 08.	17. 11. = 26. 09.	17. 12. = 27. 10.
18. 07. = 23. 06.	18. 08. = 24. 06.	18. 09. = 26. 07.	18. 10. = 26. 08.	18. 11. = 27. 09.	18. 12. = 28. 10.
19. 07. = 24. 06.	19. 08. = 25. 06.	19. 09. = 27. 07.	19. 10. = 27. 08.	19. 11. = 28. 09.	19. 12. = 29. 10.
20. 07. = 25. 06.	20. 08. = 26. 06.	20. 09. = 28. 07.	20. 10. = 28. 08.	20. 11. = 29. 09.	20. 12. = 30. 10.
21. 07. = 26. 06.	21. 08. = 27. 06.	21. 09. = 29. 07.	21. 10. = 29. 08.	21. 11. = 01. 10.	21. 12. = 01. 11.
22. 07. = 27. 06.	22. 08. = 28. 06.	22. 09. = 30. 07.	22. 10. = 30. 08.	22. 11. = 02. 10.	22. 12. = 02. 11.
23. 07. = 28. 06.	23. 08. = 29. 06.	23. 09. = 01. 08.	23. 10. = 01. 09.	23. 11. = 03. 10.	23. 12. = 03. 11.
24. 07. = 29. 06.	24. 08. = 01. 07.	24. 09. = 02. 08.	24. 10. = 02. 09.	24. 11. = 04. 10.	24. 12. = 04. 11.
25. 07. = 30. 06.	25. 08. = 02. 07.	25. 09. = 03. 08.	25. 10. = 03. 09.	25. 11. = 05. 10.	25. 12. = 05. 11.
26. 07. = 01. 06.	26. 08. = 03. 07.	26. 09. = 04. 08.	26. 10. = 04. 09.	26. 11. = 06. 10.	26. 12. = 06. 11.
27. 07. = 02. 06.	27. 08. = 04. 07.	27. 09. = 05. 08.	27. 10. = 05. 09.	27. 11. = 07. 10.	27. 12. = 07. 11.
28. 07. = 03. 06.	28. 08. = 05. 07.	28. 09. = 06. 08.	28. 10. = 06. 09.	28. 11. = 08. 10.	28. 12. = 08. 11.
29. 07. = 04. 06.	29. 08. = 06. 07.	29. 09. = 07. 08.	29. 10. = 07. 09	29. 11. = 09. 10.	29. 12. = 09. 11.
30. 07. = 05. 06.	30. 08. = 07. 07.	30. 09. = 08. 08.	30. 10. = 08. 09.	30. 11. = 10. 10.	30. 12. = 10. 11.
31. 07. = 06. 06.	31. 08. = 08. 07.		31. 10. = 09. 09.		31. 12. = 11. 11.

1988

Januar	Februar	März	April	Mai	Juni
01. 01. = 12. 11.	01. 02. = 14. 12.	01. 03. = 14. 01.	01. 04. = 15. 02.	01. 05. = 16. 03.	01. 06. = 17. 04.
02. 01. = 13. 11.	02. 02. = 15. 12.	02. 03. = 15. 01.	02. 04. = 16. 02.	02. 05. = 17. 03.	02. 06. = 18. 04.
03. 01. = 14. 11.	03. 02. = 16. 12.	03. 03. = 16. 01.	03. 04. = 17. 02.	03. 05. = 18. 03.	03. 06. = 19. 04.
04. 01. = 15. 11.	04. 02. = 17. 12.	04. 03. = 17. 01.	04. 04. = 18. 02.	04. 05. = 19. 03.	04. 06. = 20. 04.
05. 01. = 16. 11.	05. 02. = 18. 12.	05. 03. = 18. 01.	05. 04. = 19. 02.	05. 05. = 20. 03.	05. 06. = 21. 04.
06. 01. = 17. 11.	06. 02. = 19. 12.	06. 03. = 19. 01.	06. 04. = 20. 02.	06. 05. = 21. 03.	06. 06. = 22. 04.
07. 01. = 18. 11.	07. 02. = 20. 12.	07. 03. = 20. 01.	07. 04. = 21. 02.	07. 05. = 22. 03.	07. 06. = 23. 04.
08. 01. = 19. 11.	08. 02. = 21. 12.	08. 03. = 21. 01.	08. 04. = 22. 02.	08. 05. = 23. 03.	08. 06. = 24. 04.
09. 01. = 20. 11.	09. 02. = 22. 12.	09. 03. = 22. 01.	09. 04. = 23. 02.	09. 05. = 24. 03.	09. 06. = 25. 04.
10. 01. = 21. 11.	10. 02. = 23. 12.	10. 03. = 23. 01.	10. 04. = 24. 02.	10. 05. = 25. 03.	10. 06. = 26. 04.
11. 01. = 22. 11.	11. 02. = 24. 12.	11. 03. = 24. 01.	11. 04. = 25. 02.	11. 05. = 26. 03.	11. 06. = 27. 04.
12. 01. = 23. 11.	12. 02. = 25. 12.	12. 03. = 25. 01.	12. 04. = 26. 02.	12. 05. = 27. 03.	12. 06. = 28. 04.
13. 01. = 24. 11.	13. 02. = 26. 12.	13. 03. = 26. 01.	13. 04. = 27. 02.	13. 05. = 28. 03.	13. 06. = 29. 04.
14. 01. = 25. 11.	14. 02. = 27. 12.	14. 03. = 27. 01.	14. 04. = 28. 02.	14. 05. = 29. 03.	14. 06. = 01 .05.
15. 01. = 26. 11.	15. 02. = 28. 12.	15. 03. = 28. 01.	15. 04. = 29. 02.	15. 05. = 30. 03.	15. 06. = 02. 05.
16. 01. = 27. 11.	16. 02. = 29. 12.	16. 03. = 29. 01.	16. 04. = 01. 03.	16. 05. = 01. 04.	16. 06. = 03. 05.
17. 01. = 28. 11.	17. 02. = 01. 01.	17. 03. = 30. 01.	17. 04. = 02. 03.	17. 05. = 02. 04.	17. 06. = 04. 05.
18. 01. = 29. 11.	18. 02. = 02. 01.	18. 03. = 01. 02.	18. 04. = 03. 03.	18. 05. = 03. 04.	18. 06. = 05. 05.
19. 01. = 01. 12.	19. 02. = 03. 01.	19. 03. = 02. 02.	19. 04. = 04. 03.	19. 05. = 04. 04.	19. 06. = 06. 05.
20. 01. = 02. 12.	20. 02. = 04. 01.	20. 03. = 03. 02.	20. 04. = 05. 03.	20. 05. = 05. 04.	20. 06. = 07. 05.
21. 01. = 03. 12.	21. 02. = 05. 01.	21. 03. = 04. 02.	21. 04. = 06. 03.	21. 05. = 06. 04.	21. 06. = 08. 05.
22. 01. = 04. 12.	22. 02. = 06. 01.	22. 03. = 05. 02.	22. 04. = 07. 03.	22. 05. = 07. 04.	22. 06. = 09. 05.
23. 01. = 05. 12.	23. 02. = 07. 01.	23. 03. = 06 .02.	23. 04. = 08. 03.	23. 05. = 08. 04.	23. 06. = 10. 05.
24. 01. = 06. 12.	24. 02. = 08. 01.	24. 03. = 07. 02.	24. 04. = 09. 03.	24. 05. = 09. 04.	24. 06. = 11. 05.
25. 01. = 07. 12.	25. 02. = 09. 01.	25. 03. = 08. 02.	25. 04. = 10. 03.	25. 05. = 10. 04.	25. 06. = 12. 05.
26. 01. = 08. 12.	26. 02. = 10. 01.	26. 03. = 09. 02.	26. 04. = 11. 03.	26. 05. = 11. 04.	26. 06. = 13. 05.
27. 01. = 09. 12.	27. 02. = 11. 01.	27. 03. = 10. 02.	27. 04. = 12. 03.	27. 05. = 12. 04.	27. 06. = 14. 05.
28. 01. = 10. 12.	28. 02. = 12. 01.	28. 03. = 11. 02.	28. 04. = 13. 03.	28. 05. = 13. 04.	28. 06. = 15. 05.
29. 01. = 11. 12.	29. 02. = 13. 01.	29. 03. = 12. 02.	29. 04. = 14. 03.	29. 05. = 14. 04.	29. 06. = 16. 05.
30. 01. = 12. 12.		30. 03. = 13. 02.	30. 04. = 15. 03.	30. 05. = 15. 04.	30. 06. = 17. 05.
31. 01. = 13. 12.		31. 03. = 14. 02.		31. 05. = 16. 04.	

1988

Juli	August	September	Oktober	November	Dezember
01. 07. = 18. 05.	01. 08. = 19. 06.	01. 09. = 21. 07.	01. 10. = 21. 08.	01. 11. = 22. 09.	01. 12. = 23. 10.
02. 07. = 19. 05.	02. 08. = 20. 06.	02. 09. = 22. 07.	02. 10. = 22. 08.	02. 11. = 23. 09.	02. 12. = 24. 10.
03. 07. = 20. 05.	03. 08. = 21. 06.	03. 09. = 23. 07.	03. 10. = 23. 08.	03. 11. = 24. 09.	03. 12. = 25. 10.
04. 07. = 21. 05.	04. 08. = 22. 06.	04. 09. = 24. 07.	04. 10. = 24. 08.	04. 11. = 25. 09.	04. 12. = 26. 10.
05. 07. = 22. 05.	05. 08. = 23. 06.	05. 09. = 25. 07.	05. 10. = 25. 08.	05. 11. = 26. 09.	05. 12. = 27. 10.
06. 07. = 23. 05.	06. 08. = 24. 06.	06. 09. = 26. 07.	06. 10. = 26. 08.	06. 11. = 27. 09.	06. 12. = 28. 10.
07. 07. = 24. 05.	07. 08. = 25. 06.	07. 09. = 27. 07.	07. 10. = 27. 08.	07. 11. = 28. 09.	07. 12. = 29. 10.
08. 07. = 25. 05.	08. 08. = 26. 06.	08. 09. = 28. 07.	08. 10. = 28. 08.	08. 11. = 29. 09.	08. 12. = 30. 10.
09. 07. = 26. 05.	09. 08. = 27. 06.	09. 09. = 29. 07.	09. 10. = 29. 08.	09. 11. = 01. 10.	09. 12. = 01. 11.
10. 07. = 27. 05.	10. 08. = 28. 06.	10. 09. = 30. 07.	10. 10. = 30. 08.	10. 11. = 02. 10.	10. 12. = 02. 11.
11. 07. = 28. 05.	11. 08. = 29. 06.	11. 09. = 01. 08.	11. 10. = 01. 09.	11. 11. = 03. 10.	11. 12. = 03. 11.
12. 07. = 29. 05.	12. 08. = 01. 07.	12. 09. = 02. 08.	12. 10. = 02. 09.	12. 11. = 04. 10.	12. 12. = 04. 11.
13. 07. = 30. 05.	13. 08. = 02. 07.	13. 09. = 03. 08.	13. 10. = 03. 09.	13. 11. = 05. 10.	13. 12. = 05. 11.
14. 07. = 01. 06.	14. 08. = 03. 07.	14. 09. = 04. 08.	14. 10. = 04. 09.	14. 11. = 06. 10.	14. 12. = 06. 11.
15. 07. = 02. 06.	15. 08. = 04. 07.	15. 09. = 05. 08.	15. 10. = 05. 09.	15. 11. = 07. 10.	15. 12. = 07. 11.
16. 07. = 03. 06.	16. 08. = 05. 07.	16. 09. = 06. 08.	16. 10. = 06. 09.	16. 11. = 08. 10.	16. 12. = 08. 11.
17. 07. = 04. 06.	17. 08. = 06. 07.	17. 09. = 07. 08.	17. 10. = 07. 09.	17. 11. = 09. 10.	17. 12. = 09. 11.
18. 07. = 05. 06.	18. 08. = 07. 07.	18. 09. = 08. 08.	18. 10. = 08. 09.	18. 11. = 10. 10.	18. 12. = 10. 11.
19. 07. = 06. 06.	19. 08. = 08. 07.	19. 09. = 09. 08.	19. 10. = 09. 09.	19. 11. = 11. 10.	19. 12. = 11. 11.
20. 07. = 07. 06.	20. 08. = 09. 07.	20. 09. = 10. 08.	20. 10. = 10. 09.	20. 11. = 12. 10.	20. 12. = 12. 11.
21. 07. = 08. 06.	21. 08. = 10. 07.	21. 09. = 11. 08.	21. 10. = 11. 09.	21. 11. = 13. 10.	21. 12. = 13. 11.
22. 07. = 09. 06.	22. 08. = 11. 07.	22. 09. = 12. 08.	22. 10. = 12. 09.	22. 11. = 14. 10.	22. 12. = 14. 11.
23. 07. = 10. 06.	23. 08. = 12. 07.	23. 09. = 13. 08.	23. 10. = 13. 09.	23. 11. = 15. 10.	23. 12. = 15. 11.
24. 07. = 11. 06.	24. 08. = 13. 07.	24. 09. = 14. 08.	24. 10. = 14. 09.	24. 11. = 16. 10.	24. 12. = 16. 11.
25. 07. = 12. 06.	25. 08. = 14. 07.	25. 09. = 15. 08.	25. 10. = 15. 09.	25. 11. = 17. 10.	25. 12. = 17. 11.
26. 07. = 13. 06.	26. 08. = 15. 07.	26. 09. = 16. 08.	26. 10. = 16. 09.	26. 11. = 18. 10.	26. 12. = 18. 11.
27. 07. = 14. 06.	27. 08. = 16. 07.	27. 09. = 17. 08.	27. 10. = 17. 09.	27. 11. = 19. 10.	27. 12. = 19. 11.
28. 07. = 15. 06.	28. 08. = 17. 07.	28. 09. = 18. 08.	28. 10. = 18. 09.	28. 11. = 20. 10.	28. 12. = 20. 11.
29. 07. = 16. 06.	29. 08. = 18. 07.	29. 09. = 19. 08.	29. 10. = 19. 09.	29. 11. = 21. 10.	29. 12. = 21. 11.
30. 07. = 17. 06.	30. 08. = 19. 07.	30. 09. = 20. 08.	30. 10. = 20. 09.	30. 11. = 22. 10.	30. 12. = 22. 11.
31. 07. = 18. 06.	31. 08. = 20. 07.		31. 10. = 21. 09.		31. 12. = 23. 11.

1989

Januar	Februar	März	April	Mai	Juni
01. 01. = 24. 11.	01. 02. = 25. 12.	01. 03. = 24. 01.	01. 04. = 25. 02.	01. 05. = 26. 03.	01. 06. = 28. 04.
02. 01. = 25. 11.	02. 02. = 26. 12.	02. 03. = 25. 01.	02. 04. = 26. 02.	02. 05. = 27. 03.	02. 06. = 29. 04.
03. 01. = 26. 11.	03. 02. = 27. 12.	03. 03. = 26. 01.	03. 04. = 27. 02.	03. 05. = 28. 03.	03. 06. = 30. 04.
04. 01. = 27. 11.	04. 02. = 28. 12.	04. 03. = 27. 01.	04. 04. = 28. 02.	04. 05. = 29. 03.	04. 06. = 01. 05.
05. 01. = 28. 11.	05. 02. = 29. 12.	05. 03. = 28. 01.	05. 04. = 29. 02.	05. 05. = 01. 04.	05. 06. = 02. 05.
06. 01. = 29. 11.	06. 02. = 01. 01.	06. 03. = 29. 01.	06. 04. = 01. 03.	06. 05. = 02. 04.	06. 06. = 03. 05.
07. 01. = 30. 11.	07. 02. = 02. 01.	07. 03. = 30. 01.	07. 04. = 02. 03.	07. 05. = 03. 04.	07. 06. = 04. 05.
08. 01. = 01. 12.	08. 02. = 03. 01.	08. 03. = 01. 02.	08. 04. = 03. 03.	08. 05. = 04. 04.	08. 06. = 05. 05.
09. 01. = 02. 12.	09. 02. = 04. 01.	09. 03. = 02. 02.	09. 04. = 04. 03.	09. 05. = 05. 04.	09. 06. = 06. 05.
10. 01. = 03. 12.	10. 02. = 05. 01.	10. 03. = 03. 02.	10. 04. = 05. 03.	10. 05. = 06. 04.	10. 06. = 07. 05.
11. 01. = 04. 12.	11. 02. = 06. 01.	11. 03. = 04. 02.	11. 04. = 06. 03.	11. 05. = 07. 04.	11. 06. = 08. 05.
12. 01. = 05. 12.	12. 02. = 07. 01.	12. 03. = 05. 02.	12. 04. = 07. 03.	12. 05. = 08. 04.	12. 06. = 09. 05.
13. 01. = 06. 12.	13. 02. = 08. 01.	13. 03. = 06. 02.	13. 04. = 08. 03.	13. 05. = 09. 04.	13. 06. = 10. 05.
14. 01. = 07. 12.	14. 02. = 09. 01.	14. 03. = 07. 02.	14. 04. = 09. 03.	14. 05. = 10. 04.	14. 06. = 11. 05.
15. 01. = 08. 12.	15. 02. = 10. 01.	15. 03. = 08. 02.	15. 04. = 10. 03.	15. 05. = 11. 04.	15. 06. = 12. 05.
16. 01. = 09. 12.	16. 02. = 11. 01.	16. 03. = 09. 02.	16. 04. = 11. 03.	16. 05. = 12. 04.	16. 06. = 13. 05.
17. 01. = 10. 12.	17. 02. = 12. 01.	17. 03. = 10. 02.	17. 04. = 12. 03.	17. 05. = 13. 04.	17. 06. = 14. 05.
18. 01. = 11. 12.	18. 02. = 13. 01.	18. 03. = 11. 02.	18. 04. = 13. 03.	18. 05. = 14. 04.	18. 06. = 15. 05.
19. 01. = 12. 12.	19. 02. = 14. 01.	19. 03. = 12. 02.	19. 04. = 14. 03.	19. 05. = 15. 04.	19. 06. = 16. 05.
20. 01. = 13. 12.	20. 02. = 15. 01.	20. 03. = 13. 02.	20. 04. = 15. 03.	20. 05. = 16. 04.	20. 06. = 17. 05.
21. 01. = 14. 12.	21. 02. = 16. 01.	21. 03. = 14. 02.	21. 04. = 16. 03.	21. 05. = 17. 04.	21. 06. = 18. 05.
22. 01. = 15. 12.	22. 02. = 17. 01.	22. 03. = 15. 02.	22. 04. = 17. 03.	22. 05. = 18. 04.	22. 06. = 19. 05.
23. 01. = 16. 12.	23. 02. = 18. 01.	23. 03. = 16. 02.	23. 04. = 18. 03.	23. 05. = 19. 04.	23. 06. = 20. 05.
24. 01. = 17. 12.	24. 02. = 19. 01.	24. 03. = 17. 02.	24. 04. = 19. 03.	24. 05. = 20. 04.	24. 06. = 21. 05.
25. 01. = 18. 12.	25. 02. = 20. 01.	25. 03. = 18. 02.	25. 04. = 20. 03.	25. 05. = 21. 04.	25. 06. = 22. 05.
26. 01. = 19. 12.	26. 02. = 21. 01.	26. 03. = 19. 02.	26. 04. = 21. 03.	26. 05. = 22. 04.	26. 06. = 23. 05.
27. 01. = 20. 12.	27. 02. = 22. 01.	27. 03. = 20. 02.	27. 04. = 22. 03.	27. 05. = 23. 04.	27. 06. = 24. 05.
28. 01. = 21. 12.	28. 02. = 23. 01.	28. 03. = 21. 02.	28. 04. = 23. 03.	28. 05. = 24. 04.	28. 06. = 25. 05.
29. 01. = 22. 12.		29. 03. = 22. 02.	29. 04. = 24. 03.	29. 05. = 25. 04.	29. 06. = 26. 05.
30. 01. = 23. 12.		30. 03. = 23. 02.	30. 04. = 25. 03.	30. 05. = 26. 04.	30. 06. = 27. 05.
31. 01. = 24. 12.		31. 03. = 24. 02.		31. 05. = 27. 04.	

1989

Juli	August	September	Oktober	November	Dezember
01. 07. = 28. 05.	01. 08. = 30. 06.	01. 09. = 02. 08.	01. 10. = 02. 09.	01. 11. = 04. 10.	01. 12. = 04. 11.
02. 07. = 29. 05.	02. 08. = 01. 07.	02. 09. = 03. 08.	02. 10. = 03. 09.	02. 11. = 05. 10.	02. 12. = 05. 11.
03. 07. = 01. 06.	03. 08. = 02. 07.	03. 09. = 04. 08.	03. 10. = 04. 09.	03. 11. = 06. 10.	03. 12. = 06. 11.
04. 07. = 02. 06.	04. 08. = 03. 07.	04. 09. = 05. 08.	04. 10. = 05. 09.	04. 11. = 07. 10.	04. 12. = 07. 11.
05. 07. = 03. 06.	05. 08. = 04. 07.	05. 09. = 06. 08.	05. 10. = 06. 09.	05. 11. = 08. 10.	05. 12. = 08. 11.
06. 07. = 04. 06.	06. 08. = 05. 07.	06. 09. = 07. 08.	06. 10. = 07. 09.	06. 11. = 09. 10.	06. 12. = 09. 11.
07. 07. = 05. 06.	07. 08. = .06. 07.	07. 09. = 08. 08.	07. 10. = 08. 09.	07. 11. = 10. 10.	07. 12. = 10. 11.
08. 07. = 06. 06.	08. 08. = 07. 07.	08. 09. = 09. 08.	08. 10. = 09. 09.	08. 11. = 11. 10.	08. 12. = 11. 11.
09. 07. = 07. 06.	09. 08. = 08. 07.	09. 09. = 10. 08.	09. 10. = 10. 09.	09. 11. = 12. 10.	09. 12. = 12. 11.
10. 07. = 08. 06.	10. 08. = 09. 07.	10. 09. = 11. 08.	10. 10. = 11. 09.	10. 11. = 13. 10.	10. 12. = 13. 11.
11. 07. = 09. 06.	11. 08. = 10. 07.	11. 09. = 12. 08.	11. 10. = 12. 09.	11. 11. = 14. 10.	11. 12. = 14. 11.
12. 07. = 10. 06.	12. 08. = 11. 07.	12. 09. = 13. 08.	12. 10. = 13. 09.	12. 11. = 15. 10.	12. 12. = 15. 11.
13. 07. = 11. 06.	13. 08. = 12. 07.	13. 09. = 14. 08.	13. 10. = 14. 09.	13. 11. = 16. 10.	13. 12. = 16. 11.
14. 07. = 12. 06.	14. 08. = 13. 07.	14. 09. = 15. 08.	14. 10. = 15. 09.	14. 11. = 17. 10.	14. 12. = 17. 11.
15. 07. = 13. 06.	15. 08. = 14. 07.	15. 09. = 16. 08.	15. 10. = 16. 09.	15. 11. = 18. 10.	15. 12. = 18. 11.
16. 07. = 14. 06.	16. 08. = 15. 07.	16. 09. = 17. 08.	16. 10. = 17. 09.	16. 11. = 19. 10.	16. 12. = 19. 11.
17. 07. = 15. 06.	17. 08. = 16. 07.	17. 09. = 18. 08.	17. 10. = 18. 09.	17. 11. = 20. 10.	17. 12. = 20. 11.
18. 07. = 16. 06.	18. 08. = 17. 07.	18. 09. = 19. 08.	18. 10. = 19. 09.	18. 11. = 21. 10.	18. 12. = 21. 11.
19. 07. = 17. 06.	19. 08. = 18. 07.	19. 09. = 20. 08.	19. 10. = 20. 09.	19. 11. = 22. 10.	19. 12. = 22. 11.
20. 07. = 18. 06.	20. 08. = 19. 07.	20. 09. = 21. 08.	20. 10. = 21. 09.	20. 11. = 23. 10.	20. 12. = 23. 11.
21. 07. = 19. 06.	21. 08. = 20. 07.	21. 09. = 22. 08.	21. 10. = 22. 09.	21. 11. = 24. 10.	21. 12. = 24. 11.
22. 07. = 20. 06.	22. 08. = 21. 07.	22. 09. = 23. 08.	22. 10. = 23. 09.	22. 11. = 25. 10.	22. 12. = 25. 11.
23. 07. = 21. 06.	23. 08. = 22. 07.	23. 09. = 24. 08.	23. 10. = 24. 09.	23. 11. = 26. 10.	23. 12. = 26. 11.
24. 07. = 22. 06.	24. 08. = 23. 07.	24. 09. = 25. 08.	24. 10. = 25. 09.	24. 11. = 27. 10.	24. 12. = 27. 11.
25. 07. = 23. 06.	25. 08. = 24. 07.	25. 09. = 26. 08.	25. 10. = 26. 09.	25. 11. = 28. 10.	25. 12. = 28. 11.
26. 07. = 24. 06.	26. 08. = 25. 07.	26. 09. = 27. 08.	26. 10. = 27. 09.	26. 11. = 29. 10.	26. 12. = 29. 11.
27. 07. = 25. 06.	27. 08. = 26. 07.	27. 09. = 28. 08.	27. 10. = 28. 09.	27. 11. = 30. 10.	27. 12. = 30. 11.
28. 07. = 26. 06.	28. 08. = 27. 07.	28. 09. = 29. 08.	28. 10. = 29. 09.	28. 11. = 01. 11.	28. 12. = 01. 12.
29. 07. = 27. 06.	29. 08. = 28. 07.	29. 09. = 30. 08.	29. 10. = 01. 10.	29. 11. = 02. 11.	29. 12. = 02. 12.
30. 07. = 28. 06.	30. 08. = 29. 07.	30. 09. = 01. 09.	30. 10. = 02. 10.	30. 11. = 03. 11.	30. 12. = 03. 12.
31. 07. = 29. 06.	31. 08. = 01. 08.		31. 10. = 03. 10.		31. 12. = 04. 12.

1990

Januar	Februar	März	April	Mai	Juni
01. 01. = 05. 12.	01. 02. = 06. 01.	01. 03. = 05. 02.	01. 04. = 06. 03.	01. 05. = 07. 04.	01. 06. = 08. 05.
02. 01. = 06. 12.	02. 02. = 07. 01.	02. 03. = 06. 02.	02. 04. = 07. 03.	02. 05. = 08. 04.	02. 06. = 09. 05.
03. 01. = 07. 12.	03. 02. = 08. 01.	03. 03. = 07. 02.	03. 04. = 08. 03.	03. 05. = 09. 04.	03. 06. = 10. 05.
04. 01. = 08. 12.	04. 02. = 09. 01.	04. 03. = 08. 02.	04. 04. = 09. 03.	04. 05. = 10. 04.	04. 06. = 11. 05.
05. 01. = 09. 12.	05. 02. = 10. 01.	05. 03. = 09. 02.	05. 04. = 10. 03.	05. 05. = 11. 04.	05. 06. = 12. 05.
06. 01. = 10. 12.	06. 02. = 11. 01.	06. 03. = 10. 02.	06. 04. = 11. 03.	06. 05. = 12. 04.	06. 06. = 13. 05.
07. 01. = 11. 12.	07. 02. = 12. 01.	07. 03. = 11. 02.	07. 04. = 12. 03.	07. 05. = 13. 04.	07. 06. = 14. 05.
08. 01. = 12. 12.	08. 02. = 13. 01.	08. 03. = 12. 02.	08. 04. = 13. 03.	08. 05. = 14. 04.	08. 06. = 15. 05.
09. 01. = 13. 12.	09. 02. = 14. 01.	09. 03. = 13. 02.	09. 04. = 14. 03.	09. 05. = 15. 04.	09. 06. = 16. 05.
10. 01. = 14. 12.	10. 02. = 15. 01.	10. 03. = 14. 02.	10. 04. = 15. 03.	10. 05. = 16. 04.	10. 06. = 17. 05.
11. 01. = 15. 12.	11. 02. = 16. 01.	11. 03. = 15. 02.	11. 04. = 16. 03.	11. 05. = 17. 04.	11. 06. = 18. 05.
12. 01. = 16. 12.	12. 02. = 17. 01.	12. 03. = 16. 02.	12. 04. = 17. 03.	12. 05. = 18. 04.	12. 06. = 19. 05.
13. 01. = 17. 12.	13. 02. = 18. 01.	13. 03. = 17. 02.	13. 04. = 18. 03.	13. 05. = 19. 04.	13. 06. = 20. 05.
14. 01. = 18. 12.	14. 02. = 19. 01.	14. 03. = 18. 02.	14. 04. = 19. 03.	14. 05. = 20. 04.	14. 06. = 21. 05.
15. 01. = 19. 12.	15. 02. = 20. 01.	15. 03. = 19. 02.	15. 04. = 20. 03.	15. 05. = 21. 04.	15. 06. = 22. 05.
16. 01. = 20. 12.	16. 02. = 21. 01.	16. 03. = 20. 02.	16. 04. = 21. 03.	16. 05. = 22. 04.	16. 06. = 23. 05.
17. 01. = 21. 12.	17. 02. = 22. 01.	17. 03. = 21. 02.	17. 04. = 22. 03.	17. 05. = 23. 04.	17. 06. = 24. 05.
18. 01. = 22. 12.	18. 02. = 23. 01.	18. 03. = 22. 02.	18. 04. = 23. 03.	18. 05. = 24. 04.	18. 06. = 25. 05.
19. 01. = 23. 12.	19. 02. = 24. 01.	19. 03. = 23. 02.	19. 04. = 24. 03.	19. 05. = 25. 04.	19. 06. = 26. 05.
20. 01. = 24. 12.	20. 02. = 25. 01.	20. 03. = 24. 02.	20. 04. = 25. 03.	20. 05. = 26. 04.	20. 06. = 27. 05.
21. 01. = 25. 12.	21. 02. = 26. 01.	21. 03. = 25. 02.	21. 04. = 26. 03.	21. 05. = 27. 04.	21. 06. = 28. 05.
22. 01. = 26. 12.	22. 02. = 27. 01.	22. 03. = 26. 02.	22. 04. = 27. 03.	22. 05. = 28. 04.	22. 06. = 29. 05.
23. 01. = 27. 12.	23. 02. = 28. 01.	23. 03. = 27. 02.	23. 04. = 28. 03.	23. 05. = 29. 04.	23. 06. = 01. 05.
24. 01. = 28. 12.	24. 02. = 29. 01.	24. 03. = 28. 02.	24. 04. = 29. 03.	24. 05. = 01. 05.	24. 06. = 02. 05.
25. 01. = 29. 12.	25. 02. = 01. 02.	25. 03. = 29. 02.	25. 04. = 01. 04.	25. 05. = 01. 05.	25. 06. = 03. 05.
26. 01. = 30. 12.	26. 02. = 02. 02.	26. 03. = 30. 02.	26. 04. = 02. 04.	26. 05. = 02. 05.	26. 06. = 04. 05.
27. 01. = 01. 01.	27. 02. = 03. 02.	27. 03. = 01. 03.	27. 04. = 03. 04.	27. 05. = 03. 05.	27. 06. = 05. 05.
28. 01. = 02. 01.	28. 02. = 04. 02.	28. 03. = 02. 03.	28. 04. = 04. 04.	28. 05. = 04. 05.	28. 06. = 06. 05.
29. 01. = 03. 01.		29. 03. = 03. 03.	29. 04. = 05. 04.	29. 05. = 05. 05.	29. 06. = 07. 05.
30. 01. = 04. 01.		30. 03. = 04. 03.	30. 04. = 06. 04.	30. 05. = 06. 05.	30. 06. = 08. 05.
31. 01. = 05. 01.		31. 03. = 05. 03.		31. 05. = 07. 05.	

1990

Juli	August	September	Oktober	November	Dezember
01. 07. = 09. 05.	01. 08. = 11. 06.	01. 09. = 13. 07.	01. 10. = 13. 08.	01. 11. = 15. 09.	01. 12. = 15. 10.
02. 07. = 10. 05.	02. 08. = 12. 06.	02. 09. = 14. 07.	02. 10. = 14. 08.	02. 11. = 16. 09.	02. 12. = 16. 10.
03. 07. = 11. 05.	03. 08. = 13. 06.	03. 09. = 15. 07.	03. 10. = 15. 08.	03. 11. = 17. 09.	03. 12. = 17. 10.
04. 07. = 12. 05.	04. 08. = 14. 06.	04. 09. = 16. 07.	04. 10. = 16. 08.	04. 11. = 18. 09.	04. 12. = 18. 10.
05. 07. = 13. 05.	05. 08. = 15. 06.	05. 09. = 17. 07.	05. 10. = 17. 08.	05. 11. = 19. 09.	05. 12. = 19. 10.
06. 07. = 14. 05.	06. 08. = 16. 06.	06. 09. = 18. 07.	06. 10. = 18. 08.	06. 11. = 20. 09.	06. 12. = 20. 10.
07. 07. = 15. 05.	07. 08. = 17. 06.	07. 09. = 19. 07.	07. 10. = 19. 08.	07. 11. = 21. 09.	07. 12. = 21. 10.
08. 07. = 16. 05.	08. 08. = 18. 06.	08. 09. = 20. 07.	08. 10. = 20. 08.	08. 11. = 22. 09.	08. 12. = 22. 10.
09. 07. = 17. 05.	09. 08. = 19. 06.	09. 09. = 21. 07.	09. 10. = 21. 08.	09. 11. = 23. 09.	09. 12. = 23. 10.
10. 07. = 18. 05.	10. 08. = 20. 06.	10. 09. = 22. 07.	10. 10. = 22. 08.	10. 11. = 24. 09.	10. 12. = 24. 10.
11. 07. = 19. 05.	11. 08. = 21. 06.	11. 09. = 23. 07.	11. 10. = 23. 08.	11. 11. = 25. 09.	11. 12. = 25. 10.
12. 07. = 20. 05.	12. 08. = 22. 06.	12. 09. = 24. 07.	12. 10. = 24. 08.	12. 11. = 26. 09.	12. 12. = 26. 10.
13. 07. = 21. 05.	13. 08. = 23. 06.	13. 09. = 25. 07.	13. 10. = 25. 08.	13. 11. = 27. 09.	13. 12. = 27. 10.
14. 07. = 22. 05.	14. 08. = 24. 06.	14. 09. = 26. 07.	14. 10. = 26. 08.	14. 11. = 28. 09.	14. 12. = 28. 10.
15. 07. = 23. 05.	15. 08. = 25. 06.	15. 09. = 27. 07.	15. 10. = 27. 08.	15. 11. = 29. 09.	15. 12. = 29. 10.
16. 07. = 24. 05.	16. 08. = 26. 06.	16. 09. = 28. 07.	16. 10. = 28. 08.	16. 11. = 30. 09.	16. 12. = 30. 10.
17. 07. = 25. 05.	17. 08. = 27. 06.	17. 09. = 29. 07.	17. 10. = 29. 08.	17. 11. = 01. 10.	17. 12. = 01. 11.
18. 07. = 26. 05.	18. 08. = 28. 06.	18. 09. = 30. 07.	18. 10. = 01. 09.	18. 11. = 02. 10.	18. 12. = 02. 11.
19. 07. = 27. 05.	19. 08. = 29. 06.	19. 09. = 01. 08.	19. 10. = 02. 09.	19. 11. = 03. 10.	19. 12. = 03. 11.
20. 07. = 28. 05.	20. 08. = 01. 07.	20. 09. = 02. 08.	20. 10. = 03. 09.	20. 11. = 04. 10.	20. 12. = 04. 11.
21. 07. = 29. 05.	21. 08. = 02. 07.	21. 09. = 03. 08.	21. 10. = 04. 09.	21. 11. = 05. 10.	21. 12. = 05. 11.
22. 07. = 01. 06.	22. 08. = 03. 07.	22. 09. = 04. 08.	22. 10. = 05. 09.	22. 11. = 06. 10.	22. 12. = 06. 11.
23. 07. = 02. 06.	23. 08. = 04. 07.	23. 09. = 05. 08.	23. 10. = 06. 09.	23. 11. = 07. 10.	23. 12. = 07. 11.
24. 07. = 03. 06.	24. 08. = 05. 07.	24. 09. = 06. 08.	24. 10. = 07. 09.	24. 11. = 08. 10.	24. 12. = 08. 11.
25. 07. = 04. 06.	25. 08. = 06. 07.	25. 09. = 07. 08.	25. 10. = 08. 09.	25. 11. = 09. 10.	25. 12. = 09. 11.
26. 07. = 05. 06.	26. 08. = 07. 07.	26. 09. = 08. 08.	26. 10. = 09. 09.	26. 11. = 10. 10.	26. 12. = 10. 11.
27. 07. = 06. 06.	27. 08. = 08. 07.	27. 09. = 09. 08.	27. 10. = 10. 09.	27. 11. = 11. 10.	27. 12. = 11. 11.
28. 07. = 07. 06.	28. 08. = 09. 07.	28. 09. = 10. 08.	28. 10. = 11. 09.	28. 11. = 12. 10.	28. 12. = 12. 11.
29. 07. = 08. 06.	29. 08. = 10. 07.	29. 09. = 11. 08.	29. 10. = 12. 09.	29. 11. = 13. 10.	29. 12. = 13. 11.
30. 07. = 09. 06.	30. 08. = 11. 07.	30. 09. = 12. 08.	30. 10. = 13. 09.	30. 11. = 14. 10.	30. 12. = 14. 11.
31. 07. = 10. 06.	31. 08. = 12. 07.		31. 10. = 14. 09.		31. 12. = 15. 11.

1991

Januar	Februar	März	April	Mai	Juni
01. 01. = 16. 11.	01. 02. = 17. 12.	01. 03. = 15. 01.	01. 04. = 17. 02.	01. 05. = 17. 03.	01. 06. = 19. 04.
02. 01. = 17. 11.	02. 02. = 18. 12.	02. 03. = 06. 01.	02. 04. = 18. 02.	02. 05. = 18. 03.	02. 06. = 20. 04.
03. 01. = 18. 11.	03. 02. = 19. 12.	03. 03. = 17. 01.	03. 04. = 19. 02.	03. 05. = 19. 03.	03. 06. = 21. 04.
04. 01. = 19. 11.	04. 02. = 20. 12.	04. 03. = 18. 01.	04. 04. = 20. 02.	04. 05. = 20. 03.	04. 06. = 22.0 4.
05. 01. = 20. 11.	05. 02. = 21. 12.	05. 03. = 19. 01.	05. 04. = 21. 02.	05. 05. = 21. 03.	05. 06. = 23. 04.
06. 01. = 21. 11.	06. 02. = 22. 12.	06. 03. = 20. 01.	06. 04. = 22. 02.	06. 05. = 22. 03.	06. 06. = 24. 04.
07. 01. = 22. 11.	07. 02. = 23. 12.	07. 03. = 21. 01.	07. 04. = 23. 02.	07. 05. = 23. 03.	07. 06. = 25. 04.
08. 01. = 23. 11.	08. 02. = 24. 12.	08. 03. = 22. 01.	08. 04. = 24. 02.	08. 05. = 24. 03.	08. 06. = 26. 04.
09. 01. = 24. 11.	09. 02. = 25. 12.	09. 03. = 23. 01.	09. 04. = 25. 02.	09. 05. = 25. 03.	09. 06. = 27. 04.
10. 01. = 25. 11.	10. 02. = 26. 12.	10. 03. = 24. 01.	10. 04. = 26. 02.	10. 05. = 26. 03.	10. 06. = 28. 04.
11. 01. = 26. 11.	11. 02. = 27. 12.	11. 03. = 25. 01.	11. 04. = 27. 02.	11. 05. = 27. 03.	11. 06. = 29. 04.
12. 01. = 27. 11.	12. 02. = 28. 12.	12. 03. = 26. 01.	12. 04. = 28. 02.	12. 05. = 28. 03.	12. 06. = 01. 05.
13. 01. = 28. 11.	13. 02. = 29. 12.	13. 03. = 27. 01.	13. 04. = 29. 02.	13. 05. = 29. 03.	13. 06. = 02. 05.
14. 01. = 29. 11.	14. 02. = 30. 12.	14. 03. = 28. 01.	14. 04. = 30. 02.	14. 05. = 01. 04.	14. 06. = 03. 05.
15. 01. = 30. 11.	15. 02. = 01. 01.	15. 03. = 29. 01.	15. 04. = 01. 03.	15. 05. = 02. 04.	15. 06. = 04. 05.
16. 01. = 01. 12.	16. 02. = 02. 01.	16. 03. = 01. 02.	16. 04. = 02. 03.	16. 05. = 03. 04.	16. 06. = 05. 05.
17. 01. = 02. 12.	17. 02. = 03. 01.	17. 03. = 02. 02.	17. 04. = 03. 03.	17. 05. = 04. 04.	17. 06. = 06. 05.
18. 01. = 03. 12.	18. 02. = 04. 01.	18. 03. = 03. 02.	18. 04. = 04. 03.	18. 05. = 05. 04.	18. 06. = 07. 05.
19. 01. = 04. 12.	19. 02. = 05. 01.	19. 03. = 04. 02.	19. 04. = 05. 03.	19. 05. = 06. 04.	19. 06. = 08. 05.
20. 01. = 05. 12.	20. 02. = 06. 01.	20. 03. = 05. 02.	20. 04. = 06. 03.	20. 05. = 07. 04.	20. 06. = 09. 05.
21. 01. = 06. 12.	21. 02. = 07. 01.	21. 03. = 06. 02.	21. 04. = 07. 03.	21. 05. = 08. 04.	21. 06. = 10. 05.
22. 01. = 07. 12.	22. 02. = 08. 01.	22. 03. = 07. 02.	22. 04. = 08. 03.	22. 05. = 09. 04.	22. 06. = 11. 05.
23. 01. = 08. 12.	23. 02. = 09. 01.	23. 03. = 08. 02.	23. 04. = 09. 03.	23. 05. = 10. 04.	23. 06. = 12. 05.
24. 01. = 09. 12.	24. 02. = 10. 01.	24. 03. = 09. 02.	24. 04. = 10. 03.	24. 05. = 11. 04.	24. 06. = 13. 05.
25. 01. = 10 12.	25. 02. = 11. 01.	25. 03. = 10. 02.	25. 04. = 11. 03.	25. 05. = 12. 04.	25. 06. = 14. 05.
26. 01. = 11. 12.	26. 02. = 12. 01.	26. 03. = 11. 02.	26. 04. = 12. 03.	26. 05. = 13. 04.	26. 06. = 15. 05.
27. 01. = 12. 12.	27. 02. = 13. 01.	27. 03. = 12. 02.	27. 04. = 13. 03.	27. 05. = 14. 04.	27. 06. = 16. 05.
28. 01. = 13. 12.	28. 02. = 14. 01.	28. 03. = 13. 02.	28. 04. = 14. 03.	28. 05. = 15. 04.	28. 06. = 17. 05.
29. 01. = 14. 12.		29. 03. = 14. 02.	29. 04. = 15. 03.	29. 05. = 16. 04.	29. 06. = 18. 05.
30. 01. = 15. 12.		30. 03. = 15. 02.	30. 04. = 16. 03.	30. 05. = 17. 04.	30. 06. = 19. 05.
31. 01. = 16. 12.		31. 03. = 16. 02.		31. 05. = 18. 04.	

1991

Juli	August	September	Oktober	November	Dezember
01. 07. = 20. 05.	01. 08. = 21. 06.	01. 09. = 23. 07.	01. 10. = 24. 08.	01. 11. = 25. 09.	01. 12. = 26. 10.
02. 07. = 21. 05.	02. 08. = 22. 06.	02. 09. = 24. 07.	02. 10. = 25. 08.	02. 11. = 26. 09.	02. 12. = 27. 10.
03. 07. = 22. 05.	03. 08. = 23. 06.	03. 09. = 25. 07.	03. 10. = 26. 08.	03. 11. = 27. 09.	03. 12. = 28. 10.
04. 07. = 23. 05.	04. 08. = 24. 06.	04. 09. = 26. 07.	04. 10. = 27. 08.	04. 11. = 28. 09.	04. 12. = 29. 10.
05. 07. = 24. 05.	05. 08. = 25. 06.	05. 09. = 27. 07.	05. 10. = 28. 08.	05. 11. = 29. 09.	05. 12. = 30. 10.
06. 07. = 25. 05.	06. 08. = 26. 06.	06. 09. = 28. 07.	06. 10. = 29. 08.	06. 11. = 01. 10.	06. 12. = 01. 11.
07. 07. = 26. 05.	07. 08. = 27. 06.	07. 09. = 29. 07.	07. 10. = 30. 08.	07. 11. = 02. 10.	07. 12. = 02. 11.
08. 07. = 27. 05.	08. 08. = 28. 06.	08. 09. = 01. 08.	08. 10. = 01. 09.	08. 11. = 03. 10.	08. 12. = 03. 11.
09. 07. = 28. 05.	09. 08. = 29. 06.	09. 09. = 02. 08.	09. 10. = 02. 09.	09. 11. = 04. 10.	09. 12. = 04. 11.
10. 07. = 29. 05.	10. 08. = 01. 07.	10. 09. = 03. 08.	10. 10. = 03. 09.	10. 11. = 05. 10.	10. 12. = 05. 11.
11. 07. = 30. 05.	11. 08. = 02. 07.	11. 09. = 04. 08.	11. 10. = 04. 09.	11. 11. = 06. 10.	11. 12. = 06. 11.
12. 07. = 01. 06.	12. 08. = 03. 07.	12. 09. = 05. 08.	12. 10. = 05. 09.	12. 11. = 07. 10.	12. 12. = 07. 11.
13. 07. = 02. 06.	13. 08. = 04. 07.	13. 09. = 06. 08.	13. 10. = 06. 09.	13. 11. = 08. 10.	13. 12. = 08. 11.
14. 07. = 03. 06.	14. 08. = 05. 07.	14. 09. = 07. 08.	14. 10. = 07. 09.	14. 11. = 09. 10.	14. 12. = 09. 11.
15. 07. = 04. 06.	15. 08. = 06. 07.	15. 09. = 08. 08.	15. 10. = 08. 09.	15. 11. = 10. 10.	15. 12. = 10. 11.
16. 07. = 05. 06.	16. 08. = 07. 07.	16. 09. = 09. 08.	16. 10. = 09. 09.	16. 11. = 11. 10.	16. 12. = 11. 11.
17. 07. = 06. 06.	17. 08. = 08. 07.	17. 09. = 10. 08.	17. 10. = 10. 09.	17. 11. = 12. 10.	17. 12. = 12. 11.
18. 07. = 07. 06.	18. 08. = 09. 07.	18. 09. = 11. 08.	18. 10. = 11. 09.	18. 11. = 13. 10.	18. 12. = 13. 11.
19. 07. = 08. 06.	19. 08. = 10. 07.	19. 09. = 12. 08.	19. 10. = 12. 09.	19. 11. = 14. 10.	19. 12. = 14. 11.
20. 07. = 09. 06.	20. 08. = 11. 07.	20. 09. = 13. 08.	20. 10. = 13. 09.	20. 11. = 15. 10.	20. 12. = 15. 11.
21. 07. = 10. 06.	21. 08. = 12. 07.	21. 09. = 14. 08.	21. 10. = 14. 09.	21. 11. = 16. 10.	21. 12. = 16. 11.
22. 07. = 11. 06.	22. 08. = 13. 07.	22. 09. = 15. 08.	22. 10. = 15. 09.	22. 11. = 17. 10.	22. 12. = 17. 11.
23. 07. = 12. 06.	23. 08. = 14. 07.	23. 09. = 16. 08.	23. 10. = 16. 09.	23. 11. = 18. 10.	23. 12. = 18. 11.
24. 07. = 13. 06.	24. 08. = 15. 07.	24. 09. = 17. 08.	24. 10. = 17. 09.	24. 11. = 19. 10.	24. 12. = 19. 11.
25. 07. = 14. 06.	25. 08. = 16. 07.	25. 09. = 18. 08.	25. 10. = 18. 09.	25. 11. = 20. 10.	25. 12. = 20. 11.
26. 07. = 15. 06.	26. 08. = 17. 07.	26. 09. = 19. 08.	26. 10. = 19. 09.	26. 11. = 21. 10.	26. 12. = 21. 11.
27. 07. = 16. 06.	27. 08. = 18. 07.	27. 09. = 20. 08.	27. 10. = 20. 09.	27. 11. = 22. 10.	27. 12. = 22. 11.
28. 07. = 17. 06.	28. 08. = 19. 07.	28. 09. = 21. 08.	28. 10. = 21. 09.	28. 11. = 23. 10.	28. 12. = 23. 11.
29. 07. = 18. 06.	29. 08. = 20. 07.	29. 09. = 22. 08.	29. 10. = 22. 09.	29. 11. = 24. 10.	29. 12. = 24. 11.
30. 07. = 19. 06.	30. 08. = 21. 07.	30. 09. = 23. 08.	30. 10. = 23. 09.	30. 11. = 25. 10.	30. 12. = 25. 11.
31. 07. = 20. 06.	31. 08. = 22. 07.		31. 10. = 24. 09.		31. 12. = 26. 11.

1992

Januar	Februar	März	April	Mai	Juni
01. 01. = 27. 11.	01. 02. = 28. 12.	01. 03. = 27. 01.	01. 04. = 29. 02.	01. 05. = 29. 03.	01. 06. = 01. 05.
02. 01. = 28. 11.	02. 02. = 29. 12.	02. 03. = 28. 01.	02. 04. = 30. 02.	02. 05. = 30. 03.	02. 06. = 02. 05.
03. 01. = 29. 11.	03. 02. = 30. 12.	03. 03. = 29. 01.	03. 04. = 01. 03.	03. 05. = 01. 04.	03. 06. = 03. 05.
04. 01. = 20. 11.	04. 02. = 01. 01.	04. 03. = 01. 02.	04. 04. = 02. 03.	04. 05. = 02. 04.	04. 06. = 04. 05.
05. 01. = 01. 12.	05. 02. = 02. 01.	05. 03. = 02. 02.	05. 04. = 03. 03.	05. 05. = 03. 04.	05. 06. = 05. 05.
06. 01. = 02. 12.	06. 02. = 03. 01.	06. 03. = 03. 02.	06. 04. = 04. 03.	06. 05. = 04. 04.	06. 06. = 06. 05.
07. 01. = 03. 12.	07. 02. = 04. 01.	07. 03. = 04. 02.	07. 04. = 05. 03.	07. 05. = 05. 04.	07. 06. = 07. 05.
08. 01. = 04. 12.	08. 02. = 05. 01.	08. 03. = 05. 02.	08. 04. = 06. 03.	08. 05. = 06. 04.	08. 06. = 08. 05.
09. 01. = 05. 12.	09. 02. = 06. 01.	09. 03. = 06. 02.	09. 04. = 07. 03.	09. 05. = 07. 04.	09. 06. = 09. 05.
10. 01. = 06. 12.	10. 02. = 07. 01.	10. 03. = 07. 02.	10. 04. = 08. 03.	10. 05. = 08. 04.	10. 06. = 10. 05.
11. 01. = 07. 12.	11. 02. = 08. 01.	11. 03. = 08. 02.	11. 04. = 09. 03.	11. 05. = 09. 04.	11. 06. = 11. 05.
12. 01. = 08. 12.	12. 02. = 09. 01.	12. 03. = 09. 02.	12. 04. = 10. 03.	12. 05. = 10. 04.	12. 06. = 12. 05.
13. 01. = 09. 12.	13. 02. = 10. 01.	13. 03. = 10. 02.	13. 04. = 11. 03.	13. 05. = 11. 04.	13. 06. = 13. 05.
14. 01. = 10. 12.	14. 02. = 11. 01.	14. 03. = 11. 02.	14. 04. = 12. 03.	14. 05. = 12. 04.	14. 06. = 14. 05.
15. 01. = 11. 12.	15. 02. = 12. 01.	15. 03. = 12. 02.	15. 04. = 13. 03.	15. 05. = 13. 04.	15. 06. = 15. 05.
16. 01. = 12. 12.	16. 02. = 13. 01.	16. 03. = 13. 02.	16. 04. = 14. 03.	16. 05. = 14. 04.	16. 06. = 16. 05.
17. 01. = 13. 12.	17. 02. = 14. 01.	17. 03. = 14. 02.	17. 04. = 15. 03.	17. 05. = 15. 04.	17. 06. = 17. 05.
18. 01. = 14. 12.	18. 02. = 15. 01.	18. 03. = 15. 02.	18. 04. = 16. 03.	18. 05. = 16. 04.	18. 06. = 18. 05.
19. 01. = 15. 12.	19. 02. = 16. 01.	19. 03. = 16. 02.	19. 04. = 17. 03.	19. 05. = 17. 04.	19. 06. = 19. 05.
20. 01. = 16. 12.	20. 02. = 17. 01.	20. 03. = 17. 02.	20. 04. = 18. 03.	20. 05. = 18. 04.	20. 06. = 20. 05.
21. 01. = 17. 12.	21. 02. = 18. 01.	21. 03. = 18. 02.	21. 04. = 19. 03.	21. 05. = 19. 04.	21. 06. = 21. 05.
22. 01. = 18. 12.	22. 02. = 19. 01.	22. 03. = 19. 02.	22. 04. = 20. 03.	22. 05. = 20. 04.	22. 06. = 22. 05.
23. 01. = 19. 12.	23. 02. = 20. 01.	23. 03. = 20. 02.	23. 04. = 21. 03.	23. 05. = 21. 04.	23. 06. = 23. 05.
24. 01. = 20. 12.	24. 02. = 21. 01.	24. 03. = 21. 02.	24. 04. = 22. 03.	24. 05. = 22. 04.	24. 06. = 24. 05.
25. 01. = 21. 12.	25. 02. = 22. 01.	25. 03. = 22. 02.	25. 04. = 23. 03.	25. 05. = 23. 04.	25. 06. = 25. 05.
26. 01. = 22. 12.	26. 02. = 23. 01.	26. 03. = 23. 02.	26. 04. = 24. 03.	26. 05. = 24. 04.	26. 06. = 26. 05.
27. 01. = 23. 12.	27. 02. = 24. 01.	27. 03. = 24. 02.	27. 04. = 25. 03.	27. 05. = 25. 04.	27. 06. = 27. 05.
28. 01. = 24. 12.	28. 02. = 25. 01.	28. 03. = 25. 02.	28. 04. = 26. 03.	28. 05. = 26. 04.	28. 06. = 28. 05.
29. 01. = 25. 12.	29. 02. = 26. 01.	29. 03. = 26. 02.	29. 04. = 27. 03.	29. 05. = 27. 04.	29. 06. = 29. 05.
30. 01. = 26. 12.		30. 03. = 27. 02.	30. 04. = 28. 03.	30. 05. = 28. 04.	30. 06. = 01. 06.
31. 01. = 27. 12.		31. 03. = 28. 02.		31. 05. = 29. 04.	

1992

Juli	August	September	Oktober	November	Dezember
01. 07. = 02. 06.	01. 08. = 03. 07.	01. 09. = 05. 08.	01. 10. = 06. 09.	01. 11. = 07. 10.	01. 12. = 08. 11.
02. 07. = 03. 06.	02. 08. = 04. 07.	02. 09. = 06. 08.	02. 10. = 07. 09.	02. 11. = 08. 10.	02. 12. = 09. 11.
03. 07. = 04. 06.	03. 08. = 05. 07.	03. 09. = 07. 08.	03. 10. = 08. 09.	03. 11. = 09. 10.	03. 12. = 10. 11.
04. 07. = 05. 06.	04. 08. = 06. 07.	04. 09. = 08. 08.	04. 10. = 09. 09.	04. 11. = 10. 10.	04. 12. = 11. 11.
05. 07. = 06. 06.	05. 08. = 07. 07.	05. 09. = 09. 08.	05. 10. = 10. 09.	05. 11. = 11. 10.	05. 12. = 12. 11.
06. 07. = 07. 06.	06. 08. = 08. 07.	06. 09. = 10. 08.	06. 10. = 11. 09.	06. 11. = 12. 10.	06. 12. = 13. 11.
07. 07. = 08. 06.	07. 08. = 09. 07.	07. 09. = 11. 08.	07. 10. = 12. 09.	07. 11. = 13. 10.	07. 12. = 14. 11.
08. 07. = 09. 06.	08. 08. = 10. 07.	08. 09. = 12. 08.	08. 10. = 13. 09.	08. 11. = 14. 10.	08. 12. = 15. 11.
09. 07. = 10. 06.	09. 08. = 11. 07.	09. 09. = 13. 08.	09. 10. = 14. 09.	09. 11. = 15. 10.	09. 12. = 16. 11.
10. 07. = 11. 06.	10. 08. = 12. 07.	10. 09. = 14. 08.	10. 10. = 15. 09.	10. 11. = 16. 10.	10. 12. = 17. 11.
11. 07. = 12. 06.	11. 08. = 13. 07.	11. 09. = 15. 08.	11. 10. = 16. 09.	11. 11. = 17. 10.	11. 12. = 18. 11.
12. 07. = 13. 06.	12. 08. = 14. 07.	12. 09. = 16. 08.	12. 10. = 17. 09.	12. 11. = 18. 10.	12. 12. = 19. 11.
13. 07. = 14. 06.	13. 08. = 15. 07.	13. 09. = 17. 08.	13. 10. = 18. 09.	13. 11. = 19. 10.	13. 12. = 20. 11.
14. 07. = 15. 06.	14. 08. = 16. 07.	14. 09. = 18. 08.	14. 10. = 19. 09.	14. 11. = 20. 10.	14. 12. = 21. 11.
15. 07. = 16. 06.	15. 08. = 17. 07.	15. 09. = 19. 08.	15. 10. = 20. 09.	15. 11. = 21. 10.	15. 12. = 22. 11.
16. 07. = 17. 06.	16. 08. = 18. 07.	16. 09. = 20. 08.	16. 10. = 21. 09.	16. 11. = 22. 10.	16. 12. = 23. 11.
17. 07. = 18. 06.	17. 08. = 19. 07.	17. 09. = 21. 08.	17. 10. = 22. 09.	17. 11. = 23. 10.	17. 12. = 24. 11.
18. 07. = 19. 06.	18. 08. = 20. 07.	18. 09. = 22. 08.	18. 10. = 23. 09.	18. 11. = 24. 10.	18. 12. = 25. 11.
19. 07. = 20. 06.	19. 08. = 21. 07.	19. 09. = 23. 08.	19. 10. = 24. 09.	19. 11. = 25. 10.	19. 12. = 26. 11.
20. 07. = 21. 06.	20. 08. = 22. 07.	20. 09. = 24. 08.	20. 10. = 25. 09.	20. 11. = 26. 10.	20. 12. = 27. 11.
21. 07. = 22. 06.	21. 08. = 23. 07.	21. 09. = 25. 08.	21. 10. = 26. 09.	21. 11. = 27. 10.	21. 12. = 28. 11.
22. 07. = 23. 06.	22. 08. = 24. 07.	22. 09. = 26. 08.	22. 10. = 27. 09.	22. 11. = 28. 10.	22. 12. = 29. 11.
23. 07. = 24. 06.	23. 08. = 25. 07.	23. 09. = 27. 08.	23. 10. = 28. 09.	23. 11. = 29. 10.	23. 12. = 30. 11.
24. 07. = 25. 06.	24. 08. = 26. 07.	24. 09. = 28. 08.	24. 10. = 29. 09.	24. 11. = 01. 11.	24. 12. = 01. 12.
25. 07. = 26. 06.	25. 08. = 27. 07.	25. 09. = 29. 08.	25. 10. = 30. 09.	25. 11. = 02. 11.	25. 12. = 02. 12.
26. 07. = 27. 06.	26. 08. = 28. 07.	26. 09. = 01. 09.	26. 10. = 01. 10.	26. 11. = 03. 11.	26. 12. = 03. 12.
27. 07. = 28. 06.	27. 08. = 29. 07.	27. 09. = 02. 09.	27. 10. = 02. 10.	27. 11. = 04. 11.	27. 12. = 04. 12.
28. 07. = 29. 06.	28. 08. = 01. 08.	28. 09. = 03. 09.	28. 10. = 03. 10.	28. 11. = 05. 11.	28. 12. = 05. 12.
29. 07. = 30. 06.	29. 08. = 02. 08.	29. 09. = 04. 09.	29. 10. = 04. 10.	29. 11. = 06. 11.	29. 12. = 06. 12.
30. 07. = 01. 07.	30. 08. = 03. 08.	30. 09. = 05. 09.	30. 10. = 05. 10.	30. 11. = 07. 11.	30. 12. = 07. 12.
31. 07. = 02. 07.	31. 08. = 04. 08.		31. 10. = 06. 10.		31. 12. = 08. 12.

1993

Januar	Februar	März	April	Mai	Juni
01. 01. = 09. 12.	01. 02. = 10. 01.	01. 03. = 09. 02.	01. 04. = 10. 03.	01. 05. = 11. 03.	01. 06. = 12. 04.
02. 01. = 10. 12.	02. 02. = 11. 01.	02. 03. = 10. 02.	02. 04. = 11. 03.	02. 05. = 12. 03.	02. 06. = 13. 04.
03. 01. = 11. 12.	03. 02. = 12. 01.	03. 03. = 11. 02.	03. 04. = 12. 03.	03. 05. = 13. 03.	03. 06. = 14. 04.
04. 01. = 12. 12.	04. 02. = 13. 01.	04. 03. = 12. 02.	04. 04. = 13. 03.	04. 05. = 14. 03.	04. 06. = 15. 04.
05. 01. = 13. 12.	05. 02. = 14. 01.	05. 03. = 13. 02.	05. 04. = 14. 03.	05. 05. = 15. 03.	05. 06. = 16. 04.
06. 01. = 14. 12.	06. 02. = 15. 01.	06. 03. = 14. 02.	06. 04. = 15. 03.	06. 05. = 16. 03.	06. 06. = 17. 04.
07. 01. = 15. 12.	07. 02. = 16. 01.	07. 03. = 15. 02.	07. 04. = 16. 03.	07. 05. = 17. 03.	07. 06. = 18. 04.
08. 01. = 16. 12.	08. 02. = 17. 01.	08. 03. = 16. 02.	08. 04. = 17. 03.	08. 05. = 18. 03.	08. 06. = 19. 04.
09. 01. = 17. 12.	09. 02. = 18. 01.	09. 03. = 17. 02.	09. 04. = 18. 03.	09. 05. = 19. 03.	09. 06. = 20. 04.
10. 01. = 18. 12.	10. 02. = 19. 01.	10. 03. = 18. 02.	10. 04. = 19. 03.	10. 05. = 20. 03.	10. 06. = 21. 04.
11. 01. = 19. 12.	11. 02. = 20. 01.	11. 03. = 19. 02.	11. 04. = 20. 03.	11. 05. = 21. 03.	11. 06. = 22. 04.
12. 01. = 20. 12.	12. 02. = 21. 01.	12. 03. = 20. 02.	12. 04. = 21. 03.	12. 05. = 22. 03.	12. 06. = 23.0 4.
13. 01. = 21. 12.	13. 02. = 22. 01.	13. 03. = 21. 02.	13. 04. = 22. 03.	13. 05. = 23. 03.	13. 06. = 24. 04.
14. 01. = 22. 12.	14. 02. = 23. 01.	14. 03. = 22. 02.	14. 04. = 23. 03.	14. 05. = 24. 03.	14. 06. = 25. 04.
15. 01. = 23. 12.	15. 02. = 24. 01.	15. 03. = 23. 02.	15. 04. = 24. 03.	15. 05. = 25. 03.	15. 06. = 26. 04.
16. 01. = 24. 12.	16. 02. = 25. 01.	16. 03. = 24. 02.	16. 04. = 25. 03.	16. 05. = 26. 03.	16. 06. = 27. 04.
17. 01. = 25. 12.	17. 02. = 26. 01.	17. 03. = 25. 02.	17. 04. = 26. 03.	17. 05. = 27. 03.	17. 06. = 28. 04.
18. 01. = 26. 12.	18. 02. = 27. 01.	18. 03. = 26. 02.	18. 04. = 27. 03.	18. 05. = 28. 03.	18. 06. = 29. 04.
19. 01. = 27. 12.	19. 02. = 28. 01.	19. 03. = 27. 02.	19. 04. = 28. 03.	19. 05. = 29. 03.	19. 06. = 30. 04.
20. 01. = 28. 12.	20. 02. = 29. 01.	20. 03. = 28. 02.	20. 04. = 29. 03.	20. 05. = 30. 03.	20. 06. = 01. 05.
21. 01. = 29. 12.	21. 02. = 01. 02.	21. 03. = 29. 02.	21. 04. = 01. 03.	21. 05. = 01. 04.	21. 06. = 02. 05.
22. 01. = 30. 12.	22. 02. = 02. 02.	22. 03. = 30. 02.	22. 04. = 02. 03.	22. 05. = 02. 04.	22. 06. = 03. 05.
23. 01. = 01. 01.	23. 02. = 03. 02.	23. 03. = 01. 03.	23. 04. = 03. 03.	23. 05. = 03. 04.	23. 06. = 04. 05.
24. 01. = 02. 01.	24. 02. = 04. 02.	24. 03. = 02. 03.	24. 04. = 04. 03.	24. 05. = 04. 04.	24. 06. = 05. 05.
25. 01. = 03. 01.	25. 02. = 05. 02.	25. 03. = 03. 03.	25. 04. = 05. 03.	25. 05. = 05. 04.	25. 06. = 06. 05.
26. 01. = 04. 01.	26. 02. = 06. 02.	26. 03. = 04. 03.	26. 04. = 06. 03.	26. 05. = 06. 04.	26. 06. = 07. 05.
27. 01. = 05. 01.	27. 02. = 07. 02.	27. 03. = 05. 03.	27. 04. = 07. 03.	27. 05. = 07. 04.	27. 06. = 08. 05.
28. 01. = 06. 01.	28. 02. = 08. 02.	28. 03. = 06. 03.	28. 04. = 08. 03.	28. 05. = 08. 04.	28. 06. = 09. 05.
29. 01. = 07. 01.		29. 03. = 07. 03.	29. 04. = 09. 03.	29. 05. = 09. 04.	29. 06. = 10. 05.
30. 01. = 08. 01.		30. 03. = 08. 03.	30. 04. = 10. 03.	30. 05. = 10. 04.	30. 06. = 11. 05.
31. 01. = 09. 01.		31. 03. = 09. 03.		31. 05. = 11. 04.	

1993

Juli	August	September	Oktober	November	Dezember
01. 07. = 12. 05.	01. 08. = 14. 06.	01. 09. = 15. 07.	01. 10. = 16. 08.	01. 11. = 18. 09.	01. 12. = 18. 10.
02. 07. = 13. 05.	02. 08. = 15. 06.	02. 09. = 16. 07.	02. 10. = 17. 08.	02. 11. = 19. 09.	02. 12. = 19. 10.
03. 07. = 14. 05.	03. 08. = 16. 06.	03. 09. = 17. 07.	03. 10. = 18. 08.	03. 11. = 20. 09.	03. 12. = 20. 10.
04. 07. = 15. 05.	04. 08. = 17. 06.	04. 09. = 18. 07.	04. 10. = 19. 08.	04. 11. = 21. 09.	04. 12. = 21. 10.
05. 07. = 16. 05.	05. 08. = 18. 06.	05. 09. = 19. 07.	05. 10. = 20. 08.	05. 11. = 22. 09.	05. 12. = 22. 10.
06. 07. = 17. 05.	06. 08. = 19. 06.	06. 09. = 20. 07.	06. 10. = 21. 08.	06. 11. = 23. 09.	06. 12. = 23. 10.
07. 07. = 18. 05.	07. 08. = 20. 06.	07. 09. = 21. 07.	07. 10. = 22. 08.	07. 11. = 24. 09.	07. 12. = 24. 10.
08. 07. = 19. 05.	08. 08. = 21. 06.	08. 09. = 22. 07.	08. 10. = 23. 08.	08. 11. = 25. 09.	08. 12. = 25. 10.
09. 07. = 20. 05.	09. 08. = 22. 06.	09. 09. = 23. 07.	09. 10. = 24. 08.	09. 11. = 26. 09.	09. 12. = 26. 10.
10. 07. = 21. 05.	10. 08. = 23. 06.	10. 09. = 24. 07.	10. 10. = 25. 08.	10. 11. = 27. 09.	10. 12. = 27. 10.
11. 07. = 22. 05.	11. 08. = 24. 06.	11. 09. = 25. 07.	11. 10. = 26. 08.	11. 11. = 28. 09.	11. 12. = 28. 10.
12. 07. = 23. 05.	12. 08. = 25. 06.	12. 09. = 26. 07.	12. 10. = 27. 08.	12. 11. = 29. 09.	12. 12. = 29. 10.
13. 07. = 24. 05.	13. 08. = 26. 06.	13. 09. = 27. 07.	13. 10. = 28. 08.	13. 11. = 30. 09.	13. 12. = 01. 11.
14. 07. = 25. 05.	14. 08. = 27. 06.	14. 09. = 28. 07.	14. 10. = 29. 08.	14. 11. = 01. 10.	14. 12. = 02. 11.
15. 07. = 26. 05.	15. 08. = 28. 06.	15. 09. = 29. 07.	15. 10. = 01. 09.	15. 11. = 02. 10.	15. 12. = 03. 11.
16. 07. = 27. 05.	16. 08. = 29. 06.	16. 09. = 01. 08.	16. 10. = 02. 09.	16. 11. = 03. 10.	16. 12. = 04. 11.
17. 07. = 28. 05.	17. 08. = 30. 06.	17. 09. = 02. 08.	17. 10. = 03. 09.	17. 11. = 04. 10.	17. 12. = 05. 11.
18. 07. = 29. 05.	18. 08. = 01. 07.	18. 09. = 03. 08.	18. 10. = 04. 09.	18. 11. = 05. 10.	18. 12. = 06. 11.
19. 07. = 01. 06.	19. 08. = 02. 07.	19. 09. = 04. 08.	19. 10. = 05. 09.	19. 11. = 06. 10.	19. 12. = 07. 11.
20. 07. = 02. 06.	20. 08. = 03. 07.	20. 09. = 05. 08.	20. 10. = 06. 09.	20. 11. = 07. 10.	20. 12. = 08. 11.
21. 07. = 03. 06.	21. 08. = 04. 07.	21. 09. = 06. 08.	21. 10. = 07. 09.	21. 11. = 08. 10.	21. 12. = 09. 11.
22. 07. = 04. 06.	22. 08. = 05. 07.	22. 09. = 07. 08.	22. 10. = 08. 09.	22. 11. = 09. 10.	22. 12. = 10. 11.
23. 07. = 05. 06.	23. 08. = 06. 07.	23. 09. = 08. 08.	23. 10. = 09. 09.	23. 11. = 10. 10.	23. 12. = 11. 11.
24. 07. = 06. 06.	24. 08. = 07. 07.	24. 09. = 09. 08.	24. 10. = 10. 09.	24. 11. = 11. 10.	24. 12. = 12. 11.
25. 07. = 07. 06.	25. 08. = 08. 07.	25. 09. = 10. 08.	25. 10. = 11. 09.	25. 11. = 12. 10.	25. 12. = 13. 11.
26. 07. = 08. 06.	26. 08. = 09. 07.	26. 09. = 11. 08.	26. 10. = 12. 09.	26. 11. = 13. 10.	26. 12. = 14. 11.
27. 07. = 09. 06.	27. 08. = 10. 07.	27. 09. = 12. 08.	27. 10. = 13. 09.	27. 11. = 14. 10.	27. 12. = 15. 11.
28. 07. = 10. 06.	28. 08. = 11. 07.	28. 09. = 13. 08.	28. 10. = 14. 09.	28. 11. = 15. 10.	28. 12. = 16. 11.
29. 07. = 11. 06.	29. 08. = 12. 07.	29. 09. = 14. 08.	29. 10. = 15. 09.	29. 11. = 16. 10.	29. 12. = 17. 11.
30. 07. = 12. 06.	30. 08. = 13. 07.	30. 09. = 15. 08.	30. 10. = 16. 09.	30. 11. = 17. 10.	30. 12. = 18. 11.
31. 07. = 13. 06.	31. 08. = 14. 07.		31. 10. = 17. 09.		31. 12. = 19. 11.

1994

Januar	Februar	März	April	Mai	Juni
01. 01. = 20. 11.	01. 02. = 21. 12.	01. 03. = 20. 01.	01. 04. = 21. 02.	01. 05. = 21. 03.	01. 06. = 22. 04.
02. 01. = 21. 11.	02. 02. = 22. 12.	02. 03. = 21. 01.	02. 04. = 22. 02.	02. 05. = 22. 03.	02. 06. = 23. 04.
03. 01. = 22. 11.	03. 02. = 23. 12.	03. 03. = 22. 01.	03. 04. = 23. 02.	03. 05. = 23. 03.	03. 06. = 24. 04.
04. 01. = 23. 11.	04. 02. = 24. 12.	04. 03. = 23. 01.	04. 04. = 24. 02.	04. 05. = 24. 03.	04. 06. = 25. 04.
05. 01. = 24. 11.	05. 02. = 25. 12.	05. 03. = 24. 01.	05. 04. = 25. 02.	05. 05. = 25. 03.	05. 06. = 26. 04.
06. 01. = 25. 11.	06. 02. = 26. 12.	06. 03. = 25. 01.	06. 04. = 26. 02.	06. 05. = 26. 03.	06. 06. = 27. 04.
07. 01. = 26. 11.	07. 02. = 27. 12.	07. 03. = 26. 01.	07. 04. = 27. 02.	07. 05. = 27. 03.	07. 06. = 28. 04.
08. 01. = 27. 11.	08. 02. = 28. 12.	08. 03. = 27. 01.	08. 04. = 28. 02.	08. 05. = 28. 03.	08. 06. = 29. 04.
09. 01. = 28. 11.	09. 02. = 29. 12.	09. 03. = 28. 01.	09. 04. = 29. 02.	09. 05. = 29. 03.	09. 06. = 01. 05.
10. 01. = 29. 11.	10. 02. = 01. 01.	10. 03. = 29. 01.	10. 04. = 30. 02.	10. 05. = 30. 03.	10. 06. = 02. 05.
11. 01. = 30. 11.	11. 02. = 02. 01.	11. 03. = 30. 01.	11. 04. = 01. 03.	11. 05. = 01. 04.	11. 06. = 03. 05.
12. 01. = 01. 12.	12. 02. = 03. 01.	12. 03. = 01. 02.	12. 04. = 02. 03.	12. 05. = 02. 04.	12. 06. = 04. 05.
13. 01. = 02. 12.	13. 02. = 04. 01.	13. 03. = 02. 02.	13. 04. = 03. 03.	13. 05. = 03. 04.	13. 06. = 05. 05.
14. 01. = 03. 12.	14. 02. = 05. 01.	14. 03. = 03. 02.	14. 04. = 04. 03.	14. 05. = 04. 04.	14. 06. = 06. 05.
15. 01. = 04. 12.	15. 02. = 06. 01.	15. 03. = 04. 02.	15. 04. = 05. 03.	15. 05. = 05. 04.	15. 06. = 07. 05.
16. 01. = 05. 12.	16. 02. = 07. 01.	16. 03. = 05. 02.	16. 04. = 06. 03.	16. 05. = 06. 04.	16. 06. = 08. 05.
17. 01. = 06. 12.	17. 02. = 08. 01.	17. 03. = 06. 02.	17. 04. = 07. 03.	17. 05. = 07. 04.	17. 06. = 09. 05.
18. 01. = 07. 12.	18. 02. = 09. 01.	18. 03. = 07. 02.	18. 04. = 08. 03.	18. 05. = 08. 04.	18. 06. = 10. 05.
19. 01. = 08. 12.	19. 02. = 10. 01.	19. 03. = 08. 02.	19. 04. = 09. 03.	19. 05. = 09. 04.	19. 06. = 11. 05.
20. 01. = 09. 12.	20. 02. = 11. 01.	20. 03. = 09. 02.	20. 04. = 10. 03.	20. 05. = 10. 04.	20. 06. = 12. 05.
21. 01. = 10. 12.	21. 02. = 12. 01.	21. 03. = 10. 02.	21. 04. = 11. 03.	21. 05. = 11. 04.	21. 06. = 13. 05.
22. 01. = 11. 12.	22. 02. = 13. 01.	22. 03. = 11. 02.	22. 04. = 12. 03.	22. 05. = 12. 04.	22. 06. = 14. 05.
23. 01. = 12. 12.	23. 02. = 14. 01.	23. 03. = 12. 02.	23. 04. = 13. 03.	23. 05. = 13. 04.	23. 06. = 15. 05.
24. 01. = 13. 12.	24. 02. = 15. 01.	24. 03. = 13. 02.	24. 04. = 14. 03.	24. 05. = 14. 04.	24. 06. = 16. 05.
25. 01. = 14. 12.	25. 02. = 16. 01.	25. 03. = 14. 02.	25. 04. = 15. 03.	25. 05. = 15. 04.	25. 06. = 17. 05.
26. 01. = 15. 12.	26. 02. = 17. 01.	26. 03. = 15. 02.	26. 04. = 16. 03.	26. 05. = 16. 04.	26. 06. = 18. 05.
27. 01. = 16. 12.	27. 02. = 18. 01.	27. 03. = 16. 02.	27. 04. = 17. 03.	27. 05. = 17. 04.	27. 06. = 19. 05.
28. 01. = 17. 12.	28. 02. = 19. 01.	28. 03. = 17. 02.	28. 04. = 18. 03.	28. 05. = 18. 04.	28. 06. = 20. 05.
29. 01. = 18. 12.		29. 03. = 18. 02.	29. 04. = 19. 03.	29. 05. = 19. 04.	29. 06. = 21. 05.
30. 01. = 19. 12.		30. 03. = 19. 02.	30. 04. = 20. 03.	30. 05. = 20. 04.	30. 06. = 22. 05.
31. 01. = 20. 12.		31. 03. = 20. 02.		31. 05. = 21. 04.	

1994

Juli	August	September	Oktober	November	Dezember
01. 07. = 23. 05.	01. 08. = 24. 06.	01. 09. = 26. 07.	01. 10. = 26. 08.	01. 11. = 28. 09.	01. 12. = 29. 10.
02. 07. = 24. 05.	02. 08. = 25. 06.	02. 09. = 27. 07.	02. 10. = 27. 08.	02. 11. = 29. 09.	02. 12. = 30. 10.
03. 07. = 25. 05.	03. 08. = 26. 06.	03. 09. = 28. 07.	03. 10. = 28. 08.	03. 11. = 01. 10.	03. 12. = 01. 11.
04. 07. = 26. 05.	04. 08. = 27. 06.	04. 09. = 29. 07.	04. 10. = 29. 08.	04. 11. = 02. 10.	04. 12. = 02. 11.
05. 07. = 27. 05.	05. 08. = 28. 06.	05. 09. = 30. 07.	05. 10. = 01. 09.	05. 11. = 03. 10.	05. 12. = 03. 11.
06. 07. = 28. 05.	06. 08. = 29. 06.	06. 09. = 01. 08.	06. 10. = 02. 09.	06. 11. = 04. 10.	06. 12. = 04. 11.
07. 07. = 29. 05.	07. 08. = 01. 07.	07. 09. = 02. 08.	07. 10. = 03. 09.	07. 11. = 05. 10.	07. 12. = 05. 11.
08. 07. = 30. 05.	08. 08. = 02. 07.	08. 09. = 03. 08.	08. 10. = 04. 09.	08. 11. = 06. 10.	08. 12. = 06. 11.
09. 07. = 01. 06.	09. 08. = 03. 07.	09. 09. = 04. 08.	09. 10. = 05. 09.	09. 11. = 07. 10.	09. 12. = 07. 11.
10. 07. = 02. 06.	10. 08. = 04. 07.	10. 09. = 05. 08.	10. 10. = 06. 09.	10. 11. = 08. 10.	10. 12. = 08. 11.
11. 07. = 03. 06.	11. 08. = 05. 07.	11. 09. = 06. 08.	11. 10. = 07. 09.	11. 11. = 09. 10.	11. 12. = 09. 11.
12. 07. = 04. 06.	12. 08. = 06. 07.	12. 09. = 07. 08.	12. 10. = 08. 09.	12. 11. = 10. 10.	12. 12. = 10. 11.
13. 07. = 05. 06.	13. 08. = 07. 07.	13. 09. = 08. 08.	13. 10. = 09. 09.	13. 11. = 11. 10.	13. 12. = 11. 11.
14. 07. = 06. 06.	14. 08. = 08. 07.	14. 09. = 09. 08.	14. 10. = 10. 09.	14. 11. = 12. 10.	14. 12. = 12. 11.
15. 07. = 07. 06.	15. 08. = 09. 07.	15. 09. = 10. 08.	15. 10. = 11. 09.	15. 11. = 13. 10.	15. 12. = 13. 11.
16. 07. = 08. 06.	16. 08. = 10. 07.	16. 09. = 11. 08.	16. 10. = 12. 09.	16. 11. = 14. 10.	16. 12. = 14. 11.
17. 07. = 09. 06.	17. 08. = 11. 07.	17. 09. = 12. 08.	17. 10. = 13. 09.	17. 11. = 15. 10.	17. 12. = 15. 11.
18. 07. = 10. 06.	18. 08. = 12. 07.	18. 09. = 13. 08.	18. 10. = 14. 09.	18. 11. = 16. 10.	18. 12. = 16. 11.
19. 07. = 11. 06.	19. 08. = 13. 07.	19. 09. = 14. 08.	19. 10. = 15. 09.	19. 11. = 17. 10.	19. 12. = 17. 11.
20. 07. = 12. 06.	20. 08. = 14. 07.	20. 09. = 15. 08.	20. 10. = 16. 09.	20. 11. = 18. 10.	20. 12. = 18. 11.
21. 07. = 13. 06.	21. 08. = 15. 07.	21. 09. = 16. 08.	21. 10. = 17. 09.	21. 11. = 19. 10.	21. 12. = 19. 11.
22. 07. = 14. 06.	22. 08. = 16. 07.	22. 09. = 17. 08.	22. 10. = 18. 09.	22. 11. = 20. 10.	22. 12. = 20. 11.
23. 07. = 15. 06.	23. 08. = 17. 07.	23. 09. = 18. 08.	23. 10. = 19. 09.	23. 11. = 21. 10.	23. 12. = 21. 11.
24. 07. = 16. 06.	24. 08. = 18. 07.	24. 09. = 19. 08.	24. 10. = 20. 09.	24. 11. = 22. 10.	24. 12. = 22. 11.
25. 07. = 17. 06.	25. 08. = 19. 07.	25. 09. = 20. 08.	25. 10. = 21. 09.	25. 11. = 23. 10.	25. 12. = 23. 11.
26. 07. = 18. 06.	26. 08. = 20. 07.	26. 09. = 21. 08.	26. 10. = 22. 09.	26. 11. = 24. 10.	26. 12. = 24. 11.
27. 07. = 19. 06.	27. 08. = 21. 07.	27. 09. = 22. 08.	27. 10. = 23. 09.	27. 11. = 25. 10.	27. 12. = 25. 11.
28. 07. = 20. 06.	28. 08. = 22. 07.	28. 09. = 23. 08.	28. 10. = 24. 09.	28. 11. = 26. 10.	28. 12. = 26. 11.
29. 07. = 21. 06.	29. 08. = 23. 07.	29. 09. = 24. 08.	29. 10. = 25. 09.	29. 11. = 27. 10.	29. 12. = 27. 11.
30. 07. = 22. 06.	30. 08. = 24. 07.	30. 09. = 25. 08.	30. 10. = 26. 09.	30. 11. = 28. 10.	30. 12. = 28. 11.
31. 07. = 23. 06.	31. 08. = 25. 07.		31. 10. = 27. 09.		31. 12. = 29. 11.

1995

Januar	Februar	März	April	Mai	Juni
01. 01. = 01. 12.	01. 02. = 02. 01.	01. 03. = 01. 02.	01. 04. = 02. 03.	01. 05. = 02. 04.	01. 06. = 04. 05.
02. 01. = 02. 12.	02. 02. = 03. 01.	02. 03. = 02. 02.	02. 04. = 03. 03.	02. 05. = 03. 04.	02. 06. = 05. 05.
03. 01. = 03. 12.	03. 02. = 04. 01.	03. 03. = 03. 02.	03. 04. = 04. 03.	03. 05. = 04. 04.	03. 06. = 06. 05.
04. 01. = 04. 12.	04. 02. = 05. 01.	04. 03. = 04. 02.	04. 04. = 05. 03.	04. 05. = 05. 04.	04. 06. = 07. 05.
05. 01. = 05. 12.	05. 02. = 06. 01.	05. 03. = 05. 02.	05. 04. = 06. 03.	05. 05. = 06. 04.	05. 06. = 08. 05.
06. 01. = 06. 12.	06. 02. = 07. 01.	06. 03. = 06. 02.	06. 04. = 07. 03.	06. 05. = 07. 04.	06. 06. = 09. 05.
07. 01. = 07. 12.	07. 02. = 08. 01.	07. 03. = 07. 02.	07. 04. = 08. 03.	07. 05. = 08. 04.	07. 06. = 10. 05.
08. 01. = 08. 12.	08. 02. = 09. 01.	08. 03. = 08. 02.	08. 04. = 09. 03.	08. 05. = 09. 04.	08. 06. = 11. 05.
09. 01. = 09. 12.	09. 02. = 10. 01.	09. 03. = 09. 02.	09. 04. = 10. 03.	09. 05. = 10. 04.	09. 06. = 12. 05.
10. 01. = 10. 12.	10. 02. = 11. 01.	10. 03. = 10. 02.	10. 04. = 11. 03.	10. 05. = 11. 04.	10. 06. = 13. 05.
11. 01. = 11. 12.	11. 02. = 12. 01.	11. 03. = 11. 02.	11. 04. = 12. 03.	11. 05. = 12. 04.	11. 06. = 14. 05.
12. 01. = 12. 12.	12. 02. = 13. 01.	12. 03. = 12. 02.	12. 04. = 13. 03.	12. 05. = 13. 04.	12. 06. = 15. 05.
13. 01. = 13. 12.	13. 02. = 14. 01.	13. 03. = 13. 02.	13. 04. = 14. 03.	13. 05. = 14. 04.	13. 06. = 16. 05.
14. 01. = 14. 12.	14. 02. = 15. 01.	14. 03. = 14. 02.	14. 04. = 15. 03.	14. 05. = 15. 04.	14. 06. = 17. 05.
15. 01. = 15. 12.	15. 02. = 16. 01.	15. 03. = 15. 02.	15. 04. = 16. 03.	15. 05. = 16. 04.	15. 06. = 18. 05.
16. 01. = 16. 12.	16. 02. = 17. 01.	16. 03. = 16. 02.	16. 04. = 17. 03.	16. 05. = 17. 04.	16. 06. = 19. 05.
17. 01. = 17. 12.	17. 02. = 18. 01.	17. 03. = 17. 02.	17. 04. = 18. 03.	17. 05. = 18. 04.	17. 06. = 20. 05.
18. 01. = 18. 12.	18. 02. = 19. 01.	18. 03. = 18. 02.	18. 04. = 19. 03.	18. 05. = 19. 04.	18. 06. =.21. 05.
19. 01. = 19. 12.	19. 02. = 20. 01.	19. 03. = 19. 02.	19. 04. = 20. 03.	19. 05. = 20. 04.	19. 06. = 22. 05.
20. 01. = 20. 12.	20. 02. = 21. 01.	20. 03. = 20. 02.	20. 04. = 21. 03.	20. 05. = 21. 04.	20. 06. = 23. 05.
21. 01. = 21. 12.	21. 02. = 22. 01.	21. 03. = 21. 02.	21. 04. = 22. 03.	21. 05. = 22. 04.	21. 06. = 24. 05.
22. 01. = 22. 12.	22. 02. = 23. 01.	22. 03. = 22. 02.	22. 04. = 23. 03.	22. 05. = 23. 04.	22. 06. = 25. 05.
23. 01. = 23. 12.	23. 02. = 24. 01.	23. 03. = 23. 02.	23. 04. = 24. 03.	23. 05. = 24. 04.	23. 06. = 26. 05.
24. 01. = 24. 12.	24. 02. = 25. 01.	24. 03. = 24. 02.	24. 04. = 25. 03.	24. 05. = 25. 04.	24. 06. = 27. 05.
25. 01. = 25. 12.	25. 02. = 26. 01.	25. 03. = 25. 02.	25. 04. = 26. 03.	25. 05. = 26. 04.	25. 06. = 28. 05.
26. 01. = 26. 12.	26. 02. = 27. 01.	26. 03. = 26. 02.	26. 04. = 27. 03.	26. 05. = 27. 04.	26. 06. = 29. 05.
27. 01. = 27. 12.	27. 02. = 28. 01.	27. 03. = 27. 02.	27. 04. = 28. 03.	27. 05. = 28. 04.	27. 06. = 30. 05.
28. 01. = 28. 12.	28. 02. = 29. 01.	28. 03. = 28. 02.	28. 04. = 29. 03.	28. 05. = 29. 04.	28. 06. = 01. 06.
29. 01. = 29. 12.		29. 03. = 29. 02.	29. 04. = 30. 03.	29. 05. = 01. 05.	29. 06. = 02.0 6.
30. 01. = 30. 12.		30. 03. = 30. 02.	30. 04. = 01. 04.	30. 05. = 02. 05.	30. 06. = 03. 06.
31. 01. = 01. 01.		31. 03. = 01. 03.		31. 05. = 03. 05.	

1995

Juli	August	September	Oktober	November	Dezember
01. 07. = 04. 06.	01. 08. = 06. 07.	01. 09. = 07. 08.	01. 10. = 08. 08.	01. 11. = 09. 09.	01. 12. = 10. 10.
02. 07. = 05. 06.	02. 08. = 07. 07.	02. 09. = 08. 08.	02. 10. = 09. 08.	02. 11. = 10. 09.	02. 12. = 11. 10.
03. 07. = 06. 06.	03. 08. = 08. 07.	03. 09. = 09. 08.	03. 10. = 10. 08.	03. 11. = 11. 09.	03. 12. = 12. 10.
04. 07. = 07. 06.	04. 08. = 09. 07.	04. 09. = 10. 08.	04. 10. = 11. 08.	04. 11. = 12. 09.	04. 12. = 13. 10.
05. 07. = 08. 06.	05. 08. = 10. 07.	05. 09. = 11. 08.	05. 10. = 12. 08.	05. 11. = 13. 09.	05. 12. = 14. 10.
06. 07. = 09. 06.	06. 08. = 11. 07.	06. 09. = 12. 08.	06. 10. = 13. 08.	06. 11. = 14. 09.	06. 12. = 15. 10.
07. 07. = 10. 06.	07. 08. = 12. 07.	07. 09. = 13. 08.	07. 10. = 14. 08.	07. 11. = 15. 09.	07. 12. = 16. 10.
08. 07. = 11. 06.	08. 08. = 13. 07.	08. 09. = 14. 08.	08. 10. = 15. 08.	08. 11. = 16. 09.	08. 12. = 17. 10.
09. 07. = 12. 06.	09. 08. = 14. 07.	09. 09. = 15. 08.	09. 10. = 16. 08.	09. 11. = 17. 09.	09. 12. = 18. 10.
10. 07. = 13. 06.	10. 08. = 15. 07.	10. 09. = 16. 08.	10. 10. = 17. 08.	10. 11. = 18. 09.	10. 12. = 19. 10.
11. 07. = 14. 06.	11. 08. = 16. 07.	11. 09. = 17. 08.	11. 10. = 18. 08.	11. 11. = 19. 09.	11. 12. = 20. 10.
12. 07. = 15. 06.	12. 08. = 17. 07.	12. 09. = 18. 08.	12. 10. = 19. 08.	12. 11. = 20. 09.	12. 12. = 21. 10.
13. 07. = 16. 06.	13. 08. = 18. 07.	13. 09. = 19. 08.	13. 10. = 20. 08.	13. 11. = 21. 09.	13. 12. = 22. 10.
14. 07. = 17. 06.	14. 08. = 19. 07.	14. 09. = 20. 08.	14. 10. = 21. 08.	14. 11. = 22. 09.	14. 12. = 23. 10.
15. 07. = 18. 06.	15. 08. = 20. 07.	15. 09. = 21. 08.	15. 10. = 22. 08.	15. 11. = 23. 09.	15. 12. = 24. 10.
16. 07. = 19. 06.	16. 08. = 21. 07.	16. 09. = 22. 08.	16. 10. = 23. 08.	16. 11. = 24. 09.	16. 12. = 25. 10.
17. 07. = 20. 06.	17. 08. = 22. 07.	17. 09. = 23. 08.	17. 10. = 24. 08.	17. 11. = 25. 09.	17. 12. = 26. 10.
18. 07. = 21. 06.	18. 08. = 23. 07.	18. 09. = 24. 08.	18. 10. = 25. 08.	18. 11. = 26. 09.	18. 12. = 27. 10.
19. 07. = 22. 06.	19. 08. = 24. 07.	19. 09. = 25. 08.	19. 10. = 26. 08.	19. 11. = 27. 09.	19. 12. = 28. 10.
20. 07. = 23. 06.	20. 08. = 25. 07.	20. 09. = 26. 08.	20. 10. = 27. 08.	20. 11. = 28. 09.	20. 12. = 29. 10.
21. 07. = 24. 06.	21. 08. = 26. 07.	21. 09. = 27. 08.	21. 10. = 28. 08.	21. 11. = 29. 09.	21. 12. = 30. 10.
22. 07. = 25. 06.	22. 08. = 27. 07.	22. 09. = 28. 08.	22. 10. = 29. 08.	22. 11. = 01. 10.	22. 12. = 01. 11.
23. 07. = 26. 06.	23. 08. = 28. 07.	23. 09. = 29. 08.	23. 10. = 30. 08.	23. 11. = 02. 10.	23. 12. = 02. 11.
24. 07. = 27. 06.	24. 08. = 29. 07.	24. 09. = 01. 08.	24. 10. = 01. 09.	24. 11. = 03. 10.	24. 12. = 03. 11.
25. 07. = 28. 06.	25. 08. = 30. 07.	25. 09. = 02. 08.	25. 10. = 02. 09.	25. 11. = 04. 10.	25. 12. = 04. 11.
26. 07. = 29. 06.	26. 08. = 01. 08.	26. 09. = 03. 08.	26. 10. = 03. 09.	26. 11. = 05. 10.	26. 12. = 05. 11.
27. 07. = 01. 07.	27. 08. = 02. 08.	27. 09. = 04. 08.	27. 10. = 04. 09.	27. 11. = 06. 10.	27. 12. = 06. 11.
28. 07. = 02. 07.	28. 08. = 03. 08.	28. 09. = 05. 08.	28. 10. = 05. 09.	28. 11. = 07. 10.	28. 12. = 07. 11.
29. 07. = 03. 07.	29. 08. = 04. 08.	29. 09. = 06. 08.	29. 10. = 06. 09.	29. 11. = 08. 10.	29. 12. = 08. 11.
30. 07. = 04. 07.	30. 08. = 05. 08.	30. 09. = 07. 08.	30. 10. = 07. 09.	30. 11. = 09. 10.	30. 12. = 09. 11.
31. 07. = 05. 07.	31. 08. = 06. 08.		31. 10. = 08. 09.		31. 12. = 10. 11.

1996

Januar	Februar	März	April	Mai	Juni
01. 01. = 11. 11.	01. 02. = 13. 12.	01. 03. = 12. 01.	01. 04. = 14. 02.	01. 05. = 14. 03.	01. 06. = 16. 04.
02. 01. = 12. 11.	02. 02. = 14. 12.	02. 03. = 13. 01.	02. 04. = 15. 02.	02. 05. = 15. 03.	02. 06. = 17. 04.
03. 01. = 13. 11.	03. 02. = 15. 12.	03. 03. = 14. 01.	03. 04. = 16. 02.	03. 05. = 16. 03.	03. 06. = 18. 04.
04. 01. = 14. 11.	04. 02. = 16. 12.	04. 03. = 15. 01.	04. 04. = 17. 02.	04. 05. = 17. 03.	04. 06. = 19. 04.
05. 01. = 15. 11.	05. 02. = 17. 12.	05. 03. = 16. 01.	05. 04. = 18. 02.	05. 05. = 18. 03.	05. 06. = 20. 04.
06. 01. = 16. 11.	06. 02. = 18. 12.	06. 03. = 17. 01.	06. 04. = 19. 02.	06. 05. = 19. 03.	06. 06. = 21. 04.
07. 01. = 17. 11.	07. 02. = 19. 12.	07. 03. = 18. 01.	07. 04. = 20. 02.	07. 05. = 20. 03.	07. 06. = 22.0 4.
08. 01. = 18. 11.	08. 02. = 20. 12.	08. 03. = 19. 01.	08. 04. = 21. 02.	08. 05. = 21. 03.	08. 06. = 23. 04.
09. 01. = 19. 11.	09. 02. = 21. 12.	09. 03. = 20. 01.	09. 04. = 22. 02.	09. 05. = 22. 03.	09. 06. = 24. 04.
10. 01. = 20. 11.	10. 02. = 22. 12.	10. 03. = 21. 01.	10. 04. = 23. 02.	10. 05. = 23. 03.	10. 06. = 25. 04.
11. 01. = 21. 11.	11. 02. = 23. 12.	11. 03. = 22. 01.	11. 04. = 24. 02.	11. 05. = 24. 03.	11. 06. = 26. 04.
12. 01. = 22. 11.	12. 02. = 24. 12.	12. 03. = 23. 01.	12. 04. = 25. 02.	12. 05. = 25. 03.	12. 06. = 27. 04.
13. 01. = 23. 11.	13. 02. = 25. 12.	13. 03. = 24. 01.	13. 04. = 26. 02.	13. 05. = 26. 03.	13. 06. = 28. 04.
14. 01. = 24. 11.	14. 02. = 26. 12.	14. 03. = 25. 01.	14. 04. = 27. 02.	14. 05. = 27. 03.	14. 06. = 29. 04.
15. 01. = 25. 11.	15. 02. = 27. 12.	15. 03. = 26. 01.	15. 04. = 28. 02.	15. 05. = 28. 03.	15. 06. = 30. 04.
16. 01. = 26. 11.	16. 02. = 28. 12.	16. 03. = 27. 01.	16. 04. = 29. 02.	16. 05. = 29. 03.	16. 06. = 01. 05.
17. 01. = 27. 11.	17. 02. = 29. 12.	17. 03. = 28. 01.	17. 04. = 30. 02.	17. 05. = 01. 04.	17. 06. = 02. 05.
18. 01. = 28. 11.	18. 02. = 30. 12.	18. 03. = 29. 01.	18. 04. = 01. 03.	18. 05. = 02. 04.	18. 06. = 03. 05.
19. 01. = 29. 11.	19. 02. = 01. 01.	19. 03. = 01. 02.	19. 04. = 02. 03.	19. 05. = 03. 04.	19. 06. = 04. 05.
20. 01. = 01. 12.	20. 02. = 02. 01.	20. 03. = 02. 02.	20. 04. = 03. 03.	20. 05. = 04. 04.	20. 06. = 05. 05.
21. 01. = 02. 12.	21. 02. = 03. 01.	21. 03. = 03. 02.	21. 04. = 04. 03.	21. 05. = 05. 04.	21. 06. = 06. 05.
22. 01. = 03. 12.	22. 02. = 04. 01.	22. 03. = 04. 02.	22. 04. = 05. 03.	22. 05. = 06. 04.	22. 06. = 07. 05.
23. 01. = 04. 12.	23. 02. = 05. 01.	23. 03. = 05. 02.	23. 04. = 06. 03.	23. 05. = 0.7 04.	23. 06. = 08. 05.
24. 01. = 05. 12.	24. 02. = 06. 01.	24. 03. = 06. 02.	24. 04. = 07. 03.	24. 05. = 08. 04.	24. 06. = 09. 05.
25. 01. = 06. 12.	25. 02. = 07. 01.	25. 03. = 07. 02.	25. 04. = 08. 03.	25. 05. = 09. 04.	25. 06. = 10. 05.
26. 01. = 07. 12.	26. 02. = 08. 01.	26. 03. = 08. 02.	26. 04. = 09. 03.	26. 05. = 10. 04.	26. 06. = 11. 05.
27. 01. = 08. 12.	27. 02. = 09. 01.	27. 03. = 09. 02.	27. 04. = 10. 03.	27. 05. = 11. 04.	27. 06. = .12. 05.
28. 01. = 09. 12.	28. 02. = 10. 01.	28. 03. = 10. 02.	28. 04. = 11. 03.	28. 05. = 12. 04.	28. 06. = 13. 05.
29. 01. = 10. 12.	29. 02. = 11. 01.	29. 03. = 11. 02.	29. 04. = 12. 03.	29. 05. = 13. 04.	29. 06. = 14. 05.
30. 01. = 11. 12.		30. 03. = 12. 02.	30. 04. = 13. 03.	30. 05. = 14. 04.	30. 06. = 15. 05.
31. 01. = 12. 12.		31. 03. = 13. 02.		31. 05. = 15. 04.	

1996

Juli	August	September	Oktober	November	Dezember
01. 07. = 16. 05.	01. 08. = 17. 06.	01. 09. = 19. 07.	01. 10. = 19. 08.	01. 11. = 21. 09.	01. 12. = 21. 10.
02. 07. = 17. 05.	02. 08. = 18. 06.	02. 09. = 20. 07.	02. 10. = 20. 08.	02. 11. = 22. 09.	02. 12. = 22. 10.
03. 07. = 18. 05.	03. 08. = 19. 06.	03. 09. = 21. 07.	03. 10. = 21. 08.	03. 11. = 23. 09.	03. 12. = 23. 10.
04. 07. = 19. 05.	04. 08. = 20. 06.	04. 09. = 22. 07.	04. 10. = 22. 08.	04. 11. = 24. 09.	04. 12. = 24. 10.
05. 07. = 20. 05.	05. 08. = 21. 06.	05. 09. = 23. 07.	05. 10. = 23. 08.	05. 11. = 25. 09.	05. 12. = 25. 10.
06. 07. = 21. 05.	06. 08. = 22. 06.	06. 09. = 24. 07.	06. 10. = 24. 08.	06. 11. = 26. 09.	06. 12. = 26. 10.
07. 07. = 22. 05.	07. 08. = 23. 06.	07. 09. = 25. 07.	07. 10. = 25. 08.	07. 11. = 27. 09.	07. 12. = 27. 10.
08. 07. = 23. 05.	08. 08. = 24. 06.	08. 09. = 26. 07.	08. 10. = 26. 08.	08. 11. = 28. 09.	08. 12. = 28. 10.
09. 07. = 24. 05.	09. 08. = 25. 06.	09. 09. = 27. 07.	09. 10. = 27. 08.	09. 11. = 29. 09.	09. 12. = 29. 10.
10. 07. = 25. 05.	10. 08. = 26. 06.	10. 09. = 28. 07.	10. 10. = 28. 08.	10. 11. = 30. 09.	10. 12. = 30. 10.
11. 07. = 26. 05.	11. 08. = 27. 06.	11. 09. = 29. 07.	11. 10. = 29. 08.	11. 11. = 01. 10.	11. 12. = 01. 11.
12. 07. = 27. 05.	12. 08. = 28. 06.	12. 09. = 30. 07.	12. 10. = 01. 09.	12. 11. = 02. 10.	12. 12. = 02. 11.
13. 07. = 28. 05.	13. 08. = 29. 06.	13. 09. = 01. 08.	13. 10. = 02. 09.	13. 11. = 03. 10.	13. 12. = 03. 11.
14. 07. = 29. 05.	14. 08. = 01. 07.	14. 09. = 02. 08.	14. 10. = 03. 09.	14. 11. = 04. 10.	14. 12. = 04. 11.
15. 07. = 30. 05.	15. 08. = 02. 07.	15. 09. = 03. 08.	15. 10. = 04. 09.	15. 11. = 05. 10.	15. 12. = 05. 11.
16. 07. = 01. 06.	16. 08. = 03. 07.	16. 09. = 04. 08.	16. 10. = 05. 09.	16. 11. = 06. 10.	16. 12. = 06. 11.
17. 07. = 02. 06.	17. 08. = 04. 07.	17. 09. = 05. 08.	17. 10. = 06. 09.	17. 11. = 07. 10.	17. 12. = 07. 11.
18. 07. = 03. 06.	18. 08. = 05. 07.	18. 09. = 06. 08.	18. 10. = 07. 09.	18. 11. = 08. 10.	18. 12. = 08. 11.
19. 07. = 04. 06.	19. 08. = 06. 07.	19. 09. = 07. 08.	19. 10. = 08. 09.	19. 11. = 09. 10.	19. 12. = 09. 11.
20. 07. = 05. 06.	20. 08. = 07. 07.	20. 09. = 08. 08.	20. 10. = 09. 09.	20. 11. = 10. 10.	20. 12. = 10. 11.
21. 07. = 06. 06.	21. 08. = 08. 07.	21. 09. = 09. 08.	21. 10. = 10. 09.	21. 11. = 11. 10.	21. 12. = 11. 11.
22. 07. = 07. 06.	22. 08. = 09. 07.	22. 09. = 10. 08.	22. 10. = 11. 09.	22. 11. = 12. 10.	22. 12. = 12. 11.
23. 07. = 08. 06.	23. 08. = 10. 07.	23. 09. = 11. 08.	23. 10. = 12. 09.	23. 11. = 13. 10.	23. 12. = 13. 11.
24. 07. = 09. 06.	24. 08. = 11. 07.	24. 09. = 12. 08.	24. 10. = 13. 09.	24. 11. = 14. 10.	24. 12. = 14. 11.
25. 07. = 10. 06.	25. 08. = 12. 07.	25. 09. = 13. 08.	25. 10. = 14. 09.	25. 11. = 15. 10.	25. 12. = 15. 11.
26. 07. = 11. 06.	26. 08. = 13. 07.	26. 09. = 14. 08.	26. 10. = 15. 09.	26. 11. = 16. 10.	26. 12. = 16. 11.
27. 07. = 12. 06.	27. 08. = 14. 07.	27. 09. = 15. 08.	27. 10. = 16. 09.	27. 11. = 17. 10.	27. 12. = 17. 11.
28. 07. = 13. 06.	28. 08. = 15. 07.	28. 09. = 16. 08.	28. 10. = 17. 09.	28. 11. = 18. 10.	28. 12. = 18. 11.
29. 07. = 14. 06.	29. 08. = 16. 07.	29. 09. = 17. 08.	29. 10. = 18. 09.	29. 11. = 19. 10.	29. 12. = 19. 11.
30. 07. = 15. 06.	30. 08. = 17. 07.	30. 09. = 18. 08.	30. 10. = 19. 09.	30. 11. = 20. 10.	30. 12. = 20. 11.
31. 07. = 16. 06.	31. 08. = 18. 07.		31. 10. = 20. 09.		31. 12. = 21. 11.

1997

Januar	Februar	März	April	Mai	Juni
01. 01. = 22. 11.	01. 02. = 24. 12.	01. 03. = 23. 01.	01. 04. = 24. 02.	01. 05. = 25. 03.	01. 06. = 26. 04.
02. 01. = 23. 11.	02. 02. = 25. 12.	02. 03. = 24. 01.	02. 04. = 25. 02.	02. 05. = 26. 03.	02. 06. = 27. 04.
03. 01. = 24. 11.	03. 02. = 26. 12.	03. 03. = 25. 01.	03. 04. = 26. 02.	03. 05. = 27. 03.	03. 06. = 28. 04.
04. 01. = 25. 11.	04. 02. = 27. 12.	04. 03. = 26. 01.	04. 04. = 27. 02.	04. 05. = 28. 03.	04. 06. = 29. 04.
05. 01. = 26. 11.	05. 02. = 28. 12.	05. 03. = 27. 01.	05. 04. = 28. 02.	05. 05. = 29. 03.	05. 06. = 01. 05.
06. 01. = 27. 11.	06. 02. = 29. 12.	06. 03. = 28. 01.	06. 04. = 29. 02.	06. 05. = 30. 03.	06. 06. = 02. 05.
07. 01. = 28. 11.	07. 02. = 01. 01.	07. 03. = 29. 01.	07. 04. = 01. 03.	07. 05. = 01. 04.	07. 06. = 03. 05.
08. 01. = 29. 11.	08. 02. = 02. 01.	08. 03. = 30. 01.	08. 04. = 02. 03.	08. 05. = 02. 04.	08. 06. = 04. 05.
09. 01. = 01. 12.	09. 02. = 03. 01.	09. 03. = 01. 02.	09. 04. = 03. 03.	09. 05. = 03. 04.	09. 06. = 05. 05.
10. 01. = 02. 12.	10. 02. = 04. 01.	10. 03. = 02. 02.	10. 04. = 04. 03.	10. 05. = 04. 04.	10. 06. = 06. 05.
11. 01. = 03. 12.	11. 02. = 05. 01.	11. 03. = 03. 02.	11. 04. = 05. 03.	11. 05. = 05. 04.	11. 06. = 07. 05.
12. 01. = 04. 12.	12. 02. = 06. 01.	12. 03. = 04. 02.	12. 04. = 06. 03.	12. 05. = 06. 04.	12. 06. = 08. 05.
13. 01. = 05. 12.	13. 02. = 07. 01.	13. 03. = 05. 02.	13. 04. = 07. 03.	13. 05. = 07. 04.	13. 06. = 09. 05.
14. 01. = 06. 12.	14. 02. = 08. 01.	14. 03. = 06. 02.	14. 04. = 08. 03.	14. 05. = 08. 04.	14. 06. = 10. 05.
15. 01. = 07. 12.	15. 02. = 09. 01.	15. 03. = 07. 05.	15. 04. = 09. 03.	15. 05. = 09. 04.	15. 06. = 11. 05.
16. 01. = 08. 12.	16. 02. = 10. 01.	16. 03. = 08. 05.	16. 04. = 10. 03.	16. 05. = 10. 04.	16. 06. = 12. 05.
17. 01. = 09. 12.	17. 02. = 11. 01.	17. 03. = 09. 02.	17. 04. = 11. 03.	17. 05. = 11. 04.	17. 06. = 13. 05.
18. 01. = 10. 12.	18. 02. = 12. 01.	18. 03. = 10. 02.	18. 04. = 12. 03.	18. 05. = 12. 04.	18. 06. = 14. 05.
19. 01. = 11. 12.	19. 02. = 13. 01.	19. 03. = 11. 02.	19. 04. = 13. 03.	19. 05. = 13. 04.	19. 06. = 15. 05.
20. 01. = 12. 12.	20. 02. = 14. 01.	20. 03. = 12. 02.	20. 04. = 14. 03.	20. 05. = 14. 04.	20. 06. = 16. 05.
21. 01. = 13. 12.	21. 02. = 15. 01.	21. 03. = 13. 02.	21. 04. = 15. 03.	21. 05. = 15. 04.	21. 06. = 17. 05.
22. 01. = 14. 12.	22. 02. = 16. 01.	22. 03. = 14. 02.	22. 04. = 16. 03.	22. 05. = 16. 04.	22. 06. = 18. 05.
23. 01. = 15. 12.	23. 02. = 17. 01.	23. 03. = 15. 02.	23. 04. = 17. 03.	23. 05. = 17. 04.	23. 06. = 19. 05.
24. 01. = 16. 12.	24. 02. = 18. 01.	24. 03. = 16. 02.	24. 04. = 18. 03.	24. 05. = 18. 04.	24. 06. = 20. 05.
25. 01. = 17. 12.	25. 02. = 19. 01.	25. 03. = 17. 02.	25. 04. = 19. 03.	25. 05. = 19. 04.	25. 06. = 21. 05.
26. 01. = 18. 12.	26. 02. = 20. 01.	26. 03. = 18. 02.	26. 04. = 20. 03.	26. 05. = 20. 04.	26. 06. = 22. 05.
27. 01. = 19. 12.	27. 02. = 21. 01.	27. 03. = 19. 02.	27. 04. = 21. 03.	27. 05. = 21. 04.	27. 06. = 23. 05.
28. 01. = 20. 12.	28. 02. = 22. 01.	28. 03. = 20. 02.	28. 04. = 22. 03.	28. 05. = 22. 04.	28. 06. = 24. 05.
29. 01. = 21. 12.		29. 03. = 21. 02.	29. 04. = 23. 03.	29. 05. = 23. 04.	29. 06. = 25. 05.
30. 01. =.22. 12.		30. 03. = 22. 02.	30. 04. = 24. 03.	30. 05. = 24. 04.	30. 06. = 26. 05.
31. 01. = 23. 12.		31. 03. = 23. 02.		31. 05. = 25. 04.	

1997

Juli	August	September	Oktober	November	Dezember
01. 07. = 27. 05.	01. 08. = 28. 06.	01. 09. = 30. 07.	01. 10. = 30. 08.	01. 11. = 02. 10.	01. 12. = 02. 11.
02. 07. = 28. 05.	02. 08. = 29. 06.	02. 09. = 01. 08.	02. 10. = 01. 09.	02. 11. = 03. 10.	02. 12. = 03. 11.
03. 07. = 29. 05.	03. 08. = 01. 07.	03. 09. = 02. 08.	03. 10. = 02. 09.	03. 11. = 04. 10.	03. 12. = 04. 11.
04. 07. = 30. 05.	04. 08. = 02. 07.	04. 09. = 03. 08.	04. 10. = 03. 09.	04. 11. = 05. 10.	04. 12. = 05. 11.
05. 07. = 01. 06.	05. 08. = 03. 07.	05. 09. = 04. 08.	05. 10. = 04. 09.	05. 11. = 06. 10.	05. 12. = 06. 11.
06. 07. = 02. 06.	06. 08. = 04. 07.	06. 09. = 05. 08.	06. 10. = 05. 09.	06. 11. = 07. 10.	06. 12. = 07. 11.
07. 07. = 03. 06.	07. 08. = 05. 07.	07. 09. = 06. 08.	07. 10. = 06. 09.	07. 11. = 08. 10.	07. 12. = 08. 11.
08. 07. = 0.4 06.	08. 08. = 06. 07.	08. 09. = 07. 08.	08. 10. = 07. 09.	08. 11. = 09. 10.	08. 12. = 09. 11.
09. 07. = 05. 06.	09. 08. = 07. 07.	09. 09. = 08. 08.	09. 10. = 08. 09.	09. 11. = 10. 10.	09. 12. = 10. 11.
10. 07. = 06. 06.	10. 08. = 08. 07.	10. 09. = 09. 08.	10. 10. = 09. 09.	10. 11. = 11. 10.	10. 12. = 11. 11.
11. 07. = 07. 06.	11. 08. = 09. 07.	11. 09. = 10. 08.	11. 10. = 10. 09.	11. 11. = 12. 10.	11. 12. = 12. 11.
12. 07. = 08. 06.	12. 08. = 10. 07.	12. 09. = 11. 08.	12. 10. = 11. 09.	12. 11. = 13. 10.	12. 12. = 13. 11.
13. 07. = 09. 06.	13. 08. = 11. 07.	13. 09. = 12. 08.	13. 10. = 12. 09.	13. 11. = 14. 10.	13. 12. = 14. 11.
14. 07. = 10. 06.	14. 08. = 12. 07.	14. 09. = 13. 08.	14. 10. = 13. 09.	14. 11. = 15. 10.	14. 12. = 15. 11.
15. 07. = 11. 06.	15. 08. = 13. 07.	15. 09. = 14. 08.	15. 10. = 14. 09.	15. 11. = 16. 10.	15. 12. = 16. 11.
16. 07. = 12. 06.	16. 08. = 14. 07.	16. 09. = 15. 08.	16. 10. = 15. 09.	16. 11. = 17. 10.	16. 12. = 17. 11.
17. 07. = 13. 06.	17. 08. = 15. 07.	17. 09. = 16. 08.	17. 10. = 16. 09.	17. 11. = 18. 10.	17. 12. = 18. 11.
18. 07. = 14. 06.	18. 08. = 16. 07.	18. 09. = 17. 08.	18. 10. = 17. 09.	18. 11. = 19. 10.	18. 12. = 19. 11.
19. 07. = 15. 06.	19. 08. = 17. 07.	19. 09. = 18. 08.	19. 10. = 18. 09.	19. 11. = 20. 10.	19. 12. = 20. 11.
20. 07. = 16. 06.	20. 08. = 18. 07.	20. 09. = 19. 08.	20. 10. = 19. 09.	20. 11. = 21. 10.	20. 12. = 21. 11.
21. 07. = 17. 06.	21. 08. = 19. 07.	21. 09. = 20. 08.	21. 10. = 20. 09.	21. 11. = 22. 10.	21. 12. = 22. 11.
22. 07. = 18. 06.	22. 08. = 20. 07.	22. 09. = 21. 08.	22. 10. = 21. 09.	22. 11. = 23. 10.	22. 12. = 23. 11.
23. 07. = 19. 06.	23. 08. = 21. 07.	23. 09. = 22. 08.	23. 10. = 22. 09.	23. 11. = 24. 10.	23. 12. = 24. 11.
24. 07. = 20. 06.	24. 08. = 22. 07.	24. 09. = 23. 08.	24. 10. = 23. 09.	24. 11. = 25. 10.	24. 12. = 25. 11.
25. 07. = 21. 06.	25. 08. = 23. 07.	25. 09. = 24. 08.	25. 10. = 24. 09.	25. 11. = 26. 10.	25. 12. = 26. 11.
26. 07. = 22. 06.	26. 08. = 24. 07.	26. 09. = 25. 08.	26. 10. = 25. 09.	26. 11. = 27. 10.	26. 12. = 27. 11.
27. 07. = 23. 06.	27. 08. = 25. 07.	27. 09. = 26. 08.	27. 10. = 26. 09.	27. 11. = 28. 10.	27. 12. = 28. 11.
28. 07. = 24. 06.	28. 08. = 26. 07.	28. 09. = 27. 08.	28. 10. = 27. 09.	28. 11. = 29. 10.	28. 12. = 29. 11.
29. 07. = 25. 06.	29. 08. = 27. 07.	29. 09. = 28. 08.	29. 10. = 28. 09.	29. 11. = 30. 10.	29. 12. = 30. 11.
30. 07. = 26. 06.	30. 08. = 28. 07.	30. 09. = 29. 08.	30. 10. = 29. 09.	30. 11. = 01. 11.	30. 12. = 01. 12.
31. 07. = 27. 06.	31. 08. = 29. 07.		31. 10. = 01. 10.		31. 12. = 02. 12.

1998

Januar	Februar	März	April	Mai	Juni
01. 01. = 03. 12.	01. 02. = 05. 01.	01. 03. = 03. 02.	01. 04. = 05. 03.	01. 05. =.06. 04.	01. 06. = 07. 05.
02. 01. = 04. 12.	02. 02. = 06. 01.	02. 03. = 04. 02.	02. 04. = 06. 03.	02. 05. = 07. 04.	02. 06. = 08. 05.
03. 01. = 05. 12.	03. 02. = 07. 01.	03. 03. = 05. 02.	03. 04. = 07. 03.	03. 05. = 08. 04.	03. 06. = 09. 05.
04. 01. = 06. 12.	04. 02. = 08. 01.	04. 03. = 06. 02.	04. 04. = 08. 03.	04. 05. = 09. 04.	04. 06. = 10. 05.
05. 01. = 07. 12.	05. 02. = 09. 01.	05. 03. = 07. 02.	05. 04. = 09. 03.	05. 05. = 10. 04.	05. 06. = 11. 05.
06. 01. = 08. 12.	06. 02. = 10. 01.	06. 03. = 08. 02.	06. 04. = 10. 03.	06. 05. = 11. 04.	06. 06. = 12. 05.
07. 01. = 09. 12.	07. 02. = 11. 01.	07. 03. = 09. 02.	07. 04. = 11. 03.	07. 05. = 12. 04.	07. 06. = 13. 05.
08. 01. = 10. 12.	08. 02. = 12. 01.	08. 03. = 10. 02.	08. 04. = 12. 03.	08. 05. = 13. 04.	08. 06. = 14. 05.
09. 01. = 11. 12.	09. 02. = 13. 01.	09. 03. = 11. 02.	09. 04. = 13. 03.	09. 05. = 14. 04.	09. 06. = 15. 05.
10. 01. = 12. 12.	10. 02. = 14. 01.	10. 03. = 12. 02.	10. 04. = 14. 03.	10. 05. = 15. 04.	10. 06. = 16. 05.
11. 01. = 13. 12.	11. 02. = 15. 01.	11. 03. = 13. 02.	11. 04. = 15. 03.	11. 05. = 16. 04.	11. 06. = 17. 05.
12. 01. = 14. 12.	12. 02. = 16. 01.	12. 03. = 14. 02.	12. 04. = 16. 03.	12. 05. = 17. 04.	12. 06. = 18. 05.
13. 01. = 15. 12.	13. 02. = 17. 01.	13. 03. = 15. 02.	13. 04. = 17. 03.	13. 05. = 18. 04.	13. 06. = 19. 05.
14. 01. = 16. 12.	14. 02. = 18. 01.	14. 03. = 16. 02.	14. 04. = 18. 03.	14. 05. = 19. 04.	14. 06. = 20. 05.
15. 01. = 17. 12.	15. 02. = 19. 01.	15. 03. = 17. 02.	15. 04. = 19. 03.	15. 05. = 20. 04.	15. 06. = 21. 05.
16. 01. = 18. 12.	16. 02. = 20. 01.	16. 03. = 18. 02.	16. 04. = 20. 03.	16. 05. = 21. 04.	16. 06. = 22. 05.
17. 01. = 19. 12.	17. 02. = 21. 01.	17. 03. = 19. 02.	17. 04. = 21. 03.	17. 05. = 22. 04.	17. 06. = 23. 05.
18. 01. = 20. 12.	18. 02. = 22. 01.	18. 03. = 20. 02.	18. 04. = 22. 03.	18. 05. = 23. 04.	18. 06. = 24. 05.
19. 01. = 21. 12.	19. 02. = 23. 01.	19. 03. = 21. 02.	19. 04. = 23. 03.	19. 05. = 24. 04.	19. 06. = 25. 05.
20. 01. = 22. 12.	20. 02. = 24. 01.	20. 03. = 22. 02.	20. 04. = 24. 03.	20. 05. = 25. 04.	20. 06. = 26. 05.
21. 01. = 23. 12.	21. 02. = 25. 01.	21. 03. = 23. 02.	21. 04. = 25. 03.	21. 05. = 26. 04.	21. 06. = 27. 05.
22. 01. = 24. 12.	22. 02. = 26. 01.	22. 03. = 24. 02.	22. 04. = 26. 03.	22. 05. = 27. 04.	22. 06. = 28. 05.
23. 01. = 25. 12.	23. 02. = 27. 01.	23. 03. = 25. 02.	23. 04. = 27. 03.	23. 05. = 28. 04.	23. 06. = 29. 05.
24. 01. = 26. 12.	24. 02. = 28. 01.	24. 03. = 26. 02.	24. 04. = 28. 03.	24. 05. = 29. 04.	24. 06. = 01. 05.
25. 01. = 27. 12.	25. 02. = 29. 01.	25. 03. = 27. 02.	25. 04. = 29. 03.	25. 05. = 30. 04.	25. 06. = 02. 05.
26. 01. = 28. 12.	26. 02. = 30. 01.	26. 03. = 28. 02.	26. 04. = 01. 04.	26. 05. = 01. 05.	26. 06. = 03. 05.
27. 01. = 29. 12.	27. 02. = 01. 02.	27. 03. = 29. 02.	27. 04. = 02. 04.	27. 05. = 02. 05.	27. 06. = 04. 05.
28. 01. = 01. 01.	28. 02. = 02. 02.	28. 03. = 01. 03.	28. 04. = 03. 04.	28. 05. = 03. 05.	28. 06. = 05. 05.
29. 01. = 02. 01.		29. 03. = 02. 03.	29. 04. = 04. 04.	29. 05. = 04. 05.	29. 06. = 06. 05.
30. 01. =.03. 01.		30. 03. = 03. 03.	30. 04. = 05. 04.	30. 05. = 05. 05.	30. 06. = 07. 05.
31. 01. = 04. 01.		31. 03. = 04. 03.		31. 05. = 06. 05.	

1998

Juli	August	September	Oktober	November	Dezember
01. 07. = 08. 05.	01. 08. = 10. 06.	01. 09. = 11. 07.	01. 10. = 11. 08.	01. 11. = 13. 09.	01. 12. = 13. 10.
02. 07. = 09. 05.	02. 08. = 11. 06.	02. 09. = 12. 07.	02. 10. = 12. 08.	02. 11. = 14. 09.	02. 12. = 14. 10.
03. 07. = 10. 05.	03. 08. = 12. 06.	03. 09. = 13. 07.	03. 10. = 13. 08.	03. 11. = 15. 09.	03. 12. = 15. 10.
04. 07. = 11. 05.	04. 08. = 13. 06.	04. 09. = 14. 07.	04. 10. = 14. 08.	04. 11. = 16. 09.	04. 12. = 16. 10.
05. 07. = 12. 05.	05. 08. = 14. 06.	05. 09. = 15. 07.	05. 10. = 15. 08.	05. 11. = 17. 09.	05. 12. = 17. 10.
06. 07. = 13. 05.	06. 08. = 15. 06.	06. 09. = 16. 07.	06. 10. = 16. 08.	06. 11. = 18. 09.	06. 12. = 18. 10.
07. 07. = 14. 05.	07. 08. = 16. 06.	07. 09. = 17. 07.	07. 10. = 17. 08.	07. 11. = 19. 09.	07. 12. = 19. 10.
08. 07. = 15. 05.	08. 08. = 17. 06.	08. 09. = 18. 07.	08. 10. = 18. 08.	08. 11. = 20. 09.	08. 12. = 20. 10.
09. 07. = 16. 05.	09. 08. = 18. 06.	09. 09. = 19. 07.	09. 10. = 19. 08.	09. 11. = 21. 09.	09. 12. = 21. 10.
10. 07. = 17. 05.	10. 08. = 19. 06.	10. 09. = 20. 07.	10. 10. = 20. 08.	10. 11. = 22. 09.	10. 12. = 22. 10.
11. 07. = 18. 05.	11. 08. = 20. 06.	11. 09. = 21. 07.	11. 10. = 21. 08.	11. 11. = 23. 09.	11. 12. = 23. 10.
12. 07. = 19. 05.	12. 08. = 21. 06.	12. 09. = 22. 07.	12. 10. = 22. 08.	12. 11. = 24. 09.	12. 12. = 24. 10.
13. 07. = 20. 05.	13. 08. = 22. 06.	13. 09. = 23. 07.	13. 10. = 23. 08.	13. 11. = 25. 09.	13. 12. = 25. 10.
14. 07. = 21. 05.	14. 08. = 23. 06.	14. 09. = 24. 07.	14. 10. = 24. 08.	14. 11. = 26. 09.	14. 12. = 26. 10.
15. 07. = 22. 05.	15. 08. = 24. 06.	15. 09. = 25. 07.	15. 10. = 25. 08.	15. 11. = 27. 09.	15. 12. = 27. 10.
16. 07. = 23. 05.	16. 08. = 25. 06.	16. 09. = 26. 07.	16. 10. = 26. 08.	16. 11. = 28. 09.	16. 12. = 28. 10.
17. 07. = 24. 05.	17. 08. = 26. 06.	17. 09. = 27. 07.	17. 10. = 27. 08.	17. 11. = 29. 09.	17. 12. = 29. 10.
18. 07. = 25. 05.	18. 08. = 27. 06.	18. 09. = 28. 07.	18. 10. = 28. 08.	18. 11. = 30. 09.	18. 12. = 30. 10.
19. 07. = 26. 05.	19. 08. = 28. 06.	19. 09. = 29. 07.	19. 10. = 29. 08.	19. 11. = 01. 10.	19. 12. = 01. 11.
20. 07. = 27. 05.	20. 08. = 29. 06.	20. 09. = 30. 07.	20. 10. = 01. 09.	20. 11. = 02. 10.	20. 12. = 02. 11.
21. 07. = 28. 05.	21. 08. = 30. 06.	21. 09. = 01. 08.	21. 10. = 02. 09.	21. 11. = 03. 10.	21. 12. = 03. 11.
22. 07. = 29. 05.	22. 08. = 01. 07.	22. 09. = 02. 08.	22. 10. = 03. 09.	22. 11. = 04. 10.	22. 12. = 04. 11.
23. 07. = 01. 06.	23. 08. = 02. 07.	23. 09. = 03. 08.	23. 10. = 04. 09.	23. 11. = 05. 10.	23. 12. = 05. 11.
24. 07. = 02. 06.	24. 08. = 03. 07.	24. 09. = 04. 08.	24. 10. = 05. 09.	24. 11. = 06. 10.	24. 12. = 06. 11.
25. 07. = 03. 06.	25. 08. = 04. 07.	25. 09. = 05. 08.	25. 10. = 06. 09.	25. 11. = 07. 10.	25. 12. = 07. 11.
26. 07. = 04. 06.	26. 08. = 05. 07.	26. 09. = 06. 08.	26. 10. = 07. 09.	26. 11. = 08. 10.	26. 12. = 08. 11.
27. 07. = 05. 06.	27. 08. = 06. 07.	27. 09. = 07. 08.	27. 10. = 08. 09.	27. 11. = 09. 10.	27. 12. = 09. 11.
28. 07. = 06. 06.	28. 08. = 07. 07.	28. 09. = 08. 08.	28. 10. = 09. 09.	28. 11. = 10. 10.	28. 12. = 10. 11.
29. 07. = 07. 06.	29. 08. = 08. 07.	29. 09. = 09. 08.	29. 10. = 10. 09.	29. 11. = 11. 10.	29. 12. = 11. 11.
30. 07. = 08. 06.	30. 08. = 09. 07.	30. 09. = 10. 08.	30. 10. = 11. 09.	30. 11. = 12. 10.	30. 12. = 12. 11.
31. 07. = 09. 06.	31. 08. = 10. 07.		31. 10. = 12. 09.		31. 12. = 13. 11.

1999

Januar	Februar	März	April	Mai	Juni
01. 01. = 14. 11.	01. 02. = 16. 12.	01. 03. = 14. 01.	01. 04. = 15. 02.	01. 05. = 16. 03.	01. 06. = 18. 04.
02. 01. = 15. 11.	02. 02. = 17. 12.	02. 03. = 15. 01.	02. 04. = 16. 02.	02. 05. = 17. 03.	02. 06. = 19. 04.
03. 01. = 16. 11.	03. 02. = 18. 12.	03. 03. = 16. 01.	03. 04. = 17. 02.	03. 05. = 18. 03.	03. 06. = 20. 04.
04. 01. = 17. 11.	04. 02. = 19. 12.	04. 03. = 17. 01.	04. 04. = 18. 02.	04. 05. = 19. 03.	04. 06. = 21. 04.
05. 01. = 18. 11.	05. 02. = 20. 12.	05. 03. = 18. 01.	05. 04. = 19. 02.	05. 05. = 20. 03.	05. 06. = 22. 04.
06. 01. = 19. 11.	06. 02. = 21. 12.	06. 03. = 19. 01.	06. 04. = 20. 02.	06. 05. = 21. 03.	06. 06. = 23. 04.
07. 01. = 20. 11.	07. 02. = 22. 12.	07. 03. = 20. 01.	07. 04. = 21. 02.	07. 05. = 22. 03.	07. 06. = 24. 04.
08. 01. = 21. 11.	08. 02. = 23. 12.	08. 03. = 21. 01.	08. 04. = 22. 02.	08. 05. = 23. 03.	08. 06. = 25. 04.
09. 01. = 22. 11.	09. 02. = 24. 12.	09. 03. = 22. 01.	09. 04. = 23. 02.	09. 05. = 24. 03.	09. 06. = 26. 04.
10. 01. = 23. 11.	10. 02. = 25. 12.	10. 03. = 23. 01.	10. 04. = 24. 02.	10. 05. = 25. 03.	10. 06. = 27. 04.
11. 01. = 24. 11.	11. 02. = 26. 12.	11. 03. = 24. 01.	11. 04. = 25. 02.	11. 05. = 26. 03.	11. 06. = 28. 04.
12. 01. = 25. 11.	12. 02. = 27. 12.	12. 03. = 25. 01.	12. 04. = 26. 02.	12. 05. = 27. 03.	12. 06. = 29. 04.
13. 01. = 26. 11.	13. 02. = 28. 12.	13. 03. = 26. 01.	13. 04. = 27. 02.	13. 05. = 28. 03.	13. 06. = 30. 04.
14. 01. = 27. 11.	14. 02. = 29. 12.	14. 03. = 27. 01.	14. 04. = 28. 02.	14. 05. = 29. 03.	14. 06. = 01. 05.
15. 01. = 28. 11.	15. 02. = 30. 12.	15. 03. = 28. 01.	15. 04. = 29. 02.	15. 05. = 01. 04.	15. 06. = 02. 05.
16. 01. = 29. 11.	16. 02. = 01. 01.	16. 03. = 29. 01.	16. 04. = 01. 03.	16. 05. = 02. 04.	16. 06. = 03. 05.
17. 01. = 01. 12.	17. 02. = 02. 01.	17. 03. = 30. 01.	17. 04. = 02. 03.	17. 05. = 03. 04.	17. 06. = 04. 05.
18. 01. = 02. 12.	18. 02. = 03. 01.	18. 03. = 01. 02.	18. 04. = 03. 03.	18. 05. = 04. 04.	18. 06. = 05. 05.
19. 01. = 03. 12.	19. 02. = 04. 01.	19. 03. = 02. 02.	19. 04. = 04. 03.	19. 05. = 05. 04.	19. 06. = 06. 05.
20. 01. = 04. 12.	20. 02. = 05. 01.	20. 03. = 03. 02.	20. 04. = 05. 03.	20. 05. = 06. 04.	20. 06. = 07. 05.
21. 01. = 05. 12.	21. 02. = 06. 01.	21. 03. = 04. 02.	21. 04. = 06. 03.	21. 05. = 07. 04.	21. 06. = 08. 05.
22. 01. = 06. 12.	22. 02. = 07. 01.	22. 03. = 05. 02.	22. 04. = 07. 03.	22. 05. = 08. 04.	22. 06. = 09. 05.
23. 01. = 07. 12.	23. 02. = 08. 01.	23. 03. = 06. 02.	23. 04. = 08. 03.	23. 05. = 09. 04.	23. 06. = 10. 05.
24. 01. = 08. 12.	24. 02. = 09. 01.	24. 03. = 07. 02.	24. 04. = 09. 03.	24. 05. = 10. 04.	24. 06. = 11. 05.
25. 01. = 09. 12.	25. 02. = 10. 01.	25. 03. = 08. 02.	25. 04. = 10. 03.	25. 05. = 11. 04.	25. 06. = 12. 05.
26. 01. = 10. 12.	26. 02. = 11. 01.	26. 03. = 09. 02.	26. 04. = 11. 03.	26. 05. = 12. 04.	26. 06. = 13. 05.
27. 01. = 11. 12.	27. 02. = 12. 01.	27. 03. = 10. 02.	27. 04. = 12. 03.	27. 05. = 13. 04.	27. 06. = 14. 05.
28. 01. = 12. 12.	28. 02. = 13. 01.	28. 03. = 11. 02.	28. 04. = 13. 03.	28. 05. = 14. 04.	28. 06. = 15. 05.
29. 01. = 13. 12.		29. 03. = 12. 02.	29. 04. = 14. 03.	29. 05. = 15. 04.	29. 06. = 16. 05.
30. 01. = 14. 12.		30. 03. = 13. 02.	30. 04. = 15. 03.	30. 05. = 16. 04.	30. 06. = 17. 05.
31. 01. = 15. 12.		31. 03. = 14. 02.		31. 05. = 17. 04.	

1999

Juli	August	September	Oktober	November	Dezember
01. 07. = 18. 05.	01. 08. = 20. 06.	01. 09. = 22. 07.	01. 10. = 22. 08.	01. 11. = 24. 09.	01. 12. = 24. 10.
02. 07. = 19. 05.	02. 08. = 21. 06.	02. 09. = 23. 07.	02. 10. = 23. 08.	02. 11. = 25. 09.	02. 12. = 25. 10.
03. 07. = 20. 05.	03. 08. = 22. 06.	03. 09. = 24. 07.	03. 10. = 24. 08.	03. 11. = 26. 09.	03. 12. = 26. 10.
04. 07. = 21. 05.	04. 08. = 23. 06.	04. 09. = 25. 07.	04. 10. = 25. 08.	04. 11. = 27. 09.	04. 12. = 27. 10.
05. 07. = 22. 05.	05. 08. = 24. 06.	05. 09. = 26. 07.	05. 10. = 26. 08.	05. 11. = 28. 09.	05. 12. = 28. 10.
06. 07. = 23. 05.	06. 08. = 25. 06.	06. 09. = 27. 07.	06. 10. = 27. 08.	06. 11. = 29. 09.	06. 12. = 29. 10.
07. 07. = 24. 05.	07. 08. = 26. 06.	07. 09. = 28. 07.	07. 10. = 28. 08.	07. 11. = 30. 09.	07. 12. = 30. 10.
08. 07. = 25. 05.	08. 08. = 27. 06.	08. 09. = 29. 07.	08. 10. = 29. 08.	08. 11. = 01. 10.	08. 12. = 01. 11.
09. 07. = 26. 05.	09. 08. = 28. 06.	09. 09. = 30. 07.	09. 10. = 01. 09.	09. 11. = 02. 10.	09. 12. = 02. 11.
10. 07. = 27. 05.	10. 08. = 29. 06.	10. 09. = 01. 08.	10. 10. = 02. 09.	10. 11. = 03. 10.	10. 12. = 03. 11.
11. 07. = 28. 05.	11. 08. = 01. 07.	11. 09. = 02. 08.	11. 10. = 03. 09.	11. 11. = 04. 10.	11. 12. = 04. 11.
12. 07. = 29. 05.	12. 08. = 02. 07.	12. 09. = 03. 08.	12. 10. = 04. 09.	12. 11. = 05. 10.	12. 12. = 05. 11.
13. 07. = 01. 06.	13. 08. = 03. 07.	13. 09. = 04. 08.	13. 10. = 05. 09.	13. 11. = 06. 10.	13. 12. = 06. 11.
14. 07. = 02. 06.	14. 08. = 04. 07.	14. 09. = 05. 08.	14. 10. = 06. 09.	14. 11. = 07. 10.	14. 12. = 07. 11.
15. 07. = 03. 06.	15. 08. = 05. 07.	15. 09. = 06. 08.	15. 10. = 07. 09.	15. 11. = 08. 10.	15. 12. = 08. 11.
16. 07. = 04. 06.	16. 08. = 06. 07.	16. 09. = 07. 08.	16. 10. = 08. 09.	16. 11. = 09. 10.	16. 12. = 09. 11.
17. 07. = 05. 06.	17. 08. = 07. 07.	17. 09. = 08. 08.	17. 10. = 09. 09.	17. 11. = 10. 10.	17. 12. = 10. 11.
18. 07. = 06. 06.	18. 08. = 08. 07.	18. 09. = 09. 08.	18. 10. = 10. 09.	18. 11. = 11. 10.	18. 12. = 11. 11.
19. 07. = 07. 06.	19. 08. = 09. 07.	19. 09. = 10. 08.	19. 10. = 11. 09.	19. 11. = 12. 10.	19. 12. = 12. 11.
20. 07. = 08. 06.	20. 08. = 10. 07.	20. 09. = 11. 08.	20. 10. = 12. 09.	20. 11. = 13. 10.	20. 12. = 13. 11.
21. 07. = 09. 06.	21. 08. = 11. 07.	21. 09. = 12. 08.	21. 10. = 13. 09.	21. 11. = 14. 10.	21. 12. = 14. 11.
22. 07. = 10. 06.	22. 08. = 12. 07.	22. 09. = 13. 08.	22. 10. = 14. 09.	22. 11. = 15. 10.	22. 12. = 15. 11.
23. 07. = 11. 06.	23. 08. = 13. 07.	23. 09. = 14. 08.	23. 10. = 15. 09.	23. 11. = 16. 10.	23. 12. = 16. 11.
24. 07. = 12. 06.	24. 08. = 14. 07.	24. 09. = 15. 08.	24. 10. = 16. 09.	24. 11. = 17. 10.	24. 12. = 17. 11.
25. 07. = 13. 06.	25. 08. = 15. 07.	25. 09. = 16. 08.	25. 10. = 17. 09.	25. 11. = 18. 10.	25. 12. = 18. 11.
26. 07. = 14. 06.	26. 08. = 16. 07.	26. 09. = 17. 08.	26. 10. = 18. 09.	26. 11. = 19. 10.	26. 12. = 19. 11.
27. 07. = 15. 06.	27. 08. = 17. 07.	27. 09. = 18. 08.	27. 10. = 19. 09.	27. 11. = 20. 10.	27. 12. = 20. 11.
28. 07. = 16. 06.	28. 08. = 18. 07.	28. 09. = 19. 08.	28. 10. = 20. 09.	28. 11. = 21. 10.	28. 12. = 21. 11.
29. 07. = 17. 06.	29. 08. = 19. 07.	29. 09. = 20. 08.	29. 10. = 21. 09.	29. 11. = 22. 10.	29. 12. = 22. 11.
30. 07. = 18. 06.	30. 08. = 20. 07.	30. 09. = 21. 08.	30. 10. = 22. 09.	30. 11. = 23. 10.	30. 12. = 23. 11.
31. 07. = 19. 06.	31. 08. = 21. 07.		31. 10. = 23. 09.		31. 12. = 24. 11.

2000

Januar	Februar	März	April	Mai	Juni
01. 01. = 25. 11.	01. 02. = 26. 12.	01. 03. = 26. 01.	01. 04. = 27. 02.	01. 05. = 27. 03.	01. 06. = 29. 04.
02. 01. = 26. 11.	02. 02. = 27. 12.	02. 03. = 27. 01.	02. 04. = 28. 02.	02. 05. = 28. 03.	02. 06. = 01. 05.
03. 01. = 27. 11.	03. 02. = 28. 12.	03. 03. = 28. 01.	03. 04. = 29. 02.	03. 05. = 29. 03.	03. 06. = 02. 05.
04. 01. = 28. 11.	04. 02. = 29. 12.	04. 03. = 29. 01.	04. 04. = 30. 02.	04. 05. = 01. 04.	04. 06. = 03. 05.
05. 01. = 29. 11.	05. 02. = 01. 01.	05. 03. = 30. 01.	05. 04. = 01. 03.	05. 05. = 02. 04.	05. 06. = 04. 05.
06. 01. = 30. 11.	06. 02. = 02. 01.	06. 03. = 01. 02.	06. 04. = 02. 03.	06. 05. = 03. 04.	06. 06. = 05. 05.
07. 01. = 01. 12.	07. 02. = 03. 01.	07. 03. = 02. 02.	07. 04. = 03. 03.	07. 05. = 04. 04.	07. 06. = 06. 05.
08. 01. = 02. 12.	08. 02. = 04. 01.	08. 03. = 03. 02.	08. 04. = 04. 03.	08. 05. = 05. 04.	08. 06. = 07. 05.
09. 01. = 03. 12.	09. 02. = 05. 01.	09. 03. = 04. 02.	09. 04. = 05. 03.	09. 05. = 06. 04.	09. 06. = 08. 05.
10. 01. = 04. 12.	10. 02. = 06. 01.	10. 03. = 05. 02.	10. 04. = 06. 03.	10. 05. = 07. 04.	10. 06. = 09. 05.
11. 01. = 05. 12.	11. 02. = 07. 01.	11. 03. = 06. 02.	11. 04. = 07. 03.	11. 05. = 08. 04.	11. 06. = 10. 05.
12. 01. = 06. 12.	12. 02. = 08. 01.	12. 03. = 07. 02.	12. 04. = 08. 03.	12. 05. = 09. 04.	12. 06. = 11. 05.
13. 01. = 07. 12.	13. 02. = 09. 01.	13. 03. = 08. 02.	13. 04. = 09. 03.	13. 05. = 10. 04.	13. 06. = 12. 05.
14. 01. = 08. 12.	14. 02. = 10. 01.	14. 03. = 09. 02.	14. 04. = 10. 03.	14. 05. = 11. 04.	14. 06. = 13. 05.
15. 01. = 09. 12.	15. 02. = 11. 01.	15. 03. = 10. 02.	15. 04. = 11. 03.	15. 05. = 12. 04.	15. 06. = 14. 05.
16. 01. = 10. 12.	16. 02. = 12. 01.	16. 03. = 11. 02.	16. 04. = 12. 03.	16. 05. = 13. 04.	16. 06. = 15. 05.
17. 01. = 11. 12.	17. 02. = 13. 01.	17. 03. = 12. 02.	17. 04. = 13. 03.	17. 05. = 14. 04.	17. 06. = 16. 05.
18. 01. = 12. 12.	18. 02. = 14. 01.	18. 03. = 13. 02.	18. 04. = 14. 03.	18. 05. = 15. 04.	18. 06. = 17. 05.
19. 01. = 13. 12.	19. 02. = 15. 01.	19. 03. = 14. 02.	19. 04. = 15. 03.	19. 05. = 16. 04.	19. 06. = 18. 05.
20. 01. = 14. 12.	20. 02. = 16. 01.	20. 03. = 15. 02.	20. 04. = 16. 03.	20. 05. = 17. 04.	20. 06. = 19. 05.
21. 01. = 15. 12.	21. 02. = 17. 01.	21. 03. = 16. 02.	21. 04. = 17. 03.	21. 05. = 18. 04.	21. 06. = 20. 05.
22. 01. = 16. 12.	22. 02. = 18. 01.	22. 03. = 17. 02.	22. 04. = 18. 03.	22. 05. = 19. 04.	22. 06. = 21. 05.
23. 01. = 17. 12.	23. 02. = 19. 01.	23. 03. = 18. 02.	23. 04. = 19. 03.	23. 05. = 20. 04.	23. 06. = 22. 05.
24. 01. = 18. 12.	24. 02. = 20. 01.	24. 03. = 19. 02.	24. 04. = 20. 03.	24. 05. = 21. 04.	24. 06. = 23. 05.
25. 01. = 19. 12.	25. 02. = 21. 01.	25. 03. = 20. 02.	25. 04. = 21. 03.	25. 05. = 22. 04.	25. 06. = 24. 05.
26. 01. = 20. 12.	26. 02. = 22. 01.	26. 03. = 21. 02.	26. 04. = 22. 03.	26. 05. = 23. 04.	26. 06. = 25. 05.
27. 01. = 21. 12.	27. 02. = 23. 01.	27. 03. = 22. 02.	27. 04. = 23. 03.	27. 05. = 24. 04.	27. 06. = 26. 05.
28. 01. = 22. 12.	28. 02. = 24. 01.	28. 03. = 23. 02.	28. 04. = 24. 03.	28. 05. = 25. 04.	28. 06. = 27. 05.
29. 01. = 23. 12.	29. 02. = 25. 01.	29. 03. = 24. 02.	29. 04. = 25. 03.	29. 05. = 26. 04.	29. 06. = 28. 05.
30. 01. = 24. 12.		30. 03. = 25. 02.	30. 04. = 26. 03.	30. 05. = 27. 04.	30. 06. = 29. 05.
31. 01. = 25. 12.		31. 03. = 26. 02.		31. 05. = 28. 04.	

2000

Juli	August	September	Oktober	November	Dezember
01. 07. = 30. 05.	01. 08. = 02. 07.	01. 09. = 04. 08.	01. 10. = 04. 09.	01. 11. = 06. 10.	01. 12. = 06. 11.
02. 07. = 01. 06.	02. 08. = 03. 07.	02. 09. = 05. 08.	02. 10. = 05. 09.	02. 11. = 07. 10.	02. 12. = 07. 11.
03. 07. = 02. 06.	03. 08. = 04. 07.	03. 09. = 06. 08.	03. 10. = 06. 09.	03. 11. = 08. 10.	03. 12. = 08. 11.
04. 07. = 03. 06.	04. 08. = 05. 07.	04. 09. = 07. 08.	04. 10. = 07. 09.	04. 11. = 09. 10.	04. 12. = 09. 11.
05. 07. = 04. 06.	05. 08. = 06. 07.	05. 09. = 08. 08.	05. 10. = 08. 09.	05. 11. = 10. 10.	05. 12. = 10. 11.
06. 07. = 05. 06.	06. 08. = 07. 07.	06. 09. = 09. 08.	06. 10. = 09. 09.	06. 11. = 11. 10.	06. 12. = 11. 11.
07. 07. = 06. 06.	07. 08. = 08. 07.	07. 09. = 10. 08.	07. 10. = 10. 09.	07. 11. = 12. 10.	07. 12. = 12. 11.
08. 07. = 07. 06.	08. 08. = 09. 07.	08. 09. = 11. 08.	08. 10. = 11. 09.	08. 11. = 13. 10.	08. 12. = 13. 11.
09. 07. = 08. 06.	09. 08. = 10. 07.	09. 09. = 12. 08.	09. 10. = 12. 09.	09. 11. = 14. 10.	09. 12. = 14. 11.
10. 07. = 09. 06.	10. 08. = 11. 07.	10. 09. = 13. 08.	10. 10. = 13. 09.	10. 11. = 15. 10.	10. 12. = 15. 11.
11. 07. = 10. 06.	11. 08. = 12. 07.	11. 09. = 14. 08.	11. 10. = 14. 09.	11. 11. = 16. 10.	11. 12. = 16. 11.
12. 07. = 11. 06.	12. 08. = 13. 07.	12. 09. = 15. 08.	12. 10. = 15. 09.	12. 11. = 17. 10.	12. 12. = 17. 11.
13. 07. = 12. 06.	13. 08. = 14. 07.	13. 09. = 16. 08.	13. 10. = 16. 09.	13. 11. = 18. 10.	13. 12. = 18. 11.
14. 07. = 13. 06.	14. 08. = 15. 07.	14. 09. = 17. 08.	14. 10. = 17. 09.	14. 11. = 19. 10.	14. 12. = 19. 11.
15. 07. = 14. 06.	15. 08. = 16. 07.	15. 09. = 18. 08.	15. 10. = 18. 09.	15. 11. = 20. 10.	15. 12. = 20. 11.
16. 07. = 15. 06.	16. 08. = 17. 07.	16. 09. = 19. 08.	16. 10. = 19. 09.	16. 11. = 21. 10.	16. 12. = 21. 11.
17. 07. = 16. 06.	17. 08. = 18. 07.	17. 09. = 20. 08.	17. 10. = 20. 09.	17. 11. = 22. 10.	17. 12. = 22. 11.
18. 07. = 17. 06.	18. 08. = 19. 07.	18. 09. = 21. 08.	18. 10. = 21. 09.	18. 11. = 23. 10.	18. 12. = 23. 11.
19. 07. = 18. 06.	19. 08. = 20. 07.	19. 09. = 22. 08.	19. 10. = 22. 09.	19. 11. = 24. 10.	19. 12. = 24. 11.
20. 07. = 19. 06.	20. 08. = 21. 07.	20. 09. = 23. 08.	20. 10. = 23. 09.	20. 11. = 25. 10.	20. 12. = 25. 11.
21. 07. = 20. 06.	21. 08. = 22. 07.	21. 09. = 24. 08.	21. 10. = 24. 09.	21. 11. = 26. 10.	21. 12. = 26. 11.
22. 07. = 21. 06.	22. 08. = 23. 07.	22. 09. = 25. 08.	22. 10. = 25. 09.	22. 11. = 27. 10.	22. 12. = 27. 11.
23. 07. = 22. 06.	23. 08. = 24. 07.	23. 09. = 26. 08.	23. 10. = 26. 09.	23. 11. = 28. 10.	23. 12. = 28. 11.
24. 07. = 23. 06.	24. 08. = 25. 07.	24. 09. = 27. 08.	24. 10. = 27. 09.	24. 11. = 29. 10.	24. 12. = 29. 11.
25. 07. = 24. 06.	25. 08. = 26. 07.	25. 09. = 28. 08.	25. 10. = 28. 09.	25. 11. = 30. 10.	25. 12. = 30. 11.
26. 07. = 25. 06.	26. 08. = 27. 07.	26. 09. = 29. 08.	26. 10. = 29. 09.	26. 11. = 01. 11.	26. 12. = 01. 11.
27. 07. = 26. 06.	27. 08. = 28. 07.	27. 09. = 30. 08.	27. 10. = 01. 10.	27. 11. = 02. 11.	27. 12. = 02. 11.
28. 07. = 27. 06.	28. 08. = 29. 07.	28. 09. = 01. 09.	28. 10. = 02. 10.	28. 11. = 03. 11.	28. 12. = 03. 11.
29. 07. = 28. 06.	29. 08. = 01. 08.	29. 09. = 02. 09.	29. 10. = 03. 10.	29. 11. = 04. 11.	29. 12. = 04. 11.
30. 07. = 29. 06.	30. 08. = 02. 08.	30. 09. = 03. 09.	30. 10. = 04. 10.	30. 11. = 05. 11.	30. 12. = 05. 11.
31. 07. = 01. 07.	31. 08. = 03. 08.		31. 10. = 05. 10.		31. 12. = 06. 11.

2001

Januar	Februar	März	April	Mai	Juni
01. 01. = 07. 12.	01. 02. = 09. 01.	01. 03. = 06. 02.	01. 04. = 08. 03.	01. 05. = 09. 04.	01. 06. = 10. 05.
02. 01. = 08. 12.	02. 02. = 10. 01.	02. 03. = 07. 02.	02. 04. = 09. 03.	02. 05. = 10. 04.	02. 06. = 11. 05.
03. 01. = 09. 12.	03. 02. = 11. 01.	03. 03. = 08. 02.	03. 04. = 10. 03.	03. 05. = 11. 04.	03. 06. = 12. 05.
04. 01. = 10. 12.	04. 02. = 12. 01.	04. 03. = 19. 02.	04. 04. = 11. 03.	04. 05. = 12. 04.	04. 06. = 13. 05.
05. 01. = 11. 12.	05. 02. = 13. 01.	05. 03. = 10. 02.	05. 04. = 12. 03.	05. 05. = 13. 04.	05. 06. = 14. 05.
06. 01. = 12. 12.	06. 02. = 14. 01.	06. 03. = 11. 02.	06. 04. = 13. 03.	06. 05. = 14. 04.	06. 06. = 15. 05.
07. 01. = 13. 12.	07. 02. = 15. 01.	07. 03. = 12. 02.	07. 04. = 14. 03.	07. 05. = 15. 04.	07. 06. = 16. 05.
08. 01. = 14. 12.	08. 02. = 16. 01.	08. 03. = 13. 02.	08. 04. = 15. 03.	08. 05. = 16. 04.	08. 06. = 17. 05.
09. 01. = 15. 12.	09. 02. = 17. 01.	09. 03. = 14. 02.	09. 04. = 16. 03.	09. 05. = 17. 04.	09. 06. = 18. 05.
10. 01. = 16. 12.	10. 02. = 18. 01.	10. 03. = 15. 02.	10. 04. = 17. 03.	10. 05. = 18. 04.	10. 06. = 19. 05.
11. 01. = 17. 12.	11. 02. = 19. 01.	11. 03. = 16. 02.	11. 04. = 18. 03.	11. 05. = 19. 04.	11. 06. = 20. 05.
12. 01. = 18. 12.	12. 02. = 20. 01.	12. 03. = 17. 02.	12. 04. = 19. 03.	12. 05. = 20. 04.	12. 06. = 21. 05.
13. 01. = 19. 12.	13. 02. = 21. 01.	13. 03. = 18. 02.	13. 04. = 20. 03.	13. 05. = 21. 04.	13. 06. = 22. 05.
14. 01. = 20. 12.	14. 02. = 22. 01.	14. 03. = 19. 02.	14. 04. = 21. 03.	14. 05. = 22. 04.	14. 06. = 23. 05.
15. 01. = 21. 12.	15. 02. = 23. 01.	15. 03. = 20. 02.	15. 04. = 22. 03.	15. 05. = 23. 04.	15. 06. = 24. 05.
16. 01. = 22. 12.	16. 02. = 24. 01.	16. 03. = 21. 02.	16. 04. = 23. 03.	16. 05. = 24. 04.	16. 06. = 25. 05.
17. 01. = 23. 12.	17. 02. = 25. 01.	17. 03. = 22. 02.	17. 04. = 24. 03.	17. 05. = 25. 04.	17. 06. = 26. 05.
18. 01. = 24. 12.	18. 02. = 26. 01.	18. 03. = 23. 02.	18. 04. = 25. 03.	18. 05. = 26. 04.	18. 06. = 27. 05.
19. 01. = 25. 12.	19. 02. = 27. 01.	19. 03. = 24. 02.	19. 04. = 26. 03.	19. 05. = 27. 04.	19. 06. = 28. 05.
20. 01. = 26. 12.	20. 02. = 28. 01.	20. 03. = 25. 02.	20. 04. = 27. 03.	20. 05. = 28. 04.	20. 06. = 29. 05.
21. 01. = 27. 12.	21. 02. = 29. 01.	21. 03. = 26. 02.	21. 04. = 28. 03.	21. 05. = 29. 04.	21. 06. = 01. 05.
22. 01. = 28. 12.	22. 02. = 30. 01.	22. 03. = 27. 02.	22. 04. = 29. 03.	22. 05. = 30. 04.	22. 06. = 02. 05.
23. 01. = 29. 12.	23. 02. = 31. 01.	23. 03. = 28. 02.	23. 04. = 01. 04.	23. 05. = 01. 05.	23. 06. = 03. 05.
24. 01. = 01. 01.	24. 02. = 01. 02.	24. 03. = 29. 02.	24. 04. = 02. 04.	24. 05. = 02. 05.	24. 06. = 04. 05.
25. 01. = 02. 01.	25. 02. = 02. 02.	25. 03. = 01. 03.	25. 04. = 03. 04.	25. 05. = 03. 05.	25. 06. = 05. 05.
26. 01. = 03. 01.	26. 02. = 03. 02.	26. 03. = 02. 03.	26. 04. = 04. 04.	26. 05. = 04. 05.	26. 06. = 06. 05.
27. 01. = 04. 01.	27. 02. = 04. 02.	27. 03. = 03. 03.	27. 04. = 05. 04.	27. 05. = 05. 05.	27. 06. = 07. 05.
28. 01. = 05. 01.	28. 02. = 05. 02.	28. 03. = 04. 03.	28. 04. = 06. 04.	28. 05. = 06. 05.	28. 06. = 08. 05.
29. 01. = 06. 01.		29. 03. = 05. 03.	29. 04. = 07. 04.	29. 05. = 07. 05.	29. 06. = 09. 05.
30. 01. = 07. 01.		30. 03. = 06. 03.	30. 04. = 08. 04.	30. 05. = 08. 05.	30. 06. = 10. 05.
31. 01. = 08. 01.		31. 03. = 07. 03.		31. 05. = 09. 05.	

2001

Juli	August	September	Oktober	November	Dezember
01. 07. = 11. 05.	01. 08. = 12. 06.	01. 09. = 14. 07.	01. 10. = 15. 08.	01. 11. = 16. 09.	01. 12. = 17. 10.
02. 07. = 12. 06.	02. 08. = 13. 06.	02. 09. = 15. 07.	02. 10. = 16. 08.	02. 11. = 17. 09.	02. 12. = 18. 10.
03. 07. = 13. 05.	03. 08. = 14. 06.	03. 09. = 16. 07.	03. 10. = 17. 08.	03. 11. = 18. 09.	03. 12. = 19. 10.
04. 07. = 14. 05.	04. 08. = 15. 06.	04. 09. = 17. 07.	04. 10. = 18. 08.	04. 11. = 19. 09.	04. 12. = 20. 10.
05. 07. = 15. 05.	05. 08. = 16. 06.	05. 09. = 18. 07.	05. 10. = 19. 08.	05. 11. = 20. 09.	05. 12. = 21. 10.
06. 07. = 16. 05.	06. 08. = 17. 06.	06. 09. = 19. 07.	06. 10. = 20. 08.	06. 11. = 21. 09.	06. 12. = 22. 10.
07. 07. = 17. 05.	07. 08. = 18. 06.	07. 09. = 20. 07.	07. 10. = 21. 08.	07. 11. = 22. 09.	07. 12. = 23. 10.
08. 07. = 18. 05.	08. 08. = 19. 06.	08. 09. = 21. 07.	08. 10. = 22. 08.	08. 11. = 23. 09.	08. 12. = 24. 10.
09. 07. = 19. 05.	09. 08. = 20. 06.	09. 09. = 22. 07.	09. 10. = 23. 08.	09. 11. = 24. 09.	09. 12. = 25. 10.
10. 07. = 20. 05.	10. 08. = 21. 06.	10. 09. = 23. 07.	10. 10. = 24. 08.	10. 11. = 25. 09.	10. 12. = 26. 10.
11. 07. = 21. 05.	11. 08. = 22. 06.	11. 09. = 24. 07.	11. 10. = 25. 08.	11. 11. = 26. 09.	11. 12. = 27. 10.
12. 07. = 22. 05.	12. 08. = 23. 06.	12. 09. = 25. 07.	12. 10. = 26. 08.	12. 11. = 27. 09.	12. 12. = 28. 10.
13. 07. = 23. 05.	13. 08. = 24. 06.	13. 09. = 26. 07.	13. 10. = 27. 08.	13. 11. = 28. 09.	13. 12. = 29. 10.
14. 07. = 24. 05.	14. 08. = 25. 06.	14. 09. = 27. 07.	14. 10. = 28. 08.	14. 11. = 29. 09.	14. 12. = 30. 10.
15. 07. = 25. 05.	15. 08. = 26. 06.	15. 09. = 28. 07.	15. 10. = 29. 08.	15. 11. = 01. 10.	15. 12. = 01. 11.
16. 07. = 26. 05.	16. 08. = 27. 06.	16. 09. = 29. 07.	16. 10. = 30. 08.	16. 11. = 02. 10.	16. 12. = 02. 11.
17. 07. = 27. 05.	17. 08. = 28. 06.	17. 09. = 01. 08.	17. 10. = 01. 09.	17. 11. = 03. 10.	17. 12. = 03. 11.
18. 07. = 28. 05.	18. 08. = 29. 06.	18. 09. = 02. 08.	18. 10. = 02. 09.	18. 11. = 04. 10.	18. 12. = 04. 11.
19. 07. = 29. 05.	19. 08. = 01. 07.	19. 09. = 03. 08.	19. 10. = 03. 09.	19. 11. = 05. 10.	19. 12. = 05. 11.
20. 07. = 30. 05.	20. 08. = 02. 07.	20. 09. = 04. 08.	20. 10. = 04. 09.	20. 11. = 06. 10.	20. 12. = 06. 11.
21. 07. = 01. 06.	21. 08. = 03. 07.	21. 09. = 05. 08.	21. 10. = 05. 09.	21. 11. = 07. 10.	21. 12. = 07. 11.
22. 07. = 02. 06.	22. 08. = 04. 07.	22. 09. = 06. 08.	22. 10. = 06. 09.	22. 11. = 08. 10.	22. 12. = 08. 11.
23. 07. = 03. 06.	23. 08. = 05. 07.	23. 09. = 07. 08.	23. 10. = 07. 09.	23. 11. = 09. 10.	23. 12. = 09. 11.
24. 07. = 04. 06.	24. 08. = 06. 07.	24. 09. = 08. 08.	24. 10. = 08. 09.	24. 11. = 10. 10.	24. 12. = 10. 11.
25. 07. = 05. 06.	25. 08. = 07. 07.	25. 09. = 09. 08.	25. 10. = 09. 09.	25. 11. = 11. 10.	25. 12. = 11. 11.
26. 07. = 06. 06.	26. 08. = 08. 07.	26. 09. = 10. 08.	26. 10. = 10. 09.	26. 11. = 12. 10.	26. 12. = 12. 11.
27. 07. = 07. 06.	27. 08. = 09. 07.	27. 09. = 11. 08.	27. 10. = 11. 09.	27. 11. = 13. 10.	27. 12. = 13. 11.
28. 07. = 08. 06.	28. 08. = 10. 07.	28. 09. = 12. 08.	28. 10. = 12. 09.	28. 11. = 14. 10.	28. 12. = 14. 11.
29. 07. = 09. 06.	29. 08. = 11. 07.	29. 09. = 13. 08.	29. 10. = 13. 09.	29. 11. = 15. 10.	29. 12. = 15. 11.
30. 07. = 10. 06.	30. 08. = 12. 07.	30. 09. = 14. 08.	30. 10. = 14. 09.	30. 11. = 16. 10.	30. 12. = 16. 11.
31. 07. = 11. 06.	31. 08. = 13. 07.		31. 10. = 15. 09.		31. 12. = 17. 11.

2002

Januar	Februar	März	April	Mai	Juni
01. 01. = 18. 11.	01. 02. = 20. 12.	01. 03. = 18. 01.	01. 04. = 19. 02.	01. 05. = 20. 03.	01. 06. = 21. 04.
02. 01. = 19. 11.	02. 02. = 21. 12.	02. 03. = 19. 01.	02. 04. = 20. 02.	02. 05. = 21. 03.	02. 06. = 22. 04.
03. 01. = 20. 11.	03. 02. = 22. 12.	03. 03. = 20. 01.	03. 04. = 21. 02.	03. 05. = 22. 03.	03. 06. = 23. 04.
04. 01. = 21. 11.	04. 02. = 23. 12.	04. 03. = 21. 01.	04. 04. = 22. 02.	04. 05. = 23. 03.	04. 06. = 24. 04.
05. 01. = 22. 11.	05. 02. = 24. 12.	05. 03. = 22. 01.	05. 04. = 23. 02.	05. 05. = 24. 03.	05. 06. = 25. 04.
06. 01. = 23. 11.	06. 02. = 25. 12.	06. 03. = 23. 01.	06. 04. = 24. 02.	06. 05. = 25. 03.	06. 06. = 26. 04.
07. 01. = 24. 11.	07. 02. = 26. 12.	07. 03. = 24. 01.	07. 04. = 25. 02.	07. 05. = 26. 03.	07. 06. = 27. 04.
08. 01. = 25. 11.	08. 02. = 27. 12.	08. 03. = 25. 01.	08. 04. = 26. 02.	08. 05. = 27. 03.	08. 06. = 28. 04.
09. 01. = 26. 11.	09. 02. = 28. 12.	09. 03. = 26. 01.	09. 04. = 27. 02.	09. 05. = 28. 03.	09. 06. = 29. 04.
10. 01. = 27. 11.	10. 02. = 29. 12.	10. 03. = 27. 01.	10. 04. = 28. 02.	10. 05. = 29. 03.	10. 06. = 30. 04.
11. 01. = 28. 11.	11. 02. = 30. 12.	11. 03. = 28. 01.	11. 04. = 29. 02.	11. 05. = 30. 03.	11. 06. = 01. 05.
12. 01. = 29. 11.	12. 02. = 01. 01.	12. 03. = 29. 01.	12. 04. = 01. 03.	12. 05. = 01. 04.	12. 06. = 02. 05.
13. 01. = 01. 12.	13. 02. = 02. 01.	13. 03. = 30. 01.	13. 04. = 02. 03.	13. 05. = 02. 04.	13. 06. = 03. 05.
14. 01. = 02. 12.	14. 02. = 03. 01.	14. 03. = 01. 02.	14. 04. = 03. 03.	14. 05. = 03. 04.	14. 06. = 04. 05.
15. 01. = 03. 12.	15. 02. = 04. 01.	15. 03. = 02. 02.	15. 04. = 04. 03.	15. 05. = 04. 04.	15. 06. = 05. 05.
16. 01. = 04. 12.	16. 02. = 05. 01.	16. 03. = 03. 02.	16. 04. = 05. 03.	16. 05. = 05. 04.	16. 06. = 06. 05.
17. 01. = 05. 12.	17. 02. = 06. 01.	17. 03. = 04. 02.	17. 04. = 06. 03.	17. 05. = 06. 04.	17. 06. = 07. 05.
18. 01. = 06. 12.	18. 02. = 07. 01.	18. 03. = 05. 02.	18. 04. = 07. 03.	18. 05. = 07. 04.	18. 06. = 08. 05.
19. 01. = 07. 12.	19. 02. = 08. 01.	19. 03. = 06. 02.	19. 04. = 08. 03.	19. 05. = 08. 04.	19. 06. = 09. 05.
20. 01. = 08. 12.	20. 02. = 09. 01.	20. 03. = 07. 02.	20. 04. = 09. 03.	20. 05. = 09. 04.	20. 06. = 10. 05.
21. 01. = 09. 12.	21. 02. = 10. 01.	21. 03. = 08. 02.	21. 04. = 10. 03.	21. 05. = 10. 04.	21. 06. = 11. 05.
22. 01. = 10. 12.	22. 02. = 11. 01.	22. 03. = 09. 02.	22. 04. = 11. 03.	22. 05. = 11. 04.	22. 06. = 12. 05.
23. 01. = 11. 12.	23. 02. = 12. 01.	23. 03. = 10. 02.	23. 04. = 12. 03.	23. 05. = 12. 04.	23. 06. = 13. 05.
24. 01. = 12. 12.	24. 02. = 13. 01.	24. 03. = 11. 02.	24. 04. = 13. 03.	24. 05. = 13. 04.	24. 06. = 14. 05.
25. 01. = 13. 12.	25. 02. = 14. 01.	25. 03. = 12. 02.	25. 04. = 14. 03.	25. 05. = 14. 04.	25. 06. = 15. 05.
26. 01. = 14. 12.	26. 02. = 15. 01.	26. 03. = 13. 02.	26. 04. = 15. 03.	26. 05. = 15. 04.	26. 06. = 16. 05.
27. 01. = 15. 12.	27. 02. = 16. 01.	27. 03. = 14. 02.	27. 04. = 16. 03.	27. 05. = 16. 04.	27. 06. = 17. 05.
28. 01. = 16. 12.	28. 02. = 17. 01.	28. 03. = 15. 02.	28. 04. = 17. 03.	28. 05. = 17. 04.	28. 06. = 18. 05.
29. 01. = 17. 12.		29. 03. = 16. 02.	29. 04. = 18. 03.	29. 05. = 18. 04.	29. 06. = 19. 05.
30. 01. = 18. 12.		30. 03. = 17. 02.	30. 04. = 19. 03.	30. 05. = 19. 04.	30. 06. = 20. 05.
31. 01. = 19. 12.		31. 03. = 18. 02.		31. 05. = 20. 04.	

2002

Juli	August	September	Oktober	November	Dezember
01. 07. = 21. 05.	01. 08. = 23. 06.	01. 09. = 24. 07.	01. 10. = 25. 08.	01. 11. = 27. 09.	01. 12. = 27. 10.
02. 07. = 22. 05.	02. 08. = 24. 06.	02. 09. = 25. 07.	02. 10. = 26. 08.	02. 11. = 28. 09.	02. 12. = 28. 10.
03. 07. = 23. 05.	03. 08. = 25. 06.	03. 09. = 26. 07.	03. 10. = 27. 08.	03. 11. = 29. 09.	03. 12. = 29. 10.
04. 07. = 24. 05.	04. 08. = 26. 06.	04. 09. = 27. 07.	04. 10. = 28. 08.	04. 11. = 30. 09.	04. 12. = 01. 11.
05. 07. = 25. 05.	05. 08. = 27. 06.	05. 09. = 28. 07.	05. 10. = 29. 08.	05. 11. = 01. 10.	05. 12. = 02. 11.
06. 07. = 26. 05.	06. 08. = 28. 06.	06. 09. = 29. 07.	06. 10. = 01. 09.	06. 11. = 02. 10.	06. 12. = 03. 11.
07. 07. = 27. 05.	07. 08. = 29. 06.	07. 09. = 01. 08.	07. 10. = 02. 09.	07. 11. = 03. 10.	07. 12. = 04. 11.
08. 07. = 28. 05.	08. 08. = 30. 06.	08. 09. = 02. 08.	08. 10. = 03. 09.	08. 11. = 04. 10.	08. 12. = 05. 11.
09. 07. = 29. 05.	09. 08. = 01. 07.	09. 09. = 03. 08.	09. 10. = 04. 09.	09. 11. = 05. 10.	09. 12. = 06. 11.
10. 07. = 01. 06.	10. 08. = 02. 07.	10. 09. = 04. 08.	10. 10. = 05. 09.	10. 11. = 06. 10.	10. 12. = 07. 11.
11. 07. = 02. 06.	11. 08. = 03. 07.	11. 09. = 05. 08.	11. 10. = 06. 09.	11. 11. = 07. 10.	11. 12. = 08. 11.
12. 07. = 03. 06.	12. 08. = 04. 07.	12. 09. = 06. 08.	12. 10. = 07. 09.	12. 11. = 08. 10.	12. 12. = 09. 11.
13. 07. = 04. 06.	13. 08. = 05. 07.	13. 09. = 07. 08.	13. 10. = 08. 09.	13. 11. = 09. 10.	13. 12. = 10. 11.
14. 07. = 05. 06.	14. 08. = 06. 07.	14. 09. = 08. 08.	14. 10. = 09. 09.	14. 11. = 10. 10.	14. 12. = 11. 11.
15. 07. = 06. 06.	15. 08. = 07. 07.	15. 09. = 09. 08.	15. 10. = 10. 09.	15. 11. = 11. 10.	15. 12. = 12. 11.
16. 07. = 07. 06.	16. 08. = 08. 07.	16. 09. = 10. 08.	16. 10. = 11. 09.	16. 11. = 12. 10.	16. 12. = 13. 11.
17. 07. = 08. 06.	17. 08. = 09. 07.	17. 09. = 11. 08.	17. 10. = 12. 09.	17. 11. = 13. 10.	17. 12. = 14. 11.
18. 07. = 09. 06.	18. 08. = 10. 07.	18. 09. = 12. 08.	18. 10. = 13. 09.	18. 11. = 14. 10.	18. 12. = 15. 11.
19. 07. = 10. 06.	19. 08. = 11. 07.	19. 09. = 13. 08.	19. 10. = 14. 09.	19. 11. = 15. 10.	19. 12. = 16. 11.
20. 07. = 11. 06.	20. 08. = 12. 07.	20. 09. = 14. 08.	20. 10. = 15. 09.	20. 11. = 16. 10.	20. 12. = 17. 11.
21. 07. = 12. 06.	21. 08. = 13. 07.	21. 09. = 15. 08.	21. 10. = 16. 09.	21. 11. = 17. 10.	21. 12. = 18. 11.
22. 07. = 13. 06.	22. 08. = 14. 07.	22. 09. = 16. 08.	22. 10. = 17. 09.	22. 11. = 18. 10.	22. 12. = 19. 11.
23. 07. = 14. 06.	23. 08. = 15. 07.	23. 09. = 17. 08.	23. 10. = 18. 09.	23. 11. = 19. 10.	23. 12. = 20. 11.
24. 07. = 15. 06.	24. 08. = 16. 07.	24. 09. = 18. 08.	24. 10. = 19. 09.	24. 11. = 20. 10.	24. 12. = 21. 11.
25. 07. = 16. 06.	25. 08. = 17. 07.	25. 09. = 19. 08.	25. 10. = 20. 09.	25. 11. = 21. 10.	25. 12. = 22. 11.
26. 07. = 17. 06.	26. 08. = 18. 07.	26. 09. = 20. 08.	26. 10. = 21. 09.	26. 11. = 22. 10.	26. 12. = 23. 11.
27. 07. = 18. 06.	27. 08. = 19. 07.	27. 09. = 21. 08.	27. 10. = 22. 09.	27. 11. = 23. 10.	27. 12. = 24. 11.
28. 07. = 19. 06.	28. 08. = 20. 07.	28. 09. = 22. 08.	28. 10. = 23. 09.	28. 11. = 24. 10.	28. 12. = 25. 11.
29. 07. = 20. 06.	29. 08. = 21. 07.	29. 09. = 23. 08.	29. 10. = 24. 09.	29. 11. = 25. 10.	29. 12. = 26. 11.
30. 07. = 21. 06.	30. 08. = 22. 07.	30. 09. = 24. 08.	30. 10. = 25. 09.	30. 11. = 26. 10.	30. 12. = 27. 11.
31. 07. = 22. 06.	31. 08. = 23. 07.		31. 10. = 26. 09.		31. 12. = 28. 11.

2003

Januar	Februar	März	April	Mai	Juni
01. 01. = 29. 11.	01. 02. = 01. 01.	01. 03. = 29. 01.	01. 04. = 30. 02.	01. 05. = 01. 04.	01. 06. = 02. 05.
02. 01. = 30. 11.	02. 02. = 02. 01.	02. 03. = 30. 01.	02. 04. = 01. 03.	02. 05. = 02. 04.	02. 06. = 03. 05.
03. 01. = 01. 12.	03. 02. = 03. 01.	03. 03. = 01. 02.	03. 04. = 02. 03.	03. 05. = 03. 04.	03. 06. = 04. 05.
04. 01. = 02. 12.	04. 02. = 04. 01.	04. 03. = 02. 02.	04. 04. = 03. 03.	04. 05. = 04. 04.	04. 06. = 05. 05.
05. 01. = 03. 12.	05. 02. = 05. 01.	05. 03. = 03. 02.	05. 04. = 04. 03.	05. 05. = 05. 04.	05. 06. = 06. 05.
06. 01. = 04. 12.	06. 02. = 06. 01.	06. 03. = 04. 02.	06. 04. = 05. 03.	06. 05. = 06. 04.	06. 06. = 07. 05.
07. 01. = 05. 12.	07. 02. = 07. 01.	07. 03. = 05. 02.	07. 04. = 06. 03.	07. 05. = 07. 04.	07. 06. = 08. 05.
08. 01. = 06. 12.	08. 02. = 08. 01.	08. 03. = 06. 02.	08. 04. = 07. 03.	08. 05. = 08. 04.	08. 06. = 09. 05.
09. 01. = 07. 12.	09. 02. = 09. 01.	09. 03. = 07. 02.	09. 04. = 08. 03.	09. 05. = 09. 04.	09. 06. = 10. 05.
10. 01. = 08. 12.	10. 02. = 10. 01.	10. 03. = 08. 02.	10. 04. = 09. 03.	10. 05. = 10. 04.	10. 06. = 11. 05.
11. 01. = 09. 12.	11. 02. = 11. 01.	11. 03. = 09. 02.	11. 04. = 10. 03.	11. 05. = 11. 04.	11. 06. = 12. 05.
12. 01. = 10. 12.	12. 02. = 12. 01.	12. 03. = 10. 02.	12. 04. = 11. 03.	12. 05. = 12. 04.	12. 06. = 13. 05.
13. 01. = 11. 12.	13. 02. = 13. 01.	13. 03. = 11. 02.	13. 04. = 12. 03.	13. 05. = 13. 04.	13. 06. = 14. 05.
14. 01. = 12. 12.	14. 02. = 14. 01.	14. 03. = 12. 02.	14. 04. = 13. 03.	14. 05. = 14. 04.	14. 06. = 15. 05.
15. 01. = 13. 12.	15. 02. = 15. 01.	15. 03. = 13. 02.	15. 04. = 14. 03.	15. 05. = 15. 04.	15. 06. = 16. 05.
16. 01. = 14. 12.	16. 02. = 16. 01.	16. 03. = 14. 02.	16. 04. = 15. 03.	16. 05. = 16. 04.	16. 06. = 17. 05.
17. 01. = 15. 12.	17. 02. = 17. 01.	17. 03. = 15. 02.	17. 04. = 16. 03.	17. 05. = 17. 04.	17. 06. = 18. 05.
18. 01. = 16. 12.	18. 02. = 18. 01.	18. 03. = 16. 02.	18. 04. = 17. 03.	18. 05. = 18. 04.	18. 06. = 19. 05.
19. 01. = 17. 12.	19. 02. = 19. 01.	19. 03. = 17. 02.	19. 04. = 18. 03.	19. 05. = 19. 04.	19. 06. = 20. 05.
20. 01. = 18. 12.	20. 02. = 20. 01.	20. 03. = 18. 02.	20. 04. = 19. 03.	20. 05. = 20. 04.	20. 06. = 21. 05.
21. 01. = 19. 12.	21. 02. = 21. 01.	21. 03. = 19. 02.	21. 04. = 20. 03.	21. 05. = 21. 04.	21. 06. = 22. 05.
22. 01. = 20. 12.	22. 02. = 22. 01.	22. 03. = 20. 02.	22. 04. = 21. 03.	22. 05. = 22. 04.	22. 06. = 23. 05.
23. 01. = 21. 12.	23. 02. = 23. 01.	23. 03. = 21. 02.	23. 04. = 22. 03.	23. 05. = 23. 04.	23. 06. = 24. 05.
24. 01. = 22. 12.	24. 02. = 24. 01.	24. 03. = 22. 02.	24. 04. = 23. 03.	24. 05. = 24. 04.	24. 06. = 25. 05.
25. 01. = 23. 12.	25. 02. = 25. 01.	25. 03. = 23. 02.	25. 04. = 24. 03.	25. 05. = 25. 04.	25. 06. = 26. 05.
26. 01. = 24. 12.	26. 02. = 26. 01.	26. 03. = 24. 02.	26. 04. = 25. 03.	26. 05. = 26. 04.	26. 06. = 27. 05.
27. 01. = 25. 12.	27. 02. = 27. 01.	27. 03. = 25. 02.	27. 04. = 26. 03.	27. 05. = 27. 04.	27. 06. = 28. 05.
28. 01. = 26. 12.	28. 02. = 28. 01.	28. 03. = 26. 02.	28. 04. = 27. 03.	28. 05. = 28. 04.	28. 06. = 29. 05.
29. 01. = 27. 12.		29. 03. = 27. 02.	29. 04. = 28. 03.	29. 05. = 29. 04.	29. 06. = 30. 05.
30. 01. = 28. 12.		30. 03. = 28. 02.	30. 04. = 29. 03.	30. 05. = 30. 04.	30. 06. = 01. 06.
31. 01. = 29. 12.		31. 03. = 29. 02.		31. 05. = 01. 05.	

2003

Juli	August	September	Oktober	November	Dezember
	Sonne Mond				
01. 07. = 02. 06.	01. 08. = 03. 07.	01. 09. = 05. 08.	01. 10. = 06. 09.	01. 11. = 08. 10.	01. 12. = 08. 11.
02. 07. = 03. 06.	02. 08. = 04. 07.	02. 09. = 06. 08.	02. 10. = 07. 09.	02. 11. = 09. 10.	02. 12. = 09. 11.
03. 07. = 04. 06.	03. 08. = 05. 07.	03. 09. = 07. 08.	03. 10. = 08. 09.	03. 11. = 10. 10.	03. 12. = 10. 11.
04. 07. = 05. 06.	04. 08. = 06. 07.	04. 09. = 08. 08.	04. 10. = 09. 09.	04. 11. = 11. 10.	04. 12. = 11. 11.
05. 07. = 06. 06.	05. 08. = 07. 07.	05. 09. = 09. 08.	05. 10. = 10. 09.	05. 11. = 12. 10.	05. 12. = 12. 11.
06. 07. = 07. 06.	06. 08. = 08. 07.	06. 09. = 10. 08.	06. 10. = 11. 09.	06. 11. = 13. 10.	06. 12. = 13. 11.
07. 07. = 08. 06.	07. 08. = 09. 07.	07. 09. = 11. 08.	07. 10. = 12. 09.	07. 11. = 14. 10.	07. 12. = 14. 11.
08. 07. = 09. 06.	08. 08. = 10. 07.	08. 09. = 12. 08.	08. 10. = 13. 09.	08. 11. = 15. 10.	08. 12. = 15. 11.
09. 07. = 10. 06.	09. 08. = 11. 07.	09. 09. = 13. 08.	09. 10. = 14. 09.	09. 11. = 16. 10.	09. 12. = 16. 11.
10. 07. = 11. 06.	10. 08. = 12. 07.	10. 09. = 14. 08.	10. 10. = 15. 09.	10. 11. = 17. 10.	10. 12. = 17. 11.
11. 07. = 12. 06.	11. 08. = 13. 07.	11. 09. = 15. 08.	11. 10. = 16. 09.	11. 11. = 18. 10.	11. 12. = 18. 11.
12. 07. = 13. 06.	12. 08. = 14. 07.	12. 09. = 16. 08.	12. 10. = 17. 09.	12. 11. = 19. 10.	12. 12. = 19. 11.
13. 07. = 14. 06.	13. 08. = 15. 07.	13. 09. = 17. 08.	13. 10. = 18. 09.	13. 11. = 20. 10.	13. 12. = 20. 11.
14. 07. = 15. 06.	14. 08. = 16. 07.	14. 09. = 18. 08.	14. 10. = 19. 09.	14. 11. = 21. 10.	14. 12. = 21. 11.
15. 07. = 16. 06.	15. 08. = 17. 07.	15. 09. = 19. 08.	15. 10. = 20. 09.	15. 11. = 22. 10.	15. 12. = 22. 11.
16. 07. = 17. 06.	16. 08. = 18. 07.	16. 09. = 20. 08.	16. 10. = 21. 09.	16. 11. = 23. 10.	16. 12. = 23. 11.
17. 07. = 18. 06.	17. 08. = 19. 07.	17. 09. = 21. 08.	17. 10. = 22. 09.	17. 11. = 24. 10.	17. 12. = 24. 11.
18. 07. = 19. 06.	18. 08. = 20. 07.	18. 09. = 22. 08.	18. 10. = 23. 09.	18. 11. = 25. 10.	18. 12. = 25. 11.
19. 07. = 20. 06.	19. 08. = 21. 07.	19. 09. = 23. 08.	19. 10. = 24. 09.	19. 11. = 26. 10.	19. 12. = 26. 11.
20. 07. = 21. 06.	20. 08. = 22. 07.	20. 09. = 24. 08.	20. 10. = 25. 09.	20. 11. = 27. 10.	20. 12. = 27. 11.
21. 07. = 22. 06.	21. 08. = 23. 07.	21. 09. = 25. 08.	21. 10. = 26. 09.	21. 11. = 28. 10.	21. 12. = 28. 11.
22. 07. = 23. 06.	22. 08. = 24. 07.	22. 09. = 26. 08.	22. 10. = 27. 09.	22. 11. = 29. 10.	22. 12. = 29. 11.
23. 07. = 24. 06.	23. 08. = 25. 07.	23. 09. = 27. 08.	23. 10. = 28. 09.	23. 11. = 30. 10.	23. 12. = 01. 12.
24. 07. = 25. 06.	24. 08. = 26. 07.	24. 09. = 28. 08.	24. 10. = 29. 09.	24. 11. = 01. 11.	24. 12. = 02. 12.
25. 07. = 26. 06.	25. 08. = 27. 07.	25. 09. = 29. 08.	25. 10. = 01. 10.	25. 11. = 02. 11.	25. 12. = 03. 12.
26. 07. = 27. 06.	26. 08. = 28. 07.	26. 09. = 01. 09.	26. 10. = 02. 10.	26. 11. = 03. 11.	26. 12. = 04. 12.
27. 07. = 28. 06.	27. 08. = 29. 07.	27. 09. = 02. 09.	27. 10. = 03. 10.	27. 11. = 04. 11.	27. 12. = 05. 12.
28. 07. = 29. 06.	28. 08. = 01. 08.	28. 09. = 03. 09.	28. 10. = 04. 10.	28. 11. = 05. 11.	28. 12. = 06. 12.
29. 07. = 01. 07.	29. 08. = 02. 08.	29. 09. = 04. 09.	29. 10. = 05. 10.	29. 11. = 06. 11.	29. 12. = 07. 12.
30. 07. = 01. 07.	30. 08. = 03. 08.	30. 09. = 05. 09.	30. 10. = 06. 10.	30. 11. = 07. 11.	30. 12. = 08. 12.
31. 07. = 02. 07.	31. 08. = 04. 08.		31. 10. = 07. 10.		31. 12. = 09. 12.

2004

Januar	Februar	März	April	Mai	Juni
01. 01. = 10. 12.	01. 02. = 11. 01.	01. 03. = 11. 02.	01. 04. = 12. 03.	01. 05. = 13. 03.	01. 06. = 14. 04.
02. 01. = 11. 12.	02. 02. = 12. 01.	02. 03. = 12. 02.	02. 04. = 13. 03.	02. 05. = 14. 03.	02. 06. = 15. 04.
03. 01. = 12. 12.	03. 02. = 13. 01.	03. 03. = 13. 02.	03. 04. = 14. 03.	03. 05. = 15. 03.	03. 06. = 16. 04.
04. 01. = 13. 12.	04. 02. = 14. 01.	04. 03. = 14. 02.	04. 04. = 15. 03.	04. 05. = 16. 03.	04. 06. = 17. 04.
05. 01. = 14. 12.	05. 02. = 15. 01.	05. 03. = 15. 02.	05. 04. = 16. 03.	05. 05. = 17. 03.	05. 06. = 18. 04.
06. 01. = 15. 12.	06. 02. = 16. 01.	06. 03. = 16. 02.	06. 04. = 17. 03.	06. 05. = 18. 03.	06. 06. = 19. 04.
07. 01. = 16. 12.	07. 02. = 17. 01.	07. 03. = 17. 02.	07. 04. = 18. 03.	07. 05. = 19. 03.	07. 06. = 20. 04.
08. 01. = 17. 12.	08. 02. = 18. 01.	08. 03. = 18. 02.	08. 04. = 19. 03.	08. 05. = 20. 03.	08. 06. = 21. 04.
09. 01. = 18. 12.	09. 02. = 19. 01.	09. 03. = 19. 02.	09. 04. = 20. 03.	09. 05. = 21. 03.	09. 06. = 22. 04.
10. 01. = 19. 12.	10. 02. = 20. 01.	10. 03. = 20. 02.	10. 04. = 21. 03.	10. 05. = 22. 03.	10. 06. = 23. 04.
11. 01. = 20. 12.	11. 02. = 21. 01.	11. 03. = 21. 02.	11. 04. = 22. 03.	11. 05. = 23. 03.	11. 06. = 24. 04.
12. 01. = 21. 12.	12. 02. = 22. 01.	12. 03. = 22. 02.	12. 04. = 23. 03.	12. 05. = 24. 03.	12. 06. = 25. 04.
13. 01. = 22. 12.	13. 02. = 23. 01.	13. 03. = 23. 02.	13. 04. = 24. 03.	13. 05. = 25. 03.	13. 06. = 26. 04.
14. 01. = 23. 12.	14. 02. = 24. 01.	14. 03. = 24. 02.	14. 04. = 25. 03.	14. 05. = 26. 03.	14. 06. = 27. 04.
15. 01. = 24. 12.	15. 02. = 25. 01.	15. 03. = 25. 02.	15. 04. = 26. 03.	15. 05. = 27. 03.	15. 06. = 28. 04.
16. 01. = 25. 12.	16. 02. = 26. 01.	16. 03. = 26. 02.	16. 04. = 27. 03.	16. 05. = 28. 03.	16. 06. = 29. 04.
17. 01. = 26. 12.	17. 02. = 27. 01.	17. 03. = 27. 02.	17. 04. = 28. 03.	17. 05. = 29. 03.	17. 06. = 30. 04.
18. 01. = 27. 12.	18. 02. = 28. 01.	18. 03. = 28. 02.	18. 04. = 29. 03.	18. 05. = 30. 03.	18. 06. = 01. 05.
19. 01. = 28. 12.	19. 02. = 29. 01.	19. 03. = 29. 02.	19. 04. = 01. 03.	19. 05. = 01. 04.	19. 06. = 02. 05.
20. 01. = 29. 12.	20. 02. = 01. 02.	20. 03. = 30. 02.	20. 04. = 02. 03.	20. 05. = 02. 04.	20. 06. = 03. 05.
21. 01. = 30. 12.	21. 02. = 02. 02.	21. 03. = 01. 03.	21. 04. = 03. 03.	21. 05. = 03. 04.	21. 06. = 04. 05.
22. 01. = 01. 01.	22. 02. = 03. 02.	22. 03. = 02. 03.	22. 04. = 04. 03.	22. 05. = 04. 04.	22. 06. = 05. 05.
23. 01. = 02. 01.	23. 02. = 04. 02.	23. 03. = 03. 03.	23. 04. = 05. 03.	23. 05. = 05. 04.	23. 06. = 06. 05.
24. 01. = 03. 01.	24. 02. = 05. 02.	24. 03. = 04. 03.	24. 04. = 06. 03.	24. 05. = 06. 04.	24. 06. = 07. 05.
25. 01. = 04. 01.	25. 02. = 06. 02.	25. 03. = 05. 03.	25. 04. = 07. 03.	25. 05. = 07. 04.	25. 06. = 08. 05.
26. 01. = 05. 01.	26. 02. = 07. 02.	26. 03. = 06. 03.	26. 04. = 08. 03.	26. 05. = 08. 04.	26. 06. = 09. 05.
27. 01. = 06. 01.	27. 02. = 08. 02.	27. 03. = 07. 03.	27. 04. = 09. 03.	27. 05. = 09. 04.	27. 06. = 10. 05.
28. 01. = 07. 01.	28. 02. = 09. 02.	28. 03. = 08. 03.	28. 04. = 10. 03.	28. 05. = 10. 04.	28. 06. = 11. 05.
29. 01. = 08. 01.	29. 02. = 10. 02.	29. 03. = 09. 03.	29. 04. = 11. 03.	29. 05. = 11. 04.	29. 06. = 12. 05.
30. 01. = 09. 01.		30. 03. = 10. 03.	30. 04. = 12. 03.	30. 05. = 12. 04.	30. 06. = 13. 05
31. 01. = 10. 01.		31. 03. = 11. 03.		31. 05. = 13. 04.	

2004

Juli	August	September	Oktober	November	Dezember
01. 07. = 14. 05.	01. 08. = 16. 06.	01. 09. = 17. 07.	01. 10. = 18. 08.	01. 11. = 19. 09.	01. 12. = 20. 10.
02. 07. = 15. 05.	02. 08. = 17. 06.	02. 09. = 18. 07.	02. 10. = 19. 08.	02. 11. = 20. 09.	02. 12. = 21. 10.
03. 07. = 16. 05.	03. 08. = 18. 06.	03. 09. = 19. 07.	03. 10. = 20. 08.	03. 11. = 21. 09.	03. 12. = 22. 10.
04. 07. = 17. 05.	04. 08. = 19. 06.	04. 09. = 20. 07.	04. 10. = 21. 08.	04. 11. = 22. 09.	04. 12. = 23. 10.
05. 07. = 18. 05.	05. 08. = 20. 06.	05. 09. = 21. 07.	05. 10. = 22. 08.	05. 11. = 23. 09.	05. 12. = 24. 10.
06. 07. = 19. 05.	06. 08. = 21. 06.	06. 09. = 22. 07.	06. 10. = 23. 08.	06. 11. = 24. 09.	06. 12. = 25. 10.
07. 07. = 20. 05.	07. 08. = 22. 06.	07. 09. = 23. 07.	07. 10. = 24. 08.	07. 11. = 25. 09.	07. 12. = 26. 10.
08. 07. = 21. 05.	08. 08. = 23. 06.	08. 09. = 24. 07.	08. 10. = 25. 08.	08. 11. = 26. 09.	08. 12. = 27. 10.
09. 07. = 22. 05.	09. 08. = 24. 06.	09. 09. = 25. 07.	09. 10. = 26. 08.	09. 11. = 27. 09.	09. 12. = 28. 10.
10. 07. = 23. 05.	10. 08. = 25. 06.	10. 09. = 26. 07.	10. 10. = 27. 08.	10. 11. = 28. 09.	10. 12. = 29. 10.
11. 07. = 24. 05.	11. 08. = 26. 06.	11. 09. = 27. 07.	11. 10. = 28. 08.	11. 11. = 29. 09.	11. 12. = 30. 10.
12. 07. = 25. 05.	12. 08. = 27. 06.	12. 09. = 28. 07.	12. 10. = 29. 08.	12. 11. = 01. 10.	12. 12. = 01. 11.
13. 07. = 26. 05.	13. 08. = 28. 06.	13. 09. = 29. 07.	13. 10. = 30. 08.	13. 11. = 02. 10.	13. 12. = 02. 11.
14. 07. = 27. 05.	14. 08. = 29. 06.	14. 09. = 01. 08.	14. 10. = 01. 09.	14. 11. = 03. 10.	14. 12. = 03. 11.
15. 07. = 28. 05.	15. 08. = 30. 06.	15. 09. = 02. 08.	15. 10. = 02. 09.	15. 11. = 04. 10.	15. 12. = 04. 11.
16. 07. = 29. 05.	16. 08. = 01. 07.	16. 09. = 03. 08.	16. 10. = 03. 09.	16. 11. = 05. 10.	16. 12. = 05. 11.
17. 07. = 01. 06.	17. 08. = 02. 07.	17. 09. = 04. 08.	17. 10. = 04. 09.	17. 11. = 06. 10.	17. 12. = 06. 11.
18. 07. = 02. 06.	18. 08. = 03. 07.	18. 09. = 05. 08.	18. 10. = 05. 09.	18. 11. = 07. 10.	18. 12. = 07. 11.
19. 07. = 03. 06.	19. 08. = 04. 07.	19. 09. = 06. 08.	19. 10. = 06. 09.	19. 11. = 08. 10.	19. 12. = 08. 11.
20. 07. = 04. 06.	20. 08. = 05. 07.	20. 09. = 07. 08.	20. 10. = 07. 09.	20. 11. = 09. 10.	20. 12. = 09. 11.
21. 07. = 05. 06.	21. 08. = 06. 07.	21. 09. = 08. 08.	21. 10. = 08. 09.	21. 11. = 10. 10.	21. 12. = 10. 11.
22. 07. = 06. 06.	22. 08. = 07. 07.	22. 09. = 09. 08.	22. 10. = 09. 09.	22. 11. = 11. 10.	22. 12. = 11. 11.
23. 07. = 07. 06.	23. 08. = 08. 07.	23. 09. = 10. 08.	23. 10. = 10. 09.	23. 11. = 12. 10.	23. 12. = 12. 11.
24. 07. = 08. 06.	24. 08. = 09. 07.	24. 09. = 11. 08.	24. 10. = 11. 09.	24. 11. = 13. 10.	24. 12. = 13. 11.
25. 07. = 09. 06.	25. 08. = 10. 07.	25. 09. = 12. 08.	25. 10. = 12. 09.	25. 11. = 14. 10.	25. 12. = 14. 11.
26. 07. = 10. 06.	26. 08. = 11. 07.	26. 09. = 13. 08.	26. 10. = 13. 09.	26. 11. = 15. 10.	26. 12. = 15. 11.
27. 07. = 11. 06.	27. 08. = 12. 07.	27. 09. = 14. 08.	27. 10. = 14. 09.	27. 11. = 16. 10.	27. 12. = 16. 11.
28. 07. = 12. 06.	28. 08. = 13. 07.	28. 09. = 15. 08.	28. 10. = 15. 09.	28. 11. = 17. 10.	28. 12. = 17. 11.
29. 07. = 13. 06.	29. 08. = 14. 07.	29. 09. = 16. 08.	29. 10. = 16. 09.	29. 11. = 18. 10.	29. 12. = 18. 11.
30. 07. = 14. 06.	30. 08. = 15. 07.	30. 09. = 17. 08.	30. 10. = 17. 09.	30. 11. = 19. 10.	30. 12. = 19. 11.
31. 07. = 15. 06.	31. 08. = 16. 07.		31. 10. = 18. 09.		31. 12. = 20. 11.

Das Original mit Garantie

Ihre Meinung ist uns wichtig. Deshalb möchten wir Ihre Kritik, gerne aber auch Ihr Lob erfahren. Um als führender Ratgeberverlag für Sie noch besser zu werden. Darum: Schreiben Sie uns! Wir freuen uns auf Ihre Post und wünschen Ihnen viel Spaß mit Ihrem GU-Ratgeber.

Unsere Garantie:
Sollte ein GU-Ratgeber einmal einen Fehler enthalten, schicken Sie uns das Buch mit einem kleinen Hinweis und der Quittung innerhalb von sechs Monaten nach dem Kauf zurück. Wir tauschen Ihnen den GU-Ratgeber gegen einen anderen zum gleichen oder ähnlichen Thema um.

Ihr Gräfe und Unzer Verlag
Redaktion Gesundheit
Postfach 86 03 25
81630 München
Fax: 089/4 19 81-113
e-mail: leserservice@
graefe-und-unzer.de

Impressum

© 2001 Gräfe und Unzer Verlag GmbH, München Alle Rechte vorbehalten. Nachdruck, auch auszugsweise, sowie Verbreitung durch Film, Funk, Fernsehen und Internet, durch fotomechanische Wiedergabe, Tonträger und Datenverarbeitungssysteme jeder Art nur mit schriftlicher Genehmigung des Verlages.

Redaktionsleitung
Doris Birk

Redaktion
Ilona Daiker

Lektorat
Anja Schmidt, München

Bildnachweis
Bavaria: Seite 71 (Becker), /Benelux Press: Seite 67; GU: Umschlag vorne, Mitte rechts (Jahreiß); Hansmann: Seite 4, 11, 13, 16; Image Bank: Umschlag vorne, unten links, Umschlag hinten (Sterret), Seite 2, 6 (Sarraute), 80 (Lockyer); Photonica: Seite 2, 22 (Mikuri), 3, 64 (Johner); Heidemarie Vignati: Seite 21; Ernst Wrba: Seite 74

Umschlaggestaltung:
independent Medien-Design

Herstellung:
Renate Hutt

Satz:
EDV-Fotosatz Huber /
Verlagsservice G. Pfeifer, Germering

Lithos:
Repro Ludwig, A-Zell am See

Druck und Bindung:
Druckerei Auer, Donauwörth

ISBN: 3-7742-5502-4

Auflage	4.	3.	2.	1.
Jahr	04	03	02	01

Umwelthinweis
Dieses Buch wurde auf chlorfrei gebleichtem Papier gedruckt. Um Rohstoffe zu sparen, haben wir auf Folienverpackung verzichtet.

Dank

Mein Dank gilt allen Menschen, die es mir ermöglicht haben, dieses Buch zu schreiben:

meinen Lehrern, Klienten und besonders meinem Mann.

Nicht vergessen möchte ich auch meine Lektorin, Anja Schmidt, die mit sanfter Bestimmtheit mein Wissen in Worte verpackte.

Wichtiger Hinweis

In diesem Ratgeber finden Sie Anregungen und Anleitungen, wie Sie mithilfe der Zahlen Ihr Leben erhellen und bereichern können.

Bitte verstehen Sie die beschriebenen Techniken, Methoden und Ratschläge als Werkzeuge, die Sie selbstverantwortlich nutzen können – und müssen. Sie sind kein Universalschlüssel zum Glück.

Denn das können nur Sie allein in Ihr Leben holen!